# El otro México

Ensayo

## Biografía

Ricardo Raphael es académico, periodista y escritor. Columnista del periódico El Universal, conductor del programa de televisión Espiral en el Canal 11 del IPN y comentarista de los noticiarios Enfoque y Nocturno de Proyecto 40, se ha desempeñado también como profesor durante más de quince años en el Centro de Investigación y Docencia Económicas (CIDE).

Ha escrito varios libros entre los que se encuentran La institución ciudadana (2007), Los socios de Elba Esther (Planeta, 2007), además de coordinar El México Indignado (Destino, 2011) y el Reporte sobre la discriminación en México (CIDE- Conapred, 2012).

# Ricardo Raphael
## El otro México

temas 'de hoy.

© 2011, Ricardo Raphael De la Madrid

Derechos reservados

© 2018, Editorial Planeta Mexicana, S.A. de C.V.
Bajo el sello editorial BOOKET M.R.
Avenida Presidente Masarik núm. 111, Piso 2
Colonia Polanco V Sección
Delegación Miguel Hidalgo
C.P. 11560, Ciudad de México
www.planetadelibros.com.mx

Diseño de portada: Ramón Navarro
Fotografía del autor: © Antonio Cruz (cortesía de sinembargo.mx)

Primera edición: octubre de 2011
ISBN: 978-607-07-0929-6

Primera edición impresa en México en formato Booket: enero de 2018
ISBN: 978-607-07-4553-9

Impreso en los talleres de Litográfica Ingramex, S.A. de C.V.
Centeno núm. 162-1, colonia Granjas Esmeralda, Ciudad de México
Impreso y hecho en México – *Printed and made in Mexico*

*A Marcela*

*A Diego, Santiago,*
*Sebastián y Rodrigo*

*A mis padres*

# CONTENIDO

Nuestro viaje cotidiano... se juega enteramente en la capacidad de resistir a pie firme ante [las] sirenas del desencanto, de escuchar su canto sin taparse los oídos pero reconociendo a un tiempo lo que hay de verdadero en él... sin creer que esa verdad es definitiva y total, ya que no existen las cosas ni las preguntas últimas.

*El infinito viajar*, Claudio Magris

# INTRODUCCIÓN

«¿Quiénes somos los mexicanos?». En nuestra historia esta pregunta no ha sido tan frecuente como hoy podríamos suponer. Durante largos periodos fue irrelevante porque la normalidad afecta poco a los seres humanos, hasta que una crisis nos regresa a las interrogantes fundamentales. El hecho de que en los últimos años se haya publicado una gran cantidad de textos relacionados con la identidad mexicana confirma la convulsión por la que estamos atravesando. Podría suponerse que las fiestas del Bicentenario de la Independencia y el Centenario de la Revolución han sido el principal motivo para tan obsesiva búsqueda; me temo sin embargo que la cuestión va más lejos: los años que estamos viviendo no son normales. El país entero está sometido a una sacudida tal que resulta fácil comparar nuestra época con el comienzo del siglo XIX, la guerra de 1846-1848, la Intervención francesa o la Revolución de 1910. También ha sido en esas estaciones de la historia nacional cuando más páginas se redactaron para tratar de responder al mismo cuestionamiento.

Abundan las razones para preguntarse sobre la o las identidades que coinciden en este extraño singular que forzosa y quizá equivocadamente hemos acuñado, «lo mexicano», para designar a la vez la violencia que se ha apoderado de la casa, la injusticia persistente, el futuro incierto, el *no* lugar que tenemos en el mundo, o la migración masiva de nacionales al país vecino (hay en el presente tantos mexicanos viviendo en Estados Unidos como habitantes tenía México hacia 1900). Con tales síntomas es difícil escaparse a la duda y más lo es encontrar respuestas satisfactorias. En mi caso, de muy poco me ha servido para hallar explicaciones la formación académica, el ejercicio de mi profesión como periodista o el involucramiento en una que otra causa política.

Fue por este motivo que me invadió una necesidad grande de viajar por el país. A tres años de que comenzara esta aventura debo decir que la travesía no solo movió mis convicciones sino terminó volviéndome otra persona. No se trató nada más de un desplazamiento geográfico, porque afectó cuerdas fundamentales del espíritu. Entendí el significado de lo que en lengua inglesa llaman *journey*, esa jornada que a la vez agita las neuronas y pinta la piel de otro color; bien dice el escritor Claudio Magris que viajar significa desmontar, reajustar y volver a cambiar. Lo que comenzó siendo un recorrido de búsqueda relacionada con la comunidad a la que pertenezco concluyó arrojándome a uno de los exámenes más severos sobre mi singularidad.

Este periplo debía dar inicio por la región que menos conocía; elegí Tijuana porque antes de la aventura era una ciudad que me provocaba mucha curiosidad. Más allá de esa intención, tardé en contar con un itinerario definido. En el verano de 2008 liberé tres meses para tomar camino: la caprichosa ruta que ahora veo en el mapa todavía me sorprende. Después de recorrer la península de Baja California, parte de Sinaloa y la ciudad de Durango, un accidente me llevó de nuevo hacia el norte hasta concluir en El Paso, Texas. De no ser por Adolfo Sánchez Rebolledo, quien durante los preparativos me sugirió visitar Santiago Papasquiaro —la población donde crecieron los hermanos Revueltas—, probablemente no habría seguido hacia arriba el Camino Real de Tierra Adentro. Debo confesar que entonces me llamó más la atención la musicalidad de la palabra *Papasquiaro* que la biografía de aquellos personajes ilustres.

No puedo presumir que abarqué el noroeste mexicano porque lamentablemente me faltó tiempo para visitar Sonora; tampoco se trató de una ruta por la antigua Nueva Vizcaya porque aquí no está Coahuila y sobraría Baja California. Sin embargo, la vecindad de las regiones hace que algunas historias de Sonora y Coahuila se hayan colado en estas páginas. Debo aclarar que aquellos meses de verano fueron insuficientes: entre 2008 y 2011 debí regresar en varias ocasiones para detenerme en una población faltante, hacer una entrevista que me quedó pendiente, acudir a una librería de viejo o tomar una fotografía indispensable.

Tiene usted en las manos un texto que reúne decenas de relatos extraordinarios de una región también extraordinaria; los fui coleccionando y decidí contarlos con mi propia voz. Los libros de viaje tienen como ventaja que nada fuerza a la objetividad ni a la cronología. «No somos objetos —me dijo un día Carlos Márquez, querido amigo—, por eso hay que renunciar a ser objetivos.» No sé aún si su broma guarda algo de razón pero en esta aventura disfruté alejándome de esa pretensión.

Las historias que se cuentan están hiladas por la geografía. Cuando regresamos de un viaje narramos nuestra experiencia a partir de lo que visitamos y no de la historia absoluta del lugar: podemos hablar de una casa del siglo XVIII que se encuentra junto a un edificio modernísimo sin tener que dar explicaciones sobre el transcurso del tiempo que los separa; gracias a tal posibilidad es que me fue posible relatar la vida de una persona en la época de la Colonia y justo después referir la conversación sostenida con un joven que me encontré en una fonda situada a un lado de la carretera. Si algún exceso cometí fue el de intercalar reflexiones, acaso un tanto líricas, sobre cuestiones que iba mirando y de las que conversaba; aprovecho para ofrecer disculpas por tal abuso.

Quien lea este libro debe saber que *El otro México* es un título plagiado. Antes de emprender el traslado, Rolando Cordera, un hombre al que debo muchas cosas, me recomendó leer *Crónica de un país bárbaro* de Fernando Jordán; es un libro que recoge los viajes por el estado de Chihuahua de este periodista de los años 50. Cuando apenas comenzaba el recorrido, en Tijuana me encontré con que Jordán había escrito antes un diario de viaje sobre la península: *El otro México. Biografía de Baja California*. La prosa de este hombre me tomó por asalto y terminó otorgándole tono a la mía; su talento para describir cosas, personas y paisajes tiene pocos rivales. En México hemos sido injustos al olvidar a este joven escritor que en 1956, justo después de terminar *Crónica de un país bárbaro*, supuestamente se suicidó en el puerto de La Paz. En honor a Fernando Jordán cometí este plagio.

En nuestra época, el noroeste del país es una de las zonas que con mayor desventura han padecido la violencia; fue por tanto imposible dejar de lado los aspectos del narcotráfico y la descomposición social que se experimentan en Baja California, Sinaloa, Durango y Chihuahua. La voz de quienes fui entrevistando en el camino me regresó una y otra vez a estos temas. Si recurrí al análisis sobre la inseguridad que se resiente en estos rumbos fue para otorgar contexto a las opiniones y teorías que se reproducen en los cafés, las plazas y las calles. La vida real o supuesta de los mafiosos y algunos gobernantes nefastos resultó la parte más desalentadora en los párrafos que siguen. Cuando visité las poblaciones afectadas no pude dejar de preguntarme cómo habría sido el viaje de realizarlo en otro momento.

Mucha de la información recogida durante esta larga jornada proviene de las entrevistas que realicé; entre conversaciones cortas y largas charlas, según mis notas, sumo más de 115 encuentros. Necesito agradecer aquí a todas esas personas que compartieron conmigo sus emociones e ideas: especial reconocimiento quiero hacer a Ramón Eduardo Ruiz por la extensa plática sostenida en aquel restaurante de La Jolla, California (lamento tanto que ya no esté entre nosotros); a Heriberto Yépez, cuya inteligencia y claves me aproximaron a esa gran odisea que es Tijuana; a Alex Cardini por contarme la historia de la ensalada César mientras mezclaba lechugas; a Juan Esmerio por su amistad y el callo de hacha que nos comimos en Altata; a Élmer Mendoza, con quien me hermané gracias a unas balas de plata; a Sergio Ley López porque treinta años después me volvió a contar la maravillosa historia de su padre; a Gilberto Jiménez Carrillo y José de la O Holguín, grandes detectives de lo extraviado; a Javier Guerrero Romero por la enorme paciencia que le concedió al fuereño, a Rogelio Brambila, que me reveló los secretos de Santiago Papasquiaro; a Julián LeBarón por su coraje para vivir con dignidad; a Gustavo de la Rosa por su bonhomía y aquella copa de vino que nos bebimos en El Paso; a Sandra Rodríguez, mujer generosa como pocas. El recorrido por el estado de Chihuahua no habría sido posible sin la ayuda de Alejandro Páez, amigo a la vez reciente y antiguo; las varias charlas con él forjaron los últimos capítulos; además, por mediación suya pude conocer a Octavio *El Loco* Páez y a Aurelio Páez Varela, hombre también entrañable.

La lista de agradecimientos a cuantos me acompañaron durante este esfuerzo es larga y temo no ser capaz de reproducirla por completo. Comienzo con mi esposa y mis hijos quienes hicieron alguna parte del recorrido conmigo y cuyas miradas dejaron huella en tantos de mis pensamientos; les ofrezco también una disculpa por soportar horas interminables de conversación íntima dedicadas a repetir las narraciones que hoy forman parte de este libro. Sin Marcela jamás hubiera llegado al final, no me alcanza el aliento para reconocer en voz alta la suerte de saberla a mi lado. A Santiago le debo horas de escuchar a Los Tigres del Norte para descifrar las letras de sus canciones, y a Sebastián una enorme gratitud por estrenarse como reportero en aquel viaje que hicimos juntos a Chihuahua. Gracias de igual forma a Mauricio y Mirna Merino, también familia, por estar en el comienzo y leer los primeros capítulos cuando esto era todavía un proyecto. A Leonardo Curzio y al equipo de *Enfoque Noticias* por permitirme narrar a la distancia algunas de las crónicas que aquí aparecen. A Pablo Raphael porque me habló de Albert K. Owen y de la batalla de Topolobampo, pero sobre todo por aguantar alguna de las angustias que me produjo la escritura de estas páginas. Particular abrazo doy a Guillermo Osorno cuyo entusiasmo me dio fuerza, a Gabriel Sandoval, «mi editor», por su fe y a Carmina Rufrancos, con quien he ido construyendo una complicidad invaluable. Quiero mencionar también a Aldo Flores, Javier Corral, Ricardo Bucio y Jorge Zepeda Patterson por haber sembrado más de una reflexión.

Nadie ha pasado más horas corrigiendo este esfuerzo y ayudándome a deshacerme de lo superfluo que Dunia Campos; no sé qué hubiera hecho todo este tiempo sin su talento. Agradezco también a Martha Castro por su acuciosa lectura, así como a Mauricio Torres, Ix-Nic Iruegas, Quentin Pinoteau, Yamel Buenrostro, Paulina Azuela y Víctor Tlatempa por el tiempo invertido en transcribir entrevistas, conseguir y corroborar datos, corregir borradores y también por sostenerme.

# I
# CAMINO HACIA EL INFIERNO

## Cruzada San Ysidro

Más por matar el tedio que por curiosidad, abro la ventanilla del vehículo que me conduce hacia la garita de San Ysidro y pregunto por el costo de un busto de Jesús Malverde, santo de los narcotraficantes, el cual no rebasa las dos palmas de altura. Un hombre bigotón y de amplísimo vientre me pide 250 pesos por él. Reviso mi cartera y constato que no estoy dispuesto a pagar esa cantidad. Ofrezco entonces al vendedor 100 pesos. El hombre se molesta conmigo y me asegura que Malverde se la va a tomar en contra mía por andar regateando su imagen. Luego da media vuelta, negándome cualquier oportunidad de reconsideración.

Del otro lado de la garita no se vende fruta ni raspados de color chillón, estatuillas de peltre, tacos ni aguas embotelladas. Si de norte a sur se quiere visitar Tijuana por tierra, no hay caseta que obligue a perder el tiempo; se viaja sin prohibiciones, tal y como habrá ocurrido cuando la inspección fronteriza del gobierno estadounidense todavía no estaba ahí. Hacer el recorrido en sentido inverso implica, en cambio, todo un dolor de cabeza: horas extraviadas mientras se espera turno para mostrar a la autoridad extranjera los documentos oficiales que permiten trasladarse a ese lugar conocido como «el otro lado». Una o varias veces al día, miles de automovilistas hacen larga fila en espera de cruzar hacia la Alta California.

Mientras tratan de hacer negocio, un hormiguero de comerciantes quiere despedir a los que viajan. Venden aguas de sabores y refrescos con gas. También hay frituras de harina y golosinas. Para alimentar la paciencia uno puede adquirir ahí *El Mexicano*, un viejo periódico local de Tijuana, o la revista nacional *Proceso*. Quien haya inventado los raspados de hielo embutidos en plástico tubular ahora debe ser millonario. Cuando el calor se estaciona sobre San Ysidro, esos empalagosos comprimidos de 10 centímetros de largo, popularmente conocidos como *bolis*, ayudan a refrescar las encías y la garganta. Poco importa que pringuen los dedos, y por su mediación, que dejen también pringados los documentos requeridos para abandonar Tijuana. Por un precio ridículo, el que viaja tiene además a su disposición piña, sandía, mango, naranja o tuna. Los vendedores de la garita espolvorean de rojo picante y de blanco salado las frutas que venden. En México, la combinación de chile, sal y jugo de limón, puesta sobre casi cualquier alimento, es más común que el consumo de la tortilla; una mezcla que hace retorcer la lengua, dulce y agrio sabor que va con la lógica mexicana. Se ofertan ahí otros objetos baratos acuciosamente seleccionados para disparar el sentimiento de nostalgia entre quienes van a abandonar México por unas cuantas horas, o quizá para siempre.

A un costado de la carretera, una estatua de la Santa Muerte que mide más de un metro y medio, cuida de los viajantes. De entre su larga y negra capa asoman una calavera y los huesos de sus manos. La llamada «Niña Blanca» últimamente se ha convertido en un poderoso símbolo de la religiosidad mexicana. Ahí también descansan las estatuillas de los doce apóstoles y de Jesucristo, todas fraguadas en estuco barato y pintadas con tosquedad. Hay igualmente figurines de ángeles desnudos y águilas devorando serpientes.

La gran mayoría de los automóviles que hacen turno para atravesar la garita traen placas de California. No es relevante si van conducidos por mexicanos o por estadounidenses, todos han obtenido su matrícula en la Dirección de Vehículos Motorizados ubicada en el otro lado. Frente a esa inmensa mayoría, un solo auto hace la excepción; porta placas mexicanas y coincidentemente lleva pegada sobre el cristal trasero una muy vistosa calcomanía del partido político que gobierna en la ciudad de Tijuana. El dueño debe ser un influyente político local. Circula en forma de rumor que cruzar San Ysidro como indocumentado dentro de la cajuela de un carro cuesta alrededor de 2 mil dólares.

Desde esta esquina del Océano Pacífico donde se asienta Tijuana, hasta la desembocadura del río Bravo, en las costas tamaulipecas del golfo de México, corren 3 mil kilómetros de descendente línea divisoria.

Es posible que se trate de la frontera terrestre más desigual del mundo. Entre el rosario de ciudades que reúnen a México con Estados Unidos se extienden millas de río disecado y tierra sedienta. Mientras las poblaciones estadounidenses son ricas, pequeñas y ordenadas, las mexicanas son pobres, profusas y caóticas. Ciudades a la vez opuestas y siamesas son San Diego y Tijuana, Calexico y Mexicali, El Paso y Juárez, Laredo y Nuevo Laredo, McAllen y Reynosa, Brownsville y Matamoros. La esquizofrénica naturaleza de estas comunidades binacionales no existe en ninguna otra región del planeta. Pertenecen a una lógica que solo se parece a sí misma. La materia con que está hecha su distancia no es el espacio sino el tiempo. Así lo asegura el escritor estadounidense Richard Rodríguez en su libro *Días de obligación*. Tijuana y el resto de sus hermanas mexicanas se encuentran ubicadas en el principio de la era industrial. Son poblaciones que Charles Dickens habría puesto como escenario para escribir su *Oliver Twist*. En cambio, San Diego o El Paso son urbes postindustriales, lanzadas al insondable futuro de lo que le sigue a lo moderno.

Sobre la fragilidad de esta frontera flotan dos lenguas que, con el paso de los años, probablemente terminarán volviéndose una misma. En la frecuencia modulada de la radio y también en la televisión, de un extremo al otro alternan estaciones que oscilan entre el español y el inglés. Las ondas electromagnéticas no distinguen matices. Se acomodan en dimensiones contiguas la música norteña y el pop anglosajón de los años ochenta; la miniserie policiaca, a la Jack Bauer, y el culebrón mexicano, cremoso y mal actuado; el rock metalero y el corrido melodramático; los anuncios de salsa picante y las imágenes de la amita de casa suburbana que cocina *hot cakes* para sus blondos hijos; la balada cursilona en español y las abusivas interpretaciones de Paul Anka, acompañado de una gran orquesta. Todo forma parte de ese amplísimo y heterogéneo fresco. Una ruta de continuidad que es laboratorio para tantas otras comunidades. La deriva que siguen estas ciudades nada tiene que ver con la línea recta; se trata de un círculo donde se confunden el comienzo de una y el final de la otra población.

En San Diego, San Bernardino, Pomona, Los Ángeles, Palo Alto, Santa Bárbara, Monterey, San Francisco, en fin, a lo largo de la extensa costa del Pacífico, los torrentes de lo mexicano se cuelan sin pedir permiso. Porque las identidades son líquidas y nunca sólidas, no ocurre aquí el choque de las civilizaciones imaginado por el falso profeta, sino una incesante y sutil fusión. Este hecho no oculta sin embargo los varios grados de separación que permanecen entre uno y otro punto de la frontera. En esa marea de movimientos humanos, mientras en un extremo descansa el paisaje bien calculado, en el otro se reproduce el caos. La ciudad estadounidense vive de día, la mexicana crece en toda su estatura durante la oscuridad. Si algo tienen en común San Diego y Tijuana es su obsesiva, aunque diametralmente opuesta, relación con la ley. En San Diego todo está prohibido. En cambio, en Tijuana prácticamente cualquier cosa estaría permitida. Una cultura reducida, según el cantante franco-español Manu Chao, a tres elementos nucleares: *tequila, sexo y marihuana*. Curiosa coincidencia: la regla inflexible apenas separada, por una garita, de la libertad sin límites. Una y otra ciudad son el resultado de la polarización histórica que ha mantenido en órbita a ambas. La relación entre San Diego y Tijuana es gravitacional, se extraviarían en el Universo si dejaran de oponerse entre sí.

Decenas de miles de chinos, japoneses, alemanes, ucranianos, árabes y tantos otros hombres y mujeres dedicados a los negocios pasan algunos días del año en la riquísima ciudad de San Diego. Estando tan cerca de México, estos turistas no pueden resistirse a la tentación de añadir un sello más a su pasaporte. Terminan entonces visitando Tijuana, ciudad que, según toda la evidencia disponible, es México. Ese viajero vuelve luego a su familia convencido de que México-país y México-Tijuana son un mismo concepto. Tijuana también es potente representación nacional porque se trata de la ciudad mexicana más cercana a Hollywood. Desde que este barrio de Los Ángeles se convirtiera en el emporio cinematográfico de Occidente, miles de millones de metros de celuloide han otorgado valor pleno a la imagen que los norcalifornianos tienen de este país a partir de su selectivo conocimiento sobre Tijuana. El México cursi pero bronco, el México romántico pero peligroso, el México libre pero caótico, el México del burdel barato, el México del sátiro, del *narco* y de la fichera. Ese es el México que mayoritariamente ha ocupado páginas y páginas de guiones fílmicos. Vivir tan cerca de un centro de negocios como San Diego y estar tan próximos de la pantalla más aparatosa de Occidente son casualidades que podrían haberse aprovechado de muchas maneras. Por lo pronto, los mexicanos nos hemos servido de esa ciudad y de ese proyector del cine mundial para exhibirnos a partir de Tijuana.

Una caudalosa vía carretera conecta a la ciudad de Los Ángeles con Tijuana. En varios de sus tramos llega a contar hasta con dieciséis carriles, ocho de cada lado. Una obra impresionante de ingeniería que serpentea sobre este lugar, antes un árido y silencioso desierto. Hoy sorprende por su vitalidad e imponente sentido de la urbanización. Newport Beach, Long Beach, Anaheim, Oceanside, Irvine, Riverside, Santa Ana, Pomona, San Bernardino y varias decenas de asentamientos más hacen de esta región una de las más densas, prósperas y desarrolladas del orbe. A diferencia del norte de California, donde el agua es abundante y también por lo tanto el color verde, en el sur de este estado de la Unión Americana el paisaje arbolado que se observa en los costados del *freeway* número 5 es producto de un inmenso esfuerzo artificial, emprendido durante décadas por un ejército de jardineros –buena parte de ellos mexicanos– que en las últimas tres generaciones han practicado una tenaz cirugía a la naturaleza original de la zona.

Viajando de norte a sur, en el paralelo 34, Los Ángeles aparece como la primera ciudad mexicana del globo terráqueo. En esta población, a diferencia de San Diego, el mexicano se vuelve a sentir en casa. Solo en la capital de su país de origen viven más compatriotas suyos. No sorprende por tanto el parecido entre ambas urbes. Los Ángeles y la ciudad de México coinciden porque mezclan impúdicamente la abundancia con la exclusión. En ellas el dinero igual rueda que escasea, ambas desprecian sin misericordia al peatón; su cielo azul grisáceo hace tiempo abandonó la transparencia, son chaparras y están satisfechas por poseer extensos barrios con casas de pocos pisos. Hoy gobierna la primera Antonio Villaraigosa, un mexicano nacido en el estado de Puebla que, como tantos otros, llegó a Estados Unidos queriendo escapar de un destino corto de expectativas. Cuenta una leyenda verosímil que, recién estrenado en su cargo, Villaraigosa fue invitado a cenar por Carlos Slim Helú, a la sazón el hombre más rico de México y también quien posee la fortuna más grande del mundo. Mientras fuentes de alimentos muy condimentados y platos abundantes en grasas y carbohidratos iban y venían sobre las palmas de los meseros, Slim preguntó al alcalde de Los Ángeles si nunca le había pasado por la cabeza arrepentirse por haber dejado atrás el lugar donde nació. Sin pensarlo demasiado Villaraigosa le respondió que de haberse quedado en Puebla, lo más cerca que hubiera estado de esa misma mesa habría sido como uno de los camareros que estaban sirviendo la cena.

Villaraigosa es un ejemplo de que el mexicano culpable por haber dejado atrás la tierra de sus parientes no existe más. «El pachuco» descrito por Octavio Paz en *El laberinto de la soledad* se extinguió desde hace mucho tiempo. El traidor no es ya aquel que migró sino quienes se quedaron atrás y son los responsables de su migración. No hay más Malinche a quien reclamar por su falta de lealtad nacional. Orgullosos están los que se fueron y todavía más, los hijos y los nietos de los primeros en irse. *Chicanear* ya no es un verbo peyorativo emparentado con el engaño o la traición; es un término absolutamente pasado de moda. La clase espiritual a la que pertenecen tantos migrantes puede medirse ahora por la impresionante cantidad de dinero que cada mes hacen llegar a territorio mexicano para ayudar a sus familiares: 21 mil millones de dólares en promedio por año; una inyección de recursos que solo es superada en el país por los ingresos anuales provenientes de la exportación petrolera. Los méxico-americanos tienen un poder económico tan ostensible que en estos tiempos sería necio, por no decir estúpido, ningunearlos. Tanto en Estados Unidos como en México, el paisano se ha convertido en un individuo que reclama ser tratado con privilegio. Su presencia en casi todos los sectores de la economía estadounidense, particularmente en regiones como California, Texas, Arizona, Nuevo México, Oklahoma o las Carolinas, les ha conseguido una mirada distinta, incluso entre las voluntades más racistas. No quiere decir que la discriminación contra los migrantes mexicanos haya desaparecido en la Unión Americana. Sin embargo, la fuerza emprendedora que respalda a esta comunidad, y también el ejercicio de organización al que se ha sometido, en alianza con otras identidades latinas, lo han colocado en una circunstancia muy mejorada para la defensa de sus intereses. Ya no provoca la misma incomodidad social que hace unos años presentarse como mexicano, ni tampoco hacerlo como *hispanic* o *latino*. Para una gran mayoría de migrados, vivirse con dignidad en Estados Unidos es la única realidad comprensible.

Entre la comunidad méxico-estadounidense que reside en San Diego, circula una anécdota ocurrida supuestamente en el verano de 2007, al comienzo de la primera campaña presidencial de Barack Obama. Se cuenta que el entonces candidato demócrata, en su visita por el extremo suroeste de su país, llegó a estar parado a unos cuantos metros de la garita de San Ysidro. De pie sobre una planicie elevada, Obama habría observado, como nunca antes en su vida, la densa y desordenada grisura de la ciudad de Tijuana. Su mirada atravesó el horizonte y se topó con las largas filas de pacientes automóviles y las colonias populosas e irregulares que duermen en la retaguardia montañosa de esa inmensa urbe. Quienes lo acompañaban aseguran que este hombre delgado y sobrio se habría limitado a levantar brevemente una ceja para luego interrogar a sus interlocutores con una lacónica pero admirativa pregunta: "¡¿Esto es México?!"

Esa misma garita de San Ysidro que Barack Obama habría mirado desdeñosamente, fue construida sobre las aguas termales que hace muchos años atravesaron el rancho de la Tía Juana, mítica mujer que supuestamente colocó la primera piedra de lo que hoy se conoce como Tijuana. Esta ciudad que hoy ocupa más de mil 700 kilómetros cuadrados de valle y montaña no se fundaría formalmente hasta 1889. Al mismo tiempo en que nació Tijuana, sobre el paralelo 32 norte, a escasos 20 kilómetros al este del Océano Pacífico, el gobierno de Estados Unidos instaló en San Diego su principal base naval. Tijuana es el quinto municipio más poblado de México y en el presente viven en él tres millones de personas: más de la mitad de los residentes en el estado de Baja California. Muchos de quienes habitan en esta ciudad no se viven como mexicanos; tampoco se perciben como estadounidenses. Su identidad podría ser la semilla de una tercera nación. La historia que fabricó tal identidad ha sido muy intensa en episodios y argumentos. Tijuana fue inaugurada por el carácter virtuoso del pionero y también por el instinto de lo femenino; ha sido varias veces sitiada por piratas frustrados y por soñadores de pesadillas; la han gobernado políticos muy corruptos, ha vivido en el esplendor y también en el infierno. Cuenta con un santo laico muy milagroso, Juan Soldado, que fue asesinado por pederasta y violador. Es un lugar donde residen poderosos criminales, codo a codo con individuos que defienden sin negociación alguna su honor. Ciudad de migrantes, de braceros, de mujeres trabajadoras que han entregado su juventud y mucho más a la industria maquiladora. Ciudad donde, como dice el escritor Heriberto Yépez, la libertad no se toma, se arrebata. Tijuana es una puerta privilegiada para aproximarse al México del siglo XXI. Es la puerta que, en efecto, abren muchos extranjeros para echar un vistazo sobre nuestro país y que también deberíamos abrir el resto de los mexicanos para tomar una mejor conciencia sobre lo que somos. Su naturaleza contradictoria sirve de mapa para leer lo mexicano, si es que tal identidad realmente existe.

## La Tía Juana

Los que entienden de lenguas prehispánicas aseguran que «Tiguana» viene de la voz yumana «Llantijuan», y que quiere decir «lugar que se encuentra junto al mar». En lengua guaycura este mismo término significaría «lugar de escasos alimentos». Ambas expresiones son verosímiles; hasta finales del siglo XIX Tijuana permaneció como un lugar escaso en alimentos que, en vez de aprovechar su cercanía con la costa y construirse frente al Océano Pacífico, se fundó oponiéndole la espalda al mar. Alguna voz más contemporánea asegura que el nombre de Tijuana es posterior y que en realidad se liga afectivamente con la *cannabis sativa*. Desde esta explicación folclórica, Tijuana querría decir «lugar donde reside la Tía (Mari) Juana». Esta versión se antoja falsísima pero permite hacer referencia a otra narrativa que se usa para explicar el nombre de la ciudad: la historia de *La Tía Juana*. Olga Vicenta Díaz Castro (1907-1994) –mejor conocida como Sor Abeja, una poeta y declamadora de la frontera– inventó la vida de esa mítica mujer. Su relato sobre la fundación de la ciudad comienza con una honesta advertencia: «no siempre lo que se escribe es cierto, y a veces la verdad nunca se escribe». Con todo, Sor Abeja aporta una prueba que obliga a tomar su narración con algo de seriedad. Se trata de la imagen de un óleo fechado en 1725 donde aparece, muy distinguida y de cuerpo entero, Doña Juana de la Peña, marquesa de Villapuente. Su cuerpo esbelto y su rostro muy blanco fueron retratados de perfil por algún pintor que pasó por la península a los pocos años de ocurrida la llegada de esta mujer a las Californias.

Según Sor Abeja, la marquesa de Villapuente desembarcó en Loreto junto con sus dos hermanos, Alfonso y Manuel, durante la primavera de 1721. Los tres pertenecieron a una familia aristocrática que era dueña de minas, haciendas, fincas y cortijos por toda la Nueva España. Huérfanos de padre y madre, doña Juana y sus hermanos fueron adoptados por su tío José de la Peña y Puente, uno de los financiadores más importantes de la obra misionera en la península de Baja California. Esta familia vivía en la ciudad de México; muy jóvenes los tres sobrinos tomaron la decisión de entregar su herencia personal para la continuación de los trabajos en las misiones californianas y también optaron por dedicar sus vidas a la evangelización en aquellas lejanas regiones. Una vez en la misión de Loreto, los hermanos de doña Juana continuaron su propio viaje con el ánimo de participar en la conquista de los territorios situados en la parte norte de la península. Por mar y también por tierra, en su primer viaje habrían llegado hasta el delta del río Colorado, justo donde hoy hacen frontera Arizona, Sonora y las Californias. La marquesa de Villapuente, en cambio, permaneció en la misión jesuita como maestra y catequista. Además, atendía a los enfermos y cuidaba a los niños que, como ella, eran huérfanos. Diez años pasaron sin que esta joven mujer tuviera noticias frecuentes de sus hermanos. Así fue hasta un mal día en que Alfonso, el mayor de los tres, reapareció acompañado por un niño que apenas caminaba y por una bebé recién nacida. Se trataba de José y Gertrudis, los hijos de su mutuo hermano Manuel, quien después de haber perdido a su esposa durante el parto de la niña, falleció también. Fue en ese momento que doña Juana dejó de ser llamada así. Aquella tragedia familiar la rebautizó como *La Tía Juana*.

A los pocos días de su regreso, Alfonso propuso a su hermana que partieran juntos para vivir en un valle que se encontraba cerca de la bahía de San Diego. El trayecto en barco hasta esa región era largo. Debía partirse de San José del Cabo y vivir alrededor de dos meses en la nave, luchando contra las corrientes de ese océano que nada tiene de tranquilo. La Tía Juana aceptó la invitación. Una pequeña horda integrada por los niños Gertrudis y José, una decena de personas que trabajaban con la tía en la misión, unos cuantos arrieros que se harían cargo de los animales con los que compartirían destino y también el padre Ángel, que los seguiría para asegurarles una buena vida cristiana, dio forma a esta aventura que comenzó en marzo de 1731. Hacia finales del mes de mayo, la embarcación de los hermanos Villapuente felizmente tocó la bahía de San Diego. La Tía Juana, su hermano y el resto de los acompañantes viajaron luego, unos montados en mulas y otros por su propio pie, hacia el valle prometido. Pronto se toparon con una poza de aguas termales bajo la cual los pobladores originarios del lugar aseguraban había un infierno. Fue en ese sitio donde los marqueses decidieron edificar una amplia construcción protegida por una barda gruesa de mampostería. Cuando estuvo lista, sobre la entrada principal de la propiedad se colocó un gran letrero que decía *Ranchería de la Tía Juana*. De un lado a otro de esta finca corría un arroyuelo de aguas transparentes y curativas. Como Sor Abeja hace notar, la marquesa habría sido la primera mujer europea en beneficiarse de esa agua caliente.

No pasó demasiado tiempo desde la fundación de aquella ranchería cuando don Alfonso falleció por la mordedura de una serpiente. La Tía Juana habrá sufrido aquello. De golpe se convirtió en la principal responsable, la matriarca, la jefa de esa familia que no dejaba de crecer por el encuentro entre quienes la acompañaron en el barco y los miembros de las tribus seminómadas que habitaban anteriormente en la región. Según relata Sor Abeja, la marquesa nunca se casó ni tuvo hijos propios. No obstante, a su alrededor construyó una comunidad que vivía en paz. Justo antes de morir, la tía recibió una visita muy distinguida en su ranchería: un alto jerarca de la orden de los franciscanos hizo una parada en su propiedad para tomarse un descanso en su camino hacia la Alta California. Era fray Junípero Serra, quien probablemente se habrá sorprendido por el aislamiento del lugar, pero sobre todo por haberlo encontrado gobernado por una anciana mujer de origen español. Pocos días después de que Serra partiera, Juana pidió que la llevaran a bañar al arroyo de Agua Caliente. Dice Sor Abeja que ahí murió feliz, mientras esas aguas curativas recorrían su cuerpo.

Ciento veintiún años después de que la tía se convirtiera en un fantasma de la región, en 1889, sería formalmente fundada la población de Tijuana. Para 1910, en la vecindad de aquel arroyo de aguas termales vivían apenas 500 personas. No fue hasta un año después, cuando unos mercenarios estadounidenses se aventuraron a cruzar la frontera entre México y Estados Unidos, que Tijuana comenzó a crecer y no ha dejado de hacerlo desde entonces.

## Los filibusteros

Tiene algo de milagroso el que Tijuana y toda la Baja California sigan siendo mexicanas. Ya lo dijo Fernando Jordán, ese gran periodista de quien tomé prestado el título de este libro: más se recuerda entre los mexicanos la pérdida de Texas que la hazaña, varias veces repetida, de evitar que esta península se extraviara. La han codiciado conquistadores extranjeros, locos ambiciosos, políticos sin patria, piratas y corsarios. Al menos en cuatro ocasiones de su historia Baja California estuvo en peligro de abandonar su actual nacionalidad. En 1822 lord Thomas Cochrane, almirante de la escuadra chilena que en sus tropelías solía utilizar bandera de pirata, desembarcó con la convicción de que podría tomar por la fuerza esta larga lengua de tierra. Este corsario no tuvo a su disposición la fuerza militar para apropiarse de un territorio cuya naturaleza extensa, árida y caprichosa ya había antes hecho sufrir a muchos otros aventureros. El siguiente episodio separatista ocurrió en 1846, cuando los habitantes de la hermana gemela de la California del norte tomaron la iniciativa de volverse parte de la Unión Americana. En su diario privado, el entonces presidente de Estados Unidos, James K. Polk, dejó escrito que ni Nuevo México, ni las Californias –así, en plural– debían devolverse bajo ninguna circunstancia al país del sur. Por fortuna, y sobre todo por azar, no ocurrió de esta manera. En el trazado de las fronteras –establecido por los tratados de Guadalupe Hidalgo– la península se mantuvo como mexicana. Cinco años después, otro temerario personaje quiso tomarla por asalto, esta vez con la idea de fundar una república independiente. Se trató del estadounidense William Walker, originario de Nashville, Tennessee. Tampoco prosperó. Walker fue lanzado al mar y la Baja California se conservó tenazmente mexicana. Este líder político sin territorio al cual gobernar logró, para asombro de la historia, hacerse de la presidencia de Nicaragua entre los años de 1856 y 1857. Más tarde, empujado por su ambición expansionista, fue fusilado en Honduras en 1860.

Quizá sea el cuarto incidente intrusivo el que más profunda herida dejó en esta región. Ocurrió así porque sus principales protagonistas fueron mexicanos. La invasión de quienes aquí serían recordados bajo el peyorativo nombre de «los filibusteros» dejó una memoria con olor a traición y vanidad. Un grupo de mercenarios estadounidenses financiados y comandados por los hermanos Flores Magón levantó, durante varias semanas, cuatro banderas extranjeras en el poblado de Tijuana. La historia es muy impopular en esta frontera y sin embargo poco conocida por el resto de los mexicanos. Hoy, sobre el boulevard Agua Caliente, a la altura de lo que alguna vez fuera la Plaza de Toros, sobresale un feo monumento cuadriculado (ni para qué averiguar el nombre del arquitecto que lo diseñó) que lleva grabado en su parte más alta el año de 1911, y en su centro un escudo mexicano. Este obelisco está dedicado a quienes defendieron Tijuana de aquella invasión extranjera.

Ricardo Flores Magón se convirtió en precursor de algunas de las ideas que darían origen a la Revolución mexicana. Editó y publicó el periódico *Regeneración* y fundó con otros el Partido Liberal Mexicano. Por la fuerza de su pensamiento, y también por la energía con que contagió a muchos otros, pasó largas temporadas en prisión, en México y en Estados Unidos. Desde 1904, perseguido por el régimen porfirista, se refugió en El Paso, Texas, y en California junto con su hermano Enrique, y durante alguna breve temporada, también lo hizo en Canadá. Del otro lado de la frontera siguió dirigiendo al Partido Liberal. En la ciudad de Los Ángeles, donde por aquellos primeros años del siglo XX radicaban alrededor de 33 mil mexicanos, estableció contacto con John Kenneth

Turner, autor del ensayo *México bárbaro,* puntual profecía del futuro movimiento revolucionario de 1910. Este periodista presentó a los hermanos Flores Magón con los principales líderes de un influyente sindicato anarquista: *Industrial Workers of the World* (Trabajadores Industriales del Mundo), cuyos integrantes fueron popularmente conocidos en la Unión Americana como los *Wobblies.* Gracias a estas relaciones, los hermanos Flores Magón obtuvieron fondos para organizar una milicia privada compuesta por ciudadanos estadounidenses, con la cual pretendieron participar en el movimiento revolucionario convocado por Francisco I. Madero. Paradójicamente, para los líderes del Partido Liberal Mexicano los maderistas no merecían respeto. Ellos pugnaban desde su extremo por abolir el Estado burgués y aniquilar el sistema económico capitalista. Madero era, en más de un sentido, un representante de ambos anatemas. Convencidos, en cambio, de la justeza de su propia causa y bajo el lema «Libertad o muerte», los hermanos Flores Magón se permitieron una estrategia armada en la frontera bajacaliforniana que, a la postre, demostró no haber pasado por una revisión de sus últimas consecuencias. Para financiarla, estos dos luchadores sociales emitieron bonos que colocaron a la venta entre los empresarios estadounidenses, cuyo interés sobre el territorio mexicano era muy grande. Con ellos pactaron también que las fuerzas rebeldes no lastimarían el negocio algodonero yanqui radicado en la región de Mexicali.

La incursión armada de los magonistas en Baja California sucedió hacia finales de enero de 1911. Un puñado de milicianos se introdujo en Mexicali, población que por aquellos días no llegaba a los 400 habitantes, con el objeto de liberar a varios seguidores de su movimiento revolucionario que se encontraban presos. El siguiente paso fue tomar por asalto el poblado de Tijuana, que entonces era ligeramente más grande. Ricardo Flores Magón entregó a los estadounidenses Rhys Pryce y Sam Wood el comando del grupo armado. El 8 de mayo de 1911, doscientos soldados extranjeros se dispusieron para el combate. Según información que ha viajado en el tiempo, este grupo de aventureros contó también con el apoyo del capitán Wilcox, del ejército estadounidense, quien −a pesar de las leyes de neutralidad que obligaban a las autoridades de su país a no intervenir en conflictos internos de otras naciones− desde su cuartel militar, muy próximo al lugar donde hoy se encuentra la garita de San Ysidro, protegió, armó y alentó a aquellos mercenarios. Por su mediación, se sumaron al contingente de Pryce y Wood soldados yanquis que llegaron a Tijuana vestidos con uniformes militares de campaña.

Del lado mexicano, un cuerpo de veinticinco efectivos, varios de ellos ciudadanos voluntarios, comandados por el subteniente Miguel Guerrero y el subprefecto José María Larroque, defendieron Tijuana. Probablemente los tijuanenses no participaron en esta batalla teniendo en mente al gobierno abusivo de Porfirio Díaz, el cual les quedaba demasiado lejos. Tampoco habrán actuado en solidaridad con la rebelión encabezada por Francisco I. Madero, movimiento también muy distante de su realidad. Considerarían en cambio el argumento más obvio: si los estadounidenses entraban a su territorio, iba a ser muy difícil sacarlos de ahí después. Miguel Guerrero y José María Larroque habrían de ser recordados nacionalmente por su hazaña: en un par de días terminaron con la vida de 41 filibusteros. Entre los primeros muertos apareció Sam Wood, uno de los principales cabecillas. Con todo, durante el tercer día del ataque, a las fuerzas defensoras de Tijuana se les acabó el parque. Hacia media mañana del día 10, sus rifles ya no contaban con pólvora ni balas. A diferencia de sus adversarios, los mexicanos no pudieron surtirse de armamento en la ciudad de San Diego.

Primero cayó en manos del enemigo la Plaza de Toros, lugar donde se encontraban algunos efectivos al mando del subteniente Guerrero. Los filibusteros le prendieron fuego hasta que se consumió completamente. Luego incendiaron una iglesia y varias casas particulares. Ya solo con Pryce a la cabeza, los filibusteros lograron hacerse de Tijuana. Para dar aviso de su triunfo elevaron cinco banderas en distintos puntos del poblado. Cuatro de ellas portaban barras y estrellas; una sola era roja y recordaba que detrás de esa invasión también se encontraban los hermanos Flores Magón. Ricardo envió aquel mismo día una carta al señor Rhys Pryce felicitándolo por la victoria alcanzada:

«Este triunfo se obtuvo debido a la inteligencia y al valor de vuestros hombres, que supieron infligir una derrota a los desgraciados esclavos que el Capital y las autoridades enviaron a la muerte para mermar los derechos y prolongar los sufrimientos de la raza humana. Camaradas: esta victoria ha tenido gran resonancia porque habéis anunciado de un modo inequívoco que no fueron los mercenarios de Madero quienes tomaron la población, sino los líderes partidarios del Pabellón Rojo… [esta] es la primera vez que la Roja Bandera de la Libertad de los Proletarios se ha izado».

Cuando un reportero del periódico estadounidense *Union* buscó a Pryce para preguntarle por qué ondeaba sobre Tijuana una sola bandera roja, mientras cuatro más de Estados Unidos lo hacían en otros puntos de la ciudad, el interrogado terminó aceptando que le parecería bien ver al resto de la Baja California integrada a la Unión Americana. Por soberbia o por indolencia –poco importa ahora–, los hermanos Flores Magón participaron en la concepción, financiamiento y ejecución de una empresa que tuvo como objetivo anexar la Baja California a Estados Unidos. Fueron los autores intelectuales detrás de los filibusteros. Más tarde se les acusaría de este delito en los tribunales de la ciudad de Los Ángeles. Por haber violado las leyes de neutralidad, Enrique y Ricardo añadirían tres años a su colección de estancias en prisión.

La relación entre Rhys Pryce y Ricardo Flores Magón concluyó en malos términos. Mientras el segundo urgía al primero para que continuara en su campaña militar hacia Ensenada, Pryce decidió convertir en un buen negocio la breve victoria alcanzada en Tijuana. Con la supuesta intención de financiar la actividad de sus tropas, optó por cobrar impuestos a la población, otorgar licencias y exigir derechos de aduana, además de imponer una tarifa de 25 centavos de dólar por cada visita que los turistas venidos de San Diego, o más allá, hicieran a esta localidad. Para asegurarse un flujo adecuado de tales visitantes, Pryce abrió centros de apuesta que, por aquellos años, comenzaban a brotar como hongos en la polvorienta avenida Olvera, hoy Revolución. Según se registra en la memoria sobreviviente, Pryce habría obtenido un tesoro considerable por estas actividades.

Con la firma de los Tratados de Ciudad Juárez, el día 25 de mayo de 1911, Francisco I. Madero ganó la partida al artrítico gobierno de Porfirio Díaz. Para gobernar nacionalmente, el nuevo líder del Estado mexicano necesitaba el apoyo de todos los revolucionarios, incluidos los arrogantes dirigentes del Partido Liberal Mexicano. Por mediación de Jesús Flores Magón, hermano mayor de Ricardo y de Enrique, pidió a los anarquistas hacer las paces con su causa. Envalentonado como estaba por su propio logro en Tijuana, Ricardo envió de vuelta un mensaje cargado de rechazo hacia Madero. Justo en ese momento Rhys Pryce –cual jugador de póquer que sabe retirarse a tiempo– recogió sus ganancias y abandonó Tijuana definitivamente. En su lugar fue nombrado otro seguidor de los magonistas, John R. Mosby, quien no duraría más de un mes como responsable de la ciudad. El 22 de junio de aquel año, las fuerzas filibusteras fueron expulsadas de Tijuana por efectivos del gobierno federal bajo las órdenes del coronel Celso Vega. Algunos filibusteros perdieron la vida, otros fueron comprados y el resto pasaron a ser prisioneros de guerra. Mientras tanto, los hermanos Flores Magón permanecieron en su cuartel general ubicado en la ciudad de Los Ángeles. Ahí los aprehendería la autoridad californiana y después de procesarlos, ambos serían recluidos en prisión desde finales de 1911 hasta principios de 1914.

El episodio de los filibusteros hizo tomar conciencia a los tijuanenses sobre la desprotección en que se encontraba su territorio; tan cerca de las ambiciones estadounidenses y tan lejos del centro mexicano del poder. ¿Cómo financiar la propia invención si la única riqueza posible era la que dejaban los campos de algodón, cuyos dueños no eran nacionales? ¿Cómo oponerse al país vecino, a su dinero, a su mercado, a su religión y a su discriminación, sin contar con leyes, con recursos y, sobre todo, con una identidad independiente? El negocio de la diversión prohibida terminó siendo una respuesta puntual a las preguntas más fundamentales para la supervivencia. El juego, el alcohol, el opio, el baile, entre otras transacciones lúdicas, se prodigaron generosamente para permitir el parto de la futura Tijuana.

## Camino hacia el infierno

El infierno fue fundado por un selecto grupo de ángeles caídos. El hecho de que hayan caído no es intrascendente. Probablemente el infierno no se habría poblado si, antes de expulsar a los demonios de su reino, el Creador no hubiese inventado la fuerza de gravedad. Tampoco Tijuana habría nacido sin la fuerza de la geografía. Este poblado se convirtió en ciudad gracias a un excéntrico puñado de estadounidenses desterrados porque a sus compatriotas les ganó lo puritano; y también por otros tantos mexicanos que no tuvieron la vanidosa pretensión de elevarse moralmente como si fueran ángeles. Fue en los últimos años 10 y en los primeros 20 del siglo pasado que la prensa estadounidense comenzó a referirse a la ruta que une San Diego con Tijuana como *The Hell's Road* (el camino hacia el infierno). En nuestro tiempo, los adjetivos para hablar de este mismo cruce de geografía y humanidad no han cambiado mucho pero la idea de infierno ha ganado mejor reputación. Cuando el cantante Manu Chao se refiere a Tijuana no lo hace a partir de un pedestal mojigato, sino desde quien invita a perderse en los antros, las cantinas, los burdeles, los salones de baile y demás lugares y curiosidades que pueblan esta ciudad.

Desde su nacimiento, la mayor parte de la riqueza derramada sobre la ciudad de Tijuana se debió a las prohibiciones originadas en el otro lado de la frontera. Uno de cada tres visitantes nocturnos que acuden hoy a los locales ubicados en la avenida Revolución, a la Plaza Santa Cecilia o a la zona roja de la calle Coahuila tienen menos de 24 años. Muchos de ellos ni siquiera han cumplido los 21, edad reglamentaria en California para poder comprar bebidas alcohólicas. Por más de cien años, miles de ángeles caídos provenientes de Estados Unidos y muchos otros países han tenido a Tijuana en alta estima. Ayer fueron el Casino de Agua Caliente, el Foreign Club o el Sunset Inn. Hoy son el Perla Negra, La Estrella, Don Loope, El Fracaso o Pete's. Algunos son lugares de mala muerte, otros han hecho olvidar por una noche entera a sus visitantes que la muerte existe. Sin embargo, todos, los de antes y los de ahora, los antros más selectos y los más cutres, tienen algo en común: comparten la responsabilidad de que Tijuana sea una ciudad maltrecha durante el día. (¿Quién que viva de noche puede salvarse de padecer estragos físicos a la mañana siguiente?) Es por culpa de la parranda que Tijuana no puede arrancarse del rostro la resaca.

Cuando Rhys Pryce y sus filibusteros fueron derrotados, comenzó en Tijuana la construcción de ese gran parque recreativo para adultos. Durante los primeros años 20 se le comparó con Montecarlo y también con La Habana. La explotación económica derivada de la cercanía con Estados Unidos dio inicio cuando en San Diego se organizaban visitas para turistas que querían pasar a tomar el *lunch* en el restaurante Delmonico's de Tijuana y luego por la tarde disfrutar una corrida de toros, explícitamente orquestada para los extranjeros. Los visitantes llegaban en tren hasta la línea fronteriza y luego completaban el breve recorrido de un kilómetro en un autobús que los depositaba en las tiendas de artesanías conocidas desde entonces con el curioso nombre de *mexican curios*. Fernando Jordán justifica el surgimiento de los centros de diversión para adultos en esta región advirtiendo que se trató de una alternativa entre la vida y la muerte para un par de pequeños poblados –Tijuana y Mexicali– que no contaban con otro medio de subsistencia económica. Los fundadores de Mexicali apostaron primero por la producción algodonera, pero este negocio no tenía potencia para extenderse más allá del trazo fértil marcado por el delta del río Colorado. Además, los inestables precios de este producto hacían muy riesgoso sostener inversiones importantes. En cambio, la industria del disfrute nocturno terminó por entusiasmar a los pobladores adinerados de esta región. Quienes inauguraron los lugares de diversión en Mexicali y luego en Tijuana no fueron mexicanos: se trató de estadounidenses que muy pronto comprendieron las ventajas competitivas ofrecidas por este rincón tan apartado de la ley y tan próximo al puritanismo conservador.

El último día del año de 1915, en la gran mayoría de los templos cristianos de la ciudad de San Diego, los pastores conspiraron para ofrecer un mismo discurso a sus feligreses: «No vayan a ese infierno, no permitan que sus almas se corrompan con el juego, el alcohol, la droga y la prostitución». A la mañana siguiente, la respuesta a ese mensaje por parte de los habitantes de San Diego fue contundente: alrededor de 10 mil almas procedentes de Estados Unidos asistieron a la primera carrera de caballos organizada en Tijuana, en una recién estrenada y galante instalación oval ubicada a menos de 150 metros de la línea fronteriza. No habrá sido el azar quien ubicó el primer hipódromo de Agua Caliente a unos cuantos pasos del lugar donde la Tía Juana y su hermano establecieron su ranchería, justo por encima del arroyuelo donde se decía que había un infierno. El dueño fue James W. Coffroth, una leyenda que permaneció en México hasta mediados de los años 30, cuando el general Lázaro Cárdenas lo devolvió expatriado a su país. Desde esta instalación, comparable con muy pocas de aquella época, Tijuana se estrenó como un lugar que podía atender dignamente al turismo más exigente. La ley Volstead, popularmente conocida como Ley Seca, fue el gran regalo que la circunstancia haría a la frontera mexicana. Gracias a la prohibición decretada en California para el consumo y la venta de alcohol, pudo financiarse el poblamiento de Tijuana y también los costos de un gobierno, hasta entonces prácticamente inexistente. En 1920, Mexicali poseía uno de los centros de diversión más espectaculares que esa región haya albergado durante sus poco más de cien años de historia. El Tecolote era un salón de baile que llegó a recibir a más de tres mil visitantes por noche. Según los registros, cerca de 200 prostitutas trabajaban diariamente en ese lugar, el cual contaba con 75 habitaciones a disposición de ellas. El éxito de El Tecolote animó a otros inversionistas para que abrieran lugares similares en la población de Tijuana. Cuando, en 1924, la Ley Seca alcanzó a todo el territorio de la Unión Americana, los dueños de *cabarets*, salas de juego, bares, garitos y demás sitios de su género crecieron en su bonanza. Acompañando a James W. Coffroth llegaron para hacer fortuna otros personajes como Carl Withington, Marvin L. Allen o Frank B. Beyer.

Por su parte, las asociaciones californianas encargadas de velar por la moralidad no claudicaron en su causa. En el mismo año de 1924 pugnaron por que la frontera con México permaneciera cerrada desde las seis de la tarde hasta las ocho de la mañana. Confiaban estos salvadores de almas en que con tal medida quebraría el negocio de la perversión radicado en territorio mexicano. Se equivocaron. Gracias a esta añadida prohibición, además del negocio del vicio floreció el de la hotelería. Otra empresa que nació en esta región y experimentó un auge respetable por aquellas épocas fue la producción de vino y de cerveza. En el valle de Tecate se establecieron las dos únicas marcas de cerveza que se vendían en la floreciente industria del divertimento nocturno. De su lado, en el valle de Santo Tomás comenzó a producirse vino a granel para atender a los sedientos consumidores estadounidenses. Gracias a este episodio, tanto la producción de cerveza como la de vino han subsistido en esta zona por más de 90 años.

Hacia 1923, en la ciudad de Tijuana se inventó una de las recetas más famosas que se consumen en nuestros tiempos: la ensalada César. Su cocinero fue un piloto italiano de nombre Alexander Cardini, quien por aquel año trabajaba para la base naval de San Diego. El día 4 de julio, fecha del aniversario de la independencia de Estados Unidos, con un grupo de amigos, también aviadores y que querían hacer la fiesta, tomó la decisión de trasladarse a Tijuana. Llegaron todos al hotel César, donde el piloto Cardini era bien recibido. Aterrizaron tan tarde que en aquel lugar quedaba ya muy poco de comer; otros turistas habían arrasado antes con las provisiones. El piloto italiano decidió entonces que con los restos encontrados en la cocina prepararía para sus amigos lo que en ese momento bautizó como la ensalada del Aviador. Tomó lechuga del refrigerador, la mezcló con pimienta, sal, ajo, pequeños trozos de pan, anchoas, clara de huevo, yema de huevo, queso parmesano rallado, salsa inglesa y jugo de limón. El resultado fue un éxito. En el menú del restaurante del hotel César quedó incluida la ensalada del Aviador, con la salvedad de que sus administradores decidieron cambiarle un solo ingrediente: el nombre. Este hecho convencería a Cardini de dejar la aviación para hacer fortuna, primero en la cocina y luego como dueño de restaurantes. Este piloto terminaría sus días en la ciudad de México como administrador de un famoso centro nocturno de su propiedad, ubicado en la calle Mariano Escobedo de la colonia Polanco.

Otra farra memorable de aquellos años fue la que se corrieron una madrugada el sastre Raymundo Carrión Ávila y el fotógrafo Jesús Sánchez, a quien le decían *El Fon Fon*. En la diversión de la borrachera, al segundo se le ocurrió pintar a su burra, que se llamaba *La Muñeca*, con rayas de color negro sobre todo su cuerpo. Al día siguiente, ambos amigos sacaron a pasear a la burra disfrazada de cebra por la avenida Olvera. Los demás burreros que se dedicaban al negocio del transporte se burlaron de la payasada de *El Fon Fon*, que muy pronto demostró no ser tan ingenuo. Según testimonio de Raymundo Carrión –recogido en el muy entretenido libro de testimonios *Puente México*–, aquella mañana ambos cobraron la fortuna de 40 dólares gracias a las propinas que los visitantes estadounidenses, deseosos de aparecer retratados junto a *La Muñeca*, entregaron a su ocurrente dueño. Desde aquel día, el burro-cebra es una especie que sigue paseándose por Tijuana, en pos de turistas incautos que quieran donar unos cuantos dólares a cambio de una simpática fotografía para llevarse a casa.

En 1928, el hipódromo de Agua Caliente, ya célebre entre la población sudcaliforniana, se mudó lejos del puesto fronterizo. El objetivo de sus nuevos dueños fue convertirlo en un lujosísimo casino. Más de 500 habitaciones y búngalos, una majestuosa pista para bailar, dos salones de juego, el bar, un canódromo, un campo de golf y un gran balneario convirtieron a esta instalación en emblema de la época. El estilo de la construcción quiso imitar el de las misiones californianas. Sus muros se hicieron de estuco, los techos fueron protegidos con teja de color rojo y se levantó ahí también una torre que cargaba una campana dispuesta para sonar cada media hora. Este centro recreativo sería vanguardia en el continente americano; avanzada de lo que muy pocos años después se vería germinar en Las Vegas, Nevada. Muchas estrellas de cine provenientes de Hollywood y adictas a la vida nocturna de Tijuana hicieron de este lugar su nueva casa. Corre la leyenda de que Buster Keaton perdió buena parte de su fortuna en alguna de sus mesas de juego. No habrá sido el único incauto. La crisis económica de 1929 hizo poco daño en la economía tijuanense. Marajás, príncipes, barones, millonarios, personajes excéntricos y faranduleros, de muy distinta progenie, fueron a refugiarse a este casino como si al hacerlo pudieran asegurarse de que la quiebra mundial era un episodio inventado por extraterrestres.

En la lista de los visitantes más destacados trascienden, además de Buster Keaton, Charles Chaplin, Clark Gable, los hermanos Marx, Orson Welles, Babe Ruth, Tom Mix, Bing Crosby, Al Capone, Gloria Swanson, Harold Lloyd, Xavier Cugat, Norma Talmagde o Joseph Schenck. También Rita Hayworth pasó una larga temporada en Tijuana. De hecho, su carrera artística comenzó justamente en uno de sus casinos. Llegó a esta ciudad como parte de una *troupé* de músicos y bailarines comandada por su padre. Su nombre real era Margarita Carmen Cansino. No había aún cumplido los 13 años cuando la vida la sorprendió cruzando la frontera hacia Tijuana vestida de crotalista al lado de Eduardo Cansino, su padre, quien era un músico y bailarín nacido en España, y también de su madre estadounidense, Volga Haworth, una experimentada *showgirl*. Sus padres se habían conocido en Brooklyn, Nueva York, barrio donde ella nació en 1918. En 1931, Eduardo consiguió un contrato en el Foreign Club y tomó la decisión de abandonar la costa este para mudarse con toda su familia a Chula Vista, California. De día, en esa pequeña población vecina de San Diego creció aquella adolescente a quien sus padres llamaban Rita. De noche, la bailarina Rita Cansino alcanzó tal popularidad que muy pronto fue contratada para trabajar en el Casino de Agua Caliente. Fue ahí donde algún cazatalentos de Hollywood la reclutó para la industria del cine. A la edad de 16 años, Rita Cansino participaría en las películas *Cruz del Diablo* (1934) y *La nave de Satán* (1935), donde compartió cuadro con el joven Spencer Tracy. Poco después, la artista abandonaría definitivamente el apellido paterno y tomaría el de la madre, no sin antes agregarle la letra «y». En 1939 Rita Ha(y)worth logró un papel estelar en *Solo los ángeles tienen alas*, filme donde por primera vez lució su famosa (pero falsa) cabellera roja. No˙ fue hasta 1946 cuando representó *Gilda*, rol que la consagraría como símbolo sexual de la cinematografía. Tres años atrás había contraído nupcias con el escritor y cineasta Orson Welles. De su brazo volvió muchas veces a Tijuana, ya sin trabajar en ella, para disfrutar de los placeres que ofrecía esta ciudad. Hayworth tuvo una vida difícil y a la vez muy exitosa. Murió en 1987 víctima de Alzheimer.

La explosión económica que representó la industria del entretenimiento nocturno para las ciudades de Tijuana y Mexicali no se podría explicar sin la intensa actividad política detrás del ludismo y el oropel. La fontanería de arreglos mafiosos, acuerdos ocultos y, sobre todo, la administración de los conflictos en una región donde el alcohol, la droga, la prostitución, la explotación y la discriminación jugaron papeles tan protagónicos, no fue tarea para ingenuos sino una responsabilidad asignada a un grupo de profesionales. Un par de capos disfrazados de respetable autoridad destacaron en la gestión de esta boyante época de la frontera tijuanense: Esteban Cantú y Abelardo L. Rodríguez.

## La *Robolución*

Los camaleones políticos suelen cotizarse bien en tiempos de incertidumbre y Esteban Cantú tuvo, como la mejor de sus habilidades, saber cambiar de piel cuantas veces le fue necesario. A esta frontera llegó durante el mes de junio de 1911, bajo las órdenes de Celso Vega, el general del ejército federalista que tuvo como misión expulsar a los filibusteros. Cantú ascendió dos años después en la cadena jerárquica de mando cuando Victoriano Huerta se hizo con la presidencia de México. Hacia finales de 1913, migró nuevamente de bando y se convirtió en seguidor de Francisco Villa. Se dice que comerciaba armas en Estados Unidos a nombre de este caudillo revolucionario. En 1915 dejó atrás su fidelidad hacia los villistas para buscar la aceptación de Venustiano Carranza, quien terminó ratificándolo en su cargo como jefe político. Más tarde intentaría pactar con Álvaro Obregón y Plutarco Elías Calles. Para ese momento, ni la suerte ni el poder le alcanzaron para continuar con su ascendente trayectoria.

Durante los seis años en que se mantuvo como la figura de más rango en la región, Esteban Cantú acumuló una gran fortuna personal. Esta biografía suya como empresario de la política comenzó hacia finales de 1914, cuando el tesoro del gobierno del distrito norte de Baja California estaba seco. No había forma de financiar el sueldo de las autoridades, ni de pagar por los cuerpos policiacos que proporcionaban seguridad, mucho menos de construir la incipiente obra pública que se requería para incrementar los ingresos aportados por los turistas estadounidenses. Esteban Cantú se reveló como un hombre pragmático. Su primer acto como jefe del distrito fue decretar contribuciones sobre la venta de bebidas alcohólicas, sobre las ganancias de los fumaderos de opio (según testimonios de la época, Mexicali tuvo un establecimiento dedicado a esta actividad en cada esquina) y sobre las transacciones de los propietarios de los campos algodoneros. Argumentó que todos estos negocios pertenecían a extranjeros y por tanto a ellos, y no a sus empleados mexicanos, les correspondía pagar por el funcionamiento de las instituciones del gobierno. Para incrementar las arcas de la tesorería pública, Cantú promovería también la producción, transformación y tráfico hacia Estados Unidos del opio y la marihuana. A la par de estas actividades, este gobernante habría liberado el tráfico hacia México de prostitutas extranjeras, con el objeto de que laboraran en los recién inaugurados centros nocturnos, y también de trabajadores chinos, quienes eran explotados como jornaleros agrícolas.

La dificultad para separar los dineros públicos de las cuentas personales de Esteban Cantú hizo que una parte importante fuera a dar a sus bolsillos. Asegura José Alfredo Gómez Estrada, en su bien documentado libro *Gobierno y casinos,* que Cantú habría acumulado en tan solo seis años una riqueza personal de alrededor de 12 millones de dólares, proveniente del tráfico de armas, la migración ilegal, el comercio de drogas, la prostitución y la protección de los establecimientos dedicados al juego y el ocio. No es coincidencia que, un siglo después, tales sigan siendo empresas muy redituables en esta zona fronteriza. Afirma también Gómez Estrada que la riqueza de Cantú quedó registrada en las cuentas del banco Wells Fargo y alguna otra institución financiera de la ciudad de San Diego. A la fecha, el lavado de dinero de los negocios ilícitos celebrados en México continúa realizándose en Estados Unidos, y justamente tal institución bancaria sigue siendo señalada por su participación en esas actividades.

Esteban Cantú fue socio de James W. Coffroth. Como cabeza política del distrito, inauguró las primeras instalaciones del hipódromo de Tijuana. Para asegurar su autoridad y garantizar el servicio de protección requerido por este colega suyo, y por los demás estadounidenses dedicados a negocios similares, Cantú requirió de hombres diestros en el arte de la disuasión por medios violentos. Abrió en consecuencia las puertas de Baja California para todos aquellos integrantes del ejército villista que anduvieran en la búsqueda de una vida nueva. Para 1916, antiguos seguidores de Francisco Villa se habían ya ubicado a lo largo de la frontera californiana. De acuerdo con el testimonio de Francisco M. Rodríguez Martínez –uno de tantos villistas decididos a reencarnar después de sus correrías revolucionarias–, cientos de correligionarios suyos de la División del Norte se vinieron a radicar por aquellos años a los poblados de San Bernardino, Pomona, San Diego, Mexicali, Ensenada y Tijuana. Muchos de ellos llegaron atraídos por la oportunidad que

Esteban Cantú les ofreció. Fue este ejército de exrevolucionarios convertidos en guardianes del orden lo que le permitió a Cantú sobrevivir políticamente durante aquellos convulsos años.

La estrella de este personaje comenzó a declinar cuando Plutarco Elías Calles mandó a su socio, Abelardo L. Rodríguez, para que merodeara sobre el territorio noreste de la península. Durante 1919 se prendieron las alarmas en el gobierno nacional a propósito de la lealtad que Esteban Cantú pudiera sostener hacia los líderes triunfantes de la Revolución. La zigzagueante carrera de Cantú durante los años más agitados no lo hacía confiable. El entonces presidente, Venustiano Carranza, ordenó al gobernador de Sonora, Plutarco Elías Calles, que investigara sobre los recursos monetarios y también militares con los que contaba su vecino, el jefe político del territorio de la Baja California. Más que ningún otro asunto, preocupó por aquel momento el margen de autonomía económica con que contaba Cantú. Los impuestos cobrados sobre los jugosísimos negocios turísticos de las ciudades fronterizas, así como su creciente fortuna personal y las tropas villistas reclutadas como cuerpo de policía, lo volvieron un rebelde en potencia.

Para responder a las instrucciones provenientes de la ciudad de México, Elías Calles recurrió a Abelardo L. Rodríguez. A este subordinado y también socio suyo, lo instruyó para que se trasladara a San Luis Río Colorado con el propósito de hacer un estudio sobre las condiciones del agua usada para el riego en la zona algodonera. Se trató obviamente de un pretexto: en realidad se le ordenó que espiara a Esteban Cantú con la idea de prevenir cualquier acto subversivo, a la vez que se valoraba la fuerza militar necesaria para derrotarlo por la vía de las armas, en el caso de que fuera necesario.

Abelardo L. Rodríguez nació en la entidad vecina de Sonora. Venía de una familia de muy escasos medios económicos. Tuvo diez hermanos y, según Gómez Estrada, sus padres pasaron por muchas dificultades para satisfacer las necesidades de vestido y alimentación de su extendida prole. Siendo muy joven, obtuvo el cargo de jefe de policía en Guaymas. En marzo de 1913, se unió a las fuerzas revolucionarias encabezadas por Venustiano Carranza. Rodríguez ascendió velozmente en su trayectoria como revolucionario. Antes de finalizar 1913 pasó a formar parte de la escolta personal de Carranza. Posteriormente fue asignado a las fuerzas comandadas por el general Álvaro Obregón para enfrentar a Francisco Villa. Participó en la batalla de Celaya, donde su coterráneo Obregón perdería un brazo. Tal recorrido personal le gran-jeó la cercanía con los líderes sonorenses y, muy en particular, el afecto político de Plutarco Elías Calles.

Apenas lo vio aparecer en el horizonte de su emporio, Esteban Cantú comprendió que sus días como jefe político en la región estaban conta-dos. Sabía de la proximidad de Rodríguez con el gobierno nacional. En septiembre de 1920 tomó la decisión de renunciar a su cargo y fue así como logró evitar que ese adversario agazapado en San Luis Río Co-lorado, o cualquier otro militar de alto rango, terminaran echándolo de esta frontera, o de esta vida, a punta de pistola. En 1923 Rodríguez fue nombrado por el presidente de México como gobernador de Baja California. Entonces no era un hombre rico; según Gómez Estrada, su sueldo como militar de alto rango no superaba los 18 pesos diarios. En contraste, durante el breve tiempo que corrió entre 1923 y 1929, logró acumular un capital valuado en alrededor de 50 millones de dólares. Gracias a ese paso suyo por la frontera, terminaría siendo uno de los ge-nerales más ricos de la Revolución. Recién llegado, fundó en Tecate una fábrica de cerveza y una productora de vinos y de hielos en el valle de Santo Tomás. Ambas compañías serían las principales y luego las úni-cas firmas que venderían alcohol en los centros nocturnos de Tijuana y Mexicali. Igual que antes lo hubiera hecho su antecesor, Rodríguez se vinculó al tráfico de migrantes chinos, a la gestión de los fumaderos de opio y a la venta de protección para que la vida nocturna transcurriera pacíficamente. Pronto se le asociaría también con los garitos de juego y el comercio de drogas hacia Estados Unidos. Uno de sus negocios más conocidos fue la nueva versión del Casino de Agua Caliente; con los em-presarios estadounidenses James W. Coffroth y Carl Withington, Abelar-do L. Rodríguez llegó a un curioso acuerdo: esta lujosa instalación se edificaría sobre terrenos que eran propiedad suya, por lo que los dueños formales del casino quedaron obligados a pagarle una renta mensual du-rante 20 años, al cabo de los cuales la espléndida construcción pasaría a ser propiedad del general.

En diciembre de 1923, Plutarco Elías Calles fue enviado a combatir a Adolfo de la Huerta, quien pretendió dar un golpe de Estado en con-tra del gobierno nacional. Ante la falta de fondos, Calles solicitó apoyo económico a su amigo. El jefe político de Baja California no tardó en responder y a los pocos días depositó cien mil pesos en un banco de la ciudad de México. Durante los meses siguientes, el gobierno de la República habría recibido desde esta frontera un total de un millón de pesos para financiar la lucha contra el último levantamiento armado de la Revolución. También consta que el gobernador de Baja California aportó grandes sumas para financiar la segunda campaña presidencial de Álvaro Obregón. Abelardo L. Rodríguez tropezó con una mina de oro que por aquellos años hizo crecer sin contención. Por una parte, administró la riqueza que con abundancia fluía en aquella época de la prohibición estadounidense; por la otra, sus aliados, Obregón y Calles, necesitaban del apoyo económico que pudiera conseguirles para continuar consolidando su propio poder a nivel nacional. Ambos hechos volvieron a Rodríguez una pieza imprescindible de la naciente arquitectura política mexicana posrevolucionaria.

El premio por el apoyo otorgado no se dejó esperar. Cuando Elías Calles obtuvo la presidencia de la República, en el mes de diciembre de 1924, los socios estadounidenses que apoyaron a Rodríguez en el financiamiento de su proyecto político recibieron de vuelta, y con creces, lo que aportaron. El ABC Club, el Sunset Inn, el Foreign Club, El Tecolote y el Casino de Agua Caliente continuaron vigorosamente con sus actividades. Para que no hubieran dudas sobre quiénes eran los amigos privilegiados del señor gobernador, el resto de los establecimientos de diversión radicados en la zona fronteriza quedaron excluidos del apoyo de las autoridades, lo cual influyó para que, a la postre, sus dueños originales vendieran o se asociaran con los consentidos de Rodríguez. Coffroth, Withington, Beyer, Bowman y Long fueron los grandes ganadores de la circunstancia. Los servicios prestados fueron recompensados con un seguro para que la riqueza producida en la zona quedara en muy pocas manos.

El asesinato de Álvaro Obregón desvió la biografía de Abelardo L. Rodríguez. En 1929 Calles lo mandó llamar para que se instalara en la capital y en 1932 lo hizo presidente de México. Según información recabada por Gómez Estrada, la riqueza de este general revolucionario rondaba los 100 millones de dólares para cuando ocupó la máxima magistratura del país. Sería equivocado asumir que el modelo de negocio político ejercido y perfeccionado por Abelardo L. Rodríguez fue una excepción: otros gobernadores de la época desarrollaron habilidades parecidas. En Nuevo León, por ejemplo, Aarón Sáenz se hizo socio de la gran industria azucarera que en el noreste se desarrolló con apoyo del Estado. Por su parte, en Chihuahua, Juan Antonio Almeida, gobernador entre 1924 y 1927, hizo igualmente gran fortuna gracias a la tolerancia con que administró los negocios vinculados al juego, la bebida y el azar, que también experimentaron bonanza en Ciudad Juárez.

Antes de llegar a la presidencia, Rodríguez exportó hacia el centro del país su visión político-empresarial. Con el Casino de Agua Caliente en mente, en Cuernavaca abrió el Casino de la Selva y en la ciudad de México inauguró una versión del Foreign Club donde, coincidentemente, fue socio el piloto y cocinero Alex Cardini.

Tijuana conservó desde entonces una economía en forma de embudo. Unos cuantos políticos y empresarios fueron y siguen siendo los que definen las reglas y controlan las instituciones gracias a las cuales se reparten los privilegios, los bienes públicos y la riqueza. Ni en su mejor momento económico esta frontera ha logrado repartir justamente la riqueza que produce. El modelo de negocios utilizado por Cantú y luego por Rodríguez definió que la mayor parte de la población fronteriza no pudiera tocar los dólares puestos sobre las mesas de juego en los casinos. Durante la gran jauja de los años 20 y 30 unos cuantos obtuvieron beneficios. Los demás quedaron condenados a una vergüenza peor que la migración forzosa: vivir jodido en el país de uno. Esta circunstancia no mejoró después. Tijuana es una ciudad rica donde viven muchísimos pobres.

# II
# VIVIR JODIDO
# EN EL PAÍS DE UNO

## Vivir jodido en el país de uno

Algo de Torre de Babel tiene hoy la demografía tijuanense. Es lugar común decirlo y no por ello resulta menos cierto. Los primeros dueños de los casinos fueron estadounidenses, árabes y judíos. Con ellos llegaron filipinos, italianos, ingleses y franceses que encontraron empleo como meseros, cocineros, crupieres, mayordomos, sastres y toda una pléyade de oficios relacionados con la actividad turística. También se mudaron a vivir a esta ciudad mujeres venidas de Checoslovaquia, Escocia, Alemania, Hawai y Francia. Ellas trabajaban como damas de compañía, bailarinas y prostitutas. Entre los chinos venidos a esta región los había ricos y también miserables. Unos eran los propietarios de restaurantes, lavanderías y fumaderos de opio. Los segundos llegaron a esta frontera para trabajar en los campos de algodón y en el tendido de las vías férreas. Como ningún otro migrante, sabían desmontar la tierra para volverla productiva y quebrar los obstáculos geológicos para que luego el ferrocarril pudiera recorrer largas distancias. La Calle Primera de la ciudad de Tijuana alojó a esta comunidad. En un solo cuarto vivían entre diez y veinte personas. Los sótanos de las viviendas cobijaron a «la chinería», nombre con que la población de la época bautizó a aquellos nuevos mexicanos. Hacia finales de la década de los años 10, aquí aterrizaron también *los cholos*, trabajadores provenientes de Cholula, Puebla, quienes igual que los chinos laboraron en la construcción del ferrocarril. Sinaloenses y sonorenses concurrieron en los años 40, 50 y 60 con la esperanza de obtener un empleo en la industria aeronáutica de San Diego o en los bares y restaurantes de Tijuana, donde acudían los pilotos de la base militar estadounidense para divertirse. La Segunda Guerra y las guerras de Corea y Vietnam también derramaron dinero en esta región. Por aquellos años, aquí se asentaron los familiares de quienes fueron a trabajar a Estados Unidos gracias al Programa Bracero. Más tarde, la industria maquiladora se convirtió en un potente imán capaz de atraer mucha mano de obra.

En 1900 en Tijuana vivían solo 242 personas. Para 1920 habitaban ya en este poblado más de cinco mil. En 1940 la ciudad rebasó las 20 mil almas y para 1980 llegó a 400 mil. Hoy Tijuana supera los tres millones de residentes. La diversa composición social que fue fabricándose no se tejió a partir de la amigable convivencia. En un principio fueron los mexicanos y los chinos recién llegados quienes aquí sufrieron el trato más discriminatorio. Un doble cerco los condenaba a la exclusión: las mejores plazas de trabajo no eran para ellos, ni tampoco había techo suficiente para albergarlos. En el hipódromo de Agua Caliente, por ejemplo, había un solo mexicano laborando como cocinero: Francisco M. Rodríguez. Todos los demás compatriotas suyos eran barrenderos, albañiles, jardineros, limpiadores de establo, mensajeros o, en el mejor de los casos, agentes de seguridad al servicio del gobernador. Los mejores salarios se guardaban para los extranjeros. A nadie se le ocurrió tampoco construir viviendas para beneficio de los cientos de migrantes venidos de otras partes.

En 1929 esta ciudad vivió su primer movimiento proletario. Cuando el hipódromo de Agua Caliente fue trasladado lejos de la línea fronteriza, un nutrido grupo de pobladores tomó la iniciativa de invadir el predio, cercano a la garita, donde se encontraba ubicada la primera edificación. Encabezados por el cocinero Francisco M. Rodríguez, se adueñaron de estas instalaciones para asentar en su lugar una colonia popular. Así es como nació la colonia Libertad. Familias provenientes de otras regiones de México, y también del extranjero, arrebataron aquel predio para fincar ahí sus casas y luego, pasados varios años, exigieron al gobierno que regularizara aquel sitio. Poblada la colonia Libertad, se siguió el mismo camino a la hora de organizar la colonia Independencia y posteriormente otras tantas que con el paso de los años nacieron gracias a la presión social y no a la planeación urbana. Con este patrón repetido una y otra vez se colonizaron, sin orden ni inteligencia, los cerros que hoy bordean Tijuana. Del viejo hipódromo a La Mesa surgió un extenso enjambre de concreto, lámina, hule, madera y otros materiales anárquicamente dispuestos. Emergió lo que el escritor Federico Campbell ha llamado *Cartolandia*. Ese paisaje terroso y anárquico que hoy se observa desde la parte más alta de San Ysidro es el producto de este crecimiento urbano que nunca pudo corregirse a sí mismo ni contó con gobernantes dispuestos a asumir responsabilidad por ello.

Hoy forman parte importante de Tijuana varias colonias habitadas por migrantes oaxaqueños que no lograron cruzar al otro lado y se conformaron con esta suerte de limbo que aquí llaman *Oaxacalifornia*. En sus comunidades no se escucha hablar castellano sino mixteco, zapoteco o triqui. Hasta aquí han llegado, para permanecer, sus fiestas, su comida y sus tradiciones. Aunque muchos de quienes viven en estas colonias no pertenecen a la primera generación que migró a Tijuana, su existencia sigue impresionando por su provisionalidad. Tanto las instalaciones de agua como las que proveen de electricidad son improvisadas. Colonias construidas por fragmentos y desechos, por el imperio de la incompletud; la vida que estuvo a punto de suceder, el techo o el muro que nunca terminaron de construirse. Decenas de miles de individuos resignados a sobrevivir un destino truncado. Fue justamente en uno de estos asentamientos de Tijuana donde las miserias acumuladas durante tantos años le cobraron su venganza al país entero. En 1994, en la colonia Lomas Taurinas, el candidato presidencial del Partido Revolucionario Institucional, Luis Donaldo Colosio, fue asesinado por un migrante michoacano de nombre Mario Aburto, supuestamente extraviado de sus cabales. Este hombre tenía ocho años de vivir en Tijuana, de trabajar en una empresa maquiladora, de prometerse un acto trascendente, de inventarse una historia heroica que nada más no llegaba. Su locura lo llevó a cometer este magnicidio que tanto daño le hizo a México. De no haber ocurrido aquella tragedia, con seguridad Luis Donaldo Colosio habría sido el presidente número 66 de la República Mexicana.

## De Tijuana a Las Vegas

La experiencia de organización que dejó entre aquellos primeros proletarios tijuanenses haber fundado la colonia Libertad dio ánimo a los trabajadores de los casinos, restaurantes y bares para movilizarse –también en 1929– en contra de las barreras que les impedían obtener mejores empleos. Cobijado bajo las siglas de la Confederación Regional

Obrera Mexicana (CROM), un puñado bien coordinado de trabajadores logró paralizar, durante varios días, la actividad turística de la frontera. Por esta iniciativa consiguieron que el gobernador Rodríguez expidiera una ley, llamada «de ocupación mínima», donde se obligó a los dueños de los casinos para que contrataran al menos a 50 por ciento de mexicanos en sus establecimientos. Sin embargo, de muy poco les sirvió. La jauja en esta frontera estaba a punto de terminar. Cuatro años después de promulgada la ley de ocupación mínima, ocurrió el fin de la Ley Seca en Estados Unidos, y luego vino la clausura en México de los negocios dedicados a los juegos de azar. Para Tijuana y el resto de la frontera, ambos hechos fueron económicamente desastrosos.

El 1 de enero de 1935, desde la ciudad de Torreón, el presidente Lázaro Cárdenas del Río pronunció un agrio discurso en contra de «la industria del vicio» que se había construido en México y que actuaba en contra de los mexicanos. Su gobierno procedió poco después a revocar los permisos donde se autorizaba a los casinos para que en sus instalaciones se practicara la apuesta. Con el objeto de que esta orden no provocase duda en su interpretación, el jefe del Estado mexicano instruyó personalmente para que James W. Coffroth, quien antes hubiera sido socio de Esteban Cantú y de Abelardo L. Rodríguez, fuese extraditado a su país. Se trató de un mensaje a sus detractores para que se comprendiera que en esta resolución no habría marcha atrás. En simultáneo, el gobierno nacional expropió gran parte de los terrenos, propiedad de Abelardo L. Rodríguez, donde se encontraba el Casino de Agua Caliente. Una tarde de verano el ejército rodeó aquella instalación impidiendo, tanto a los dueños como a los trabajadores, retomar sus actividades. La intención era alojar en su lugar una escuela secundaria. (Con el tiempo, los futuros dueños del Grupo Caliente recuperarían cada centímetro de este predio.)

Sería injusto poner en duda la convicción moral que estuvo detrás de la decisión tomada por Cárdenas del Río. Pero también lo sería, para con la historia, ahorrarse la interpretación que se deriva de la importancia económica que los negocios del juego y la apuesta tuvieron para los adversarios políticos de este presidente. Abelardo L. Rodríguez representó una fuente fundamental para financiar la política, primero de Álvaro Obregón y luego de Plutarco Elías Calles. Si Cárdenas se impuso a sí mismo la misión de defenestrar a dicho grupo político, comandado a mediados de los años 30 ya solo por el general Calles, una de las decisiones clave para lograr su objetivo fue precisamente la anulación de ese poderío cuyas riendas estaban colocadas, entre varias otras, en las manos de Rodríguez y sus socios estadounidenses. Es de suponerse que el desmantelamiento de este negocio fue también una decisión de estrategia política y no solo de naturaleza moral.

Mientras se desvanecía la fama de Tijuana como paraíso para la bebida y el juego, otra ciudad nació con esta misma vocación. Justo por aquellos años, en el estado de Nevada emergió Las Vegas como el gran emporio que abrió los brazos a las costumbres lúdicas de los estadounidenses, muy en particular de los californianos. No resulta equivocado especular aquí sobre el origen de Las Vegas y vincularlo con la experiencia de Tijuana. Probablemente el éxito pecuniario que representaron en su día los casinos y los salones de baile instalados en la frontera mexicana terminó sirviendo como modelo para lo que después sucedería en ese desértico lugar de Nevada. Los negocios que en Las Vegas se levantarían gigantescos tienen como antecedente las primeras inversiones que en territorio mexicano demostraron ser toda una mina de oro.

En Tijuana, el fin de la Ley Seca y las decisiones tomadas por Lázaro Cárdenas afectaron no solo a los dueños de los grandes casinos y salones de juego, sino también tuvieron un fuerte impacto sobre la mayoría de la población, que de un año a otro se vio obligada a reinventarse para sobrevivir. A partir de 1935, el tipo de turismo que visitaría esta población mutó sustancialmente. Ya no serían Rita Hayworth ni los hermanos Marx ni Buster Keaton quienes dotarían de contenido al mito de esta región. En su lugar, la frontera sería visitada mayormente por soldados de la base naval de San Diego, un turismo burdo, pobre y vulgar, y por jovencitos cuyo patrimonio no es abundante.

## La niña Olguita

La historia de Juan Soldado da cuenta del trauma social que se le impuso a Tijuana por esta época. Durante el último mes de 1937, los trabajadores del Casino de Agua Caliente quisieron recuperar las instalaciones de su recién expropiado lugar de trabajo, y un nuevo movimiento se orquestó para combatir la decisión de la autoridad. Corre la sospecha de que dicha movilización habría sido financiada por James W. Coffroth, desde la ciudad de San Diego. También se dice que Abelardo L. Rodríguez fue la inteligencia detrás de este episodio. No hay manera de probar estos dichos. En cambio, sí consta en la historia tijuanense el momento en que el Ejército mexicano sufrió descrédito al resguardar aquella propiedad. La tensión entre los soldados y la población civil encontró su punto más álgido cuando los extrabajadores intentaron recuperar por la fuerza el casino, y terminó resolviéndose de manera sorpresiva.

El domingo 13 de febrero de 1938 fue reportada como desaparecida la hija de uno de los líderes del movimiento. Veinticuatro horas después, Olguita Camacho, de apenas ocho años de edad, fue encontrada en circunstancias abominables: su cuerpo fue desmembrado después de haber sido violada y estrangulada. Sin dilación, las autoridades policiacas locales señalaron como responsable de esta tragedia a uno de los soldados que custodiaban el edificio del casino. Para confirmar la acusación, la esposa del presunto asesino mostró ante la autoridad las ropas de su marido, Juan Castillo Morales, supuestamente manchadas con sangre de la niña Olguita. Dos rabias se estrellaron entonces provocando una ira social incontenible: la de los trabajadores lanzados al desempleo y la del pueblo enfebrecido porque uno de los militares involucrados en la disputa era el culpable de la atrocidad cometida en contra de la niña. Tres días después una turba furiosa de más de mil quinientas personas incendió el Palacio Municipal de Tijuana y también la estación de policía. La violencia creció a tal punto que las autoridades estadounidenses decidieron clausurar los cruces fronterizos. La voluntad por linchar a Juan Castillo Morales se expresó sin límite. No hubo paciencia ni confianza suficientes para esperar un juicio legal. La policía optó por ejercer públicamente la *ley fuga*: ante la mirada rabiosa de la multitud, Castillo habría sido puesto en libertad para, segundos después, recibir tres tiros por la espalda.

Quienes han contado la historia aseguran que la artera muerte de este hombre logró tranquilizar los humores no solo de aquellos encolerizados con la tragedia de la niña, sino también los desatados por lo sucedido en el casino. Sin embargo, con el paso del tiempo ese enojo de la población se fue transformando en remordimiento y finalmente en culpa grande: ¿y si Juan, el soldado, no había sido más que un chivo expiatorio? Para muchos, un día esta pregunta dejó de serlo y se convirtió en certidumbre: Juan Soldado no era el verdadero responsable de la muerte de aquella menor. A los pocos días del linchamiento, en el mismo sitio donde este hombre cayera acribillado, una señora de apellido García colocó un letrero donde aún se puede leer: «Todo aquel que pase por aquí ponga una piedra y rece un padrenuestro». Desde entonces, el lugar se ha multiplicado en visitantes fervorosos y también en el número de piedras depositadas sobre su tumba. En la colonia que hoy lleva su apellido, y que está muy cerca de las playas de Tijuana, ya de camino hacia Rosarito, se ubica su santuario. Juan Castillo Morales terminó por convertirse en Juan Soldado, un mártir cuya muerte no recayó como responsabilidad sobre una sola persona, sino sobre un pueblo entero: los tijuanenses. Ellos fueron sus asesinos. Mientras la niña Olguita desapareció de la historia, hoy este santo no reconocido por la Iglesia es venerado en esta ciudad y aún más lejos. Es un santo fabricado por la culpa de los muchos, por el error cometido en manada, por el rencor y la prisa del montón. En su día se le tuvo por asesino y violador. Hoy se le venera como un santo capaz de hacer los milagros más increíbles: curaciones, obtención de visa, pasaporte y nacionalidad estadounidense, cruces ilegales pero exitosos, fortuna y riquezas logradas del otro lado de la frontera. Un santo heterodoxo al que también se le pueden pedir milagros un tanto inmorales como separar matrimonios, asegurar cargamentos de drogas o cumplir venganzas personales. Por sobre todas las cosas, Juan Soldado es hoy conocido en esta frontera como el patrono de los indocumentados. En estos días, por 25 dólares más gastos de envío, puede adquirirse una efigie suya en el portal de Internet de la librería digital más grande del mundo; Juan Soldado forma parte del catálogo de Amazon.com.

Pasado este episodio, para los tijuanenses continuó siendo muy difícil sustituir los ingresos antes provenientes del turismo. Tijuana no tenía vocación ni habilidades para otro oficio. Fue la diversión dispuesta para extranjeros ricos lo que dio origen a esta ciudad, y sin ella el futuro era incierto. Aun cuando permanecieron abiertos los burdeles pobres, los garitos clandestinos y los fumaderos de opio, el cierre del Casino de Agua Caliente, entre otros lugares, significó una drástica pérdida económica para la región: dejaron de fluir los dólares y los centavos ocuparon su lugar. Con el transcurso de las décadas otras actividades económicas entraron para auxiliar la supervivencia de esta comunidad. El Programa Bracero y luego la industria maquiladora terminaron siendo parte de la solución al dilema tijuanense.

## Braceros y maquiladoras

En el mes de agosto de 1942, los gobiernos de Estados Unidos y México, representados por Franklin D. Roosevelt y Manuel Ávila Camacho, firmaron un acuerdo para favorecer la migración temporal de trabajadores agrícolas mexicanos hacia el país del norte. Se calcula que alrededor de 5 millones de personas participaron en este programa cuya duración se extendería por más de 20 años. Las necesidades de ambas economías explican su éxito. Del lado estadounidense, la Segunda Guerra Mundial había vaciado de mano de obra al campo. Del lado mexicano, la pobreza en las zonas rurales creció porque los campesinos no contaban con los medios, el financiamiento ni la certidumbre en su propiedad para hacer producir sus tierras y poder vivir dignamente de ellas. Los mexicanos que entre 1942 y 1964 participaron de este programa se trasladaron primero a las ciudades fronterizas, donde se inscribían en una lista de aspirantes gestionada por las autoridades de ambos países, y ya documentados se les transportaba, alojaba y colocaba en las granjas de Texas, Arizona, Nuevo México y California.

Si bien el acuerdo firmado por los dos gobiernos establecía que los trabajadores mexicanos serían tratados bajo las mismas condiciones laborales que sus colegas estadounidenses, la estadística que registró el fenómeno da cuenta de lo contrario. Los salarios para los mexicanos promediaban por mitad en comparación con los que recibían los ciudadanos estadounidenses. Salvo momentos de excepción, el precio del salario se ajustó sistemáticamente a la baja por la inagotable oferta aportada por los migrantes venidos del sur. Es una regla implacable del mercado: a mayor número de personas con necesidad de encontrar trabajo, menores son los sueldos que se pagan.

El Programa Bracero llegó a su fin por diversas razones. Debido a la conclusión de la Segunda Guerra, los brazos de los estadounidenses volvieron a hacerse cargo de la producción rural en sus propiedades. A este hecho se suma el desarrollo tecnológico, que disminuyó la necesidad de contar con mano de obra abundante en las granjas. Un ejemplo es la invención de la pizcadora automática de algodón. Lo que antes hacían varias decenas de personas, pudo ser resuelto por un par de operarios. Finalmente, una tercera razón, y quizá la más poderosa de todas para explicar la conclusión de este programa, fue la llegada a territorio estadounidense de trabajadores, también mexicanos, que sin formar parte del acuerdo consiguieron empleo cobrando una fracción aún menor del salario que sus connacionales demandaban. Se trató de los miles y luego millones de indocumentados que, por desesperada necesidad, cruzaron la frontera para obtener un ingreso sin importar los costos ni las condiciones laborales. Siendo su oferta de mano de obra aún más barata que la arrojada al mercado por el Programa Bracero, la contratación ilegal de migrantes mexicanos terminó imponiéndose.

Al año siguiente de que este programa llegara a su fin, el gobierno mexicano tomó la iniciativa de acudir al rescate de una crecida población necesitada de empleo. Si las puertas de la frontera se cerraban para aquellos paisanos que querían encontrar trabajo legal en las granjas estadounidenses, había entonces que resolver esa demanda de plazas dentro del territorio nacional. Con este propósito, en 1965 dio inicio el Programa Nacional Fronterizo. Uno de sus objetivos fue desarrollar producción manufacturera intensiva en mano de obra. Este es el origen de la industria maquiladora, una actividad que se concibió a partir de tres premisas: la instalación de empresas (sobre todo estadounidenses) en territorio mexicano gracias a la gratuidad de los terrenos y los servicios, así como a la exención de impuestos; la dedicación de esta industria al ensamblaje de partes y componentes provenientes del extranjero; y el uso intensivo de mano de obra nativa contratada a muy bajo costo y con prestaciones sociales casi inexistentes.

Gracias a esta política deliberada del gobierno, México se convirtió en la séptima potencia exportadora del mundo. En la actualidad, poco más de cinco millones de mexicanos perciben ingresos gracias a la industria maquiladora. En Tijuana está alojada un tercio de ella −200 mil empresas− y en sus naves trabajan más de 170 mil personas dedicadas al ensamblaje de dispositivos electrónicos, aparatos electrodomésticos, alimentos, dispositivos para la industria aeroespacial, productos médicos y automóviles. Solo para darse una idea, de cada 10 televisores que se adquieren en Estados Unidos, alrededor de siete fueron armados en México. Algunas de las empresas más conocidas y que radican desde hace tiempo en Tijuana son Sony, Panasonic, Samsung y Toyota. Se trata de un sector que suele preferir el trabajo femenino sobre el masculino, de ahí que en promedio la tasa de desocupación de las mujeres sea inferior a la de los varones.

Hacia finales del siglo pasado, las virtudes del proyecto maquilador comenzaron a mostrar síntomas de agotamiento. La racionalidad que lo concibió, exhibió deficiencias importantes. Al haber financiado este modelo de desarrollo industrial a través del pago de bajos salarios se logró, en efecto, que un número amplio de compatriotas encontrara trabajo en su propio país pero, pasado el tiempo, este tipo de empleo fue incapaz de ofrecer mejores condiciones de vida. Así es como se explica que una franja ancha de trabajadores de la zona fronteriza mantenga largas jornadas de trabajo mientras íntimamente sobrevive en condiciones materiales muy precarias. Una segunda desventaja relativa a la industria maquiladora es que los impuestos que paga son muy reducidos. La hacienda nacional no recauda lo suficiente porque en un principio se ofrecieron condiciones ventajosas para atraer a la inversión extranjera, y también porque estos establecimientos tienen su casa matriz en Estados Unidos, y es en ese país donde realizan sus contribuciones. La autoridad local no cuenta con recursos suficientes para proveer seguridad, infraestructura, vialidades, zonas recreativas, escuelas, hospitales, entre otros servicios públicos que habría de ofrecer como mínimo vital para su población. Por último, porque una buena parte de los componentes ensamblados en la maquila no se fabrican en México, sino en Estados Unidos, en China o en Taiwán, el volumen del empleo y la remuneración salarial no crecen para los mexicanos. Todo pareciera indicar que la estatura de aquel programa de industrialización fronteriza hace tiempo que topó con una gruesa losa de concreto. Seis de cada diez empleados de las maquiladoras son mujeres. La Nueva Tijuana, que va del Cerro Colorado hacia arriba, y que hoy alberga a la mayoría de la población, la fundaron ellas. Hay en esta ciudad una larga tradición matriarcal. Líderes de colonia, madres solteras, empleadas, abuelas que se hacen cargo de los nietos mientras las hijas consiguen el sustento. Madres, jefas de familia jóvenes, muy jóvenes y muy solas. Desde un principio, en esta frontera el papel de todas ellas ha sido protagónico.

## El machismo no es misoginia

Tijuana es tierra de pioneras, que no de mujeres conquistadas. La identidad femenina aquí se mira en el espejo de la Tía Juana y no en el de la Malinche. Como en el caso de la misionera originaria, las circunstancias han obligado a la mujer a arrebatar y sostener soberanamente las riendas de su propia vida, y con frecuencia también las del resto de su prole. En demasiados hogares son solo ellas quienes hacen posible el sustento material, y también las que se encargan de la gestión emocional de los hijos, los hermanos, y no en pocas ocasiones, de los adultos que en la vejez terminan colocándose bajo su responsabilidad. Alguna llegó a Tijuana con marido y otra sin él. Muchas se fueron quedando solas. Ocurrió así porque el padre de sus hijos cruzó la frontera olvidándolas del lado mexicano.

Librada a sus propias fuerzas, muy temprano en la historia de Tijuana la mujer salió a trabajar. Así lo hizo la bailarina del *cabaret*, la que se quedó a cargo de la familia en la pequeña casa del Cerro Colorado, y la operaria que pasa ocho horas diarias trabajando de pie en la maquiladora de electrodomésticos. En agradecimiento por su sacrificio, los tijuanenses festejan cuanto pueden a la norteña fuerte y brava, a la novia entregada, a la esposa ejemplar, a la hija que ayuda con los gastos de la casa, a la hermana que cuida niños ajenos, y desde luego, a la madre. Mientras más agudas sean las privaciones para ellas, mayor es la exaltación que se confecciona para celebrar «lo femenino». De todos los atributos, el que más se aprecia en ella es su incondicionalidad. Se aplaude a la que coloca sus deseos por debajo de los ajenos, a la mujer que ha sometido la conciencia propia a las necesidades de su familia, a quien se anula para que alguien más exista: la pareja que partió, el hijo que no encuentra trabajo, el padre para quien las cosas no salieron como se esperaba. A la mujer se le glorifica y también se le aliena.

En contraste con otras regiones fronterizas, aquí no hay misoginia sino machismo. El machismo es un mecanismo de poder basado en una relación injusta y asimétrica; la misoginia, en cambio, es la expresión irracional de odio hacia las mujeres. En Tijuana se adora a la mujer pero sobrevive una relación desequilibrada y arbitraria entre los sexos. Aquí lo masculino se identifica con el dominio, en oposición a la sumisión; con la indolencia, en oposición a la entrega; con los placeres, en oposición al sacrificio; con la libertad, en oposición a la alienación. Nada se vuelve más humillante para él que ser comparado con una hembra o ser señalado como afeminado. Para ser reconocido como hombre no basta haber nacido hombre, además es necesario ser intransigente, indiferente, hedonista y sin ataduras. Todo ello hasta el extremo de la fanfarronería.

En sociedades donde el padre deja vacío su lugar, el adolescente, el joven y también el hombre adulto suelen radicalizar los síntomas de su masculinidad. Para el varón que crece en una familia donde el padre está ausente, no es fácil construirse una identidad propia. El sujeto que necesitaría de un modelo masculino naturalmente cercano, a partir del cual extraer los elementos de su virilidad, se ve obligado a robar referencias artificiales de otros modelos del entorno social donde interactúa.

Retoma valores, actitudes y conductas de las figuras públicas que –por buenas o malas razones– cuentan con reconocimiento social. Suele tratarse de referentes tomados en préstamo a una personalidad idealizada y por tanto muy difíciles de repetir en la vida real. No es lo mismo aspirar a ser como el padre, sujeto de carne y hueso, que emular a la estrella de una novela de televisión, al empresario millonario, al famoso cantante de corridos norteños o al violento mafioso cuya voluntad no conoce restricciones. Esta es la ruta que el varón aprende a tomar para marcar distancia con el universo femenino.

No tiene desperdicio si se recupera aquí una de las tantas letras compuestas para rendirle culto a la virilidad en Tijuana. Según se canta hoy de bar en bar, Ramón Arellano Félix –otrora líder de la organización criminal más importante de esta ciudad– fue admirado porque era

> hombre de pocas palabras...
> Cualquiera le tenía miedo,
> no le temblaba la mano...
> Aunque su voz no era gruesa
> ponía a temblar a cualquiera.
> Así nació de valiente...
> Su vicio eran las mujeres
> y disparar su pistola.
> ...bien parecía siciliano
> porque ajustaba las cuentas,
> siempre al estilo italiano.

En este corrido de Los Tucanes de Tijuana están contenidos algunos de los rasgos de la identidad masculina socialmente más apreciados: exaltación del orgullo, indiferencia hacia el semejante, sobreactuación, poderío sexual y apología de la crueldad. Líneas argumentales que por lo general también se ligan a la posesión de grandes riquezas y a una capacidad reproductiva supuestamente infinita. El macho extremo es aquel que se presenta como bestia descomunal, fabricante de destrucción y de horrores incalificables. En vida, Ramón Arellano fue sin duda un ejemplo de todo este repertorio machista, la falsa constatación de que para obtener autoridad es necesario plantarse como un ser rotundamente autoritario. La suya es una identidad que sigue despertando seguidores. La *narcocultura* traída del otro lado del mar de Cortés sabe cómo premiar al hombre más violento, al más rico, al más mujeriego. Un referente varonil que tiende a apreciarse cuando otros más civilizados de la sexualidad masculina están ausentes. Durante los años 90, desde Sinaloa se importó una forma de ser que fue bien recibida e imitada por muchos jóvenes tijuanenses.

## Crimen desorganizado

1989 fue un año importante para la historia del narcotráfico en la región. Tras la realineación del poder entre los dirigentes de las organizaciones criminales de Sinaloa por la captura de *El Jefe de Jefes*, Miguel Ángel Félix Gallardo, nueve personas que se identificaron como sobrinos suyos, metidos todos en el negocio, se trasladaron a vivir a la península de Baja California, lugar de donde era originario su padre, Francisco Arellano Sánchez. Sus nombres: Ramón, Rafael, Benjamín, Francisco Javier, Eduardo, Carlos Alberto, Luis, Enedina y Alicia. Aquí fundaron una de las empresas delictivas más poderosas de toda América: el Cártel de Tijuana. Por las mismas fechas, en tierra de la madre, Alicia Félix Azueta, nació el Cártel de Sinaloa, bajo el mando de Joaquín Guzmán Loera, mejor conocido como *El Chapo* Guzmán. El emplazamiento de las garitas de San Ysidro y de Calexico fue estratégico para los hermanos Arellano. En solo siete años esta familia construyó un emporio para la gestión del mercado de estupefacientes en San Diego, y también logró involucrarse en el negocio hasta Los Ángeles, ciudad fundamental para la distribución de drogas hacia el resto de Estados Unidos. La aduana de Calexico ganó en valor criminal. En esta garita la droga resulta invisible para los ojos de la autoridad estadounidense. No se confisca ni el 5 por ciento de los cargamentos de narcóticos que pasan por ahí. Lo sorprendente es que este puerto fronterizo tenga fama de ser el que más decomisos realiza anualmente en todo el sur de Estados Unidos. Según las autoridades de este país, los agentes policiales solo tienen capacidad para inspeccionar a uno de cada 40 vehículos, entre los que transitan por los 10 carriles que unen a Mexicali con Calexico. El ferrocarril también es un eficiente medio para transportar drogas sin ser notadas. Una vez que han cruzado esta puerta, los estupefacientes clandestinos viajan velozmente por tierra hacia el resto de la Unión Americana a través de las carreteras interestatales 5, 8, 15, 805 y la estatal 111, que corren de sur a norte, y también a través de la interestatal número 10, que conecta al estado de California con el de Florida.

Tijuana, como los puertos de Nápoles o Shanghái, es uno de los pasajes más anchos del mundo por los que cruza el comercio internacional. Lugares, todos, donde se pueden construir fortunas espectaculares; más si la riqueza se produce donde la luz de la legalidad no alcanza a iluminar. El Cártel de Tijuana ha sido un gran beneficiario de tal oscuridad. En el eje Los Ángeles-Tijuana suceden otros negocios que pueden ser tan lucrativos como el narcotráfico: la compraventa de armas, el contrabando de productos provenientes de China y otros países asiáticos, el tráfico y la trata de personas y, eventualmente, el comercio de órganos humanos. Tal y como el corrido de Los Tucanes de Tijuana cuenta sobre Ramón Arellano, esta organización criminal adoptó prácticas de la mafia siciliana, y no solo con respecto a la forma de asesinar a los enemigos (a quemarropa); también en la organización jerárquica del mando este cártel imitó a los italianos del sur. Concretamente, esta familia de sinaloenses hizo del control de «la plaza» su negocio más importante. Una vez demostrado a las bandas rivales que su empresa era el pez más gordo del cardumen, el cártel instituyó un gobierno con marca propia y sometió bajo sus reglas al resto de los actores criminales que operan en esta frontera bajacaliforniana. A partir de su músculo para sancionar a los detractores, los Arellano se volvieron garantes de la regularidad en prácticamente toda operación delictiva relevante. Entre tanto, las instituciones formales –el gobierno del estado, el municipio, la policía local– fueron privatizadas y puestas a su servicio.

El año en que Ramón Arellano Félix llegara a vivir a la península, Ernesto Ruffo Appel ganó la gubernatura de Baja California por el Partido Acción Nacional (PAN). Se convirtió así en el primer gobernador de México proveniente de la oposición desde que Plutarco Elías Calles enviara a su amigo, Abelardo L. Rodríguez, a merodear la región. Durante el mandato de Ernesto Ruffo (1989-1995) las autoridades locales ayudaron a que los Arellano crecieran como poder *de facto* en esta frontera. No es posible precisar si lo hicieron por ingenuidad, por ignorancia, por negligencia, por asociación o por todas estas cosas mezcladas; el hecho es que coincidentemente con la llegada del PAN al poder en Baja California, el Cártel de Tijuana comenzó a gobernar desde la sombra, recolectando impuestos sobre las actividades ilegales a cambio de ofrecer condiciones de sobrevivencia para los afiliados a su sistema general de crimen. Aunque más sofisticado, en realidad este modelo de gestión no era novedoso: ya antes otros gobernantes de la Baja habían ofrecido esa misma prestación. Como sus antecesores, se ayudaron de empresarios y funcionarios que aceptaron ser contratados como empleados y prestanombres.

Aún más valiosos para el cártel fueron los famosos *narcojuniors*, hijos de la clase media fronteriza que no supieron resistirse a la seducción de esta familia sinaloense. El Cártel de Tijuana dio a estos jóvenes, que habían hecho estudios universitarios y se encontraban bien situados socialmente, una vía rápida para enriquecerse y, ante todo, para hacerse de una identidad cargada de atributos de poder. Heriberto Yépez afirma que «la llegada de los narcotraficantes sinaloenses –hombres de presencia fuerte y dominante– no solo prometió dinero en grandes cantidades, sino también entregó una gran oportunidad para "chingarse" a los gringos». Subraya Yépez que los Arellano supieron echar a andar «el gran negocio sicológico de toda una generación». Hay constancia de que fueron ellos –los *narcojuniors*– quienes facilitaron la carta de residencia endosada a los Arellano Félix en la frontera bajacaliforniana. A través de ellos, algunas de las mejores familias de Tijuana adoptaron al cártel como patrimonio propio y, también, como escudo de protección para hacer crecer su fortuna particular. Tales personajes terminaron formando parte de la estructura principal de esta organización y, a la vuelta del siglo –tras la muerte de Ramón Arellano y la captura de varios de sus hermanos–, ocuparon el lugar que un día tuvieran los vástagos de Francisco Arellano Sánchez.

La violencia extrema en las zonas ocupadas por el narcotráfico no suele ser obra del crimen organizado sino de su opuesto: del crimen desorganizado. Los delincuentes de las altas esferas tienen conciencia de que la mejor ruta para enriquecerse es llevar la fiesta en paz, tanto con la población civil como con la autoridad pública. La violencia no conviene a nadie. Es un antiguo principio de la civilización por el que hemos sobrevivido más de 60 mil años como especie en este planeta. Hay sin embargo una variable que ningún ser humano puede controlar: la ambición del vecino por hacerse de lo ajeno. Hacia finales de la década de los años 90, los primos lejanos de los Arellano Félix –los integrantes del Cártel de Sinaloa encabezado por Joaquín *El Chapo* Guzmán– decidieron competir por el control de la *plaza* de Tijuana. Coincide en el tiempo este hecho con la acusación que hiciera el Federal Bureau of Investigation (FBI) a propósito de Ramón Arellano Félix, a quien se consideró uno de los 10 criminales más peligrosos para Estados Unidos.

Cinco años después de ese señalamiento, en el mes de febrero de 2002, el *Comandante Mon*, como lo llamaba su familia, fue acribillado en Sinaloa en medio de un enfrentamiento con la policía de Mazatlán.

Tras su muerte, el resto de sus hermanos trataron de devolverle el rumbo a las actividades del cártel; sin embargo, varios terminaron capturados por la autoridad mexicana. De los nueve hermanos, solo continúan en libertad cuatro de ellos: Carlos Alberto, Luis Fernando, Enedina y Alicia. Hoy el Cártel de Sinaloa ha logrado apropiarse de una buena parte de la plaza original. En simultáneo, el escalamiento de la violencia experimentada por la población civil tijuanense ha sido abrupto. Nada más en 2007 murieron en esta ciudad trescientas personas a causa de la guerra criminal. En 2008 el número de víctimas fue de 577 y en 2009 de 556. Las células que han sobrevivido al Cártel de Tijuana ya no solo secuestran y asesinan entre narcotraficantes; han enfilado también sus armas hacia la población civil. Practican la extorsión y cobran el derecho de plaza para permitir el ejercicio de actividades legales, tales como el comercio y los servicios. Se trata de una variación en el negocio original para sustituir los ingresos que el enfrentamiento entre bandas criminales destruyó.

Quizá sea tiempo de revisar la estrategia seguida por los gobiernos de Estados Unidos y de México para enfrentar a estos delincuentes. Vale prestar atención a quienes aseguran que se ha cometido un grave error, ya que para eliminar a este enemigo de la sociedad no bastan los policías ni las armas. En palabras de David Srink, académico del Instituto Transfronterizo de la Universidad de San Diego, «una investigación [policial] de tres años termina con 200 detenidos, pero en ese tiempo las organizaciones ya tienen a mil individuos más para suplantarlos... La única forma de enfrentarlo[s] es con ejércitos de sociólogos, médicos, trabajadoras sociales y redes familiares que detengan la cultura de consumo de narcóticos en la sociedad estadounidense». Y habría que añadir: que también curen la ruptura del tejido social y familiar del lado mexicano de la frontera.

Todavía es temprano, sin embargo, para que las autoridades de ambas naciones consigan el valor que se necesitaría para reconocer cuatro décadas de equivocación. Han sido las políticas erróneas de seguridad las que alimentaron el crecimiento de la violencia criminal. De muy poco sirve capturar a quienes participan en el negocio del narcotráfico si los incentivos para que esa empresa funcione se mantienen intactos.

¿Para qué encarcelar al ladrón de los huevos de oro, si la gallina que pone esos huevos sigue existiendo?

El día 4 de enero de 2007 el gobierno mexicano tomó la decisión de elevar el nivel de confrontación contra los herederos de la familia Arellano Félix, y ordenó invadir con 3 mil 500 efectivos del Ejército nacional la población de Tijuana. Desde las épocas de Juan Soldado, las fuerzas militares no habían vuelto a sustituir a las autoridades civiles en esta zona urbana. Los soldados desarmaron a la policía municipal y encerraron dentro de sus propias instalaciones a sus integrantes. Según la autoridad federal, este operativo fue necesario para neutralizar a los aliados del Cártel de Tijuana que trabajaban como funcionarios municipales. Ese mismo día se acusó, desde la ciudad de México, al priista Jorge Hank Rhon —alcalde en ese momento de Tijuana y dueño del multimillonario Grupo Caliente— de estar coludido con esta organización criminal.

## Caliente

«La familia Hank representa una amenaza importante para Estados Unidos en virtud de que sus integrantes supervisan una vasta red de personas y empresas que ayudan a las organizaciones de narcotraficantes a lavar dinero y a transportar grandes cantidades de droga... Jorge Hank Rhon es, de todos los miembros de esta familia, quien lleva una vida criminal más abierta ya que, además de prestar servicios financieros a las mafias, también es distribuidor de cocaína y convive regularmente con prominentes narcotraficantes.» La afirmación anterior se encuentra en un documento redactado por agentes del Departamento de Justicia del gobierno federal estadounidense quienes, hacia 1999, participaron en la operación *White Tiger*, una investigación de inteligencia financiera relacionada con el lavado de dinero de los cárteles mexicanos.

¿Cómo sucedió que Jorge Hank Rhon pudiera ganar la presidencia municipal de Tijuana solo un lustro después de que en la prensa —tanto mexicana como de Estados Unidos— se hizo pública esta información? ¿Cómo ocurrió que en 2007 este mismo personaje se presentara a las elecciones para gobernador de Baja California como candidato del Partido Revolucionario Institucional, si a principios de ese mismo año había sido señalado por el gobierno federal mexicano como socio de la organización criminal fundada por los hermanos Arellano Félix? Y más importante que todo, ¿cómo ha logrado Hank Rhon sostenerse como un hombre popular entre los tijuanenses si representa la parte más insana de esta población?

En un restaurante Sanborns, ubicado en la Avenida Revolución –la célebre *Revu*–, frente a dos tazas de café negro que nunca pierden temperatura ni cantidad, sostengo una larga conversación con Heriberto Yépez, autor de *Tijuanologías* y *Aquí es Tijuana*. Suya es esta lapidaria sentencia: «El día que Jorge Hank Rhon ganó la alcaldía, Tijuana se declaró orgullosamente corrupta». Mi interlocutor es un hombre que apenas rebasa los 30 años, pero la suya no es una inteligencia joven. En sus textos y en su diálogo hay un gran inquisidor de los pliegues y los matices de Tijuana. Le fascina esta ciudad. Y la detesta tanto como los lugares comunes que se promueven sobre ella. Le pregunto por qué Jorge Hank Rhon, un personaje ligado al canto más vil de Tijuana, puede despertar tanto aprecio popular. Yépez responde a partir de un breve murmullo: «Porque no es peor que nosotros». La frase me toma por sorpresa. Supongo que no escuché correctamente: «¿Hank no es peor que nosotros?». Me corrige: «No es peor que los otros». Vuelvo a inquirir: «¿Que los otros políticos?». Él asiente y sesga el hilo de sus reflexiones en una dirección distinta a la que me esperaba:

«Hank es un representante de lo que yo llamo *La Neta*: la convicción oficial de que el pueblo tiene un conocimiento único y privilegiado, pero menospreciado, de las cosas. Una verdad íntima que, por razones injustas, no es tomada nunca en cuenta. *La Neta* es sinónimo de la verdad popular... Él es *La Neta*. Su *look*, su forma de ser, su persona... hoy se le concibe y él se muestra como un norteño al que le gustan los corridos, los buenos tragos y el lenguaje llano de por aquí... *La Neta*, porque encarna a la cultura popular que representa lo más *chingón*. Además se presenta como un gran macho. Es el machote que provoca la admiración entre los apocados. Un hombre que enfatiza todo el tiempo y en todo lugar su masculinidad».

Cuando llegó a Tijuana, el obstáculo entre Hank y la verdad –entre él y *La Neta*– fue que no venía del pueblo. No solo era hijo de una familia enormemente rica, además lo ostentaba de una forma ajena a las costumbres del lugar. Mutó en muy poco tiempo. Se volvió, por decirlo de alguna manera, un norteño puro y duro. Si el pueblo es la verdad, Jorge Hank debía ser pueblo para volverse un tijuanense real. Y lo logró, asegura enfáticamente Heriberto Yépez. Alguien que ha sido dueño de decenas de mujeres; un padre que se ha hecho responsable de 19 hijos (10 de sus mujeres anteriores, tres de su actual pareja, Elvia Amaya, y seis del matrimonio previo de ella). Es el proveedor sin límites, la capacidad sin obstáculos, la autoridad sin oposiciones. La verdad que se distingue por su envoltura, que no por sus argumentos. Ha sabido ser caleidoscopio donde una mayoría quisiera descifrarse: parrandero pero respetado, divertido pero temido, despilfarrador pero rico, popular pero sincero, turbio pero poderoso.

De entre todos sus atributos, uno sobresale: posee una fortuna personal cuantificada en alrededor de 3 mil 500 millones de dólares. Jorge Hank Rhon es lo que comúnmente se califica en México como «un cachorro de la Revolución». Es hijo de Carlos Hank González (1927-2001), un político muy influyente del PRI que comenzó su vida como modesto profesor rural, para luego transitar por una deslumbrante carrera que lo llevaría a ser presidente municipal de Toluca, legislador federal, gobernador del Estado de México, alcalde de la ciudad de México y secretario de Estado. Es probable que no haya logrado ser presidente de la República porque su padre era de origen alemán y la Constitución mexicana, hasta finales del siglo XX, prohibía que los hijos de extranjeros compitieran por ese cargo. Haber estado tan ocupado en el desempeño de estos altos puestos públicos no fue obstáculo para que Carlos Hank hiciera en simultáneo una doble vida como próspero empresario. Según la revista *Forbes* —que año con año registra los capitales más notables del mundo—, este profesor llegó a poseer una fortuna de aproximadamente mil 300 millones de dólares; poco más de la tercera parte de lo que ahora tiene su hijo Jorge.

La opacidad con que se administraron los recursos públicos durante tanto tiempo en México impide afirmar, sin error, que esta riqueza la obtuvo gracias a los cargos de gobierno que ocupara, y no debido a su dedicación —probablemente durante las madrugadas— como empresario. Corren rumores en cantidad suficiente como para poder especular que la fortuna provino principalmente de la obra pública que, como gobernador de la entidad vecina y luego como alcalde de la ciudad más grande del país, asignó directamente a sus propias empresas constructoras. Según cuenta Marco Lara Klahr en el libro *Los intocables*, Carlos, el hijo mayor del profesor Hank, fue mecido durante sus primeros días de vida en una caja de zapatos porque entonces a la familia no le alcanzó para comprar una cuna. Sin embargo, cuando Jorge, el tercer vástago, llegó a este mundo, la situación económica había cambiado. Para 1956 Carlos Hank González ya era presidente municipal de la ciudad de Toluca, capital del Estado de México.

A este hombre se debe una frase cargada de cinismo: «Político pobre, pobre político». En su día, Esteban Cantú o Abelardo L. Rodríguez la habrían suscrito sin chistar. Entre otros muchos negocios que Hank González emprendió durante su vida hay que contabilizar la compra de las antiguas instalaciones donde se encontraba el Casino de Agua Caliente. Gracias a su dinero y a su influencia política, en los años 70 del siglo pasado ahí volvió a operar el hipódromo de la ciudad de Tijuana. Luego, el profesor recuperaría cada centímetro del predio originalmente expropiado al expresidente Rodríguez. La propiedad mide alrededor de 203 mil metros cuadrados. Hoy, Jorge Hank Rhon tiene ubicado ahí su zoológico privado, donde coexisten más de 20 mil animales de diferentes especies. También se encuentra su casa particular, donde vive con su esposa y su prole, y la oficina de su empresa principal, el Grupo Caliente.

Hank Rhon llegó a Tijuana en 1985. Tenía entonces 29 años y no contaba con ninguna experiencia en los negocios. Convenció a su padre para que le entregara la administración del hipódromo familiar en Tijuana. No conocía la cultura de la frontera, ni en la frontera lo conocían a él. Al principio, la actitud de hijo de político rico venido de la capital le habrá ayudado poco. Ni sus ropas, ni su cantaleta al hablar, ni sus manierismos venidos del Altiplano le servirían para obtener la confianza de sus nuevos anfitriones. Por esta razón es admirable que consiguiera mutar hasta convertirse no solo en un habitante más de Tijuana, sino en un modelo muy notorio de tijuanense.

Uno de los primeros rituales que lo volvieron figura pública en la región fue la acusación de asesinato que enfrentara en 1988. Se le vinculó con la muerte de Héctor Félix Miranda, mejor conocido como *El Gato Félix*, un muy querido periodista del semanario *Zeta*. Este columnista es el autor de un dicho que, durante la segunda mitad de los años 80, se volvió popular en el resto del país: «¡Haz patria, mata un chilango!». En su día, *El Gato Félix* no enderezó esta condena −mezcla de humor negro, mal gusto e invitación a discriminar− hacia todos los migrantes originarios de la capital, sino contra un chilango en particular: Jorge Hank Rhon. La escribió en un artículo donde argumentaba sobre el daño que en Tijuana estaba haciendo la llegada de este empresario venido de fuera. El periodista quería fastidiar al hijo del dueño del hipódromo de Tijuana con su maledicencia y lo logró. Por lo bajo, el vocerío reía de Hank Rhon, pero nadie esperaba la rudeza del plomo que vino después. A plena luz del día y en la vía pública, el periodista fue baleado por dos tiradores: Víctor Medina Moreno y Antonio Vera Palestina. De la investigación policial posterior se concluyó que Medina trabajaba como guardaespaldas de Jorge Hank Rhon, y que Vera era el jefe de seguridad de este mismo personaje. Desde entonces, el aludido negó toda vinculación suya con esta tragedia. Afirmó que Medina Moreno y Vera Palestina fueron usados por sus enemigos para involucrarlo en la autoría de este delito.

Tanto el Ministerio Público como los jueces terminaron absolviendo al chilango, pero la población no hizo lo mismo. Durante varios años, en la calle y en la conversación íntima de los tijuanenses se repitió la misma convicción que el célebre grupo musical *Los Tigres del Norte* dejó registrada en uno de sus corridos más famosos:

> *de una forma traicionera*
> *le llegó al* Gato *el final*
> *de una vez y de a de veras*
> *en caballo de carreras*
> *la muerte corrió a ganar.*

A partir de aquel trágico hecho, el semanario *Zeta* publica, para cada entrega, una plana negra en cuya parte inferior puede leerse la frase: «Todos los caminos conducen al hipódromo de Agua Caliente». El desencuentro entre el semanario y el poderoso empresario de las apuestas no terminó con este episodio. El 22 de junio de 2004, también durante la mañana, y también en la vía pública, fue acribillado otro periodista: Francisco Ortiz Franco. Un amigo del *Gato Félix*, coeditor de la misma publicación. Días antes del hecho, Ortiz había declarado contar con nueva evidencia incriminatoria en contra de Hank Rhon y aseguró que el caso judicial por la muerte violenta de su compañero de oficio se reabriría pronto. Aquel comentario no pudo caer en peor momento para las ambiciones políticas del hombre señalado. Por esas fechas, el presidente del Partido Revolucionario Institucional, Roberto Madrazo Pintado, había echado a andar desde la ciudad de México una potente maquinaria para volver a Jorge Hank Rhon alcalde de Tijuana. Contra lo que habría podido suponerse, el asesinato de Ortiz Franco no afectó esa campaña política. Se olvidó tal y como se extravía de la memoria una breve tarde de tormenta.

Durante la última década del siglo XX –una vez eliminada la larga veda impuesta desde el gobierno de Lázaro Cárdenas en contra de los negocios relacionados con el juego de azar– varias empresas, incluido el Grupo Caliente, aprovecharon de nuevo la oportunidad. Jorge Hank Rhon posee la tercera parte de un total de veinticuatro sociedades dedicadas en México a esta actividad. Le siguen en orden de importancia la Corporación Interamericana de Entretenimiento (CIE) y Televisa. La empresa fundada en 1915 bajo el nombre Casino de Agua Caliente perdió tres palabras y conservó solo una. Su emblema rojo, en cuya letra inicial se aloja un torso y una cabeza de caballo, puede encontrarse en todas las ciudades mexicanas donde vivan más de 70 mil habitantes. Visitantes frecuentes u ocasionales y ludópatas sin remedio dejan anualmente alrededor de 700 millones de dólares de ingresos para Caliente. Hank Rhon y sus empresas poseen 167 concesiones otorgadas por el gobierno federal; emplea a más de 7 mil personas y cuenta con una red donde se conectan cerca de 10 mil terminales electrónicas. La oferta de entretenimiento por Internet también es de lo más variada: bingo, apuestas sobre resultados deportivos, carreras de caballos y galgódromo, entre otras actividades. Recientemente esta última rama del negocio es la que reporta mayor crecimiento.

Dentro de sus casinos, Grupo Caliente suele ofrecer espectáculos y eventos que atraen a una abultada clientela. En más de un sentido, Jorge Hank Rhon recuerda a James W. Coffroth y la capacidad para hacer pasar por sus establecimientos a los artistas más conocidos. Para medir el poder de convocatoria de este empresario mexicano vale la pena referirse al gran evento que fue la boda de su hija Mara Hank con el empresario suizo Marc Moret, y que se celebró el sábado 2 de diciembre de 2006. El festejo costó más de 3 millones de dólares y acudieron a él más de 2 mil 500 invitados. Para amenizar la fiesta fueron contratados Los Niños Cantores de Viena, el tenor Plácido Domingo y el baladista Luis Miguel. También participaron en el espectáculo –como oficiantes del ritual religioso– el obispo de la diócesis de Ecatepec, Onésimo Cepeda, el arzobispo de Baja California, Rafael Muñoz y el obispo de la Arquidiócesis de México, Abelardo Alvarado. Es de suponerse que a la alta jerarquía católica mexicana no le pareció relevante la leyenda que merodea a Jorge Hank Rhon, de quien se afirma que su verdadera actividad lucrativa es el lavado de dinero.

Jaime Dettmer publicó la primera acusación seria en contra de la familia Hank, por su presunta vinculación con el crimen organizado, el 20 de marzo de 1999 en la revista *Insight* de la ciudad de Washington, D.C. Una segunda pieza periodística similar llegó a la prensa mexicana con la firma de Dolia Estévez, del periódico *El Financiero*, el día 31 de mayo de ese mismo año. Ambos textos abrevaron de la misma fuente: el antes mencionado reporte, *White Tiger,* que fuera elaborado por el Departamento de Justicia del gobierno de Estados Unidos, a petición de la oficina del FBI en San Diego, California.

Las autoridades estadounidenses involucradas con este expediente no pudieron desmentir la información que Dettmer y Estévez hicieran pública. Según la investigación citada, durante años la familia Hank habría utilizado transmisiones de carreras de caballos –televisadas a través de la red de establecimientos de apuesta de Grupo Caliente– para volver limpio el origen de grandes cantidades de dinero que eran propiedad del Cártel de Tijuana. La filtración anticipada a la prensa del reporte *White Tiger* provocó que las autoridades estadounidenses no fueran más lejos en sus pesquisas. Por razones inexplicables tomaron la decisión de detener la investigación. Paradójicamente, fue afortunado para la familia Hank que los periodistas hubieran dado a conocer este reporte antes de que el Departamento de Justicia llegara a una conclusión definitiva.

Dice el refrán popular: golpe que no mata, robustece. La tolerancia de los tijuanenses con respecto a Jorge Hank Rhon se ha ensanchado generosamente al pasar del tiempo. Solo así puede explicarse su triunfo como alcalde de esa ciudad, la popularidad que lo vuelve prácticamente inmune frente a toda crítica que se realice en su contra, y la protección que recibe de la esquizofrénica clase política mexicana, que igual puede señalarlo como corrupto y socio de narcotraficantes, que defender su candidatura al gobierno del estado de Baja California. Jorge Hank no ganó esa última elección celebrada en 2007 porque a mitad del proceso electoral la autoridad local consideró que no contaba con los requisitos necesarios para ser candidato. Después, el Tribunal Federal Electoral rectificó esa decisión jurisdiccional, pero ya era muy tarde para que el abanderado priista volviera a despegar frente a sus opositores. El 4 de junio de 2011 este hombre volvió a ser protagonista de un episodio escandaloso. Oficiales del Ejército mexicano ingresaron a su domicilio sin orden de cateo ni de aprehensión para detenerlo porque supuestamente guardaba un arsenal de armas prohibidas en el sótano de esa construcción. Tardó pocos días en salir libre. No hubo juez que pudiera defender la torpeza jurídica con que se procedió en su contra. A este empresario nada lo turba. Tiene suerte pero sobre todo cuenta con adversarios enormemente torpes.

# III
# LA MONTAÑA
# Y EL MAR

## Adiós, Tijuana

En el mar no hay barreras permanentes que puedan oponerse. Por eso la frontera entre Estados Unidos y México muere al oeste de Tijuana. Su postrero intento sucede en la arena, donde unas rejas metálicas corroídas por el salitre intentan la última de las distancias. Los indocumentados en potencia van ahí a escuchar el rompimiento de las olas, la banalidad de la espuma, el breve silencio siempre vigilado, el cambio de color en el agua que, sin embargo, ocurre justo donde termina un país y comienza el otro. ¿Quién fuera partícula de hidrógeno, de oxígeno, o de sal, para poder ignorar las barreras? Sobre las playas de Tijuana muy pronto comienza a olvidarse Tijuana. Mientras avanzan los primeros kilómetros de la ruta escénica que conduce hacia Rosarito, el cuerpo reacciona satisfecho por darle la espalda a la garita de San Ysidro y también por dejar atrás la contagiosa resaca de la Avenida Revolución. Atrás quedaron el Cerro Colorado y La Mesa, la colonia Libertad y la tumba de Juan Soldado. Si desde aquí se decide mirar hacia el sur, y solo hacia el sur, por delante no hay una península sino una inmensa isla. Una larga y angosta lengua de tierra que se desprendió del continente hace 30 millones de años; faja que penetra sesgadamente al mar en dirección sureste, flotando sobre un inmenso océano que tanto tiene de asiático como de americano.

Desde Tijuana hasta San José del Cabo hay mil 715 kilómetros. La parte más angosta de la Baja California se encuentra al norte de la ciudad de la Paz, y la más ancha a la altura del paralelo 28, sobre la reserva de El Vizcaíno. La carretera Transpeninsular es una extensa y zigza-gueante ruta cuya distancia es la mitad de la que existe entre la ciudad de México y Montreal. No fue sino hasta principios de los años 70 del siglo pasado que los vehículos con neumáticos pudieron atravesar este territorio vertical sobre un trazo pavimentado. Hoy se trata de una de las autopistas más espectaculares de la República Mexicana. Igual reúne vistas asombrosas frente al mar que desiertos habitados por cactáceas singulares, oasis donde se esconden cuevas con pinturas rupestres y dos sierras cuya altura es privilegiada para observar las estrellas.

La primera estación en el viaje que se emprende hacia el sur es el poblado de Rosarito, una villa que nació en 1925 como resultado de una carretera y un hotel. Gracias a la autopista asfaltada que por aquel año conectó a Ensenada con Tijuana, los turistas de la frontera adquirieron el hábito de bajar hasta esta playa para comer buenas y grandes langos-tas, bañarse en ese mar donde las ballenas se pasean entre los meses de noviembre y marzo, y broncearse al sol durante los veranos, porque en esa estación del año ahí no suele caer una sola gota de lluvia. La primera construcción en esta zona turística bajacaliforniana fue el Rosarito Beach Hotel. En el vestíbulo principal de esta construcción hay un famoso le-trero que reza así: «A través de esta puerta atraviesan las mujeres más bellas del mundo». Y no es mentira. Por este hotel han desfilado algunas de las más hermosas estrellas: Marilyn Monroe, Dolores del Río, Lana Turner, Rita Hayworth (obviamente), Kim Novak, y más recientemen-te Kate Winslet, Teri Hatcher y Kate Beckinsale, entre otras. De todas, sin duda la más importante fue María Luisa Chabert, quien junto con su marido, Manuel Barbachano, dio fama a este lugar dedicado a celebrar el ocio de los turistas.

Sobrevive dentro de este hotel un restaurante que lleva un nombre poco original: El Azteca. Los alimentos ahí son ordinarios pero no im-porta porque visitarlo emparenta con el pasado como ningún otro lu-gar de la región podría hacerlo ya. El Rosarito Beach Hotel es el último monumento habitable de los dorados años 20. Los retratos que cuelgan sobre sus muros dan fe de los grandes y también de los pequeños perso-najes que este restaurante ha visto circular. No es exagerado afirmar que gracias a este edificio hoy existe Rosarito. Alrededor del hotel fue cons-truyéndose esta población donde viven cerca de 150 mil habitantes; en-tre ellos, 14 mil tienen la nacionalidad estadounidense.

No es tarea fácil precisar aquí el término «estadounidense». Willy

Sánchez, un accesible conversador y frecuente visitante de El Azteca, somete a prueba esa definición. El señor Sánchez o Mr. Sanchez, quien ronda los 65 años, habla desparpajadamente, en una confusa mezcla de castellano con inglés. La mayor parte de su vida adulta la hizo en el condado de Pomona, pero también vivió en Anaheim y en Newport Beach. Empezó como jardinero a la edad de 14 años. Durante los primeros años 60 no era complicado ir y venir por el puesto fronterizo. Luego se hizo obrero de la construcción.

«¡Cuál no fue mi sorpresa cuando me enteré que del otro lado los mexicanos teníamos fama de muy trabajadores! Por eso encontraba uno empleo fácilmente. La paga era buena. Llegué a tener mi propia empresa de construcción: jardineros, carpinteros, albañiles. Puro paisano. Antes de cumplir los 40 ya era yo dueño de mi propia casa. La pagué a crédito durante 20 años. Aquí ni en sueños nos hubiéramos hecho de una con jardín. El error vino cuando decidí comprar la segunda. Es por esa estupidez que ahora debemos regresarnos. Ya estaba yo retirado cuando el banco me ofreció una hipoteca para una nueva propiedad. Todo lo que debía hacer era poner nuestra primera casa como garantía. Mi esposa dijo que ya no estábamos para esas aventuras pero yo pensé en dejarles un mejor patrimonio a los nietos. Así que tomé otra hipoteca y compré la casa. *A very big house!* Después, con la crisis de los *commodities*, los intereses enloquecieron. Antes de perderlo todo vendí la casa donde nacieron mis hijos y también la que iban a habitar mis nietos. *Bad luck!* Cubrí la deuda y me sobró algo de dinero. Fue cuando la mujer y yo decidimos volvernos para México. Encontramos un condominio que está construyendo el señor Donald Trump. Estamos esperando que nos lo entreguen. Mientras tanto, alquilamos una casita en *downtown* Rosarito.»

Willy Gómez tiene nacionalidad estadounidense y también es mexicano. Su caso no es excepcional. Son muchos los migrantes que a la edad de la jubilación les resulta mejor regresarse a México, donde una propiedad vale cinco veces menos en comparación con los precios que se pagan en California. Una vez instalados, los pensionados se mantienen cerca de sus descendientes. Los hijos pueden recorrer los 20 kilómetros que separan Rosarito de la ciudad de San Diego para pasar un fin de semana con sus padres.

Junto a la antigua construcción californiana del Rosarito Beach Hotel crece una modernísima torre de 17 pisos de alto donde pronto estarán alojados más de 270 departamentos, muy lujosos, destinados a los pensionados estadounidenses que todavía no han llegado a vivir a esta playa. Probablemente en pocos años la autopista que une a Tijuana con la carretera Transpeninsular terminará convertida en una larga avenida, en cuyos costados habrá miles de pequeños condominios para retirados. Basta visitar los fraccionamientos Bella Vista, Blue Beach, BVG La Punta, Calafia Resort & Villas, Hacienda Plaza del Mar, La Elegancia, Pacífica, Palacio del Mar, Plaza del Mar, Punta Azul, Tierra Bella, El Viento o el Trump Ocean Resort Baja para poder imaginar cómo será dentro de muy poco el resto del paisaje urbano en esta región que apenas comienza a ser próspera. La inversión derramada aquí durante los últimos años rebasa los 6 mil millones de pesos. Los negocios inmobiliarios son una promesa.

Durante las próximas décadas, otra fuente probable de riqueza para Rosarito la proveerá la industria cinematográfica. Gracias al escenario acuático que se construyó a finales de los años 90 sobre sus playas, se abrió una gran oportunidad. Sumergir un barco de grandes proporciones no es tarea sencilla, pero hacerlo frente a las cámaras de una superproducción fílmica es una obra monumental. Antes de que James Cameron comenzara a rodar *Titanic* –aquella película que en 1998 se llevara once Oscares– no había en el mundo un escenario donde pudieran realizarse tomas abiertas sobre el agua. Por mediación de este Rey Midas del séptimo arte, la película que reprodujo el hundimiento del histórico trasatlántico hizo que en Rosarito emergiera uno de los estudios más impresionantes.

En un lugar conocido como Popotla, ubicado a solo 5 kilómetros del Rosarito Beach Hotel, y a 45 minutos de viaje desde la bahía de San Diego, la empresa Twentieth Century Fox edificó Fox Studios Baja, una extensa instalación de 182 hectáreas que hoy tiene una ajetreada vida junto al mar. Ahí pueden manipularse más de 100 millones de litros de agua con el objeto de producir casi cualquier efecto requerido para la actuación de piratas, portaaviones, submarinos, tiburones, lanchas, hidroaviones, medusas marinas, pulpos gigantes o cualquier otro motivo de la parafernalia que se utilice en los filmes cuya circunstancia sea acuática. Después de realizar *Titanic*, aquí se filmó la película *Pearl Harbor* (2001), donde actuaron Ben Affleck y Kate Beckinsale. También se rodó *El mañana nunca muere* (1997), entrega del Agente 007 estelarizada por Pierce Brosnan y Teri Hatcher, y *Capitán de mar y guerra*

(2003) con el neozelandés Russell Crowe. En el parque Foxploration los espectadores del negocio de la pantalla pueden averiguar lo que ocurrió tras las cámaras durante una filmación, mientras aprecian el vestuario, juegan con la utilería y averiguan sobre los efectos especiales de cada superproducción. La inversión original de la Twentieth Century Fox fue de 8 millones de dólares. Desde que Foxploration abriera al público, en 1999, más de 300 mil personas han visitado este parque de diversiones. En efecto, la población de Rosarito ha comprobado que su cercanía con la industria de Hollywood puede ser una gran promesa. Aquí habrá empleo para su todavía pequeña comunidad, siempre y cuando los asistentes a las salas de cine sigan manteniendo el gusto por las películas marinas. Cabe tener esperanza: toda gran historia de la humanidad comenzó un buen día cerca del mar. Las sagas y aventuras que aquí podrían filmarse son incontables.

## La saga de los molokanes

Al comienzo del siglo XX, el valle de Guadalupe aún dormía despoblado y sin domesticar. Los restos de una antigua construcción religiosa permanecían abandonados junto a la vid que unos monjes dominicos habían sembrado para procurarse vino de consagrar. Mientras tanto, del otro lado del mundo, un niño ruso de 12 años, Efim Klubnikin, convencía a su pueblo de abandonarlo todo y migrar muy lejos. «Pronto las puertas de Rusia van a cerrarse y entonces será imposible hacerlo», dijo con voz de profeta y su comunidad, que era muy religiosa, le creyó. Según cuentan sus descendientes mexicanos, los abuelos habían rezado mucho para encontrar un lugar donde la violencia no les hiciera más daño. Los molokanes fueron un pueblo perseguido desde los tiempos de Iván el Terrible (zar de 1547 a 1584), cuando por sus creencias se escindieron de la Iglesia Ortodoxa Rusa. La expresión pública de su fe los hizo herejes durante más de 400 años. Sus pecados fueron resistirse a portar armas y negarse a prestar el servicio militar. De entre los diez mandamientos de la ley mosaica, para ellos el número cinco, «No matarás», se volvió innegociable. Este pacifismo fue la razón por la que los molokanes padecieron toda clase de abusos y agresiones; fueron encarcelados, torturados, marginados y forzados a migrar frecuentemente. No se trata del único pueblo que ha padecido este destino, pero el suyo es uno de gran invisibilidad en la historia de la infamia humana.

Hacia 1800, los zares rusos los enviaron lejos de Moscú para que sirvieran como escudo frente a los embates del Imperio Otomano. Se trató de una política de poblamiento que esta autoridad imperial sabía utilizar muy bien para protegerse de sus vecinos. Así fue como tal comunidad terminó habitando las faldas del Cáucaso, sobre un amplio territorio que hoy comparten Armenia, Azerbaiyán, Ucrania y Turquía; una zona constantemente reventada por la sinrazón y la violencia. Los que escucharon la voz del niño Efim residían en Kars, una ciudad originalmente rusa que hoy se encuentra en territorio turco. Vivían a escasos 150 kilómetros del Monte Ararat, cumbre legendaria desde la cual, según la Biblia, Noé habría emprendido el repoblamiento del mundo después del diluvio. Quizá con esta metáfora como inspiración, en 1900 los molokanes de Kars enviaron a tres de los suyos para que exploraran la posibilidad de una extensa migración hacia el Nuevo Mundo.

El tiempo fue corto antes de que estos adelantados se toparan, en la ciudad de Los Ángeles, con un banquero que les habló de una propiedad situada en la península de Baja California. Aquellos exploradores viajaron a Ensenada y constataron con sus propios ojos la pacífica belleza del valle de Guadalupe. Escribieron elocuentemente para entusiasmar a los familiares y sus palabras fueron recibidas con esperanza. Antes de vender lo muy poco que tenían como propiedad, los más viejos redactaron una carta para el zar Nicolás II, donde le solicitaron permiso para abandonar Rusia. Este no tardó en responder afirmativamente; con ello habrá restado un problema a su abultada contabilidad de conflictos étnicos. Fue así como comenzó ese viaje donde participaron más de 2 mil rusos. Atrás quedó medio millón de molokanes oprimidos por el yugo de Moscú. Once años más tarde, con la llegada de los bolcheviques al poder, la vida para los que permanecieron se haría aún más difícil. Efim Klubnikin había tenido razón.

En 1906, tras cruzar el Atlántico, el gobierno de Porfirio Díaz los recibió ofreciéndoles un crédito para la compra de mil hectáreas ubicadas cerca del mar, a 10 kilómetros de El Sauzal. Ellos se comprometieron a pagar su deuda y también aceptaron tomar la nacionalidad mexicana. Solo pusieron como condición ser exceptuados del servicio militar. Una vez signados los papeles entre este grupo de migrantes y las autoridades mexicanas, comenzó la colonización del valle de Guadalupe. Este lugar no tiene forma circular: en realidad se trata de una larga y angosta planicie flanqueada por dos hileras montañosas de poca altura. Para su fortuna, las familias rusas que aquí llegaron dieron con una tierra fertilísima. Apenas instalados, fueron ellos quienes perforaron los primeros pozos de agua y después hicieron que esta tierra produjera abundantemente trigo, cebada y alfalfa. También usaron sus propiedades para la cría y el comercio de borregos, gallinas y gansos.

La primera generación aprendió español pero nunca abandonó el ruso. También sabía hablar turco y varios de ellos terminaron dominando el inglés. La familia Bibayoff sostiene hoy en este valle un pequeño museo que permite hacer el viaje en el tiempo para compartir el samovar con aquellos contemporáneos de León Tolstoi y Máximo Gorki. En esas imágenes sobreviven Basilio Bahichof, Alejandro y Lange Samarin, Basilio Pivocaroff, así como los señores Raboff, Chachirisquis, Samaduroff, y el primer anfitrión ausente, David Bibayoff. Todos son portadores de unas largas e hirsutas barbas y están vestidos con sacos rayados de once botones que les llegan hasta las rodillas. Las mujeres son blanquísimas y van ataviadas pudorosamente con varias capas de ropa encima. Mirándolas se entiende bien lo que la palabra «anticlimático» quiere decir. La temperatura de esta región del globo ameritaba una consideración que los primeros molokanes de nacionalidad mexicana evidentemente no supieron tener.

De todas aquellas mujeres, la que mayor fama adquirió fue Mary Rogoff, una comadrona de quien se cuenta trajo al mundo a cerca de mil ruso-mexicanos. Por su fe pacifista, por su organización comunal y por la centralidad de sus ritos espirituales, los molokanes se parecen mucho a los menonitas que viven en Chihuahua, y también a los cuáqueros que emigraron a Estados Unidos. Aunque en su caso son más abiertos hacia el trato con los diferentes, al igual que los anteriores promueven entre sus hijos la endogamia: no se mezclan carnal ni familiarmente con otras comunidades. Sus ceremonias religiosas se siguen celebrando en ruso, mientras los hombres y las mujeres se sientan en áreas separadas. No comen puerco, ni mariscos que hayan nacido dentro de una concha. Tampoco fuman tabaco ni beben vino. Son, en muchos sentidos, un grupo social que prefiere permanecer aparte; que guarda distancia para asegurarse respeto hacia sus propias costumbres. Un rasgo de carácter que —obligado decirlo— no es apreciado en México. En este país, si tu casa no es mi casa, algo anda mal entre los dos.

El primer síntoma de intolerancia mexicana frente a los molokanes vendría a mitad de los años 30 del siglo XX. Con la puesta en marcha de la reforma agraria, un líder político de poca monta vio la oportunidad de arrebatarles sus tierras. Utilizó el revolucionario argumento de que sería justo entregarlas, bajo la modalidad ejidal, a otros ciudadanos que por su aspecto parecieran más mexicanos. La cuestión escaló y llegó a los oídos del presidente Lázaro Cárdenas. A él se debió haber conjurado esta primera amenaza. En visita oficial al valle de Guadalupe, el jefe del Estado mexicano razonó que la expropiación agraria para la constitución de nuevos ejidos no podía hacerse sobre tierras comunales. Y como aquel grupo de origen ruso no había recibido sus predios en calidad de propietarios individuales, sino a partir de una dotación comunitaria, la nueva ley agraria debía otorgarles protección. Esta vez corrieron con suerte. En las paredes del pequeño museo administrado por la familia Bibayoff pueden todavía apreciarse las fotografías de aquellos rusos blancos celebrando su triunfo con el presidente Cárdenas.

Veinte años después, la avaricia volvería de nuevo a interesarse por los bienes de estas familias. En 1956 llegó al valle de Guadalupe una pandilla de burócratas para informar a los descendientes de aquellos migrantes que la concesión otorgada por el gobierno de Porfirio Díaz había llegado a su conclusión. Según estos sujetos, la excepción de prestar el servicio militar tenía una duración de solo 50 años, y justo con su prescripción terminaba también el periodo durante el cual el gobierno les había entregado en comodato estas tierras. Una batalla legal de grandes proporciones dio comienzo entre ambos bandos: los mexicanos de origen ruso trataron de probar que sus antepasados habían pagado hasta el último centavo del crédito obtenido; por su parte, los funcionarios públicos hicieron lo propio para demostrar que el valle de Guadalupe fue entregado bajo la forma de una concesión, cuya validez había ya caducado.

Finalmente, dos terceras partes de esta industriosa comunidad tomaron la decisión de malbaratar sus granjas y sembradíos para migrar definitivamente hacia otros lugares. Así fue como terminó expulsándose a una de las poblaciones más entrañables que hayan vivido en Baja California. Sucedió a causa de su naturaleza siempre desprovista de beligerancia y por la exclusión que también en México comenzaba a ser sistemática. Hoy más de 20 mil molokanes viven fuera de Rusia. Una parte importante reside en Boyle Heights, cerca de la ciudad de Los Ángeles. Otras familias prefirieron los alrededores de San Francisco y de la ciudad de Sacramento. Igualmente hay comunidades suyas en Oregon,

Washington, Montana, Wyoming y Alaska; así como en la Columbia Británica y Alberta, en Canadá. Esta fue una ola migratoria que comenzó en el valle de Guadalupe antes de extenderse hacia el resto de Norteamérica. Aún permanecen aquí veintitrés familias relacionadas con esta saga que habría merecido más justicia.

## El valle de la vid

Aquellos molokanes que tuvieron la paciencia de litigar jurídicamente la suerte de sus propiedades, hoy son dueños de viñedos cuyo valor es considerable debido a la importancia que más adelante tomaría aquí la industria vinícola. Por la prohibición religiosa para consumir vino, no fueron las primeras generaciones de rusos llegados al valle de Guadalupe quienes continuaron con la tradición de cultivar la vid, que los monjes dominicos habrían interrumpido con su partida. Durante 50 años ignoraron, por tanto, el potencial que esa tierra, escarlata y agrietada, tenía para la producción de un fruto cuyo cultivo y fermentación hoy sabe premiar con un vino de altísima calidad.

La familia Toscano asegura que fue en la Casa Vieja donde hace 200 años se cultivó la primera uva del valle de Guadalupe. En el jardín de su posesión han encontrado objetos que habrían pertenecido a los monjes dominicos. Estas vides, supuestamente muy antiguas, se abren paso a través de la tierra dura y pedregosa. Sobre las mesas dispuestas al aire libre que han montado los Toscano, se sirven aceitunas, queso manchego y de cabra, pan y también tanto vino como el visitante quiera probar; una bebida roja, orgánica y artesanal que se vende únicamente a quienes pasan por la Casa Vieja.

Cada día son más los turistas que vienen a este valle para visitar alguna de las veintiséis propiedades de la región. Ahí se presumen las cavas ordenadas para el añejamiento, igual que se ofrecen generosas catas de bebida espirituosa. La impresión más fuerte la dejan los extensos viñedos que bajan sobre las laderas montañosas. Por las noches, en este valle hace mucho frío y al medio día el calor llega a ser insoportable. En muy pocos lugares del mundo coinciden, así de armoniosamente, la temperatura extrema y la riqueza de los minerales que la vid necesita. El valle de Guadalupe es lo más parecido que existe en América al Mediterráneo. Dentro del municipio de Ensenada se producen anualmente 5 millones de litros de vino y alrededor de medio millón de litros de brandy. Es la región vitivinícola más importante de México. Dos empresas, Domecq y L.A. Cetto, concentran alrededor de 65 por ciento de esta producción.

Ángel Cetto Carli llegó a Tijuana en 1928. Procedía de Trento, Italia, y construyó su primera cava cerca de los centros nocturnos de la frontera. Más tarde, fue su hijo, Luis Agustín (L.A.) Cetto, quien hizo crecer espectacularmente el negocio. En 1975 instaló la primera recámara de fermentación en el valle de Guadalupe y durante los siguientes años se dedicó a comprar pequeños viñedos hasta que llegó a acumular alrededor de mil hectáreas en toda Baja California. En sus tierras hoy también se produce tequila y aceite de oliva. El valle se ha vuelto muy popular para otros productores de vino. Ahí radican hoy también, entre otras, las empresas Monte Xanic, Casa de Piedra, Château Camou, Barón Balch'e y Vinos Bibayoff. A principios de los 80, finalmente los descendientes de los rusos se interesaron por este negocio. La casa Bibayoff cuenta hoy con un vino que va creciendo en reputación. Son varias las uvas que aquí pueden encontrarse –Tempranillo, Petite Sirah, Merlot, Cabernet Sauvignon, Mourvèdre, Barbera– pero de todas, el Nebbiolo carece de competencia. En fechas recientes el vino mexicano ha ido ganando en fama mundial. Durante los primeros años del siglo, los Cabernet Sauvignon del valle de Guadalupe obtuvieron varios premios.

En esta región hay pretextos suficientes para volverse próspero pero el vino y su entorno es el más grande de todos. El valle de Guadalupe debe visitarse durante el atardecer; después de que el sol haya calcinado la tierra pero antes de que desaparezca. El vino y este astro, juntos, producen felicidad. Un ánimo entrañable y peculiar de felicidad. El mítico Noé conoció esta verdad justo después de anclar su arca en el Monte Ararat.

## Cenicienta

El mar entra inclinado a Todos Santos, una bahía a la que le falta un brazo. En un extremo se encuentra la punta Banda y en el otro San Miguel y El Sauzal. San Miguel es famoso por sus altas olas que en el verano son montadas por los bañistas californianos. En la zona se cuenta que Jim Morrison, cantante de *The Doors*, gastó largas temporadas de ocio bebiendo tequila y margaritas mientras miraba reventar las olas y deslizarse sobre ellas a sus efímeros viajantes. En recuerdo de Abelardo L. Rodríguez, la población vecina lleva hoy por nombre El Sauzal de Rodríguez. De camino al valle de Guadalupe, en una quinta de su propiedad, el político revolucionario sembró olivos y fue exitoso en la producción del aceite proveniente de sus frutos. El millonario general construyó también un muelle para los pescadores e instaló la primera empacadora de mariscos de la región. Desde entonces, las empresas procesadoras de mariscos y las pescaderías han sido una actividad importante de la bahía.

Aquí el primer asentamiento europeo ocurrió en 1542 cuando el marinero Juan Rodríguez Cabrillo tuvo la iniciativa de establecer el puerto de San Mateo. Inmediatamente después lo abandonó para continuar su viaje hacia el norte de las Californias, donde moriría pocos meses después. Gracias a esta brevísima visita de reconocimiento, aquellas playas quedaron registradas en los mapas españoles de navegación. A principios del siglo XVII otro expedicionario, Sebastián de Vizcaíno, volvió a poner los pies sobre las arenas de San Mateo. Fue este marinero oriundo de Extremadura quien la bautizó como hoy se le conoce: Ensenada de Todos Santos. Su tripulación descendió del barco durante los primeros días del mes de noviembre y de ahí el origen del nombre. Hasta ahora no hay otro puerto en la península que dé la cara al Océano Pacífico. Se trata del único en la Baja California que conecta con el resto de sus parientes, desde Valparaíso pasando por Puerto Quetzal, Acapulco, Lázaro Cárdenas, Manzanillo, Mazatlán, La Paz, San Diego, Long Beach y Los Ángeles.

Ensenada de Todos Santos fue la capital del territorio norte de Baja California entre 1882 y 1915. El gobernador Esteban Cantú decidió trasladar los poderes políticos de la entidad a Mexicali siguiendo un criterio que muchos años antes –desde la Intervención francesa– se estableciera en todo México: alejar al poder público del mar para evitar que este fuese secuestrado por fuerzas navales extranjeras. Así, en 1915, la oficina de la máxima autoridad en el territorio migró a 108 kilómetros de distancia para colocarse justo en el borde de la frontera con Estados Unidos. El argumento de la mudanza apenas se sostiene. Si se trataba de proteger a las instituciones frente a una eventual invasión forastera, sin duda Ensenada representaba una mejor opción, comparada con Mexicali. Cabe por tanto especular a propósito de las verdaderas motivaciones y suponer que Esteban Cantú deseaba estar más cerca de sus negocios y de los intereses económicos que crecían por aquellos años al amparo de su gobierno.

Fernando Jordán escribió que es en Ensenada donde verdaderamente comienza el otro México. Lo afirmó en los años 50 del siglo pasado, cuando todavía no existía la inmensa bandera de 100 metros de altura que cuatro décadas después el presidente mexicano, Ernesto Zedillo Ponce de León, originario de Ensenada, mandó colocar y que hoy es el segundo lábaro mexicano más grande del mundo. (El primero en altura se encuentra sobre el cerro del Tehuehue, cerca de la ciudad de Iguala, en el estado de Guerrero.) El de Ensenada es un símbolo gigante que mira en dos direcciones: hacia los tijuanenses, con el objeto de que nunca se atrevan a invitar a los habitantes de este puerto para formar una tercera nación, y hacia el sur, donde un largo territorio sin densidad poblacional se extiende durante mil 410 kilómetros.

Jordán bautizó a Ensenada como *La Cenicienta de Baja California*; una población que, aunque despreciada, se sabe mucho más bella que sus hermanastras. Esta ciudad se plantó sobre una retícula casi perfecta. Sus calles fueron trazadas alrededor de un centro donde hoy se ubican los comercios principales, hoteles, bares y restaurantes. Los muelles donde atracan los inmensos cruceros cargados de turistas extranjeros desembocan a unos cuantos metros de la Calle Primera, mejor conocida como la López Mateos; una vía peatonal y arbolada en la que abundan los cafés y las terrazas al aire libre. En la actualidad, Ensenada recibe cuatro millones de turistas por año, de entre los cuales 350 mil llegan por barco. Los habitantes de Ensenada también se aprovecharon de la Ley Seca impuesta en Estados Unidos. Como Tijuana, este lugar dio hospitalidad al turismo venido de la Alta California para que aquí apostara sus riquezas y disfrutara de la ausencia de interdicciones. El casino más importante durante los años 30 fue el Riviera del Pacífico, una construcción que imitó la arquitectura colonial mexicana, dispuesta para recibir sin protección la brisa de la bahía. Se dice que en este recinto el mafioso más célebre de la ciudad de Chicago, Al Capone, solía refugiarse durante largas temporadas. Hay quien asegura que este estadounidense de origen italiano era el verdadero propietario del antro; sin embargo, no existe un solo documento que sirva para probar la versión. En la segunda mitad de los años 30, Ensenada tuvo más suerte que Tijuana a la hora de reinventarse. La población de esta ciudad sabía pescar y también entretener al visitante durante las horas soleadas del día. En contraste con el Casino de Agua Caliente, el Riviera del Pacífico pudo sobrevivir a los descalabros propinados por la historia. Hasta los años 60 del siglo pasado logró mantenerse como un hotel elegante, visitado por artistas y personalidades relevantes. Hoy esta edificación ubicada sobre el boulevard costero alberga un pequeño museo donde se cuenta una parte de la vida en Ensenada.

El turismo visita cada año la bahía durante los días que corren de abril a septiembre. Hay actividad para cada entusiasmo. Mientras unos disfrutan el valle de Guadalupe, otros prefieren hacer la ruta de la Calle Primera hasta que, de bar en bar, se apaga la noche. En fechas recientes las familias toman una visita guiada que las lleva hasta Rosarito para conocer Foxploration. Otros viajan sobre las olas o se internan en el mar en búsqueda de un pez que puedan presumir, como trofeo, entre los amigos: barracudas, dorados, lubinas, percas y atunes de todos los colores. A partir del mes de octubre, en Ensenada los días se hacen más cortos, las noches menos estrelladas y sobre la bahía se impone un fuerte olor a sal. Mientras la bruma va cubriéndolo todo, los lugareños se quedan solos a la espera del siguiente mes de abril.

## La montaña y el mar

Rumbo al sur, la bahía de Todos Santos se despide con una amplia avenida de seis carriles que va flanqueada por grandes tiendas de autoservicio, salas de cine y comercios donde el comprador que se detenga a visitarlos puede hacerse de casi cualquier objeto inútil por solo un dólar. Sobre esta carretera es fácil recordar que la ciudad de San Diego se encuentra geográficamente cerca. Sin embargo, conforme el viaje comienza a hacerse definitivo, el paisaje cambia. En los poblados periféricos no decae únicamente la estética sino también la calidad de vida de los habitantes. Toda memoria de orden norcaliforniano se desvanece para ser ocupada por el recuerdo de las colonias proletarias de la frontera. La vida se hace irregular. Inacabada. Impredecible. Ni la riqueza que dejan los turistas en Ensenada, ni los ingresos obtenidos por las empacadoras de mariscos y las pescaderías, ni los 5 millones de litros de vino producidos anualmente en esta localidad, juntan suficiente fuerza, solidaridad u obligación moral, para arrancar de la desgracia a los marginales que residen, cuando mucho, a 10 kilómetros de la calle López Mateos.

La carretera panorámica que nació junto al mar, a pocos metros del enrejado que divide a México de Estados Unidos, muere en el valle de Santo Tomás. Junto con el de Guadalupe, el valle de Santo Tomás es uno de los más productivos de Baja California. Más de mil hectáreas de tierra generosa se extienden a través de una planicie que no solo recibe, sino además sabe cómo conservar el agua que baja desde las montañas de la sierra de San Pedro Mártir. Igual que en el norte de Ensenada, aquí también la compañía L.A. Cetto controla la mayor parte de la producción vinícola. Hace 40 años, hasta el lindero de sus actuales predios llegaba el último tramo pavimentado de carretera. En la visita que Lázaro Cárdenas hizo a la península, la misma de cuando convivió con los molokanes, este presidente constató la alarmante desvinculación que los pobladores de la región mantenían con respecto al resto de su país. Su gobierno anunció que construiría una carretera asfaltada siguiendo el trazo indicado antes por los jesuitas, franciscanos y dominicos para unir sus misiones. El aviso se tomó con seriedad por los bajacalifornianos, pero la oferta no se cumplió. En revancha, para coser a la península con el resto de México el gobierno nacional aseguró la continuidad de tres rutas marítimas dedicadas al transporte de bienes y pasajeros: una entre Mazatlán y La Paz, otra entre la capital de Baja California Sur y Topolobampo, en Sinaloa, y una tercera, situada más al norte, entre Santa Rosalía y Guaymas, Sonora. Con esta solución, probablemente más económica, los caminos pavimentados que iban a unir a las dos Baja Californias lograron permanecer incivilizados hasta 1973.

Fernando Jordán, quien durante los años 50 realizó varias veces este viaje montado en un *jeep* veterano de la Segunda Guerra Mundial, cuenta que se necesitaban al menos cuatro días para que un vehículo con motor hiciera el viaje de mil 600 kilómetros entre Ensenada y La Paz. Narra también que por aquellas secas, polvorientas y monótonas vías solo transitaba el fayuquero: «un hombre que transportaba bienes comprados del otro lado de la frontera y también en Tijuana y Mexicali, para transportarlos hasta el sur de la península donde los intercambiaba por vino, piloncillo, aceite de oliva, perlas y otras mercancías». Desde que el rosario de misiones religiosas entró en fase de decadencia –a principios del siglo XIX– el fayuquero se convirtió, de día y de noche, en la principal institución de las montañas y las llanuras bajacalifornianas.

Incontables estrellas iluminan la bóveda nocturna que cubre la sierra de San Pedro Mártir; un vivo bordado que difícilmente podría repetirse lejos de esta geografía. Su efecto es hipnótico. Produce sobre el espíritu la seguridad de no haber visto antes un escenario parecido. Y es que son muy pocos los lugares en el planeta donde así coinciden la circunstancias para mirar tan nítidamente los astros. En la cumbre de esta cadena montañosa se encuentra uno de los telescopios más importantes de la astronomía contemporánea. Para llegar a él hay que recorrer 130 kilómetros desde la ciudad de Ensenada hasta el poblado de Colonet, donde está el entronque; a partir de ese punto comienza, hacia el este, un largo camino a través de las montañas. La sierra de San Pedro Mártir es una isla biológica muy diversa, incapaz de reproducirse más allá de los linderos de mar y sequedad que la circundan. Por el norte y por el sur, las elevaciones y los despeñaderos hacen materialmente imposible el ascenso para el ser humano. La entrada es igualmente inaccesible por su costado este. Desde el punto más elevado de esta sierra –conocido como el Picacho del Diablo– la orografía se desploma abruptamente hasta convertirse en el desierto de San Felipe, el cual desemboca sobre el mar de Cortés. No existe pues otra puerta para penetrar esta zona boscosa que la carretera secundaria entroncada con la Transpeninsular.

Los 100 kilómetros que separan Colonet del Picacho del Diablo alejan del mar en un muy corto tiempo. Conforme se va escalando sobre la sinuosa y ascendente ruta, la temperatura entre un extremo y otro del recorrido llega a reducirse en 12 y hasta 17 grados. Sobre las faldas de la montaña se asoma alguna ranchería y un puñado de hostales dispuestos para los andariegos y los naturalistas. Bajan hasta su puerta los arroyos que nacen más arriba pero que nunca llegarán a la costa. En 1796 fue construida, también por monjes dominicos, una misión en esta sierra que, a causa suya, lleva por nombre San Pedro Mártir. La edificación corrió con poca suerte. En el presente queda nada de sus piedras originales. La altura y el clima serranos se dedican a jugar aquí con la flora y también con la fauna. Cuando la distancia con el Océano Pacífico todavía es poca, en los lados del camino crecen árboles chaparros y sin estética, el ganado es manso, flaco y bobo y ha de tenerse cuidado con las serpientes de cascabel. Pero una vez atravesada la frontera de los mil 500 metros, de golpe surgen las enormes coníferas: pinos, abetos, encinos y alamillos. Ahí los gatos monteses se hacen cargo de alimentar el peligro y el borrego cimarrón, con sus cuernos dispuestos en retorcida punta, recuerda que no es igual a sus parientes mansos. Estas cumbres hospedan también venados, pumas, zorras, mapaches y coyotes. Sobrevuelan las crestas de los árboles búhos, águilas, halcones y pájaros carpinteros.

Diez kilómetros antes de llegar al observatorio de San Pedro Mártir es necesario dejar estacionado el automóvil. Para ese momento se han alcanzado ya los 3 mil 96 metros de altura sobre el nivel del mar. Este alejamiento con el resto de la civilización produce el sentimiento de estar en un monasterio bajacaliforniano de la era contemporánea. Un lugar habitado por sabios contemplativos que, en lugar de tener en común a la religión, comparten entre sí los hallazgos de la ciencia. A pesar de lo impertinente que pueda resultarles la visita constante de los curiosos, los técnicos y los astrónomos del observatorio se han hecho fama de estupendos anfitriones. Es una ventaja para su trabajo que muy poca gente sepa hasta hoy de su existencia. Son alrededor de veintidós personas, entre ellas cinco o seis físicos posgraduados, quienes cotidianamente atienden el buen funcionamiento de la estación. Todos son responsables de cuidar y aprovechar uno de los ojos más importantes con los que cuenta la raza humana para descubrir el universo donde habitamos.

El espejo de 2.1 metros de diámetro del telescopio más grande pesa alrededor de 2 toneladas. Está protegido por una torre alta, como de faro marino, donde una maquinaria muy sofisticada permite girar la mirada 180 grados con el objeto de escudriñar cualquier rincón que aparezca sobre la bóveda de ese impresionante laboratorio. Junto con este artefacto se encuentran dos telescopios más pequeños. Uno mide 84 centímetros de diámetro y el otro un metro y medio. Los tres forman parte de esta instalación, el tercer observatorio más importante de América Latina. Existe uno más relevante en Teziutlán, Puebla, y otro en Chile. Comparativamente, la ventaja de San Pedro radica en que el cielo permanece despejado durante ocho de cada diez noches. A pesar de las miles de copas arboladas, la humedad y sus hijas, las nubes, se cuidan de no acercarse al observatorio. Además, no hay luminosidad proveniente de asentamientos urbanos próximos. A diferencia de otras estaciones como las que están ubicadas en Arizona —donde las luces de la ciudad de Phoenix impiden un buen desempeño para los astrónomos—, en esta locación aislada casi nada perturba la labor del científico. Fue a principios de los años 70 que la Universidad Nacional Autónoma de México (UNAM) decidió desarrollar en la sierra de San Pedro Mártir su más ambicioso proyecto de astronomía. Desde 1973 comenzaron a hacerse las primeras pruebas, pero fue hasta 1979 que finalmente se inauguró la instalación. Debido al conocimiento que los científicos universitarios obtuvieron por haber apostado a este proyecto es que luego pudieron asociarse con otros observatorios de renombre internacional para diversos esfuerzos similares y aún más importantes.

# Bahía Colonet

Cabe la posibilidad de que una de las virtudes del observatorio de San Pedro Mártir se extravíe antes de que termine la década actual. El desarrollo portuario más ambicioso que México se haya planteado en toda su historia quiere construirse a unos cuantos metros de Colonet, es decir, a escasos 100 kilómetros del pesadísimo espejo situado en la punta de la sierra. Frente al mar, tras una larga muralla de acantilados se extiende una amplísima planicie de aproximadamente 5 mil hectáreas que aún conserva intacta su virginidad. La intención del gobierno mexicano es erigir ahí el puerto comercial de mayor talla en el país y probablemente el tercero más grande del mundo, precedido solamente por los de Hong Kong y Singapur.

La inversión calculada para esta iniciativa es de entre 2 mil 500 y 3 mil millones de dólares. Dentro de la misma bahía se edificarían una planta de gas y otra de electricidad. Esta infraestructura sería conectada hacia el norte y también hacia el sur a través del ferrocarril, así como por un circuito carretero que terminaría situando a la Transpeninsular como un pudoroso recuerdo del siglo pasado. La crisis económica mundial ocurrida a finales de la década que apenas terminó, detuvo la voluntad de los inversionistas –incluido el gobierno mexicano– para conducir la construcción de este proyecto al ritmo que se tenía originalmente previsto. En el presente no es posible afirmar si tal apuesta llegará a concluirse de acuerdo con la estatura que se le había profetizado. Si así fuera, solo queda por afirmar que la sierra de San Pedro Mártir, y muy seguramente el resto de la península de Baja California, sufrirán una metamorfosis de proporciones incalculables para quien, hasta hoy, ha tenido el privilegio de explorar este reducto tan singular de la naturaleza mexicana. Un recuerdo del futuro que hoy apenas puede expresarse como breve lamento viene de preguntar por lo que ocurrirá con los generosísimos platos de langosta que venden a la orilla del poblado de San Quintín, cuando las inmensas embarcaciones crucen diariamente el Pacífico, desde Ho Chi Minh *City* hasta Bahía Colonet.

Pocos kilómetros al sur de esa bahía, de la sierra de San Pedro Mártir bajan incontables arroyos y arroyuelos que llegan vivos hasta el mar. Apenas se acercan a la ruta que antes comunicaba a las misiones religiosas, la tierra festeja su fertilidad. San Quintín es un valle que sorprende por sus hortalizas. Huelga decir que la presencia humana depende del número de metros que separen a la superficie de los mantos acuíferos. En San Quintín, el agua ha convocado a un mundo de mujeres y hombres que visitan esta costa antes, durante y después del verano: jornaleros agrícolas que vienen del sur del país en largas procesiones nómadas y que son sometidos a una circunstancia inmoral de explotación muy parecida a la que se vive en el valle de Culiacán. Cuando la ruta de este viaje toque ese otro rincón del país retomaré este expediente.

## Los Cirios

Entre San Quintín y el oasis de Cataviña corren 200 kilómetros de desecado territorio. No hay manera de andar con rapidez esta distancia porque la Transpeninsular va exigiendo al conductor que se detenga aquí y allá para saltar un tope −breve montículo nunca parecido al anterior− puesto explícitamente para entorpecer el trayecto. Suele tratarse de la obra malévola de un vecino que ya no vive más frente a la carretera, o de una familia que decidió vender aguas frescas a los paseantes extranjeros. A la parada número treinta, se desata la sensación de estar siendo injustamente tratado por los semejantes. El paisaje es soberbio y la vegetación es única, pero este deleite no justifica tanto capricho impuesto sobre el inocente turista. La velocidad, obviamente dentro de ciertos márgenes, ha de ser soberanía del conductor y no de quienes, sin serlo, se asumen como dueños de este bien público que es la carretera. Los que ya han viajado antes por México saben que esta arbitrariedad no es exclusiva de la Transpeninsular. Se trata de un síntoma repetido en cuanta calle, ruta secundaria o carretera gratuita se halla tendida en territorio mexicano. Mientras en Estados Unidos la Segunda Enmienda de la Constitución autorizó a los ciudadanos portar armas en casi total libertad, en México se ofreció un permiso similar −aunque sin autorización expresa de la ley− con respecto a los reductores de velocidad: pueden ser usados en defensa propia (para protegerse de los automovilistas irresponsables), también como instrumento comercial (cuando una jícama o un mango deban imperativamente venderse) o como instrumento para el atraco (cuando el sujeto deba ser asaltado y no exista otro medio legítimo para detenerlo). En cualquier caso, el tope, en posesión de unos pocos, sirve siempre para conculcar la libertad de los muchos.

De camino a Cataviña se entra al valle de los Cirios que, junto a la sierra de Guadalupe (un sitio distante y distinto del valle ubicado al norte de Ensenada), ocupa una quinta parte del territorio de la península de Baja California. Para aquel que no esté familiarizado con los bosques de cactáceas, se trata de uno de los lugares más exóticos del planeta. Todo en esta coordenada da la impresión de ser milenario. Los cardones, conocidos en otras partes como órganos gigantes, pueden tener una vida de hasta 500 años. Mientras más viejos, son más altos y robustos. Crecen aproximadamente dos centímetros por año y los hay de 10 y 15 metros de altura. Cuentan con extremidades largas y de gran diámetro, todas alzadas hacia el cielo. No extraña que los antiguos nativos se inspirasen en esta cactácea para retratar a los suyos. Tomarse una fotografía bajo sus faldas es un tentador acto de humildad. En cualquier momento los cardones podrían inclinarse para cargar al pequeño modelo fotografiado. Si en el camino aparecen varias de estas cactáceas juntas, puede intuirse que en esa zona sería necesario excavar muy poco para obtener agua. Así lo saben las liebres, los conejos, las ratas de campo, las ardillas pequeñitas, los venados, los pumas y los antílopes que, junto con las serpientes, constituyen la reducida familia animal habitante de esta soberbia región.

El valle de los Cirios toma su nombre de otra cactácea poco conocida fuera de la península: una espiga robusta, de medio metro de diámetro y más de 10 de alto, coronada en la punta por unas pequeñas flores amarillas. Debido a su complexión es que puede pensarse en el cirio como si fuera una inmensa vela de cera. Sería pariente del maguey si hubiera maguey en su nacimiento, pero no lo hay. Los cirios son inexistentes en el resto de la Baja California y del planeta entero. Crecen únicamente entre los paralelos 30 y 29, y solo dentro de la superficie que corre desde el Pacífico hasta el mar de Cortés. En este paisaje hay unas piedras que también imponen respeto debido a su gran tamaño y al azaroso modo como han sido acomodadas. Estas enormes moles blancas de granito se conocen aquí como «pintos». Al igual que en el resto de la región, incluida la sierra de Guadalupe, en Cataviña hay pinturas rupestres que los antiguos pobladores de la península dejaron escondidas en sus cuevas. Figuras geométricas básicas, soles, espirales, venados, peces, estrellas, chamanes y seres humanos con cuerpo de cardón. Dibujos plasmados sobre la roca granítica que, a pesar de su desmoronamiento, ha sabido guardar para la posteridad esta representación primaria de una cultura. Tanto en este valle como en la sierra contigua, el Instituto Nacional de Antropología e Historia (INAH) ha certificado la existencia de al menos 750 lugares donde pueden ser observados los longevos grafismos. Algunos de ellos, se afirma, fueron realizados hace más de 8 mil años.

Visitantes y lugareños se han hecho de una costumbre extraña para celebrar la existencia de estas pinturas rupestres. Sintiéndose parientes de los primeros habitantes de la región, les gusta dejar su firma junto a los antiquísimos dibujos. Los ya clásicos «aquí estuvo Juan» o «María y Andrés se aman» advierten constancia del ingenio diverso, y muchas veces asimétrico, que posee la raza humana. Poco alentador resulta sin embargo que la piedra anfitriona no sepa distinguir entre temporalidades. Lamentablemente, a los mexicanos que no son originarios de la península les atraen poco estas obras de arte, tanto menos que las vistas y los paisajes del desierto. La mayoría de quienes pasan por Cataviña son extranjeros, aunque es posible toparse aquí con uno que otro bajacaliforniano. Se trata de un poblado que alberga alrededor de cien habitantes. En este breve y no muy exuberante oasis, los cardones se reúnen en grupos de cuatro o cinco, no más. Si el número de habitantes creciera, con seguridad el agua comenzaría a escasear. Cuando se construyó la Transpeninsular, en 1973, el Fondo Nacional de Turismo (Fonatur) fue utilizado para financiar la edificación de un hotel, digno pero sin lujos, en el corazón de este pequeño reducto. La escenografía que desde sus habitaciones se puede apreciar es indescriptible, particularmente si el aventurero se despierta antes de que los cirios amanezcan.

Adelante de Cataviña, ahí donde termina este valle, cruza la frontera que separa a las dos Baja Californias. Una línea que corre horizontal sobre el paralelo 28 anuncia que se ha llegado a la mitad de la península. A partir de ese momento, de camino hacia la sierra de Guadalupe, el desierto se hace aún más árido, tanto que en ciertos puntos recuerda las dunas del Sahara. Una leyenda cuenta que en esta región quedó extraviada la misión de Santa Isabel. No hay testigo que personalmente pueda describirla y sin embargo, de voz en voz, se va asegurando que en esa mítica construcción se conservan todavía los hábitos intactos de los monjes y también las piezas de joyería y los retablos que ya no existen más en el resto de los templos jesuitas de la península. Los más imaginativos predican que fue dentro de sus muros donde los misioneros rebeldes dejaron escondidos todos aquellos bienes que no pudieron cargar consigo cuando el monarca Carlos III los arrojó de su reinado. Quizá sea un cuento más de esos que abundan en Baja California. Un embuste para no dejar partir al viajero sin las dudas tatuadas en su más íntima curiosidad; interrogantes que obligarán luego al regreso.

# IV
## SAL EN EL OJO
## DE LA LIEBRE

### Paralelo 28

En México, la confirmación de la identidad es por momentos exagerada. Como argumento está el ave metálica que mide casi 40 metros y que en diciembre de 1973 fue dispuesta para anunciar el fin de Baja California y el comienzo de Baja California Sur. Se trata de un águila —la del escudo nacional— en pleno vuelo. Sus alas, que apuntan hacia el cielo igual que los cardones, pueden apreciarse a 5 kilómetros de distancia. Se construyó para celebrar, en grande, la inauguración de la carretera Transpeninsular. La rotonda que la sostiene se halla cercada por la soledad; a excepción de un cuartel militar y de los poblados de Guerrero Negro y San Ignacio, rodean a este monumento dos millones y medio de hectáreas que pertenecen a la reserva de El Vizcaíno. Dentro de este extenso territorio vive, en promedio, un habitante por kilómetro cuadrado. ¿Será con alguno de ellos que dialoga este imponente animal? ¿O quizá lo haga con el otro mexicano, el que durante tanto tiempo mantuvo abandonado este pedazo de su país?

Los episodios que confeccionan la historia de esta región hablan mucho de las dificultades que la voluntad humana experimentó a la hora de poblar y gobernar este indómito territorio. Acaso esta ave quiera honrar precisamente ese esfuerzo. Hernán Cortés llegó hasta aquí y fundó La Paz pero su obra bajacaliforniana se esfumó a los pocos días de que volviera a tierra continental. Sebastián de Vizcaíno recorrió casi todas las costas de esta península, pero en ninguno de sus dos viajes logró que la Nueva España se apropiara de las Californias. Fueron los sacerdotes jesuitas quienes, gracias a su paciencia, comenzaron una lenta tarea de colonización. Sin embargo, un mal día de 1767 la Corona española optó por echarlos de su reino y el incipiente tejido social que comenzaba a desarrollarse a su alrededor se fue al garete. Dos generaciones más tarde, cuando el gobierno nacional estaba sometido a una desgarradora disputa de facciones, aquí algunos aventureros muy rapaces se empeñaron en dejar memorias doloridas. Fue en Baja California donde el marinero Charles Melville Scammon conspiró para exterminar a la ballena gris; donde la casa Rothschild construyó un feudo minero ignominioso; donde el emperador japonés Hirohito ambicionó la construcción de un puerto militar; y también donde la Organización de Naciones Unidas contempló la posibilidad de fundar el Estado de Israel.

Si se sigue de cerca esta saga no es complejo entender por qué uno se topa en esta latitud con banderas gigantes y monstruosas águilas metálicas. Cierto es que hoy en día la palabra «mexicano» no necesitaría pronunciarse a tan altos decibeles, pero el recuerdo aterido es más robusto que la conciencia del presente. Con el alarido que dice «¡Viva México!» se visita la conciencia de otras épocas, cuando este país atravesó por el desmembramiento y el riesgo de la desaparición.

El águila del desierto de El Vizcaíno quiere subrayar los episodios bajacalifornianos que contienen parte de esa historia nacional lograda a punta de pequeñas sobrevivencias. Esta ave ha sido emplazada sobre el paralelo 28 para que cante sin cantar:

> *¡Guerra, guerra sin tregua al que intente*
> *de la patria manchar los blasones!*
> *¡Guerra, guerra! Los patrios pendones,*
> *en las olas de sangre empapad.*

Si los himnos nacionales pudieran ser reformados, igual que ocurre con las leyes o con las constituciones, sería deseable que el himno mexicano atravesara por una revisión. Metáforas como la de las olas de sangre —cual sopa para empapar los emblemas militares— o la del soldado que supuestamente todo mexicano lleva dentro, suenan ya antiguas y artificiosas. La exaltación bélica de esta y otras estrofas del Himno Nacional Mexicano sirve de muy poco para alimentar la identidad que esta población requiere en pleno siglo XXI. Es alegoría que llega hasta el presente, no por oportuna sino porque rutinariamente se repite en todas las escuelas y todos los actos públicos. Y no es inocua: las invasiones de ayer, que tanto hicieron crecer la desconfianza y también el miedo por lo extranjero, son todavía argumento para sobrerreaccionar. Cada vez que un forastero coloca las plantas de sus pies sobre territorio nacional, surge entre los mexicanos la obligada pregunta: ¿habrá venido este extraño enemigo a profanar nuestro suelo? La península de Baja California, con sus tristes episodios, puede ayudar a comprender algunas de las razones que conducen a tan paranoica impostura. Ya antes se exploró en estas páginas la dificultosa hazaña que hizo nacer a las ciudades de la frontera. El monumento al episodio de la defensa contra los filibusteros, ubicado frente a la extinta plaza de toros de Tijuana, hace alusión precisa a ese momento. Importa decir que Baja California Sur recorrió su propio y muy distinto camino para construirse y pertenecer a México.

A partir de este paralelo los habitantes de por aquí adelantan su reloj una hora, se acercan al continente por el mar de Cortés –no por el Pacífico– y saben que su prevalencia depende de administrar los envidiados recursos naturales repartidos desde Guerrero Negro hasta Los Cabos. En 1988, la Organización de las Naciones Unidas para la Educación, la Ciencia y la Cultura (UNESCO) decretó como Patrimonio de la Humanidad a la reserva de El Vizcaíno. Se trata de una extensión ocho veces mayor al estado de Tlaxcala, diez veces superior al estado de Morelos, tres veces la ciudad de Nueva York y uno punto siete veces el tamaño de la ciudad de México; un lugar que por su geología múltiple y su biología variadísima es fascinante: las ballenas grises escogieron esta coordenada del planeta para reproducirse, la sal eligió estas playas para fabricar el tercer depósito más grande en el mundo, sus áridas sierras están habitadas por cientos de pinturas rupestres y, hasta hace 150 años, el cobre abundaba a cielo abierto en forma de pequeñas esferas verdes. Más allá de la sierra de Guadalupe, se suma a esta región el puerto de Santa Rosalía y también Mulegé, un refugio para anglosajones retirados y un escondite que utilizó la familia de ciertos narcotraficantes. Las historias de domesticación en Baja California Sur son todas extraordinarias, tanto como los episodios que fueron otorgando identidad a los habitantes de esta región. Así lo cuentan las vidas de sus marineros, misioneros, balleneros, pescadores, mineros y migrantes venidos, todos, de muy diversos lugares.

# El falso muerto de Malarrimo

El primer español que exploró la reserva de El Vizcaíno fue Francisco de Ulloa. La injusticia quiso que no fuera con su nombre que se bautizara este grande y fracturado codo de la península, sino con el de un explorador que medio siglo después le siguió los pasos. Ulloa no fue un marino cuyo apellido fuese noble. De todas sus virtudes, una sola le sirvió para hacerse descubridor de las Californias: la lealtad sin ambages que supo ofrecerle al marqués del valle de Oaxaca, Hernán Cortés de Monroy. Con dinero e instrucciones suyas, Francisco de Ulloa navegó por el golfo interior y a lo largo de las costas de la península bañadas por el Océano Pacífico. No hubo una cruz que marcara el sitio donde su cuerpo fue enterrado porque nadie de su tripulación pudo narrar las últimas páginas de su biografía. Por obra de una leyenda llega hasta nuestros días la noticia de que este navegante habría naufragado en Malarrimo, una punta peligrosísima de mar ubicada dentro de esta reserva natural.

Dos veces fue a parar Francisco de Ulloa a la península de Baja California. La primera ocurrió en 1535, cuando acompañó a Hernán Cortés en la fundación de la Santa Cruz, hoy ciudad de La Paz. Ahí vivió bajo su mando hasta que el conquistador decidió regresar a la Nueva España. En ese tiempo se ganó la confianza del Capitán General de las Indias al punto de que quedó como responsable del gobierno de aquella pequeña colonia durante los doce meses posteriores a su partida. Los nativos de la península atacaron y mataron a algunos de los primeros colonos españoles hasta lanzar al resto de vuelta al mar. Ulloa volvió a tierra continental pero solo para preparar su siguiente y final expedición. En 1539 Cortés le encomendó hacer, a nombre suyo, un viaje de reconocimiento por las costas de aquel territorio, el cual todavía para entonces se dibujaba como una isla. En este segundo viaje no debía Ulloa intentar conquistarla ni someter a sus escasos habitantes. El propósito de aquella travesía era únicamente científico. Montado en sus tres naves, el explorador encontró un canal de paso que supuestamente unía a los océanos Pacífico y Atlántico —el mítico estrecho de Anián— descrito en las novelas de caballería que por aquella época mucho valor inyectaron entre los conquistadores españoles.

Con el mando de sus tres naves, que luego pasaron a ser dos, después una, y finalmente ninguna, Ulloa recorrió primero el mar de Cortés y posteriormente examinó las costas que reciben al sol durante el atardecer. Fue este hombre quien constató la naturaleza peninsular de Baja California. Durante el mes de septiembre de 1539, el teniente de la armada del marqués del valle de Oaxaca dio la noticia, escrita y atestiguada, de su arribo a la desembocadura del río Colorado, sitio en el que hoy se unen las geografías de los estados de Sonora y Baja California. El documento sobre el que quedó asentada la negación de la isla fue a dar a manos de quien financiara la expedición. Hernán Cortés habría tenido entonces temprana y definitiva revelación sobre la realidad del territorio explorado por su enviado. Sorprende, por tanto, que los mapas europeos hayan permanecido en la ignorancia durante el transcurso de varias generaciones más. No sirvieron las expediciones de Juan Rodríguez Cabrillo, en 1542, ni las de Sebastián de Vizcaíno, en 1596 y 1602, para desterrar la hipótesis insular. Fue formalmente el padre jesuita Francisco Eusebio Kino, en 1683, quien dio amplio conocimiento en la Nueva España de aquello que Ulloa hubiera informado a Hernán Cortés 144 años antes: Baja California era una península y no una isla.

Cabe la posibilidad de un extravío de buena fe, ocurrido con las cartas enviadas por Ulloa desde alguna de sus embarcaciones. Hay sin embargo otra explicación de naturaleza mezquinamente política para entender este retraso. Cuando Carlos I decidió restarle poder al insaciable Hernán Cortés, quiso el rey que el conquistador se volviera a subir sobre un barco para alejarlo lo más posible de sus propiedades en la Nueva España. Solo así dejaría de intervenir en la política cotidiana de las colonias recién inauguradas. Para lograr su propósito, le ofreció derechos y ganancias sobre aquellos territorios que el marqués del valle de Oaxaca descubriera y sumara al Imperio, más allá del continente. Si se lee el segundo viaje de Ulloa desde esta lógica, puede entenderse el entuerto que para su señor significó el descubrimiento de la península. Si California no era una isla, sino un apéndice ligado al territorio previamente descubierto, Cortés perdía toda prerrogativa y reivindicación sobre ese lugar. Acaso el marqués quiso ocultar la información recibida por su explorador, al menos hasta que Ulloa regresara a la Nueva España para ratificar personalmente su dicho. Pero este marinero jamás volvió. Su naufragio y el silencio de Cortés confabularon para traspapelar una pieza de información que hubiese ahorrado mucho esfuerzo y grandes inversiones hechas por otros después que él. A 30 años de la expedición de Ulloa, el italiano Bolognino Zaltieri publicó un mapa donde todavía apareció dibujado el estrecho de Anián, una vía marítima tortuosa pero directa a través de la cual las naves podrían viajar, hipotéticamente, entre China y Europa sin tener que rodear las Américas. Al suroeste de este paso marítimo se ubicaban las supuestas coordenadas de la isla de California.

Consciente quizá de la pérdida económica que con su hallazgo iba a traerle a su mentor, Ulloa tomó la decisión de bordear hacia el norte de aquella península a partir de su otro costado. Debía encontrar algo más en esos mares desconocidos para ayudar a Cortés a recuperar su inversión. Siete meses transcurrieron antes de que el marinero enviara otra comunicación a la Nueva España. Lo hizo desde la isla de Cedros, un pedazo de tierra que se encuentra a 100 kilómetros de distancia de la actual población de Guerrero Negro. Ahí narró las muchas dificultades por las que su expedición estaba atravesando. De las tres embarcaciones originales ya solo restaba el *Trinidad*, y a su tripulación le quedaban muy pocas provisiones. Informó, con todo, de su determinación para continuar y no regresar al continente hasta dar por concluida la encomienda. Si llegó Ulloa a esa isla quiere decir que antes había ya recorrido las bahías que hoy se conocen con el nombre de San Pablo, San Roque y de las Tortugas. Habrá navegado también frente a la Punta Falsa para luego brincar hacia la isla de la Natividad, antes de fondear su galeón en la isla de Cedros. Todo este territorio forma parte de la actual Reserva de El Vizcaíno. El rumbo tomado por el *Trinidad* después de ese momento se vuelve inasible para los historiadores.

Una de las versiones que circulan sobre este aventurero dice que fue en Malarrimo donde naufragó con sus marineros. No hay, sin embargo, manera de probar el dicho. A esta punta es muy difícil tener acceso. Desde el aire se le puede sobrevolar montado en un avión pero desde el suelo hay que subirse a un vehículo todoterreno –a partir del poblado de San José de Castro– y hacer aproximadamente cuatro horas de camino; todo para terminar guardando distancia y mucho respeto cuando el mar hace su aparición. A Malarrimo va a dar una corriente marina conocida como Kurosiwo, que viene desde Japón. Por obra suya la velocidad con que se mueven las aguas en este rincón de la reserva de El Vizcaíno no conoce límite. Las ráfagas de viento que azotan la punta de Malarrimo tienen forma de trinche, recogen toda embarcación encontrada a su paso igual que si un gigantesco Poseidón capturara peces para llevarlos a su mesa. Como consecuencia, en Malarrimo se halla el más impresionante de los cementerios navales: cascos, mástiles, quillas y cubiertas comparten destino con cientos de pequeñas lanchas, alas de avión, automóviles, cajas de vino y otros desechos marítimos arrojados ahí durante siglos. ¿Quién querría ir en busca de los despojos del barco de Ulloa en medio de tanto peligro?

Hay otra versión menos opresiva sobre la desaparición de este teniente de mar. En 1957 se descubrieron en Oceanside, al norte del puerto de San Diego, los restos de seis esqueletos humanos acompañados por un saco de cuero, en cuyo interior había más de 2 mil monedas españolas de oro. Una vez realizadas las pruebas de rigor, pudo constatarse que tales osamentas contaban con una edad aproximada de 400 años. De acuerdo con las fechas del viaje celebrado por el *Trinidad*, cabe acaso concluir que uno de estos esqueletos fuera precisamente el de Francisco de Ulloa. En tal situación, este disciplinado navegante no solo habría sido el primer europeo en explorar, por sus tres costados, la península de Baja California, sino sería también el adelantado que halló, para curiosidad del viejo continente, las coordenadas de la Alta California. La mezquindad de Hernán Cortés habría entonces hecho que la reserva de El Vizcaíno lleve hoy el nombre de otro señor; y de su lado, el infortunio sería el responsable por haberle robado a Ulloa el título de descubridor de los territorios situados al norte de la actual frontera mexicana.

## Vizcaíno

Hacia finales del siglo XVI, de tanto en tanto los navegantes ingleses también se dejaban ver frente a las costas novohispanas del Océano Pacífico. Durante el verano de 1587, en la metrópoli española se tuvo noticia del secuestro que el pirata Thomas Cavendish –primer navegante que dio la vuelta al globo– orquestó, cerca de la isla de Cedros, en contra de un galeón con bandera de la Corona. Por aquella época dos preocupaciones traían interesado al rey Felipe II: asegurar certidumbre a la ruta que los barcos españoles hacían desde Acapulco hasta Manila, y conquistar el estrecho de Anián. Calculaba este monarca que la primera nación capaz de encontrar ese paso marítimo terminaría prevaleciendo sobre la otra; suponía que los imperios inglés y español se jugarían su última carta en esta hazaña geográfica. Por estas dos razones California fue ganando en importancia y atención dentro de la casa de los Austrias.

Justo en tal contexto Sebastián de Vizcaíno apareció en escena. Este español nacido en Extremadura desembarcó en las Indias a la edad de 36 años. Tuvo gran recibimiento ya que se trataba de un pariente cercano a Luis de Velasco y Castilla, octavo virrey de la Nueva España. Entre los años 1586 y 1589 este marino hizo un primer viaje comercial a Manila, gracias al cual obtuvo buenos dividendos. Con parte de la fortuna lograda propuso un acuerdo a su pariente el virrey para que este le otorgara permiso de explotación sobre el banco de perlas descubierto más de medio siglo antes por Hernán Cortés en la isla de California. Parte del intercambio de favores entre uno y otro incluyó que Vizcaíno se hiciera cargo de continuar explorando aquella lejana región, tarea que sus antecesores habían dejado inacabada. Después de Ulloa, hacia 1542, otro marinero, Juan Rodríguez Cabrillo, recorrió aquellas mismas costas del Pacífico. Llegó hasta San Francisco. Sin embargo, durante el primer mes del año siguiente este explorador enfermó y perdió la vida. Su tripulación regresó a la Nueva España con uno que otro mapa, pero sin grandes glorias que contar.

Pidió también el virrey Velasco a Sebastián de Vizcaíno que encontrara puertos donde refugiar, de tempestades y piratas, al Galeón de Manila, mejor conocido como la Nao de China. En octubre de 1596 el navegante desembarcó en Santa Cruz y como un acto de evidente emancipación con respecto a quienes le precedieron, decidió rebautizar a esta población con el nombre de La Paz. Navegó luego hacia el norte, en contra de las corrientes del mar de Cortés que lo hacían avanzar una legua para luego regresarlo otras veinte en dirección hacia Los Cabos. Con la tripulación diezmada y las embarcaciones que lo acompañaron en muy mal estado, este marinero regresó convencido, sin embargo, de que debía volver a aquellas tierras para continuar con su aventura. En el continente tocó varias puertas de ricos e influyentes notables y a todos contó sobre la grandeza de aquel territorio, supuestamente superior en tamaño a la Nueva España; lugar abundante en perlas y sal, rico en minerales –particularmente cobre y oro– y poblado por miles de almas que merecían conocer el evangelio.

Ahora fue el noveno virrey de la Nueva España, Gaspar de Zúñiga y Acevedo, conde de Monterrey, quien apoyó a Vizcaíno para que reemprendiera su aventura. En esta segunda ocasión las instrucciones que se le dieron al navegante exigían que la misión exploradora fuese en todo momento de carácter pacífico. A la población local había de tratársele con el mayor de los respetos. No estaba dispuesta la autoridad colonial a perder más vidas de españoles por los furtivos ataques de los nativos. El conde de Monterrey ordenó que observara todo cuanto viera y que levantara un cuidadoso mapa donde quedaran registrados cada playa y cada bahía, cada puerto natural y cada pozo de agua potable donde las tripulaciones de futuras embarcaciones pudieran hacerse de pertrechos cuando así lo necesitaran. Para cumplir con el propósito de este viaje acompañaron al marino extremeño sabios reconocidos de la época, tales como el cosmógrafo Enrico Martínez. Gracias al buen trabajo de todos ellos, Vizcaíno regresó en 1614 a la Nueva España con las mejores cartas de navegación y los mejores mapas terrestres que hasta ese momento se hubiesen tenido sobre California. No obstante, Vizcaíno y su tripulación siguieron convencidos de que aquello que estaban explorando era una interminable isla. La dificultad que durante el primer viaje hubiera experimentado este marino para navegar dentro del mar de Cortés le impidió despejar lo que Ulloa hubiera averiguado seis décadas atrás. Una vez de vuelta en la Nueva España, por su aportación al conocimiento de las Indias el rey Felipe III lo premió nombrándolo primer embajador de la Corona ante el Japón, país donde permaneció por dos años. Antes de morir se retiró pacífica y sedentariamente en su inmensa propiedad ubicada a la orilla de la laguna de Sayula, hoy estado de Jalisco. Vizcaíno falleció en la ciudad de México en 1627 a la edad de 80 años.

La Paz no fue la única población rebautizada por este navegante. Lo mismo hizo con Ensenada de Todos Santos y con San Diego, sitio al que nombró así en honor a la nave sobre la que él viajaba. Vizcaíno tenía obsesión por bautizar cuanto descubrimiento geográfico hiciera su expedición. Fundó y otorgó nombre al poblado de Monterrey, en agradecimiento al conde y virrey que le ofreció apoyo para su travesía de 1602. Tanto la Alta como la Baja California le reconocen a este aventurero por haber sido quien con mayor paciencia exploró sus costas y toda maravilla contenida en ellas. De aquellos nombres elegidos por este navegante ninguno fue más poético que el asignado a la punta de Abreojos. Así llamó Sebastián de Vizcaíno al umbral de la sala de partos más extraordinaria del mundo. Porque eso es la laguna Ojo de Liebre, una inmensa maternidad donde, todos los años, las ballenas grises vienen a dar a luz a sus críos.

# El Asesino de Abreojos

En 1851, fecha en que apareció publicada la novela *Moby Dick*, las aguas del Pacífico daban hogar a más de 20 mil ballenas grises. No obstante, una terrible plaga atacó sin piedad a esa especie durante la segunda mitad del siglo XIX, reduciendo su población a un número inferior a los 2 mil ejemplares. Charles Melville Scammon tuvo gran responsabilidad por la muerte masiva de estas sorprendentes creaturas. Durante el invierno de 1857, subido en una de sus embarcaciones, persiguió a un elefante marino que azarosamente lo condujo hasta donde las ballenas y sus ballenatos se refugiaban. La templada temperatura de la reserva de El Vizcaíno y la salinidad muy alta de la laguna Ojo de Liebre han hecho posible la existencia de un santuario dedicado a la reproducción de estos cetáceos. A él acuden para aparearse, dar a luz y alimentar a los ballenatos durante sus primeros días de vida. Después, tanto las madres como los hijos abandonan estas aguas para viajar hacia el Océano Ártico y Siberia, lugares donde transcurre la mayor parte de su vida adulta.

Cuando Scammon se hizo a la mar por primera vez, en Estados Unidos había más de 650 embarcaciones balleneras y cerca de 15 mil marinos dedicados al negocio de matar cetáceos para extraer de su cuerpo aceite y huesos. La fiebre del oro sucedida en la Alta California fue un fenómeno muy parecido al que luego se observó a propósito de la caza de estos animales. Cuando la luz eléctrica era apenas una promesa, el aceite sacado de la grasa de las ballenas servía para encender las teas del alumbrado público en las grandes y las pequeñas ciudades. El elefante marino proveyó de una materia similar y por ello también estuvo a punto de extinguirse. Por otro lado, los huesos de la ballena servían para fabricar una larga lista de productos domésticos como peines y peinetas, palillos de dientes y paraguas, corsés para dama y pipas para caballero. El hallazgo de Scammon representó, por tanto, un inmenso negocio para él y sus colegas de industria. Cuando este capitán de barco pasó la voz sobre la ubicación de la sala de cuna ballenera situada en el paralelo 28 de la Baja California, decenas y decenas de aquellos barcos asesinos irrumpieron ahí con el solo propósito de almacenar en sus vientres grasa y fragmentos óseos de cetáceo.

Esta gran tropa naval habría obtenido en Baja California alrededor de 8 mil barriles anuales de aceite de ballena, cuyo valor aproximado en el mercado era de 123 mil dólares de la época; toda una fortuna.

Para matar a las ballenas adultas se utilizaba una técnica rudimentaria: la embarcación pesquera solía colocarse entre el ballenato y su madre. A continuación, los marineros simulaban perseguir a la cría obligando a la progenitora a acercarse peligrosamente hasta su verdugo. Cuando lograban una distancia conveniente con ella, se lanzaba un primer arpón que había de penetrar muy cerca del hoyo de su nariz. Después venía el segundo garfio, el cual se encajaba a poca distancia del anterior. Llegado este punto comenzaba un brutal forcejeo donde ambos aguijones de fierro eran manipulados por los marineros hasta lograr la asfixia del animal. Su muerte podía tomar entre dos y cuatro horas de sufrimiento. Después de una jornada de matazón, sobre la laguna flotaban decenas de cadáveres, solo distinguibles por un pequeño banderín de color que servía para ayudar al dueño de la presa a la hora de reclamar sus derechos. Los barcos balleneros no estaban interesados en los críos. Éstos perdían la vida al cabo de sus primeras semanas de orfandad. Su constitución no les permite sobrevivir el calentamiento de las aguas que ocurre aquí en el verano y, sin sus madres, los ballenatos son incapaces de alcanzar el norte del globo.

Con esta penosa historia pesando sobre la reputación de Charles Melville Scammon resulta injustificable que, aún en nuestros días, haya quien se atreva a llamar con su apellido a este santuario ballenero. Aquel navegante del siglo XIX no merece tal honor y por ello en los mapas mexicanos se insiste con el nombre de Ojo de Liebre para designar a la laguna. Pero la historia de Scammon no se agota aquí. Este individuo, cual Saulo de Tarso, cayó del caballo y en circunstancia de converso dedicó la segunda parte de su vida a compartir conocimiento científico sobre las ballenas, los elefantes y los leones marinos, las focas y los delfines. Ya retirado del mar, con la información que fue acumulando durante sus viajes por el Pacífico, escribió un tratado sobre estos parientes de la raza humana. *Marine Mammals of Northwestern Coast of North America* fue el primer libro científico que se publicó a propósito de los cetáceos. Gracias a su rigurosa investigación se tuvo conocimiento sobre el recorrido que las ballenas grises hacen desde la península de Baja California hasta el mar siberiano de Ojotsk. Por esta obra se divulgó también que las hembras son más grandes que los machos; mientras ellas alcanzan a medir hasta 25 metros de largo, sus parejas difícilmente rebasan los 20. Los dibujos que Scammon hizo sobre estos mamíferos fueron notables por precisos y, también, porque fueron los primeros que se hicieron con seriedad. *Marine Mammals* fue un texto que sensibilizó sobre el misterio y la importancia del mundo de las ballenas. No es exagerado afirmar que, así como Moby Dick cumplió con ese propósito desde la literatura, el libro del ballenero Scammon lo hizo desde la ciencia. Toda una paradoja: para honrar su dedicación como investigador, este antiguo matador de cetáceos fue nombrado integrante de la Academia de las Ciencias de California.

En una de las páginas finales de su tratado puede leerse la frase siguiente: «las amplias bahías y lagunas donde estos animales se congregaron alguna vez para alimentar a sus ballenatos se encuentran ahora desiertas… [C]abe preguntarse si estos mamíferos no terminarán abultando los números de las especies que se extinguieron en el Pacífico». Afortunadamente Scammon volvió a equivocarse. Tal y como sucedió en el caso de los elefantes marinos, las ballenas grises ganaron la partida a sus exterminadores y hoy se les puede ver en la laguna Ojo de Liebre dando vida a las siguientes generaciones. Cada año llegan alrededor de mil 500 ejemplares hasta esta zona. Para pedirles personalmente perdón por aquel penosísimo episodio, el ser humano puede embarcarse sobre una pequeña lancha de pescadores en la punta que Vizcaíno llamó Abreojos.

## Sal en el Ojo de la Liebre

No solo por las ballenas es famosa la laguna Ojo de Liebre. Sobre el paso de tierra que une al santuario ballenero con el desierto de Vizcaíno hay unas extensas marismas inundables donde, de manera natural, se forma un gran depósito de sal. La casualidad hizo que el suelo en este rincón de la laguna fuera a la vez plano e impermeable. Esto permite que el agua llegada hasta aquí durante las mareas altas se evapore, por obra del sol y del viento, dejando sobre la arena amplias cantidades de cloruro de sodio. Desde mediados del siglo XIX se extrajo sal de estos depósitos naturales a través de métodos muy limitados. Los lugareños recolectaban las rocas blancas y quebradizas para subirlas sobre pequeñas barcazas que los conducían hasta el lugar donde se comercializaban. También los barcos balleneros, sobre todo los que traían bandera inglesa, hicieron negocio contrabandeando la sal obtenida en esta laguna. En 1850 aquí zozobró una de estas naves británicas; se llamaba *Black Warrior*: Guerrero Negro. Fue esta embarcación la que prestó su nombre al asentamiento humano que hoy existe en esta zona de la reserva de El Vizcaíno.

A mediados del siglo XX la producción de sal en Guerrero Negro comenzó a celebrarse a gran escala. Daniel Keith Ludwig –el hombre más rico del mundo, según la revista *Forbes* de 1982– decidió hacer una importante inversión para explotar industrialmente los depósitos salinos radicados en el paralelo 28 californiano. En 1954 obtuvo de la autoridad minera mexicana los permisos que lo autorizaron para constituir la empresa Exportadora de Sal, S.A. de C.V. (ESSA). El gobierno de México le entregó, para su explotación, 33 hectáreas en la zona septentrional del desierto de Vizcaíno. Por medio de una serie de diques y compuertas, ahí se construyeron trece albercas, o vasos, donde el agua proveniente del mar es bombeada para luego evaporarse y dejar en su lugar una extensa porción de tierra cubierta de color blanco. Si no fuera por el penetrante olor salitroso y también por la violencia con que los rayos solares rebotan sobre los ojos y la piel del rostro, esta explanada podría confundirse con un extensísimo campo nevado.

Los principales actores de esta pálida geografía son unas monstruosas máquinas poseedoras de grandes neumáticos e inmensas palas mecánicas. Tienen como responsabilidad recolectar, separar, transportar y depositar este mineral comestible en su estado más bruto. En 1965 se construyó a un costado de las albercas de Guerrero Negro una planta que lava la sal hasta que esta alcanza niveles de pureza que rondan el 99 por ciento. Posteriormente, el cloruro de sodio es transportado a la isla de Cedros –aquella desde donde Francisco de Ulloa envió su última misiva– sobre unos flacos lanchones que parecen portaaviones. No hay otro puerto en México que pueda recibir barcos de mayor calado; en esta isla atracan naves cuyo peso llega a rebasar las 100 toneladas. Finalmente, desde la isla de Cedros se distribuye la sal al resto del mundo. Anualmente se producen en Guerrero Negro alrededor de 7.5 millones de toneladas anuales de cloruro de sodio. Gracias a estas salinas, México se ha convertido en el séptimo productor de sal en el planeta.

Hoy ESSA es una compañía cuyo dueño mayoritario es el Estado mexicano. Hacia finales de 1973, el señor Ludwig –temiendo que su inversión en Baja California fuese expropiada– se adelantó y vendió sus acciones a la compañía japonesa Mitsubishi. Esta, a su vez, comerció 51 por ciento del paquete total con el gobierno mexicano, guardando para sí el 49 por ciento restante. No es cosa rara que los estados participen directamente en la producción y distribución de este mineral. Dada la importancia estratégica que tiene la sal –tanto en el sector alimenticio como en el industrial– los gobiernos han sido tradicionalmente propietarios o socios en esta rama de la economía. En el caso mexicano, la alianza con Mitsubishi ha jugado un papel virtuoso, ya que esta condición asegura para ESSA un anclaje dentro de los mercados asiáticos. Al mismo tiempo la demanda mexicana de cloruro de sodio se satisface a un precio conveniente para los nacionales. De cada diez granos de sal que los mexicanos consumen, en promedio ocho provienen de las salinas de Guerrero Negro.

## Kadakaamán

La continuidad nunca será tan estética como lo son las variaciones. La belleza suele ser el resultado de los grandes contrastes, de los opuestos que coexisten sin aniquilarse, de lo diferente que logra respetarse. Es hermoso el horizonte donde se tocan el cielo y la tierra, la orilla donde se dan cita la laguna y la montaña, la playa en la que se desencuentran el mar y los acantilados, la palmera que separa la sed del manantial. San Ignacio Kadakaamán localiza las razones de su felicidad precisamente en esta lógica discontinua. Emerge en la sobriedad del desierto de Vizcaíno para volverse su más exuberante lunar. Fuera de este oasis todo es repetición, adentro el color verde es desordenado y barroco: limones, higos, uvas, cocos y dátiles dan prueba de abundancia y fertilidad. Junto a su laguna, que año con año es visitada por patos venidos de Canadá, podría uno toparse con el árbol de la vida. Kadakaamán es un término cochimí que quiere decir «arroyo de los carrizos». Los primeros seres humanos en llegar a este paraíso así lo bautizaron. Cientos de años transcurrieron hasta que un sacerdote jesuita, Francisco María Piccolo, redescubrió el sitio, una tarde de noviembre de 1716. La misión católica fundada en este lugar por su sucesor, Juan Bautista Luyando, terminó siendo la más importante de cuantas construyeron los primeros religiosos católicos en la península. Prueba de ello es que le dieron el nombre del fundador de su orden religiosa: San Ignacio de Loyola.

Hoy se trata de un edificio muy bien conservado. Dos pilastras majestuosas de piedra dan acceso a su puerta principal. El retablo que se halla en su interior es exuberante y está dedicado precisamente a este controvertido santo; y también a la Virgen del Pilar. Tras el edificio de la misión surgen, voluntariosas, las sierras de San Francisco y de Guadalupe. Dentro de sus cuevas se siguen multiplicando las pinturas rupestres que antes hubieran anunciado su existencia en Cataviña. Grafismos de colores rojo, ocre, blanco y negro que un buen día fijaron sobre los muros de la montaña los ritos más importantes de los primeros nativos: ceremonias religiosas, preparativos para la caza, escenas de guerra. En las grutas de El Ratón o de Las Flechas quedó plasmada la necesidad que tuvieron aquellos antepasados bajacalifornianos para transmitir lo que sabían. Cada tribu empaquetó su porción de conocimiento como mejor pudo hacerlo para que viajara de una generación a la otra. Los nativos que coincidieron con los sacerdotes jesuitas contaron que aquellas pinturas de las cuevas no habían sido obra suya, ni de sus ancestros, sino de unos hombres gigantes que muchos siglos atrás descendieron desde el norte. El ritual redactado en el muro de una cueva era entonces obra de un ser superior, que hace milenios instruyó para que la vida se hiciera de un modo y no de otro. No es ocioso migrar la mirada desde uno de estos dibujos ancestrales hasta el altar dedicado a San Ignacio. La pintura rupestre —cuando se trasladó al retablo— dejó de serlo pero no extravió su esencia civilizatoria. Ayer los monjes jesuitas juzgaron las creencias, los rituales, los saberes y los deberes de los cochimíes. Desde nuestro presente ha tocado también valorar con sorpresa a las reliquias, las maderas doradas, los emblemas de los reyes de Castilla y también a las inmensas piedras que han logrado perdurar, vecinas, en la misión de Kadakaamán. Ya caerá un día el implacable juicio sobre los habitantes del presente. Se trata de una ley inquebrantable entre los seres humanos.

Desde San Ignacio hasta Santa Rosalía, el desierto de Vizcaíno vuelve a ser dominante. Transcurridos los 100 kilómetros que separan a estas dos poblaciones, en el otro extremo de la sierra de Guadalupe irrumpe el mar de Cortés. Sus colores son claros y su calma es magnética; el agua turquesa, el cálido desierto y las misteriosas cactáceas combinan en esta región del planeta haciendo gala de una civilidad sobre la cual los seres humanos tendríamos mucho que aprender. Bellísimo encuentro entre varias realidades de una misma naturaleza.

## Santa Bárbara

La ciudad de París, en Francia, y la población de Santa Rosalía, en Baja California Sur, tienen algo en común: ambas presumen en sus calles una obra del célebre arquitecto francés Gustave Eiffel. Frente a la Escuela Militar, atravesando el Campo Marte, justo antes de visitar la orilla del río Sena, se halla la inconfundible torre que sirvió como emblema de modernidad durante la Feria Universal de 1889. A miles de kilómetros de ahí, frente a las aguas del mar de Cortés, atravesando las faldas de la majestuosa sierra de Guadalupe, justo en el corazón de la hondonada popular de Santa Rosalía, se halla la iglesia de Santa Bárbara. El viaje que hizo esta edificación desde París hasta aquí merece contarse. Su inventor la dibujó sobre el papel cinco años antes de que existiera. Teniendo en mente que el destino de esta construcción sería un país de África occidental, quizá Senegal, Congo o Costa de Marfil, Eiffel propuso utilizar para ella materiales que sobrevivieran a la humedad y a las devastadoras termitas. Quería un modelo para armar, resuelto a partir de paneles de hierro. No jugó entonces como principal atributo de su intención la belleza sino la funcionalidad. La idea de Eiffel abandonó la mesa de dibujo para hacerse tridimensional cuando la Feria Universal requirió a esta iglesia para que acompañara a su hermana mayor, la emblemática Torre Eiffel, durante su primera exhibición frente a la plaza Trocadero.

Santa Bárbara aparece en el registro de la historia de la arquitectura como una de las primeras construcciones «prefabricadas» de la era contemporánea. Al morir aquella feria, esta iglesia fue desmembrada y el conjunto de sus partes terminó en una bodega de la ciudad de Bruselas. En 1895 Santa Bárbara recuperó de nuevo su estatura. El director de la empresa El Boleo, S.A., pagó una cifra astronómica para que migrara no a África sino a un pequeño pueblo minero apenas recién nacido en la costa central del mar de Cortés. Esta peculiar creación arquitectónica se trasladó por barco primero a la ciudad de Nueva Orleans, y después por tren hasta el puerto de Guaymas; de ahí atravesó de nuevo el mar hasta la península de Baja California. Una misa católica a la que acudieron más de 300 personas dio inauguración formal a este recinto, tan diferente a todo cuanto pudiera compararse en Santa Rosalía y sus alrededores. En poco se parecía esta iglesia a las muy vistas misiones jesuitas y dominicas de la zona. Sus llamativos vitrales, sus ornamentos de hierro, sus candelabros brillantes, el gótico retablo de su altar, en fin, todas sus florituras conspiraron para presentar a la iglesia de Santa Bárbara como una excéntrica invención.

No obstante, con el paso de los años, la influencia arquitectónica de Eiffel se expandió como un virus que venció prácticamente toda resistencia estética. La fisonomía urbana de por aquí lleva en su código geométrico partículas evidentes de la herencia aportada por Santa Bárbara. El Palacio Municipal, el Hotel Francés, la biblioteca, el correo, el edificio donde se fundó la unión mutualista y un gran número de las casas que se encuentran en la parte baja del poblado imitaron –no en hierro, sino en madera barata de chilla– el diseño de este templo religioso venido de tan lejos. El trazo de esta construcción ofreció un potente sello de identidad: una que no dista demasiado de la arquitectura que aún puede encontrarse en el centro de la ciudad de Nueva Orleans. A diferencia de Santa Bárbara, cuyos paneles de hierro prefabricado han permanecido sobriamente grises, las maderas pobres que dieron hogar a la mayoría de los habitantes de esta comunidad fueron vivamente pintadas de amarillo, rojo, azul y verde. De estas edificaciones destacan también los balcones metálicos y los techos de cinc, a dos aguas, que poco tienen de mexicano. John Steinbeck describió con acierto esta villa: mientras los pueblos mexicanos parecieran haber brotado naturalmente desde la tierra, Santa Rosalía fue fabricada por mediación humana. En el presente, esta población tiene menos de 12 mil habitantes. A toda hora, frente a la iglesia y el jardín principal, cerca del puerto, sobre el malecón y a lo largo de la avenida principal, la vida bulle en Santa Rosalía. Sus vecinos saben que este sitio suyo no es como los otros. Los panes que aún siguen vendiéndose en la panadería –gracias a un horno que también a finales del siglo XIX hubiera migrado desde Francia– recuerdan los tiempos de grande prosperidad. Lo mismo ocurre con la locomotora Baldwin, estratégicamente colocada sobre una glorieta que organiza el destino de los caminos que se acercan o se alejan del sur. Al recorrer este poblado se produce la sensación de haber sido trasladado a otro tiempo, a otra época suspendida en el pasado.

## El Boleo

José Rosas Villavicencio fue la primera causa para que Santa Rosalía existiera. Un día de 1868, este ranchero originario de Santa Águeda dio con una pequeña esfera verdosa, de consistencia metálica, que podía deshacerse entre las manos. La encontró, junto a muchas otras, en alguno de los páramos aislados e inútiles para la agricultura ubicados cerca del mar. Pidió a un conocido suyo, capitán de barco, que llevara el objeto a Guaymas, Sonora, para que algún experto la analizara. De regreso, el marinero informó que esa esfera o «boleo» concentraba cobre de muy buena ley. Por razones que se esconden del recuento histórico, hacia 1875 una de estas piezas cruzó el Atlántico y fue a dar a manos de un alto funcionario del imperio económico comandado por la familia Rothschild. Enganchada por el interés, esta casa francesa dedicada a los negocios mineros contrató al geólogo Cummings para que viajara a las lejanas tierras del noroeste mexicano y averiguara qué tan abundantes eran aquellos yacimientos de cobre. Meses después, el científico volvió a Francia con dos buenas noticias: la primera fue la confirmación sobre el abundantísimo depósito de este metal en los alrededores de Santa Águeda. La segunda era una promesa de Pablo Macedo, ilustre representante de la oligarquía que comenzaba a gobernar México bajo las órdenes del general Porfirio Díaz, quien dio seguridades sobre el total respaldo que recibiría la casa Rothschild del Estado mexicano si esta tomaba la decisión de invertir en el muy despoblado territorio sur de Baja California. Tal ofrecimiento incluía 50 años de exención de impuestos a cambio de que los empresarios mineros se comprometieran a colonizar la región. Macedo fue uno de los tantos personajes que durante el extenso mandato de Díaz jugaron el papel de mediadores entre los intereses extranjeros y las instituciones del gobierno mexicano. Supo defender lealmente los negocios de sus clientes y amasó con ello una formidable fortuna personal.

El banco Mirabeau prestó a la casa Rothschild el capital para la explotación de las minas de cobre, que se realizaría bajo la responsabilidad de la compañía francesa El Boleo, S.A. Con este nombre fue constituida oficialmente en París, el 16 de marzo de 1885, la empresa autorizada para explotar aquellos yacimientos. Ese mismo año, el gobierno mexicano confirmó las promesas hechas a Cummings e impuso dos obligaciones para los inversionistas franceses: la empresa minera se haría cargo de fundar una colonia en la región a la cual debía dotar de infraestructura urbana, y se obligaba también a crear fuentes de empleo para la población mexicana. A cambio, aquellos capitalistas extranjeros no pagarían impuestos por la extracción de cobre durante las siguientes cinco décadas. El Boleo comenzó formalmente sus actividades el día 7 de julio de 1885. Once fundos de 8 kilómetros, cada uno, se sometieron a una explotación intensiva. Durante los años que siguieron, aquella tierra entró en un remolino de febril actividad. Se edificó el primer muelle de madera, se erigieron los inmuebles públicos más importantes: la municipalidad, el correo, el Hotel Francés, las grandes casas de los directivos y las pequeñas cabañas para los mineros recién desembarcados. El predio dedicado a la fundición de cobre se ubicó a la orilla del mar.

A finales del siglo XIX, buscando empleo dentro de las minas, hasta aquí llegó una migración abultada de indios yaquis; individuos altos, delgadísimos, de ojos grandes y rasgos faciales fuertes en personalidad. Por la misma razón se avecindaron en Santa Rosalía alrededor de dos mil chinos. Del continente se sumó también población proveniente de Sinaloa, Nayarit, Jalisco y Sonora. Todos estos migrantes constituyeron la casta pobre que vivía en el caserío de la hondonada, la parte más cálida donde la temperatura, durante el verano, tiende a rebasar los 40 grados centígrados. Subiendo por las primeras faldas de la sierra de Guadalupe se edificó lo que aún se conoce como la Mesa Francia. Ahí residían las familias de los directivos y los administradores de El Boleo. A pesar de las distancias sociales entre esa mesa y la hondonada, en esta región tuvo lugar una mezcla racial cuyo resultado es hoy muy agradable a la vista.

Hacia 1884, Santa Rosalía se convirtió en la región económica más importante del territorio de Baja California; más relevante que Mexicali, Ensenada o La Paz. Para esa fecha Tijuana no había sido fundada aún. Desde su puerto llegaron a viajar, por mes, más de 11 mil toneladas de cobre. Los ingresos de El Boleo durante sus mejores años de producción representaron alrededor de 16 millones de dólares anuales: 130 veces la ganancia que los balleneros californianos obtuvieron, durante sus años más productivos, con la grasa de cetáceo recuperada en la laguna Ojo de Liebre. El Boleo tenía contratados a más de siete mil trabajadores distribuidos en muy distintas actividades. El grueso de ellos laboraba dentro de las minas, otros eran operarios de la fundidora, estibadores en el puerto o marineros de las embarcaciones que cruzaban el mar de Cortés para transportar el metal. Además estaban los empleados de la aduana, los prestadores de servicios, los comerciantes y los administradores de cada uno de los negocios donde esa compañía tenía intereses. Prácticamente todo lo relacionado con la vida de dicha población estaba vinculado con El Boleo. No había propiedad que fuera independiente de la empresa: las casas y los solares donde habitaban los trabajadores, el astillero, la fábrica de hielo, la empacadora, la panadería, los vehículos de carga, las vías férreas, las locomotoras y sus vagones, el ganado que alimentaba a tanta humanidad, las fincas y rancherías de los alrededores, en fin, hasta la iglesia de Santa Bárbara era propiedad suya.

La planta eléctrica construida por los franceses llegó a ser la más moderna de todo México. Cuatro máquinas de vapor servían para echar a andar los generadores que, juntos, sumaban en fuerza aproximadamente mil caballos. Esta instalación sirvió para alumbrar los túneles de las minas y también las calles y las casas principales del poblado. El puerto fue la obra más importante que El Boleo financió para beneficio de Santa Rosalía. La necesidad de enviar el cobre extraído hasta su mercado final obligó a la edificación de un gran embarcadero, situado a 10 kilómetros al sur de la iglesia de Santa Bárbara. En la actualidad, de ahí parten los ferris que hacen doce horas de viaje hasta el principal puerto de Sonora. Por aquel entonces, el mineral depositado en Guaymas viajaba por tren hasta Nueva Orleans y de esa latitud partía hacia el resto del mundo. Gracias a su puerto, Santa Rosalía pudo mantenerse en contacto con el exterior. De camino al sur, esta población dista 500 kilómetros de la ciudad de La Paz. Desde sus costados norte y oeste se halla cercada por las inmensas montañas de la sierra. Fue por tanto el mar quien impidió a su gente consumirse en el autismo.

## Esclavos en Santa Rosalía

En un reportaje que Fernando Jordán hizo para la revista *Impacto* en 1950, llamó a esta población «El tercer Territorio de la Baja California. La República autónoma, o acaso con mayor propiedad, Imperio. Extraño imperio absolutamente libre y soberano, cuya capital es Santa Rosalía». Cuando lo escribió faltaban todavía tres años para que los empleados franceses de El Boleo hicieran maletas y se marcharan. Hasta ese tardío momento la empresa minera tuvo poder ilimitado para distribuir los privilegios, las oportunidades, las riquezas, las rentas y los bienes. Nadie era capaz de hacerle contrapeso. Sus administradores disponían libremente de cuanto hubiera o sucediera dentro de su amplísima zona de influencia. El jefe político de la región –símil del gobernador en el territorio– se comportaba como empleado suyo; lo mismo que los agentes de la policía o cualquier otra autoridad gubernamental. Todos hacían y decían cuanto fuese instruido desde las oficinas ubicadas en la Mesa Francia.

Las casas donde habitaban los mineros eran propiedad de la empresa. Si un habitante de por aquí caía en la peregrina tentación de enfrentarse a las decisiones de sus dueños, aquello significaba la pérdida automática de la vivienda. A pesar de que El Boleo contrajo con el gobierno mexicano la obligación de considerar a sus trabajadores como colonos, y por tanto debió proporcionarles tierra para que se hicieran de un bien inmueble propio, esta condición tardó demasiado en cumplirse. No le convenía a la compañía minera respetar tal acuerdo. El dominio sobre el alojamiento en Santa Rosalía le permitió expulsar de su territorio —sin necesidad de explicarle nada a nadie— a todo trabajador caído de su gracia. A los desterrados se les solía subir en un barco para que no regresaran jamás a la península. Más tarde, cual vagabundos se les encontraba en Guaymas, provistos solo con la muda de ropa que traían puesta cuando se les lanzó fuera de aquel lugar. La deportación no era el único mecanismo represivo de El Boleo. Los desobedientes, los flojos, y también los que faltaban a su trabajo por razones de enfermedad, pagaban multas a la compañía o eran enviados a pasar alguna temporada dentro de los túneles abandonados que habían sido dispuestos como prisión por las autoridades de la minera; oscuros y sórdidos cuevones capaces de aplastar cualquier pulsión de rebeldía entre los castigados. La muy asimétrica relación entre esta empresa y sus trabajadores obviamente también se reflejó en el salario. Según cálculos de la investigadora Edna Aidé Grijalva Larrañaga, la nómina de El Boleo representaba alrededor de 3 por ciento del total de sus ingresos mensuales. La paga a los mineros era el componente menos relevante del negocio, y los directivos se encargaron de hacer que así permaneciera. A este repertorio alevoso de prácticas medievales se sumaban otras miserias, tanto o más execrables. El Boleo desestimó toda protección sanitaria dirigida hacia los operarios de sus minas. La gran mayoría de sus trabajadores padeció silicosis, una suerte de cáncer en los pulmones que generalmente conduce a la muerte. Por obra de este mal las paredes pulmonares de las víctimas van perdiendo elasticidad hasta que la respiración se hace más corta y también más dolorosa. Si se está expuesto a un ambiente abundante en partículas de sílice cristalizado —como el que se produce dentro de una mina—, las posibilidades de contraer esta enfermedad son elevadas. El Boleo fue una corporación ciega frente a tal circunstancia. No proveyó de equipo, protección, medicamento, tratamiento o pensiones para las víctimas de silicosis.

El relativo aislamiento de esta población dejó fuera a Santa Rosalía de las ideas revolucionarias y de la dinámica que expulsó del país a Porfirio Díaz y sus Científicos. Por tanto, después de 1910 los intereses de la familia Rothschild se mantuvieron blindados a pesar de que el trato hacia sus trabajadores hubiera sido peor que el padecido en Río Frío o Cananea. Acaso el único síntoma de rebelión o venganza proletaria que se llegó a experimentar fueron los asesinatos de técnicos y funcionarios franceses que, de vez en vez, ocurrían en esta villa. Huelga reconocer, sin embargo, que la sumisión de los mineros tuvo un paréntesis entre 1936 y 1939. Un operario de apellido Gómez, cuyo nombre de pila se extravió con el paso del tiempo, logró durante esos tres años organizar a sus colegas para exigir mejores condiciones de trabajo. Este movimiento se vio influido por el ambiente pro obrerista, avanzado en todo México desde el gobierno del presidente Lázaro Cárdenas del Río. Gracias a las presiones encabezadas por el líder Gómez, esta empresa minera aceptó modernizar algunas de las cláusulas laborales: incrementó el monto de la paga, estableció algunas prestaciones relativas a la salud de los obreros, definió criterios para conservar el empleo, desapareció los túneles que hacían el papel de cárcel y eliminó las multas que se cobraban a los trabajadores enfermos o faltistas. Por desgracia, la solidaridad dentro de este pequeño movimiento social duró poco. Antes de 1940, Gómez quedó desplazado por sus compañeros y su organización fue aniquilada con la complicidad de quienes antes la habían integrado. Poco después, aquel líder se vio forzado a abandonar Santa Rosalía y, según cuenta Fernando Jordán en el reportaje antes referido, terminó sus días en el manicomio de La Castañeda de la ciudad de México. Ahí lo recluyó la locura que le sobrevino después de su fracaso político-sindical, o quizá el férreo brazo de El Boleo que, de esta forma, logró mantenerlo lejos de su impune territorio.

Cuando finalmente se venció el plazo para la exención de impuestos otorgada por el gobierno mexicano, los inversionistas franceses tomaron la decisión de cerrar la mina y retirarse de Santa Rosalía. De acuerdo con su evaluación, los yacimientos de cobre más interesantes ya se habían agotado. En 1953, con el argumento que los precios para la producción se hallaban a la alza, mientras que el valor del mineral no era ya capaz de reflejar esta realidad, El Boleo optó por declararse en quiebra. Como colofón de esta historia, la compañía indemnizó a sus empleados otorgándoles finalmente las casas y los terrenos donde habían sido construidas.

Mirando de cerca esta expresión de la esclavitud humana, impuesta tan crudamente en Santa Rosalía, podrían comprenderse las hondas razones que los mexicanos conservan a la hora de discutir si los recursos naturales depositados en el subsuelo —el petróleo incluido— deberían ser explotados por capitales extranjeros. Desde las épocas de la colonia española y hasta muy recientemente, la minería ha dejado maldad y dolor en la memoria del mexicano. Los dogmas culturales que en este país se tienen a propósito de dicha actividad económica se justifican, no a la luz de las actuales circunstancias, sino a partir de la lógica que se imprimió en la historia del país. Una herida que, como la silicosis, no permite respirar muy hondo. A diferencia de otros lugares, la parte bondadosa y democratizadora de la revolución industrial llegó a México demasiado tarde y siempre acotada, siempre modulada, siempre administrada por los privilegiados.

## Baja Mining

Con la renuncia de los franceses a sus intereses en Baja California, muchas familias que habitaban esta región costera abandonaron Santa Rosalía. Los menos optaron por quedarse y cambiar de actividad; se dedicaron a la pesca y el transporte marítimo. Un grupo reducido de exmineros acudió ante las autoridades nacionales para proponer la creación de una empresa gubernamental que continuara explotando las vetas cupríferas de la sierra de Guadalupe. Así fue como nació la Compañía Minera Santa Rosalía, S.A. Esta empresa nunca contó, sin embargo, con recursos suficientes para hacer remontar la quiebra de la región.

Lo que aquellos nostálgicos trabajadores no pudieron imaginar, como tampoco lo hicieron los altos funcionarios de la casa Rothschild, fue la gran riqueza que todavía hoy permanece escondida en esas montañas. El «Reporte Bateman», elaborado por una consultora australiana durante los últimos años del siglo pasado, confirmó que estas minas localizadas frente al mar de Cortés conservan no solo cobre en abundancia, sino también cobalto, cinc y manganeso. Obviamente ya no sucede más aquí que la mano del ranchero pueda recuperar los verdes boleos arrojados por la naturaleza sobre la tierra árida; sin embargo, gracias a nuevos métodos, resulta ahora muy barato separar esos minerales del resto de la materia que los oculta.

Con una inversión aproximada de 2 mil millones de dólares, los actuales propietarios de El Boleo están convencidos de que sus minas tomarán otra vez uno de los primeros lugares dentro de América Latina en la extracción de cobre y también en la obtención de manganeso. Se calcula que el volumen de estos minerales, así como de cobalto y cinc, podría ser de alrededor de 55 mil toneladas durante los primeros cinco años de explotación (2010-2015). Luego habría posibilidades de observar un ciclo productivo cuya temporalidad rondaría, al menos, 25 años más. Tres son los inversionistas de este gran proyecto: Baja Mining, una compañía de origen canadiense que posee 70 por ciento de lo que fueran las antiguas minas concesionadas a la familia Rothschild, la empresa constructora mexicana ICA, y un consorcio integrado por diversos intereses radicados en Corea del Sur, incluido el gobierno de ese país. Desde 2008, el nuevo proyecto minero –que sigue llamándose El Boleo– ha venido desplegando toda su fuerza. Mientras tanto, la pequeña población de Santa Rosalía ha vuelto a sentir la vitalidad que solo es capaz de transmitir la avaricia por los metales. Hoy la calma heredada por la generación anterior se desvanece. Existe la expectativa de que, durante los próximos años, alrededor de 2 mil trabajadores llegarán a instalarse en esta comunidad. Por lo pronto, Baja Mining ha construido ya una inmensa instalación donde se alojará cómodamente a los obreros. Lejos quedaron aquellas casuchas de madera barata donde vivieron los indios yaquis, traídos hasta aquí prácticamente en calidad de esclavos.

Otra innovación celebrada por los socios recientes de El Boleo es la planta desalinizadora de agua marina. Dada la escasez del líquido vital en la región –un elemento clave tanto para la actividad minera como para la vida cotidiana de la población– Baja Mining ha proyectado y está construyendo una impresionante planta que permitiría recuperar agua a partir del mar de Cortés. Esto que para muchos solo era imaginable en los libros de ciencia ficción, será realidad en Santa Rosalía. Si el océano puede proveer agua para consumo humano, la ausencia de ríos y manantiales dejará de ser una limitante para el desarrollo de esta zona y de tantas otras cuya idéntica condición desértica las ha vulnerado en su sobrevivencia.

## La Boca Blanca

No solo los pájaros y las ballenas migran al sur para escapar del invierno. Sobre las orillas de un largo y angosto estero, varias decenas de casas reciben a los vecinos distantes que viajan, todos los años, desde el suroeste de Canadá hasta el mar de Cortés. A partir de Vancouver, pasando por

Seattle, Tacoma y Portland, el frío expulsa a los mayores y los trae a una pequeña población bajacaliforniana ubicada a 45 kilómetros al sur de Santa Rosalía que los nativos cochimíes llamaron «el largo barranco de la Boca Blanca»; este es el significado de la palabra Mulegé. Entre el paralelo 45, donde se halla la frontera entre Estados Unidos y Canadá, y esta coordenada mexicana, hay 3 mil kilómetros de distancia. Para salvarla, la gran mayoría de esa nómada población prefiere los aviones privados. Lo más común entre estos migrantes es rentar un taxi aéreo que los transporta desde su casa hasta aquí. Otros cuentan con avioneta propia, la cual permanece estacionada por largas temporadas a un costado del modesto aeropuerto local.

Mulegé no se merece el ahorro de los adjetivos para describirla; aún menos lo merece la bahía de Concepción. Aquí el ambiente lo deja a uno impregnado con olores a caña de azúcar, naranja, limón, dátil y coco. De entre las muchas variedades de flores que crecen en este sitio, la orquídea sobresale por sus colores y sus formas. El largo barranco de la Boca Blanca es un oasis, como el de San Ignacio Kadakaamán, pero situado a la orilla del mar. Los primeros pobladores sedentarios –los misioneros jesuitas– se asentaron en los márgenes de un marjal que hace miles de años nació gracias la penetración cometida por el mar contra la tierra, justo ahí donde un manantial de agua dulce estuvo dispuesto a mezclarse con su salado pariente. Por obra del estero, Mulegé pudo proveer alimento a toda la región, incluida Santa Rosalía. La economía de esta población procura las mejores vieiras y los más sabrosos ostiones de toda la península.

Muy próxima al casco urbano se halla la bahía de Concepción. Ella es la verdadera sonrisa blanca, y generosa, de este orlado cobijo bajacaliforniano. Su entrada mide solamente 5 kilómetros pero su cónica anchura es ocho veces mayor. Los 40 kilómetros cuadrados que la comprenden son de una belleza acalambrante; es una alberca tibia y serena como el vientre materno. Acaso no exista en todo el mar de Cortés un lugar más bello que la bahía de Concepción. Varias son las playas que configuran este paraíso. No se trata de un lugar virgen, pero tampoco podría decirse que la obra humana haya arruinado su naturaleza original.

Además de los lugareños, dedicados a la pesca y a la agricultura, y de los extranjeros venidos del norte, cuya principal actividad es el cultivo del ocio, Mulegé contó hasta hace muy recientemente con un tercer grupo de personas en su vecindad: a mediados de los años 90 se mudó aquí parte de una rica familia sinaloense que no optó por hacerse de lotes o casas a la orilla del estero. Adquirió en cambio ranchos y largas extensiones de tierra lejos del mar. Su presencia se hizo de todos conocida por los carros último modelo que sus integrantes utilizaban para atravesar las calurosas y polvorientas rutas descendientes de la montaña y que desembocan en las puertas de la antigua misión. También se hicieron notar porque sus dueños despreciaban el sentido de las calles y porque la música salida de sus vehículos tiene el volumen muy alto. Hasta 2006, esta comunidad de forasteros gozó de una cómoda carta de residencia, asegurada obviamente por las autoridades municipales. Los vecinos afirman que gracias a esta familia atravesaron, todos, por tiempos de mucha seguridad. Mientras ellos vivieron aquí no hubo asaltos ni violencia en 50 kilómetros a la redonda, argumenta un guía de turistas de nombre Julián. Este idilio –producto del arreglo mafioso entre la población, la autoridad y los forasteros– llegó a su punto final cuando un puñado de agentes de la DEA (*Drug Enforcement Administration*) tomó por asalto el pequeño aeropuerto de Mulegé para apresar a Javier Arellano Félix, quien estaba a punto de despegar montado en una de las avionetas pertenecientes al emporio familiar.

En la prensa mexicana el hecho fue consignado de otra manera: se dijo que este integrante del Cártel de Tijuana, hermano menor del difunto Ramón Arellano Félix, había sido capturado mientras pescaba en aguas internacionales a bordo de su yate, el *Dock Holiday*. La sospecha sobre la legalidad de esta detención realizada por la DEA surge cuando se hace evidente que el mar de Cortés no cuenta con aguas catalogadas como internacionales. En contraste, todo entrevistado en Mulegé repite la primera versión de los hechos: los efectivos estadounidenses violaron la soberanía mexicana al apresar, sin dar aviso a nadie, a este narcotraficante, conocido entre los suyos como *El Tigrillo*. De la pista del aeropuerto donde este criminal fue detenido, los agentes de la DEA lo trasladaron sin escalas a la ciudad de San Diego, California. Ahí, un tribunal lo juzgó por los delitos de lavado de dinero, tráfico de drogas y homicidio. Luego se le sentenció a cadena perpetua. Acaso no se impuso sobre él la pena capital porque confesó sus crímenes y probablemente también porque ofreció información valiosa para el desmantelamiento del Cártel de Tijuana.

Según versiones recogidas entre los vecinos, este personaje no residía en Mulegé. Cuando fue arrestado se hallaba visitando a sus hermanas

Enedina y Alicia, quienes optaron por refugiarse en este apartado rincón mexicano desde que las cosas se pusieron difíciles en la frontera norte de Baja California para la familia Arellano. Fueron ellas quienes presumiblemente adquirieron los ranchos que, de camino a las montañas, hoy se encuentran abandonados. Sus hijos y empleados de seguridad fueron quienes durante algún tiempo se pasearon altanera y despreocupadamente, montados en sus trocas, por las calles de Mulegé. Una vez apresado Javier Arellano, el resto de su familia salió por piernas, dejando atrás toda una fortuna invertida en tierras y maquinaria agrícola.

## La Trinidad

Más allá de las propiedades de Enedina y Alicia Arellano Félix se encuentra La Trinidad, uno de los sitios arqueológicos más importantes de todo el continente americano. Durante el verano, la temperatura en este lugar rebasa los 45 grados centígrados. Las pinturas rupestres de La Trinidad no son tan añejas como las de San Borjita, pero aun así su edad es venerable. Mientras éstas se encuentran próximas a los 6 mil años de antigüedad, aquellas rondan los 8 mil. Los dibujos de San Borjita probablemente sean los primeros que la mano humana celebró en todo el continente. Por su parte, los venados, la tortuga, el chamán, los peces y las aves de La Trinidad son vecinos en el tiempo de las pirámides de Egipto; más viejas, por dos mil años, que las ruinas de Petra en Jordania y mayores, por tres mil años, que la ciudad de Teotihuacán. Se hallan muy bien conservadas; los colores rojo, negro, blanco, y también el amarillo, han sobrevivido hasta nuestro tiempo.

Julián es un guía de turistas que se dedica a explicar la herencia de significados contenida en la cueva principal de La Trinidad. Antes de prestar tal servicio, este hombre tuvo otras profesiones. Fue pescador, mesero en un hotel, conductor de camión y burócrata municipal. El oficio de guía lo tomó recientemente. Después de unos minutos de conversación con él, este dato de su biografía se hace evidente. Asegura que su actividad profesional puede ser un buen negocio pero solo durante la temporada alta. Hay tramos largos del año cuando a nadie le interesa visitar las primeras moradas de los cochimíes.

Así introduce Julián hacia los misterios de La Trinidad:

«El pericúa habitaba la parte sur, de La Paz hasta Cabo San Lucas, y de La Paz hasta Loreto era el guaicura y de Loreto hasta el norte, los cochimíes. Los cochimíes eran de diferentes estaturas, pequeños, medianos y gigantes, cada grupo tenía su propio dialecto, y podían vivir hasta 50 años. Esas personas eran asiáticas. Cuando el agua estuvo congelada en el estrecho de Bering, los animales caminaron en el hielo y llegaron al continente americano donde permanecieron por mucho tiempo, hasta que hubo grupos de indígenas que se movieron, que se fueron al centro de la República, y otros llegaron para acá. Cuando estas personas llegaron ya existían las pinturas aquí, entonces ellos pintaron encima de lo que ya había. Por ejemplo, puede ver que hay pintura encima de la pintura roja, ese blanco, porque ellos querían decir "también nosotros llegamos, esta es nuestra forma de vida, esto es lo que vemos y esto es lo que hacemos".

»Aquí podemos ver que tenían dos diferentes estilos de cazar: arreaban a un venado a un precipicio, a la cumbre de un cerro, de arriba lo tiraban, cuando el venado llegaba al suelo pues se mataba solo. Y ese es el venado más famoso de La Trinidad, enfrente de él hay dos venados más, uno que tiene una punta de la flecha en el estómago y otra en la espalda. Esa es la otra forma como cazaban. Y más abajo tenemos un coyote, un pez, un chamán. Los chamanes eran los jefes o los que representaban los grupos. Lo que cazaban se lo traían al chamán. El chamán era la persona que siempre estaba en la cueva, él no salía, y las otras personas eran los cazadores. Cuando mataban un venado lo celebraban porque esas personas un día comían en exceso y a veces podían pasar muchos sin comer.

»Más abajo tenemos un par de peces y una tortuga, una caguama. Eso también indicaba que en temporada podían habitar el mar de Cortés o el Pacífico, y que se alimentaban de peces y caguamas. Enseguida tenemos como un tenedor, esa era una herramienta especializada que usaban los chamanes para sus ceremonias espirituales. En cada punta ponían una pluma de tecolote o de cuervo y los amarraban con las tripas de los animales. Cuando el chamán tenía que elegir quién sería el próximo, le daban drogas a los niños, usaban el peyote, los hongos alucinógenos y también el toloache, que le llaman. Los débiles se morían, los más fuertes alucinaban y todo eso ayudaba a esa persona para que representara a un chamán. Cuando el chamán se muere, el siguiente se come su cerebro para tener todos los conocimientos. Cuando ellos se drogaban tenían diferentes alucinaciones: a veces miraban mucho lo geométrico; por eso pintaban en cuadros, en rayas, y a veces miraban a los animales de la prehistoria, ahora los extraterrestres, y por eso si ustedes ven todas estas pinturas que están aquí, comparadas con las otras, aquellas se ven más primitivas.

»Como pigmento usaban la grasa de los animales, el cardón, el nopal, la corteza del palo blanco, el omboi, el torote, todos esos los mezclaban con los minerales. El color rojo y el amarillo lo sacaban del ocre; el blanco del yeso, del magnesio y de la cal; el negro del fierro y del carbón, de lo que usaban para cocinar, y a veces tenían hasta nueve diferentes colores pero siempre los mezclaban.»

Probablemente el primer occidental que descubrió las pinturas rupestres de La Trinidad fue el hondureño Juan de Ugarte, uno de los misioneros jesuitas que vinieron a la península bajo las órdenes del italiano Juan María de Salvatierra. En Mulegé, Ugarte hizo fabricar una pequeña embarcación que serviría, durante casi medio siglo, para recorrer las costas situadas al oeste del mar de Cortés; riberas donde aquellos primeros misioneros —con ayuda de las familias cochimíes y pericúas— decidieron fundar su gran utopía.

# V
# LA PALABRA QUE
# SE HIZO CIUDAD

## ¡Salve Aviadora!

La casa cruzó los aires y aterrizó sobre una colina rodeada de laureles; cuatro ángeles la traían cargada sobre sus espaldas. Aparentemente esta construcción hizo dos escalas antes de encontrar su ubicación definitiva a unos cuantos kilómetros de Recanati, en la pantorrilla de la bota itálica. La travesía habría comenzado en 1291 cuando los cruzados enviados para recuperar Palestina perdieron su guerra. Se cuenta que Dios temió por el inmueble donde vivió su hijo más de mil años atrás y decidió ponerla muy lejos de los infieles. Envió entonces por ella a sus ayudantes a la ciudad de Nazaret con la orden de arrancar de cuajo los cimientos, los pisos, las paredes y los techos de aquella edificación. La casa voladora hizo su primera escala en Croacia; ahí pasó tres años hasta que volvió a elevarse para atravesar el mar Adriático. Se desconoce la explicación de esta segunda mudanza. El 10 de diciembre de 1294 el inmueble aterrizó íntegro en Italia. Quienes atestiguaron su llegada habrían visto muy de cerca los rostros y las alas de aquellos cargadores venidos de otra dimensión.

La casa santa fue depositada en el Loreto, término utilizado para designar una región poblada por árboles de laurel. Preocupado por obtener certezas, el gobierno de la pequeña población de Recanati envió a dieciséis de sus más sinceros ciudadanos hasta Nazaret para que comprobaran si, efectivamente, aquella era la misma casa en que hubiera vivido el hijo de Dios. Estos hombres regresaron con la noticia de que en la ciudad en cuestión se hallaba un terreno baldío, precisamente en el lugar antes ocupado por la morada de la sagrada familia. Constataron también que los adobes utilizados en las construcciones vecinas eran idénticos a los de la casa bajada del cielo. A partir de esta confirmación, aquella colina italiana se volvió un santuario visitado por los creyentes. De los tres divinos moradores, fue la madre quien se empeñó en celebrar más milagros a favor de los peregrinos; por este motivo es que el fervor religioso se inclinó hacia la Virgen de Loreto. Hoy esa santa mujer es la protectora de los aviadores. A Loreto, Italia, van a rezar los pilotos, copilotos, azafatas, paracaidistas, astronautas y todo fiel católico cuyo oficio se parezca al de aquellos ángeles que trajeron, desde Palestina, la casa voladora de la infancia de Cristo.

El padre Juan María de Salvatierra nació en Loreto, Italia, en 1648. Cuando desembarcó sobre las playas de Baja California se prometió a sí mismo construir una réplica de aquella casa santa para que su virgen también pudiera obrar milagros en tierras novohispanas. Y así sucedió. Desde que Hernán Cortés tratara de fundar un asentamiento en esta otra península, nada europeo había logrado permanecer en el tiempo. La misión de Loreto, construida en 1670, es la primera edificación duradera en la historia de Baja California. Sus piedras de basalto volcánico, rojas, negras y blancas, han sobrevivido huracanes, temblores, y por encima de todo, el impertinente paso que sobre ella han impuesto más de 300 años de existencia. Su arquitectura hoy sigue dando testimonio de simplicidad: paredes limpias y desnudas, techos muy altos recubiertos en madera, y un sobrio altar que apenas si ofrece avisos de barroco.

Antes de la llegada de Salvatierra, las tribus que habitaban la península eran nómadas. Alrededor de 40 mil individuos dispersos tenían por costumbre no pernoctar por más de tres noches en el mismo sitio. Probablemente se encontraban entre lo más atrasado de la raza humana avecindada en la Nueva España. No habían logrado abandonar el Paleolítico: practicaban el canibalismo, vivían desnudos, ingerían semillas recién defecadas por ellos mismos y eran felizmente promiscuos. Según los testimonios de los primeros exploradores españoles acostumbraban tener sexo en público, sin horario ni lugar regular, y la mujer dentro de aquellas tribus ocupaba un sitio social acaso brevemente superior al de los animales. La violencia sexual que los varones imponían sobre ellas también quedó registrada en las cartas de los viajantes. A pesar de vivir cerca de enormes yacimientos de sal, no sabían que con ese mineral comestible podían conservar durante largos periodos sus alimentos. No conocían a los perros, ni habían logrado domesticar otro animal. Eran individuos sometidos, en casi todas sus circunstancias, al clima y la geografía. Sus armas eran de piedra y ramas afiladas, flechas y mazos que hicieron el ridículo cuando se dieron cita con los arcabuces y los cañones traídos por los misioneros desde el continente. Sin embargo, los nativos eran superiores en número. A manos de ellos, decenas de europeos perdieron la vida. Es muy admirable la manera como los soldados de la Compañía de Jesús lograron amistarse y luego coexistir con aquellos salvajes peninsulares. La fe no solo mueve montañas –o hace volar casas por los aires–, también permitió aquí que dos cosmovisiones, dos culturas, dos grupos humanos tan diferentes fuesen capaces de forjar una nueva sociedad. Nada más lejos de los cochimíes, pericúes y guaycuras que aquellos misioneros jesuitas educados en las mejores universidades de Europa. Y sin embargo, unos y otros edificaron la misión de Loreto, y más tarde, otras quince construcciones religiosas que constituirían el salto civilizatorio más impresionante que se hubiera vivido en esta larga y angosta región americana.

## Francisco Eusebio Kino

A mediados del siglo XVII, hasta Madrid llegó la noticia –acaso falsa– de un avance ruso, emprendido desde Siberia, que tenía como intención invadir las Américas. También se tenían informes en la metrópoli sobre el establecimiento que los ingleses harían de su Nueva Albión sobre territorio supuestamente perteneciente a España. La pugna entre las dos Coronas –la inglesa y la española– volvió a servir de coartada para financiar las aventuras de conquista en el noroeste novohispano. Con el propósito de oponerle una barrera humana a las pretensiones extranjeras, en 1679 Isidro de Atondo y Antillón fue nombrado almirante de las Californias. Cuatro años pasaron mientras este hombre mandó construir un astillero donde se fabricarían embarcaciones capaces de navegar durante muchas leguas. En 1683 Atondo partió desde Guasave, Sinaloa, montado sobre una nueva y reluciente escuadra de navíos. Fue el rey quien directamente financió aquella expedición. Como integrante de esta aventura –entre otros religiosos– iba el padre Francisco Eusebio Kino. Los navíos recorrieron las costas de Sinaloa y de Sonora para luego virar hacia el sur por las playas de Baja California. Kino fue el cartógrafo que dibujó aquellos primeros mapas donde irrevocablemente quedaría dispuesta la península. El almirante decidió establecer la primera edificación en las Californias sobre un sitio ubicado aproximadamente 20 kilómetros al norte de la actual población de Loreto. A esta misión la llamaron San Bruno.

Gracias a la actitud conciliadora de los religiosos, aquellos colonizadores españoles establecieron contacto con las tribus cochimíes de la región costera. Durante el corto tiempo de permanencia en San Bruno, el padre Juan Bautista Copart escribió un catecismo en lengua cochimí que, años más adelante, se convertiría en una herramienta fundamental para la obra de Juan María de Salvatierra. Al parecer, el emplazamiento de aquella primera construcción fue inadecuado. La falta de agua y la escasez de alimento motivaron a Isidro de Atondo para que eligiera volver, con todos sus subordinados, a tierra continental. Francisco Eusebio Kino contaría después que los soldados habían jugado un papel nefasto durante aquella estancia; su actitud beligerante hacia los nativos y el involucramiento sexual que sostuvieron con sus mujeres hizo que los cochimíes los dejaran solos cuando más habían necesitado de víveres y agua. En la actualidad no queda nada de aquella primera edificación.

Por la insistencia del padre Kino, tres años después se constituyó en la ciudad de México una junta de notables responsable de estudiar una nueva estrategia de aproximación a las Californias. El religioso formó obviamente parte de ese grupo, lo mismo que Isidro de Atondo y el fiscal de la Real Audiencia. De las deliberaciones sostenidas, ahí se determinó que la Compañía de Jesús tomaría la responsabilidad entera de colonizar ese lejano territorio. Los jesuitas se harían cargo de recaudar los fondos para la conquista espiritual, militar y material de la península, también reclutarían a los hombres necesarios y fijarían la hoja de ruta para extender la influencia misional. Quedó explícito que no sería nombrada ninguna autoridad civil por encima del mando otorgado a estos religiosos. Aunque la Corona española no invertiría un céntimo, los misioneros actuarían en todo momento a nombre suyo. La apuesta no contenía pérdida para el rey. En caso de que los padres de la Compañía de Jesús tuvieran éxito, el Imperio extendería la talla de sus posesiones. Por el contrario, si la empresa fracasaba, el reino solo habría extraviado un poco más de tiempo en una tarea reiteradamente malograda. Aprobado este plan por el virrey de la Nueva España, dos misioneros, Francisco Eusebio Kino y Juan María de Salvatierra, se dedicaron a visitar a las fortunas más pudientes de la colonia para convencerles de que invirtieran en el fondo piadoso de las Californias.

La experiencia de la Compañía de Jesús en la Paracuaria, y también la incursión jesuítica en la Tarahumara y en Sonora, habían demostrado que ahí donde la civilización humana tuviera poca densidad, la cruz era mucho mejor herramienta de conquista que la espada. Un siglo y medio antes, para derrotar al imperio azteca hicieron falta aguerridos conquistadores montados a caballo y acompañados por sus cañones y arcabuces. En contraste, para conquistar el territorio de la Gran Chichimeca –término utilizado entonces para designar la amplia zona bárbara situada al norte del Anáhuac– de muy poco servían los argumentos guerreros. Las muchas tribus de esa región, por ser nómadas y estar dispersas, contaban con una estructura social muy flexible y esta circunstancia les permitía no solo defenderse, sino golpear duramente a los españoles sin perder, en su caso, demasiadas vidas. De ahí que la estrategia de ingreso al norte de la Nueva España tuviera que ser diferente a la seguida en el Altiplano. No eran conquistadores militares lo que se necesitaba sino pioneros religiosos. La evangelización como primer paso para colonizar aseguraba un acercamiento más exitoso hacia los nativos porque vencía, mejor que ningún otro método, el rechazo hacia los recién llegados.

## Soldados de la Compañía

Nayarit, Durango, Sinaloa, Sonora, Chihuahua y Baja California forman hoy parte de México gracias a la Compañía de Jesús. Sin los jesuitas acaso este país sería más estrecho. No hacerle justicia a la herencia que aquellos misioneros dejaron en las Américas –desde la Paracuaria hasta Quebec– conduciría a la negación de una identidad fundadora. De cuanta moral haya coexistido dentro de la Iglesia católica, la jesuítica fue la más universal de todas. Sus integrantes estaban convencidos de que, para evangelizar, se requería entender sinceramente al otro. En términos de Ignacio de Loyola, los soldados de la Compañía debían «estar más prestos a salvar la posición del prójimo que a condenarla». Esta frase resume lo especial de la ética jesuítica. Significa un argumento previo a la Ilustración que, con todo, ya era potencialmente igualitario. Ninguna otra élite conquistadora de las Américas estuvo tan dispuesta a mirar como semejantes a quienes vivían en este continente.

En el caso de los ingleses, la precariedad y la supuesta incivilización de los nativos fueron pretexto para sostener una fractura abismal hacia las tribus originarias. Por su parte, una gran mayoría de los conquistadores españoles solo podían ver a los mexicas, mayas, otomíes, purépechas o chichimecas como eventuales esclavos para sus minas y sus haciendas; el indígena debía ser inferior para que su presencia se acomodara a las ambiciones –bien respaldadas por la pólvora– del nuevo continente. En el caso de los españoles, y también de los portugueses, se llegó a plantear una duda seria sobre la humanidad de los habitantes del Nuevo Mundo. La defensa que en su día hicieran el jesuita Francisco Suárez y el dominico Francisco de Vitoria para determinar que los indios americanos sí poseían alma –y que por tanto eran humanos– no tuvo desperdicio. Huelga decir que se trató de una discusión que no solo tuvo contenidos morales o filosóficos; eran muchos quienes deseaban contar con mano de obra gratuita para hacer más productivas sus posesiones.

Los religiosos de la Compañía de Jesús, colocados tras la firmeza de Francisco Suárez, fueron los más coherentes a la hora de desterrar toda dubitación a propósito de la humanidad de los americanos. Para acercarse a los nativos, los jesuitas se obligaron al aprendizaje de las lenguas ajenas. Querían dialogar con el otro en sus propios términos y desde sus propios significados. Las artes y las ciencias sirvieron como vínculo de comunicación entre los misioneros y sus evangelizados. La pintura, la música, la arquitectura, la cartografía, la cerámica, la botánica, la astronomía, en fin, todo conocimiento era utilizado como pretexto para despertar emociones comunes entre quienes no habían conversado nunca. Ellos fueron grandes gestores de la alteridad en el Nuevo Mundo. Como dice el investigador Alfonso Alfaro, probablemente fueron los primeros antropólogos en la historia de la humanidad. Por estas habilidades es que fueron convocados por el rey de España para evangelizar en los territorios donde ni franciscanos, dominicos o agustinos hubieran tenido éxito. Las mesetas desérticas del territorio yaqui, los bosques y barrancos de la tarahumara, las anchas planicies tepehuanas y las yermas sierras cochimíes requirieron de aquellos excepcionales personajes.

## La utopía de Salvatierra

Fue mucha la energía que Francisco Eusebio Kino invirtió para convencer, conseguir fondos, planear y finalmente hacer posible su regreso a las Californias. No obstante, justo cuando debía subirse a la goleta que lo trasladaría desde Guaymas hasta la península californiana, recibió la orden de dejar por entero la responsabilidad de la misión al padre Juan

María de Salvatierra. La alta jerarquía jesuita consideró más urgente enviarlo a pacificar una revuelta yaqui que estaba ocurriendo al norte de Sonora, la cual había puesto en serio predicamento a varios integrantes de su orden. Después de este episodio, el padre Kino ya no tuvo otra oportunidad para regresar a Baja California. Tareas distintas lo alejaron para siempre de su voluntad original. El vigor que lo caracterizó como un emprendedor sin límites lo condujo a sembrar civilización en otros paralelos; tanto Sonora como Nuevo México y Arizona guardan una muy agradecida memoria a propósito de su obra.

Una mañana de octubre de 1697, tres indios yaquis, cinco soldados y el misionero Salvatierra se embarcaron por el mar de Cortés. En solo un día aquella tripulación alcanzó la otra orilla sobre una goleta prestada. Apenas pusieron los pies sobre la arena se celebró la primera misa de los recién llegados y se colocó, dentro de una capilla improvisada, a la Virgen de Loreto traída por Salvatierra desde su pueblo natal. Pocas semanas después se reunieron con el jefe de la misión otros dos sacerdotes, Juan de Ugarte y Francisco María Piccolo. El primero habría de fundar la misión de Santa Rosalía de Mulegé y el otro fue el primer europeo en visitar el magnífico oasis de Kadakaamán. Antes de que terminaran los días de aquel año, una horda cochimí atacó a Salvatierra y sus subordinados, pero aquellos hombres lograron convencer de su superioridad gracias al grave ruido que lograba hacer un pequeño cañón y también por los breves disparos de un quinteto de arcabuces. Con esta simbólica batalla, la viabilidad de la misión jesuita comenzó a dejar de ser una utopía. Si la principal diferencia entre la necedad y la tenacidad es el éxito, aquellos misioneros deben ser calificados por la historia como unos hombres muy tenaces. Fueron ellos quienes finalmente lograron construir un asentamiento regular en esta bella pero, hasta antes de ellos, indómita tierra.

Mientras encontraban pozos para abastecerse de agua y también tierras propicias para el cultivo y la cría de algunos animales, los padres jesuitas sostuvieron contacto regular con el continente gracias a los barcos que iban y venían por el mar de Cortés. Esta actividad era financiada gracias al fondo piadoso de las Californias, donde por cierto, el marqués de Villapuente –supuesto padre adoptivo de la Tía Juana– depositó importantes sumas. La condición que obligaba a la diversidad dentro de los equipos misioneros de la Compañía de Jesús fue muy evidente en el caso bajacaliforniano. Durante las siete décadas en que los jesuitas trabajaron para la península, 52 misioneros provenientes de nueve países distintos se ocuparon de organizar dieciséis misiones ubicadas sobre una superficie aproximada de 100 mil kilómetros cuadrados. Entre otros, Salvatierra y Piccolo venían de Italia, Juan Bautista Luyando fue mexicano, Ugarte era hondureño, William Gordon escocés y Franz Xaver Wagner de origen alemán.

Vacas, cabras, mulas y caballos también conocieron Baja California gracias a estos misioneros. Ellos cargaron hasta aquí semillas de frijol y otros productos que los nativos no conocían; plantaron igualmente árboles frutales nunca antes vistos en la península; exploraron la geografía y la biología de la región, estudiaron las costumbres de sus antiguos habitantes, determinaron las riquezas explotables, ubicaron posibles puertos navales y así, poco a poco, terminaron haciendo suya aquella inmensa faja de tierra. Desde Loreto dio comienzo aquel ingente transcurso de civilización. En 1699 se fundó la segunda misión, San Javier Viggé Biaundó. Salvatierra y Piccolo la emplazaron a cuatro días de camino sobre una alta colina que le ofrece su mejor cara al mar. Santa Rosalía de Mulegé quedó terminada en 1705, La Paz en 1720, Kadakaamán en 1728, Cabo San Lucas en 1730, Todos Santos en 1733, Santa Gertrudis en 1752, y así siguieron hasta sumar dieciséis en total. Dentro de cada una de estas edificaciones había un pozo de agua y un árbol abundante en dátiles.

Durante los 70 años en que esta orden religiosa habitó la región, la población nativa se redujo de 40 mil a solo 7 mil 500 individuos. La explicación que los historiadores ofrecen para esta tragedia son los gérmenes traídos por los migrantes del continente. Un episodio divulgado por el antropólogo Miguel León-Portilla permite dimensionar la tragedia: cuando el padre Segismundo Taraval se encontraba al frente de la obra jesuítica en San Ignacio Kadakaamán, hizo traer a un grupo de indios cochimíes que se hallaba en la isla de Cedros con el propósito de evangelizarlos. Fueron varias las familias nativas que acudieron a su llamado, hospedándose dentro del edificio de la misión. Al cabo de un mes, una fulminante epidemia de viruela acabó con prácticamente todos los convocados. Resulta paradójico que algunas de las resistencias enfrentadas para hacer realidad el sueño del padre Kino, cuando no fueron resueltas por las palabras del evangelio, terminaron siéndolo por los gérmenes que las acompañaron.

# La Dolorosa

El uso de la Virgen de Loreto para evangelizar en California fue una rareza que Juan María de Salvatierra pudo promover solo mientras fue responsable de la colonización en la península. Salvo él y sus colegas italianos, nadie más conocía en la Nueva España a la patrona del vuelo. De su lado, la Virgen de Guadalupe llegó con retraso a este apartado lugar del noroeste mexicano; desde el continente, atravesó el mar de Cortés hasta principios del siglo XIX. En cambio, hubo una tercera mujer que sí encontró ánimo temprano para ser venerada en las misiones de los padres jesuitas: la Virgen de los Dolores, mejor conocida como La Dolorosa. Fueron los religiosos de la Compañía de Jesús quienes la introdujeron en México y la llevaron al resto de América Latina. Cuanto fiel pudieron reclutar para la Iglesia católica supo de ella y de su tragedia.

Huelga decir que no existe una representación única de La Dolorosa. En Europa suele proponerse como una dama joven que porta sobre su cabeza un tocado azul, mientras en el pecho posee un corazón traspasado por siete dagas que significan, cada una, distintos momentos de padecimiento por los que atravesó su hijo. A pesar de la escalofriante circunstancia, esa Virgen de los Dolores no se mira sufriente; su rostro da más bien prueba de estoica serenidad. Otra representación común de La Dolorosa es la famosa Piedad, quien carga sobre su regazo a un hombre recién bajado de la cruz. En México ninguno de estos dos avatares de la misma personalidad logró hegemonía porque la Compañía de Jesús popularizó una tercera imagen, harto más dramática que las anteriores. La Dolorosa novohispana no posee una mirada de sufrimiento sublimado, ni tampoco se consuela a sí misma abrazando el cuerpo de su vástago: la Virgen de los Dolores mexicana está afligida y sola, es una viuda desaliñada y vestida de negro que mira por encima de sí, hacia la cruz, con lágrimas que no conocen la ley de la gravedad. Sus manos son palidísimas y su rostro posee, por mitad, dos anchas ojeras. Es un ser al que fatalmente ronda la muerte; un imán que lleva hacia sí todo el abatimiento del mundo, toda la angustia, toda la desesperanza, toda la desolación. A pesar de que los jesuitas la trajeron hasta las Américas durante el Renacimiento, esta virgen es una prófuga de la Edad Media. Ella y la Santa Muerte –revivida por los mexicanos en épocas muy recientes– ya contaban con seguidores en los oratorios y capillas alemanes del año mil después de Cristo. La Dolorosa mexicana no se parece en nada al conmovedor retrato de brazos abiertos que pintó Bartolomé Murillo, ni a la celebradísima Piedad de Miguel Ángel, tampoco tiene que ver con las notas que en su día compusieran para ella Joseph Haydn o Antonin Dvorák. La Dolorosa mexicana no se sentiría tan cómoda en una sala de concierto o al interior de una galería de museo, como lo haría dentro de la casa del horror en una feria popular.

¿Cuál habrá sido la mirada de los antiguos cochimíes cuando, por primera vez, se toparon con aquella mujer calada por un dolor tan agudo? ¿Habrán sentido repulsión hacia el modelo de feminidad que representaba? Si de un lado se coloca a La Dolorosa de los jesuitas y del otro los testimonios que los primeros españoles dejaron sobre las poblaciones que habitaban la península, puede mesurarse la abismal distancia que originalmente existió entre estos indios americanos y aquellos migrantes, en su mayoría europeos. Por encima de la religión, la comida, la música o las palabras, probablemente sea la sexualidad lo que más puede separar a dos seres humanos pertenecientes a distintas culturas. Aquí viene a cuento un testimonio sobre las prácticas sexuales de los nativos bajacalifornianos que, en la biografía de Hernán Cortés, recogió el historiador Juan Miralles: «los hombres iban desnudos y, como prueba de su bestialismo... tomaban a las mujeres por la espalda, "como animales" practicando el acto sexual a la vista de todos y sin el menor recato». ¿Cuán abrumados se habrán sentido aquellos misioneros cuando se toparon con esta escena?

Para que esos religiosos pudieran permanecer duraderamente en la península era indispensable que revolucionaran estas expresiones carnales dentro de las comunidades evangelizadas. Aquellos religiosos requerían administrar su propio deseo; de lo contrario, su misión en la península tendría un alcance temporal muy corto. No debían reproducir los errores cometidos por los soldados que antes acompañaron al almirante Atondo y al padre Kino. La primera asignatura habrá sido convencer a las familias nativas para que abandonaran la práctica pública del acto sexual. Las caricias y el afecto solo serían tolerados en la intimidad. Recomendarían también que el coito entre un hombre y una mujer se celebrara de tal forma que ambos pudieran mirarse a la cara. Promovieron entonces la posición del misionero. Cada uno debía reconocer en su semejante a un sujeto y no solo a un cuerpo para satisfacer los instintos. Predicaron pues para que expulsaran la promiscuidad —el incesto incluido— de sus prácticas amatorias. Probablemente el convencimiento hacia los varones de aquellos grupos étnicos fue más difícil. En cambio, la mujer habrá sido más sensible al discurso sexual de los religiosos. Entre los seres humanos, la necesidad de que los varones cooperen en la sobrevivencia de los hijos no es un hecho aislado de la conveniencia por la fidelidad. Las madres suelen ser más sensibles a esa preocupación. De ahí que la mujer se convirtiera en pieza clave de la ecuación reeducadora. Aquellos jesuitas sabían que si ella lograba hacer propias las interdicciones básicas de su moral religiosa, los tabúes constitutivos de lo que para ellos significaba una buena y correcta sexualidad, terminarían siendo compartidos en el breve salto que separa a una generación de la siguiente.

La intención original de muchas culturas por anular lo femenino podría eventualmente ser interpretada a la luz de estos argumentos. De manera harto simplista terminó ligándose la moral general con la prohibición sexual y esta, a su vez, con el control sobre el uso de los órganos genitales de la mujer. Es en este contexto que los jesuitas utilizaron a La Dolorosa como tótem para reforzar la explicación de sus creencias. No puede encontrarse en toda América otra representación humana que niegue más rotundamente la sexualidad femenina. Esa mujer enlutada encarna el sacrificio, la abnegación, el deseo inexistente y la renuncia a cualquier forma de placer sexual; expresiones todas de un mismo emblema puesto para gestionar radicalmente las prohibiciones antes referidas.

## Teocracias

Durante los 70 años en que gobernaron la península, los jesuitas concentraron en sus personas prácticamente todas las instituciones del poder: eran sacerdotes, jueces, soldados, educadores, ingenieros, administradores, productores. Ellos sancionaban lo prohibido y lo permitido. Solo la voluntad de Dios contaba en aquellas comunidades y únicamente aquellos religiosos tenían autorización para interpretarla. Dentro y fuera de sus misiones fundaron una sociedad teocrática. Los cochimíes y demás grupos nativos dejaron atrás a sus chamanes para sustituirlos por estos nuevos sacerdotes. A cuentagotas, a las Californias fueron llegando otras poblaciones: uno que otro español pero sobre todo criollos que buscaban hacer fortuna. Aterrizaron también aquí indios yaquis y poblaciones mestizas tratando de encontrar trabajo como peones, herreros o rancheros. Todos terminaron mezclándose alrededor de la existencia y el orden misional. La iglesia era una gran casa donde muchos cabían, siempre y cuando la Compañía conservara para sí la primera y la última de las palabras. Entre tanto, ni la Corona española ni la autoridad virreinal estaban interesadas por lo que ocurriera en esa región del Imperio. La presencia y expansión de las misiones jesuitas había conjurado la amenaza inglesa sobre aquel territorio. Si bien era cierto que esa península no aportaba un solo doblón a la riqueza de España, también lo era que nada le quitaba.

Este desentendimiento comenzó a modificarse, sin embargo, hacia la segunda mitad del siglo XVIII. En 1762 España entró en conflicto bélico con Inglaterra y en 1794 sucedió lo mismo con Francia. Pocas situaciones son más costosas para la hacienda pública que enfrentar a un enemigo extranjero. Hasta ese momento el rey Carlos III constató los magros aportes que las colonias estaban haciendo a la metrópoli. Decidió entonces elevar los impuestos, pidió prestado dinero que nunca devolvió a sus súbditos más acaudalados y expropió arbitrariamente propiedades a varios de los más influyentes. Aquello generó mucho malestar entre la burguesía emergente de las Indias. En la Nueva España no había bancos. La Iglesia era la principal gestora del sistema financiero en el continente. Sus templos recibían diezmos, contribuciones y donativos, entre otros varios ingresos, que luego se convertían en préstamos cargados de intereses para los comerciantes, hacendados y mineros más pudientes. Cuando alguno de ellos no pagaba o moría antes de dar por saldadas sus obligaciones, las propiedades de los deudores pasaban a formar parte de las arcas de esta institución. Después, los bienes inmuebles así adquiridos permanecían prácticamente intactos. Por esta razón se hacía referencia a ellos como «bienes de manos muertas».

Ante la urgencia de hallarle una salida a la crisis económica del reino, desde Madrid se optó también por arrebatarle al clero parte de su riqueza. Acaso fue esta embestida la primera que el Estado ejecutó en territorio mexicano contra el poder religioso. Una de las órdenes que más dolores de cabeza causarían al rey fue la Compañía de Jesús. Dos razones la convirtieron en un estorbo para la política del monarca español: por un lado, se trataba de una organización cuya amplia obra misional reunía a los criollos más influyentes de las Indias. A excepción de las trece colonias británicas, los jesuitas se habían convertido en la principal institución educadora de las élites americanas: de ahí que su peso entre la incipiente pero agitada burguesía no tuviera comparación. Por el otro lado, el Imperio tenía celebrados diversos acuerdos con la Compañía de Jesús en los que a esta orden se le habían entregado, prácticamente en concesión, partes relativamente grandes del territorio colonial. Al clavo que sobresale suele caerle fuertemente el golpe del martillo. Los jesuitas se colocaron en una situación muy similar a la de los templarios del siglo XIV: se habían hecho tan poderosos que se volvieron un peligro para los gobernantes.

Estas y otras circunstancias confabularon contra ellos más allá de las fronteras españolas. Entre varios de los monarcas europeos comenzó a crecer a un mismo tiempo la convicción de que la Compañía de Jesús representaba una amenaza frente a sus intereses. Por esta razón los echaron de Portugal, Francia y España. Finalmente, en 1773 el Vaticano decretó la supresión definitiva de la orden. Si no hubiera sido por la protección que estos religiosos recibieron en Polonia, Rusia, Prusia e Inglaterra, probablemente dicha congregación hubiera desaparecido definitivamente de la faz de la tierra.

Carlos III ordenó la expulsión de estos religiosos de los territorios españoles el 2 de abril de 1767. Para sacarlos de la península bajacaliforniana, el monarca nombró al capitán Gaspar de Portolá como primer gobernador de esa región. Escoltado por el franciscano fray Junípero Serra, la nueva autoridad arrebató cuanta construcción o posesiones tuvieran esos religiosos. Fatalmente, el día 3 de febrero de 1768 fueron embarcados, desde Loreto, los últimos misioneros. A todos los jesuitas de la Nueva España se les condujo al puerto de Veracruz y desde ahí se les envió definitivamente hacia el destierro. Puede decirse que con este hecho concluyó la infancia californiana. Con la llegada de fray Junípero y de sus acompañantes franciscanos y dominicos, las Californias crecerían en extensión y poblaciones; tanto, que para distinguirlas pronto serían bautizadas como la Vieja y la Nueva California.

## Nueva y Vieja California

Este animal demográfico que es la especie humana tiene dos naturalezas: unos son los que construyen caminos y otros quienes los transitan. Francisco Eusebio Kino y Juan María de Salvatierra pertenecieron al primer grupo. A propósito de las Californias, a esa lista debería agregarse Miquel Josep Serra i Ferrer, mejor conocido como fray Junípero Serra. A pesar de que el rey español le ordenara encabezar el proceso de sustitución de los jesuitas en la península bajacaliforniana, este hombre no quiso limitarse a administrar los bienes y las personas que sus predecesores hubieran abandonado. Desde su arribo, el interés de Serra estuvo colocado en abrir un nuevo episodio de conquista más allá del desierto de El Vizcaíno. Apenas despidió a los excolegas de la Compañía de Jesús en el puerto de Loreto, este religioso de la orden de San Francisco tomó camino hacia el norte de la península incursionando en las tierras habitadas por los kiliwas, cucapás, pai pais, cahuillas, akulas y yumanos. Si fuese cierta la historia narrada por Sor Abeja sobre la marquesa de Villapuente, este misionero habría visitado a la Tía Juana en el arroyo de Agua Caliente hacia principios de 1769, para luego alcanzar las misiones de San Diego de Alcalá y de San Fernando Velicatá, fundadas un año antes, también por monjes franciscanos.

A partir de fray Junípero Serra es que comenzó a distinguirse entre la Vieja y la Nueva California. Cabe decir que algunos de los pobladores más industriosos de la antigua vida misional tomaron la decisión de acompañar a este hombre en sus nuevas conquistas. Apellidos como Amador o Higuera llegaron a la Nueva California provenientes del sur de la península. Quienes les portaban acudieron primero como sirvientes o soldados, pero una vez en esta otra geografía, se estrenaron como pioneros de una inmensa y riquísima región. Mientras Serra vivió, se añadieron nueve misiones más a la obra evangelizadora. En torno a esas construcciones se fundarían luego algunas de las ciudades más importantes del continente. Ese fue el caso de Los Ángeles, Santa Bárbara, Monterey y Sacramento. Gracias a fray Junípero, la Corona española logró para sí la propiedad de estas tierras; también fue mérito principalmente suyo que después de 1821 la emergente nación mexicana tuviera el privilegio de gobernar, por 27 años más, esos dominios del norte californiano. La Nueva California conserva infinidad de nombres castizos en las poblaciones, calles, avenidas, edificios y templos que aquí y allá continúan haciendo homenaje a su fundación. Años de presencia española y también mexicana dejaron una firme huella. En la misión de San Carlos Borromeo, del poblado de Carmel, descansan hoy los restos de fray Junípero.

Mientras ese religioso se encaminaba hacia el norte del continente, el sur de la península escaló sobre una caótica espiral. Si bien la obra de evangelización ya había prácticamente terminado en la Vieja California cuando llegaron los frailes dominicos y franciscanos, el hueco dejado por los soldados de la Compañía de Jesús fue harto difícil de volver a ocupar. Los nuevos encargados no lograron conducir una buena administración de las misiones heredadas. Pronto se relajó la disciplina en la vida de las comunidades y la organización social previa entró en fase de descomposición. Quienes ayudaban antes a los jesuitas se apropiaron de los bienes abandonados y las tierras comunales de los indios pasaron a manos de los recién estrenados caciques del lugar. En un lapso muy breve de tiempo, casi todas las misiones quedaron en ruinas. Fueron culpables de su decadencia tanto los franciscanos que se desentendieron de la responsabilidad encomendada por la Corona española, como los monjes dominicos que resultaron unos ineptos para continuar agrandando la obra jesuítica. Los religiosos de la orden de Santo Domingo prefirieron fundar su propio rosario de misiones. Entre las construcciones que ellos emplazaron se encuentran las de San Pedro Mártir y Santo Tomás, o la ya desaparecida del valle de Guadalupe. Sin embargo, por la baja calidad de los materiales con que estos edificios fueron construidos, la gran mayoría de los templos dominicos no logró sobrevivir hasta nuestros días. Para 1833 las misiones sudcalifornianas se encontraban en ruinas. En ese año, el efímero presidente de México, Valentín Gómez Farías, decretó que todas debían pasar a ser propiedad del poder civil. Con esta decisión la vida en la península dejaría definitivamente de girar alrededor del poder religioso. Significó el punto final del imperio teocrático sobre la península de Baja California.

Las biografías paralelas de Juan María de Salvatierra y de fray Junípero Serra ofrecen otro lente más para comprender el largo continuo que une a las Californias. Por más distintas que una y otra quisieran ser hoy, su nacimiento ocurrió en simultáneo. Ellas son el resultado de una inmensa tarea de construcción que tardó cerca de 150 años en llevarse a cabo y que habría sido impensable sin la lógica, las intenciones, la cultura y las prácticas que —como potente repertorio común— se fueron decantando en la hilera de misiones establecidas a lo largo de la península y luego hacia el norte por la costa del Pacífico. En el eje de las vidas de Salvatierra y de Serra concurre el denominador de una misma identidad. California es un patrimonio compartido y quizá por ello es que entre la Vieja y la Nueva California se halle localizada la frontera más transitada del mundo.

Cuando viajan al sur, los estadounidenses de hoy lo hacen tratando de encontrar los orígenes y la herencia de una conquista que ellos asumen como parte central de su historia. Serra es el héroe venerado en su país por aquella gran hazaña. Para honrarlo, sus sucesores se encargaron de encontrarle una plaza notable: en el Capitolio de la ciudad de Washington –recinto del Poder Legislativo estadounidense– una estatua inmortaliza a Miquel Josep Serra i Ferrer junto con las del resto de los fundadores de la Unión Americana. En ese mismo lugar se halla una estatua de Francisco Eusebio Kino. A él se le recuerda por haber fundado Arizona y Nuevo México. En cambio, a la hora de dedicar memoria a Juan María de Salvatierra, se requiere hoy de un enorme esfuerzo: hay que desempolvar viejos libros de historia en alguna biblioteca –de las poquísimas que hay– en Baja California Sur. Este religioso jesuita prácticamente se ha extraviado del registro histórico. A los mexicanos tocaba rescatarlo pero en este país la celebración de la memoria suele ser selectiva y no siempre concurren las buenas razones para sacar a los héroes del olvido común.

## Loreto sin laureles

Loreto no ha podido recuperar la gloria que hace más de 300 años la inauguró. «Empeña muchos esfuerzos para autopromoverse pero, en realidad, este pequeño balneario no tiene gran cosa que ofrecer excepto por sus paisajes.» Así describe hoy *La Guide du Routard* al asentamiento más antiguo de la península. A pesar del paraíso que se esconde dentro de sus aguas, de su fauna marina –una de las más diversas del mundo–, de sus playas blanquísimas y de haber sido la villa desde donde se civilizó California, en Loreto se puede sentir un fuerte olor a orfandad. Desde lo alto, la misión de San Javier Viggé Biaundó observa a sus pobladores con benevolencia. Sabe que los loretanos de hoy se hallan espiritualmente más cerca de Mulegé que de Cabo San Lucas; aquí la habilidad para conspirar con la modernidad es poca. No importa cuánto haya invertido el gobierno federal para que Loreto se equipare en desarrollo a las ciudades bajacalifornianas del sur: su aeropuerto internacional funciona a medio gas, las paredes de sus hoteles desprenden humedad, sobre sus calles se presumen baches, topes, zanjas y hoyos, el malecón que recorre de un extremo al otro el casco urbano es una impostura. Los sábados por la noche un puñado de arrogantes automovilistas ostentan la potencia de sus máquinas sobre el asfalto que le cubre. Las trocas de anchas llantas, las cabinas saturadas de música alterada y sus ocupantes femeninas, poseedoras de cuerpos admirables, traen a cuento una historia que no sintoniza con el resto del vecindario.

Se explica el fracaso de este centro turístico por los conflictos que subsisten con respecto a la propiedad de la tierra. El problema es viejo; desde que los jesuitas dejaron de ser dueños de aquellos predios, nunca volvió a saberse claramente qué era de quién en esta población. Se trata de una de las principales diferencias entre Loreto y Los Cabos. Los extranjeros prefieren no invertir aquí porque es jurídicamente riesgoso. En revancha, a unos cuantos kilómetros al sur del casco urbano nació recientemente otra pequeña localidad: lleva por nombre Loreto Bay y se halla sobre la Punta Nopoló. Probablemente ahí la certidumbre sea mayor. En menos de dos años, una constructora canadiense erigió más de 5 mil viviendas. Se espera que sean habitadas por decenas de pensionados norteamericanos cuya preferencia por los climas cálidos es supuestamente grande. Cada una de esas casas simula ser una pequeña misión. Sus techos, ventanas y puertas traen recuerdos de otros tiempos. Los arquitectos que las construyeron han elegido volver a los materiales originales de la región: tierra comprimida y lodo que se vuelve habitación. Desde Loreto hasta la punta de la península sobra terreno para fundar varios complejos como este. Loreto Bay es un experimento que, de funcionar, podría ser replicado a lo largo de esta bella costa que se continúa hasta la ciudad de La Paz.

Antes de llegar a la capital de Baja California Sur se hallan el oasis de Comondú y la Ciudad Constitución. Este último asentamiento es uno de los más jóvenes de la península; lo fundó Salvador Abascal Infante, un fanático inspirado en los jesuitas Salvatierra y Kino quien, según reza el mito, sostuvo relaciones reprobables con el emperador Hirohito y la inteligencia nazi. Él protagonizó un episodio importante para la historia bajacaliforniana durante los complejos años de la Segunda Guerra Mundial.

## María Auxiliadora

Los pasos rítmicamente puestos sobre el asfalto parecían de soldado pero no lo eran. En aquel contingente, compuesto por más de 20 mil personas, marchaban obreros, campesinos y uno que otro integrante de la clase media mexicana. Probablemente ninguna otra expresión popular haya sido tan disciplinada sobre las calles de México como la convocada en la ciudad de Morelia por la Unión Nacional Sinarquista (UNS), el 18 de mayo de 1941. Mientras ríos militarizados de voluntad humana recorrían las principales avenidas de esa población, el presidente mexicano, Manuel Ávila Camacho, se hallaba reunido con su gabinete en uno de los edificios oficiales de la misma ciudad. El objetivo de los líderes sinarquistas a la hora de organizar aquella manifestación pública habría sido *mostrar músculo* para que la autoridad nacional los tratase con respeto. Y lo lograron: a partir de ese día, la UNS se convirtió en una preocupación seria, no solo para el gobierno sino también para el conjunto de un país que se encontraba a un año de entrar a la Segunda Guerra Mundial.

A propósito de este movimiento social llegan hasta hoy juicios cuya verdadera naturaleza es difícil descifrar. En su día, la opinión pública vinculó a sus principales líderes con las potencias del Eje, así como con la España franquista. Hay testimonios que prueban la supuesta intervención de agentes de la inteligencia nazi en la fundación de esta organización. También se acusó a su dirigente principal, Salvador Abascal Infante, de ser un instrumento del emperador japonés Hirohito para construir una base naval sobre las costas bajacalifornianas del Océano Pacífico. La fundación, en 1942, de la colonia María Auxiliadora, al norte de la región de Hiray y al este de la bahía Magdalena, se presenta como confirmación de esta hipótesis. Sobre las ruinas de esa desastrosa utopía hoy se halla Ciudad Constitución. El extraño episodio de María Auxiliadora ha sido interpretado, reinterpretado y sobreinterpretado, casi siempre desbordando pasión y a la vez poco rigor histórico. No hay manera de tomarse con seriedad todas las acusaciones lanzadas contra los sinarquistas migrados a Baja California Sur, pero tampoco podrían descalificarse, de plano, las muchas denuncias que ayer, y aún en el presente, se arrojan en contra suya.

La UNS se fundó en 1937, en la ciudad de León, Guanajuato. No puede afirmarse que se haya tratado de un movimiento explícitamente identificado con el fascismo europeo, pero sin duda sus líderes sostenían coincidencias con esa expresión internacional. Las principales cabezas de esta organización –José Trueba Olivares, Manuel Zermeño y Pérez, Salvador Abascal Infante y Juan Ignacio Padilla– se definían a sí mismos como un grupo de patriotas mexicanos y devotos católicos dispuestos a luchar por el establecimiento de la justicia social y en contra del desorden político, económico y moral. En griego antiguo la partícula *syn* quiere decir «con» y *aje*, «autoridad». Este vocablo lo eligieron como antónimo de anarquismo, circunstancia –según su dicho– provocada en México por el gobierno de Lázaro Cárdenas del Río. Dos años después de fundada esta organización, la UNS logró incorporar a sus filas a varios miles de seguidores provenientes del Bajío, el occidente y el centro del país, es decir, individuos originarios de las mismas regiones donde previamente fuera derrotado el movimiento armado de los cristeros.

Si la UNS era capaz de convocar a 20 mil almas en una sola marcha, aquello significaba que su militancia era muy superior. Quizá no fuesen medio millón los seguidores, como sus líderes llegaron a presumir, pero probablemente sí lograron sumar varias decenas de miles. Esta organización tuvo una estructura vertical y autoritaria, claramente inspirada en la lógica militar. Salvador Abascal advirtió por escrito a sus huestes: «la regla general y absoluta [entre los sinarquistas] es que ningún asunto debe sujetarse a votación en asamblea. Nuestro movimiento está jerárquicamente organizado y por tanto son los jefes los que dictan las órdenes y resuelven los conflictos. No se olvide de que son los jefes quienes nombran a los jefes inferiores; los soldados obedecen». Por su parte, Juan Ignacio Padilla, quien llegó a ocupar el segundo lugar en el mando de este movimiento, justificó sin ambages la violencia civil. Según su razonamiento, en México había tantos pequeños tiranos que se hacía justicia cuando el pueblo quitaba de en medio a esos personajes. Lo anterior, siempre y cuando se cumplieran los presupuestos morales para el tiranicidio; criterios que, sin embargo, este moralista del Medievo nunca se esmeró en precisar. Tomando todos estos elementos juntos, huelga decir que poco importaba si los primeros dirigentes sinarquistas habían entrado ya en contacto con las potencias del Eje. En la muy remota hipótesis de que aquello aún no hubiese ocurrido antes de 1941, con seguridad la relación entre el fascismo y el sinarquismo terminaría sucediendo. Las coincidencias entre estos dos movimientos eran muchas.

Los funcionarios de la embajada estadounidense estaban preocupados por una eventual infiltración nazi en México a partir de este movimiento popular, de ahí que a los vecinos del norte les incomodara el apoyo que el presidente Ávila Camacho otorgó para que Salvador Abascal instalara la colonia María Auxiliadora tan cerca de su frontera. En la prensa de Estados Unidos llegó a apodársele «el *Führer* mexicano». De su lado, este líder social detestaba a los estadounidenses: «Nunca he creído en la política del buen vecino, y no lo haré… hasta que Estados Unidos se convierta al catolicismo», escribió en sus memorias sobre el sinarquismo. Sería históricamente difícil explicar las simpatías que despertó este movimiento sin la figura de tan singular personaje: el caudillo, el místico, el visionario, el genio, el engreído, el charlatán, el loco. Con todos estos adjetivos se calificó a Salvador Abascal durante sus días de mayor influencia pública. Fue cuatro meses después de la marcha de la UNS en Morelia, cuando el presidente mexicano se reunió con este controvertido personaje para ofrecerle apoyo en su proyecto bajacaliforniano. Cara a cara prometió que el gobierno pagaría el transporte de aquellos nuevos colonos desde sus respectivos domicilios hasta María Auxiliadora. Habría asegurado también que los futuros habitantes de la península tendrían prioridad como empleados de las empresas que, en breve, construirían la carretera Transpeninsular. (Pasaron más de 30 años para que comenzara a trazarse siquiera esta obra pública.) Abascal recibió la propuesta presidencial con satisfacción. Conocía bien las biografías de Juan María de Salvatierra y del padre Kino, y se imaginó a sí mismo como un continuador de su obra en este lejano lugar. Él podría retomar «la obra arruinada por las fuerzas del mal —según su propia pluma— desde 1768». Este fanático varón estaba convencido de que atraería hacia su misión a por lo menos 500 mil individuos. Juntos inventarían un nuevo mundo, ordenado y temeroso de Dios.

Ávila Camacho se enfrentó al voto de la Cámara de Diputados, que se expresó de manera unánime, el 15 de octubre de 1941, en contra de que el Estado mexicano apoyara a la colonia María Auxiliadora. El presidente mexicano también desoyó los despachos originados desde los consulados estadounidenses en Baja California donde se advertía del riesgo que, para Estados Unidos, significaría el que los japoneses pudieran, con ayuda de los sinarquistas, apropiarse de la bahía Magdalena. La política presidencial fue presentada por sus detractores como equivocada, o peor aún: como sospechosa. El gobierno podría haber calculado un eventual triunfo de las potencias del Eje y por tanto, el apoyo ofrecido a los sinarquistas habría tenido como verdadero propósito la adquisición de un seguro de vida, solo por si acaso.

La hipótesis que ofrece el investigador Héctor Hernández García de León remite, en cambio, a una explicación muy diferente: según los datos por él recabados, los problemas ocasionados por el sinarquismo debían enfrentarse a partir del aislamiento de Salvador Abascal. Este hombre era el principal responsable de que el movimiento hubiese alcanzado tanta popularidad. Probablemente, de todos sus líderes era el más radicalizado. Si el gobierno hubiese respondido con el uso de la fuerza a las provocaciones de los sinarquistas, eventualmente se habrían ofrecido razones para que ese movimiento retomara las armas, físicas e intelectuales, de la cristiada. En revancha, esto habría introducido a México, por la puerta de la cocina, polvos de la guerra mundial. De ahí que el exilio de Abascal hacia la península no fuera una idea descabellada, sino una estrategia para neutralizar al sinarquismo sin confrontarlo directamente.

Al final, María Auxiliadora resultó una completa, rotunda y muy sonora debacle para este movimiento: entre todos los convocados solo 85 familias llegaron a la península. Estos migrantes se enfrentaron a la eterna maldición bajacaliforniana; en la zona del Hiray no había agua para sostener una próspera comunidad rural. Abascal, por su parte, demostró ser un fiasco como agricultor. En lo referente a administrar bienes materiales, se reveló como un absoluto desastre. A estas causas internas que explican el fracaso de la colonia, se añadieron otras igual de demoledoras. Una vez que el gobierno federal pagó el pasaje de las familias aventureras, el presidente Ávila Camacho se desentendió de aquellos mexicanos. Baja California había cumplido su misión siberiana y con ello el gobierno se habrá dado por satisfecho. Tampoco los mandos de la UNS en la ciudad de México dio recursos económicos a sus afiliados. Esta razón terminó empujando al patriarca de María Auxiliadora a renunciar al sinarquismo. De su lado, la Iglesia católica —que antes hubiera aplaudido la fe de Abascal y sus seguidores— se apartó, abandonando aquel curioso experimento a su entera suerte.

Finalmente, el 9 de abril de 1944, Salvador Abascal fue sustituido como responsable de la colonia por el alto mando de la UNS. Regresó entonces a la ciudad de México con un fracaso sobre sus espaldas que jamás logró quitarse de encima. Fue Manuel Gómez Morín —el principal fundador del Partido Acción Nacional— quien terminó rescatándolo cuando le ofreció un empleo en la editorial Jus, que era una empresa de su propiedad. Si por alguna razón no es posible conocer a ciencia cierta el grado de involucramiento que el movimiento sinarquista encabezado por Salvador Abascal tuvo con las potencias del Eje, así como tampoco la verdadera naturaleza de la relación entre el gobierno mexicano y estos líderes de la derecha autoritaria, esto se debe a que el declive del movimiento sinarquista ocurrió en simultáneo con la derrota de Alemania, Japón e Italia a manos de los Aliados. ¿Qué habría sucedido con este movimiento protofascista si la historia mundial hubiese recorrido un camino distinto? La respuesta a esta pregunta solo puede caer en el terreno de la especulación.

## Bahía Magdalena

La nación del emperador Hirohito no fue la primera en codiciar las costas del Pacífico bajacaliforniano por razones de estrategia militar. Atrás en el tiempo, Estados Unidos ya había sido tentado con apropiarse de la bahía Magdalena para construir, tras las islas que la protegen, una base naval. El 18 de noviembre de 1907 fue publicada en el diario *San Francisco Call* la noticia de que el gobierno mexicano había cedido esta ensenada a los vecinos del norte. Dos años después, dieciséis embarcaciones tripuladas por más de 15 mil marinos extranjeros entraron a la bahía. Durante dos semanas dispararon su arsenal hasta vaciar los cañones. En esos días, el periódico *Los Angeles Times* publicó un editorial argumentando a favor de que Estados Unidos arrebatara a México ese enclave estratégico ubicado sobre la ruta marítima que viaja desde San Francisco hasta el canal de Panamá. El gobierno mexicano se vio obligado a reaccionar y despejó la confusión: la bahía Magdalena había sido prestada a la armada estadounidense para que sus barcos realizaran prácticas navales que requerían de un lugar aislado y distante de la civilización; nada tenía que ver este hecho con el endoso del territorio mexicano a su favor.

La dificultad que México tuvo para colonizar la península alentó a quienes, desde Estados Unidos, valoraban con gran apetito los recursos naturales mexicanos. Cuatro décadas antes, ya el gobierno de Benito Juárez había ensayado una especie de concesión de ese territorio a favor de los mismos intereses. En marzo de 1864, este presidente celebró un contrato con el señor Jacobo P. Leese en el que se le entregaban a su compañía colonizadora los derechos para explotar todos los recursos naturales radicados en las costas pacíficas de la península, desde la bahía Magdalena hasta las playas de San Quintín. A cambio, esa empresa se obligó a pagar 100 mil pesos que servirían al gobierno juarista para enfrentar al imperio de Maximiliano de Habsburgo, quien ese año despachaba ya desde el Castillo de Chapultepec. Poco después, el gobierno mexicano dio por concluido el contrato porque el señor Leese no cumplió con sus compromisos.

En relación con este episodio, la revista estadounidense *Harper's* publicó una serie de cuatro artículos firmados por el periodista J. Ross Browne bajo el título *Explorations in Lower California*. Quizá como en ningún otro texto, ahí quedaron al desnudo las pretensiones que en Estados Unidos se tuvieron sobre México durante la segunda mitad del siglo XIX. Cabe recordar que justo en 1860 el gobierno de ese país había comprado Alaska a los zares rusos. Esto provocó la imaginación de quienes ambicionaban ver una gran expansión territorial estadounidense también hacia el sur de la frontera. Desde esta lógica es que Browne redactó tales artículos, haciendo de su argumento una muy chocante mezcla de cinismo con ingenuidad:

> El desarrollo de los estados mexicanos del norte –siempre y cuando sea posible desplazar a la población que hoy los habita– puede ser muy redituable. Son regiones extremadamente ricas en agricultura y mina [...] En Cinaloa [*sic*] hay territorios extensos y deseables para el cultivo de algodón y caña de azúcar a gran escala; en Chihuahua los bosques de madera son abundantes y las tierras para la agricultura, muy extensas; en Sonora, particularmente en el río Yaqui, también existen tierras muy amplias para ser aradas; todo ello además de las riquezas mineras de la región [...] La adquisición por parte de Estados Unidos de estos territorios llevaría muy pronto al desarrollo de sus recursos [...] Muchas razones están urgiendo [además] para que los estadounidenses colonicen Baja California [...] Sería absolutamente necesario para la defensa naval y militar de Estados Unidos».

De todo lo escrito por J. Ross Browne, su ánimo imperialista no es lo más desagradable; peor aún es su convicción racista. Este individuo calificó a los mexicanos de «sucios», «flojos» y «poco inteligentes». En cambio, dedicó largas parrafadas a ensalzar el carácter industrioso y la gran gana de aventura de los anglosajones. Browne encarna, como pocos estadounidenses, el prototipo del «gringo» que tanto temen y a la vez desprecian los mexicanos: un individuo arrogante y subido que no tolera a su vecino criollo y menos aún a los nativos que lograron sobrevivir a la conquista europea. A no dudarlo: si un modelo de estadounidense es insoportable, justo a ese perteneció J. Ross Browne. La expresión opuesta de esa misma cultura fue el escritor John Steinbeck. La relación que este hombre estableció con México no solo fue de tolerancia sino de identificación. El autor de *La perla* y *Al este del Edén* sostuvo, desde su literatura, una gran empatía hacia los nativos mexicanos.

## La perla

La lanzó con todas sus fuerzas. Kino y Juana constataron su abrupta entrada en el agua turquesa y permanecieron observando durante un largo tiempo el distante lugar donde fue tragada por el océano. Pocos segundos antes, sobre la superficie gris y ulcerada de esa esfera, tan grande como un huevo de gaviota, Kino encontró el doloroso reflejo de su hijo la noche previa, en la cueva donde una bala le habría partido en dos la cabeza.

La trágica historia de este pescador llegó a oídos del escritor John Steinbeck sobre la cubierta del *Western Flyer*. Trata de un joven padre, quien encuentra la perla más grande del mundo. Este objeto desataría furiosas pulsiones que terminan arrojándolo a la tragedia. Cuando Steinbeck escuchó esta narración en el poblado de La Paz —en plena Segunda Guerra Mundial— estaba obsesionado con la manera en que la existencia humana puede ser arrastrada por batallas que le trascienden. En su libro *Por el mar de Cortés* escribió:

«...nuestras vidas son forjadas por fuerzas de las que no estamos conscientes... somos una unidad singular dentro de un organismo mucho más amplio; la familia, la comunidad, el grupo étnico, la tribu, la nación. Y ese organismo más amplio forcejea con otros organismos, también más amplios, por posiciones de poder, por controlar, para obtener beneficio. Apenas si podemos adivinar el resultado que logra tener esta circunstancia sobre el pequeño individuo concreto que somos».

Steinbeck mezcló esta preocupación con la breve historia de *La perla* y así produjo una novela que tocó la fama mundial. Las reflexiones de su argumento se hicieron contagiosas. En México se traduciría en un filme estelarizado en 1948 por el actor Pedro Armendáriz y dirigido por Emilio *El Indio* Fernández.

Steinbeck no logra deshacerse de su propia pertenencia social para significar los hechos de esta historia. El escritor es duro en el juicio que emite hacia el criollo mexicano, interpretado ahí por un ambicioso doctor. Al mismo tiempo es condescendiente a la hora de construir el personaje de Kino: el pescador resulta la encarnación, ya clásica, del buen salvaje; el Viernes de Robinson Crusoe o las mujeres polinesias retratadas por Gauguin. Kino es un ser humano tan perfecto que la sociedad occidental únicamente puede destruirlo. En *La perla* queda nítidamente plasmada la oposición entre el europeo perverso y el indio, un ser humano admirable. Steinbeck repetiría este tema en 1952, cuando escribiera el guión y produjera, junto con el director de cine Elia Kazan, la película *Viva Zapata!* Ahí ya no fue Pedro Armendáriz sino Marlon Brando quien actuó en el papel estelar del nativo, y en vez de Kino apareció en la pantalla el mítico *Caudillo del Sur*, Emiliano Zapata, al tiempo que el personaje del médico de La Paz se multiplicó en muchos otros criollos injustos y deshonestos. La nueva representación de la misma trama ocurriría al interior de una gesta mucho más amplia, aún más emotiva y potentemente heroica: la Revolución mexicana.

El espejo usado por este escritor norcaliforniano puede proyectar una perspectiva inquietante. Si los mexicanos quisieran arrancarse la maldad, que como todo ser humano llevan dentro, y supusieran que esta llegó por vía sanguínea –solo del lado español–, terminarían todos fatalmente mutilados. Y sin embargo, precisamente durante esta época –años 40 y 50 del siglo pasado– revivió en México la idea que coloca al buen salvaje originario del lado de lo magistral, y al venido del otro lado del Atlántico como emisario de la corrupción y la vileza. Los murales de Diego Rivera fueron pintados durante la misma década en que se rodó *La perla*. Ahí, el desprecio hacia los españoles, y en particular el odio hacia personajes como Hernán Cortés, rayaron en la caricatura, lo mismo que la exaltación hacia el nativo americano. Se trata de un abusivo argumento que asume la preexistencia de un idílico paraíso anterior a la colonización: las Californias, El Dorado, el Edén; en breve, la infancia que demagógicamente suele presentarse como superior a la edad adulta.

El problema comienza cuando esto profundiza la fractura de la identidad. La sublimación del buen salvaje y el menosprecio del colonizador ha sido, para la sociedad mexicana, un ejercicio psíquicamente corrosivo. Después de 500 años, la fusión en México entre los orígenes amerindio y español es inseparable. Aniquilar al colonizador europeo o hacerlo con el maya, el azteca, el guaycura, el otomí, con todas, pues, esas otras etnias que hoy son parte del mismo y muy ampliado organismo social, es del todo imposible. Steinbeck no necesitó renunciar a sus orígenes alemanes, irlandeses o estadounidenses para descifrar las crisis y angustias que le tocaron vivir. No obstante, la mirada de este escritor hacia México ha sido adoptada por muchos de sus compatriotas: sujetos que practican la misma condescendencia sentimental hacia los Kinos mexicanos, el mismo lamento hacia los colonizadores, españoles y criollos, la misma fascinación con el pobre-y-necesitado-vecino-del-sur, la misma superioridad anglosajona ejercida sobre la herencia mediterránea. Más grave aún es la recepción automática que en México se ha otorgado a esta odiosa narrativa. En estricta justicia, la culpa por ello no es del narrador del extranjero sino de quienes se han ahorrado las energías intelectuales para quebrar el lugar común y criticar el espejo que este gran escritor fabricó en un momento y en una situación muy particulares.

## Las Sergas de Esplandián

El desprecio por Hernán Cortés no comenzó en el siglo XX. Acaso este personaje fue el primero que vivió las dos caras que la fama ofrece a los mexicanos: sus contemporáneos lo veneraron a tal punto que su alma se habrá creído venida del Olimpo. Luego, en su caída, lo despreciaron y humillaron sin límite. De poco sirvió a Cortés haber sido nombrado Capitán General de Nueva España, un título de papel expedido por el rey Carlos I que no le resolvió la angustia provocada por el injusto ninguneo de sus compatriotas. El conquistador que en 1521 lograra derrotar al imperio de Moctezuma Xocoyotzin, catorce años después ya había sido puesto de lado por los nuevos gobernantes enviados desde la península Ibérica. Muchos de quienes lo siguieron en las primeras aventuras perdieron respeto por él; su nombre se encontraba en franca devaluación. Antonio de Mendoza sería nombrado primer virrey de la Nueva España, un hecho que al gran conquistador no le sentó nada bien.

Para vencer el ánimo depresivo en que se encontraba y que describió en una carta enviada al Consejo de Indias, Cortés decidió acudir al golpe de adrenalina que otras veces le provocara la dominación de nuevos territorios. Estacionado en la bahía de Salagua, hoy Manzanillo, Colima, llegó a oídos del conquistador que los exploradores enviados por él un año atrás para recorrer las costas situadas al noroeste del continente habían encontrado una isla paradisiaca donde mujeres morenísimas exhibían su cuerpo, ataviadas solo con oro y perlas. A su vuelta estos hombres habían sido apresados por Nuño Beltrán de Guzmán, enemigo acérrimo de Cortés, y por tanto no fue posible recabar directamente su testimonio. Aun así, de improntas como era, tomó la decisión de acudir al encuentro de tales tierras y desde Salagua preparó una expedición cuya amplitud en número de hombres sería mayor a la que lo acompañó en 1519, cuando pisó por primera vez las arenas de Veracruz. Nada disuadió a Cortés de hacer aquel viaje, ni los dedos paralizados de la mano izquierda, ni su brazo dolorido por una fractura que se hiciera tiempo atrás, al caer de un caballo, ni las cinco décadas de vida que para ese entones cargaba ya sobre su pasado. En el camino que hizo a caballo hasta Chametla –sitio que hoy se ubica muy cerca de la población de Escuinapa, Sinaloa– se le sumaron varias decenas de incautos, cada uno con su respectiva cabalgadura y uno que otro acompañado por su familia. Según Bernal Díaz del Castillo, entre soldados a caballo, arcabuceros y ballesteros, se habría concentrado un contingente de 320 personas y 150 bestias.

*Las Sergas de Esplandián*, una novela de caballería escrita un cuarto de siglo atrás, ayudó a entusiasmar la imaginación de aquellos españoles deseosos de formar parte en la conquista del Océano Pacífico. En 1510, Garci Rodríguez de Montalvo había publicado la historia de Esplandián, el hijo del Amadís de Gaula, quien conoció una isla habitada por amazonas que no vestían ropa pero llevaban el cuerpo cargado de vistosas joyas. Una isla gobernada por la reina Calafia:

> *Sabed que a la diestra mano de las Indias hubo una isla llamada California, muy llegada a la parte del paraíso terrenal, la cual fue poblada de mujeres negras, sin que algún hombre entre ellas hubiese, que casi como las Amazonas era su manera de vivir... la ínsula en sí la más fuerte de rocas y bravas peñas que en el rumbo se hallaba; las sus armas eran todas de oro, y también las guarniciones de las bestias fieras, en que, después de las haber amansado, cabalgaban; que en toda la isla no había otro metal alguno...*

Si a una generación anterior al rey Enrique VII de Inglaterra le había sido de tanta utilidad el libro de sir Thomas Malory, *La Muerte de Arturo*, para afirmar su autoridad sobre los señores feudales de su país –gracias a las míticas hazañas de los caballeros de la Mesa Redonda–, ¿por qué la leyenda de aquellas mujeres desnudas no iba a ser utilizada por Cortés como acicate a la hora de movilizar voluntades alrededor de su propia aventura? Las hazañas (o sergas) de Esplandián jugaron un papel virtuoso durante el primer intento para conquistar las Californias.

El comandante de esta expedición no embarcó todas las naves al mismo tiempo. Dejó dos de sus galeones en Chametla, y montado solo en el *San Lázaro* se aventuró para descubrir aquel mítico paraíso cargado de promesas y de perlas marinas. Tardó 16 días en llegar a tierra firme. Aquel barco tocó Baja California por el extremo sur y luego bregó por el costado derecho de la península con dirección al norte. El día 3 de mayo de 1535 se detuvo en una bella ensenada donde fundó La Santa Cruz. Hasta que estuvo bien asentado en esta nueva ubicación, Cortés no instruyó para que zarparan desde el continente sus otras dos embarcaciones. Ambas fueron cargadas con carne, aceite, vino, vinagre y pan. Subieron a ellas 113 peones, 40 jinetes con sus caballos, varios religiosos, un par de médicos y un boticario. La segunda parte de la expedición no previó las corrientes de aquel mar que, de tiempo en tiempo, son muy ingratas. El gran sueño del conquistador terminó resolviéndose en pesadilla cuando las aguas cobraron su factura haciendo que los víveres necesarios para que aquellos españoles continuaran su misión fueran a dar al fondo marino.

Cortés no tuvo a quien conquistar en esa tierra. No hubo una reina Calafia con quien conversar, ni amazonas a las cuales seducir, ni civilización a la cual someter para erigirse en su dominador. Como en otras regiones del norte mexicano, asentarse en aquella bahía y sus alrededores habría requerido un tipo de paciencia que el conquistador no poseía. El Capitán y sus acompañantes querían repetir la hazaña de la gran Tenochtitlán, o por lo menos recrear el mítico encuentro entre Esplandián y las mujeres enjoyadas. Ni uno ni otro deseo pudieron cumplirse. De todos los tesoros prometidos durante la travesía, aquellos hombres únicamente encontraron las perlas grises que podían recuperarse aquí y allá de los moluscos enterrados dentro de la arena marina. No dieron, sin embargo, con una fortuna tan abundante en tales joyas como para justificar haberse sumado a aquella desinformada peregrinación.

Pocos meses después del naufragio de sus naves, Cortés reunió a los primeros colonos bajacalifornianos para informarles que su esposa, Juana Zúñiga, le había escrito una misiva solicitándole su inmediato regreso a la Nueva España; supuestamente debía asistir a la fiesta de bienvenida organizada para el virrey Antonio de Mendoza. Acto seguido dejó a treinta españoles y doce caballos como responsables de continuar la vida en esa recién estrenada población, y también como encargados de emprender, desde ahí, el reconocimiento hacia el resto de aquel vasto

territorio. El capitán Francisco de Ulloa quedó al mando de esta merma-
da comunidad. La gran mayoría de quienes permanecieron en La Santa
Cruz perecieron en el transcurso del año siguiente. La dificultad de un
clima caprichoso, la insuficiencia de agua para beber y los ataques for-
tuitos de aquellas tribus humanas practicantes del canibalismo habrían
obrado a favor del exterminio de esa primera colonia californiana.

En los 185 años que corrieron posteriormente no volvió a suceder
ningún esfuerzo de conquista por parte de los españoles sobre esa región del planeta. Hubo de esperar a que el jesuita Juan María de Salvatierra fundara la misión de Loreto para que los nativos de la península
fueran forzados nuevamente a coexistir con aquellos rostros de color
pálido. Permanece como recuerdo de aquella osadía el nombre de este
golfo peninsular cuyas aguas suelen teñirse de rojo como azarosa consecuencia de los reflejos solares. Por su necedad, las aguas bermejas atra-
vesadas por el Capitán General y sus conquistadores hoy se conocen
bajo el nombre de mar de Cortés.

## La palabra que se hizo ciudad

«Detenerse una mañana para mirar la salida del sol en el malecón de
La Paz lo hace a uno sentirse dentro de un anuncio publicitario de esos
donde todo es éxtasis y felicidad.» Así comienza la entrada que la guía
de turistas *Lonely Planet* contiene para referirse a la capital del estado de
Baja California Sur. Si la rapidez es la causa de la violencia, la lentitud
explicaría el estado de ánimo imperante en La Paz. Curiosa fuerza de los
vocablos: es mandato que comienza en el mar para después imponerse sobre el resto del paisaje y los seres que lo habitan. La principal seña
de identidad del mar de Cortés es que carece de oleaje. Esto no quiere
decir que se trate de una masa acuática exenta de peligros. Las mareas
aquí son traicioneras: cuando los vientos soplan desde el noroeste del
río Colorado, van empujando todo lo que encuentran a su paso. Fue
responsabilidad suya que muy pocos de los galeones españoles lograran
sobrevivir durante sus primeras travesías. Hizo falta mejorar la factura
de aquellas naves para que las corrientes condescendieran con los navegantes. Hoy son cientos de embarcaciones las que flotan dentro de este
mar, las mismas que por las noches duermen en las marinas de La Paz y
Los Cabos; algunas son impresionantes mansiones. Los yates anclados
en esta latitud no tienen límite en su tamaño ni en su ostentación. Los

magnates que esconden su dinero en las Islas Caimán vienen a *La Baja* para exhibir sus riquezas sin ningún pudor.

Como sucede con las demás ciudades de la península, también la principal fuente de ingresos de La Paz es el turismo. Pero, a diferencia de Tijuana y probablemente también de Ensenada y Los Cabos, aquí los ricos jubilados son mejor recibidos que sus nietos. Huelga insistir: a los habitantes de La Paz les está prohibida la prisa. De ahí que los turistas más jóvenes y todos aquellos que buscan mayor trepidación prefieran otros paralelos para satisfacer su necesidad de recreo. En esta geografía las casas y los edificios suelen pintarse de blanco y se protegen de los calores con la complicidad de unas mechudas y espigadas palmeras. En sus moradas, los habitantes poseen jardines interiores que, por sus generosos naranjos y limoneros, son parientes de los patios de Andalucía. Esta ciudad fue trazada sobre una pendiente que se desliza sin sobresaltos hacia el mar. En su parte alta se halla la Mesa y en la baja una playa donde es posible bañarse durante todos los días y todas las noches del año. La cuadrícula de las calles de esta ciudad, la numeración de sus casas, la señalización de sus avenidas, sus banquetas sin roturas y los signos bien organizados para distribuir el tráfico, son hechos que contrastan con el resto de las poblaciones no solo de esta península, sino del país entero. Los habitantes de La Paz saben que para vivir congruentemente con su ciudad necesitan orden.

Si bien La Paz presume 500 años de edad, en la realidad esta población nació apenas hace siglo y medio. Después de que Hernán Cortés la fundara en 1535, pasaron demasiados vientos sobre sus playas para que finalmente se convirtiera en un asentamiento humano digno de ese nombre. En 1868 contaba apenas con 800 habitantes, alrededor de un 0.4 por ciento de su población actual. Fue a principios del siguiente lustro que La Paz comenzaría realmente a crecer. Por aquellas fechas fue promulgado un decreto que cambió su destino: la autoridad local determinó que toda entrada o salida de bienes dentro del mar de Cortés debía hacerse a partir de este puerto. Aquella noticia no cayó nada bien en San José del Cabo, ni tampoco en Loreto o en Mulegé. En cambio, fue una estupenda noticia para La Paz. Más tarde, esta restricción se relajaría permitiendo que Santa Rosalía se asumiera como el puerto privilegiado de la península para comerciar con el estado de Sonora, mientras la capital del territorio y San José del Cabo se volvieron los dos embarcaderos desde donde se parte hacia Sinaloa.

Hacia el sur de La Paz hay unas montañas que por muchos siglos han conservado el nombre de Cacachila. Hoy sirven como cabecera para resguardar ese punto cardinal de toda impertinencia meteorológica que amenace. A los pies de esas formaciones rocosas se encuentra situado el puerto de Pichilingue, lugar desde donde parten los inmensos barcos que viajan hasta Topolobampo y Mazatlán. Los yates de la marina son ridículas cáscaras de nuez en comparación con las naves que atracan en estos muelles.

Actualmente La Paz no solo es la capital política sino también el polo administrativo más importante de este estado. Para asegurarse de que así siga sucediendo, a un costado de Pichilingue se hallan los depósitos de hidrocarburos y la central eléctrica que abastecen de energía a todo el sur de la península. A pesar de que se trata de un puerto internacional y también de un centro turístico visitado por muchos extranjeros, La Paz es la ciudad más mexicana de toda Baja California. Aquí los establecimientos comerciales prefieren sin ambigüedad los pesos a los dólares, las personas miden las cantidades en kilos y no en libras, y las distancias se calculan en kilómetros, no en millas. A partir de la segunda mitad del siglo XX, el gobierno nacional hizo un importante esfuerzo y derramó grandes inversiones para asegurarse de que, desde esta población, se impusiera la ley mexicana y se lograra gestionar mexicanamente al resto del territorio.

## Hotel California

A mitad de la carretera que une a La Paz con Cabo San Lucas se localiza Todos Santos. Una creciente comunidad de exfinancieros, exdiseñadores de *software*, exagentes inmobiliarios, exempleados de alto rango –todos previamente muy exitosos– se han mudado aquí para regalarse, con sus cuentas de ahorro, la oportunidad de una reencarnación. Hartos de trabajar todos los días de nueve a cinco, vienen a tener una segunda vida como artistas. Los diarios y las revistas de California llevan varios lustros dando cuenta sobre el ambiente bohemio de esta comunidad: restaurantes, galerías, *boutiques*, librerías, talleres, centros de yoga, salones de masaje y aromaterapia, rincones para la meditación, renta de bicicletas, charlas sobre el último argumento *new age* y tiendas de artesanías. Todos Santos posee el ambiente perfecto para que las almas que se buscan a sí mismas dejen de hacerlo.

El emblema patrio del pueblo es el grupo de música popular *The Eagles*, que se volvió muy famoso hacia finales de los años 70 del siglo pasado por su canción *Hotel California*. La frase *such a lovely place* se lee sobre los pórticos de las casas. *Such a lovely face* dicen las playeras que traen puestas los bebés. *This could be heaven or this could be hell*, advierte un letrero de cerámica cocida a altísimas temperaturas que está colgado fuera de la casa de un güero retirado. Además de esta iconografía, en Todos Santos también se venera a Frida Kahlo. Los comerciantes de artesanías adoran su rostro atormentado; es camiseta estampada, veladora milagrosa, llavero plastificado, fotografía gigante, plato para té, vaso de barro, bordado artesanal. *The Eagles* y Frida forman parte de una amplia parafernalia de objetos recién manufacturados para el consumo del gringo que ha sido mordido por el colmillo del marchante local.

Mientras Todos Santos va ganando en reputación internacional, los mexicanos se ven obligados a abandonar esta antigua villa, fundada desde 1735 por la Compañía de Jesús. Alrededor de la misión de Santa Rosa el valor de las casas y los predios no ha dejado de incrementarse durante los últimos 20 años. La mudanza de norteamericanos pudientes ha provocado una fuerte demanda inmobiliaria que expulsa a quienes no son ricos. Pronto será un pueblo habitado solo por estadounidenses. En esta villa sudcaliforniana puede entenderse el malestar que los vecinos resienten cuando visitan los alrededores de Echo Park en Los Ángeles; San Bernardino, de camino a Palm Springs; Maricopa, en Texas; o más recientemente Charleston, en Carolina del Sur. Todas son poblaciones donde una intensa migración mexicana ha transformado la vida de sus habitantes originales. En revancha, Loreto Bay, Todos Santos, Cabo San Lucas y San José del Cabo, en la península de Baja California, al igual que San Miguel de Allende en Guanajuato, Puerto Vallarta en Jalisco, Sayulita en Nayarit, Puerto Escondido en Oaxaca o Playa del Carmen en Quintana Roo han ingresado al club de las comunidades binacionales, donde los flujos humanos venidos de Estados Unidos no paran de crecer. Sobra decir que en ambos países se vive con temor lo que está siendo resentido, de cada lado, como una invasión. Pero la percepción es incorrecta. Las invasiones son un movimiento que corre en un solo sentido: hay un país que ocupa y otro que es ocupado. Cuando el proceso sucede en ambas direcciones, como ocurre en este caso, se está en presencia de un hecho demográfico distinto, se llama integración. Una circunstancia que paradójicamente resuelve antiguas ambiciones: México está recuperando parte de lo que era su territorio, mientras Estados Unidos se desdobla finalmente hacia el sur.

*Por el mar de Cortés* de John Steinbeck es el libro sagrado traído por los migrantes hasta esta zona bajacaliforniana. El viaje que los forasteros realizan a Todos Santos se inspira en la travesía que este escritor hiciera en 1940 sobre el *Western Flyer*. Hay, sin embargo, otro episodio cuyo magnetismo para atraer extranjeros no tiene comparación: cuenta la narrativa bajacaliforniana que el músico Don Henley pasó una temporada en Todos Santos, hospedado en el hotel que se halla a unos cuantos metros de la misión de Santa Rosa. Por aquella época este negocio solo cobraba 2 dólares por persona para pasar la noche, y por ello solía estar atestado de *hippies* sin grandes recursos económicos, todos a la caza de nuevas experiencias sensoriales. Se asegura que fue aquí donde el músico de *The Eagles* se inspiró a la hora de componer *Hotel California*, hasta entonces la canción más exitosa de toda la historia, si tal cosa se mide por el número de álbumes vendidos: nada más durante el otoño de 1976 se compraron más de 15 millones de copias en todo el mundo. *Hotel California* es la pieza emblemática de una generación desencantada con el progreso y a la vez involucrada en la búsqueda de un significado mejor para su destino. Sus notas acompañaron, en el tiempo, la amarga frustración estadounidense relacionada con la guerra de Vietnam y también el ingenuo apetito por todas aquellas drogas que prometían el florecimiento de la conciencia.

Si se escucha con atención, *Hotel California* es una canción de terror. Antes de ella ya se habían rodado incontables filmes pertenecientes a este género, y en la literatura, los cuentos y novelas de su tipo han sido también escritos por toneladas. Sin embargo, a nadie –antes que *The Eagles*– se le había ocurrido lanzar al mercado de la música pop una historia que hablara de zombis y condenados. (Este recurso lo volvería a utilizar Michael Jackson seis años después con *Thriller*.) En *Hotel California* un viajero se descubre de golpe, y contra su voluntad, visitando el limbo. Ahí una anfitriona explica que todos sus inquilinos son prisioneros de una idéntica obsesión. Cuando el recién llegado decide abandonar aquel edificio, un hombre le advierte sobre lo fácil que es entrar en aquel hotel, y también sobre la imposibilidad de salir.

Henley afirma que su balada no tiene nada que ver con Baja California Sur, ni con el Hotel California que hoy se halla en la calle Benito

Juárez, la principal de esta localidad: «Ni yo ni nadie más de *The Eagles* hemos estado asociados, ni por negocio ni por placer, con Todos Santos». Greg Niemann arguye en su libro *Baja Legends*: no hay manera de ser más categórico a la hora de negar este rumor popular, sin embargo, las hordas de estadounidenses que vienen a rendir culto a esta canción no están dispuestas a escuchar el argumento del atormentado compositor. El hotel de aquella tonada se parece tanto a este otro de Todos Santos: la campana de la misión, el camino que cruza al cálido desierto, los vientos fríos de la noche, las tribus de *sesentayocheros* tardíos, la sensación de hallarse en medio de la nada, el mareo que provoca la bestia, todo el conjunto trata de un prolongado y contagioso sobreentendido que es muy difícil de traicionar.

Como otras veces, lo real en esta península es aquello que se cuenta entre la gente, y lo falso es cuanto voluntaria o involuntariamente se ignora. En Todos Santos se le da la bienvenida al viajero cantando *Welcome to the Hotel California*. Y los nativos responden, *such a lovely place, such a lovely face*. Este borde sudcaliforniano es perfecto para dar comienzo a una nueva vida. Impecable para hacerla más entretenida, picante, para beberse la existencia como si fuera un pequeño vaso de tequila, para endulzarla con la sal de una margarita, para someterla a las contradicciones del desierto y el mar, para zambullirse, a la vez, en lo azucarado y lo amargo, entre lo estadounidense y lo mexicano, para rendirse ante la evidencia del cielo y el infierno que logran cohabitar dentro de este paisaje. Todos Santos es un extraño lugar donde las almas no pueden, ni quieren salir. Es la residencia que se va volviendo definitiva, la expatriación que ya no tiene regreso. *What a nice surprise!*

## El arco del Amor

Acaso no hay imagen más romántica en toda la península de Baja California que el arco de Cabo San Lucas; la última esquina de la península, el Finisterre, la saliente donde se citan el mar de Cortés y el Océano Pacífico. La industria turística ha logrado convencer a miles de parejas de todo el mundo para que visiten esas rocas inmensas colocadas sobre un breve pedazo de arena, la playa del Amor, con la promesa de disfrutar una experiencia afrodisiaca y, probablemente, erótica sobre este peculiar rincón del planeta. El prólogo que los lancheros utilizan para presentarla a los visitantes asegura que aquí suelen llegar dos y siempre salen tres: un mito, porque regularmente está ocupada por muchos otros que quieren intimidad. El municipio debería hacer con ella reservaciones igual que los hoteles hacen con su *suite* nupcial.

Los promotores de viaje cuentan una historia que pretende ser la primera de todas las historias de amor sudcaliforniano. Habría ocurrido a mediados del siglo XIX, cuando todavía el oficio del pirata tenía una gran reputación internacional, mayor que la del médico, el abogado, el banquero o el escritor. Al corsario se le presentaba por aquel entonces como un hombre físicamente imbatible, amante del mar y sus misterios, potencialmente muy rico y, por sobre todas las cosas, un ser cuya libertad era insuperable. Abunda el anecdotario sobre ese híbrido de rufián y soñador. Tenían una mujer en cada puerto pero ninguna sobre sus barcos: eran de mal agüero a la hora de navegar. Si alguna rompía la regla solían echarla por la borda para que regresara nadando hasta la costa, y justamente esto fue lo que le sucedió a una bella pericú, quien un día se coló dentro de una goleta de piratas ingleses cuyo destino eran las Filipinas.

En su caso no nadó sola, sin embargo. Un hombre enamorado renunció a su oficio de marinero a cambio de besarla bajo aquellos arcos de Cabo San Lucas.

El responsable indirecto de este destino fue el capitán de la embarcación corsaria. Este hombre montó en cólera cuando la descubrió sobre su barco, despertando lujuria entre la tripulación. Unos y otros marineros decían estar dispuestos a matar por ella; blandieron sus espadas, mostraron sus dientes, presumieron la dureza de sus puños y bailaron el rito valentón del macho más temido. El comandante no tuvo otra opción que convocar a sus hombres para anunciar que aquella mujer sería lanzada a los tiburones. Preguntó quién estaba dispuesto a seguirla en aquella zambullida fatal. De entre la prole amedrentada, un muchacho muy joven dio un paso al frente. Luego avanzó hacia ella mientras ofrecía una desafiante mirada al despiadado verdugo. El comandante de la nave no estaba preparado para esa eventualidad: el joven en cuestión era su único hijo. La sonrisa socarrona entre los demás navegantes no tardó en reproducirse. Aquel hombre debía optar entre su hijo y el mando de la tripulación, y eligió.

Ya en el mar, las bestias premiaron a los dos enamorados por su osadía. Sanos y salvos llegaron nadando hasta las playas de Cabo San Lucas, precisamente bajo el arco del Amor. El hijo de aquel trágico pirata habría sido el primer anglosajón en asentarse en esta coordenada. Tal historia podría encallar en los ingenuos libros de literatura rosa, *à la* Danielle Steel, si no fuera por el testimonio que J. Ross Browne dejó escrito en sus artículos de viaje, donde afirma haberse hospedado, durante el verano de 1868, en casa del único europeo que vivía en Cabo San Lucas. Su apellido era Ritchie y era inglés. Llegó hasta ahí después de haberse «fascinado con los encantos de una *dark señorita*... y a partir de ese momento dejó de ser marino». Siempre parecido a sí mismo, Browne asegura que con esta mujer Ritchie tuvo una larga descendencia de bastardos. Aparentemente, la gran casa que se construyó –gracias a la mano que le echarían los parientes de su mujer– terminó convirtiéndose en un gran alberguc visitado por todo tipo de navegantes. Fue el primer hotel de Cabo San Lucas. Durante cerca de 40 años Ritchie tuvo fama de ser un anfitrión proverbial para los almirantes, comodoros, comerciantes, contrabandistas, balleneros, corsarios y demás ciudadanos libres del mundo que visitaban la Finisterre bajacaliforniana. Según afirman otras fuentes, no solo del turismo hizo fortuna aquel exmarinero enamorado; fundó también un próspero rancho ganadero.

## La playa del Divorcio

No muy lejos de la playa del Amor se halla la playa del Divorcio. Nadie va voluntariamente a visitarla. Algo similar ocurre con las improvisadas colonias que desde su miseria saludan al viajero proveniente de Todos Santos cuando se dirige al paradisiaco complejo turístico de Cabo San Lucas. El patrón visto antes en Tijuana, Ensenada y Santa Rosalía se repite. Durante los últimos 20 años del siglo XX se construyeron miles de habitaciones para los turistas sin considerar que quienes trabajan en los restaurantes y los hoteles también necesitaban un techo bajo el cual vivir. El salario que un mexicano puede obtener en otras regiones de su país es tres veces menor al que gana en esta costosa zona que las guías europeas comparan con Saint-Tropez. Es por esta razón que los migrantes más pobres llegan a soportar una gran variedad de indignidades. Vienen de Puebla, Oaxaca y Guerrero. También migran desde Sinaloa, Nayarit, Michoacán y Jalisco. Mientras el Estado, con sus políticas de fomento, se aseguró de que fluyera el crédito para los hoteleros y las empresas urbanizadoras, no hubo autoridad bancaria que creyera en la capacidad de pago de los recién llegados. En Cabo San Lucas se constata la manía asimétrica con que se distribuye la confianza en México, y por tanto la posibilidad de financiarse un futuro mejor. Probablemente ya no queda ninguna de las colonias populares que se fundaron durante los años 70. La fuerza pública arrasó con los primeros asentamientos de paracaidistas que se hallaban cerca de la zona hotelera. Con palas gigantes y trascabos los gobernantes lograron esconder, al menos del ojo extranjero, la vida de los miserables. Los expulsados fueron trasladados hacia otros asentamientos distantes del glamur; a un costado de los tiraderos de basura gestionados por la municipalidad. Las calles en el cinturón de miseria que circunda Cabo San Lucas no tienen pavimento, las casas son dolorosamente grises, los árboles que con su sombra protegerían de los rayos del sol son inexistentes, los perros lucen flacos, los niños están enfermos y de nuevo, como en Tijuana, el hule, la madera y el cartón predominan como materiales de construcción.

Más que un cinturón de miseria se trata de una cerradura cuyos herrajes han sido firmemente dispuestos para excluir a la mayoría de los beneficios que en esta región económica ocurren por la obra de todos. Si Cabo San Lucas es tan rico, también se debe a la camarera que asea el cuarto más elegante de los hoteles, al lanchero que lleva a la pareja de alemanes para que conozcan la playa del Amor, al cocinero que trabaja para Pizza Hut, a la mesera que atiende en el restaurante Dairy Queen, al garrotero que recoge los platos sucios en el Hard Rock Cafe, al mimo que entretiene niños en Planet Hollywood o al vendedor de periódicos que distribuye *Los Angeles Times* entre los turistas californianos. Cabo San Lucas es la empresa conjunta de los muchos que a la postre solo unos cuantos disfrutan. Y no es el azar lo que determina quién acapara los resultados de ese esfuerzo común. La cerradura de la desigualdad está fabricada por razones todas deliberadas y todas permanentes: el color de la piel, la edad, la clase, el nivel educativo, el lugar de nacimiento, las redes sociales y, desde luego, la nacionalidad. Si se es una *dark señorita* venida de Oaxaca que no sabe leer ni escribir y no cuenta con conocidos en esta población, ella, y muy probablemente su descendencia, ocupará sin remedio el último lugar en la escalera social.

Aquí en Cabo San Lucas, tanto los privilegiados como los plebeyos, juzgarían la vida de esa mujer como el resultado de un accidente frente al cual no hay mucho que hacer. Se toma como normal que en la marina de Cabo San Lucas se halle una de las instalaciones más lucrativas en el mundo, mientras al municipio no le alcanza para colocar luminarias en las calles de los asentamientos más pobres. Es correcta la existencia de anchísimas alfombras verdes para golfistas cuando este deporte no deja impuestos suficientes para pavimentar las polvorientas avenidas de la colonia Lomas del Sol; es aceptable que el cuidado de los hibiscos, las bugambilias y las aves del paraíso de las grandes mansiones no sirva aquí para darle una existencia medianamente digna al jardinero que las procura; al menos como la que su colega obtiene en Pasadena o Newport Beach. La exuberancia y la ostentación que pueden encontrarse en Cabo San Lucas no son, en sí mismas, ofensivas. Lo que las vuelve insoportables es que la riqueza producida por este complejo turístico —financiado por los contribuyentes mexicanos— haya concentrado tanto las oportunidades entre unos cuantos a partir de mecanismos perdurables de sistemática discriminación.

## The One and Only Palmilla

El 4 de junio de 1948 *The Evening Independent* de San Petersburgo, Florida, contó sobre el inmenso anillo de brillantes, esmeraldas y rubíes que Abelardo Luis Rodríguez le regaló a Lucille Bremer para festejar su compromiso matrimonial: «la actriz pelirroja se casará en agosto y pretende pasar la mitad del año en la ciudad de La Paz y la otra mitad haciendo películas para Hollywood». Aquella mujer que solo dos años antes había posado para la portada de la revista *Life* en actitud de princesa rusa, acaso no sabía aún que su carrera cinematográfica estaba acabada. Louis Mayer, socio de MGM, aseguró equivocadamente en 1944 que la fama de esta mujer sería muy grande. El legendario productor de comedias musicales Arthur Freed fue quien la introdujo en las oficinas de ese magnate del entretenimiento. Algún biógrafo de la farándula afirmó que Bremer era su amante. Él la invitaría a participar, al lado de Judy Garland, en el filme *La rueda de la fortuna*. Aunque ahí no tuvo el papel estelar, el público cayó enamorado de Rose, el personaje que esta actriz interpretó. Un año después vendría la prueba decisiva de su breve trayectoria profesional: Freed la convocó para que compartiera cartelera con Fred Astaire en *El ladrón y la bella*. A pesar de haber despertado algunas críticas favorables, este filme fracasó en las taquillas. Para el gran bailarín de la posguerra tal hecho no le significó mella alguna; en cambio, para Bremer significó un golpe fatal. Fue invitada de nuevo como pareja de Astaire para una escena de la película *Ziegfeld Fo-*

*llies* pero tampoco esa oportunidad la ayudó. El productor Arthur Freed tomó distancia de la actriz y ella sufrió una caída tan vertiginosa como súbito había sido su ascenso.

Cuatro años después de haberse granjeado el entusiasmo de MGM, Lucille se quedó sin ofertas en Hollywood. Eagle-Lyon, una pequeña compañía cinematográfica, le propuso moverse de liga para actuar en películas de menor relevancia. Fue gracias a esta iniciativa que en 1948 actuó en *Las aventuras de Casanova*, junto con el mexicano Arturo de Córdova. Este filme se realizó en Baja California en el verano de 1948 y fue durante su rodaje que conoció a Abelardo Luis Rodríguez Montijo, hijo del expresidente mexicano. Un hombre apuesto como actor de cine, y rico como el más afortunado de los herederos de la Revolución. Con él contraería nupcias Lucille ese mismo año. Durante las dos décadas que vivió en Baja California, Bremer acompañaría a su marido en la fundación del polo turístico más importante de la península. Juntos echaron a andar el hotel Las Cruces, en las cercanías de La Paz, y luego el muy extravagante hotel Palmilla (*The One and Only Palmilla*), el primero de clase internacional en San José del Cabo. Las relaciones de la exactriz estadounidense en Los Ángeles hicieron que figuras importantes del cine viajaran a esta última coordenada californiana para bañarse en las aguas del mar de Cortés y también para conocer al millonario marido por quien ella había abandonado su vida previa. La pareja Rodríguez Bremer tuvo cuatro hijos que hoy siguen radicando en la región. Este mítico matrimonio concluyó en 1971, año en que Lucille se fue a vivir a La Jolla, California, donde montó una *boutique* de ropa.

Si Abelardo padre ha de ser reconocido como fundador de Tijuana, Abelardo hijo debe serlo como adelantado en la industria turística de Los Cabos; hoy este complejo cuenta con una oferta hotelera superior a las 3 mil 700 habitaciones. Juntas, San José y Cabo San Lucas aportan anualmente alrededor de tres puntos porcentuales del producto interno bruto mexicano. Solo las playas de Quintana Roo —Cancún, la Riviera Maya, Playa del Carmen y Tulum— superan en riqueza a este potente polo de desarrollo. Poco más de un millón de extranjeros provenientes de Estados Unidos, Canadá, Europa, Asia y América Latina ocupan las instalaciones que se han reproducido aquí sin dar respiro. Quienes menos visitan Los Cabos son los mexicanos; para la gran mayoría del turismo nacional los costos de la diversión y el ocio son aquí prohibitivos.

Pasaron más de 20 años entre que Abelardo Rodríguez *junior* construyera su primer hotel y el despegue económico de la región. Los estadounidenses que querían conocer este paraíso durante los años 50 y 60 –a la manera como hoy lo hacen los canadienses retirados de Mulegé– debían rentar una avioneta que los transportaba a este territorio virgen hasta antes de la llegada de la Transpeninsular y la posterior construcción del aeropuerto internacional. La primera visita masiva de turistas venidos de la Alta California llegó en 1973. Gracias a la carretera que une los 4 mil kilómetros de distancia existentes entre San Francisco y Los Cabos, ese mismo año se abrió un *trailer park* que, durante los fines de semana y las temporadas vacacionales, recibe a los viajeros menos boyantes. De su lado, el gobierno mexicano –nuevamente a través de Fonatur– realizó una enorme inversión para elevar la calidad de los servicios ofrecidos, ya que quería ver en estas playas a los turistas más pudientes del planeta.

Al pasar de los años, San José y Cabo San Lucas se especializaron como anfitriones de distintas poblaciones. La segunda estación es un lugar concebido para vivir de fiesta. Si se quiere hacer la marcha de noche y de día, el desarrollo construido alrededor del arco del Amor es insuperable: bares, restaurantes, clubes, *table dance*, *cabarets*, en fin, el paquete de la perdición *all inclusive*. Las bacanales cuya memoria ha trascendido suceden, sin embargo, sobre los yates de la marina, una de las más grandes de México. San José del Cabo, en cambio, conserva hasta estos días un aire de viejo y sabio pueblo californiano. Se trata de un asentamiento donde la vida transcurre más despacio. Sus calles son estrechas y los edificios emulan la misión que ahí construyeron los jesuitas en 1730. A la plaza Mijares le sobrevive su herencia española. Los árboles de San José son altos, sobrios, robustos y muy viejos. A esta población se va a jugar golf, a comer bien y en abundancia, a comprar en las mejores *boutiques*, a probar los mejores y más caros vinos y a dormir durante largas horas la siesta. Con el tiempo, probablemente estos dos cabos serán parte de un mismo continuo urbano. Las mejores playas –las más adornadas por la naturaleza– se ubican en la ruta que corre de un extremo al otro de este Finisterre. Acaso la Santa María sea la más fascinante de todas. Las compañías desarrolladoras se han guardado este último trozo del postre para después. Cuando llegue la hora de vender, será indudablemente el lote más caro.

# Ceremonia de despedida

Honor a quien honor merece. Antes de decir adiós a Baja California es inevitable despedirse de Fernando Jordán. El escritor bajacaliforniano Federico Campbell se adelantó: fue el primero en hacer un relato novelado tomando como pretexto la vida de este periodista. *Transpeninsular* narra el encuentro que nunca ocurrió entre dos biografías que, de no haber sido por la edad de uno y otro, pudieron haber sido paralelas. Campbell y Jordán fueron reporteros. Los dos quisieron también ser escritores; solo el primero lo logró: el otro murió antes de conocer la gloria que le tocaba. Perdió la vida a los 36 años, la madrugada del 14 de marzo de 1956. Apenas había terminado su *Crónica de un país bárbaro*, libro dedicado a Chihuahua y sus pobladores. Antes había publicado una serie de artículos para la revista *Impacto* que luego convirtió en su primer libro, *El otro México*, una monografía sobre Baja California cuyo título alevosamente tomé prestado. Su mirada de las cosas y la pluma con que supo describirlas ameritarían un homenaje que aquí no es posible ofrecerle. Más allá del breve texto de Campbell, la vida y las ficciones recreadas alrededor de la existencia de Fernando Jordán están aún por escribirse. Acaso su existencia deba ser explorada no desde el género literario de la crónica de viaje que él mismo practicó, ni tampoco desde la biografía, como ya intentó el maestro chihuahuense José Luis Aguayo; este intrigante personaje es motivo de una larga novela sobre su época.

La narración habría de comenzar con la escena en que César *El Che* Abente encuentra muerto, en su propia casa, a su gran amigo. Era martes y las horas del reloj marcaban ya casi el medio día. Bajo las cobijas, el anfitrión halló un cuerpo adulto, acurrucado en posición fetal, que llevaba una marca roja, con la forma de una moneda grande, justo en el lugar del corazón. En lo que fuera la mano de Jordán había una pistola calibre .44. Como luciérnagas rondan las dudas a propósito de la oscura muerte de Jordán. Aun si la noche anterior el periodista había escrito dos cartas de despedida, su redacción fue tan superflua y tan contrastante con el resto de su apasionado estilo literario, que esos papeles no despejaron las sospechas a propósito de su suicidio.

La tarde del lunes previo, en La Paz, Fernando Jordán había asistido al cine para reírse con la trama de la película *Una Eva y dos Adanes*, protagonizada por Marilyn Monroe. Protegiéndose de la lluvia regresó a la casa de *El Che* Abente, lugar donde se estaba hospedando. Ahí pidió unas hojas de papel y un par de sobres antes de ir a dormirse a la cabaña que se encontraba en la parte trasera de esa propiedad, del otro lado del jardín. Previsiblemente esa fue la última vez que alguien lo vio con vida.

Su esposa Barbro y también sus hijos Ingrid y Eric contaron que el hombre fue asesinado. Dos son los argumentos que alimentaron esta convicción: por una parte, la trayectoria de la bala que le quitó la vida no era coincidente con la hipótesis de que él mismo se hubiera disparado. Por otra parte, Barbro aseguró haber recibido amenazas serias cuando intentó indagar más sobre la muerte de su marido. Nunca aclaró de dónde provinieron y qué tipo de intimidaciones tuvo que enfrentar: ¿descubrió este periodista algo peligroso durante su viaje por las montañas de Chihuahua? ¿Podría ser otro trabajo suyo –por ejemplo sus pesquisas sobre la minera El Boleo– la razón del eventual asesinato? Quizá Jordán se enfrentó a un cacique de los que todavía vivían en Tijuana o Ensenada, o se habrá tratado de otro asunto más bien trivial: ¿un lío de faldas? Enamorado como era, pudo haberse enredado con la mujer equivocada.

Aunque no oyó el disparo durante la madrugada, *El Che* optó por confirmar la teoría del suicidio. Según su argumento, Jordán habría sido un hombre depresivo que aquella madrugada alcanzó el piso más bajo de su ciclo anímico. Un revólver le sirvió como boleto para viajar muy lejos de su adorada península. Cada una de estas interrogantes es alimento para la curiosidad. Aún más interés sobre la vida de Jordán debe despertar su amorosa literatura de viaje. No hay hoy, ni lo hubo antes, mejor acompañante que este viajero profesional para visitar Baja California. Su tumba se halla en el cementerio Los San Juanes de la ciudad de La Paz. Para despedirse dejó escrito un poema sobre esta península que hoy aprenden de memoria los niños en las escuelas. Esta es solo una parte:

> *El guaycura calló.*
> *Y Cortés,*
> *que escuchaba,*
> *una mirada vaga dedicó a la tierra.*
> *Los ojos entornó y abrazó de un vistazo*
> *al indio,*
> *al mar*

*y al infinito.*
*Con los labios resecos por la angustia*
*de la tierra sedienta,*
*al indio respondió:*
*Nombre sí te daré; no mi presencia.*
*Tu tierra un nuevo galardón*
*será para mi gloria.*
*La llamo California*
*la del mito,*
*para ligar así con mi leyenda.*
*Mas no puedo quedarme.*
*Mi pasión y mi espada,*
*mi arcabuz y mi alma*
*hanse quedado al sur,*
*con la Malitzin y con Guatimoc.*
*Aquí no soy conquistador,*
*soy el descubridor...*
*y el conquistado.*
*Levo anclas otra vez,*
*regreso al pueblo*
*con cuya sangre decoré mi escudo.*
*Mi espíritu es guerrero...*
*Y esta es tierra de paz, indio,*
*¡tu tierra!*

# VI
## EDÉN
## SUBVERTIDO

### Bahía de Ohuira

El *Pájaro Azul* desgarró los cielos de Topolobampo, piloteado por el capitán Gustavo Salinas. Voló sobre la Punta Copas, el cerro de la Gallina y los demás montes calvos que rodean ese inmenso puerto donde hoy desembarcan los ferris venidos de Baja California. Cuando logró colocarse por encima de su objetivo, aquel biplano vació sin titubear la guarnición de granadas *shrapnel* que llevaba dentro de su breve entraña. Aquella mañana del 14 de abril de 1914 los proyectiles detonaron sobre la cubierta del buque *Guerrero*. Nunca antes en la historia de la navegación un barco había sido atacado desde el aire por un avión. Con la hazaña del *Pájaro Azul*, las batallas de la Revolución mexicana habían producido el primer ataque aeronaval en la historia de la humanidad. No contaban por tanto los marinos del *Guerrero* con armas para defenderse de esta novedosa amenaza. Hasta ese día la batería de un cañonero marino estaba diseñada para viajar en línea horizontal o, en el mejor de los casos, para elevarse solo un poco, antes de volver a caer en dirección al mar. La orden para que el biplano atacara al enemigo fue del general constitucionalista Álvaro Obregón, quien por esos días trataba de arrebatarle las costas del Pacífico a las fuerzas federales comandadas, desde la ciudad de México, por Victoriano Huerta, el presidente usurpador. El espectáculo ofrecido por aquel momento bélico debió haber sido impresionante.

Dentro de la bahía se hallaba moribundo el *Tampico*, la embarcación más moderna en posesión de los constitucionalistas, un barco que recientemente había estrenado motores y también tripulación. Hacia mediados del mes de marzo de ese año, el capitán Hilario Rodríguez Malpica –subordinado del general Obregón– secuestró del puerto de Guaymas este cañonero, propiedad del Ejército Federal. Ya con la nave bajo su mando, Malpica –como se le conocía entre los suyos– enfiló hacia el sur con el objetivo de apoderarse de Topolobampo, pero no lo logró. Los barcos *Demócrata* y *Guerrero*, pertenecientes al bando huertista, se encontraban ya en la bahía de Ohuira y no estaban dispuestos a abandonar la plaza. Durante largas horas estas tres embarcaciones lanzaron varios millares de balas. Por la asimetría numérica, el *Tampico* pronto acumuló más daños. Antes de que el *Pájaro Azul* surcara los cielos, sus enemigos del agua lograron atravesarle el fuselaje. El camarote del jefe de máquinas desapareció tras una delgada y muy alta columna de humo; luego los proyectiles golpearon por debajo de su línea de flotación. Fue esta última circunstancia la que aceleró su hundimiento. Las granadas *shrapnel* caídas desde el cielo sobre el *Guerrero* solo dieron un respiro, unos minutos más de vida, a la herida embarcación. A pesar de la ingeniosa baladronada aérea, ocurrencia seguramente del general Obregón, aquella batalla no la ganarían los constitucionalistas. Escondido sobre la cresta del cinturón montañoso de la bahía, el comandante Obregón habrá constatado lo irreversible de la derrota. El punto final del episodio lo dictó el capitán Malpica quien, todavía dentro del *Tampico*, asumió el fracaso introduciendo el cañón de una pistola dentro de su boca y luego disparando sin dudar.

No fue fortuito que esta batalla hubiera concentrado animosidad por parte de los dos bandos. Topolobampo representaba una coordenada crucial para el dominio militar del noroeste. Eslabón entre el Pacífico y la Sierra Madre Occidental; paso obligado entre el sur y la frontera con Estados Unidos, puerto que conecta al continente con la península de Baja California. Todo lo que se pueda decir de esta bahía es igualmente aplicable al estado de Sinaloa. Esta región mexicana tiene esencia de glorieta. Por sus caminos ha transitado una impresionante variedad de personajes. La belleza física de las mujeres sinaloenses es solo un síntoma de la virtud que se produce a causa de la diversidad genética gestada en este lugar. Yaquis y mayos, españoles, alemanes, húngaros, estadounidenses, griegos, franceses, turcos, chinos y mexicanos se han ido encontrando y desencontrando durante los dos últimos siglos de historia. El puerto de Mazatlán atrajo a los europeos, el de Topolobampo a los norteamericanos; las minas dieron empleo a los asiáticos, la cerveza y el comercio a los teutones, el turismo y la banca a los húngaros, el azúcar a los estadounidenses y la agricultura a los griegos y los nacionales migrados desde el sureste. Quizá por esta razón la convivencia entre los sinaloenses ha sido ríspida. Y sin embargo, al final, esa pluralidad ha provocado también referencias muy influyentes. La cuenca de Sinaloa contiene un poderoso repertorio de significados. Ha sabido hacerse notar en el mosaico de las identidades mexicanas, acaso con más fuerza que otras regiones del país. El actor Pedro Infante, los escritores Óscar Liera y Élmer Mendoza, los músicos Cruz Lizárraga y Los Tigres del Norte, el político Manuel J. Clouthier, los empresarios Francis Benjamin Johnston, Ernesto Coppel y Juan Ley Fong, el visionario Albert Kimsey Owen, el santo Jesús Malverde, el bandido social Heraclio Bernal, el revolucionario Felipe Bachomo o los comerciantes de droga de Badiraguato y alrededores, son solo unos cuantos de una formidable lista de sujetos cuya vida y profesión, para lo bueno y también para lo peor, rebasaron los límites de su biología original.

Esta diversidad sinaloense puede sentirse ya en el ferri que transporta todos los días a los viajeros que cruzan el mar de Cortés, entre La Paz y Topolobampo. Un buque inmenso cargado de alimentos, gasolina, automóviles, tráileres de varios ejes, maquinaria pesada, camiones de pasajeros y todo aquello que no desea permanecer en uno u otro territorio. Cinco horas tarda ese trayecto y, sin embargo, el observador se queda con la impresión de haberse transportado de una galaxia a la siguiente. Atrás quedó el desierto porque del otro lado del mar la mano humana ha pintado la tierra con el color verde. No solo el paisaje cambia durante el viaje; las actitudes y el talante de unos y otros mexicanos también es contrastante. En el barco se distingue al sinaloense porque habla fuerte. El bajacaliforniano del sur, en cambio, se introduce a la conversación con mayor prudencia. La gran mayoría de los pasajeros tiene, no obstante, algo en común: no saben viajar ligeros. Exhiben un pasado de migrante en las inmensas maletas y las cajas de cartón, amarradas con mecate, de cuyo interior se desprende un fuerte olor a comida. En conjuntos de seis y de doce se agrupan las familias. Pocos viajan solos. El sombrero tejano ha sobrevivido al tiempo. También las vaqueras camisas a cuadros. Los niños corren o chillan por los pasillos. Trata de escaparse del bullicio la adolescente que no está dispuesta a desconectar sus oídos del reproductor de música. Los ya mayorcitos beben cerveza y miran una pantalla inmensa de televisión donde se transmite un partido posfechado de futbol. Mientras tanto, las bocinas que distribuyen el sonido general de la embarcación hacen homenaje a la Banda El Recodo que va interpretando *El niño perdido*, *El sinaloense*, *Nereidas* y *El sauce y la palma*, todas piezas grabadas en los años 50 por la marca disquera RCA Victor. A los más pudientes no se les mira por cubierta. Ellos suelen refugiarse dentro de un camarote que la compañía naviera vende a precio de crucero cinco estrellas. Ahí se apartan y probablemente también padecen su falta de habilidad para poder pertenecer. El viaje termina cuando los cerros de la costa se alzan estirados y orgullosos.

Topolobampo es un bello enjambre de marismas y ensenadas que van protegiéndose las unas a las otras. Por un mero accidente de la orografía surgieron aquí grandes nidos naturales para resguardar a los barcos de las tormentas y los ciclones. La bahía más grande es la de Ohuira, también conocida como ensenada del Pabellón. Tiene más de 4 mil 400 kilómetros cuadrados de amplitud. Una imponente cabecera de montes y riscos pelados cachan al mar, previamente domesticado por las barreras rocosas dispuestas como aduana. Las aguas lisas y serenas forman un inmenso espejo que suele platearse por la tarde. El camarón que aquí se pesca es considerado como uno de los mejores del mundo. Durante la segunda mitad del siglo pasado, alrededor del 20 por ciento del consumo de tal crustáceo en Estados Unidos provino de esta bahía sinaloense. Al alba zarpan todos los días decenas de pescadores bien provistos con sus redes y sus cubetas. Los más modernos del oficio aprovechan los esteros para criar esta fuente de proteína tan bien cotizada. Las plantas empacadoras de mariscos dan también de comer a los vecinos de la bahía. Es gracias a ellos que de aquí parten los camarones congelados y bien protegidos para durar en el tiempo.

Alguna vez Topolobampo fue proyectado para convertirse en la segunda Nueva York del planeta. «*A dream of an ideal city*», profetizó hacia 1872 Albert Kimsey Owen. Si hubiera existido el mítico paso de Anián que tan afanosamente buscaron durante los siglos XVI y XVII los conquistadores españoles, este habría seguido, al menos en parte, el trazo del ferrocarril que este ingeniero describió para convencer a los futuros socios de su empresa. La bahía de Ohuira es el puerto del Pacífico más cercano a Nueva York. Si se echa un vistazo a cualquier mapa americano salta a la vista que las distancias entre la capital económica de Estados Unidos y los puertos en el Pacífico de Seattle, San Francisco o Long Beach son enormes, además de que las nieves hacen difícil el tránsito del ferrocarril durante el invierno entre uno y otro extremo. En contraste, la línea Kansas City, México y Oriente, que habría cruzado diagonalmente desde Nueva York hasta Sinaloa, además de acortar las distancias, habría contado con ventajas climáticas a lo largo de todo el año. Acaso sea la necia incapacidad de pensar en el mediano plazo lo que impuso mediocridad sobre este puerto. A pesar de los muchos esfuerzos que durante los siglos XIX y XX se emprendieron, ha sido imposible colocar en el mapa del comercio mundial a Topolobampo. La bahía de Ohuira es un monumento al desperdicio; un derroche perpetrado por los mexicanos en contra de nuestra propia suerte. La historia de este fracaso vale la pena contarse.

## El profeta de Topolobampo

Durante el verano las tormentas son frecuentes en Cabo Cañaveral. La época de ciclones que da comienzo cada mes de agosto trastorna el clima en la península de la Florida, cuyos calores extremos se ausentan mientras las violentas ráfagas de viento lo golpean todo. Rara vez un huracán gira tierra adentro, pero cuando así ocurre, las tragedias suelen ser grandes. El naufragio que en 1528 arrojó a Álvar Núñez Cabeza de Vaca, junto con otros tres marinos, unos cuantos kilómetros al norte de esa lengua de tierra, es legendario; el resto de la tripulación, comandada por Pánfilo de Narváez, no logró sobrevivir. Algo similar sucedió tres siglos y medio después con el vapor mexicano *City of Veracruz*. Un furioso huracán lo lanzó contra los arrecifes de Cabo Cañaveral partiéndolo en pedazos; el día 3 de septiembre de 1880 un diario publicado en la ciudad de San Agustín, Florida, informó que todos los pasajeros de esa embarcación se habrían ahogado. Según este medio, entre los muertos se hallaba Albert Kimsey Owen. Este hombre era el organizador de una extensa red de inversionistas, mexicanos y estadounidenses, quien traía entre manos una de las empresas más ambiciosas que se hayan imaginado para integrar los mercados de América del Norte: conectar por ferrocarril los puertos estadounidenses del Atlántico con las costas mexicanas del Pacífico. Cuando el canal de Panamá aún no existía, la única ruta para ligar a las prósperas excolonias inglesas con Asia obligaba a los barcos a descender hasta el cabo de Hornos, en la Tierra del Fuego chilena, para luego retomar la ruta hacia el oriente del globo terráqueo. A finales del siglo XIX no era por tanto descabellado elucubrar una solución que fuera menos penosa para los viajeros.

Owen llegó por vez primera a tierras mexicanas en 1870, a la edad de 20 años. Fue contratado como ingeniero por la compañía Denver & Rio Grande, la cual había obtenido la concesión para construir una línea de ferrocarril que catorce años después logró unir al poblado del Paso Norte con la ciudad de México. Recorrió varias veces a caballo los caminos de Chihuahua, Durango y Zacatecas proyectando puentes, túneles y pasos para que las vías de fierro unieran la apartada geografía de un país que todavía se dolía por su reciente mutilación. Durante sus dos primeros años de estancia en México, Owen aprendió a hablar español. Gracias a esa habilidad se hizo traductor entre dos culturas que todavía no habían intentado sinceramente comunicarse. Un golpe de suerte, entre los muchos que lo acompañaron a lo largo de su existencia, lo hizo conocer a quien se hallaba como responsable de la defensa militar del occidente mexicano. Se trataba del general Manuel González Flores, compadre de Porfirio Díaz, un militar que más tarde sería presidente de la República. Owen y González trabaron amistad y por su conducto, el ingeniero estadounidense se introdujo en el reducido grupo de personas que gobernarían México durante poco más de tres décadas.

Los dueños de la Denver & Rio Grande se entusiasmaron con la perspectiva de negocio que la construcción de vías férreas podía ofrecerles en el país vecino. Entre sus planes surgió la idea de conectar también el Paso del Norte con el Océano Pacífico. Se ordenó a Owen que averiguara si el naciente puerto de Mazatlán podía convertirse en la puerta que abriría los horizontes hacia China. Desde la ciudad de México este joven partió en dirección a Sinaloa y Sonora acompañado por un colega suyo, Fred G. Fitch. Ambos arribaron a costas mazatlecas y ahí sufrieron una decepción: el puerto propuesto inicialmente no contaba con las características requeridas para convertirse en un embarcadero de gran altura. Frente a los ciclones, ahí nadarían desprotegidos los barcos de la época. Además, por su tamaño, aquella bahía jamás podría convertirse en una digna prolongación de los puertos del Atlántico. La búsqueda continuó por tanto hacia el norte. Guaymas era la otra posibilidad que debían evaluar. En su camino se toparon, sin embargo, con un grupo de contrabandistas estadounidenses, quienes en la intimidad contaron sobre una inmensa bahía desde la cual ellos embarcaban oro y plata robados por los mineros de los fundos localizados en la Sierra Madre Occidental.

Siguiendo su consejo, ambos ingenieros ascendieron en dirección del río Fuerte y luego montaron sobre los altos riscos pelones desde donde puede observarse la gran talla de la bahía de Ohuira. Fue con los pies bien puestos sobre el mirador de alguno de aquellos peñascos donde Owen inauguró la utopía que lo perseguiría durante la mayor parte de su vida: un día ahí habría centenares de navíos dispuestos dentro de una frenética Babel de banderas asiáticas, americanas y europeas, y también tripulantes recuperándose del tiempo célibe gastado en las aguas distantes gracias a la vida de un puerto tan grande como Nueva York, pero aún más alegre que el de Mazatlán. Aquella incursión concluyó, como estaba previsto, en Sonora. Pero ante las evidentes ventajas de Topolobampo, Guaymas quedó descartada como opción. Ohuira no estaba exenta de complicaciones. Si bien el río Fuerte corría caudaloso hacia el mar, las montañas que circundan la bahía y el valle detrás eran tan secos y áridos como el más estéril de los paisajes. Miles de brazos humanos serían necesarios para transformar aquella región. La inmensidad del proyecto owenista comenzaba apenas a perfilar sus primeras dificultades. Solo una densa colonia de mujeres y hombres muy trabajadores podrían abrir las brechas y los canales que permitirían una distribución distinta del agua.

Ya de regreso en la ciudad de México, el ingeniero se entrevistó con varios funcionarios del gobierno nacional, a quienes expuso su proyecto a partir de tres propuestas: construir una línea de ferrocarril que atravesara la Sierra Madre Occidental hasta la ciudad de Chihuahua, y luego hacia Ojinaga; edificar un puerto de altura en Topolobampo y explotar agrícolamente el valle del Fuerte, una vez que se lograra irrigar aquel yermo territorio. Al gobierno mexicano le tocaría aportar la concesión ferroviaria y las tierras que fueran vecinas de las futuras estaciones del tren, incluida la bahía de Ohuira. A cambio, Owen se encargaría de traer capital de Estados Unidos para financiar la infraestructura prometida. El tema de los futuros colonizadores del valle del Fuerte quedó sin tratar. El ingeniero habrá supuesto que en México abundaba mano de obra y también que algunos de sus compatriotas podrían animarse a venir a Sinaloa para explayarse en su propia utopía. Owen abandonó México a principios de 1873 con un prometedor acuerdo bajo el brazo. Las autoridades de este país, cuya hacienda pública era muy pobre, estuvieron dispuestas a considerar la oferta. Este emprendedor contaba con que del otro lado de la frontera obtendría una escucha exitosa. Gracias a las relaciones políticas de su padre, el doctor Joshua K. Owen, tendría oportunidad de presentarle personalmente el proyecto al presidente de Estados Unidos, Ulysses S. Grant. La familia del joven ingeniero formaba parte de la élite gobernante de su país. Su padre, el doctor Owen, había sido jefe de cirujanos en el frente durante la guerra de Secesión, del lado de los norteños de la Unión. Por obra de esta circunstancia construyó una estrecha relación con Abraham Lincoln y también con el militar más destacado de su ejército, a la sazón el general Grant. Albert Kimsey, siendo apenas un adolescente, había acompañado al célebre cirujano durante su itinerario a través de una buena parte del territorio en conflicto por la guerra civil. Fue probablemente esta temprana experiencia la que le permitió comprender las claves del desarrollo, y también de la miseria de las poblaciones. Acaso se hizo ingeniero mucho antes de cursar los estudios que luego le permitirían ejercer su oficio.

Debido a este tramo de su biografía Owen arribó a Estados Unidos confiado sobre las posibilidades de materializar su visión. Sabía que contaba con argumentos suficientes; ahora necesitaba construir las condiciones para que su voz se escuchara ahí donde los pocos que pesan podían lograr la aventura de los muchos. Ese año de 1873 se celebró en Atlanta, Georgia, la primera convención de los Estados del Sur, la cual tenía como objetivo curar las heridas provocadas por la guerra reciente. Fue el presidente Grant quien tuvo la idea de hacer que Owen presentara ante los gobernadores sureños, ahí reunidos, su propuesta. Hay registro de que los asistentes a aquel histórico encuentro recibieron con entusiasmo las ideas expuestas por ese joven, quien contaba apenas con 24 años. A la postre, el presidente Grant fue solicitado para que pidiera al Congreso de Estados Unidos un préstamo con el cual emprender tanto la obra del puerto de Topolobampo como la construcción de la línea de ferrocarril. Con la promesa del éxito coronando sus sienes, Albert K. Owen viajó luego a Denver, Colorado, para constituir la sociedad que haría posible la siguiente etapa de su utopía. Quizá sin sorpresa comenzó a recibir propuestas de nuevos socios que pertenecían a ambos países. Al inicio de la lista incluyó al presidente Grant y a su hijo, con quien Owen compartía edad y ambiciones. También sumó a su amigo, el general Manuel González y al exembajador mexicano en Washington, Matías Romero. Otros empresarios y políticos de las dos nacionalidades se apuraron para afiliarse a la empresa Credit Foncier of Sinaloa. Nadie quería perderse aquel tren. Owen tardó siete años más en la elaboración fina de su iniciativa; involucró a decenas de financieros, constructores, abogados y terratenientes mexicanos. El sueño concebido desde lo alto de un cerro pelón de la bahía de Ohuira pronto dejaría de serlo. El 24 de agosto de 1880, Albert K. Owen embarcó a dieciséis de sus socios estadounidenses para que acudieran con él a negociar las concesiones que el gobierno mexicano extendería a nombre de la Credit Foncier of Sinaloa. Todos abordaron el vapor *City of Veracruz* en el puerto de Nueva York. Cinco días después, frente a las costas de Florida, esta embarcación fue apresada por los colmillos de un terrible huracán. Durante su naufragio perecieron los accionistas de la Credit Foncier que iban a bordo; todos a excepción de uno.

## Owen resucitado

Primero se encontró sobre las playas de Cabo Cañaveral un saco con correspondencia venida desde Europa y que el *City of Veracruz* debía transportar hasta México. Luego fueron arrojados por el mar los grandes velices, los pequeños cofres, algunas de las ropas y demás pertenencias que los pasajeros habían llevado consigo. Los cuerpos de los ahogados fueron los últimos en visitar la Florida. Durante la primera semana de septiembre de 1880, el diario *St. Augustine Herald* cubrió cada pieza de información que surgía sobre la tragedia. Solo cuatro viajeros de aquel vapor sobrevivieron para contarla. Habían logrado vencer al huracán a golpe de brazadas que se prolongaron durante más de veinticuatro horas. La energía vital que los condujo hasta el continente, por desgracia no la tuvo el resto de la tripulación. Albert K. Owen fue uno de los nadadores, el único entre los socios de la Credit Foncier of Sinaloa que pudo escapar a la furia marina.

Cuando la muerte ha estado muy cerca, obligadamente trastorna el espíritu de quienes lograron apartarse de ella. Hay quienes, después de tocarla, subvierten su existencia al punto de cambiar de oficio, de nombre, y hasta de lugar de residencia. Otros, en cambio, continúan siendo lo que eran, ora con mayor determinación que antes. Después del hundimiento del *City of Veracruz*, Albert Kimsey Owen formó filas en el segundo grupo. Se asumió como un náufrago que debía continuar con su misión fundadora en el Pacífico mexicano. No obstante, una idea tomó mayor vigor en su proyecto. No solo quería que el progreso llegara a esa región despoblada y todavía sin futuro; se convenció además de que en Sinaloa debía fundar una colonia socialista.

La fama de náufrago sobreviviente del *City of Veracruz* le ayudó para hacer crecer su reputación como hombre voluntarioso y capaz de lograr lo que a otros pequeños mortales les era imposible. Para colmar su suerte, se encontró con que Manuel González –el general con quien trabó amistad una década atrás– ocupaba la presidencia de la República. Si bien es cierto que la fortuna pesa más que la virtud en el destino de los seres humanos, también lo es que si se cuenta con ambas, el individuo se hace imbatible. En su primera entrevista con el gobernante mexicano, Owen refrendó todos los acuerdos contraídos entre la Credit Foncier of Sinaloa y las autoridades nacionales. Obtuvo en simultáneo el permiso para fundar «Ciudad González» sobre el lecho radial de la bahía de Ohuira. Owen no extravió en el *City of Veracruz* sus habilidades como cortesano: el presidente sucumbió ante la idea de que llevara su nombre una ciudad cuya aspiración era tanta como convertirse en la Nueva York del Pacífico. Cargó consigo los planos de la inspiradora urbe: un conjunto de avenidas principales que confluían en al menos una veintena de plazoletas, cada una bautizada con el nombre de un estado: «Alameda Yucatán», «Alameda Veracruz», «Alameda Querétaro», «Alameda Colima», y así hasta honrar casi todas las entidades de la República Mexicana. Dentro de cada cuadro habría calles más pequeñas donde quedarían alojadas las casas de los nuevos colonos. Años más tarde el periódico estadounidense *The New York Herald* publicaría un editorial advirtiendo que «probablemente el gobierno de México jamás había concedido a ningún hombre lo que en este caso entregó al señor Owen».

Albert Kimsey ya había recorrido antes el camino: si en México se hacía de buenas noticias, la recepción en Washington y en Nueva York solo podía ser triunfal. De nuevo mostró en su tierra las dotes de profeta. Argumenta Mario Gil en su libro *La conquista del valle del Fuerte,* «sus planes eran expuestos con tal calor y tan alucinantes trazos que no había manera de resistirse, a menos de resolverse a pasar por un idiota o un retardatario». Los socios ratificaron su voluntad de acompañarlo en los planes previstos. Sin embargo, se sumaron varios a esta compañía para la segunda ronda. Entre otros nuevos jugadores se incorporaron al proyecto el entonces alcalde de Boston, Frederick O. Prince, el editor de *The Spirit of the Times*, E. A. Buck, el exgobernador de Tennessee, John C. Brown, y el secretario del Tesoro William Windom. Si antes de su travesía sobre el *City of Veracruz* Owen ya era un hombre con gran poder de convocatoria, después de 1880 logró convertirse en el empresario de quien todo el mundo quería ser amigo. A finales del siglo XIX daba prestigio mostrarse como un individuo de avanzada; el progreso se había vuelto una especie de religión y los templos de ese ritual los ocupaban ahora la máquina de vapor y el ferrocarril. Participar en la utopía owenista significó una manifestación explícita de adhesión a la nueva fe. Ya no era la cruz la que podía civilizar lo inhóspito, sino las vías férreas que sobre su lomo traían comercio, riqueza, ideas, intercambios y cultura. Ellas tejían comunidades tan amplias como el número de los durmientes que fueran vinculando a las distantes poblaciones.

Fue con el ferrocarril que Estados Unidos ensayó sus primeros gestos como imperio. Igual que lo haría Gran Bretaña en Asia y África, este país americano asumió que su riqueza crecería y sus intereses se prolongarían más allá de su frontera gracias a este medio de transporte. México y Estados Unidos ya eran dos vecinos distantes, aunque entonces la separación entre uno y otro tenía la insondable forma del abismo. El país del sur se hallaba en el penoso trámite de abandonar la era feudal, a la vez que intentaba dotarse de un monarca o un presidente que, sin importar sus pulsiones absolutistas, pudiera imponer una misma ley y una misma autoridad en todo el territorio. En Estados Unidos, mientras tanto, se gestaba una potencia mundial. Durante las últimas décadas del siglo XIX las dos poblaciones aprendieron de sí mismas a partir del experimento practicado –a veces con alevosía, pero también con ingenuidad– sobre el otro. En más de un sentido México fue un conejillo de indias; el vecino del barrio junto con el que se crece y, en frecuentes ocasiones, a costa de quien se creció. Fue esta nación la primera en resentir el estilo tan particular de los estadounidenses a la hora de comerciar y de invertir en el exterior, también en soportar su gusto por participar en la política interna de otras naciones, y su apetito militar, su protagonismo en la arena diplomática, sus aires de superioridad moral, la inconsistencia de su trato, su hambre por los recursos naturales y por la mano de obra explotada.

Las aventuras de Albert Kimsey Owen en tierras mexicanas han de valorarse en este contexto. Él fue un instrumento de su cultura para los ensayos de la época: las prácticas imperialistas más abusivas, y también las aspiraciones y los actos más solidarios. Owen importó a Sinaloa manías y tics provenientes del imperio, pero también trajo consigo las semillas del socialismo utópico que por aquellos años tenían mucha fuerza entre los estadounidenses sensibles a las ideas igualitarias: una curiosa paradoja que solo puede entenderse a partir de la adolescencia en que Estados Unidos se hallaba después de haber sufrido su propia guerra de identidad, la revuelta entre el norte y el sur. Por obra de Owen y otros, el valle del Fuerte nació a la vida civilizada como un extenso laboratorio donde el capitalismo más salvaje y el socialismo utópico se dieron cita como expresiones simultáneas de una potencia en gestación. De un lado estaban la máquina de vapor, las ruedas, los caminos, las vías férreas, la conquista de la riqueza natural, la creación y luego la apropiación de los mercados, la mano de obra despreciada, los inversionistas multimillonarios, los créditos, los hombres de negocios, en breve, toda la arquitectura de ideas y personajes que constituyen al capitalismo. Del otro lado, Albert Kimsey apeló también al estadounidense pobre, idealista, desplazado, insatisfecho, al individuo decepcionado del rumbo material y egoísta que iba tomando su país a pasos agigantados; la nación gobernada por muy pocos, la sociedad de las oligarquías, el gobierno de los intereses más mezquinos. Fueron precisamente estos otros estadounidenses quienes en mayor número cayeron enamorados de la promesa de Ohuira. Owen supo fabricar para ellos un discurso magnético que no nada más transmitía buenos sentimientos, sino que igualmente esgrimía buenas razones a la hora de colocar a la comunidad sobre el individuo y a la armonía de la cooperación por encima de las rupturas sociales. Owen fue en el siglo XIX un seguidor de las ideas que durante el siglo XX se volvieron anatema en Estados Unidos. Militó en el contexto de la lucha de clases y se vio a sí mismo como un heredero del *Manifiesto Comunista*. Quería que su ciudad ideal fuera emblema de esa filosofía en el mundo entero. Él inventaría la otra Nueva York, una metrópoli sin impuestos ni propiedad privada, sin ricos ni pobres, sin oligarcas ni plebeyos. La ciudad de la igualdad, decretada, acordada, asegurada por todos.

Su planteamiento se diferenció de quienes luego propondrían la revolución armada para derrocar a las instituciones burguesas. En lugar de destruir −de apropiarse de los medios de producción por la vía de la fuerza−, los futuros colonos de Sinaloa habrían de fundar su comunidad lejos del lugar donde el capitalismo salvaje ya había echado raíces. Y ese paraíso propio, virgen, novísimo, en efecto podía ser Topolobampo. Gracias a las políticas de colonización del gobierno de Porfirio Díaz, Albert Kimsey Owen obtuvo tierras para repartir entre quienes estaban a punto de venir. Algunas las logró a cambio de las inversiones de sus socios estadounidenses. Otras las recibió a través de un esquema similar al que poco después beneficiaría a los mormones que llegaron al norte de Chihuahua, o a los molokanes que arribaron al valle de Guadalupe. Los colonos venidos del extranjero debían pagar a crédito las propiedades entregadas por las autoridades mexicanas. Llama la atención que Owen no haya convocado a mexicanos para que fundaran con él su futura comunidad. Probablemente creyó que no tenía la misma habilidad para subir a los nacionales a su empresa, como sí la tuvo para convencer a sus compatriotas. El principal instrumento para convocar a los futuros habitantes del valle del Fuerte fue una publicación semanal que lanzó junto con una pareja de amigos suyos, los esposos Howland, desde la ciudad de Nueva Jersey y que tomó prestado como nombre el de la sociedad responsable de desarrollar el proyecto de Topolobampo: *The Credit Foncier of Sinaloa*.

Ahí se hizo referencia a los antecedentes ideológicos de la empresa. Tomó los argumentos descritos en un texto que escribió poco después de sus naufragios, *Sueño de una ciudad ideal*, y los vinculó con otras aspiraciones utopistas. No fue esta la primera ni la última vez que México se presentó ante los ojos del extranjero como un lienzo en blanco donde los aventureros, y sus hermanos los utopistas, quisieron pintar. Owen supo presentar a México como la tierra prometida. En Topolobampo podría construirse una sociedad sin clases, una sociedad sin religiones, una sociedad fraterna, humana. El llamado a colonizar la metrópoli socialista de occidente fue mucho más exitoso de lo que su predicador hubiera imaginado. En 1886, desde la ciudad de Nueva York, se embarcaron los primeros 300 colonos con rumbo al Pacífico mexicano. Habían vendido todas sus posesiones para seguir al profeta de Topolobampo. A partir de ese año, una marejada de almas ávidas de tierra, comunidad e igualitarismo siguieron el mismo rumbo. En menos de veinticuatro meses la cifra de migrantes estadounidenses al valle de Fuerte rebasó los mil 200. Nunca imaginó Owen que el éxito de su convocatoria sería la variable que luego lo llevaría al fracaso.

## La familia Kneeland

El 5 de mayo de 1894 llegó a Topolobampo una carreta tirada por caballos que había hecho un largo viaje desde Denver, Colorado. Cinco meses tomó a los integrantes de la familia Kneeland atravesar los estados de Nuevo México, Arizona y Sonora. No eran tiempos seguros para emprender un trayecto así de extenso porque las antiguas tribus nómadas de la región, sobre todo los apaches, merodeaban la ruta cargados de mucho resentimiento hacia los descendientes europeos. George S. Kneeland y su esposa Mary Eliza tomaron la decisión de vender lo muy poco que tenían en Estados Unidos para inventarse una vida buena en tierras mexicanas. El patriarca de la familia tuvo noticia de la utopía socialista que se estaba fundando en aquella geografía extranjera, gracias a un ejemplar del *Credit Foncier of Sinaloa*. Esta publicación prometía derecho a trabajar y también a una dotación de tierras, de al menos 40 hectáreas, para los colonos que lograran alcanzar la bahía. George Kneeland envió primero a Ira, su hijo mayor, quien se convertiría en el fotógrafo oficial de la colonia. Fue él quien terminó por convencer a sus padres de la mudanza y también de traer con ellos a sus tres hermanas, Flora, Althea y Clarissa. Si bien la migración convocada por Owen había comenzado ocho años antes, el arribo de los parientes de Ira se celebró con una gran fiesta en la colonia. Nunca antes una familia entera había hecho un viaje tan penoso a bordo de una casa rodante desde el centro de la Unión Americana. De todos los integrantes de esa breve tribu, dos se convertirían en personajes entrañables dentro de la colonia socialista: Ira, quien documentó con sus retratos buena parte de aquella épica colectiva, y Clarissa, cuyas *Cartas a Anita* dejaron el testimonio más leal sobre los destinos recorridos por aquella comunidad.

Poca memoria se tiene en México a propósito de la numerosa migración de estadounidenses que llegaron a estas costas del Pacífico durante los tres últimos lustros del siglo XIX. Según cuentas de Albert K. Owen, fueron más de 5 mil individuos quienes se inscribieron como fundadores de la metrópoli socialista de occidente. Varias razones hicieron que la convocatoria de este hombre tuviera tanto éxito. La más importante fue la crisis económica de 1884 que en Estados Unidos provocó el cierre de un gran número de granjas y negocios, enviando a mucha gente al desempleo. Esta recesión no fue comparable en talla a la de 1929, pero sí hubo demasiados campesinos estadounidenses que, por sus consecuencias, quedaron sentenciados a la pobreza. En este contexto, el llamado de Owen se escuchó en el mejor de los momentos para quienes, como la familia Kneeland, se hallaban en situación desesperada. Por otro lado, en la memoria flotaba todavía el recuerdo de la fórmula con que el gobierno de Estados Unidos logró la colonización de la Alta California:

habían surgido fortunas formidables gracias a las dotaciones que las autoridades de ese país entregaron a quien quisiera probar suerte en aquellas deshabitadas tierras. No solo el tamaño de los predios había sido grande, sino también los préstamos para cultivarlos. Tan exitoso fue este plan de dotación que terminó siendo imitado por el gobierno mexicano para hacer que los territorios despoblados de su respectivo norte fuesen prontamente aprovechados. La ley que para este mismo propósito aprobaron los legisladores en 1875 justificó los ánimos que Owen infundió en sus publicaciones a la hora de convocar a aquellos de sus compatriotas que quisieran acompañarlo.

Como tercer argumento pesaron en el espíritu de los más idealistas las reglas de convivencia económica que Owen impuso para dar nacimiento a su experimento socialista. Para repartir las ganancias obtenidas por el esfuerzo común se estableció un criterio según el cual el 40 por ciento de las utilidades serían entregadas al trabajador, el 30 por ciento a los inversionistas que se hubieran jugado su capital, y otro 30 por ciento a quien hubiera puesto, de su lado, el talento y la inventiva en la comunidad. El dinero no sería necesario dentro de la colonia y la acumulación individual de la riqueza quedaría estrictamente prohibida. Se evitaría también la monotonía laboral, procurando la rotación de las plazas de trabajo. Los impuestos serían abolidos y las clases sociales decretadas como inexistentes.

El experimento de Owen llamó la atención al punto que tanto diarios europeos como estadounidenses enviaron reporteros para tomar nota de lo que estaba ocurriendo en la bahía de Ohuira y sus alrededores. Estas piezas periodísticas atrajeron a su vez a nuevos colonos. Ante la autoridad mexicana, la empresa Credit Foncier of Sinaloa se volvió prácticamente la dueña única de todas aquellas dotaciones. Siendo Owen su representante legal, los predios entregados por el gobierno a esta compañía quedaron bajo su personal administración. Albert Kimsey tuvo poder ilimitado para vender o hipotecar las concesiones otorgadas; con esta potestad deslindó los predios a uno y otro lado del futuro trazo del ferrocarril, también obtuvo autorización para administrar el agua proveniente de los afluentes de los ríos Sinaloa y El Fuerte. Tales poderes fueron originalmente otorgados por la Presidencia de la República y en 1890 recibieron ratificación del Congreso mexicano.

Owen no imaginó que su convocatoria fuera a recibir una adhesión tan veloz. A partir de 1886 una marea sorprendente de seres humanos se dejó venir por tierra y por barco a Sinaloa. Acaso hasta este momento tomó conciencia de lo que su voluntad individual había influido en la vida de tantos otros. Entró en pánico: no había en el valle del Fuerte condiciones para albergar así de rápido a tanta humanidad. El alojamiento era prácticamente inexistente, el agua quedaba lejos de los primeros asentamientos improvisados y no había con qué alimentar a los cientos de bocas ilusionadas. Montó entonces sobre su caballo y se dirigió a la frontera para disuadir el entusiasmo. En esta ocasión sus dotes como orador de nada le sirvieron; nadie quiso tomar de vuelta el camino por el que había venido. La manivela de la maquinaria ya no podía dar marcha atrás: aquellas personas habían vendido o renunciado a sus pocas posesiones para abrazar una promesa que ni siquiera el profeta de Topolobampo era ya capaz de arrebatarles. Por la fuerza de su propio deseo, Owen se vio forzado a aceptar su nueva condición. Debía dedicarse por entero a la muy fatigosa y absorbente tarea de gobernar a aquellos desconocidos que, sin embargo, eran tan semejantes. Obligadamente esa elección lo iría alejando de quienes en un principio financiaron su obra; era materialmente imposible dedicarse a las dos cosas: o atendía a sus nuevos vecinos o lo hacía con los inversionistas de Nueva York.

## La cultura del esfuerzo

Desde que los colonos migraron a este valle, la tecnología humana no hizo otra cosa que transformar la naturaleza del lugar. La autopista que hoy reúne a Topolobampo con Los Mochis y que luego conduce hasta Culiacán, pasando por Guasave y Guamúchil, podría ser la envidia de cualquier país del primer mundo, no solo por su trazo impecablemente asfaltado, sino también por el verde paisaje que se multiplica en sus costados. Cuesta trabajo asumir que un día el valle del Fuerte haya sido el cajón árido y seco de tierra amarillenta donde la vida tuvo tan enorme dificultad para reproducirse. En las crónicas que los conquistadores españoles dejaron a su descendencia, una palabra se repite una y otra vez para describirlo: *eriazo*, un término que en nuestra época siguen utilizando los vendedores de bienes raíces para hablar del predio cuya calidad no permite sembrar nada útil para el ser humano. Así era el valle del Fuerte antes de la llegada de Nuño Beltrán de Guzmán a Sinaloa y así siguió siendo hasta finales del siglo XIX. Estos extensos predios eriazos son hoy, sin embargo, lo opuesto: su sola mención evoca la imagen de un tomate rojo, grande y listo para la exportación, o bien de otros derivados de esta fruta que se vende engañando como si fuera verdura. La sensación de estar recorriendo una de las regiones más pródigas de México se confirma al consultar el creciente volumen de producción que año con año arrojan estas propiedades.

La primera tarea importante de irrigación de que se tiene noticia ocurrió por obra de familias que, como los Kneeland, bajaron agua desde el río Fuerte hasta el valle. Con palas y picos, tanto las mujeres como los hombres de aquella colonia cavaron 11 kilómetros para lograr que el líquido corrompiera aquel suelo nunca antes barbechado. Así nació el canal de Tastes, una zanja de 5 metros de profundidad y 10 metros de ancho; gracias a este esfuerzo se sembraron las hortalizas fundadoras de la región. Aquellos primeros años de la colonia fueron muy duros. Las fotos que Ira Kneeland tomó, y que hoy se hallan en un archivo de la ciudad de Fresno, California, dan testimonio de la miseria material a la que esos sujetos se arrojaron. Y sin embargo, en esas imágenes también se mira alegría. Tal iconografía permite introducirse en la intimidad y la vida cotidiana de aquellos individuos. Ira Kneeland perdió el oído antes de viajar a México —era rematadamente sordo— pero su mirada ganó evidente sensibilidad con el ojo de su cámara. Esas imágenes capturadas en blanco y negro son las que mejor describen aquellos personajes que traen la tierra untada en las mejillas y solían vestir, a lo largo de la semana, solo con ropas blancas. Sobre sus cabezas se aprecia un sombrero de petate, cuya caída ancha es perfectamente redonda. Todos los niños, sin excepción, van descalzos. Llevan la carne pegada a los huesos. La carestía de proteína animal es obvia. Durante los días de asueto, estos colonos recuperaban sus viejas ropas negras, raídas pero elegantes. Las mujeres se exhiben en los retratos de domingo con el pelo recogido y sin cubrir. Sus blusas son de encaje hilado y sus faldas se desbordan ampulosas hasta cubrir los pies. En día de fiesta todos los hombres llevan corbata de moño y sacos que alcanzan las rodillas. Unos portan un grueso bigote y otros procuran una barba *à la* Maximiliano de Habsburgo, cuyas hebras terminales se posan sobre el pecho. Entre todo aquel material luce la fotografía de unos músicos cargando violines, una viola, un chelo y una trompeta. Albert K. Owen es personaje central de alguno de esos retratos. No se introduce ahí como el hombre joven que, en Atlanta, un día habló ante los poderosos gobernadores sureños. En la fotografía incluida en el archivo los pómulos sobresalen y los ojos, que antes habrían provocado ternura, se han hundido dentro de sus cuencas. Se distingue, no obstante, por su altura y su porte larguirucho. Mirándolo ahí, rodeado de otros colonos, puede entenderse la atracción que ejercía. Las facciones de su rostro y su complexión física recuerdan a Abraham Lincoln, el amigo de su padre.

En muy pocas de las fotografías del archivo Kneeland aparecen caballos. Solo mulas y burros de colores mestizos. La historia de las viviendas de los colonos puede rastrearse también gracias a estos documentos. Ahí hay casas de campaña confeccionadas con una lona que se distingue por resistente. Luego surgieron las primeras construcciones de lodo horneado en bloques anchos y largos de adobe, todos ensamblados gracias a la reciedumbre de los troncos y las ramas traídas de la orilla del río, probablemente de un árbol típico de El Fuerte conocido por los libros contemporáneos de botánica como higuera de bengala. Los techos de las viviendas son de palma de dátil, hojas exuberantes pero bien acomodadas que habrán protegido del sol pero no de las lluvias. Son *chinames* yaquis amueblados con mesas, sillas y sillones de estilo Luis XVI.

La contradicción que provocan estas construcciones es propia del encuentro entre dos sociedades que trataron de entenderse con su circunstancia. Los muros de las mejores viviendas van pintados de blanco. Fue con este color que la colonia owenista emparentó con los usos de otros pequeños asentamientos mexicanos tales como Higuera de Zaragoza o la Constancia, así como con la vieja población de El Fuerte: caseríos pintados con cal y por ello muy dignos. Cuando sobraban, los colonos estadounidenses iban a vender a estas poblaciones sus hortalizas. Una vez que lograron traer agua del río intentaron cultivarlo todo. Ira retrató los naranjos y las datileras, las vides y los predios sembrados con sorgo, unas enormes lechugas y unos pequeños elotes. Con empeño y mucha necedad pudieron hacer que la antigua planta del mezcal aprendiera a convivir con otras formas de vida absolutamente ajenas a aquel paisaje inventado por la naturaleza. Este material fotográfico confirma que la vitalidad actual de este valle ocurrió por mediación humana. Nada sería de estas tierras sin los 11 kilómetros cavados por aquellos colonos para hacer que el río regara las tierras colindantes con el deshabitado solar de Los Mochis. Ellos desplantaron las primeras 15 mil hectáreas que se volvieron cultivables, fueron también quienes colocaron bombas de vapor para regar esas semidesérticas tierras mexicanas.

La familia Kneeland se asentó sobre una pequeña elevación, en el margen izquierdo del río Fuerte. Ahí construyó un chiname criollo que, a diferencia del modelo tradicional, contaba con chimenea y ventanas. Ira y Clarissa lograron pronto obtener la confianza de los pobladores originales. Ella solo contaba con 15 años cuando se mudó a vivir a Sinaloa. Se hizo maestra entre los niños indígenas. A pesar de sus muy escasos conocimientos en medicina, los yaquis de la región la tomaron por curandera. Años después, cuando ya había abandonado aquella comunidad, como muestra de agradecimiento el retrato de Clarissa permaneció en casa de las familias de Sivirijoa, la ranchería vecina al domicilio que estos dos hermanos ocuparon entre 1894 y 1913.

Quien guardó con mayor celo la memoria de la maestra adolescente fue Ana Padilla Verduzco. Ella era cuatro años menor que la joven Kneeland. Fue hija del juez que ejercía en Higuera de Zaragoza y sería más tarde la destinataria de las *Cartas a Anita*, texto que recoge la memoria nostálgica de una promesa que no se cumplió. La amistad entre ambas duró hasta 1950, año en que murió Clarissa. La amorosa relación entre estas dos mujeres muestra la manera como los nuevos colonos estadounidenses y los habitantes mexicanos de la región trabaron lazos fuertes. Los más adinerados abrieron la puerta de sus casas a estos personajes extravagantes que tenían tanta gana de inventarse un mundo diferente. También fueron recibidos con generosidad por los yaquis de la región. Ellos encontraron empleo en la nueva colonia a cambio de una paga superior a la ofrecida por los caciques y rancheros del valle.

Para no extrañar demasiado su forma previa de organización social, estos colonos fundaron una Academia de Ciencias, una escuela para los más pequeños —el Liceo de la Juventud— un Centro Cultural para Damas, un Club de Jardinería y un grupo teatral que representaba obras de Shakespeare. Durante la primera década, todos estos espacios estuvieron abiertos para quien quisiera entrar a su círculo de actividades. No impusieron restricciones para los nativos o los mestizos de la naciente burguesía. Aquella comunidad de migrantes se integraba más rápidamente de lo que hubiera podido imaginarse; antes de que terminara el siglo, un grupo compuesto por cerca de 500 familias, que ya incluía unos pocos apellidos mexicanos, migró de Topolobampo a un rancho que llevaba por nombre Los Mochis. Durante el siguiente lustro se sumaron a esta comunidad mil quinientas familias más.

Gracias al canal de Tastes, aquella población fundadora de lo que luego se convertiría en la tercera ciudad más importante de Sinaloa comenzó a desarrollarse. Fueron acaso esos años los más felices de la colonia. Solo Albert Kimsey Owen tenía conciencia de que su proyecto enfrentaba un gran riesgo de naufragar. De todas las apuestas que hizo, tanto el puerto de Topolobampo como el ferrocarril Kansas City, México y Oriente se desmoronarían como un castillo de naipes. Una mala decisión y mucha mala voluntad se avecinaban en el rojo horizonte del valle del Fuerte.

## Edén subvertido

Salió temprano de Ahome y no se detuvo en Higuera de Zaragoza. Llevaba la carreta vacía porque en el puertito de Agiabampo debía recoger las piezas que echarían a andar de nuevo su trapiche. En esa laguna de mar que separa a los estados de Sinaloa y Sonora ya lo esperaba una larga barcaza. A don Zacarías Ochoa le sobró edad y también le faltaron brazos a la hora de bajar su cargamento. Para suerte suya, un extranjero de aproximadamente 25 años le ofreció ayuda. El ranchero de Ahome depositó instantánea confianza en él; tanta, que no puso atención en las ropas limadas, ni tampoco en la razón por la que un forastero podía haber llegado hasta esa región sin una sola valija. Bastó con que en su mal masticado castellano Benjamin Francis Johnston hiciera un par de bromas para que don Zacarías quisiera llevarse al joven de vuelta a casa, jalado por sus mulas.

Durante el trayecto hacia El Águila —la propiedad donde se hallaba el trapiche del señor Ochoa— el extranjero contó que andaba tras los pasos de Albert K. Owen. Dijo que era poseedor de una modesta fortuna obtenida por la compra y venta de madera en el frío estado de Washington, y que quería invertirla toda en la colonia socialista de Topolobampo. Este dato terminó por desarmar a su interlocutor. Corría el año de 1890 y todavía la reputación de Owen entre los rancheros mexicanos del valle del Fuerte guardaba buen estado. Así fue como aquel hombre descartó que el joven fuese un contrabandista, un traficante de metales o un loco en búsqueda de hacer daño a sus parientes. Un síntoma muy de la oligarquía nativa lo acometió: confió ciegamente en Johnston, principalmente por ser extranjero.

Ya en El Águila, mientras ayudaba a bajar y luego a instalar las piezas del trapiche, Johnston fue invitado a permanecer por unos días en casa de la familia Ochoa. Los hijos del mexicano tuvieron que prestarle ropa para que pudiera sentarse a la mesa tan decentemente como las costumbres del lugar lo ameritaban. Pronto el recién llegado perdió todo el interés que tenía sobre la colonia de Topolobampo. Sin gran esfuerzo siguió aprendiendo español y logró adaptarse a los modos y los privilegios de una familia cómodamente situada dentro de aquella sociedad rural y conservadora de finales del siglo XIX. Don Zacarías formaba parte de la breve oligarquía porfiriana que sobre el valle del Fuerte se repartía el gobierno de la población. Por mediación suya, en pocos años Johnston pasó a formar parte del selecto grupo. Ochoa no fue el único hacendado que sucumbió ante la fuerte personalidad de aquel forastero. Cuando lo introdujo con sus pares, aquellos decimonónicos terratenientes también quedaron deslumbrados al escuchar las propuestas que el joven hizo para desarrollar sus respectivas haciendas. Johnston tenía una intuición empresarial extraordinaria.

Entre 1890 y 1900 la demanda mundial por el azúcar despertó furor. Tanto en Europa como en Estados Unidos el consumo de este producto se volvió síntoma de pertenencia a la burguesía. Según el extranjero, don Zacarías y los demás hacendados encontrarían en sus propiedades una verdadera mina de oro si lograban incorporar algo de tecnología a sus antiguos trapiches. Aquellos molinos todavía usaban la fuerza de las mulas para extraer azúcar de la caña. En cambio, los modernos ingenios de otras latitudes ya habían introducido la máquina de vapor como fuerza motora para la molienda. El estadounidense propuso hacer un viaje a Chicago para explorar el mercado azucarero. Los hacendados del valle lo financiaron. Ochoa no podía creer su suerte. Andaba orondo y orgulloso con su nuevo asesor personal. Johnston era emblema del talante arrojado que el siglo por llegar iba a exigir a todos los suyos. Las lenguas viperinas de la región bromeaban diciendo que don Zacarías se había vuelto loco con el silbato de su ingenio. Su esposa fue la única persona que se atrevió a discutir con el viejo: para esa mujer, tras la envoltura de aquel caballero había un alma perversa de pirata. Johnston regresó de Chicago con un gran contrato entre las manos. Por su visión, el azúcar se convertiría en el principal producto de exportación del valle. La muerte de Edward Lycan, socio de Zacarías Ochoa en El Águila, abrió la oportunidad para que el asesor mutara de estatus y se volviera propietario. Fundaron una nueva compañía: El Águila Sugar & Refining Co. Sería la organización económica más importante y lucrativa de aquella región. Gracias a la exportación azucarera, también el Gobierno del Estado de Sinaloa, encabezado por Francisco Cañedo, vio crecer las arcas públicas. Aquel negocio hizo que los ingresos estatales se elevaran considerablemente.

Mientras esta empresa florecía, en la colonia socialista las dificultades se multiplicaron. Un grupo cada vez más amplio de migrantes, venidos en su mayoría del estado de Kansas, se miraba en el espejo de Benjamin Francis Johnston, al tiempo que señalaban a Albert K. Owen como un idealista y un embaucador. Hacia el final de la última década de aquel agonizante siglo, la colonia socialista se partió en dos. De un lado se colocaron los autodenominados capitalistas de Kansas —también conocidos en Los Mochis como «los Kickers»— y del otro quedaron quienes se mantuvieron leales al proyecto owenista, burlonamente bautizados por sus detractores como «los Santos». Esta fractura de propósitos se vio alimentada por las condiciones materiales que seguían siendo muy precarias. Aún faltaba mucho por hacer para que el agua regara todas las posesiones y satisficiera la sed de todos los colonos. El otro gran problema fue la propiedad de la tierra. Los dos bandos peleaban por estar cerca de las orillas del río Fuerte. Owen tomó como muy personal la afrenta de los Kickers; ellos representaban las razones por las que él y sus colonos habían abandonado Estados Unidos. Eran caníbales, capitalistas salvajes que no merecían haber sido recibidos por la comunidad. Representaban el germen de la destrucción que corroía las instituciones de su país: «Hace tiempo que Estados Unidos ha dejado de ser una república —escribió un Owen enfurecido—; su Constitución, desde el primero hasta el último artículo, ha sido interpretada y explicada para hacerla servir a la opresión y a la esclavitud del pueblo; su bandera es una mentira, porque a su sombra no vive un pueblo feliz». Para el profeta de Topolobampo, los Kickers eran nefastos embajadores de esa lógica tiránica y arbitraria en Sinaloa.

Del otro lado de la frontera la fama de Owen se hizo contradictoria. Por una parte sus escritos políticos lo fueron ubicando como un socialista extremo, enemigo del capital y un fustigador insoportable contra los inversionistas que lo podían apoyar; por la otra, aquel ingeniero seguía rogando para que esas mismas personas financiaran la línea de ferrocarril Kansas City, México y Oriente y el puerto de Topolobampo. A esta circunstancia se sumaron las intrigas de las grandes compañías ferrocarrileras de Estados Unidos, que valoraron los proyectos de Owen como contrarios a su interés. Temían, y con razón, que los puertos estadounidenses situados en el Pacífico perderían tráfico marítimo si Owen lograba conectar Topolobampo con Nueva York. A partir de 1895, las hostilidades en contra suya engordaron hasta la exageración, particularmente en Wall Street donde la reputación de su proyecto fue quebrándose en muy pequeños fragmentos. Un último intento por salvar su obra lo llevó a negociar con el empresario mexicano Enrique C. Creel —yerno del gobernador de Chihuahua, Luis Terrazas— un subsidio público para no detener la obra del ferrocarril en la Sierra Tarahumara. Las autoridades mexicanas no querían perder la oportunidad económica que para el noroeste de su país significaba aquella empresa. Cortísimo como estaba de recursos, Albert Kimsey sumó a esos ingresos un dinero que no tenía derecho a tocar. Estaba desesperado y cometió el más grave de sus errores: tomó prestadas las reservas que los colonos le hubieran depositado para pagar los préstamos, y lo invirtió todo en la construcción del ferrocarril. Con esos recursos no fue capaz siquiera de trazar 2 kilómetros de vía y dejó en gran desprotección a los Santos con respecto a la propiedad de sus tierras. Cuando la autoridad vino a cobrar las deudas y Owen no pudo cumplir con lo acordado, Benjamin Francis Johnston se aprovechó de la situación.

Don Zacarías Ochoa murió el martes 17 de mayo de 1904. Tenía 74 años. Dejó a sus descendientes prácticamente en la miseria: su socio despojó a esa familia de cuanto poseía. Ingrato y sin escrúpulos, aquel individuo que llegó a las costas del Pacífico mexicano sin equipaje, terminó por abusar de la confianza depositada en él por su mentor y se hizo del control absoluto de El Águila Sugar & Refining Co. «Los negocios son los negocios», habría respondido a la viuda de don Zacarías cuando esta fue a exigirle cuentas. La avidez de Johnston no conoció límites. En vida encarnó la peor de las pesadillas de Albert Kimsey Owen. Bajo su conducción se monopolizó la producción y el comercio del azúcar en la región. Una vez que desplazó a sus competidores, se dispuso a controlar el resto de las tierras y el agua del valle. El gobernador porfirista Francisco Cañedo fue su gran aliado para arrebatar los predios a los colonos; con su apoyo adquirió las deudas morosas de Owen y así se hizo dueño de las concesiones federales que durante las últimas dos décadas habían incrementado 700 veces su valor. Antes de que aquellas praderas hubieran sido desmontadas y los canales de riego se construyeran, el precio por hectárea en el valle del Fuerte no rebasaba los 18 centavos

184

de dólar. En cambio, para 1904, el valor por hectárea rondaba ya los 123 dólares. En este segundo precio quiso Johnston vender las tierras a quienes, por el abuso de confianza de Owen, hubieran perdido su patrimonio. Los que sí volvieron a comprar se convirtieron en los primeros pequeños propietarios del valle.

Johnston también se apropió del canal de Tastes y exigió a los antiguos usuarios que pagaran una cuota si querían seguir regando sus hortalizas. Con ayuda del gobierno local hizo encarcelar a quienes, por la noche, abrían las compuertas de la acequia. En el extremo de su angustia, un integrante de la colonia trató de asesinar al abusivo personaje, pero falló. En revancha, Johnston pidió de nuevo ayuda al gobernador Cañedo para expulsar del valle a los que no pudieran o no quisieran cumplir con sus obligaciones. El mismo año en que murió don Zacarías Ochoa, un número grande de familias fueron desalojadas de sus tierras. La escena habría sido tristísima: cientos de individuos que durante 20 años convirtieron aquellos eriazos en otra cosa, tuvieron que vender hasta el último de sus bienes −sus gobelinos, sus herramientas de trabajo, los sillones Luis XVI− para pagar el pasaje que los llevaría de regreso a su país. Clarissa Kneeland escribiría más tarde a Anita Padilla:

«...si hay un infierno, un lugar de castigo para la inhumanidad del hombre por el hombre, donde la justa retribución les corresponde a quienes por medios legales han tomado aquello que la equidad no les dio, entonces que El Águila Sugar & Refining Co. dé gracias por el hecho declarado de que las corporaciones no tienen alma».

Quienes comienzan demasiado temprano en la vida suelen volverse impacientes en la edad adulta. Owen se sintió agotado en fuerzas y en inteligencia para enfrentar al demonio de Johnston. En 1897 el profeta de Topolobampo se casó con Marie Louise Bigelow, una mujer sin anhelos amplios pero hija de una familia próspera de Nueva Jersey. Ella no estuvo dispuesta a acompañar a su marido en la derrota; en cambio, hizo todo lo que estuvo a su alcance para repatriarlo hasta que logró la mudanza del matrimonio a casa de sus padres. Owen murió en Nueva Jersey, deprimido y olvidado, a la edad de 69 años. Clarissa dedicó las últimas frases de admiración hacia este emblemático personaje:

Alberto Owen fue un soñador que persiguió un hermoso ideal que no fuimos capaces de hacer realidad en aquel tiempo, pero yo afirmo que la civilización actual se derrumbará a menos que nosotros en Estados

Unidos, y ustedes en México, y todos los demás países de la tierra encaminen sus pasos, muy pronto, por el camino que Owen quería que siguiéramos en la colonia. The Credit Foncier fracasó y mi corazón sufre todavía el dolor de ese fracaso, mi alma canta a su memoria, a la aurora de su gloria y doy gracias a Dios por el privilegio de haber participado en esa empresa.

Ella redactó estas líneas cuando México se hallaba ya desgarrado por una violenta revolución y su otro país, Estados Unidos, había ingresado a la Primera Guerra Mundial. Los hermanos Ira y Clarissa Kneeland fueron prácticamente los últimos colonos en abandonar su chiname del río Fuerte. Hacia finales de 1910 su padre, George Kneeland, fue a California para asistir a una reunión de veteranos de la guerra civil. Ya no pudo regresar a Sinaloa debido a lo peligrosa que se volvió la frontera a causa de las batallas revolucionarias. Tres años después sus hijos lo alcanzarían en la ciudad de Fresno, lugar donde vivieron como expatriados espirituales. En su nueva reencarnación, Ira dejó la fotografía para alternar su tiempo en la elaboración de los primeros diseños que se hicieron del helicóptero moderno, así como en la redacción de ensayos de inspiración socialista. Una poderosa compañía quiso comprarle el diseño de su máquina voladora, pero principista hasta el último de sus días, Ira se negó a vender temiendo que aquel artefacto terminaría siendo utilizado para la guerra. Clarissa, por su parte, ingresó al Partido Socialista estadounidense, y desde ese lugar pudo prolongar algunas de sus convicciones utopistas. Fue una estupenda escritora, pero a pesar de la seductora poesía de sus palabras y de su agudísima prosa, no logró reconocimiento en esta profesión. Excepto sus *Cartas a Anita*, poco queda hoy de su literatura.

En 1950, Ira contrajo pulmonía. Su hermana se dedicó a cuidarlo hasta que ella también cayó afectada por la enfermedad. Ambos murieron en el sur de California hacia finales de aquel año. Anita Padilla sobrevivió hasta 1972: fue una profesora muy querida en Los Mochis, heredera de una memoria que las generaciones posteriores no habrían de olvidar. Le tocó vivir la revolución maderista, la revuelta de Felipe Bachomo en contra de los carrancistas, la consolidación del imperio azucarero gobernado por Johnston y luego la expropiación que el presidente Lázaro Cárdenas impuso sobre este poderoso empresario. Fue también testigo del crecimiento de Los Mochis como capital de la tomateada.

# Bachomo

Lo fusilaron por yoreme. Además había sido general revolucionario pero esa no fue la razón principal. Antes de llegar a Los Mochis se había ya cavado una fosa para enterrar su cuerpo junto a las vías del tren. Viajó desde la ciudad de México con las manos y los pies atados. Cuando se abrió la puerta metálica del vagón donde lo transportaban, su rostro iba oculto bajo el ala de un sombrero tejano, tan plomizo como la tarde de aquel martes 24 de octubre de 1916. Antes de que sus botas de minero tocaran el suelo, tomó conciencia de que ahí se hallaba ya el pelotón de soldados al que se había encomendado su ejecución. El general Felipe Bachomo ofreció al comité de bienvenida una mirada de indiferencia. Traía bajo el brazo una cobija de algodón pintado con franjas negras y rojas. Cuando descubrió la fosa, con energía arrojó aquella manta en su interior. El capitán Santiago Fierro ordenó entonces a sus hombres que hicieran una línea. Trajeado con una camisa y un pantalón color mostaza, Bachomo dio unos pasos hacia adelante colocándose por propia voluntad entre los fusiles alzados y su futuro inmediato. Los verdugos quisieron colocarle una venda sobre los ojos pero él lo impidió. Si aquel episodio debía ser teatral, el general villista también quería dejar su impronta para la posteridad. Tenía la estatura moral para encarar limpiamente a sus asesinos. La descarga se escuchó sin contratiempo.

Durante poco más de 40 años permaneció aquella fosa dentro de la estación de trenes de Los Mochis. Desde esa tarde de octubre, semana a semana fue creciendo sobre los huesos del caudillo una montaña de pequeñas piedras blancas que sus devotos llevaban, primero para honrar su memoria y posteriormente para pedirle favores y milagros. En la cultura de los pueblos originales del México norteño, este es el ritual que merecen quienes murieron injustamente asesinados por los poderosos. Las piedras son un homenaje que recuerda la caprichosa suerte del personaje. Felipe Bachomo, Juan Soldado o Jesús Malverde son solo algunos de los beneficiarios de esta antigua tradición. La creencia admite que, en el más allá, esas almas asumen el papel del abogado que protege a quienes padecen abusos, miseria y exclusiones. Cada roca blanca colocada es un revés propinado a la arbitraria sociedad, y también un pedimento para que el santo popular interceda ante la fuerza superior. Se les valora como espíritus rebeldes que velan por los desposeídos de la tierra, en oposición a los otros santos que tienen la piel blanca, el mentón barbado y los cabellos rubios. Probablemente quienes orquestaron el fusilamiento público de Felipe Bachomo nunca imaginaron el mito que con sus actos estaban creando. Ellos únicamente querían una muerte ejemplar, un escarmiento para recordarles a los yaquis, tehuecos, zuaques, sinaloas, guasaves y mayos, que su destino en la sociedad común es portar su humanidad tan achicada como sea posible.

A Bachomo no lo mataron por revolucionario, sino por mayo, por ser un indio yoreme. Lo asesinaron por haberse atrevido a subvertir un estado de cosas que se impuso desde la época colonial y que, pasado el tiempo, los triunfadores de la Independencia, la Reforma, el Porfiriato y la Revolución se encargaron de ratificar. Lo que objetivamente sorprende es la sobrevivencia de una identidad que habría tenido todas las razones para sucumbir. A pesar de la tenaz voluntad por aniquilarlo, el mazoyilero de la Danza del Venado ha trascendido hasta el presente. Lo mismo que su lengua cahíta, cuando se lamenta, y la tambora, cuando conduce los rítmicos pasos que unen a la víctima con su victimario. Los mayos y los yaquis han sido los más tenaces, tanto como solo la naturaleza de un ser humano puede serlo cuando se halla orgullosa de estar en el mundo. Supieron transitar por el desfiladero de la explotación impuesto sobre ellos por el sanguinario conquistador que fue Nuño Beltrán de Guzmán. Lo hicieron también cuando las reformas borbónicas alejaron a los jesuitas que los protegían de la avaricia y el desprecio de los españoles y los criollos. Sobrevivieron cuando la Reforma despojó a todas las corporaciones —las religiosas y también las civiles— de su derecho a poseer tierra, olvidando que con ello las comunidades indígenas quedarían a merced del egoísmo nunca satisfecho de los terratenientes. Acaso aún más heroico fue sobreponerse a la migración forzada en que las autoridades porfirianas incurrieron cuando centenares de hombres fueron trasladados al valle de Oaxaca para ser explotados como esclavos en las haciendas henequeneras. O peor aún, cuando sus mujeres fueron enviadas a Yucatán y Guatemala, para que su vientre dejara de seguir reproduciendo problemas y rebeldías. Mejor vida tuvieron los hijos de quienes forzadamente, o por voluntad propia, compartieron su raza con la sangre europea. La vida del mestizo en Sinaloa contó con un escudo superior para blindarse de la indignidad. Quizá por tal razón es que el caleidoscopio de la genética se agitó tan profusamente en esta región mexicana. Con todo, como en el resto del país, el color de la piel, los rasgos del rostro, la facha, y el resto de los laberintos que la herencia impone, aún en el presente siguen determinando las oportunidades de estos mexicanos.

En tal hebra de circunstancias no llama la atención que la revuelta encabezada por Felipe Bachomo haya comenzado en San Miguel Zapotitlán, asiento de las etnias más antiguas del valle y último reducto de su resistente identidad. A excepción de esta región, ubicada en el norte de Sinaloa, en el resto de la entidad los indígenas han prácticamente desaparecido. Felipe Bachomo nació en Jahuara, un barrio del poblado de Mochicahui. Nunca aprendió a leer ni a escribir. Firmaba los documentos oficiales con un bello garabato que asemejaba una lagartija. Como todos los de su estirpe, desde muy niño entró a trabajar de peón en una hacienda. Corre la leyenda que ahí se enamoró de Elvira, la hija del patrón. Su historia pudo haber inspirado medio siglo después al director de cine Ismael Rodríguez cuando filmó *Tizoc: Amor indio*. Tanto la historia íntima de Bachomo como esta otra del cine mexicano –la penúltima de la filmografía de Pedro Infante– son metáfora de la imposible coincidencia entre un hombre y una mujer cuando los amores y la raza se desencuentran. Yoremes y yoris (los blancos) están destinados a la distancia precisamente porque el mestizaje permite un ascenso social que ha de reducirse al máximo, sobre todo si la amada es de origen yori.

La injusticia social que se expresa en la vida privada lacera más al espíritu que aquella cuya manifestación ocurre en la plaza pública. La imposibilidad de la relación con Elvira hizo probablemente de Bachomo un revolucionario. Acaso alimentó las razones que, a partir de 1910, lo convertirían en el último héroe mayo. Al lado de otros parientes y pares suyos este indio se sumó a *la bola*, no tanto porque los ideales de la democracia promovida por Francisco I. Madero lo hubieran conmovido, sino porque la revuelta armada permitía a los desposeídos hacerse de un arma, que les procuraría más tarde el camino para recuperar sus tierras antiguas. Aquella guerra cobraba sentido si con su participación podía destruirse el régimen que los mantenía sometidos. Querían de vuelta las posesiones, las libertades, la autonomía que a muchas generaciones atrás les habían sido secuestradas. Si Madero estaba dispuesto a cambiar el rumbo de esa historia, tenía lógica pues poner la vida en ello.

En mayo de 1911 Bachomo y sus seguidores participaron en la toma de Mazatlán armados con arcos, piedras, palos, pistolas y carabinas. Esta acción militar representó el aporte principal que Sinaloa hizo para derrocar al dictador. Una vez que Porfirio Díaz se embarcó hacia Francia, los mandos militares bajo las órdenes de Madero pidieron a sus huestes que regresaran pacíficamente a labrar las tierras. ¿Cuáles tierras? Volver como peones a trabajar para los terratenientes contra quienes supuestamente habían peleado era ridículo. Aquellos hombres habían esperado otro resultado de su involucramiento en la Revolución. Por ello fue que en San Miguel Zapotitlán se recibió con entusiasmo la noticia de que la gesta volvía a ofrecer razones para seguir guerreando entre mexicanos. El líder indio de Sinaloa apuró a sus subordinados para enfrentar a los federales, en esta segunda ronda comandados por Victoriano Huerta, el asesino de Madero y José María Pino Suárez.

En pocas semanas Bachomo aportó a la contienda más de 6 mil combatientes y en la primavera de 1914 atacó Ahome, haciéndose de la plaza fácilmente. Desde ahí gobernó por varios meses gran parte del valle del Fuerte. Lo que Álvaro Obregón no pudo hacer con su ataque aéreo en la bahía de Ohuira, este líder yoreme lo obtuvo sin hacer tanto alarde. Como premio, el Ejército Constitucionalista le otorgó el rango de general. El caudillo sinaloense jamás portó tal insignia. Vino entonces la Convención de Aguascalientes donde, tanto Francisco Villa como Emiliano Zapata, hicieron patente la imposibilidad de conciliar la expectativa que las distintas facciones revolucionarias habían fincado sobre su propia lucha. En Sinaloa, tras las filas de Venustiano Carranza y Álvaro Obregón se habían ya formado los rancheros y propietarios de origen criollo y mestizo, y otros tantos porfiristas ensarapados que mucho temían a la furia social encabezada por Bachomo. Un ejemplo evidente de este nuevo alineamiento fue que Benjamin Francis Johnston se presentó ante el inesperado escenario político como uno de los principales beneficiarios de la Revolución.

Orestes Pereyra visitó Ahome para convencer al caudillo yoreme de que se sumara a la revancha villista. Ese otro bando sí prometía tierra, a diferencia del gobierno encabezado por los carrancistas. Al aceptar esta oferta Bachomo no tomó en consideración que, más allá de la cuenca ocupada por sus tropas, se hallaba absolutamente solo. El suyo sería un lunar villista en medio de un territorio controlado por el ejército contrario. Los intereses políticos y militares del nuevo secretario de la Defensa, el general Álvaro Obregón, lo cercaban por los cuatro costados. Esta decisión de Bachomo fue suicida y sin embargo representó la única vía para no traicionar a los suyos. Los nuevos dueños de Sinaloa reventaron contra las pretensiones del caudillo. Intentaron arrebatarle Ahome por la fuerza. La masacre que produjera el enfrentamiento entre ambas fuerzas fue grande. Al final, Bachomo ordenó pasar por las armas a los enemigos y no se preocupó cuando sus milicianos asaltaron las casas y los comercios de la burguesía local.

Sus superiores propusieron luego un escalamiento del conflicto: debía atacar territorio estadounidense. Un aprieto internacional era la mejor acción para desestabilizar al nuevo gobierno. La frontera no quedaba cerca pero sí lo estaban las propiedades de Johnston. Durante los primeros años de la Revolución, sobre las paredes exteriores de su ingenio, el gran señor de Los Mochis instaló una bandera con estrellas y barras para asegurarle neutralidad a la fuente de sus riquezas. Ese dato se volvió irrelevante para los rebeldes: los daños económicos que Bachomo y sus hombres propinaron al empresario azucarero fueron muchos.

Hacia finales de 1915 su tropa constató que la lucha estaba perdida. El cerco militar se iba reduciendo hasta asfixiarlo. Fue en ese momento que el caudillo yoreme optó por acogerse a la ley de amnistía que los carrancistas ofrecieron a sus detractores. Entregó las armas y disolvió su ejército. Dado el encono que cargaban los rancheros del valle, temió por la crueldad y la masacre que podían cebarse sobre su pueblo. Entre la burguesía sinaloense rodaba de mesa en mesa el rumor de que Bachomo estaba trayendo a su tierra una guerra de castas, tan peligrosa como la que los mayas impusieron en 1847 sobre la península de Yucatán. Nada más falso. Los indios de aquella región no nutrieron su intención con el odio racial. Prueba de ello es que dentro de sus filas se contaron muchos yoris. Con ellos participó destacadamente el hijo mayor de don Zacarías Ochoa, quien halló en ese frente una forma de vengar la decepción y la tristeza con las que murió su progenitor.

Una vez puesto a disposición del mando militar carrancista, Bachomo fue detenido y trasladado a la ciudad de México. Contra cualquier previsión dispuesta por el procedimiento de indulto, este indio yoreme ingresó a la prisión de Santiago Tlatelolco. Con sus actos había salvado a los suyos pero se condenó a sí mismo. Benjamin Francis Johnston movió todos los hilos que tuvo a su alcance para que en Culiacán se celebrara un juicio en contra del general villista. El principal argumento: este hombre había lesionado intereses de Estados Unidos. En ausencia, el 7 de octubre de 1916 se le juzgó y condenó a muerte. La imputación de abusos y tropelías –que lejos estaban de ser toda su responsabilidad–

desató una poderosa estampida. En alguien tenía que descargarse el rechazo de una burguesía rural muy agraviada por las pérdidas sufridas durante la Revolución. Antes de que transcurriera un mes lo subieron a un tren que lo transportó hasta el puerto nayarita de San Blas. Desde esa población costera lo condujeron luego a Los Mochis. Al bajar del carro, ya en su tierra, traía puesto un sombrero cuyo color era tan gris como la tarde en que lo fusilaron. El culto por Bachomo fue vigoroso en el valle durante medio siglo más. A su ánima se le rezaba para que lloviera y también para salvar las vidas de los animales cuando la inundación arrasaba con todo. Su leyenda no declinaría hasta que otro santo popular ganó fuerza en Culiacán. Por alguna razón que bien tendría sentido comprender, los cultos a Felipe Bachomo y a Jesús Malverde no supieron coexistir en el tiempo.

## Mochis

Persiste una historia simpática pero poco verosímil sobre el origen del nombre de Los Mochis. Dicen en el valle que los mexicanos escuchaban a los colonos extranjeros utilizar con frecuencia los vocablos *much*, *too much* y *very much*, y a partir de ahí habría derivado en *moch*, Moch(is). Otra voz afirma que en el predio de 30 hectáreas al que comenzaron a llegar los primeros pioneros vivía un hombre que no tenía un brazo: «el mocho». En su honor podría haberse heredado el apelativo. Esta segunda anécdota también ha de ser falsa. En lengua cahíta, *mochic* es el término que sirve para designar a las tortugas de agua y probablemente tanto la denominación del poblado de Mochicahui como la de la actual ciudad de Los Mochis, provengan de esta raíz ancestral. En los libros de historia, 1903 aparece como la fecha oficial de la fundación de la capital del valle del Fuerte. Y es que durante ese año el gobernador Francisco Cañedo expidió el decreto por el que se crearon las alcaldías de Topolobampo y Los Mochis. Sin embargo, ambas poblaciones contaban ya para entonces con al menos tres lustros de civilización.

La luz en la ciudad de Los Mochis es tan blanca como el azúcar que nutrió su nacimiento. Flota por ello en sus calles un aroma dulzón. El sol ha estriado las fachadas de las casas y edificios. El ronroneo de los aires acondicionados es uno de los sonidos más apreciados por sus habitantes durante el largo verano. El dinero que circula en esta ciudad es notorio pero no ha sabido expresarse estéticamente. No suelen ser bellos los asentamientos que se fundaron en torno a un aserradero, ni tampoco a partir de los ingenios azucareros. Aquí son escasas las islas donde los árboles y las enredaderas, las flores y los prados, confirman lo que puede ocurrir cuando el agua se usa para algo más que beber. El resto de esta urbe no goza de tal gracia.

Sobre la avenida Antonio Rosales de la ciudad está situado el Museo Regional del valle del Fuerte. Esta construcción perteneció a la familia Johnston; un edificio que, por su opulencia, contrasta con la urbanidad restante. Dicha mansión recuerda cuando los dueños y los altos funcionarios del ingenio vivían separados del resto de los mochitenses por una alambrada alta y fuertemente vigilada por guardias privadas. Durante los años 50 del siglo pasado Manuel Gil escribió: «de un lado estaba el Mochis mexicano, con casas de techo de paja, barras de madera y paredes de lodo cocido, y del otro una zona residencial prácticamente estadounidense, espléndida, una ciudad yanqui». Aquel reducido grupo apenas si tenía intención de mezclarse con la gran mayoría. Fuera de la cerca corría el drenaje a cielo abierto, estaban la tierra removida por los ligeros vientos, las casuchas y el caos; adentro, las plantas extravagantes, las jacarandas, los ventiladores eléctricos y las albercas de las grandes residencias.

En el Nuevo Mundo hubo una época en que las plantaciones de café, algodón o tabaco no supieron prescindir de la esclavitud. Fueron todas empresas intensivas en mano de obra explotada. Ninguno de esos productos, sin embargo, despreció tanto la vida humana como el negocio del azúcar. Alrededor de 70 por ciento de los esclavos de las Américas laboraron en los campos sembrados con caña o en las ardientes calderas de los ingenios que vivían tanto de noche como de día. Qué paradoja: la existencia más amarga fue aquella que se produjo a la hora de fabricar el azúcar. En los ingenios las altas temperaturas son una constante; caliente el clima e infernal el ruido de los fierros que trituran la caña. Aún en el presente suelen ser un lugar cruel, un sitio de castigo, un escenario dantesco.

Fueron la Revolución y la Primera Guerra Mundial los dos hechos determinantes para el desarrollo de Los Mochis. Durante la segunda década del siglo XX dejó de ser necesario acudir a Chicago para vender el edulcorante. Los compradores estadounidenses viajaban hasta esta coordenada para hacerse de la producción entera. En esa época los mercados del azúcar enloquecieron elevando su precio hasta cinco veces.

El más astuto de los yoris aprovechó la circunstancia para tejer una red de intereses a su alrededor y se volvió intocable. Mientras los antiguos hacendados, como don Zacarías Ochoa, pasaron a formar parte de una especie en extinción, Johnston se asoció con los apellidos de una nueva burguesía que aspiraba a sustituirlos. También nombró como directivo de su compañía al vicecónsul de Estados Unidos en Sinaloa. Fue una decisión impecable: le otorgó autonomía frente a las volubles y sucesivas autoridades de la Revolución. Para 1920 su negocio no tenía ya competidores. Tiempo atrás había cerrado el ingenio, El Águila, y transportó su moderna maquinaria hasta Los Mochis. Los nuevos gobiernos le otorgaron subsidios, protección comercial y facultades excesivas. Ya no solo el agua y la tierra fueron posesión suya: también la vida de los pobladores del valle entró en el saco de sus pertenencias. Durante su existencia, fueron unos cuantos quienes lo admiraron; fuera de la alambrada, el resto le temía.

El ferrocarril llegó por fin a estas tierras en 1906. No lo hizo, sin embargo, desde el norte de Chihuahua. Las primeras vías que funcionaron en Sinaloa venían de Nayarit y antes desde Jalisco. A la postre fue más fácil que los vagones corrieran de sur a norte, camino a Sonora y hasta Arizona, en vez de hacerlo de este a oeste, atravesando por la Sierra Madre Occidental. Con todo, esta máquina aportó grandes ventajas para el comercio y los productos cultivados en el valle. La prosperidad y el dinero multiplicados por el ingenio azucarero, y también el ferrocarril que quebró el aislamiento de Sinaloa, atrajeron a miles de mexicanos provenientes del centro y sur del país.

En 1928 Johnston se adueñó de la concesión ferrocarrilera abandonada tres décadas atrás por Albert Kimsey Owen, pero también este otro emprendedor fracasó con el proyecto. Los túneles y los puentes necesarios para internar las vías férreas dentro de la Sierra Tarahumara eran demasiado costosos. En 1940 el gobierno del presidente Lázaro Cárdenas del Río tomó control sobre la línea Kansas City, México y Oriente, que ya para ese momento contaba con 510 kilómetros construidos. Las autoridades se propusieron concluir –y lo lograron finalmente en 1961– lo que hoy se conoce como la línea Chihuahua-El Pacífico. Casi 90 años después de que Owen la hubiera imaginado, apareció la primera locomotora que viajó desde Topolobampo hasta Chihuahua. No obstante, los ingenieros de esa obra no contemplaron un ferrocarril que pudiera transportar grandes contenedores, provenientes de los barcos de carga. Los frágiles puentes, pero sobre todo los estrechos túneles que actualmente recorre el Chepe —como se conoce hoy a este ferrocarril— son inadecuados; si lo que se quería realmente era hacer de Topolobampo un puerto de gran altura. En el presente la bahía de Ohuira no vive del comercio con Asia, sino de la pesca de camarón y de los ferris que cruzan el mar de Cortés.

El producto realmente querido en esta región es el tomate, un fruto democrático porque, a diferencia de la caña, hace circular las ganancias entre muchas manos. Las placas de los automóviles en esta entidad mexicana llevan hoy su presumida y muy colorada estampa. Aquí este fruto redondo significa la generosidad que la tierra sí sabe ofrecer. Quienes lo sembraron primero fueron los colonos owenistas. Mientras el azúcar fue herencia de los Kickers, el tomate lo fue de los Santos. Luego, la migración griega llegada a Sinaloa durante la Segunda Guerra Mundial amplió el negocio de las hortalizas. Las empresas de Johnston siguieron marchando viento en popa hasta el mes de febrero de 1937, fecha en que el gobierno del general Lázaro Cárdenas tomó la decisión de expropiar las tierras donde se hallaba su ingenio para repartirlas entre los trabajadores.

Mientras esto ocurría, el señor de Los Mochis se encontraba en la ciudad de Hong Kong. Solo un mes después, este hombre de poco más de 70 años moriría haciendo la siesta en algún hotel de aquel puerto que una vez fuera inglés. Desde entonces, el ingenio azucarero de Los Mochis tuvo sus altas y sus bajas. Hoy, con sus 20 mil toneladas anuales, sigue siendo uno de los más productivos del país.

Sinaloa cuenta con tres regiones, cada una de las cuales ha sido un potente motor para el desarrollo de la entidad: el valle del Fuerte, el valle de Culiacán y el puerto de Mazatlán. El primero fue fundado por el necio sueño de un hombre y la voluntad, tan tenaz como despiadada, de otro. Ambos, sin embargo —Owen y Johnston—, tuvieron como atributos comunes una enorme capacidad para la innovación y también para despreciar el riesgo. Cada uno, en su distinguible naturaleza, poseyó poderes extraordinarios a la hora de orquestar la fabricación de una comunidad que, aunque excluyente, injusta y sesgada, llega hasta nuestros días alardeando prosperidad. Los dos supieron cómo engatusar a sus semejantes con la fuerza de las palabras, prácticamente su único capital inicial. Con sus argumentos y sus mitos otorgaron destino a una región que no lo tenía.

Más de 400 mil almas dan hoy testimonio de su respectiva osadía. No resulta sorprendente que antes de ellos otro gran mentiroso hubiera sembrado tradición en el valle del Fuerte: al este de Los Mochis, en el poblado de Ocoroni, fue hallado en 1536 el náufrago Álvar Núñez Cabeza de Vaca. Más allá de las historias previamente contadas, la capacidad de este español para inventar hechos falsos y también para lograr que tales fuesen creídos no tiene comparación. Fue aquí, en esta región sinaloense, donde por primera vez se escuchó hablar de las siete ciudades doradas, cuyo magnetismo luego arrimó tanto talento y civilización en el norte mexicano así como en el suroeste de Estados Unidos.

## Cabeza de Vaca

Cuatro hombres fueron apresados por el comerciante de esclavos Diego Alcaraz en las márgenes del río Sinaloa, cerca del arroyo de Ocoroni. En casi nada se distinguían aquellos individuos de los indios cahítas: andaban todos desnudos, con los pelos enmarañados y su piel muy morena a causa de haber pasado varios años bajo el sol. A nada estuvo Alcaraz de echarles un grueso collar al cuello cuando alguno balbuceó un par de palabras ininteligibles para los conquistadores. Fray Andrés de Rivera asegura que ya habían olvidado su lengua materna; tanto tiempo invertido en imitar a los seres humanos con quienes toparon en su caminar –desde la Florida hasta Sinaloa– les habría trastornado la identidad. Acaso exageró este religioso en su relato porque siendo de origen español tres de aquellos peregrinos, probablemente el castellano se mantuvo como el idioma con el que se comunicaron durante los ocho años que pasaron juntos. De alguna manera debía fray Andrés describir la incapacidad para distinguir como semejantes a Álvar Núñez Cabeza de Vaca y a quienes lo acompañaban. El cuarto personaje era un moro de piel oscura al que llamaban Estebanico.

El líder de ese pequeño grupo se arrojó al suelo y rogó por ser escuchado. Cuando se lo permitieron, Cabeza de Vaca contó que en 1528 habían resultado náufragos de una expedición comandada por Pánfilo de Narváez cuyo propósito era explorar las Américas desde su extremo en el Atlántico norte. Su nave chocó contra los arrecifes que protegen Cabo Cañaveral y solo ellos cuatro lograron sobrevivir a la tragedia. Pero ese episodio fue lo menos relevante que les sucedió: durante cinco años fueron prisioneros de una tribu bárbara de aquella península. Gracias a una venturosa fuga lograron escapar hacia el norte y luego hacia el oeste, atravesando por los actuales territorios de Georgia, Alabama, Misisipi, Texas y Nuevo México. A la altura del río Pecos se cruzaron con una manada de caballos salvajes que los guió hasta la orilla del río Bravo. Luego continuaron hacia el sur, convirtiéndose en los primeros visitantes de lo que mucho tiempo después sería el Paso del Norte. En su diario de viaje, *Naufragios*, Cabeza de Vaca argumenta sobre el contraste en el trato que las poblaciones nativas les otorgaron. Unas los tomaron por curanderos. Los más los creyeron hijos del sol. Otros querían sacrificarlos. De camino a Paquimé hallaron un rumor esperanzador: ahí aseguraban que a la costa habían llegado unos hombres blancos montados sobre extraños animales. Preguntando aquí y allá se internaron en la Sierra Madre Occidental. Subieron y descendieron sus escarpadas laderas hasta encontrarse rodeados por platanares, palmeras y humedad. Su larguísima travesía concluyó delante del lugar donde la montaña deja de serlo.

¿Cuántas historias habrán inventado aquellos caminantes durante su itinerario? Se presentaron como falsos médicos y también como divinidades apócrifas para hacerse de un poco de respeto. Sus mentiras los salvaron de la muerte en más de una ocasión. La palabra aquí también jugó como único capital para alejar el hambre, para obtener techo y para beneficiarse de la solidaridad que nada más ese animal demográfico que somos los seres humanos puede procurarnos. Se ha querido describir a Cabeza de Vaca como un hombre que, producto de su tremenda odisea, extravió la frontera entre la realidad y la ficción. Y sin embargo, fue síntoma de una racionalidad muy aguda el invento que hizo de Cíbola y Quivira; territorios donde supuestamente se hallaban siete ciudades esculpidas en oro, turquesa y otras piedras preciosas. Fue esa historia y no sus padecimientos lo que permitió a aquellos viajeros ser tratados por sus compatriotas como si fueran miembros de la casa real. La información que supuestamente portaban traería riqueza sin fin. También, solo por sus historias magníficas, Cabeza de Vaca fue recibido en casa del virrey Antonio de Mendoza. En la ciudad de México, este lo escuchó fascinado y exigió que escribiera todo cuanto había hecho y observado durante su periplo. La autoridad real en la Nueva España designó al capitán Francisco Vázquez Coronado para que fuera a explorar aquellas magníficas regiones descubiertas por los náufragos de la Florida.

Cabeza de Vaca y los otros dos españoles de la comitiva —Alonso del Castillo Maldonado y Baltazar Andrés Dorantes de Carranza— optaron por no volver atrás. Habrán argumentado fatiga o extrañamiento por la patria. Poco importa: no estuvieron dispuestos a perder sus privilegios a la hora de ser desenmascarados. En cambio, al moro Estebanico se le ordenó guiar a los nuevos expedicionarios: aceptó porque los de su raza no tenían soberanía en las Américas, pero también porque una historia de dos amores lo esperaba en la Sierra de Chihuahua. De su lado, Álvar Núñez Cabeza de Vaca regresó a España, donde se le otorgó el título de Segundo Adelantado del Río de la Plata. Por esta razón migró a la Paracuaria. Entre los conquistadores europeos, nadie antes de él había ido tan al norte en el nuevo continente y luego tan al sur. Sus descripciones de las cascadas de Iguazú fueron las primeras que redactó un occidental.

En 1542 apareció la primera edición de su libro *Naufragios*, texto donde la realidad y lo falso sobre sus aventuras en Norteamérica son parte de un mismo continuo. Después de haber vivido una existencia extraordinaria, murió en la ciudad de Sevilla en 1560. No sabía que el nombre Cabeza de Vaca viajaría hasta nuestros días, en parte por su tenacidad para sobrevivir, en parte por su embuste sobre Cíbola y Quivira: dos mitos terrenales que, como las islas de Esplandián, hicieron que cientos de profesionales de la conquista dedicaran su vida a hallar lo inexistente. Cabeza de Vaca, Owen y Johnston pusieron alma al carácter del sinaloense; aquellas ciudades doradas, la comuna ideal de Topolobampo y la potencia azucarera de Los Mochis, fueron todos espejismos poderosos para despertar la ambición y el nerviosismo que provoca la riqueza obtenida rápidamente. También fueron justificación para la violencia, así como para exigir lealtad inopinada. La cuenta de individuos que, aún sin saberlo, han imitado a estos tres fundadores del valle del Fuerte es infinita. Más cerca de nuestro tiempo, no han sido el oro, el ferrocarril, el azúcar o el tomate las hebras con que se fabrican utopías sociales en esta región; otros frutos que durante el siglo XX se hicieron prohibidos han hecho creer a miles que Cíbola y Quivira existen y se hallan al alcance del deseo.

# VII
## LA CAPILLA
## GENEROSA

### Agua heredada

Sumeria, Egipto y China, tres de las cuatro primeras civilizaciones relevantes, nacieron sobre el Trópico de Cáncer. De este a oeste, es la franja de la Tierra donde más abundantemente se reproduce la vida. Los milenaristas, quienes un año sí y otro también anuncian el fin del mundo, suelen asegurar que, de suceder una hecatombe, el renacimiento del planeta se daría precisamente sobre esta línea imaginaria situada al norte del Ecuador. Este Trópico entra a Sinaloa ahí donde se cruzan el río Petatlán y el arroyo de Ocoroni. Se entiende por qué los arqueólogos han encontrado, en las orillas de ambos afluentes, restos de una población sedentaria y sofisticada que coexistió en el tiempo con los aztecas. Fueron ellos quienes llamaron Guasave a esta región costera; voz que en lengua cahíta quiere decir «Agua Heredada». También los jesuitas fundaron, en 1591, una misión en el lugar. Gracias a ellos surgió una comunidad autosuficiente dedicada a sembrar garbanzo, limón, naranja y dátil. Las crónicas de 1767 hablan de una expulsión cruel y violenta de estos misioneros sinaloenses; consta que durante más de 400 kilómetros los llevaron a empellones hasta el puerto de Guaymas, donde los encerraron por meses en un corral dispuesto a la intemperie para el ganado. Finalmente los subieron a un barco que los alejó para siempre de la región.

Hoy Guasave es la gema agrícola del occidente mexicano: 200 mil hectáreas cultivadas gracias a un impresionante sistema de riego constituyen una de las zonas más productivas del país. Los cultivos aquí no esperan a que llueva para reproducirse. No obstante, cada centímetro cuenta con el agua justa para verdecer. No hay otro municipio en México cuya extensión artificialmente irrigada sea tan grande. Desde la Sierra Madre Occidental hasta la bahía de Navachiste, ubicada sobre el mar de Cortés, el paisaje narra a gritos el milagro de su variedad biológica: alfalfa, pepino, tomate rojo, berenjena, melón, mango, plátano, chile, frijol, trigo, algodón, garbanzo, papa, soya, cártamo, arroz y aproximadamente quince productos más se siembran en esta heredad. La revolución agrícola que aquí se presume ha sido ejemplo para el resto de Sinaloa, y también para otras regiones mexicanas. Si este exitoso fenómeno tuviera que ser explicado habría primero de revisarse la redistribución de la propiedad ocurrida durante el último lustro de los años 30 del siglo XX.

En este territorio, como en otras latitudes del país, el reparto que la administración del presidente Lázaro Cárdenas del Río emprendió sobre la propiedad rural cambió la historia. La certidumbre y el redimensionamiento de los predios representaron el punto de arranque para el desarrollo. Otro motivo del éxito fue el aprovechamiento eficiente del agua: las tierras bañadas por el río Petatlán eran ya fértiles, pero no fue hasta que se llevaron a cabo las obras de riego y se distribuyó equitativamente el líquido vital, que la producción de alimentos se convirtió en un negocio lucrativo. Pocos años después del reparto agrario vendría la construcción de las presas Miguel Alemán y Sanalona, cuyo beneficio fundó definitivamente un emporio agrícola que se extiende desde Topolobampo hasta el valle de Culiacán.

De su lado, la asignación de agua para la irrigación obligó a los pobladores a organizarse coherentemente. La asociación entre productores es densa en estas tierras. Ha servido para disminuir la disputa por los afluentes, pero también para facilitar el crédito, compartir maquinaria y tecnología, definir los precios y comercializar ventajosamente los productos destinados a la exportación. La industria que se asoma en la región encuentra igualmente su origen en la cooperación ordenada de los propietarios rurales. Por razones obvias, la mayor parte del sector secundario está relacionado con la agricultura: congeladoras, enlatadoras, fábricas de fertilizantes y pesticidas, empacadoras, motores y transportes; todas son unidades económicas que dependen de la fertilidad de la tierra. Guasave es el municipio con el menor número de habitantes pobres en todo Sinaloa. Jornaleros agrícolas provenientes principalmente de Guerrero, pueblan los campos y viven con mayor dignidad que en otros lugares donde todavía no es posible distinguir entre ese empleo y la esclavitud.

La construcción de las vías del tren que en 1909 llegaron desde Culiacán, y que luego andan hasta Guaymas, ayudó a que el aislamiento en que vivieron antes estos sinaloenses no volviera a repetirse. Sin embargo, la integración de esta zona se produjo realmente hacia los años 50, gracias a la carretera que unió al puerto de Mazatlán con el golfo de México. Treinta años más tarde se añadiría la autopista que viaja desde Los Mochis hasta el municipio de Escuinapa, en el sur del estado, conectando a Guasave, Guamúchil, Culiacán y Mazatlán. Poco después de que esta vía rápida comenzara a funcionar, sobrevino uno de los momentos más angustiantes de la historia regional: en los años 80, la crisis de la deuda externa mexicana provocó, entre otros efectos, que en los campos sinaloenses el capital se secara tal y como si el río Petatlán hubiera dejado de existir. Durante la administración local del gobernador Francisco Labastida Ochoa (descendiente de don Zacarías Ochoa) hubo necesidad de modificar las condiciones de producción para que la región dejara de depender de la economía nacional. Entre 1983 y 1989, se hizo de todo para que los campos de Sinaloa se volcaran hacia la exportación. Implicó en realidad una dosis mayor de la misma receta: más presas y carreteras, más superficie de riego artificial, mejor tecnología, procesos más eficientes de cultivo y mayor esmero en la presentación de los productos. Incluso se planteó retomar el viejo proyecto owenista que trató de convertir a Topolobampo en un puerto de gran altura. Si bien esta última iniciativa volvió a fracasar, la apuesta exportadora dio una nueva y potente vida a la población sinaloense. Antes de que finalizara el siglo XX, el vergel de Guasave estaba completamente recuperado. En paralelo, también la industria pesquera se desarrolló dentro del municipio; más de 25 mil hectáreas radicadas sobre la bahía de Navachiste sirven hoy para sembrar camarón. No existe en México otro municipio que posea mayor número de granjas acuícolas. También se pesca y procesa en estas costas lisa, mojarra, sardina y tiburón.

A 44 kilómetros al sur de Guasave se estableció un campamento para los obreros que construían la línea del tren Guaymas-Guadalajara. Más tarde, en ese mismo lugar se edificó una estación de ferrocarriles que, a su vez, daría origen al poblado de Guamúchil. Don Ignacio M. Borrego fue el responsable de administrarlo; por esta razón es que se le reconoce como el fundador de esta ciudad. En un principio las locomotoras solían detenerse únicamente para cargar agua del río Évora. Los pocos habitantes del poblado aprovechaban entonces la ocasión para vender fruta y otros alimentos a los viajantes. Con el objeto de prolongar la estancia de los visitantes, aquellos comerciantes construyeron una fachada de casas y edificios a la manera de los sets cinematográficos del oeste; a partir de tal simulación, se fue desarrollando una población que servía como punto de venta para los productos regionales. Más tarde, los habitantes se pusieron también a sembrar garbanzo. Junto con Mocorito y Badiraguato, Guamúchil es parte de una región conocida como Évora, en honor al río que la recorre.

Fue en 1915 que Mocorito se erigió como municipio independiente, quedando esta villa subordinada a su cabecera. En 1962, el congreso local de Sinaloa creó el cabildo de Salvador Alvarado, el más pequeño y el último municipio del estado, cuyo centro administrativo se ubicó por fin en Guamúchil. Hoy viven en esta población alrededor de 80 mil habitantes; se trata de la quinta ciudad sinaloense en importancia. El paisaje natural de la región no es distinto al recorrido previamente: sembradíos sin límite y uno que otro árbol chaparro, entre ellos muchos mezquites.

En cambio, la arquitectura urbana sí sufre transformación cuando se cruza la frontera de Salvador Alvarado. Antes de penetrar la zona más poblada de Guamúchil, sorprende la cantidad de lujosos moteles que se hallan a los costados de la autopista y otros caminos que también van a dar a esta ciudad. Casi todos estos inmuebles están abandonados. Algo similar ocurre con algunas de las casas de la ciudad. Las más grandes y ostentosas duermen cual elefantes desertados por sus habitantes. Estas construcciones contrastan con las modestas casitas vecinas; cuando se miran de frente, la alineación de edificios asemeja una dentadura descuidada: un lote baldío, una mansión millonaria, una casa pequeña y humilde, otro baldío, otra residencia estrafalaria, otro baldío. A diferencia de Los Mochis, en Guamúchil no se han construido zonas residenciales amuralladas donde los muy ricos se aíslan del resto de la población. Por el contrario, aquí la riqueza sospechosa y la honrada precariedad exhiben públicamente su coexistencia.

Tanto las mansiones más llamativas como los moteles más grandes, probablemente nunca tuvieron otro destino que legalizar algo del dinero obtenido por sus dueños en negocios relacionados con la droga. El paisaje urbano de Guamúchil es una intrigante convocatoria para quien tenga interés en comprender cómo es la vida de las poblaciones cuya economía está fuertemente penetrada por la ilegalidad. En más de un sentido Guamúchil sigue guardando en su naturaleza algo de fachada cinematográfica. A partir de 2008, de la amable convivencia entre tan disímbolos vecinos se pasó a la agresión y luego al asesinato de inocentes a plena luz del día. Las historias de terror que se han ido apilando en las esquinas y las banquetas no alcanzan límite. Tómese, solo para ilustrar, la siguiente nota periodística:

> *Una niña de 12 años, dos menores, ambos de 17 y cinco personas más –la mayoría jóvenes– fueron asesinados por un comando la madrugada de ayer, en las calles de Guamúchil. El ataque dejó cinco lesionados más.*

¿Quién cometió esta barbaridad? ¿Quiénes eran las víctimas? ¿Por qué les dispararon? ¿Qué peligro podían representar estos jovencitos? Setenta y dos horas después del hecho, otro crimen hizo que la autoridad olvidara a los difuntos, echando sus respectivos expedientes dentro de un hoyo negro que lleva por nombre «venganzas del narcotráfico». Lo más sorprendente de pasearse por Guamúchil en estos tiempos es que, mientras la violencia crece, por las calles de la ciudad transitan carros militares ocupados por soldados que llevan cubierto el rostro con una máscara de tela negra, para que su identidad permanezca anónima. Acaso por lo impersonal de su atuendo, o porque van armados hasta los dientes, los soldados no ayudan a recuperar la tranquilidad. Mas bien lo contrario: algunos habitantes de Guamúchil culpan a la fuerza pública por haber quebrado el estado de cosas que aquí se vivió hasta que la autoridad decidió combatir de frente a los traficantes de drogas. Quizá los pobladores de Guamúchil sean injustos. La tolerancia dispuesta durante tanto tiempo hacia los mafiosos también es la razón de la brutalidad que ahora se experimenta. Sin embargo, de nada sirven los golpes de pecho. Mientras la muerte merodea la recámara y el comedor de las familias comunes, en esta zona mexicana el valor de la vida ha descendido a su nivel más bajo.

Guamúchil es evidente frontera entre varios y muy distintos mundos; lugar de roce entre la cultura del productor rural y la del comerciante urbano, entre el valle y la montaña, entre el sur y el norte de Sinaloa, entre la gran riqueza obtenida legítimamente en los campos agrícolas y los dineros provenientes de la sierra, donde la amapola y la marihuana se dan tan fácilmente; en fin, es glorieta pequeña pero muy concurrida donde de todos se sabe algo y a todos se les mira de cerca. Guamúchil es caleidoscopio expuesto en el momento justo de su indefinición; sitio donde, como dijera el escritor Carlos Monsiváis, «lo fugitivo permanece». Solo en esta población arrojada a lo que no es homogéneo pudo haberse criado un personaje tan fundamental para la identidad mexicana como lo fue Pedro Infante. En el borde sur de Guamúchil se halla aún una casita donde esta estrella del cine mexicano pasó gran parte de su niñez, y luego de su adolescencia. Frente al porche de la construcción el viajero puede imaginar cómo era este lugar en 1928, cuando la familia Infante llegó hasta aquí desde Mazatlán, o cómo era en 1939, cuando el cantante abandonó definitivamente la región del Évora para mudarse a la ciudad de México. Cuartitos pequeños protegidos por paredes de adobe, calles amplias y terregosas, tiendas de abarrotes, una carpintería, una botica, un consultorio médico, un establo, una tienda donde se venden palas, azadones y picos. Queriendo traspasar el tiempo, un museo sobre la vida de Pedro Infante se sostiene dentro de aquella vivienda, ubicada en la Avenida del Ferrocarril. Decenas de fotos, uno que otro documento, algún instrumento musical, ropa, recuerdos de familia. A través de las ventanas posteriores entra aún el sonido del silbato del tren, y es que esta vivienda se halla frente a las vías de fierro que hace un siglo fundaron Guamúchil.

## El mexicano

Si los mexicanos tuviesen que elegir a uno de los suyos —sin importar que estuviera vivo o muerto— para representar su cultura ante una delegación de extraterrestres, ¿a quién escogerían? La lista probablemente sería amplia. Las plazas y las avenidas de México cuentan con larga oferta de personajes espectaculares: Quetzalcóatl, Cuauhtémoc, Juan Diego, Juana Inés de Asbaje (de la Cruz), Miguel Hidalgo, Josefa Ortiz de Domínguez, José María Morelos, Leona Vicario, Benito Juárez, Francisco I. Madero, Carmen Serdán, Lázaro Cárdenas, Pedro Infante, Frida Kahlo, María Félix, Cantinflas, Octavio Paz, Carlos Fuentes, Juan Gabriel, por barajar apenas algunos nombres. A favor de Benito Juárez, por ejemplo, podría argumentarse un extraordinario trayecto desde el miserable poblado de Guelatao, Oaxaca, hasta la silla presidencial. O poner en perspectiva la valiente defensa que hizo de la Nación cuando Maximiliano de Habsburgo trató de ser emperador. El Benemérito carecería, no obstante, de conocimiento sobre lo que sus paisanos han vivido durante los últimos 140 años. Algunos contemporáneos podrían sentirse insatisfechos con su representación: ¿qué contaría Juárez de ellos cuando a este héroe únicamente le tocó conocer un tercio del México independiente? De prosperar este impedimento, más de la mitad de la lista de aspirantes quedaría desechada. Cuentan con mayor actualidad otros mexicanos, como el poeta Octavio Paz o la pintora Frida Kahlo. A ambos les tocó vivir durante el vecino siglo XX y los dos serían coincidentemente emblemas formidables de la mexicanidad. Kahlo exploró los dolores agudos de su identidad y Paz intentó diseccionar las rondanas y los tornillos que supuestamente constituyen el carácter nacional. Lástima que uno y otro hayan logrado comunicarse solo con una parcela de la sociedad mexicana. El Premio Nobel de Literatura padeció de una ligera propensión hacia el elitismo que no le ayudó a la hora de acercarse a la gran mayoría de sus compatriotas. De su lado, la pintora despertó grandes pasiones populares, pero no emocionó con la misma intensidad entre los más cerebrales de su comunidad. Por ello, si uno o la otra fuesen seleccionados, el bando despechado probablemente guardaría rencor por la decisión.

En la búsqueda de un nombre que poseyera mejor consenso, acaso José Pedro Infante Cruz lograría el más grande número de atributos. A más de 50 años de su muerte, no existe otro mexicano que sume tanto sentimiento de orgullo y cercanía en comparación con este sinaloense. Su fotografía y también su voz son capaces de tocar las cuerdas sensibles entre los habitantes del norte y del sur, del campo y la ciudad, entre los religiosos y los ateos, los pobres y los ricos, los migrantes y los sedentarios, entre las mujeres y los hombres, entre los viejos y los jóvenes. No hay en la televisión otro actor cuyo rostro haya sido tantas veces reproducido, ni en la radio de este país una voz cuyas canciones se escuchen tan repetidamente. En lo que va del siglo XXI, la tecnología digital le ha ratificado sobrevivencia —dentro y fuera del territorio— gracias a la reedición de su obra en CD, DVD, MP3, MP4 y demás formatos modernísimos. No es una exageración afirmar que Pedro Infante vive cuando la memoria de muchos de sus compañeros, enterrados como él en el Panteón Jardín de la ciudad de México, se ha ido desintegrando, tanto como ha sucedido con la de otras grandes personalidades que no pueden descender, a toda hora, a través de las antenas de las azoteas y hasta los salones donde se reúnen las familias numerosas. Infante es la voz que ha cantado varios millones de veces *Las mañanitas*, es la palabra reposada del sacerdote, la canción infantilizada del indio, la solidaridad *machina* del amigo, la rebelión ante el padre autoritario, el reclamo justificado del bandido social, el puño alzado del excluido, la mirada más pestañeada que se haya dirigido a una mujer. Cuanto hizo Pedro Infante ante las cámaras, los micrófonos, o en su vida privada, concurrió para convertirlo en ese gran espejo que, aún hoy, sigue sirviendo para educar y administrar las emociones comunes.

Las décadas de los 40 y los 50 —su gran momento estelar— fueron de terremoto demográfico y crisis sociológica. Para aquellos mexicanos que llegaron a la edad adulta justo a la mitad del siglo XX no habrá sido experiencia fácil haber vivido dentro de tal vorágine de transformaciones. Significó para México una época de crecimiento económico pero, como toda etapa expansiva, también lo fue de desequilibrio y angustia. Años en que la familia, toda o en parte, quiso abandonar el campo para probar una mejor suerte en las ciudades; y es que las chimeneas prometían enriquecer más que las tierras cultivadas. Los autos, los ferrocarriles y los aviones acortaron las distancias dentro del extenso territorio nacional, pero también provocaron mayor conciencia sobre la abismal desigualdad entre las poblaciones de una y otra región del país. Los roles de cada quien —del padre, el hijo, la esposa, la abuela, el compadre, la vecina— se modificaron y rompieron, sin que las personas contaran con mapas de navegación para responder a las nuevas circunstancias. En revancha, la radio y el cine se empeñaron en ecualizar las sensaciones hasta volverlas similares, produjeron juicios parecidos, crearon argumentos comprensibles para todos, fabricaron una realidad comunicable entre individuos que antes poco tenían de parecido. Frente a la demanda de preguntas arrojadas por los cambios, la radio y el cine se volvieron oferentes de respuesta. No todas las soluciones eran buenas, ni mucho menos venían seriamente reflexionadas, pero ante la andanada de interrogantes, los medios de comunicación masiva decidieron hacerse sentir. Fue precisamente en este contexto que Pedro Infante, y su principal promotor, el director de cine Ismael Rodríguez, tomaron la iniciativa de abordar las preocupaciones de la gente sencilla; aquella que pagaba uno o dos pesos para asistir a las salas de cine. El mérito no estuvo en la elaboración de un sistema filosófico complejo y exhaustivo, sino en la presentación barata, accesible y enfática de un conjunto breve de conductas que, en momentos de transición, reforzaron y también retaron los roles tradicionales de la sociedad mexicana. Mientras la persona y el actor se fundían dentro de un mismo caldero llamado Pedro Infante, surgió el ídolo que sirvió para que la multitud se reconciliara consigo misma, compartiendo igual talante y sensibilidad, para gestionar un futuro incierto.

Este hombre nació en Mazatlán pero de muy niño lo llevaron a vivir a Guamúchil. Creció en un ambiente rural hasta los 20 años. La adolescencia y su primera juventud transcurrieron marcadas por los ritmos de las fiestas religiosas y los ciclos de cultivo. En el pueblo donde se hallaba su hogar no vivían más de 500 familias; su principal contacto con el exterior ocurría gracias al ferrocarril que pasaba justo frente al porche de su vivienda. Residir cerca de las vías del tren es muy parecido al acto de viajar. Un buen día, ya no le alcanzó a Pedro con la tierra, las casas y los pobladores que había a su alrededor: primero migró a Culiacán y luego lo hizo a la ciudad de México. «Llegué con grandes ilusiones a la capital –contaría años después– y me encontré con un panorama distinto al que me habían pintado. Muchas semanas estuve alimentándome únicamente con un poco de café y un taco de sal.» Pedro Infante fue uno más de los miles de mexicanos que, nacidos en el campo, mutaron masivamente, durante el lapso de una sola generación, para volverse pobladores urbanos. Por aquel entonces –principios de los años 40–, quienes viajaban a la gran ciudad se calificaban a sí mismos como provincianos; así se hacían distinguir del citadino. El provinciano debía ser un personaje ingenuo pero auténtico, en cambio el poblador de la urbe, salvo contadas excepciones, tendía al envilecimiento. Ambas caricaturas estuvieron muy presentes en la filmografía de Pedro Infante: *Los tres García*, *Los tres huastecos*, *Dos tipos de cuidado*, *La oveja negra*, entre otras películas, reconstruyeron un escenario campirano que, aún y con sus penurias, era en esencia generoso y protector. En cambio, en *Nosotros los pobres*, *Ustedes los ricos*, *Pepe El Toro*, *Un rincón cerca del cielo* y *Ahora soy rico*, se exhiben, una a una, las razones por las que la ciudad debía de ser considerada como el infierno.

Infante no solo conectó lo rural con lo urbano; también fue capaz de hilvanar las diversas identidades regionales. Fue huasteco (triplemente) y el espectador le creyó mientras su rostro fue utilizado para encarnar a unos trillizos. Es de Monterrey, como Agapito Treviño en *Cuando lloran los valientes*, como Silvano Treviño en *La oveja negra* y *No desearás a la mujer de tu hijo*, y como Pablo, en *Pablo y Carolina*. Fue el indio *Tizoc*, vecino de Oaxaca, carpintero, boxeador y motociclista en la ciudad de México, charro en Jalisco y también ranchero de Guanajuato. La versatilidad actoral de Pedro Infante es la misma que en ese momento necesitaba la identidad nacional para poderse reconocer en cada una de sus muy diversas coordenadas geográficas.

Canta el de la democrática voz sin cometer discriminaciones; graba piezas rancheras y huapangos, sones, boleros y guarachas, chachachás y canciones infantiles, tamboras y corridos. Y cuando le preguntan por su preferencia estética hacia las mujeres, muy presumido responde: «Me gustan todas: norteñas, tehuanas, tapatías, jarochas». Su intuición fue poderosísima cuando decidió que su ser sinaloense no debía expulsar al resto de las identidades si es que quería convertirse en «El Mexicano». A diferencia de Jorge Negrete —quien solo podía ser reconocido en la pantalla de cine si llevaba puesto un traje de charro—, Pedro igual se presentó de campesino que de ranchero, obrero, pordiosero, policía o burgués; nada más con cambiarse de vestuario podía pasar de un oficio al contrario.

Antes de mudarse a la ciudad de México ya había ejercido más de media docena de trabajos: mandadero, carpintero, guitarrista (*rascatripas*), peluquero, baterista, pianista, beisbolista, albañil y chofer. No terminó los estudios de cuarto de primaria y sin embargo logró hacerse de un oficio —el de actor— donde supo interpretar a la gran mayoría de los oficios existentes en aquella época. Toda actividad que en la pantalla era representada por Infante adquiría, como por arte de magia, legitimidad social: así ocurrió con el oficinista, el preso de las Islas Marías, el ranchero, el seminarista, el soldado o el bandido. La prueba de fuego sobre este fenómeno la impuso el general Antonio Gómez Velasco, director de Tránsito de la ciudad de México, cuando solicitó que Infante representara a un oficial, empleo que por aquel entonces padecía de muy mala reputación. En respuesta Pedro hizo, junto con Luis Aguilar, el papel de un motociclista valentón, sincerote y muy honesto. *A toda máquina* (ATM) y *¿Qué te ha dado esa mujer?* resultaron comedias taquilleras al tiempo que dieron aviso de que el cine también podía ser utilizado con propósitos políticos.

Físicamente Infante fue un exponente digno de la «raza de bronce»: Pedro es el pueblo y quizá por ello cuando interpretó al indio Tizoc hizo un papel verosímil. No obstante, mirándolo de cerca, sus ojos grandes y negros, sus pestañas larguísimas y sus cejas bien acomodadas tienen algo de español y probablemente de moro. Camaleónico, Pedro Infante fue, y acaso sigue siendo, el comodín más versátil de la baraja fenotípica mexicana. Étnicamente no es posible clasificarlo: un espécimen que, por indefinible, logra trascender prácticamente todos los menosprecios. Desde esa posición privilegiada es que legitima su diatriba contra el racismo en *Angelitos negros*, combate los tabúes amorosos que lo separan de la niña María e intenta derrumbar las diferencias sociales que sostiene con Jorge Negrete.

Pedro Infante es también un hombre religioso. Asegura Carlos Monsiváis en su libro *Las leyes del querer*, que fue devoto porque no se le hubiera ocurrido ser de otra manera. Recién llegados a la ciudad de México, María Luisa León y él acuden todos los días a la iglesia de San José con el propósito de suplicar por un futuro menos hambreado para ambos. Infante supone, como todos los suyos, que no son el esfuerzo personal, los años de educación, los derechos de la Constitución, ni siquiera la suerte, los escalones que pueden sacar a alguien de la pobreza. En cambio, la fe se presenta como la única escalera que importa. Hay un ser superior que mueve las fichas y reparte las cartas con el propósito explícito de cincelar las almas —a golpe de desventuras y una que otra felicidad— hasta volverlas muy especiales. El más pobre de los hijos de Dios será elegido como el primero, siempre y cuando en el camino este no cometa el gravísimo error de dudar. Por ello fue trágico cuando Pepe *El Toro* osó preguntar si solo había Dios para los pudientes, o cuando Pedro González, en *Ahora soy rico*, increpó al Supremo por la saña de su injusticia y arbitrariedad. Al mismo tiempo que se filmaba *Nosotros los pobres*, el pintor Diego Rivera terminó su obra *Sueño de una tarde dominical en la Alameda Central*, donde tuvo la ocurrencia de colocar la frase «Dios no existe». En revancha, Ismael Rodríguez respondió al ateo con un «Sí existe» garabateado en uno de los muros de la vecindad donde vivían Celia *La Chorreada*, su marido, Pepe *El Toro*, y *Chachita*.

El México de mediados del siglo XX estaba necesitado de mucha paciencia, sobre todo por parte de la gente más jodida. Si las cosas salían bien con el *milagro mexicano*, aquellos momentos de miseria serían nada más una breve estación en la historia. Como ya había sucedido tantas otras veces en estas tierras, la religión volvió a servir para modular, mientras tanto, las expectativas; en concreto, ayudó con la dosis de resignación y también con las sumisiones que hacían falta para esperar estoicamente a que el México posrevolucionario cargara finalmente a sus pobladores con bienes materiales. Las palabras necesarias para propalar tan tolerante actitud saltaron del púlpito y pasaron sin trámite a ser reproducidas por el cine. Pedro Infante fue uno de sus voceros más sustantivos: no hay una sola cinta suya donde lo religioso esté ausente, y lo mismo ocurre con las escenas que se conocen de su vida personal. Cuando ya es un hombre muy popular, hace de maestro de ceremonias y también oficia de actor principal en el maratón de treinta horas que se organiza con el propósito de recaudar fondos para remozar la Basílica del Tepeyac, donde la Virgen de Guadalupe honró, cuatro siglos atrás, al más humilde de sus hijos.

Pedro Infante fue hijo de una familia grande. Según la fuente que se consulte, fue el tercero de una familia de siete hijos, o el tercero en una de diez, o el tercero en una de quince. En cualquier caso, sostuvo como obsesión muy temprana contribuir en el mantenimiento de su prole. «Yo me precio de ser buen hijo y de querer a los de mi sangre, como creo que debe ser.» Cuando este personaje piensa en clave familiar evidentemente lo hace a propósito de sus padres y sus hermanos. Fue, en cambio, un desastre como progenitor y marido. A los 17 años tuvo a su primera hija y la dejó abandonada en Sinaloa. Más tarde vivió bajo dos techos, el de su esposa legal, María Luisa León, y el que le regaló a la bailarina Lupita Torrentera, quien le diera tres hijos más. La jovencísima Irma Dorantes sería la madre de la última de sus hijas. La vida sentimental de Infante no hizo excepción en su época, así lo comprueban prácticamente todas las películas estelarizadas por este actor; ahí la fidelidad del varón no solo es escasa, sino que pone en duda la testosterona de quien se atreva a ejercerla. Por fatigoso que se antoje, para ser hombre ha de correrse de una falda a otra, aunque nada más sea para cubrir las apariencias. Hasta el honradísimo de Pepe *El Toro*, en *Ustedes los ricos*, se permite una ostentosa noche de licencia que juega contra los sentimientos de su inocente *Chorreada*. Después del desliz, cuando el carpintero regresa a casa, lo primero que se le ocurre es regañar a su esposa por estar enojada. «Como tú digas, *Torito*», responde en automático una Blanca Estela Pavón a punto de la total aniquilación de sí misma.

Del marido y del padre no se puede hablar mal en sus películas aunque el individuo en cuestión sea arbitrario, desobligado, desleal, irresponsable, mantenido o autoritario. «Mi padre es muy mi padre y puede hacer lo que se le dé la gana», dice Silvano Treviño en *La oveja negra*;

no importa el evidente desastre que posee como progenitor. Si Pedro encarna la identidad que muta en su viaje desde el campo hacia la ciudad, en lo que toca a los valores sexuales y familiares es un profeta que reivindica los discursos conservadores y retardatarios. Venera a su santa madrecita pero suele ser ambiguo en el trato hacia su pareja. Para él, mientras el varón debe prodigarse en libertades dentro de la cantina, las mujeres están mejor cuando permanecen encerradas en casita.

Una sola figura femenina hizo presencia fuerte en las películas de Pedro Infante: Sara García. Ella representó a la matriarca, solo justificada dentro de la manada por la ausencia vital del macho adulto. En *Los tres García* la abuela logra imponer su autoridad cuando fuma puro, golpea fuerte y dice majaderías; es decir, cuando su sexualidad femenina ha sido sustituida por la correspondiente al sexo opuesto. Gracias a esta maniobra logra conducir la vida de sus nietos que, a pesar de traer barbas, bigotes y demás vellosidades, son tratados por la rancia varona como inmaduros cachorritos. Habrá quien crea que María Félix no hace un papel dócil, junto a Pedro Infante, durante su actuación en *Tizoc: Amor indio*. Sin embargo, la interpretación de *La Doña* en esa película es altiva, precisamente porque se celebra al lado del indio; cosa distinta se mira en ella cuando se halla sometida a la voluntad del padre, del sacerdote o de su novio: ahí la niña María es solo eso, una niña, una menor de edad frente a la autoridad patriarcal. En las películas de Pedro Infante la sexualidad femenina tiene como dueño a un hombre. El padre, el novio, el amante o el hermano administran el cuerpo de la mujer. Cuando una de ellas cree que puede emanciparse del control masculino es prontamente tratada como prostituta deshonesta y miserable. Es el caso de Chabela, la hermana postiza de Agapito Treviño en *Cuando lloran los valientes*, de Justina, la amante de Silvano y Cruz Treviño en *La oveja negra*, o de Yolanda, la hermana de Pepe *El Toro* en *Nosotros los pobres*. Ninguna de ellas se mereció ser feliz porque no supo cuidar las formas, subir al altar antes de tener sexo, consagrarse a un solo hombre, ser madre ejemplar, cuerpo inmaculado.

Sin embargo, en la vida real, la biografía de Pedro Infante no ayuda a corroborar los valores predicados por el dios-guionista de sus películas. A la edad de 20, el ídolo conoció en Culiacán a María Luisa León. Afirma Carlos Monsiváis que ella tenía 8 años más que él. Por insistencia de la novia es que los dos abandonaron Sinaloa y sin casarse se mudaron a una vecindad ubicada en el centro de la ciudad de México. Ahí vivieron arrejuntados, «como animalitos», según el epitafio de la época. Cuando los centavos llenaron la alcancía, por fin se casaron. ¿Cómo habría valorado el público un filme sobre su enredadísima relación sentimental con María Luisa, Lupita Torrentera e Irma Dorantes? Acaso con incomodidad, ya que esa vida personal andaba a galope entre un México que se quería muy puritano y otro que de plano ya no podía seguir maquillándose. Los hombres iban perdiendo vertiginosamente el control que pregonaban tener sobre sus familias. Mientras tanto, las mujeres crecían en necesidad de libertad y autodeterminación. Este era el México de los 50, el que finalmente le otorgó a todas las mujeres mexicanas y sufridas, el derecho a votar y a ser votadas.

## Dos tipos de cuidado

Corría el año 1951 y la residencia de Los Pinos, donde actualmente vive el presidente mexicano, sería próximamente inaugurada dentro del viejo parque de La Hormiga, en pleno Bosque de Chapultepec de la capital del país. Por aquel tiempo, Miguel Alemán Valdés tenía una preocupación y para resolverla invitó a desayunar a esa casa al director de cine Ismael Rodríguez. El gobernante estaba enterado de que su interlocutor quería ver en una misma cinta a Jorge Negrete y a Pedro Infante. Durante la conversación contó Rodríguez al presidente las razones que ambos actores le habían entregado para evitar tal coincidencia. El sinaloense recordaba, dolorido, lo que el maestro Manuel Esperón le dijera cuando apenas comenzaba a actuar para la pantalla grande: «La voz de Negrete alcanza para dar serenata a una señorita que vive en el tercer piso de un edificio, en cambio la de usted, Pedro, debe resignarse a cortejar a la vecina de la planta baja».

El charro de Guanajuato, antes de convertirse en estrella de cine, quiso ser cantante de ópera y para ello se educó con caros instructores cuyos honorarios pagó su acaudalada familia; en contraste, el *rascatripas* de Infante llegó a la música como autodidacta e improvisado. Pedro temía fundamentalmente que esas diferencias jugaran en su contra durante la grabación de la cinta. Negrete también anidaba objeciones en el hígado: la popularidad de su contraparte lo tenía inhibido; no soportaba la idea de que el público fuera al cine a ver a su competidor, con él como figura testimonial. ¿Cómo hacer –se confió el cineasta ante la máxima autoridad del país– para que la fama del sinaloense no aplastara el ego de Jorge, al mismo tiempo que la voz del charro de Guanajuato no alimentara las inseguridades de Pedro? La respuesta que se escuchó aquella mañana en Los Pinos habrá sorprendido al cineasta: «Yo te ayudo».

Ante los ojos del presidente, el tema no era trivial. Habrá estado consciente de que tras aquella pugna de orgullos se escondía un hondo conflicto entre dos tipos de público que, de seguir confrontados, terminarían representando un dolor de cabeza para el gobierno. Pedro y Jorge se habían apropiado de segmentos muy diferentes de la sociedad, que se hallaban cada día más encontrados el uno con el otro. La frase es del prólogo de *Ustedes los ricos*: «El rico no quiere al pobre, el pobre no quiere al rico, porque no se conocen». Si Negrete e Infante lograban congeniar en este nuevo filme, acaso el espectáculo ayudaría como argumento para que ambos públicos se valoraran más generosamente. Gracias a los papeles relevantes de su carrera, Pedro se había imantado con los atributos del plebeyo. La suya era la encarnación del hombre que, con gran dificultad, se construyó a sí mismo. Su principal pecado fue nacer pobre, como la inmensa mayoría de los mexicanos y sin embargo, a diferencia de los demás, había logrado convertirse en una celebridad. Su personaje de mayor éxito fue Pepe *El Toro*. Dentro de esa piel, Infante se consagró como la víctima emblemática de un sistema ingrato; como el hombre sencillo y honrado que es siempre aplastado por las reglas injustas de los poderosos. A pesar de las oportunidades que la vida le ofreció para volverse un miserable, Pepe *El Toro* se las ingenió para mantenerse honesto y honorable. Este hecho lo vuelve un hombre heroico. Por ello es el elegido entre los mexicanos que –todavía deslumbrados por la novedosa experiencia sensorial del cine– confunden su propia piel con la del personaje que aparece en la pantalla.

Jorge Negrete, en contraste, apeló y obtuvo de su público una serie distinta de calificaciones. Fue criollo de cuna, no mestizo; hijo del privilegio y la protección de su clase social. Venía de una familia conservadora y católica del Bajío. Estudió en el Colegio Alemán de la ciudad de México, luego en la Escuela Nacional Preparatoria y finalmente en el Colegio Militar. Aprendió a modular su potente voz cantando canciones napolitanas y arias de ópera poco condescendientes. Políticamente no tuvo dobleces: cantó a la esposa y a la hija del dictador español, Francisco Franco, y se asumió como un soldado-actor del régimen de la Revolución mexicana. Durante los últimos años de su vida, fundó el sindicato de actores que terminó siendo una corporación incondicional y acrítica del gobierno. En un discurso apenas memorable, aseguró que su gremio estaba integrado por personas «ajenas en todo a la política... seres comprometidos al solo impulso de nuestro corazón para estar con nuestro amigo el licenciado Miguel Alemán, dispuestos a darle todo sin pedir nada a cambio». Por estas y otras razones, el público lo fue perfilando como una suerte de anti Pedro Infante, o más precisamente, como un anti Pepe *El Toro*. Para alimentar mejor la leyenda, José Infante, hermano menor de Pedro, contó en su día que Negrete insultó a su familiar durante una grabación dentro de los Estudios Churubusco. Entre otras convenciones majaderas, lo llamó despectivamente «indio» y «pueblerino». El pleito habría sobrepasado la fase de las palabras, luego atropelló con los golpes y se detuvo justo antcs de llegar a los balazos. No existe otro testimonio para corroborar esta narración, y sin embargo, ¿por qué no creerlo? El personaje de Negrete, tanto el del cine como el de la vida real, era el del *alzado*, el del *perdonavidas*, el del *estiradito*; o como dijera la plebe: el *fufurufo*.

Es una lástima que no haya sido registrada por la historia la manera exacta como Miguel Alemán Valdés amainó los egos de ambos actores. Finalmente, el filme *Dos tipos de cuidado* se estrenó el día 5 de noviembre de 1953. Por cierto que el productor de la cinta fue Miguel Alemán Velasco, el hijo del presidente; aquella habrá sido probablemente la moneda con que el jefe del Poder Ejecutivo cobró sus buenos oficios a favor del director Ismael Rodríguez. La película en cuestión no fue una tragedia rural ni un melodrama arrabalero, mucho menos una historia urbana de suspenso. Si de lo que se trataba era de colocar a Infante y a Negrete sobre el mismo fresco, como género solo cabía la fuga hacia adelante que permite la comedia; mejor forma de eludir lo importante que el mitote y el desmadre no conocieron en su día estos coetáneos: en el corral y la bola, Pedro Malo y Jorge Bueno se la pasaron en grande. Se emborracharon, cantaron, jugaron a las cartas, coquetearon, se desprendieron de su voluntad y hasta de sí mismos. Cuando estos actores filmaron la cinta, Jorge tenía 41 años y Pedro 35. No obstante, ambos actúan como si hubiesen contado con menos de 25. Se regodean en el territorio de la eterna juventud donde la sensatez no existe. El escenario que Ismael Rodríguez les fabricó fue el de la fiesta. Ahí escasamente se nota la imposibilidad de que encaje lo que no puede ir junto; ya se verá al día siguiente, cuando la pachanga haya terminado, el mal zurcido que se echaron todos sobre el lomo. Entre tanto, los pies del celuloide galopan y el cineasta se esmera por asegurar la unidad que no solo quería implicar a dos personas y luego a dos públicos, sino a algo mucho más trascendente y radicalmente más político: buscaba ser símbolo de la unidad nacional.

Entre los gobernantes, esta era la obsesión de la época: la unidad. Con tal propósito, a finales de los años 40 el Partido Nacional Revolucionario se había encaminado hacia su tercer cambio de denominación. Por su tufo a Calles y su Maximato, no conservaba ya aquel nombre con que lo bautizaron. Tampoco quería guardar los apellidos de la Revolución mexicana porque ahí vibraba demasiado fuerte la voz del general Lázaro Cárdenas del Río, y por tanto los estridentes coros de las clases más populares. La propuesta política de Miguel Alemán Valdés quería ver a todos los mexicanos, absolutamente a todos, conviviendo pacíficamente dentro de una misma casa, de ahí que la tercera denominación llevara por nombre «Partido Revolucionario Institucional», el PRI. Curiosos términos que niegan lo dicho por el diccionario: «revolución» e «institucional» son antónimos, pero el relajo semántico no parece un hecho relevante. Lo fundamental es la unidad entre la clase política —entre los revolucionarios que aún quedan con vida y los nuevos políticos civiles— así como entre el pueblo, supuestamente apolítico, que acompaña a los dueños del poder desde los asientos del gallinero. A mediados del siglo XX la diversidad no está de moda, todo lo contrario; el gallinero donde sienta el pueblo es una abstracción sin matices. La imagen de Pedro Infante se vuelve así un gran activo. No hay ya «los mexicanos», sino «el mexicano». Debido a los papeles que a lo largo de su carrera ha venido interpretando, la gente de a pie puede observar en él a los tres sectores del PRI: Pedro es campesino, Pedro es obrero, Pedro es popular. Y, al mismo tiempo, Pedro es solo Pedro Infante.

Aún le falta a este actor la obtención de un último atributo: ser aceptado como *catrín*. Pero, por más ganas que le echara, con dificultad *Ustedes los ricos* serían capaces de verlo realmente como a uno de los suyos. En la nueva cinta de Ismael Rodríguez, *Dos tipos de cuidado*, aparece entonces el señor Jorge Negrete, un fino representante de la minoría más pudiente del país que también ha pasado a formar parte de la gran familia revolucionaria. El país sigue dividido entre un grupo muy pequeño de oligarcas y un gran número de plebeyos. Los vínculos familiares, las relaciones y el dinero, continúan siendo la clave de acceso para vivirse con dignidad. Pero, en lugar de perder el tiempo en esas nimiedades, la política y el espectáculo se unen para negar lo obvio y en su lugar proclaman: ¡que viva la *bulla*! ¡Que viva el *borlote*! ¡Que viva el *deschongue*! ¡Que viva México! ¡Que viva el país del relajo, el cual está a punto de despegar! De ser así, los Pedros y los Jorges de este país no podrán hacer otra cosa que conocerse, comprenderse y coexistir pacíficamente. (Oscuro y malévolo el pesimista que, por aquellos años, se atreviera a negar tan perfecta profecía.)

Puede darse por verdadero que no todos los integrantes de la comunidad cinematográfica mexicana eran incondicionales al régimen del partido único. Ismael Rodríguez y Pedro Infante fueron notorias excepciones. Es cierto que ambos participaron en la comedia *Dos tipos de cuidado*, pero no por ello quedó borrada una larga carrera de películas y papeles que, dentro de las restricciones de la época, hicieron de la crítica al poder un importante argumento. Bastaría recordar que el primer rol importante representado por Pedro fue el de Agapito Treviño en la película *Cuando lloran los valientes* (1945). Ismael Rodríguez obtuvo la materia prima para fabricar el guión de este largometraje de un corrido originado en Nuevo León para recordar a ese bandido social, también conocido en su día como *El Caballo Blanco*. Dentro de este mismo registro, el otro gran personaje que representó fue Juan Menchaca, el justiciero líder de *Los Gavilanes* quien, después de una grandísima tragedia personal —la novia se suicida cuando el hijo del patrón quiere abusar sexualmente de ella— decide cobrar venganza entre quienes oprimían a su pueblo. En ambos casos, tanto el director como el actor dedican esfuerzo para legitimar una actividad que la élite mexicana quería calificar como criminal, pero que la población más pobre justificaba como revolucionaria. A estos dos personajes habrían también de añadirse el que representó en la radionovela y luego en la película *Ahí viene Martín Corona* y también Lorenzo Andrade, personaje de *Los tres huastecos*. Todos pertenecieron —de un modo u otro— a la tradición de Robin Hood, el ladrón que roba a los ricos para proveer a los miserables: un oficio muy antiguo en la Nueva España y luego en México.

La mancuerna Rodríguez-Infante no pudo colocarle un parlamento que sonara insolente a Pepe *El Toro* porque la saga de este carpintero-boxeador ocurre en su propio tiempo. La censura del régimen no era deseable para sus carreras, sobre todo cuando en Estados Unidos, y por tanto también en México, comenzaba la era conocida como el macartismo. Sin embargo, no había manera en que la autoridad reclamase a los artistas por realizar películas cuyo argumento fuera el de la crítica al régimen previo −el Porfiriato−, un sistema político contra el cual los revolucionarios, y por añadidura los actuales gobernantes, supuestamente habían peleado. El discurso que por razones políticas de la época Pepe *El Toro* no puede pronunciar, encuentra entonces salida cuando Juan Menchaca habla de libertades y leyes quebradas, cuando critica los privilegios de los muy pocos y las arbitrariedades del poderoso que recaen sobre los gobernados. Puesta así, la narrativa reivindicatoria estaba perfectamente blindada. El pleito era con los atrabiliarios funcionarios porfiristas, que no con la injusticia continuada durante las décadas posteriores a la Revolución.

## *El Rayo de Sinaloa*

Pedro Infante debió haber nutrido las varias interpretaciones que hizo de bandido social a partir de un personaje legendario que en Sinaloa dejó huella durante el tiempo de sus abuelos. Heraclio Bernal Zazueta fue su nombre, y tanto su leyenda como la historia real merecen colocarse en el prólogo que explicaría algunos de los mitos regionales más interesantes. Tan relevante fue en su época, que Porfirio Díaz hizo alusión a su persona durante el informe presidencial presentado ante los legisladores de la Nación en septiembre de 1886.

Sin tener que abandonar su zona de influencia −el triángulo donde se cruzan los territorios de Sinaloa, Durango y Chihuahua−, *El Rayo de Sinaloa*, como lo conocieron sus contemporáneos, ocupó las páginas de las principales publicaciones de la ciudad de México. La investigadora estadounidense Amy Robinson cita, por ejemplo, a *El Diario del Hogar*, que le dio trato de libertador. *El Monitor Republicano* calificó a Bernal como un hombre de sentimientos honrados que era incapaz de cometer un solo asesinato cobarde. En contraste, el periódico *El Nacional* alertó sobre los peligros que este caudillo, y sus prácticas criminales, estaban fabricando en detrimento de la sociedad civilizada. Quien con mayor vigor enderezó el ataque en contra de Bernal fue Ignacio Gastélum. En un artículo de prensa escribió: «Es vergonzoso… que personas de criterio recto y de alguna instrucción, lleven sus extravíos políticos hasta el grado de liarse con un bandido tan despreciable». Ante tal alharaca capitalina, el gobernador Francisco Cañedo puso a disposición de quien pudiera atrapar al *Rayo de Sinaloa* la cantidad de 10 mil pesos oro. Toda una fortuna para la época.

¿Cómo es que este bandido alcanzó tanta importancia nacional? Heraclio Bernal Zazueta nació el 22 de julio de 1851 en un poblado de la Sierra Madre Occidental conocido como El Chaco. Su padre, Jesús Bernal, presuntamente participó del lado de Benito Juárez en las guerras de Reforma; probablemente por esta razón es que a la familia de *El Rayo de Sinaloa* le gustaba asumirse como juarista. Del costado materno, en cambio, le vino lo bandido. Jacinta Zazueta fue hermana de un trío de ladrones afamados, quienes se dedicaban a asaltar las minas de la montaña. Desde muy niño, este personaje entró a trabajar como peón en el fundo de Guadalupe de los Reyes. Entonces la edad no era una objeción para llevar el pan a la mesa familiar. La minería fue la industria que más dinero dejó a la economía sinaloense hasta que la molienda de azúcar ocupó su lugar. En paralelo, el hurto de metales preciosos fue la actividad que los más abusados, de entre el pueblo raso, practicaban cuando no querían morir jóvenes dentro de los oscuros túneles. A los 15 años, Bernal ensayó por primera vez la herencia materna: tomó sin permiso una barra de plata, pero lo descubrieron. Por este infortunio es que fue a dar preso a la cárcel de Mazatlán, lugar donde un juez le impuso una condena por 10 años. En esta prisión habría recibido Bernal su más importante formación ideológica. Alguien dentro de esas paredes, posiblemente un socialista de origen español, le acercó algunos libros clásicos del pensamiento solidario. La leyenda afirma que lo puso a leer a Saint-Simon, a Marx y a Bakunin.

Antes de cumplir los 20 años, este despierto joven –mezcla genética de juarista y robador– logró escapar del castigo y regresó a la sierra, donde integró con sus hermanos una gavilla de bandoleros. Así empezó su primera etapa como figura pública. Su formación intelectual, obtenida en prisión, lo volvió excesivo en la selección de sus víctimas. Por principio, no robó nunca a los pobres y solía repartir entre ellos una parte del botín. Por ello, cada vez que él y sus hermanos asaltaban una diligencia, una mina o se hacían de los bienes de un ranchero rico, en las comunidades se celebraban las correrías del *Rayo de Sinaloa*. Pronto los más jodidos de la región se afiliaron como cómplices distinguidos de Heraclio Bernal. Trascendió también como rasgo de personalidad de este delincuente, su gran sentido del humor. En honor a la tradición literaria española, Bernal se presenta, en relación con la autoridad, como un burlador genial. En Mazatlán se dice que una tarde jugó cartas con el general Cleofas Salomón, jefe de la policía de aquel puerto. Durante varias horas, el funcionario tuvo frente a sí a un individuo de facciones aniñadas que terminó ganando sobre la mesa una fortuna considerable. El general pagó su deuda y aquel sujeto se despidió cargando en los bolsillos el fruto de su suerte. En lugar de montar a caballo y regresarse a la sierra, este curioso personaje entró a una joyería y, con el dinero adquirido en la cantina, compró un caro reloj de oro. Luego lo envió con un mensajero al señor Cleofas, acompañado por una atenta nota que así decía:

Espero volver a jugar con usted y que tenga mejor suerte.

HERACLIO BERNAL

*El Rayo* tuvo la ventaja de vivir en una época donde no se era víctima fácil de la fotografía. Por esta razón fue que hasta ese día la policía de Mazatlán obtuvo una descripción precisa de tan temido criminal. En otra ocasión –se cuenta– Bernal ofreció una fastuosa fiesta en el poblado de Quila, enclavado en una zona de muy difícil acceso dentro de la sierra. Ahí se divertía montón de gente cuando a uno de los agasajados se le ocurrió exclamar: «¡Esta es una fiesta digna del gobernador!» Entonces un relámpago de lucidez golpeó la neurona del *Rayo*. Exigió a sus anfitriones que le abrieran la centralita recientemente inaugurada para las actividades del telégrafo. Desde ahí transmitió el siguiente mensaje:

General Francisco Cañedo, habitantes de Quila, así como amigos míos, le invitan asistir baile ofrecen en su honor. Salúdolo afectuosamente,

HERACLIO BERNAL

Recibido el telegrama, partió desde Culiacán un piquete compuesto por cincuenta soldados en dirección a la montaña. Después de doce horas de trayecto, aquellos fatigados militares se enteraron de que la festividad había muerto hacía rato y que *El Rayo de Sinaloa* no se hallaba más por el lugar. ¡Al mal tiempo, una carcajada! Esa fue la principal ciencia que Heraclio Bernal heredó a los sinaloenses.

Al pasar de los años, cuando su fama no hacía más que crecer, *El Rayo* añadió a su personaje de Robin Hood la trama del revolucionario. Son varios los historiadores que lo ubican como precursor de la gesta encabezada en 1910 por Francisco I. Madero. Lo cierto es que fue la intención política de sus actos lo que le convirtió en una amenaza para el régimen porfirista. Una cosa era presentarse como un divertido ladrón de diligencias y otra pretender el derrocamiento de un sistema que, para la temprana década de 1880, se creía imbatible. En 1885, Bernal fue convocado a participar en una de las tantas tomas armadas que ha sufrido el puerto de Mazatlán. En su caso, la invitación provino del general Jesús Ramírez Terrones, quien creyó ingenuamente que podría destronar al presidente Porfirio Díaz. Al aceptar esta alianza, Heraclio migró a las grandes ligas del poder. Desde la capital del país se envió al general Bernardo Reyes para que sofocara la rebelión. Sin dificultad, este experimentado militar desmembró la organización de los beligerantes opositores, segando de paso la vida de casi todos ellos. Para fortuna del *Rayo*, este general no pudo echarle encima su pesado guante. Sin embargo, tal episodio le regaló a Bernal una pista sobre lo que debía hacer con su futuro inmediato. Pocos meses después de la captura de Ramírez Terrones, el prófugo se nombraría a sí mismo «Comandante de las fuerzas proclamadoras de las garantías constitucionales». Desde esa investidura hizo un llamado a la población para que se tomaran las armas con el propósito de restablecer la Constitución juarista de 1857. Además de un programa político incompleto, tres fueron sus consignas principales: «¡Muera Porfirio Díaz y las autoridades que pretenden imponerse contra la razón! ¡Mueran los gobernantes traidores!» y «¡Viva la ley y sus auténticos defensores!»

Para sufragar los costos de su nueva campaña revolucionaria, Bernal echó nuevamente mano de las diligencias que, por los caminos, transcurrían hacia Mazatlán, Cosalá y Culiacán. Al *Rayo* le echaron la culpa de que las empresas de transporte de la región rozaran el borde de la quiebra y que la inversión extranjera en las minas de la sierra disminuyera dramáticamente. En esta situación llegó el año de 1886. El gobierno de Sinaloa ofreció entonces una fortuna por su cabeza –10 mil pesos oro– y las autoridades de Durango propusieron pagar la mitad de la recompensa. Mientras tanto, el aprecio por Bernal no dejó de crecer entre los abandonados del régimen. Él fue un síntoma justificado por la inequidad y la polarización social. Al apoyar al *Rayo*, sus simpatizantes retaban la legitimidad del poder antidemocrático. Heraclio Bernal provocaba esperanza pero, sobre todo, endureció una identidad de clase que, por haber estado antes fragmentada, se había hecho vulnerable frente al abuso de las élites gobernantes. Las leyes y la riqueza, según la filosofía de este bandido, debían ser patrimonio de todos.

El corrido ya servía para hacer que el valiente viajara más allá de su condición meramente humana. Lo volvía un mito. De ranchería en ranchería, la tambora y unos cuantos versos acompañaban las correrías de Bernal y de los suyos.

*Cosalá y su leyenda forman parte de la historia*
*de aquel hombre sinaloense* (que) *a su pueblo conquistó*
*y su nombre lo recuerdo yo, lo traigo en mi memoria*
*se conoce como* El Rayo, *ese fue Heraclio Bernal.*

Mientras tanto, los diarios de la ciudad de México hacían famoso a Bernal y probablemente mostraron la ruta para que otros, como él, se hicieran de similar fama local. El comandante revolucionario designó jefes militares de villa en villa, ordenó el asalto a los depósitos de armas de la Acordada y promovió la desobediencia civil hacia los funcionarios que se hallaban bajo la jerarquía de Cañedo. Cabe especular, con el historiador Fausto Marín Tamayo, que varios de los delincuentes más vulgares de la época habrían simulado ser seguidores del *Rayo* para arropar sus actos delictivos con el traje de la buena fama prestada. Alguno probablemente asesinó y agredió al pueblo a nombre de Bernal.

Acaso fue uno de estos sujetos quien también ayudó a su captura. Dos años de búsqueda por parte del gobierno dieron resultado. Un fulano de nombre Crispín García organizó a un grupo de matones profesionales para encontrar al revolucionario y así cobrar la jugosa recompensa. Gracias a un rudo sistema de inteligencia, García averiguó que Heraclio Bernal se encontraba en una finca rural ubicada en las faldas de la sierra, no muy lejos de Cosalá. Con efectivos suficientes, este policía privado le cayó encima al *Rayo* mientras dormía –según se dice– *empiernado* con su novia Bernardina. En ropa interior salió Bernal para vengar la imprudencia pero, contra su buena suerte, alguno de los perseguidores le puso una bala en la pierna derecha. Apenas el dolor comenzaba a avisarle de su tragedia cuando otro tiro le mordió el glúteo izquierdo. Herido así, *El Rayo* extravió su legendaria velocidad. Ya no pudo subir al caballo y perderse en la sierra, como tantas otras veces hubiera hecho. Optó entonces por esconderse, junto con uno de los suyos, dentro de una cueva. Aquello solo le compró un poco más de tiempo: el suficiente para ordenar al colega que fuese él quien lo entregara ante la autoridad con el fin de cobrar la recompensa, para que luego esa fortuna se repartiera entre los más pobres.

# El Jinete de la Divina Providencia

El compadre Fidel está de vuelta. Ya avisó de la cueva donde se esconde y no tardan en venir para apresarlo. Jesús Juárez Mazo ha perdido la sensibilidad de la pierna derecha. Es obra de la gangrena. Ruega por que pronto termine todo. Durante los minutos que le quedan, en compañía de su mejor amigo vuelve a revisar el plan que juntos elucubraron. Cuando lleguen los efectivos del coronel Herculano de la Huerta, Fidel acudirá para reclamar la recompensa prometida y luego repartirá el dinero entre los más necesitados de la sierra. El bandido generoso lo hace jurar y el compadre concede. Entre ambos −supone el herido− hay confianza de sobra. Entra de golpe un tropel de pasos. El compadre Fidel aprovecha para escurrirse y deja a Jesús Juárez Mazo, alias Jesús Malverde, librado a su suerte. Tirado sobre la tierra, al lesionado le habrán parecido gigantes aquellos agentes del orden: unos trogloditas que le patean la pierna mala, le escupen el rostro y se mofan de cuanta humanidad le restaba. La burla que sustituye al temor es la más cruel de todas. Tanto miedo que provocó en esa región el rebelde y ahora, entre aquellos rurales, esa sensación finalmente escampa. Los custodios montan al reo sobre una carreta desvencijada y atan su caballo, *Centella Negra*, a uno de los postes traseros.

Después de cobrar la recompensa, del compadre Fidel no vuelve a saberse nada. Se embolsa el dinero y a los herederos de Malverde no les toca ni una sola moneda. Mientras tanto, el bandido generoso viaja dolorido hacia la villa de San Miguel de Culiacán. El gobernador Francisco Cañedo ha sido acucioso con sus instrucciones: «¡Quítenle la vida, pero antes humíllenlo ante los ojos de sus estúpidos admiradores!» Por ello es que llega a la capital de Sinaloa hecho un amasijo de sangre y huesos rotos. Los subordinados del coronel De la Huerta debían mostrar que aquel sujeto era falible, y ante los ojos de los morbosos y los mirones lo lograron crecidamente.

La siniestra procesión pasó frente a la Casa de Moneda y también delante del Palacio de Gobierno. Enfiló luego por el camino que iba hacia la hacienda de Navolato. Cerca de las vías del tren, con una señal de su sable, el militar de mayor rango detuvo la carreta donde se transportaba al reo. Herculano de la Huerta resolvió: «¡Aquí lo colgamos!» Los verdugos bajo sus órdenes subieron a Malverde sobre el lomo de

*Centella Negra.* La cuerda ya había sido atada a la rama más alta de un mezquite. Hacia el extremo inferior condujeron al moribundo y su jamelgo. Fatalmente le colocaron alrededor del cuello la soga y fue el coronel quien, con su propio fuste, golpeó las ancas del animal para que este echase a correr. Los dolores abandonaron a Jesús Juárez Mazo, al tiempo que sus restos mortales quedaron suspendidos en el aire. Su vida terminó el 3 de mayo de 1909, día de La Santa Cruz.

Aquel albañil merecía morir de manera tan aparatosa. Se equivocó cuando dejó guardados la pala y la cuchara de su oficio para ponerse a asaltar a los ricos hacendados. Se equivocó cuando, camuflado con hojas de plátano, se escurrió para hacerse de los bienes ajenos y después hizo mutis por días y semanas. El color de la espesura era su cómplice y por ello lo apodaron *El Mal Verde*. El general Francisco Cañedo aún traía dolido el orgullo por la forma en que este individuo burló la seguridad de su finca, en Culiacán, para robar una espada que solo a él le pertenecía. Un poco por travesura y otro tanto por ingenioso cálculo, con anticipación Jesús Malverde hizo correr el rumor sobre cuál sería su más delirante atraco: anunció que robaría el arma del gobernador sin que sus rurales pudieran evitarlo, y lo cumplió.

Una noche sin ápice de luz, mientras la autoridad dormía, el bandido logró introducirse hasta la habitación de Cañedo, tomó la espada y partió sin ser notado. Antes de volverse para su escondite, sobre la puerta de la recámara asaltada dejó clavado un puñal que en el mazo tenía grabadas las iniciales *J.M.* A la mañana siguiente, el gobernante iracundo centró todo su poder en la búsqueda de aquel delincuente. Unos le decían que se hallaba escondido en Badiraguato, otros que se había marchado por el rumbo de Cosalá, de camino a Santiago Papasquiaro. Un soplón aseguró que Malverde ya había llegado, con todo y espada, a la sierra de Chihuahua. Aquel hurto —lo sabían Cañedo y también su perpetrador— guardaba un alto contenido simbólico. Si la autoridad porfirista no era capaz de mantener a buen recaudo la espada —símbolo explícito de su poderío—, tampoco lo sería para velar por el resto del territorio sinaloense. Habría entonces sido por razones políticas y no solo de seguridad que Cañedo decidió terminar con *El Mal Verde*. Fue así como el coronel Herculano de la Huerta recibió el encargo de atrapar al funesto ladrón de su cetro. Tiempo después, el compadre Fidel le ayudaría a resolver la encomienda: dijo que el bandido generoso se hallaba herido, dentro de una cueva, allá por el rumbo de Cosalá.

El cuerpo del difunto permaneció colgado del mezquite. Se expidieron órdenes para que no se diera sepultura al cadáver. La autoridad debía asegurarse de que no quedara duda sobre la derrota sufrida por Malverde. Pasaron los días mientras la pestilencia del cuerpo sin vida iba en desagradable aumento. Ocurrió finalmente que unos distraídos forasteros se toparon con aquel esperpento, el cual se iba poniendo cada vez más lechoso. Eran arrieros que traían torturadas a sus mulas con harto peso en oro y plata; un cargamento minero que debía ser entregado ese mismo día a unos cuantos pasos, en la estación de trenes. Tan sorpresivo habrá sido el encuentro sostenido con los restos de Malverde que ante el cadáver colgante los arrieros se dieron a la fuga, olvidando tras de sí su responsabilidad. Pocos minutos después, el líder de aquel grupo de muleros regresó en búsqueda de sus animales, pero únicamente halló a la razón previa de su veloz huida. Ahora fue terror lo que experimentó: ¿dónde estaba su valiosísimo tesoro? Una idea le vino a la cabeza: propuso al alma de aquel muerto que si le devolvía a sus mulitas, él se encargaría de ofrecerle una cristiana sepultura.

El arriero no había terminado de formular su petición cuando los hocicos de sus viejos animales le empujaban aquí las caderas y allá la espalda. Aquel buen hombre cumplió con su promesa. Ayudado por sus compañeros enterró el cuerpo de Jesús Juárez Mazo desobedeciendo el edicto del gobernador. El milagro concedido a los arrieros corrió de voz en voz. A partir de ese momento, los humildes de la región —ya más confiados— se atrevieron a honrar la antigua tradición. De dos en dos, llevaron piedras blancas para cubrir la tumba del bandido generoso.

Antes de dejar esta dimensión, Malverde se llevó consigo al agotado gobernador. Según cuentan hoy los seguidores del santo, después del ahorcamiento de Juárez Mazo, a Francisco Cañedo le acometió un mal tan rudo en las entrañas que en pocos días todo su cuerpo se hizo agua y partió por la cañería de sus aposentos. El dictador porfiriano que tanta arbitrariedad impuso sobre Sinaloa durante los años que corrieron entre 1877 y 1909 finalmente abandonó este mundo, perseguido en sus alucinaciones por un jinete montado sobre un negro corcel.

## El capellán

Seis décadas transcurrieron desde el fin de la era Cañedo, y muy poco más volvió a oírse de Jesús Malverde hasta que, en 1970, el camionero

Eligio González de León acudió al baldío donde, cerca de las vías del tren, una pequeña crucecita de metal y un breve puñado de piedras daban testimonio de una historia sucedida dos generaciones atrás. El futuro capellán de Malverde había escuchado hablar de este personaje poco antes de visitar la tumba. Fue una mujer, de nombre Amada Bojórquez Inzunza, quien le presentó al santo.

En su oficio de transportista, ella lo contrató para que entregara un ataúd a una familia pobre que no tenía con qué sufragar los gastos para el funeral de su difunto. Eligio cumplió con el encargo y, mientras iba de camino —desde Culiacán hacia Mocorito—, la anciana le mostró un retrato del bandido generoso, al tiempo que le recomendaba ponerse en sus manos siempre que lo necesitara. Aquel día concluyó para el transportista cuando, según su dicho, tomó conciencia de que la señora en cuestión no era de este mundo. O había sido obra de su imaginación, o bien sostuvo una charla larga con un fantasma. El siguiente encuentro con ella fue espeluznante.

Don Eligio narra que una mañana en que se hallaba trabajando dentro del mercado municipal de Culiacán, se acercaron a él tres individuos de mala pinta para pedirle que los llevara al poblado de Carrizalejo, ya que debían recoger ahí una carga de calabazas. Aquellos fulanos le causaron desconfianza, pero la promesa de una buena retribución económica terminó por vencer su resistencia. Anduvieron camino hasta que su mueble pisó la entrada de la villa a la cual se dirigían. Ahí le exigieron que introdujera el vehículo en una vereda cuyo trazo separaba dos maizales. Él obedeció y lo mismo hizo cuando, a punta de pistola, lo bajaron de su camión. Aún no había puesto los pies con suficiente equilibrio sobre la tierra cuando escuchó el tronido de una pistola y cuatro proyectiles se le metieron dentro del pecho. Este prófugo de la muerte cuenta que, durante su agonía, se vivió en el interior de un largo y luminoso túnel, en cuyo centro apareció Amada, la señora del ataúd.

«¡No quiero morir!», suplicó a su conocida; ella volvió a recomendarle poner su suerte en manos del ánima de Jesús Malverde y así lo hizo el moribundo. Minutos más tarde, una patrulla de soldados pasó por donde el hombre había quedado tirado, lo llevaron al hospital y una cirugía de caballo lo regresó a este planeta. Cuando recobró conciencia, Eligio se prometió dedicar el resto de sus días al culto del ser que le hubiera espantado a la muerte. Una vez que recuperó la capacidad de andar, aquel hombre acudió al terreno donde sobrevivía el breve crucifijo de metal, dedicado al santo Malverde. Llevó flores, lavó y pintó la tumba, barrió los alrededores y contó, a quien se prestó a escucharlo, sobre el milagro que le había ocurrido. Fue a partir de su prédica que otros desamparados como él volvieron a solicitarle favores y milagros al espíritu de aquel bandolero que ahora se hallaba de regreso.

Cinco años después de la resurrección de Eligio, el gobierno estatal de Sinaloa decidió que debía limpiar aquel barrio donde se hallaba el sepulcro custodiado por su capellán. De manera caótica, en esa coordenada de la ciudad de Culiacán se paseaban las prostitutas, se escondían los maleantes, se vendían drogas, se acumulaba basura y se estacionaban los carros viejos del tren. Los urbanistas recomendaron al gobernador Alfonso Calderón Velarde que expropiara aquellos predios para, sobre ellos, construir un edificio público, y así lo hizo. En 1976 entraron a esa desastrosa zona un par de buldóceres para despejar el terreno. Cuando una de esas máquinas quiso profanar el lugar de descanso del santo, su motor se pasmó definitivamente. Entonces mandaron buscar otro armatoste, aún más potente, para que terminara la labor. El buldócer de relevo también se descompuso. Después de varios intentos, los ingenieros encargados de la obra constataron su incapacidad para remover de ahí a la sexagenaria sepultura.

Fue entonces cuando el gobernador Calderón mandó buscar a don Eligio para pedirle que intercediera ante su santito. Le ofreció otro lote, no muy lejos del anterior, donde los fieles de Malverde pudieran hacerse de una capilla digna y amplia. Don Eligio aceptó. Nada mejor para continuar su obra que entregarle a su querida ánima un lugar confortable; al día siguiente las máquinas pudieron concluir los trabajos y pocas semanas después el Gobierno del Estado de Sinaloa, así como la compañía Ferrocarriles Nacionales, otorgaron a don Eligio el predio prometido. Solo para festejar, el capellán compró un billete de lotería y se ganó 250 mil pesos que le sirvieron para comenzar la edificación de la mentada capilla sobre el terreno donado por la autoridad. Un segundo premio de 100 mil y otro más de 150 mil pesos —supuestamente también provenientes de la Lotería Nacional— completaron lo que hacía falta para la construcción. Al parecer, Malverde —montado sobre *Centella Negra*— era un jinete muy influyente con la Providencia, o acaso algún donante, que prefirió no revelar su identidad, fue harto generoso a la hora de apoyar la empresa del capellán y el santo solo sirvió de tapadera.

# La maldición de Malverde

¿Y si Jesús Malverde fuera un invento de don Eligio González de León, o un mero producto de la fe de sus creyentes? La coincidencia entre las vidas de Heraclio Bernal y Jesús Juárez Mazo es excesiva. No solo comparten historia sobre la noble manera en que los dos querían repartir la recompensa cobrada por su captura; muchas otras anécdotas son indistintamente atribuidas a ambos personajes. *El Rayo de Sinaloa* no es el único cuya biografía tiene síntomas en común con este santo: también con Felipe Bachomo es posible trazar paralelismos. Tanto el indio yoreme como Malverde fueron enterrados cerca de las vías del tren y a los dos se les rindió el antiguo homenaje cahíta de la sepultura cubierta con piedras blancas. Un tercer emparentado con este santo es Pedro Infante, o más precisamente Juan Menchaca, el líder de la gavilla de bandoleros de la película *Los Gavilanes*. El busto que don Eligio mandó fabricar, y que hoy es la representación más popular del santo, muy probablemente fue inspirado en este personaje de la época de oro del cine mexicano.

La duda sobre la existencia de este ser milagrosísimo crece cuando resulta que los historiadores no han topado con un solo documento que compruebe su paso por la tierra. Ni el nacimiento ni la muerte de Jesús Juárez Mazo aparecen en los archivos del Registro Civil de Sinaloa. Tampoco existe una sola fotografía suya. A diferencia de los casos de Bernal y Bachomo, no se ha encontrado la orden de aprehensión supuestamente dictada en su contra por el gobernador Cañedo, ni el edicto donde este habría instruido a no enterrar al ahorcado. A lo anterior se añade el tema de las fechas: según los fieles de Malverde, este hombre habría nacido el 24 de diciembre y por ello recibió el afortunado nombre de Jesús, y su muerte habría ocurrido el 3 de mayo, día en que los obreros de la construcción celebran su fiesta; coincidencia extraña y relevante porque Juárez Mazo fue albañil antes de convertirse en ladrón. Por último, ha de considerarse la misteriosa ausencia del santo entre 1909, cuando acusadamente murió, y 1973, cuando don Eligio González lo rescató del anonimato.

César Güemes refuta a los detractores de Malverde: «Al pueblo no le importan demasiado las referencias históricas, simplemente le basta saber que hace milagros y que es efectivo». Puede llegar a comprenderse mejor su naturaleza si no se piensa en este personaje como un santo clásico —a la manera de aquellos canonizados por el Vaticano— sino como una fuerza sobrenatural al servicio de sus creyentes. Vale en este contexto compararlo con esa otra figura religiosa que, en México, tantos seguidores ha atraído durante la última década: la Santa Muerte. Ella no tuvo una biografía humana y sin embargo también es reverenciada por varias decenas de miles. Precisa de nuevo Güemes: «Más que un santo, Malverde es un ánima»: una misteriosa fuerza –de constitución precristiana– que hace el bien a quien se lo pida convenientemente. Como potente polo magnético, esta ánima atrae para sí todas aquellas características que la acercan con sus fieles: se llama Jesús, se apellida Juárez, se parece a Pedro Infante, su funeral siguió el legendario ritual prehispánico, nació en Navidad, murió el día de La Santa Cruz, su origen fue muy humilde, supo desafiar a la autoridad, no discrimina, no da clases de moral y prefiere –como San Judas Tadeo– las causas perdidas. El santo es, en efecto, un talentoso del camuflaje. Todas estas partículas reunidas han ido confeccionando una religiosidad peculiar para aquellos que no se sienten cómodos con el santoral católico y, sin embargo, siguen requiriendo creerle a entes avecindados en el más allá.

El culto por Malverde también significa retar a la autoridad: tomar la espada del poderoso para llevarla lejos, allá por la sierra donde el mandamás de la ciudad no es nadie. Representa el hurto aceptable, la revancha del desvalido, la deshidratación de los abusos. Así como Juárez Mazo vivió en carne propia las últimas y descarriladas pulsiones de un régimen que fenecía, los más devotos de Malverde aseguran que *El Jinete de la Divina Providencia* –como lo llamó el escritor Óscar Liera– está de regreso porque condiciones similares a las que se vivieron en la era de Francisco Cañedo se han venido acumulando. Para combatirlas, el disfraz de esta ánima se ha puesto de moda; también los señuelos, los engaños y la pródiga falsedad.

«¡En ti confío!», le rezan sus creyentes. Y con esta letanía, repetida en forma de novena, va su efigie, como una soga, colgada al cuello. «¡En ti confío!» y sus devotos andan más tranquilos por los caminos y los peligros de su oficio. «¡En ti confío!», se juran entre sí –sobre todo los bandidos– cuando asumen que su vida depende de la lealtad que los une. Malverde es un santo que bendice el valor de la fidelidad. Pero también existe la maldición de Malverde: aquella que Jesús Juárez Mazo habría lanzado en contra de su compadre Fidel –el compinche que no supo hacer honor a su nombre– cuando este lo traicionó, llevándose muy lejos un dinero que no era suyo. Obviamente no hay registro sobre lo que ocurrió con el compadre innombrable y sin embargo, la voz popular asegura que algo terrible le habrá sucedido al tal Fidel. Debió ser la primera víctima de la maldición de Malverde. Acaso habrá muerto de chorrillo, como le pasó al gobernador Francisco Cañedo.

En una época donde ignorar la lealtad es circunstancia peligrosísima, se precisa de un santo coherente para propinar castigo sobre aquel que no quiera honrar los votos de la confianza. Dentro del culto a este santo existe la venganza justa. De este argumento se deriva luego la suspicacia sobre quiénes son los verdaderos protegidos del ánima. Resulta muy común toparse con la afirmación de que Jesús Malverde oficia como santo de los comerciantes de droga. Para tratar con seriedad esta acusación han de revisarse dos premisas fáciles de corroborar: no todos los que tienen fe en Malverde son narcotraficantes, ni todos los narcotraficantes creen en Malverde. El personaje no le pertenece a un solo grupo de personas, sino a varios.

La religiosidad que hoy despierta este bandido es inclasificable, por tanto, trasciende la discusión sobre la legalidad y su contrario. La fe que en él se deposita responde, en todo caso, a una necesidad más profunda y poderosa, que padecen demasiados individuos, de creer en un ser cuyo espíritu sobrenatural sea capaz de proteger de los atropellos que la violencia impone en estos días a tantas y tantas comunidades de mexicanos. ¿Qué puede ser más importante en una época en que la solidaridad de lo humano está en crisis, que un jinete situado en buenos términos con la Providencia y dispuesto a premiar a los leales, así como a sancionar a los detractores? Esta es la ventaja que tiene Malverde sobre cualquier otro santo legalizado por la jerarquía católica. Su ánima ayuda a quien sinceramente se le encomienda, pero tiene igualmente un costado vengativo que cumple una importantísima finalidad: castiga al soplón, al judas, al mal amigo, al policía que no supo cumplir con su palabra, a la autoridad arrogante, al incumplido, al frívolo. Malverde se ha convertido en garante para la acción colectiva con respecto a aquellos –delincuentes o no– que viven dentro de una alucinante atmósfera de incertidumbre. Este santo es institución, es norma, es expectativa de una mejor colaboración o, en su caso, de escarmiento bien colocado. No es fortuito que el culto a su persona haya comenzado a crecer en los años 70 del siglo pasado, justo cuando el comercio ilegal de drogas en Sinaloa dejó de ser un negocio ordenado y generoso. En efecto, Malverde se volvió importante cuando el narcotráfico se convirtió en un dragón que devora el tejido social y la coexistencia pacífica entre las personas. Poco más de tres décadas de violencia en esta región explican su popularidad. Su espíritu protege no tanto por las virtudes de sus fieles, sino por su condición de víctimas, aunque a veces éstas también sean victimarios.

Algunos de los altos jerarcas en el negocio trasnacional del narcotráfico entendieron muy bien la ventaja que, también para ellos, podía traer Jesús Malverde. Es sobre todo responsabilidad suya que a este santo se le relacione con su actividad. Y es que esta ánima les sirve como vehículo de comunicación para difundir un mensaje falsamente altruista: un discurso dirigido hacia los que por primera vez son reclutados en sus empresas y también hacia la población que puede ofrecer complicidad con respecto a sus operaciones. El mensaje es sencillo: así como Jesús Juárez Mazo robaba a los ricos para dar de comer a los pobres, ahora estos encumbrados narcotraficantes venden drogas a los estadounidenses adinerados para luego, en México, construir escuelas, iglesias, pagar las fiestas del pueblo y dar oportunidades a quienes tanto les cuesta llevar algo de chile y tortilla a sus mesas. Con la adhesión al tótem del bandido generoso, los jefes se presentan públicamente como sus parientes contemporáneos. Así es como las mafias –las grandes y las pequeñas– se han montado sobre una antigua tradición que, en el caso más célebre de Sinaloa, se remonta hasta Heraclio Bernal. Con Malverde hacen explícitas las razones de su existencia social y se justifican narrativamente ante sus potenciales enemigos. En simultáneo, quienes los persiguen –autoridades, políticos, militares, policías– son señalados como reencarnaciones de Crispín García, Herculano de la Huerta o el gobernador Francisco Cañedo. Según este discurso, tales autoridades son los nuevos enemigos del pueblo.

Ni el mejor publicista hubiera podido recomendar tan brillante estrategia: cobijarse en el culto del ánima es una forma de vestir un negocio francamente criminal con ropajes de legitimidad. Configurado desde esta lógica el código de comunicación, no importa que el resto de los mexicanos no entienda o menosprecie el culto hacia Malverde. Por razones que son distintas, sus fieles –tanto los jefes de la droga como sus empleados y también los desposeídos del presente– comparten con este santo un vínculo de solidaridad parecido al que poseen las sectas incomprendidas. Se reúnen todos en la capilla de Jesús Malverde, en la ciudad de Culiacán. Ahí convive más de una moral, incluida aquella que ha hecho de la violencia su principal forma de relacionarse con el otro.

Cabe insistir, no es la única de todas las que se expresan en este alucinante recinto.

## La capilla generosa

Si se mira de frente, la ermita erigida por don Eligio González parece un baño público. Es un edificio feo, un rectángulo de concreto —obviamente pintado de verde— que en la parte superior de su fachada posee un horrendo mosaico triangular, fabricado por recuadros de vidrio grueso, cada uno de los cuales evoca el sucio fondo de una botella usada. Este lugar podría describirse como una construcción sin ostentaciones, y sin embargo en su interior es excesiva, rocambolesca, profusa, abundantísima. Una vez ahí dentro no hay manera de concentrarse. Comparten aquí altar la Santa Muerte, la Virgen de Guadalupe y Jesús Juárez Mazo, una trinidad sitiada por veladoras anónimas, veladoras dedicadas a San Judas Tadeo, veladoras derretidas, veladoras por encender. También hay fotografías. Imágenes que contienen el rostro de un narcotraficante confeso, de un niño de tres años, de un viejo que seguramente ya partió, de un cargamento que quizá aún no se haya ido. Billetes de un dólar con la firma del donante en tinta roja. Billetes de cien dólares, sin firma y con mil arrugas. Sobres con dinero. Cartas de letra diminuta e infantil. Recados de dos frases escritas sobre la página cuadriculada de una libreta escolar. Placas de metal dando las gracias. Placas de cerámica recordando un milagro. Placas de acrílico suplicando por un favor. Un canasto de tomates. Una bolsa con camarón congelado. Una bala enmarcada. Agua de fruta. Refrescos artificiales. Libros para rezar. Escapularios. Urnas con ceniza dentro. Flores amarillas. Rosarios. Flores blancas. Exvotos. Flores violeta. Cientos de exvotos. Retablos pintados a mano. Memorias de una curación prodigiosa, de un negocio bien habido, de Malverde ahorcado, de Malverde montado sobre su caballo negro, de Malverde vestido de blanco, de Malverde con sombrero, de Malverde cruzando el río Bravo, de Malverde en Los Ángeles, de Malverde en Chicago.

Igual se acumulan latas de cerveza, hielos y botellas de tequila. Restos de un bebedizo que en esta región llaman *pajuelazo*. Los exvotos más populares son musicales. Tambora cahíta, banda subida de Mazatlán, polka traída desde Texas, fusión de tambora, banda y polka —ocurrida en la sierra de Durango— y que en el resto del país se conoce como música norteña. Algunos son corridos inocentes y otros juegan con un doble mensaje. Los más comunes suelen ser vulgarmente explícitos. Por cien pesos, a un lado de la capilla se puede comprar un disco con 56 exvotos musicales dedicados al santo traicionado. El más conocido tiene como intérpretes a Los Cadetes de Linares:

> *Me fue muy bien todo el año*
> *por eso ahora vengo a verte,*
> *de Culiacán a Colombia*
> *que viva Jesús Malverde,*
> *este santo del colgado*
> *que ha traído buena suerte.*
> *Tu imagen tiene una vela*
> *siempre prendida en tu honor*
> *y cargo yo tu retrato*
> *por dondequiera que voy*
> *especialmente en mis tratos*
> *cuento con tu bendición...*

Dentro de la capilla, *El corrido de Malverde* lo entona con enjundia un muchacho de 13 años. Su voz suena nasal y por ello gusta. Los corridos se graban entre estas cuatro paredes verdes; luego se venden como si fueran discos ilegales –piratas– aunque no lo son. Una pieza musical en tres tiempos: festejan las hazañas. Bajo sexto y batería: se alude al oro, la plata y las mulas que devolvieron lo extraviado. La voz principal: contrabando generoso. La voz secundaria: bandido protector. Una guitarra: la fe. El acordeón: la ley. También se hace escritura con Malverde: toneladas de artículos periodísticos. Decenas de documentales. Un mismo fenómeno religioso que asombra y secuestra. Para los muy informados hay también música dedicada a don Eligio González. Desde que muriera, en 2002, es un santo en gestación. Su hijo Jesús (otro Jesús), actual capellán de este santuario, no se atreve a negar que su progenitor también procura milagros.

A tan solo 300 metros de esta capilla está un edificio de gobierno. Los funcionarios que ahí se alojan coexisten tolerantemente con algunos delincuentes que vienen a visitar a su santo. También cohabitan con la voz de un artista que hace apología criminal o con el bulto de billetes traído por un mensajero bien pertrechado con armas peligrosísimas. En este pequeño claustro no se está obligado a conocer los matices que han sido colocados dentro de los códigos penales. Aquí lo recto y lo torcido son dos expresiones indistinguibles de un mismo trazo. Probablemente por esta singularidad es que la capilla de Jesús Malverde ha hecho metástasis; ahí donde las circunstancias se parecen, el culto por el ánima galopa libremente: Cali, Colombia; Tijuana, Baja California; Los Ángeles, en Estados Unidos; el mercado de La Merced, en la ciudad de México; Ciudad Juárez, en Chihuahua y la lista continúa.

Malverde cuenta también con numerosas capillas en Internet. Se hallan dentro de ese universo virtual más de 300 blogs relacionados con su nombre; supera los 400 mil el número de sitios que, según el buscador Google, refieren a este santo; suman más de mil los videos en YouTube dedicados al personaje. Dentro de las páginas de este sitio, Malverde cuenta con seis veces más descargas que el Santo Niño de Atocha, diez veces más que el Niño Fidencio y 200 videos más que Carlos Slim Helú. En cambio, esta ánima anda rezagada con respecto a la Santa Muerte, quien presume alrededor de 22 mil videos, o cuando se le compara con Pedro Infante, figura que ahí rebasa los 20 mil videos. Entre la comunidad hispana de Estados Unidos, en fecha reciente se ha hecho muy famoso un cantante de hip-hop que se apropió del apellido del santo: el joven Malverde vende discos a rabiar. La cervecería Minerva lanzó una bebida de malta que presume en su presentación también una imagen de esta ánima. Según los expertos en marketing consultados por tal empresa, ninguna otra personalidad es hoy tan emblemática y atractiva para la población del Pacífico norte mexicano como Jesús Malverde, el bandido generoso.

# VIII
## LOS POLVOS DE LA IRA

### El Centenario

Imagen serrana. Acaso Badiraguato, la Tarahumara o El Salto, Durango. Un hombre corta leña en un extenso claro rodeado por coníferas. Su frente transpira. Trinan los pájaros mientras se escucha el golpe del hacha. Va todo vestido, pantalón y camisa, de manta blanca. Termina la faena. El campesino hace un atado con los trozos mutilados de madera, se calza con fuerza un sombrero de palma y parte, cabizbajo, cargando sobre el hombro el esfuerzo de su mañana. De la nada aparece un individuo corpulento que, en su caso, va todo vestido —pantalón, camisa y chamarra— con texturas negras. Brillan sobre su pecho gruesas cadenas doradas. El sujeto saca de su bolsillo un par de monedas para comprar los troncos del leñador. Hasta en las manos de ese pobre hombre aquella paga se antoja miserable. Aun así, el campesino agradece. Su acto de humildad otorga licencia al interlocutor para que este levante la voz con arrogancia: «¡Si quieres dinero, no es vendiendo leña!». El ropero humano manotea, concluye su breve sermón y se marcha, a la vez, ligero e insolente. Mutación. Sobre un cielo alcaloide se mira el hacha del leñador volar por los aires. Desaparece. En su lugar, decenas de billetes caen flotando libremente. La última imagen de pobreza ofrecida al espectador ocurre cuando, entre la tierra que separa los pies ajados de aquel campesino, emerge brillantísima una moneda de oro. Es un Centenario. La música comienza. Primero suena el acordeón, después la batería. Y la letra del corrido argumenta:

> *Si eres pobre te humilla la gente,*
> *si eres rico te trata muy bien,*
> *un amigo se metió a la mafia*
> *porque pobre ya no quiso ser,*
> *ahora tiene dinero de sobra,*
> *por costales le pagan al mes...*

Gracias a las escenas que se suceden, puede advertirse que aquel antiguo leñador logró una vida extraordinaria: lo besan las mujeres más hermosas, bebe el vino más caro, da órdenes a los hombres más armados, es dueño de los coches más lujosos, porta joyas extravagantes:

> *Ahora todos lo ven diferente*
> *... a Los Ángeles va a cada rato*
> *y regresa con un dineral.*

Justo antes de que termine este video –el cual cuenta con más de 3 millones de descargas en la página de Internet que lo hospeda–, *El Centenario* aparece visitando a su madre. Toca la puerta de una vivienda lujosa que solo se abre tímidamente. Ahí habita una mujer que no se permite saludar al delincuente. Antes de volver a cerrarse, una lágrima moja el párpado inferior de aquella sufrida pero orgullosa dama. El exitoso hombre de negocios regresa sobre sus pasos pensando quizá que gracias a su nuevo oficio ella no vive más dentro de una pobre morada de la sierra. *El Centenario* es uno de los narcocorridos más exitosos del grupo musical Los Tucanes de Tijuana. Se baila en las fiestas de boda y de quince años. Se escucha en los taxis de Colima y en las bocinas de los vendedores ambulantes que trajinan comerciando discos piratas dentro de los vagones del metro de la ciudad de México. Tararean también sus notas los miles de fanáticos que revientan todo lugar donde Los Tucanes ofrecen sus conciertos. Este corrido provoca empatía entre los jóvenes campesinos y también entre los urbanos. Más de uno sueña con ser *El Centenario*.

Sinaloa ha sido tierra prodigiosa para exportar lo que produce: no únicamente tomate, azúcar y Pedro Infante, también la adormidera y la marihuana, la música para tambora y el corrido que cuenta las hazañas de quienes se han involucrado en el negocio del narcotráfico. Desde que Los Tigres del Norte –originarios de Mocorito– produjeran con esta música una revolución comercial, el narcocorrido no ha hecho otra cosa que ganar adeptos. Ya desde los años 50 del siglo pasado, con Los Alegres de Terán o Los Broncos de Reynosa, se hacía encomio cantado del traficante, pero aquellas canciones no llegaban muy lejos. La primera pieza musical de este género que realmente alcanzó popularidad fue *Contrabando y traición* del compositor Ángel González, que trata sobre la muerte de un tal Emilio Varela a manos de su socia despechada. Los Tigres del Norte la grabaron en 1972.

Los corridos mexicanos han tenido una larga vida, tanta como el México independiente. La fuerza de su aceptación ha dependido, cada vez, de las torceduras que este país ha ido experimentando. A todo episodio devastador de la historia mexicana le corresponde una generación de corridistas cuya obra tiende a ganar en contundencia cuando las cosas se ponen complicadas. Ignacio Manuel Altamirano asegura que ya se hacían corridos en 1810; probablemente tomaron prestada su primera naturaleza de lo que fueran el romance español, la tonada flamenca y el corrido andaluz, expresiones todas que comparten una trama donde la hazaña personal y la épica de una comunidad se confunden y reivindican con dignidad. Los corridos obtuvieron plena carta de residencia durante los años en que México extravió parte del territorio heredado por los españoles. Son varias canciones, hoy anónimas, las que se dedicaron a recrear momentos de la guerra de 1846-1848 entre México y Estados Unidos, y también abundan las leyendas entonadas a propósito de la Intervención francesa.

La siguiente hornada vendría obviamente con la Revolución de 1910. *La Valentina, La Adelita, La Cucaracha, La muerte de Zapata, La toma de Zacatecas*, entre tantas otras piezas, dejarían una potente marca. Luego el corrido mexicano hibernó durante la mayor parte del siglo XX. No regresó hasta que la migración masiva hacia Estados Unidos y el desbordamiento del comercio ilegal de las drogas desgarraron la vida cotidiana en el norte del país.

Antes de *Contrabando y traición* era difícil hallar un disco comercial donde se hubieran registrado letras que defendieran la profesión del contrabandista de enervantes. Hasta finales de los años 60, el tráfico de estos productos −tan apreciados por la generación *hippie* estadounidense− significaba todavía un negocio desprovisto de interés. Atravesar la garita de San Ysidro, al norte de Baja California, con un cargamento de marihuana escondido dentro de los neumáticos de un automóvil, era entonces una actividad que Emilio Varela y Camelia *La Texana*, como tantos otros de su oficio, realizaban sin gran sobresalto. Prueba de ello es que el drama en que estos dos personajes se ven envueltos deriva de una historia personal no relacionada con la transgresión a la ley. Puesta en contexto, la desventura ocurre porque Emilio termina su amorío sentimental con aquella mujer después de cruzar la frontera, al tiempo que le propone rehacer sola su vida con el dinero que juntos han ganado gracias a la venta de la *hierba mala*. La reacción de ella es radical:

> *Sonaron siete balazos,*
> *Camelia a Emilio mataba.*
> *Del dinero y de Camelia*
> *nunca más se supo nada.*

*Contrabando y traición* obtuvo un sorpresivo aplauso popular. De la noche a la mañana se convirtió en un clásico de la tradición corridística mexicana. En 1975 Los Tigres del Norte reeditaron la fórmula pero esta vez ya no con una letra que hablara de desamores, sino a partir de un discurso liado con la violencia. El asesinato de Lino Quintana, un *gomero* de origen uruguayo –quien perdió la vida en las cercanías de Dexter, Arizona– dio origen a *La banda del carro rojo*, una composición de Paulino Vargas, antiguo integrante del grupo Los Broncos de Reynosa. Para cuando esta pieza musical se dio a conocer, la circunstancia del negocio de las drogas en Sinaloa comenzaba a mutar. La Operación Cóndor –dirigida en 1977 por el Ejército mexicano para recordar que la producción de marihuana y amapola en las laderas de la Sierra Madre Occidental era un delito– es el punto de arranque de una transformación social que hasta la fecha continúa.

A la estructura del corrido, Los Tigres del Norte añadieron los sonidos que hacen las armas de fuego al ser utilizadas. También sumaron una descripción de hechos sangrientos que su auditorio disfrutó morbosamente. *La banda del carro rojo* comparte con la tradición original el llamado al público, la precisión de los lugares y las fechas, los nombres de los personajes, sus éxitos, sus tragedias y una moraleja. Es un cuento redondo, con principio, clímax y desenlace. Agrega sin embargo un elemento nuevo a la rutina heredada desde el siglo XIX: hace la apología del personaje arbitrario o, más puntualmente, introduce una dosis fuerte de indolencia ante la crueldad que merodea la vida del narcotraficante. No obstante, a diferencia de los grupos estadounidenses dedicados al rock, el metal o la balada rebelde, el narcocorrido no festeja el consumo de las drogas. Al contrario, suele advertir sobre la enfermedad y la locura que acompañan a quien empina su vida con los enervantes. Las canciones interpretadas por Los Tigres del Norte y las bandas que han seguido el mismo camino narran los laberintos de la oferta, mientras acuciosamente dejan fuera los temas relacionados con la demanda de estupefacientes. Hablan desde la lógica mexicana –muy distinta a la estadounidense– que hasta hace poco no estaba relacionada con las adicciones.

Luis Astorga, el especialista mexicano que con mayor rigor ha estudiado sobre el fenómeno del narcotráfico en Sinaloa, señala como equivocado tomar estos corridos como fuente confiable para aproximarse al universo criminal; asegura que en ese archivo sonoro abundan los mitos y las mentiras. Esta afirmación contrasta con la defensa que Los Tigres del Norte hacen sobre su propio trabajo. En *El Jefe de Jefes* un integrante de la banda norteña responde: «A mí me gustan los corridos porque son los hechos reales de nuestro pueblo... en ellos se canta la pura verdad». Muy probablemente quienes gustan de los narcocorridos negarían las premisas de Astorga para coincidir con lo dicho por Los Tigres. Y es que mientras la confusión, la desinformación y la opacidad sigan enrareciendo el debate sobre el tema del narcotráfico, este tipo de música continuará jugando un papel privilegiado a la hora de proponer explicaciones. Siendo la mayoría de las veces la única pieza informativa disponible, el narcocorrido se presenta en el espacio público como un vehículo insustituible para la comprensión de los escenarios inciertos.

Acaso el éxito de este género musical se construyó sobre la incapacidad de la comunidad periodística para ejercer su oficio, así como para ganar en credibilidad sobre esta alternativa. Si las razones de un asesinato han de entenderse, si el resultado de un enfrentamiento ha de contarse, si el escape de un reo famoso intriga, si la muerte de un candidato en campaña electoral necesita dotarse de contenido, si el tiroteo sobre un periodista afamado merece investigación, en fin, si lo que oficialmente se divulga es cuestionable, los narcocorridos concurren rápida y celosamente para ofrecer una retórica efectiva que sacia la curiosidad. Ofrecen una cartografía que sirve para hacerse una idea de la realidad vivida. Ya antes en la historia mexicana –durante las guerras de Independencia y la Revolución– procuraron un servicio parecido. Quizá de su éxito previo deriva el manto de credibilidad con el que hoy se cubren.

Con todo, la preocupación de Astorga se sostiene: lamentablemente el narcocorrido es certeza que no se cuestiona, hechos que no necesitan probarse, reflejo de una sociedad que se engaña mutuamente a golpe de tambora y acordeón. Cada voz interesada intenta hacer pasar, por su mediación, la verdad propia. Por ello es que no constituye un territorio de verdades únicas, ni desea serlo. Se trata de un espacio que también se halla en disputa. La épica y la estética, la pugna económica y el control por los recursos políticos se expresan ahí intensamente. Escuchar a una banda en vez de otra llega a convertirse en un argumento de lealtad y también de pertenencia regional. Por ello los cantores del narcocorrido suelen estar obligados a definir su adscripción entre las diversas mafias rivales. Esta música traza fronteras entre enclaves sometidos a un encono cada vez más extremo. Las letras de cada expresión musical colocan los mojones de su influencia territorial, combaten los argumentos del enemigo y fijan los modos para reinterpretar la identidad.

El narcocorrido intenta normalizar socialmente lo que a primera vista no es normal y llega a ser muy efectivo a la hora de modificar los puntos cardinales de la brújula ética. En el tema del tráfico de drogas, la influencia valórica de este género es poderosísima. Escribe Juan Manuel Valenzuela en su libro *El Jefe de Jefes*: «los narcocorridos pretenden presentar al narcotráfico como una actividad más, con vendedores y compradores negando sus implicaciones sociales y su costo en vidas humanas».

La miseria es un argumento usado una y otra vez para otorgar legitimidad social. El narcocorrido no solo aborda asuntos relacionados con el dinero, sino con un ascenso vital que sin el comercio de drogas ilegales sería imposible obtener. Este es el parlamento de Los Tucanes de Tijuana cuando interpretan *El Centenario*. El razonamiento completo ocurre como sigue: el pobre se ubica en el piso más vulnerable de la sociedad; solo desprecio, hambre, enfermedad y tragedia pueden acompañarlo. Para romper el círculo vicioso cabe moralmente acudir al infinito comercio de los narcóticos ilegales. Ahí se halla un poderoso antídoto contra la fragilidad: la propia y la del resto de la red social a la que se pertenece. La secuela resulta impecable: quienes antes miraban con condescendencia y altivez, ahora se ven forzados a cambiar su actitud hacia la persona que se ha vuelto traficante. Así lo explican Los Alegres de Terán en su corrido *Las dos hectáreas*:

> *Un amigo de mi infancia*
> *una tarde me propuso:*
> *vamos saliendo de pobres,*
> *vamos dándole otro uso.*
> *Le juro que en poco tiempo*
> *mi situación se compuso:*
> *con aquellas dos hectáreas*
> *sembradas de hierba mala*
> *inicia una nueva vida*
> *pues con dólares pagaban;*
> *después ya fueron doscientas*
> *las hectáreas que sembraban.*
> *El que se mete al negocio*
> *de traficar con hierba*
> *vive rodeado de lujos*
> *y la gente lo respeta.*

Si se despoja a estas piezas musicales de su ropaje lúdico –de su ánimo divertido y hasta bailable–, detrás puede hallarse un panfleto redactado para el reclutamiento: uno que no es muy distinto al que utilizan los predicadores del fundamentalismo para sumar terroristas ciegos a su causa. El símil no es exagerado. Igual, en algo se parecen los narcocorridos al argumento del general que promete al campesino miserable una vida mejorada dentro de las filas militares. Entre las funciones que hoy cumple esta música se encuentra como propósito el alistamiento de jóvenes cuya expectativa de vida sería precaria de otra manera. Tal y como ocurre con la gran mayoría de los panfletos, este que se canta con desenfado suele estar plagado de promesas falsas. Son poquísimos quienes realmente alcanzan a vivir como *El Centenario*. Al contrario, ese joven ambicioso resulta la víctima más frecuente de los enfrentamientos violentos. Son los recién iniciados quienes de hecho terminan ocupando la línea de fuego entre las distintas mafias que se disputan los dominios criminales.

El comercio de drogas, como las falsas Quivira o Cíbola, embauca a través de los narcocorridos, sumando todos los años miles de leales a las bandas organizadas dentro de la ilegalidad. Hace machaconamente propaganda sobre los aviones, las alhajas, las ropas, las casas, las mujeres (los hombres), los viajes, las armas y un largo etcétera de candilejas. El narcotráfico atiende el deseo insatisfecho a partir del ingreso a este portentoso negocio cuya rentabilidad, en nuestro tiempo, acaso solo se subordina mundialmente a la industria de la guerra. ¿Cómo mantenerse al margen de esa cascada inagotable de ilusiones? Es oferta ilimitada que sirve para pagarlo todo, incluso la deuda externa del Estado mexicano, como en los años 80 del siglo pasado prometiera el más fanfarrón de los sinaloenses: Rafael Caro Quintero.

## Política cantada

Según la gran mayoría de las bandas norteñas, el narcotraficante es un ser todopoderoso. Nadie la tiene más larga: la mirada. Nadie la tiene más potente: las armas. Nada somete con mayor vigor: la riqueza. A sus pies se rinde hasta el más broncudo. El personaje estelar del narcocorrido contemporáneo parece salido de una película hollywoodense de ficción. Es *Terminator*. Es *Robocop*. Son voces gélidas que presumen a toda hora su metralla, que defienden ferozmente su plaza, que secuestran, que desaparecen, que colman los cementerios. No hay bondad en su naturaleza. La epopeya que cuenta esta música los presenta cada vez más crueles. A través de ellos se definen las jerarquías, se condena sin juicio a los traidores, se corrompe y se destruye. El narcocorrido se ha convertido en un instrumento para hacer política. En él se exhibe la autoritaria administración del poder que ejercen los mafiosos dentro y fuera de sus organizaciones. Sobre este tema, el género se ha venido haciendo cada vez más cínico, cada vez más estridente, más venenoso:

> *Yo marco mi territorio*
> *para que nadie se meta,*
> *y al que se meta lo saco*
> *a punta de metralleta...*

HIJO DE TIJUANA

> *El que me la hace la paga...*
> *me pusieron el dedo,*
> *pude arreglar el problema*
> *y se desaparecieron...*

LA RESORTERA

> *Dicen por ahí que soy asesino*
> *porque he matado a varios traidores...*

> *de puros vatos que son culebras*
> *ya tengo llenos varios panteones.*

UN HOMBRE DE LEY

Estos versos sacados de la música cantada por Los Tigres del Norte no son los más violentos; hay peores. Las bandas musicales dedicadas a este negocio se han colocado en una carrera cuya meta se alcanza cuantas más vidas segadas, más sangre y más ira puedan condensarse en pocas estrofas. Y sin embargo no hay meta. La espiral de atrocidades es incontenible. Los consumidores de narcocorridos crecen en número y los dólares que las mafias pagan para que sus hazañas –supuestas o verdaderas– lleguen a oídos del pueblo se multiplican día con día. Para seguirle la pista a la historia mexicana reciente, no debe perderse conciencia de este sonido, de sus ecos y sus detonaciones. Sus letras sirven para aproximarse despacio a las reglas y las instituciones de la expresión criminal que los inspira; por ejemplo, el respeto al líder de la mafia y a las cadenas que constituyen su mando son temas insistentes de esta expresión musical. Para llegar lejos dentro del negocio, no deben afectarse los intereses de los capos. Se equivoca quien cree que puede volverse cabeza sin haber pasado por todos los rituales y peldaños de la empresa. Actuar de otra manera significa traicionar, y esto se paga muy caro:

> *Muchos pollos que apenas nacieron*
> *ya se quieren pelear con el gallo;*
> *si pudieran estar a mi altura,*
> *pues tendrían que pasar muchos años*
> *y no pienso dejarles el puesto...*
> *Han querido arañar mi corona,*
> *los que intentan se han ido muriendo...*

EL JEFE DE JEFES

A la manera de un manual, el narcocorrido ayuda también a divulgar los consejos que, llegado el momento, se le entregan al heredero. Nuevamente Los Tigres del Norte:

> *No puedes vender la tienda,*
> *tampoco cambiar de socios,*

No solo la política interna de las mafias ha quedado grabada en los narcocorridos. De igual manera la relación del crimen organizado con la gran política nacional encuentra en este tipo de música abundante contenido. Probablemente de cuanto argumento viaja dentro de este ruidoso tranvía, el más prolijo sea el que coloca a los políticos encumbrados como la pieza clave de toda la maquinaria criminal. No hay música de este género que cometa la ingenuidad de defender al funcionario honorable, a la integridad de la autoridad, a la ley o a la Constitución. En la lógica del narcocorrido todo el sistema político mexicano –sin excepción– está podrido. Los grandes narcotraficantes son aquellos que logran confeccionar una extensa red de protección a partir de su complicidad con el poder público; un tejido suficientemente cerrado, primero para subsistir y luego para hacer crecer los réditos del negocio. El policía, el militar, el procurador, el presidente municipal, el gobernador, son todos fusibles de un aparato que coopta y subordina sin hacer distinciones.

No sorprende en esta hebra de cosas que inclusive al presidente de la República se le mencione como cómplice de la empresa delictiva. Si el resto de las instituciones del gobierno ha sido penetrado por el poder de las drogas, ¿por qué no habría de estarlo también el mando más prominente del Estado?

> *Me gusta burlar las redes*
> *que tienden los federales...*
> *Los Pinos me dan la sombra,*
> *mi rancho pacas de a kilo,*
> *soy mediano de estatura,*
> *amigo de los amigos,*
> *perdonen que no acostumbre*
> *decirles mis apellidos.*

PACAS DE A KILO

El narcocorrido abunda en la prédica que alaba al mafioso mejor relacionado con el poder político; aquel cuyo lugar en la jerarquía se explica porque desde Los Pinos –la casa presidencial mexicana– se protege su actividad. El narcocorrido de Los Tigres del Norte más explícito dentro de esta línea argumental es *El circo*: en esta pieza se acusa directamente al expresidente Carlos Salinas de Gortari (1988-1994), y a su hermano Raúl, de haberse metido en la honda entraña de la delincuencia:

> *Entre Carlos y Raúl*
> *eran los dueños de un circo,*
> *Carlos era el domador...*
> *Raúl el coordinador...*
> *Se hicieron tan influyentes*
> *que empezaron a truncar*
> *los circos por todos lados*
> *hasta hacerlos fracasar...*
> *El circo que había en el Golfo*
> *fue el primero que cayó,*
> *y los circos de Chihuahua*
> *fue Carlos quien los cerró,*
> *quedando el de Sinaloa*
> *y al frente su domador...*

Nuevamente se hace difícil distinguir entre lo falso y lo verdadero a propósito de los dichos hilados dentro del narcocorrido. Con todo, lo más relevante de estas canciones radica en que terminan beneficiando a unas bandas por encima del resto. El rumor que crece, afirmando privilegios otorgados por la autoridad gubernamental hacia los traficantes de origen sinaloense, cuenta ya con más de 50 años. Los líderes de la organización delictiva fundada en este estado han sabido robustecer este discurso por medio del corrido. Con ello obtienen al menos dos ventajas: por una parte sus subordinados pensarán más de dos veces antes de quebrar la lealtad al grupo si desde el poder federal radicado en la ciudad de México el mafioso cuenta con protección. Por la otra, las bandas rivales se mantendrán distantes de los favorecidos para no sumar a sus complicaciones el yugo de los funcionarios nacionales. Un gran servicio han hecho los narcocorridos para apuntalar el poderío de los líderes sinaloenses. Si, como dicen Los Tigres del Norte en *El diputado*, «las más altas esferas las controlan [los narcotraficantes] a su agrado», su organización estará destinada a prevalecer en el tiempo para detrimento de los competidores.

## The Little Tigers of the North

De acuerdo con una declaración propia, Los Tigres del Norte han acumulado una fortuna superior a los 32 millones de dólares. Este grupo musical ha obtenido seis premios Grammy, ha recibido más de 50 discos de oro por sus ventas y ha participado en al menos una decena de filmes. Su éxito principal fue haber vuelto comercialmente redituable la expresión de una cultura que hasta ese momento permanecía recluida entre las dos sierras del norte mexicano. Los Tigres fueron quienes exportaron primero el narcocorrido para vendérselo a las poblaciones mexicanas de Estados Unidos y, desde ese pronunciado trampolín, fueron también ellos quienes conquistaron al resto del territorio mexicano. Si su obra en lugar de musical hubiera adoptado la forma literaria, esta banda sinaloense habría redactado el mejor diccionario de términos, estampas y retratos relacionados con la explotación, la violencia y el contrabando que suceden en la actual frontera méxico-estadounidense. Sin embargo, precisamente porque utilizaron al corrido como vehículo fue que su filosofía logró tanta penetración entre los mexicanos que apenas saben leer y entre un número creciente de hispanos que sufre de esta misma condición.

En 1968, cuatro hermanos de apellido Hernández y un primo suyo de nombre Oscar Lara partieron de Rosa Morada, Mocorito, con dirección a las Californias. La primera parada la hicieron en Mexicali. En esta ciudad dejaron de ser campesinos para asumirse definitivamente como representantes de una clase obrera que, a pesar de la fama y la riqueza acumuladas gracias a su oficio, no han querido abandonar, al menos como tarjeta de presentación. En la frontera mexicana los contrataron para tocar del otro lado. Un agente de migración, al verlos tan jovencitos, los bautizó como «*The Little Tigers*» y, ya que iban para el norte, añadió: «*of the North*». En 1970 obtuvieron un contrato para grabar el disco *Cuquita*. El promotor Art Walker, de la compañía Fama Records, los convenció para que además del acordeón, la guitarra, el bajo sexto, los platillos y la tarola, incluyeran un acompañamiento con instrumentos eléctricos. Desde entonces Los Tigres han grabado un disco por año. *Contrabando y traición*, *La banda del carro rojo* y *La muerte del soplón* fueron sus primeras letras famosas. Se quedaron a vivir como ilegales en San José, California, y al transcurrir de los años pasaron a formar parte de la emergente nacionalidad mexicano-estadounidense. Desde los 80 del siglo pasado, esta banda fue reconocida como la impulsora de una moda musical amplísima. Grupos como Los Tucanes de Tijuana, Los Cadetes de Linares, Los Originales de San Juan, Los Huracanes del Norte, La Banda MS, Los Incomparables de Tijuana o los cantantes Valentín Elizalde, Ramón Ayala, Chuy Quintanilla o Chalino Sánchez, por mencionar apenas algunos, les siguieron en una amplia ola de popularidad.

Probablemente su crecimiento en el mercado disquero se debió también a la censura que los gobiernos de Estados Unidos y México impusieron sobre su música. Ante la prohibición de que sus piezas se transmitieran en las estaciones de radio, Los Tigres del Norte optaron por desafiar a la autoridad y sacaron hacia 1989 el disco *Corridos prohibidos*, el cual integra doce piezas dedicadas a criticar a las autoridades mexicanas, y también a narrar las aventuras de los narcotraficantes. Este producto fue un éxito rotundo: cientos de miles de copias fueron adquiridas por sus seguidores. Trece años después, el disco *La Reina del Sur* volvió a repetir el fenómeno, pero esta vez la fama del grupo atravesó el Océano Atlántico; en España encontraron un público entusiasta con su ritmo y sus canciones. Los pequeños tigres de Rosa Morada, Mocorito, son, tras cuatro décadas de trayectoria, una voz que logra explicarle al mundo por qué México se halla en una situación tan violenta y complicada. La censura que un día quiso callarlos resultó contraproducente, sobre todo porque Internet sirvió para esquivar cualquier forma de silencio impuesta por la autoridad. Igual que ocurre con *El Centenario* de

Los Tucanes de Tijuana, los conciertos y videos musicales de Los Tigres del Norte atraen en la red a grandes audiencias que, por morbo o por gusto, no dejan de escuchar una sola de sus producciones.

## Camelia

No solo el pobre se ha reivindicado gracias a la gesta narrada por los narcocorridos. También la mujer es protagonista principal de esta historia cantada en tres tiempos. El camino que ella ha atravesado es largo; apenas hace un par de generaciones se representaba en la música popular mexicana a la hembra sumisa y dependiente de su varón. Hoy, en cambio, ha alcanzado estatus de autonomía y también de peligrosidad. El terremoto social que el negocio de narcóticos ilegales produjo en la sociedad norteña mexicana ayuda a explicar el viaje de un personaje a otro. Durante la Revolución, los corridos honraron a la mujer en tanto que ella era apéndice de una gesta masculina; objeto solidario pero sometido, compañera incondicional, ser admirable por su lealtad inopinada. Hoy La Valentina ha quedado atrás; también La Adelita. Son las abuelas entrañables de la mujer actual, pero no su referente identitario. De la sumisión a la libertad hay un puente generacional y las mujeres mexicanas, varias de ellas, supieron atravesarlo. La Valentina es una mujer que fue aceptada, a pesar de sus pecados, por el hombre de la Revolución. Camelia *La Texana*, en cambio, disparó siete balazos para vengar una traición amorosa. La primera era nadie sin su hombre. La segunda hizo fama por haber asesinado a Emilio Varela en una calle solitaria de Los Ángeles.

No es únicamente la vivencia personal de esa mujer lo que el corrido sublima. Entre La Adelita y Camelia hay una sociedad y una cultura que han ido cambiando. Su distancia es síntoma de una fractura entre dos épocas, dos tramos de la historia –por momentos inquietante– que se teje entre un México y el que vino después. *Contrabando y traición* es un corrido en cuya métrica nace un nuevo personaje femenino muy poco parecido a sus antecesores. Camelia *La Texana* viene del sur pero va hacia el norte. Mientras su nombre es castizo, su apodo trae ambiciones anglosajonas. Ella es reunión entre dos culturas separadas por la geografía y también hilo que vincula dos cosmovisiones: la del objeto de la historia *versus* la del sujeto que hace historia. Mientras La Adelita es instrumento que acompaña, Camelia descarrila, por voluntad propia, las convicciones más añejas; se ha movido del lugar que el destino le había ofrecido. Mujer ingrata porque cuestiona y rebate los argumentos; peor aún, mujer malagradecida que no necesita de un hombre para lograr respeto social. Teresa Mendoza y Sandra Ávila Beltrán en Sinaloa, Rosario Tijeras en Colombia y Camelia *La Texana* en California son mitificaciones de la mujer liberada que no se encadena al arbitrio ajeno. A todas ellas el narcocorrido las aprecia y exalta.

Treinta años después de *Contrabando y traición*, el exitoso escritor español de novelas populares, Arturo Pérez-Reverte, tomó a Camelia como modelo para inventar al personaje de Teresa Mendoza, una joven de Culiacán involucrada en negocios turbios, quien termina huyendo hacia España y desde ahí construye un imperio en el tráfico trasatlántico de narcóticos:

> *Cuando llegó a Melilla*
> *luego le cambió la suerte...*
> *comprando y vendiendo droga*
> *para los dos continentes.*
> *Teresa es muy arriesgada...*
> *es una tía muy pesada...*
> *Demostró su jerarquía*
> *como la más noble dama.*
> *A muchos los sorprendió*
> *Teresa la mexicana...*

LA REINA DEL SUR

Paradojas de la narrativa popular: Los Tigres del Norte surgieron a la fama gracias a *La Texana*; a su vez, Pérez-Reverte se inspiró en el carácter de esta mujer para escribir un *bestseller* sobre la vida de *La Reina del Sur*. Más tarde, la misma banda musical compondría un corrido sobre Teresa Mendoza y gracias a esta canción obtuvo mucha popularidad en España. Camelia y la mujer de Melilla son la misma persona, no porque la historia íntima de ambas se parezca, sino por su respectiva fuerza vital.

Otro ejemplo de esta narrativa mítica es Sandra Ávila Beltrán, conocida gracias al narcocorrido como *La Reina del Pacífico*. Ella es pariente de cuanto *narco* famoso haya salido del municipio de Badiraguato. Pudo haber optado por sentarse a disfrutar los réditos ofrecidos por la empresa de su parentela y, no obstante, prefirió volverse otra persona. Montó primero un ejército de mujeres sinaloenses que por su guapura cruzaban impunemente la frontera cargadas con droga. Luego, esta notable mafiosa confeccionó una red para lavar dinero ilegal. Por el dinero que obtuvo pudo alejar de su existencia el deseo de otros por poseerla. Consiguió que entre sus familiares la miraran como a una igual. Treinta años ejerció su profesión hasta que las autoridades la presentaron ante la prensa como el emblema de la corrupción criminal, ejemplo de esa especie que puede hacer a los hombres perder la cabeza. El mayor reclamo, narrado por los diarios que relataron su captura, tuvo que ver con que Sandra Ávila Beltrán departía, sin ser expulsada, entre las mujeres de la más alta sociedad tanto de la ciudad de México como de Guadalajara. A ella la juzgaron por ser reina y solo después por narcotraficante.

Cada día son menos los corridistas que pueden sostener una imagen retrasada de mujer, sin embargo, desde el otro lado del siglo, el hombre permanece desconcertado. De ello dan cuenta también algunos trovadores. Son muchos hombres quienes no hallan cómo hacer la revolución íntima que les permitiría dejar de temerles. Ya no son nada más ellos quienes la tienen más larga (la mirada), más potente (las armas) y quienes someten con mayor vigor; ellas han hecho fortuna también. En estos días pueden igualmente ser bravas, broncudas, tan valientes como en el pasado lo fueran sus padres y sus abuelos:

> *Y además no andan con cosas,*
> *cuando se enojan son fieras*
> *esas caritas hermosas,*
> *y con pistola en la mano*
> *se vuelven re peligrosas.*

TAMBIÉN LAS MUJERES PUEDEN

Los Tigres del Norte todavía interpretan algunas historias sobre el varón que necesita acumular trofeos femeninos −adelitas− para hacerse notar. Durante demasiado tiempo los hombres mexicanos fueron educados para administrar la subordinación femenina; lo hicieron al mejor estilo de Pedro Infante. En consecuencia, algunos no saben hoy cómo reaccionar frente a las aspiraciones del sexo opuesto. El pasmo ante tal osadía es evidente en los narcocorridos donde a ellas se les caricaturiza como bestias amenazantes; frecuentemente se les compara con la droga.

Cada año se suman varios narcocorridos a la colección de piezas dedicadas a la mujer burrera –que va cargando la droga de un lado al otro de la frontera–; a la mujer alhaja, que el mafioso colecciona en cada plaza; a la mujer madre o hermana, que debe servir la mesa y lavar la ropa; a la mujer violada, que es daño colateral del ser todopoderoso; a la mujer asesinada, la cual vale tanto como el momento perverso que el envilecido experimentó al quitarle la vida. Con toda evidencia, entre La Adelita y Camelia hay un hombre acalambrado que no sabe cómo lidiar con el cambio. De un lado canta loas a la jerarquía femenina mientras que del otro se asusta y reacciona con fanfarronería: síntoma contradictorio de una transición cultural que no ha concluido. Pero se trata de un proceso en marcha y, al menos con respecto a la sexualidad, no hay varón que sea capaz de regresar las cosas al lugar donde antes se encontraban.

## El Señor de los Caballeros

«¿A Badiraguato?», pregunta con algo de sorpresa y baja el volumen de su radio. «Entre más bella la rosa, más peligrosa la espina», se alcanza a escuchar dentro de aquel taxi. El conductor escudriña a través del espejo retrovisor y como quien no hubiera entendido bien, pregunta de nuevo: «¿A Badiraguato?». Ante la respuesta agranda los ojos. Evidentemente está intrigado. El hombre no se halla dispuesto a conducir sin hacerse acompañar por la conversación. Pone de su parte a cambio de resolver la curiosidad que le despierta ese pasajero. Le ha pedido viajar desde Mocorito hasta la tierra de los narcos mexicanos más célebres. No corre prisa. Posee canas suficientes en el bigote como para permitirse la calma. «Yo soy de ahí. Todos me conocen. Y los conozco a todos.»

Un vehículo militar ocupado por al menos diez soldados encapuchados cruza por el carril opuesto de la carretera. Cuando ese vehículo ha quedado atrás, retoma la charla: «Nos traen jodidos esos *guachos*. La vida era muy distinta aquí antes de que llegaran… La gente anda toda enojada. Así como los ve –enmascarados y con sus pistolas– se meten sin aviso a la casa de uno. No les importa que solo hallen señoras y niños. Derrumban la puerta, destruyen los muebles, rajan los colchones, revisan debajo de las camas. ¡Nada más hacen teatro! Como llegan, se van; con las manos vacías. Luego entran a la casa del vecino. ¿Qué se le puede hacer? Reparar las sillas rotas, zurcir las fundas de las almohadas, mandar por el carpintero para que arregle las bisagras de la puerta».

Aunque no se aprecia su antigüedad, Mocorito fue fundado en 1594. Es el primer municipio de la sierra. En algo se parece a Guamúchil pero no alcanza para ser ciudad. No llegan a mil las viviendas de la cabecera municipal. Y sin embargo, aquí también sorprenden algunas casas inmensas. Varias de ellas son remedos de la arquitectura griega, extravagantes monumentos importados con mal gusto desde Éfeso que hoy se hallan tan deshabitados como aquel sitio arqueológico de las playas turcas. En el trayecto que lleva hasta Badiraguato los sembradíos van escaseando. Es tierra muy rica y muy pobre a la vez. Hace no tanto tiempo, un alcalde con delirios de poeta quiso traer a Mocorito al Premio Nobel de Literatura Gabriel García Márquez: se le ocurrió que esta población sinaloense merecía hermanarse con Macondo, cuna de la familia Buendía, esa gran protagonista de la novela *Cien años de soledad*. García Márquez no llegó, ni Mocorito obtuvo el estatus de población mágica. En esta región todo es realismo, sin comillas ni signos de admiración.

«¿Ha oído usted hablar de *El Mayo* Zambada? Él no es de por aquí. Es de San Lorenzo. Lo traté hace muchos años. Cuando era jovencito perdió a su madre. ¿Creerá que no tuvo dinero ni para pagar el funeral? Una tía de su novia de entonces lo ayudó con los gastos. Y mírelo ahora. Tenemos casi la misma edad; mientras yo ando de taxista, él viaja en avión privado… En este lugar no queda de otra. Siempre que los *gabachos* quieran lo que aquí se produce, el negocio seguirá dando. ¿O no? Imagínese que un día se prohibiera el tomate y ellos se emperraran en comerlo. Tanto que allá les guste el tomate, pues aquí vamos a tenerlo sembrado. Ya vendrá otro gobierno menos pendejo. Solo hay que esperar…»

Badiraguato se ha convertido en un municipio protagónico para los periódicos mexicanos. No cuenta con más de 35 mil habitantes y sin embargo es presentado como un poblado que amenaza la seguridad nacional. Llaman la atención algunos nombres que, desde este lugar olvidado por la patria, han obtenido fama. Aquí nació Rafael Caro Quintero, quien en los años 80 del siglo pasado provocó un serio problema entre los gobiernos de México y Estados Unidos. De esta población viene también Ernesto Fonseca Carrillo, uno de los fundadores del cártel que surgió en el Pacífico. Y Joaquín Guzmán Loera, el escurridizo *Chapo*, quien actualmente funge como cabeza de esa organización criminal. Juan José Esparragoza, conocido como el hombre más cerebral de la misma mafia, es originario de esta tierra. Igualmente fueron registrados en la alcaldía los hermanos Beltrán Leyva: Arturo, Alfredo, Héctor, Mario y Carlos.

Antes del arribo de los españoles habitaban en esta región serrana los indios tebacas, tribu resultante del mestizaje cahíta con sangre purépecha. En el siglo XVI se instaló en Badiraguato el conquistador Francisco de Ibarra, hombre convencido de que haría fortuna con el oro sacado de la sierra. Estableció aquí la primera mina. Tuvo por nombre El Señor de los Caballeros, en honor a Diego de Ibarra, fundador de Zacatecas y tío de don Francisco. El negocio de los metales, sin embargo, no dio las riquezas esperadas. La explotación de los tebacas provocó aquí alzamientos y rebeliones frecuentes. Más tarde, cuando la agricultura de Sinaloa comenzó a desarrollarse, no hubo quien quisiera seguir invirtiendo en el mineral escondido dentro de estas montañas. Durante los años 40, con el reparto agrario, la mitad de las tierras montañosas se volvió propiedad ejidal; entonces los vecinos empobrecieron aún más. El moribundo mineral de San José Ledezma aportaba entonces la única actividad económica.

La población optó por migrar, primero a los valles y luego hacia Estados Unidos. El municipio de Badiraguato llegó al medio siglo con tres habitantes por kilómetro cuadrado. La vida de la mayoría circulaba alrededor de la villa que lleva el mismo nombre y de otros cinco poblados sin importancia. En esta región la ley no la impuso ninguna institución del Estado, sino sus propios habitantes, unos bravos y otros sometidos a la voluntad del más fuerte. Todavía hoy las mujeres y los hombres de esta montaña residen en rancherías dispersas y alejadas. Seis de cada diez habitantes tienen menos de 25 años.

Apenas una generación atrás, los serranos eran el hazmerreír para el resto de los sinaloenses. Ocupaban el papel que los belgas juegan para las bromas de los franceses, los gallegos para el resto de España o los españoles para los chistes que se cuentan entre mexicanos. Su hablar mofletudo, la inclinación tímida de cabeza, el sombrero bajo el cual se esconde la mirada, las camisas a cuadros, el cinto piteado, la barriga bien cebada, las botas puntiagudas, la miel, el queso, símbolos todos de un universo rural menospreciado por las primeras comunidades crecidas sobre el asfalto. Todavía en los años 60 del siglo pasado los olvidados de la sierra marchaban por las calles del centro de Culiacán cual circunstancia inocua del paisaje urbano. Iban ahí a vender su mercancía, a comprar víveres y luego regresaban sin dejar mayor huella sobre el impetuoso ensayo de modernidad que el resto de los sinaloenses traía entre manos.

Hoy, en cambio, los papeles se han invertido. Como el agua que baja de la sierra, la cultura gestada en las alturas descendió inundando a las poblaciones bajas de Sinaloa. Las ropas del ranchero de la montaña se volvieron uniforme para muchos hombres de la ciudad. Lo mismo que la voz pitada –la cual ganó prestigio en los cantos de las bandas musicales–, el sombrero, los cintos, las botas y la corpulencia del montañés. Hoy el ranchero merece respeto. Dejó de ser tratado como el tonto del discurso local. Su poder económico, crecido durante las últimas décadas, fue la variable que cambió las reglas del roce social. De mineros o ejidatarios pobres ascendieron a *gomeros* –productores de amapola– y luego subieron de estatus hasta convertirse en hombres de leyenda. Sus cementerios se volvieron fastuosos, sus casas crecieron inmensas, sus mulas y caballos fueron sustituidas por grandes camionetas del año, su música ruidosa ganó reputación. En breve, su presencia se hizo sentir hasta lograr hegemonía. Y todo por la goma, ese producto de origen asiático que tanto cambió la vida de las montañas sinaloenses.

## El Triángulo Dorado

A los migrantes chinos que se asentaron en el norte del país se les reclama por haber traído el opio a México. Es una acusación absurda, tanto como protestar porque los rusos o los polacos compartieron con el mundo su vodka, los irlandeses su güisqui, los franceses su vino, los oaxaqueños su mezcal, los huicholes su peyote o los tarahumaras su tesgüino. Cada cultura ha encontrado pretextos en la naturaleza para alterar la conciencia y el uso de estimulantes habría de ser considerado como responsabilidad única de quien se extravía con ellos. Una vez asegurado este argumento, cabe aceptar como cierto que el cultivo de la amapola comenzó en Asia, y también que desde ese continente se extendió gracias a las migraciones chinas llegadas a Estados Unidos y luego a México para trabajar en las minas, así como en la construcción de las vías de ferrocarril.

A finales del siglo XIX, ciertos burgueses ilustrados descubrieron en las bellotas de amapola un lujo al que debían arrojarse alegremente, de ahí que algunos comerciantes orientales se encontraran en el nuevo continente con un negocio redituable. El uso de opiáceos saltó de los fumaderos exclusivos para asiáticos, ofreciéndose generosamente a los occidentales ricos. Para beneficio de los serranos sinaloenses, resultó que en sus tierras altas la amapola y también el cáñamo de marihuana crecían fácilmente: basta con arrojar la semilla de estas plantas en las hondonadas de la montaña para que, al cabo de pocos meses, la flor se reproduzca incondicionalmente. A diferencia de los frutos cultivados en el valle, estos enervantes no necesitan de procesos complicados de irrigación ni de maquinaria sofisticada para germinar.

Durante los años 20 del siglo pasado, las laderas de Badiraguato comenzaron tímidamente a surtir drogas para los consumidores de Tijuana, Mexicali y Ciudad Juárez. Los chinos instalados en la frontera probablemente entraron en contacto con los de su misma raza que, en Sinaloa, descubrieron la amabilidad de la sierra para con la producción de tales narcóticos. Más tarde, cuando la vocación lúdica de la frontera bajacaliforniana vino a menos, la demanda por tales drogas surgió de otra parte. Corren suficientes versiones como para creer que el fundador de Las Vegas, el empresario Benjamin *Bugsy* Siegel, visitó México hacia finales de los años 30 buscando quien surtiera de opiáceos y marihuana a los huéspedes de sus casinos. Aparentemente el opio sacado de la sierra sinaloense tenía una calidad superior al de Turquía; fue así como Badiraguato ascendió a mina amapolera. Donde Francisco de Ibarra estableciera su fundo −en el poblado de El Señor de los Caballeros− se instaló uno de los centros productores de narcóticos más importantes del país.

Aquellos montañeses aprendieron a fabricar heroína. Las bellotas sacadas de la amapola eran ralladas por las mujeres y los niños hasta obtener una pasta o goma cuyo jugo hervido enlataban para la exportación. De una hectárea sembrada de amapola podían extraerse hasta 10 kilogramos de este producto. Los varones de cada familia viajaban desde la sierra hasta Nogales, Sonora, con un hatillo de pequeños bultos. Aquellos montañeses atravesaban la frontera sin ser molestados y volvían pacíficamente a casa en menos de una semana. En Sinaloa el kilo de goma valía 200 pesos; para cuando el contrabandista llegaba a Nogales, su valor se había multiplicado por cinco. Ya en territorio estadounidense, el precio crecía hasta 50 veces. Así fue como nació una empresa familiar que mejoró notablemente la existencia de una población antes condenada a la miseria. El *gomero* hubiera vivido su negocio con medianía de no ser porque, hacia finales de los años 60, el consumo de drogas se multiplicó impresionantemente en Estados Unidos.

Dos eventos aumentaron la demanda por los enervantes en ese país: la adicción que las tropas estadounidenses adquirieron durante sus absurdas campañas en el este asiático, y las ganas de los jóvenes californianos de probar cualquier sustancia que dejara fluir libremente las emociones. Según cifras de la época, alrededor de 400 mil estudiantes estadounidenses mayores de 15 años fumaban frecuentemente marihuana. El gobierno de Washington, encarnado por el protagónico Richard Nixon, reventó contra este incontenible fenómeno. La nueva campaña prohibicionista, lanzada desde la capital del imperio americano, convertiría la guerra contra los narcóticos ilegales en uno de los temas prioritarios de la política internacional. Así, desde el Olimpo del Potomac, quedaron señalados como criminales graves, entre tantos otros, los *gomeros* mexicanos.

El primer operativo estadounidense en contra de los productores y comerciantes de amapola ocurrió a las orillas del Mekong, donde hacen frontera Tailandia, Laos y Birmania (hoy Myanmar): una zona que también es muy cercana a Vietnam, China y Camboya. A principio de los años 70 del siglo XX, la fuerza aérea estadounidense bombardeó las montañas de Laos, incendiando cientos de kilómetros de bosque donde aludidamente se cultivaba opio. Después, con la infantería, el ejército de las barras y las estrellas destruyó las redes de producción y tráfico que alimentaban los mercados americanos y europeos. No obstante, los hechos que verdaderamente ayudaron a disminuir la oferta asiática de enervantes fueron el triunfo comunista que Ho Chi Minh impuso sobre Vietnam, la férrea autoridad del gobierno chino sobre su población y la exitosa gestión que la monarquía tailandesa logró sobre las tierras de Chiang Rai, donde miles de productores de amapola optaron por dedicarse a otras actividades menos lucrativas pero más pacíficas. Myanmar, a la fecha, continúa siendo un foco de conflicto entre las mafias de narcotraficantes.

Atenuado el problema en el Triángulo Dorado del Mekong, el gobierno de Washington dirigió su mirada hacia la Sierra Madre Occidental mexicana, donde otro triángulo dorado –trazado entre los estados de Sinaloa, Durango y Chihuahua– comenzaba a asumir el relevo como potencia productora de narcóticos. Entre 75 y 80 por ciento tanto de la heroína como de la marihuana que entraba a Estados Unidos, provenía entonces de México. La Operación Cóndor, emprendida por el Ejército mexicano, se explica a partir de esta retórica prohibicionista vocalizada desde Estados Unidos. Los conservadores de ese país se abocaron seriamente a dicha estrategia política porque les ofrecía altos réditos electorales: bastaba con pronunciar en casa un elevado discurso moral que señalara como responsables de sus propios males a los traficantes extranjeros, para que tanto la prensa como la opinión pública estadounidenses premiaran a los congresistas, gobernadores y presidentes con su aplauso. Del lado mexicano, las autoridades nacionales se tragaron sin agua el cuento. Inopinadamente se asumió que la enfermedad destructora de aquella sociedad encontraba su origen en México y, por tanto, había de combatirse ciegamente la oferta de narcóticos sin importar el comportamiento que los consumidores imponían sobre ese mismo mercado.

Cuarenta aeronaves y más de 10 mil efectivos mexicanos ingresaron en enero de 1977 en la sierra sinaloense con el objetivo de desplantar hasta la última semilla de amapola y erradicar cada hierba de marihuana. Para mediados de los años 70, más de un tercio de la población serrana dependía económicamente de esta actividad. Mientras los jornaleros agrícolas del valle no ganaban más de 600 pesos diarios, los recolectores de droga alcanzaban ingresos superiores a 4 mil pesos por día. Con la actuación del Ejército mexicano se destruyeron también los laboratorios familiares donde se producía la goma y se decomisaron cientos de armas de fuego que aquellos mexicanos, secularmente autónomos a la hora de administrar su propia ley, guardaban celosamente. Llama la atención que haya sido para atender las preocupaciones de Washington que el Estado mexicano se decidió finalmente a extender su imperio sobre esta región desatendida.

Con todo, los resultados de la Operación Cóndor fueron parcos. En un principio obviamente escasearon las drogas cultivadas en la sierra, lo cual provocó que sus precios se elevaran. El kilo de goma que en 1974 costaba alrededor de 20 mil pesos, para 1978 se había alzado hasta los 200 mil pesos. Lo mismo ocurrió con la heroína: como resultado de la Operación Cóndor su valor creció de uno a dos millones de pesos por kilogramo. Cuando en el mercado de las drogas los precios se incrementan así de dramáticamente, el principal beneficiario termina siendo el traficante. Una vez que los *gomeros* recuperaron la capacidad para volver a surtir su mercado, el negocio se les multiplicó diez veces.

## La idílica familia

El narcotráfico en Sinaloa comenzó siendo un negocio de familia. Todavía le queda mucho en el presente de esta característica. La lealtad que necesitan quienes participan en tan arriesgada empresa es más probable de obtener entre aquellos que comparten lazos de sangre; de ahí que los apellidos de los *narcos* famosos se repitan y entrelacen. Hacia atrás en el tiempo aparecen tres jóvenes contrabandistas de goma que fueron detenidos en 1955 por la policía federal antinarcóticos en la ciudad fronteriza de Mexicali: Fidel Carrillo Caro, Ramón Quintero Beltrán y Ernesto Fonseca Carrillo. Al árbol genealógico descendiente de estos individuos, todos originarios de Badiraguato, habrían de sumarse unos cuantos apellidos para completar la lista de los personajes más buscados por las autoridades estadounidenses en el siglo XXI. El último de estos tres personajes, Ernesto Fonseca Carrillo, mejor conocido como *Don Neto*, representa un eslabón emblemático a la hora de explicar el tránsito que va del negocio del *gomero* a la empresa trasnacional dedicada al tráfico de estupefacientes: siguiendo su ejemplo entraron al negocio Amado y Vicente Carrillo, Rafael Caro Quintero, Joaquín Guzmán Loera, Juan José Esparragoza Moreno y los hijos mayores del matrimonio Beltrán Leyva. Él fue también vínculo entre sus coterráneos montañeses y los líderes más sofisticados de la mafia sinaloense radicada en Culiacán.

Más allá de la geografía de Badiraguato, en el valle vivían dedicados al mismo oficio Amado Carrillo Fuentes, nacido en Guamuchilito, Navolato; los hermanos Arellano Félix, originarios de Culiacán; Héctor *El Güero* Palma Salazar, proveniente de Mocorito e Ismael *El Mayo* Zambada, de El Álamo, Navolato. Durante los años 70 y 80, tanto los montañeses como el resto de los sinaloenses pertenecieron a una misma organización. A la cabeza de este grupo bien cohesionado de traficantes se hallaba Miguel Ángel Félix Gallardo, el primer *Jefe de Jefes*, un varón crecido en el poblado de Bellavista que en sus juventudes fuera agente de seguridad al servicio de la familia del gobernador Leopoldo Sánchez Celis (1963-1969). Él estrechó los lazos de la mafia sinaloense con los narcotraficantes de Colombia. Existe memoria de su relación comercial con Pablo Escobar, el *narco* más célebre en la historia de ese país latinoamericano. Por esta relación la mafia sinaloense se topó con un nuevo negocio: transportar cocaína desde aquel país andino hasta Estados Unidos. En un principio este negocio traía pingües ganancias; los narcos mexicanos eran solo una suerte de *burreros* —cargadores— de lujo. Sin embargo, después de los años 90 los mexicanos llegarían a quedarse con la mitad de las ganancias.

La personalidad de Félix Gallardo, reposada y reflexiva, otorgó más inteligencia que violencia para su negocio. Entre el plomo y la plata, *El Jefe de Jefes* prefería la plata. Distribuyó generosamente dinero entre policías, soldados y funcionarios gubernamentales. También fue magnánimo con la sociedad cuando financió la construcción de escuelas, bibliotecas, iglesias, caminos, hospitales y parques. No hubo periodista que lo maltratara públicamente por el origen de su fortuna. Miguel Ángel Félix Gallardo se movía en círculos de privilegio; por igual se relacionó con artistas, pintores y escultores de la ciudad de México, que con empresarios connotados. Llegó a ser accionista del Banco Mexicano Somex, por aquel entonces la quinta institución financiera en importancia para el país.

Explorando con lupa el papel jugado por *El Jefe de Jefes* entre 1970 y 1989, cabe afirmar que este personaje fue, de manera informal, un instrumento del poder legal para administrar ordenadamente el mercado mexicano dedicado a las drogas. Estuvo colocado en el centro de una idílica organización, la cual, desde sus cimientos hasta la cúspide, funcionó con regular armonía, dejando a todos los involucrados –mafiosos y funcionarios públicos– ricos y en paz. Prueba de la impunidad de que gozaba esa red criminal fue la manera como la Operación Cóndor dejó intactos sus respectivos intereses. Cuando el Ejército mexicano penetró la sierra en la búsqueda de enervantes, los militares agredieron a decenas de campesinos pobres, destruyeron las instalaciones procesadoras de la droga y quemaron marihuana y amapola en pilas altísimas. No obstante, los negocios comandados por Félix Gallardo permanecieron intactos. La fuerza armada llevaba órdenes de golpear duro en la parte baja de la organización criminal y así lo hizo. Mientras tanto, los mandos medios y altos de la estructura del Pacífico sobrevivieron bien guarecidos frente a la violencia del gobierno.

Hay sabiduría popular depositada en el corrido *El Zorro de Ojinaga* cuando Los Tigres del Norte afirman: «La confianza y prepotencia (son) la falla del valiente». Aunque esta sentencia fue dirigida a Pablo Acosta, un viejo narcotraficante de Chihuahua, igual le sienta bien a Rafael Caro Quintero, el tercero en el mando de la organización que dirigiera Miguel Ángel Félix Gallardo. Con sus actos, este joven de apenas 30 años de edad hundió a la primera empresa mexicana propiamente constituida que se dedicara al comercio de estupefacientes a gran escala internacional. Hacia mediados de la década de los 80 del siglo pasado,

Caro Quintero estableció en las cercanías de la ciudad de Chihuahua una instalación para procesar marihuana. Este complejo, que llegó a tener una extensión de 12 kilómetros cuadrados, fue síntoma preciso de la impunidad de la época. Nadie se preocupó por esconderlo. Durante el mes de noviembre de 1984, el piloto mexicano Alfredo Zavala Avelar se comunicó con Enrique Camarena, un agente estadounidense de la *Drug Enforcement Administration* (DEA), para denunciar el hallazgo que había hecho mientras sobrevolaba la zona. El funcionario extranjero llevó tal información ante las autoridades mexicanas pero éstas no supieron guardar el sigilo necesario. En represalia por el ingreso del Ejército mexicano a sus instalaciones, Caro Quintero hizo secuestrar, el jueves 7 de febrero de 1985, tanto al piloto Zavala como al agente Camarena. Horas más tarde ordenaría su asesinato.

El enojo que esta afrenta provocó en la ciudad de Washington no contaba con antecedentes en la historia diplomática de ambos países. Se volvió urgente que el gobierno mexicano entregara un gladiador al coliseo de los reclamos. El primer capo que cayó como víctima de este episodio fue Ernesto Fonseca Carrillo. El viejo *gomero*, sin dudar, señaló a Rafael Caro Quintero como responsable intelectual por aquellos hechos de sangre. Días más tarde, quien ordenara y planeara el doble crimen fue apresado.

Por aquellos días, la autoridad mexicana se vio obligada a reconocer que en el secuestro del funcionario estadounidense habían participado más de una docena de policías judiciales y otros tantos empleados gubernamentales del estado de Jalisco. En la DEA se aprovechó la vergüenza por la que internacionalmente estaba atravesando el gobierno mexicano para exigir una solución más radical: debía descabezarse por entero la red criminal a la que tales narcotraficantes pertenecían. Fue así como, en 1989, le llegó el turno a Miguel Ángel Félix Gallardo. *El Jefe de Jefes* sabía que la extensión de su poder topaba con los límites trazados previamente por sus aliados del gobierno. Solo aquellos traficantes que cuentan con apoyo desde el poder público pueden competir en el mercado de las drogas. Si sus cómplices no tenían ya las condiciones para seguir protegiéndolo, el mandato al frente del cártel liderado por los sinaloenses llegaba a término. Cabe intuir que por tal razón se dejó atrapar sin hacer grandes aspavientos; no es anecdótica la dignidad con que este individuo vivió su encarcelamiento, la sentencia y su ulterior extradición a Estados Unidos.

Una secuela de altas y bajas muy violentas sustituiría su reinado. Otros capos tratarían de reconstruir el negocio a partir de los principios heredados por el mítico líder, pero ninguno fue capaz de echar para atrás las manecillas del reloj. Con el episodio Camarena, el *statu quo* del narcotráfico mexicano había modificado sustancialmente su naturaleza. Aún hoy hay quien añora aquel perfecto romance entre el gobierno nacional y este boyante sector de la economía. Oligofrenias aparte, los teóricos contemporáneos del idílico acuerdo no han querido darse cuenta de que, por encima de los deseos y los intereses, durante los últimos 20 años pasó el tren de las ambiciones más mezquinas, las deslealtades más feroces y, sobre todo, de una lucha por las drogas que ya no puede gestionarse en México a través de pautas civilizadas. Es imposible que el México de los ingenuos *gomeros* regrese algún día.

## La fuga del siglo

«Fue una fiesta muy popular. Vino gente de toda la montaña. Tres días de música y baile. No era para menos. Nadie de los grandes había logrado antes escaparse de una cárcel federal. Dicen que soltó mucho dinero pero yo creo que lo logró porque es muy abusado. Se escondió dentro de un carrito de ropa sucia y se peló de regreso hasta aquí. No podíamos creerlo. La historia de su fuga la contábamos una y otra vez...» Aquel chofer de taxi no quiere ocultar la admiración que siente por Joaquín Archibaldo, *El Chapo* Guzmán Loera: «Es un vato de ley. Usted lo juzga mal pero yo no lo veo así. Ha tenido que pasar por una vida muy dura y demostró ser el más hábil de todos. Si no, ¿dígame por qué lo protege el gobierno?».

En 1993, cuatro años después de la detención de Miguel Ángel Félix Gallardo, *El Chapo* Guzmán era un sujeto prácticamente desconocido para la opinión pública. No obstante que fue el brazo derecho del *Jefe de Jefes* durante sus últimos años en libertad, al exterior de la mafia nadie lo conocía. Su nombre no ocupó las páginas de los periódicos nacionales hasta que eludió un supuesto atentado que hubieran preparado contra él los líderes del Cártel de Tijuana. Por equivocación, un grupo de gatilleros asesinó en su lugar al cardenal de Guadalajara, Jesús Posadas Ocampo. Esta explicación de los hechos fue poco creíble cuando se escuchó por primera vez, pero las autoridades nacionales necearon tanto con ella que terminó tomándose como verdadera.

El pleito que se desató entre los segundos mandos de la organización antes comandada por Félix Gallardo, aparentemente fue el telón de fondo para el errado homicidio. En ausencia del *padrino* que gestionaba convenientemente los intereses de aquella mafia, los narcotraficantes sinaloenses que quedaron libres se enfrascaron en una disputa sin precedente para definir el control sobre las poblaciones mexicanas por donde atraviesa la droga hacia Estados Unidos: Tijuana, Mexicali, Nogales, Juárez, Reynosa, Laredo y Matamoros. Los hermanos Arellano Félix, con el primogénito Ramón como líder, consiguieron monopolizar la frontera bajacaliforniana que ocho décadas atrás hubiera sido propiedad del expresidente Abelardo L. Rodríguez.

Amado Carrillo Fuentes, recordado como *El Señor de los Cielos*, logró por su parte hacerse del gobierno de los negocios sucios en Ciudad Juárez hasta que murió en 1997 por un accidente quirúrgico. A los antiguos *gomeros* de Badiraguato les quedó únicamente abierta la puerta de Nogales, en Sonora, lo cual significó un problema serio a la hora de transportar sus productos hacia el inmenso mercado de California, de ahí que entre ellos se justificara hacerle la guerra al grupo líder de Tijuana. Al parecer, *El Chapo* Guzmán se colocó a la cabeza de esta batalla, razón por la que el lunes 24 de mayo de 1993 habría sido blanco de la balacera que sus enemigos perpetraron a las afueras del aeropuerto de Guadalajara. Cuando el muerto terminó siendo otro, aquella voltereta del azar le ayudaría en la construcción de un mito que en México no ha dejado de crecer desde entonces.

Un mes después del asesinato del cardenal, Joaquín Guzmán Loera fue apresado en Guatemala. Tenía entonces 36 años de edad. Las autoridades que andaban tras él lo hicieron extraditar y fue recluido en la cárcel mexicana de más alta seguridad: el penal de Almoloya de Juárez, ubicado en el Estado de México. Dos años más tarde, el miércoles 22 de noviembre de 1995, de manera inexplicable se le trasladó a Jalisco para que completara su sentencia en la prisión de Puente Grande, donde coincidentemente se hallaba ya encerrado su socio Héctor *El Güero* Palma Salazar. En su libro *El Cártel de Sinaloa,* Diego Enrique Osorno asegura que, desde esta penitenciaría, ambos capos orquestaron el relanzamiento de su organización. Habrían contado con plena libertad de los custodios para utilizar sus celdas como si fueran las oficinas de una gran empresa trasnacional.

El 19 de enero de 2001, cinco años después de haber aterrizado en Puente Grande, sucedería lo que la voz popular ha llamado *La fuga del siglo.* Desde su condición de recluso, Guzmán Loera se las arregló para nombrar a varios mandos clave del sistema de seguridad dentro de aquella instalación del Estado mexicano. Gracias a ellos habría fabricado una ruta de escape que dejó en ridículo hasta al presidente de la República. Tal como narra el taxista de Badiraguato, aquel viernes, después de la cena, *El Chapo* se escondió en una carretilla de mantenimiento, dentro de la cual libró cada uno de los puntos de control hasta llegar al estacionamiento exterior del presidio. Huyó después en el interior de la cajuela de un automóvil Chevrolet, viejo y poco llamativo. El gobierno mexicano publicó durante los días posteriores anuncios y desplegados periodísticos solicitando a la sociedad información que permitiera recuperar al reo extraviado. Las líneas telefónicas gubernamentales recibieron miles de llamadas pero prácticamente todas tenían como intención burlarse de la autoridad. Mientras tanto, en la sierra de Badiraguato se estaba celebrando una gran fiesta para anunciar el regreso del *Chapo.*

A partir de su excarcelación anticipada corrió entre los sinaloenses la certeza de que este narcotraficante vivía protegido por el gobierno. De lo contrario, no había respuesta para algunas de las preguntas más obvias: ¿quién ordenó el movimiento de Almoloya a Puente Grande? ¿Cómo explicar la complicidad de los custodios que lo auxiliaron en su huida? Si había rumores previos sobre la evasión, ¿por qué nadie con poder de decisión tomó en serio la amenaza? Aún más intrigante: ¿a qué se debió que ningún funcionario de alto nivel hubiera sido investigado o procesado por este hecho tan humillante para el gobierno federal? Es harto difícil admitir la hipótesis de que *La fuga del siglo* haya tenido lugar solo por la astucia de un reo, aunque este hubiese contado con la ayuda de unos cuantos empleados públicos de menor rango.

Desde que escapara del penal de Puente Grande, *El Chapo* Guzmán se convirtió en el gran fugitivo de las montañas mexicanas, un personaje escurridizo, como en su día lo fueron Heraclio Bernal o Jesús Malverde; inatrapable y sin embargo muchas veces visto a lo ancho del territorio norte del país. Desde Navolato hasta Torreón sobran testigos que afirman haberlo visto pasar frente a sus narices. Este hombre pareciera haber adquirido el don de la ubicuidad. Alguien se lo topó merendando en un puesto de tacos cerca de Culiacán. Vive con su nueva esposa —prácticamente una menor de edad— arriba de Santiago Papasquiaro, donde hacen frontera los estados de Durango y Chihuahua. Anda montado en una camioneta negra que se pasea por los municipios de La Laguna. Se reunió con un respetable funcionario público. Es amigo del gobernador. Financia la campaña del candidato. Tiene bajo su nómina a cientos de agentes policiacos, a procuradores y presidentes municipales. Todo lo sabe, todos lo apoyan, es un queridísimo varón.

Hacia finales de la primera década del siglo XXI, la especie que señala al *Chapo* Guzmán como aliado del gobierno remontó a tal punto que el jefe del Estado mexicano, con su propia voz, se vio obligado a enfrentar tales acusaciones, y es que desde las mismas filas partidarias del presidente Felipe Calderón Hinojosa (2006-2012) fue lanzado un dardo muy filoso. El 14 de febrero de 2010, Manuel Clouthier Carrillo afirmó que el gobierno nacional había convertido al estado de Sinaloa en «el excusado de la Nación» por no haber querido tocar los intereses de este traficante «ni con el pétalo de una rosa». Además de diputado federal por esta entidad, Clouthier Carrillo es hijo de quien compitiera como candidato a la presidencia por el Partido Acción Nacional en 1988, Manuel Clouthier del Rincón, mejor conocido entre los sinaloenses como *Maquío*. Por su posición privilegiada dentro de la sociedad política fue que la voz de este legislador se escuchó tan ruidosa como si una vajilla para mil personas se hubiese estrellado contra el suelo de la casa presidencial.

No solo desde la tribuna del poder se tomó como cierta la versión de la complicidad. Entre los académicos y especialistas dedicados a investigar sobre el fenómeno del narcotráfico en México se esgrimieron razonamientos públicos del mismo calibre. El consultor internacional Edgardo Buscaglia aseguró a principios de 2010, en entrevista con el reportero José Reveles, que la estrategia gubernamental de combate contra las organizaciones criminales mexicanas había servido paradójicamente para consolidar la fuerza del Cártel de Sinaloa: «lo que parece delinearse es la clara intención de concentrar el poder y... la hegemonía en un solo grupo político para [luego] facilitar una negociación entre la autoridad y esta organización». Desde su punto de vista, el Estado mexicano habría buscado reeditar la relación que alguna vez sostuvo con Miguel Ángel Félix Gallardo.

Buscaglia infiere que entre 2006 y 2010, mientras la Policía Federal, el Ejército y la Marina aprehendían a los criminales más connotados, tras la cortina de humo de la espectacularidad, el gobierno de Felipe Calderón habría tenido como propósito sincero afectar el funcionamiento de los cárteles de Tijuana, Juárez y del Golfo, beneficiando voluntaria o involuntariamente a la organización encabezada por el señor Guzmán

Loera. Esta hipótesis deriva en una acusación muy grave: querría decir que la guerra por las drogas librada en México durante la primera década del siglo contó, desde el principio, con un vencedor preferido por la autoridad legal.

Durante estos mismos años, el poder económico del *Chapo* Guzmán creció y se multiplicó incontinentemente. José Reveles, en su texto *El cártel incómodo,* asegura que este hombre es responsable de 45 por ciento del tráfico y producción de drogas que ocurren a partir de México. Si tal cifra fuese correcta, la empresa encabezada por *El Chapo* administraría un negocio cuyo valor anual es de 18 mil millones de dólares, es decir, 1.75 por ciento del producto interno bruto mexicano, monto que supera los negocios de Ricardo Salinas Pliego, quien ostenta la segunda fortuna del país después de Carlos Slim Helú. Los intereses de Guzmán Loera se administrarían a partir de 3 mil 500 empresas radicadas en 47 países del mundo. Desde el conocimiento de esta información no sorprende que la DEA, y también la Interpol, lo ubiquen como el mayor traficante de drogas del mundo; tampoco que la revista *Forbes* lo haya señalado entre los multimillonarios, así como uno de los hombres más poderosos del orbe.

Después de sopesar esta evidencia (y solo por el ánimo de mantener en buen estado la salud mental) cabe preguntarse cuánto de todo este inmenso río de datos e información suena porque verdaderamente lleva agua o porque, en alguna parte, Joaquín *El Chapo* Guzmán, además de ser un impresionante estratega para el comercio de estupefacientes, es un artista de la propaganda y la contrapropaganda. En este, como en cualquier otro enfrentamiento armado contemporáneo, la estrategia de comunicación de cada una de las partes en conflicto juega un papel clave para atraer adeptos o para desarmar el ánimo de los oponentes. *El Chapo* Guzmán ha sido muy efectivo a la hora de colocar el mensaje de que se halla bien protegido y también de que va ganando la batalla. Acaso por ello tanto en los narcocorridos como en los medios de comunicación, y también dentro del cubículo del especialista, se reproducen conclusiones similares. A la manera de sus antepasados, este hombre de Badiraguato fue capaz de robar la metafórica espada del gobernante, poniendo de cabeza al Estado mexicano.

Mientras se fabricaba la mítica trayectoria de este narcotraficante, a ras de suelo la sociedad fue padeciendo la cada vez más dolorosa patada de la violencia. La rivalidad entre las organizaciones criminales por controlar el mercado de las drogas, así como la participación de las fuerzas policiales y del Ejército mexicano dentro de este escenario bélico, desataron una ira social que cobró, entre 2006 y 2011, alrededor de 40 mil vidas humanas. Justo cuando México estaba cumpliendo 200 años de haberse fundado como país independiente, se hizo muy difícil vivir dentro de sus fronteras debido a la facilidad con la que el mal encontró para sí una nueva República.

## Los polvos de la ira

Se entiende por qué provoca algo de nostalgia recordar los tiempos cuando los *gomeros* convivían en paz con el resto de los mortales. Desde principios de los años 90 del siglo pasado, la violencia que el crimen organizado fue imponiendo sobre la sociedad mexicana alcanzó proporciones exageradas. Se hizo enorme el número de mujeres victimadas por la lujuria del cobarde, la lista de hombres desaparecidos por la envidia del imbécil, la cifra de menores convertidos en huérfanos por la frivolidad del soberbio. Un mal día los medios de comunicación reportaron la frecuente presencia de extremidades humanas halladas a la vera de las carreteras, también hablaron sobre cabezas humanas arrojadas al pie de los edificios públicos, sobre fosas rebosantes de cuerpos que extraviaron su nombre y contaron de personas que dentro de un tanque de sosa cáustica —un ácido con gran poder corrosivo— extraviaron para siempre su cuerpo. A este infierno se añadieron los coches bomba, los asesinatos políticos, la desaparición de periodistas, el secuestro, la extorsión y la matanza de migrantes centroamericanos. Durante 2007 perdieron la vida 2 mil 673 personas supuestamente relacionadas con la guerra por las drogas. En 2008 el número de muertes vinculadas con este mismo fenómeno fue de 5 mil 630. En 2009 llegó a 7 mil 724, en 2010 alcanzó poco más de 8 mil víctimas y en total, hasta junio de 2011, iban más de 40 mil. Justo cuando México festejaba su aniversario número 200 la brutalidad, la deshumanización y el abuso de poder se extendieron por todas partes.

Solo con el paso del tiempo los mexicanos podrán ponderar con suficiente inteligencia los argumentos que en esta coyuntura han servido para explicar tan trágica realidad. *Grosso modo*, tres han sido las hipótesis que hoy sirven para justificar el crecimiento de la violencia en México. La primera asegura que se trata de una consecuencia normal de la batalla entre las fuerzas del Estado y los líderes de los cárteles. La segunda, más sofisticada, supone que el país recuperará la calma cuando entre los grupos de narcotraficantes se construya un nuevo equilibrio que les otorgue balance a los actores en disputa. La tercera propone que los líderes de las mafias originales fueron ya rebasados por el protagonismo de sus sicarios y que en realidad México estaría viviendo los barruntos de una nueva revolución social.

La primera hipótesis fue resumida por el presidente Felipe Calderón Hinojosa durante una entrevista que otorgara al periódico francés *Le Monde* en agosto de 2010: «si ven polvo, es que estamos limpiando la casa». Cual metáfora bíblica, en «polvo» se convirtieron los 40 mil muertos relacionados con esta guerra, así como el resto de los desaparecidos, torturados, secuestrados y tantos otros personajes devorados por la cruel parafernalia; víctimas «colaterales» de un bien superior –la seguridad– que supuestamente regresará a la vida de los mexicanos. Las autoridades confían en que la violencia escampará cuando la fuerza pública termine de «barrer» el país.

En los hechos no se ha podido confirmar el optimismo presidencial. El número de muertes y el ascenso que han experimentado ciertos narcotraficantes son fenómenos que corren en paralelo. Mientras mayor va siendo el poder de tales criminales, más se multiplica el número de víctimas producto de esta guerra.

Una segunda hipótesis asegura que los polvos de la ira se deben a que, desde la aprehensión de Miguel Ángel Félix Gallardo, no se ha logrado restablecer un equilibrio pacífico entre los cárteles. No hay una banda que haya logrado imponerse sobre el resto de sus adversarios. En teoría, al igual que ocurre con las guerras entre las naciones, podría llegar el momento en que una de las partes en conflicto alcanzará tal nivel de hegemonía que sus adversarios preferirán rendirse.

Esta segunda hipótesis presenta un problema para ser creíble: a diferencia de las naciones, la materia con que están hechas las organizaciones criminales no es estable. La volubilidad de sus mandos y estructura es lo único que nunca cambia. Se trata de una empresa constituida por células cancerosas, las cuales tienden a dividirse infinitamente. Por tanto, se hace imposible que una sola organización obtenga la hegemonía imaginada. Ni siquiera la *Federación* del Pacífico, como ahora se autodenomina el antiguo cártel, la organización mejor situada para convertirse en poder hegemónico, ha logrado salvarse de la fractura. Los criminales sinaloenses nada más una vez estuvieron juntos y desde entonces su organización emula a la amiba que no deja de partirse.

La rivalidad que desde principios de los años 90 surgió entre las bandas de Tijuana, Juárez, el Pacífico y el Golfo solo sabrá extenderse porque muy probablemente estas cuatro empresas terminarán siendo muchas más, y la confrontación entre todas ellas es su único destino, tanto más si el Estado se inmiscuye en su guerra. Cada vez que la policía detiene a un delincuente, cada vez que el soldado destruye drogas o confisca armas, cada vez que una ruta de tráfico hacia Estados Unidos es bloqueada, y todo ello sucede porque los adversarios de la banda afectada cooperaron con información, filtraciones o traiciones, la violencia se recrudece y es la sociedad quien termina pagando tanto plomo en las calles.

Contrario a lo que intuitivamente pudiera suponerse, la intervención de la policía y del Ejército –de sus armas, sus vehículos, sus recursos económicos, su propaganda y también sus intereses– contribuye a agitar la ira social. Siguiendo con la metáfora de las células cancerosas, hacen las veces del bisturí del cirujano cuando este intenta extirpar un tumor maligno: el instrumento quirúrgico ayuda a expandir el mal hacia otros órganos en vez de erradicarlo.

Una tercera explicación supone que la ira vivida en México hace tiempo que rebasó las fronteras de la pugna entre los líderes del narcotráfico para convertirse en la expresión autónoma de un movimiento social de violentísimas proporciones. Según números oficiales del Ejército, en un principio participaron en la guerra por las drogas, directa o indirectamente, más de 500 mil mexicanos. Algunos de ellos eran productores, transportistas, lavadores de dinero o vendedores de enervantes al menudeo. Muy probablemente este número creció durante el segundo lustro del siglo XXI, sobre todo porque, para enfrentar a sus enemigos, los capos se vieron impelidos a sumar pistoleros, matones y paramilitares. Reclutaron de donde pudieron y quienes mejor se dejaron seducir por su invitación fueron precisamente los funcionarios públicos que antes se dedicaban a perseguirlos: policías y soldados.

Cuando han de resolver sus diferencias, los jefes más encumbrados de la mafia no se ensucian directamente las manos. Una multitud creciente de individuos pagados con el dinero de las drogas adoptó la profesión del sicariato, oficio que presta sus servicios a la manera del mercenario, trabajando para quien más paga. Los sicarios son individuos que han sido contagiados por lo que Hannah Arendt llama «la banalidad del mal»: se han empeñado, con gran dedicación, a la hora de escribir su respectivo capítulo en el libro de la maldad humana.

Si lo que realmente se quiere es frenar a este desbordado movimiento, probablemente no baste ya con encarcelar a un puñado de jefes de cártel. ¿De qué sirve que cinco, diez, treinta o cincuenta narcos afamados vayan a parar tras las rejas, si detrás de ellos viene un numerosísimo ejército adicto a la adrenalina, la sangre y la devastación? El mayor problema que México tiene hoy no son las drogas sino el monstruo de la ira que, por obra de su guerra, se despertó: un monstruo que tiene decenas de miles de ojos, manos y uñas. Una bestia constituida hoy por un número mayor al medio millón de personas. Un animal social que existe porque México sigue siendo un país desigual, sin oportunidades, armado hasta los dientes, envenenado por el dinero sucio, corrompido por la inmoralidad, un país sin educación, sin salud, sin perspectiva, sin horizonte, mutilado por la desesperanza de sus pobladores. Un país que padece la inmensa arrogancia de sus gobernantes. Todas estas son razones para comprender el origen de tan iracundo movimiento social cuyo futuro, mientras se redactan estas líneas, se empeña en ser impredecible.

## Cielo rojo

«¡¿Solo quiere dar una vuelta?!». Ante la afirmativa, el taxista guarda un decepcionado silencio, y luego suelta: «Este no es un lugar turístico». Por alguna razón, aquel conductor esperaba más de su pasajero. Gira en redondo por las calles bien pavimentadas de Badiraguato. Según las cifras oficiales, se trata de uno de los poblados más pobres de México. El lugar parece desierto: aquí los montañeses salen poco de sus casas. Quizá sea la época; corren tiempos difíciles. Los pocos habitantes que se miran llevan ropas caras, probablemente compradas en los grandes *outlets* de Estados Unidos. El automóvil se detiene a cargar gasolina. Merodea la noche y el cielo enrojece. Ya en la carretera, una bóveda escarlata cubre la tierra. Posee un color alegre, más cercano a la piel del tomate que a las rugosidades de la naranja. El taxista lleva su carro hacia la carretera que conecta con Culiacán. Durante la hora siguiente ya no hay conversación. La noche entristece los ánimos.

# IX
# ECONOMÍA ÉPICA DE LOS SENTIMIENTOS

## Donde tuercen los caminos

Acaso no hay crepúsculo más impresionante en todo México que el del valle de Culiacán. Conmueven al anochecer los colores que aquí completan la bóveda del cielo: luz de día que se resiste a partir y por ello se viste de rojo. Culiacán también es coordenada de una geografía cuya mayor riqueza radica en sus oposiciones. Es norte y es sur, es mar y es tierra, es montaña y es valle, es civilización y también barbarie, es aislamiento y al mismo tiempo aspiración por integrarse. No hay consenso sobre el origen de su nombre; unos sostienen que significa «lugar donde tuercen los caminos» y otros que el vocablo quiere decir «lugar de culebras». Ambos tienen razón: en esta geografía las rutas y los ríos se contorsionan como serpientes.

Sinaloa no sería lo que es sin sus ríos y varios de ellos pasan por Culiacán: desde el norte baja el Humaya y a través de la Sierra Madre Occidental lo hace también el Tamazula. Igual desciende de la montaña el río San Lorenzo. Ya en tierra plana los dos primeros confluyen para dar origen al río que lleva el mismo nombre de la ciudad. Obviamente todos estos afluentes van a dar al mar, pero primero riegan generosamente el valle. Nuño Beltrán de Guzmán fundó la villa de San Miguel Culiacán a la orilla del río San Lorenzo; entonces la etnia de los tahues era mayoritaria y la más civilizada de esta región. La memoria ha perdido el lugar exacto donde aquel conquistador hundió la espada y puso la cruz en nombre de su rey.

Cuando se vive en una realidad líquida es difícil mantenerse a salvo: las aguas suelen inundarlo todo y para sobrevivir es necesario moverse de un lado a otro. Tal cosa hicieron quienes, después de la partida del adelantado, se encargaron de occidentalizar esta costa mexicana. Al menos en tres coordenadas más trataron los primeros españoles de asentar su aldea definitiva. Probaron hasta encontrar que el mejor emplazamiento lo ofrecía el punto donde coinciden los ríos Humaya y Tamazula. Las primeras casas de aquellos pioneros fueron construidas sobre la ribera derecha del segundo afluente. Luego la mancha urbana crecería hacia el oeste.

Durante los siglos coloniales, los virreyes de la Nueva España consideraron al asentamiento de Culiacán como el último bastión novohispano: frontera final de Mesoamérica desde la cual habrían de operarse los siguientes esfuerzos de cristianización. La ciudad vivió aislada del mundo durante demasiadas décadas. A mediados del siglo XVIII sus habitantes seguían vistiendo igual que en 1531; así lo registró el obispo Pedro Tamarón quien, en su correspondencia, se quejó sobre las ropas de los pobladores, idénticas a las que 200 años atrás portaba Nuño Beltrán. Cuatro razones conspiraron para perpetuar la incomunicación: al este, la montaña; al oeste, el mar; al norte, la nada; y al sur, la enorme distancia con Guadalajara, capital de la Nueva Galicia y jurisdicción a la que supuestamente pertenecía Culiacán. Si un comerciante quería viajar por tierra a la capital del país era necesario que atravesara la Sierra Madre Occidental –trampa peligrosísima– hasta llegar a la ciudad de Durango. Por ahí pasaba el Camino de Tierra Adentro que, previo al ferrocarril, conectaba la ciudad de México con Santa Fe.

Al comienzo del siglo XIX vino la independencia. El 13 de marzo de 1831 los sinaloenses proclamaron la existencia soberana de su estado y eligieron a Culiacán como asiento para gobernarse. Durante la primera mitad de esa centuria la ciudad también comenzó a extenderse sobre las orillas del Humaya; hasta 1880 la villa era profusa y caótica. Las viviendas y los comercios se construyeron sin comprender la lógica del conjunto; predominaron los callejones sin salida y los caminos que no iban a ningún lado. Cuando Francisco Cañedo se hizo gobernador trajo de la ciudad de México al arquitecto Luis F. Molina, a tal urbanista se le debe el orden que todavía hoy impera en la capital de Sinaloa. Fue él quien le puso nombre a las calles, construyó el primer puente que cruzó el río Tamazula, la plazoleta Rosales y la iglesia del Sagrado Corazón, El Santuario. En su época llegó la luz eléctrica, y por primera vez los cables del telégrafo acercaron a los habitantes de la montaña. Pocos años antes se construyeron también los primeros 62 kilómetros de acero que conectaron al pequeño puerto de Altata con la capital del estado de Sinaloa:

aquel ferrocarril llevó por curioso nombre *El Tacuarinero*. En 1910 se terminó la vía que conectó a Culiacán con el sur de Arizona, pasando por Sonora. Para 1907 esta misma línea llegó hasta el puerto de San Blas en Nayarit y finalmente tocó Guadalajara en 1927; cada durmiente puesto sobre este azaroso territorio sirvió para viajar en cualquier época del año sin que fuera impedimento que los ríos se desbordaran. Gracias a la locomotora, no solo se hizo posible el libre tránsito de las personas sino también el de las ideas y los productos del campo. Fue ese el momento en que la villa de Culiacán dejó de ser endogámica. Durante los años 80 del siglo pasado Teresa del Conde, esposa del exgobernador Francisco Labastida Ochoa y exdirectora del Instituto de Investigaciones Estéticas de la UNAM, celebró la otra gran cirugía urbana de Culiacán. El río dejó de ser un problema para convertirse en un bello pretexto de esta ciudad.

En sus primeros tres siglos y medio de historia la identidad culichi se construyó en oposición a la identidad mazatleca. El relato de las distancias entre esas dos ciudades es largo; desde un principio no fueron pocas las razones para que las familias de una y otra población se pusieran a competir. Por ser puerto, Mazatlán resultó un sitio privilegiado para el comercio. Tuvo siempre aspiraciones cosmopolitas y fue madre adoptiva para muchos extranjeros. *La Perla del Pacífico* se quería culta, leída y liberal. Por ello, el Colegio Rosales –la primera institución sinaloense dedicada a la educación superior– nació pegado al mar. En contraste, las principales fortunas de Culiacán se hicieron en los fundos mineros y luego a partir de la agricultura. Salvo excepciones, los habitantes de la capital sinaloense recelaban del resto del mundo, ni los libros ni el arte eran realmente importantes. Todavía a principios del siglo XX cabía la duda sobre cuál de los dos asentamientos prevalecería como el más relevante. En 1901, cuando Culiacán cumplió su aniversario 370, no contaba con más de 11 mil habitantes. Mazatlán, en cambio, en esa misma fecha tenía el doble de población. Las siguientes décadas asegurarían la suerte culichi: hoy la capital de Sinaloa y el valle que la circunda constituyen la región más próspera, más industrializada, más productiva y la que cuenta con mayor infraestructura en todo el estado.

## Homero en Sinaloa

En Culiacán se cree que la riqueza del valle se debe a los griegos. La memoria que se repite oralmente asegura que estos migrantes fueron los primeros en sembrar el valiosísimo tomate. Habrían traído la técnica de Salónica, lugar donde también hay suficiente humedad como para que la planta verde y su fruto rojísimo prosperen. La anécdota corre así: hacia 1925 los señores Arretos y Moriachis –el primero radicado en Navolato y el segundo en la población de El Dorado– lograron un contrato con otro griego de apellido Gueorgelos, para vender legumbres sinaloenses en las calles de Los Ángeles. Por obra de los tres, tanto el tomate como otras verduras comenzaron a peregrinar desde el puerto de Altata hasta aquel destino, del otro lado de la península de Baja California. Gustavo Aguilar Aguilar, en su libro *Inmigración griega, creación de empresas y actividad empresarial en Sinaloa (siglo XX)*, hizo un estupendo recuento de esta migración. Es la primera pequeña historia de un impresionante comercio que, en el presente, significa más de 300 tráileres diarios viajando desde el valle de Culiacán hacia Estados Unidos, los que dejan una derrama de dinero muy grande en ambos lados de la frontera. Cuarenta años antes de que los señores Arretos y Moriachis se hicieran agricultores en México, los colonos owenistas Eckhardt y Scaly ya habían hecho negocios con este fruto; sin embargo, el imperio azucarero comandado por Benjamin Johnston barrió con aquella frágil empresa. Por tanto, los pioneros griegos tendrían que ser recordados por haber reinventado este comercio.

El primer heleno de quien hay noticia en Culiacán recibió permiso para ingresar al país en 1898. No obstante, fue hasta la segunda década del siglo XX que sus paisanos vinieron a México en un número amplio: los trajo la Primera Guerra Mundial. No provenían directamente del mar Adriático sino del suroeste de Estados Unidos. Sus padres, o ellos mismos, habían migrado antes a ese país con la esperanza de vivir el sueño americano, pero una mala pasada bélica se les atravesó en el camino: desde Atenas se instruyó a los consulados griegos que reclutaran a sus nacionales jóvenes, sin importar dónde estuvieran, con el objeto de que participaran en la defensa de su país frente a la agresión alemana. El gobierno de Washington apoyó esta iniciativa y un magro ejército tuvo que partir en barco desde América para nunca regresar. Por aquel tiempo México se abrió como túnel de escape frente al indeseable destino.

Llegaron los griegos a este país procedentes de Arizona y California. Algunos se quedaron a vivir en Sonora, pero otros –montados en el ferrocarril– despertaron una mañana en la ciudad de Culiacán. Primero pidieron trabajo en las minas, luego se emplearon en el sector de los servicios. Solo más tarde, ya con algunos pesos en el bolsillo, lograron dedicarse a la vocación que más conocían: la agricultura. Con sus primeros ahorros rentaron dos hectáreas aquí y cinco más al norte. Otros se asociaron y pudieron comprar una propiedad cerca de Navolato. Para 1920, no habría más de 80 griegos en todo el valle de Culiacán y sin embargo se hicieron notar. Tomaron como centro de operaciones el Hotel Rosales, un edificio ubicado cerca de la plaza principal de esta ciudad. Ahí se enteraban de las buenas tierras y las más baratas. Conversaban sobre las variaciones de la técnica para la horticultura y también lo habrían hecho a propósito de la mujer que no los acompañó o del hijo que algún día les daría alcance en Sinaloa.

Pronto adquirieron la reputación de hombres muy trabajadores. Araban la tierra durante ocho horas seguidas. Construyeron con sus propias manos las casas donde residieron. Fabricaron las cajas de madera para empacar su tomate. Sin escatimar esfuerzos, arrancaron de la tierra el fruto de su tenacidad. Si bien la venta del tomate tenía un mercado seguro en el sur de Estados Unidos, la aventura previa para obtenerlo implicaba un riesgo grande. El cultivo de este fruto se parece mucho a un juego de azar: si se gana, se gana en grande, pero si se pierde, se pierde todo. Cuando se avecina una tormenta hay que correr a tapar el tomate, también hay que protegerlo de los grillos y de los vientos. Este fruto, cuando se vende lejos, debe cortarse justo a tiempo: verde y no pintado para que cuando llegue a la mesa del consumidor mantenga una apretada consistencia. Son muchas las circunstancias que acosan a esta empresa: si llueve, si el agua no llega, si enfría, si el calor se prolonga, si hay plaga, si no se puso suficiente fertilizante, en fin, ni un cachorro humano es tan demandante.

Para su fortuna, con las primeras cosechas aquellos migrantes griegos triplicaron el primer capital invertido en México. El negocio tenía futuro. Siguieron adquiriendo tierras; ya no querían propiedades rentadas. Las tres hectáreas de uno se volvieron diez y las diez de otro se hicieron cien. Solo por el gusto de mirarlos verdecer, los hacendados con más historia en la región vendieron algunos de sus predios, antes dedicados al ganado, para que se convirtieran en campos hortícolas. Los Clouthier y los Gastélum fueron los primeros de la élite culichi en hacer negocio con los helenos. Un buen día se corrió la especie de que aquellos migrantes se estaban apoderando del valle; algún envidioso urdió planes para expulsarlos del país. Sin embargo, los griegos que llegaron al valle de Culiacán no eran tan ingenuos como los colonos owenistas, ni tan ajenos a la cultura mexicana como los molokanes venidos del otro lado del Atlántico. Ellos eran europeos del sur. Eran morenos. Se estaban haciendo muy ricos. Habían aprendido a hablar español y no añoraban con vanidad su país de origen. Todo confabuló para hacer de sus hijas e hijos estupendos partidos para la reproducción de la alta sociedad. Antes de que llegaran los años 40, unas y otras familias ya estaban emparentando. No hay nada que enfríe más la envidia entre dos pueblos que tener nietos comunes.

Del negocio agrícola, algunos griegos pasaron a los servicios. Pedro Angelópolus abrió el primer boliche de Culiacán, a unos cuantos pasos de la plaza más grande. Luis Limberópolus inauguró el restaurante La Copa de Leche, en el portal Juárez. Constantino Pappas puso una heladería: La Acrópolis. Pedro Jachos inauguró una fuente de sodas donde los más jóvenes pudieron sostener con la mirada su primer pálpito y gustar con la garganta su primera gaseosa. Por su parte, Guillermo Polos edificó un imperio para el entretenimiento a oscuras cuando sus salas de cine abrieron en Los Mochis, El Fuerte, Culiacán, San Blas, Mocorito y Navolato. Si modernidad quiere decir pluralismo, más intercambio, más oficios, más riqueza, no cabe duda que con la migración griega Sinaloa dio un salto a favor de su largo trayecto civilizatorio.

## El diamante como identidad

Durante la guerra de 1846 Estados Unidos se llevó medio territorio, pero dejaron en México una tradición deportiva que siglo y medio después aún despierta fanatismo. Los historiadores coinciden: el juego del bate y la bola rápida lo trajeron a esta tierra los soldados extranjeros. Muy probablemente fue en Mazatlán donde por primera vez se jugó beisbol. Durante sus aburridos momentos de descanso, mientras corrían alrededor de un diamante improvisado, aquellos hombres habrían despertado admiración entre los pobladores sometidos. No heredaron estos invasores a México el basquetbol ni el futbol americano porque para practicar tales deportes se necesitan condiciones muy particulares. En cambio, el beisbol es un juego precario en requisitos. Siempre y cuando haya una cerveza cerca, todo llano resulta bueno para pasar el tiempo. Solo en esto se parece al futbol soccer. En lo demás toma distancia de ese otro deporte cuyo gusto es tan mayoritario para los mexicanos. De entre todas las diferencias, la percepción del tiempo es la principal entre el beisbol y el balompié. El beisbolero se entiende mejor con la circunstancia que requiere paciencia. No es que deteste la velocidad pero nada más la utiliza cuando hace falta realmente. En cambio, la serena espera no es virtud en el futbol. En el soccer la regla es mover cuanto sea posible la pelota para que el adversario no se la apropie, un vaivén de pases donde la ociosidad está prohibida y el individualismo es de mal gusto. El futbol es un juego colectivo: poco puede hacer un solo hombre sin el resto de su equipo. Contrasta también en este punto con el beisbol. Ahí una sola persona puede hacer que la suerte del juego cambie dramáticamente. Un buen lanzamiento, un gran batazo, una carrera bien lograda por uno solo de los jugadores y el resultado final del partido quedará muy lejos de donde se esperaba. Se ha dicho ya: el beisbol es la representación contemporánea de la batalla que libraron David y Goliat. Con buena puntería, hasta el equipo más imponente quedará sepultado. No hay mejor metáfora deportiva para representar la lucha del sujeto *versus* el más fuerte; el individuo que, con sus propias habilidades, puede derrotar a la mayoría. Acaso por esta representación el beisbol es considerado en Estados Unidos como el juego que mejor significa al individualismo esforzado. La exportación de este deporte hacia el resto del mundo tiene que ver con la manera como se diseminó toda una cultura: ahí donde la admiración por el esfuerzo individual fue ganando territorio, el beisbol se volvió apreciado. El norte de México da prueba de esta hipótesis. Mientras mayor aceptación hubo hacia el modo de vida estadounidense, más rápidamente echó raíces el entusiasmo por este juego.

Del paralelo 23 hacia la frontera norte, todo niño sabe cómo lanzar una bola. No hay pueblo en Sinaloa donde estos diamantes escaseen: aun en la parte alta de la sierra hay decenas de campos de beisbol muy bien iluminados. En el ejido maderero más recóndito los árboles son talados y la tierra apisonada para que el equipo de la comunidad reciba, cada fin de semana, a sus vecinos y adversarios. Poco más de un siglo tuvo que transcurrir desde que ocurriera esta importación para que en Sinaloa el beisbol se convirtiera en un asunto de profesionales; fue el legendario empresario chino Juan Ley Fong quien inventó al equipo de los Tomateros de Culiacán y logró que la Liga del Noroeste se volviera negocio. En Mazatlán nacieron, prácticamente al mismo tiempo, los Venados. Luego vendrían los Algodoneros de Guasave y los Cañeros de Los Mochis. Este estado ha pagado con réditos la herencia recibida por los estadounidenses: grandes jugadores de Sinaloa han entrado en las Grandes Ligas de ese país. Por cierto que, entre los que han ingresado al Salón de la Fama mexicano, son mayoría quienes provienen de Guasave. Gerardo *Polvorita* Sánchez y Miguel Suárez, *Mr. Hit*, presumen ahí su retrato. Lo mismo que Elpidio Osuna, oriundo de El Roble y Cecilio Acosta, de la villa El Sabino. Las poblaciones de Sonora, Coahuila, Tamaulipas y Nuevo León comparten con sus compatriotas sinaloenses esta misma pasión; viven todas en territorios fundados por hombres solitarios.

## Los Bárbaros del Norte

En México los políticos muertos suelen tener mejor reputación que los vivos. Se trata de una profesión cuyo prestigio social es magro. Y es que la historia mexicana cuenta con una extensa lista de personas que se enriquecieron y abusaron gracias a su cercanía con el poder público. Política y corrupción se hilan en la convicción popular como sinónimos. Paradójicamente, si el poderoso llega a ser muy rico, puede perdonársele la manera como acumuló sus bienes: no es que se le respete por quien ha sido pero se le teme por lo que tiene. A nadie se le niega el saludo por ser corrupto, pero tampoco se le quiere. Esta ambigüedad, en sí misma, es todo un síntoma social: los políticos fascinan y decepcionan al mismo tiempo. Provocan silenciosa admiración y simultáneamente son despreciados en la conversación íntima por sus abusos y arbitrariedades.

Con respecto a los políticos muertos el trato se hace distinto. La condescendencia que no obtuvieron en vida por parte de sus contemporáneos es compensada por la valoración de las siguientes generaciones. No son pocos los presidentes, gobernadores, líderes sindicales o dirigentes campesinos que, una vez enterrados, suelen resucitar en forma de monumento público, calle, avenida o motivo para pronunciar discursos incendiarios. No por ello recuperan el afecto popular del que carecieron en vida, pero el olvido de sus pecados cívicos los termina convirtiendo en mejores personas de lo que fueron. De entre todos los políticos mexicanos, los mejor recordados son aquellos que tuvieron una muerte trágica. (Benito Juárez y Lázaro Cárdenas son excepción.) En el caso de Sinaloa, dos personajes que cargaron con el mismo nombre de pila –uno del siglo XIX y otro del XX– dejaron leyenda: José Antonio Abundio de Jesús Rosales Flores y Manuel de Jesús Clouthier del Rincón.

El nombre del primero se encuentra por todo Sinaloa. La ciudad de Culiacán de Rosales le debe su nombre a este personaje, lo mismo que una villa dentro del municipio de El Fuerte y el Liceo Rosales. En la capital del país, la calle que une al panteón de San Fernando con el Paseo de la Reforma se llama igual que este general. A Rosales se le compara con Ignacio Zaragoza porque también ganó una batalla en contra de los imperialistas franceses.

La suya fue una época donde nada ni nadie obligaba a la especialización: con ánimo similar ejerció de periodista, funcionario público, militar y político liberal. A su generación le cayeron encima dos invasiones extranjeras. No había aún cumplido los 24 años cuando se incorporó a la Guardia Nacional para participar en la guerra de 1846-1848 en contra de Estados Unidos. Dos décadas después volvió a usar las armas durante la Intervención francesa. Entre guerra y guerra fundó un periódico liberal, *El Cantarito*. Fue secretario de gobierno en Sinaloa y también gobernador de esa entidad. Durante el otoño de 1864, ya con el grado de general, trató de repeler el desembarco de las tropas francesas sobre el puerto de Mazatlán. No tuvo parque ni suerte para devolver a los enemigos al mar. Aquellos extranjeros tomaron fácilmente control sobre *La Perla del Pacífico*. Pocas semanas después, cuando ese mismo ejército quiso, más al norte, poner pie sobre las playas de Altata, Rosales –con poco más de doscientos subordinados– derrotó a los franceses que, según los cálculos de la época, los doblaban en número. En Culiacán lo honran porque gracias a su triunfo evitó que los galos entraran a esa ciudad. A unos cuantos kilómetros del Pacífico, en la población de San Pedro, el 22 de diciembre de 1864 este general mexicano capturó a varias decenas de franceses.

A Antonio Rosales le duró ocho meses el disfrute de su victoria. A finales de septiembre del año siguiente perdió la vida en otro enfrentamiento contra el mismo ejército imperial, a las afueras de la ciudad de Álamos, Sonora. Si la Intervención francesa fue uno de los grandes momentos que fundaron a la Nación mexicana, Antonio Rosales merece ser reconocido como uno de sus protagonistas más importantes. Que en el centro o en el sur del país se desconozca su biografía es poco relevante para los sinaloenses. En estas tierras del noroeste, Ignacio Zaragoza, el héroe de la batalla de Puebla, no es más destacado. En su día, Rosales convenció a sus coterráneos de que era posible ganarle la partida al ejército más poderoso del mundo. Su hazaña durante la batalla de

San Pedro creó un sentimiento de confianza entre los mexicanos que ya prácticamente se había extraviado.

También un 22 de diciembre otro paisano suyo logró un triunfo simbólico para la historia mexicana. Exactamente 124 años después del triunfo de Rosales frente a las costas del Pacífico, Manuel J. Clouthier levantó una huelga de hambre que se había impuesto con el objeto de exigirle al gobierno nacional condiciones para que el sufragio dejara de ser sistemáticamente defraudado. La biografía de este civil fue muy distinta a la de aquel general y, sin embargo, comparten hoy el síntoma de ser los dos políticos sinaloenses que más se citan como referentes de heroísmo y libertad. *Maquío*, como los cercanos llamaban a Manuel J. Clouthier, nació en una cuna arropada con sábanas de seda. Su apellido comenzó a reproducirse en Culiacán más o menos al mismo tiempo en que Rosales forcejeaba con los franceses para que se fueran por donde habían venido. Un antepasado suyo, Jean Auguste Clouthier, médico de profesión y de origen canadiense, vino a asentarse en México y eligió esta latitud del occidente para hacer la vida. Una generación más tarde el apellido Clouthier ya era tema de conversación en el valle de Culiacán porque sus descendientes –que cambiaron el maletín de galeno por el azadón y la yunta– se hicieron terratenientes.

*Maquío* perteneció a la quinta generación mexicana de esta familia. Igual que quienes le antecedieron, él nació ranchero. Las tierras de su familia partían del valle y terminaban en la costa. Este hombre no fue nunca campesino sino un empresario del campo. Como la mayoría de los profesionistas más pudientes de su edad, estudió en la ciudad de Monterrey. Con el tiempo se convertiría en un líder empresarial. Saltó a la política durante los años 70, cuando fue presidente de la Confederación Patronal de la República Mexicana (Coparmex) y luego del Consejo Coordinador Empresarial (CCE), el organismo formal más importante del sector privado mexicano. No tuvo nunca una buena relación con los gobernantes del PRI. En un texto que dejó escrito para asegurarse memoria, recuerda haber señalado, ante el presidente de la República, a Miguel Ángel Félix Gallardo como el principal narcotraficante de México. Corrían apenas los primeros años de la década de los 70. También narra la manera como Luis Echeverría Álvarez cerró sus oídos ante tal afirmación.

Después de haber cumplido los 50 años, *Maquío* hizo su primera incursión en la política partidaria. Se presentó como candidato a gobernar Sinaloa por el Partido Acción Nacional. No ganó. Todavía para 1986 ningún candidato opositor al partido oficial había obtenido un puesto similar. En lugar de amilanarse por la derrota, dos años después concurrió a las elecciones presidenciales como abanderado del PAN. *Maquío* resultó un candidato anticlimático dentro de la tradición política mexicana. Nada tenía de solemne ni de aburrido, mucho menos de ceremonioso. Ante sus seguidores solía pronunciar discursos desparpajados, abundantes en anécdotas de la vida cotidiana y contagiosos por su buen humor. Algo tuvo su complexión física que recordaba a Santa Claus, al abuelo generoso y querible que poco tenía que ver con la gravedad hasta entonces exhibida por los hombres de poder. Probablemente este contraste de su carácter fue lo que despertó la insidia de los más tradicionales. Sus enemigos lo apodaron, incluso dentro de su propio partido, como *El Bárbaro del Norte*.

El resultado oficial que obtuvo en las elecciones del 6 de julio de 1988 no fue bueno. Apenas rebasó el 17 por ciento de los sufragios nacionales. En parte se explica esta votación porque otro candidato opositor, Cuauhtémoc Cárdenas Solórzano (hijo del expresidente Lázaro Cárdenas del Río), también contendió por la presidencia, a partir de un frente de organizaciones de izquierda. A la postre, los votos contrarios al PRI se dividieron. Sin embargo, juntos —Cárdenas y Clouthier— demostraron que el antipriismo en el país constituía, por primera vez desde la fundación del partido oficial, una mayoría. *Maquío* murió convencido de que en aquella histórica elección nacional de 1988 al menos la mitad de los votos que obtuvo terminó contabilizada a favor del candidato del PRI, Carlos Salinas de Gortari. No tuvo en aquel momento posibilidad de probar su argumento. Y quizá por ello, en lugar de rebelarse con un discurso rupturista o extremo, optó por usar su derrota como un primer escalón para la reforma democrática de las instituciones mexicanas.

La participación ciudadana comenzó a ejercitar su músculo a partir de aquella elección presidencial de 1988 y Manuel J. Clouthier fue uno de los actores principales de la aspiración democrática. Convencido de que solo una presión social potente haría posible que los votos en México fuesen respetados por la autoridad, el día 15 de diciembre de 1988 comenzó una huelga de hambre sobre la avenida Reforma, a los pies de la Columna de la Independencia. Las exigencias que lanzó al gobierno se volverían, desde aquel día, bandera principal del proceso democratizador que vino después: padrón electoral confiable, funcionarios de casilla nombrados por sorteo, una credencial de elector que permitiera identificar al votante, un tribunal electoral y la integración de una autoridad imparcial y ciudadana encargada de organizar los comicios. Las demandas de *Maquío* tuvieron primero eco en el extranjero. Los medios internacionales andaban sensibles. La huelga de hambre del excandidato presidencial obtuvo reflector en Estados Unidos, Francia, España, Alemania, Japón y prácticamente en toda América Latina. Acaso este efecto fue el más importante para los propósitos del político sinaloense. Siete días después de estarse alimentando solo con líquidos y algo de potasio, Clouthier recibió la noticia de que tanto el presidente Salinas de Gortari como la legislatura federal estaban dispuestos a negociar una reforma alrededor de las demandas defendidas por el huelguista. La presión lanzada desde la prensa extranjera había dado resultado. El 22 de diciembre *Maquío* abandonó su campamento de la ciudad de México y regresó a Sinaloa para pasar Navidad con su mujer y sus diez hijos.

Para él, 1989 fue un año urgente. Clouthier continuó sumando voluntades a la causa democrática con sus discursos llenos de ánimo, con sus artículos de periódico y con su convicción de que en México estaba a punto de suceder un gran hecho histórico. Su propósito repetido hasta el cansancio era uno: derrotar el hastío ciudadano. Convencer a los mexicanos de que su intervención en la vida política del país podía hacer la diferencia. No fue la suya una iniciativa revolucionaria sino reformista. México debía cambiar «sin odio, ni violencia». El primer fruto de su empresa ocurrió el 2 de julio de 1989 cuando Ernesto Ruffo Appel ganó la primera gubernatura en toda la historia del PAN.

Ocho meses después de que levantara su huelga de hambre, Manuel J. Clouthier perdió la vida en un accidente de automóvil. Se dirigía a Mazatlán para recibir al gobernador electo de Baja California. Ernesto Ruffo Appel se quedó esperándolo en el aeropuerto. Otra curiosa coincidencia: este accidente sucedió apenas seis días después de que se cumpliera el 124 aniversario de la batalla de Álamos, donde el general Rosales dejara de existir. Mucho se especuló sobre la posibilidad de un atentado en contra de *Maquío*. Los enemigos del excandidato presidencial eran muchos. Sin embargo, la familia del político sinaloense, sus compañeros de militancia y las autoridades de la época confirmaron, todos, que el hecho había sido fortuito. Quizá prefirieron callar.

Manuel J. Clouthier fue un hombre que con su biografía prestigió el oficio de la política. Hasta antes de 1988, en México esta pretensión se antojaba muy difícil. Desafió las reticencias que muchos empresarios tenían para intervenir directamente en la arena electoral. Trajo del sector privado exitosos profesionistas que, por obra de sus argumentos, pelearon presidencias municipales, curules legislativas y gubernaturas. Fue el fenómeno político que este hombre detonó dentro del PAN lo que hizo creer a sus correligionarios que podían llegar más lejos. Sembró confianza sobre la posibilidad de ganar la Presidencia de la República. En julio de 2000 Vicente Fox Quesada, candidato presidencial del PAN, obtuvo el logro imaginado doce años atrás por su antecesor. La noche de su triunfo, este presidente electo –el primero en 70 años que no era militante del PRI– decidió agradecer a sus votantes con un discurso pronunciado a los pies de la Columna de la Independencia. Entre sus primeras palabras sembró un reconocimiento al legado de Manuel J. Clouthier.

Con esta elección se consumó una lenta transición hacia la pluralidad que en México hubiera comenzado dos décadas atrás. El poder político se distribuyó entre un número mayor de partidos. Sin embargo, a más de 10 años de aquel momento de euforia democrática, los mexicanos de hoy sabemos que democracia política y democracia social son dos aspiraciones de distinta naturaleza.

## Los *oaxaquitas*

Me llamo Francisco López Santiago. Me despierta mi papá a las seis de la mañana, me pongo mis zapatos y me voy pa' fuera, me pongo mi cachucha, agarro mis asados y mi lonche que es de huevo y tomate, y me voy solo a trabajar a la cuadrilla de los morros.

Tengo 10 años y trabajo desde los 8 en cortar tomate, desyerbar y quitando varillón que es como una tela blanca que está en los surcos. En Ocotlán de Morelos, Oaxaca, voy a primer grado, me gusta ir a la escuela. No aprendo mucho porque a veces no me da tiempo, llego tarde del trabajo, en veces hasta las seis de la tarde. Me gusta mucho estudiar letras. Tengo ocho hermanos, dos grandes y los demás chiquitos. Nomás venimos tres a la escuela, Trini, Ramiro y yo. Tengo dos hermanos más grandes, de 15 y 19 años. Trabajamos cuatro con mi papá. Me gustaría ser de los señores que mandan en el campo a los que andan cortando tomate. Tenemos un año aquí en este campo y me gusta mucho, pero más me gusta Sinaloa, y lo que más me gusta es ir a mi pueblo.

TESTIMONIO RECOGIDO POR LA CUARTA VISITADURÍA GENERAL,
COMISIÓN NACIONAL DE DERECHOS HUMANOS

Alrededor de 30 mil niños trabajan en el campo sinaloense. En 1999, Francisco López Santiago era uno de ellos. Con su padre y hermanos pasó varias y largas temporadas en el valle de Culiacán y también en San Quintín, Baja California. Desde Oaxaca hasta el noroeste viajaban año con año para cultivar tomate a cambio de unos cuantos dólares diarios para cada uno. Él y sus hermanos pasaron niñez y adolescencia con las manos metidas entre los surcos. Extraviaron la salud, crecieron mal nutridos y se alejaron de las aulas; todo para que en Ocotlán, Oaxaca, el resto de la familia López Santiago pasara menos hambre. Peor fue la suerte de David Salgado Aranda. En los campos tomateros de Sinaloa, este niño murió aplastado por un tractor. Tenía solo 9 años. En diciembre de 2007, Agustina, su madre, hizo el viaje acompañada por sus dos hijos, Santiago y David, desde el municipio de Tlapa, en Guerrero, hasta la costa este del mar de Cortés. A principios del año siguiente, mientras cortaba tomates, el más pequeño tropezó con una cuerda y su cabeza fue a parar debajo de un inmenso neumático. Según el acta de defunción entregada a doña Agustina por el médico forense, su hijo falleció a consecuencia de un traumatismo encefálico ocasionado por aquella máquina. ¡Cuánto fue su extrañamiento cuando supo que el Ministerio Público había registrado diferentemente los hechos! En el documento oficial donde esa autoridad estampó su firma se dijo que David había perdido la vida en un accidente ocurrido, no en el campo tomatero sino a varios kilómetros de ahí, sobre la vía pública.

Probablemente quienes contrataron a doña Agustina exigieron al funcionario que cambiara la versión de los hechos, no tanto para ahorrarse una indemnización por el accidente de trabajo, o los costes derivados de transportar el cadáver del niño hasta la montaña de Guerrero, sino para ocultar la práctica común entre los grandes productores sinaloenses de esclavizar a menores dentro de sus propiedades. Muy poco importa si esta forma de explotación está penada por las leyes mexicanas. A nadie se ha consignado nunca por incurrir en tal delito. El problema es otro: ¿qué harían los consumidores estadounidenses si supieran que los tomates de sus saludables ensaladas se cultivan gracias a la infancia robada a tantos niños mexicanos? Para evitarse la mala publicidad, resultó más fácil corromper al Ministerio Público. Huelga decir que el caso de David no es una excepción. A pesar de los esfuerzos que se emprenden por silenciar el abuso, con frecuencia trascienden otros dramas similares: el muchacho que perdió el brazo cuando un mueble se le echó encima, el niño que murió deshidratado porque no había cerca un médico que lo atendiera, las pequeñas que no volvieron al campamento, la mujer que parió un trozo de muerte en medio de la hortaliza.

A los 100 mil jornaleros agrícolas que año con año visitan Sinaloa se les conoce en el valle de Culiacán como *los oaxaquitas*, víctimas casi todos de una práctica que avergüenza por arbitraria y que sin embargo pasa desapercibida para el resto del país. Hacia 1950 los campos hortícolas del valle de Culiacán comenzaron a necesitar intensivamente de mano de obra. El empleo del jornalero pudo haberse convertido en una opción de vida para los sinaloenses de la montaña. Sin embargo, ocurrió lo de siempre: con un sur tan empobrecido, ¿para qué pagar los sueldos que se exigen en el norte? Igual que sucede con la industria maquiladora de la frontera, o en los hoteles de Los Cabos, también en la agricultura sinaloense pueden otorgarse salarios ridículos porque los migrantes venidos de Oaxaca, Guerrero, Chiapas, Veracruz, Tabasco, el Estado de México, Puebla, Hidalgo, o de Centroamérica, estarán dispuestos a ocupar esas plazas a cambio de un sueldo miserable.

*Los oaxaquitas* migran al noroeste durante el otoño y el invierno. Dejan atrás sus pueblos casi vacíos. Los viejos rondan solos la casa familiar, mientras sus hijos y sus nietos se ausentan seis meses al año para cultivar alimentos ajenos. El hambre es el motivo para los que se van y también para los que se quedan. En sus comunidades de origen el maíz se halla, junto con el frijol, como fuente casi única de nutrientes y apenas si alcanza para que las familias obtengan 300 kilogramos de tortilla al año, es decir, menos de un kilo diario por persona. Cuando los más jóvenes migran hacia Sinaloa, con su ausencia aseguran que la escasez para los viejos sea menor. Es cierto que en los campos de tomate los jornaleros no podrán ahorrar mucho. Sin embargo, durante una parte del año hay de comer para todos. Vienen a Sinaloa los padres, las madres y los hijos, los infantes y también quienes aún no han nacido. Los contratistas no saben discriminar por motivos de edad. En promedio, tres de cada diez trabajadores en los campos de cultivo son menores. Un sueldo, dos o tres –adicionales al salario recibido por los padres– pueden hacer la diferencia entre regresar al sur con las manos vacías o lograr un guardadito para cuando termine el invierno.

El traslado de esta mano de obra se ha convertido en un buen negocio para algunos transportistas, *polleros* o *enganchadores*. Como los antiguos vendedores de esclavos, estos personajes reciben una comisión por cada persona que tenga brazos y piernas para trabajar en los campos. Algunos son líderes políticos de los asentamientos expulsores de población. El presidente del municipio o el comisario ejidal, que sí hablan español, juegan el papel del intermediario entre *los oaxaquitas* y sus empleadores. Durante la última semana de septiembre o la primera de octubre, decenas de camiones transitan sobre la carretera que viene de muy lejos. Solo se detienen a cargar gasolina durante un trayecto que supera las noventa y seis horas. Ya en tierras sinaloenses se produce la liberación de 100 mil seres humanos; simultánea y tolerante mezcla de olores, ropas y ambiciones. Llegan hasta aquí, entre tantos otros mexicanos, los me'phaa y los na'savi de Guerrero, los mixtecos, mixes y zapotecos de Oaxaca, los kanjobales de Chiapas, los totonacos de la sierra norte de Puebla, los mazahuas del Estado de México y los nahuas de la Huasteca veracruzana. Siete de cada diez jornaleros agrícolas son indígenas, muy probablemente los otros tres llevan en la herencia un ascendiente que también lo fue. Uno de cada dos no habla castellano. En todo el país hay aproximadamente 3 millones 500 mil jornaleros agrícolas. Quienes se hallan en peor circunstancia trabajan en Baja California y en Sinaloa.

Hacia finales de la primera década del siglo XXI, la asociación de agricultores radicada en el valle de Culiacán tomó una decisión drástica: dejar de contratar menores. Se adelantó a la mala reputación que sus productos podían sufrir en Estados Unidos, si allá se enteraban de la explotación infantil. Todavía falta para que el propósito se cumpla. Con todo sigue siendo indigno el largo viaje que el jornalero emprende desde su lugar de origen, así como las condiciones sanitarias, la alimentación, la higiene y el resto de circunstancias que rodean su estadía. Prácticamente ninguno de los principios previstos por la ley laboral mexicana se cumple en estas instalaciones. La autoridad, mientras tanto, se prefiere ausente.

Los empleadores se han esmerado para que sus campamentos parezcan temporales. La idea es que los jornaleros no se queden en Sinaloa durante la primavera y el verano. Solo si aquellos trabajadores de la tierra se regresan a sus pueblos, las empresas horticultoras se mantendrán al margen de cualquier vínculo laboral que derive en alguna prestación exigible ante las instituciones. Saben que, a pesar del abuso, contarán con suficientes manos para el siguiente año. Hay miles de *oaxaquitas* dispuestos a regresar.

En la montaña de Guerrero recientemente algunos jornaleros han optado por no migrar más a Sinaloa. Durante un viaje anterior trajeron consigo la semilla de la roja flor de la amapola. Desde entonces, depositan sus mejores esperanzas en esta planta peculiar. Con suerte, al igual que ocurrió en las montañas del noroeste, gracias a este producto logren reducir la distancia que los separa de los otros mexicanos. Quizá no sepan que de esa flor provienen muchos males. Quizá no sepan que de su fruto nacen muchos miedos. Tal vez no importe. El miedo puede sobrevivirse, la miseria no.

## Los apellidos del miedo

Más de quinientas personas pasearon dentro de un centro comercial que se halla situado sobre una de las avenidas más elegantes y modernas de Culiacán. Clon mexicano, como tantos otros que hay, del *mall* estadounidense. Una construcción amplísima, confortable, artificialmente oxigenada, de aspiración elitista, donde se acude –sobre todo los fines de semana– para incinerar el tiempo libre. Las salas de cine son muchas y grandes. Las tiendas de ropa son variadas y no todas cobran precios excesivos. Hay comida para la digestión rápida y también alimento para quienes rumian más despacio la vida. En la zona de restaurantes, una joven ofrece a sus clientes café americano, expreso, capuchino, irlandés, descafeinado, deslactosado, enchocolatado, espumado, azucarado o con leche. Cuando los tiempos de crisis arrecian, el número de visitantes a este lugar se multiplica. Ello no quiere decir que aumenten las ventas en los establecimientos. Solo se potencia la adicción clasemediera por mirar aparadores.

La tarde del domingo 13 de julio de 2008, aquí se vivió un intenso momento de pánico. Mientras los pasillos se vaciaban, los inmensos baños públicos se convirtieron en súbito refugio. Pasos apresurados. Gritos de alarma. El corazón propio que bate arrítmico. Como si fueran paraguas, hubo quien usó las mesas ubicadas en la zona de alimentos para proteger a sus hijos. Los pasillos que conducen al estacionamiento se hicieron intransitables. Aquella instantánea angustia tuvo como origen el acto perverso de un andante al que le dio por fotografiar, con la cámara de su teléfono portátil, a una jovencita hipnotizada por las vitrinas. Un tercero, que acompañaba a la mujer, reaccionó lanzando un fallido puñetazo contra el rostro de aquel aprendiz de *paparazzo*. Los demás se acercaron. Ella chilló. La riña idiota encendió lo demás. El barrunto creció principalmente entre quienes no se hallaban tan cerca de la pequeña reyerta como para dimensionar la realidad. Aquí y allá se produjeron varios remolinos humanos. En lo que va y viene un respiro, las salas de cine se quedaron solas, los comercios fueron desertados, los cubiertos, los vasos y los platos de las mesas del restaurante cayeron al suelo, el estacionamiento del centro comercial se volvió caótico, el vocerío y los pasos largos se fundieron dentro de una misma turba. No había amenaza real detrás de aquel episodio y, sin embargo, la adrenalina de la sociedad culichi probó aquí que anda atómicamente inestable.

En Culiacán la memoria ya no puede ser selectiva. Durante los últimos años de la década, los recuerdos comunes parecieran todos apilados en el baldío de la violencia. Los meses de 2008 fueron los peores. Como resultado de la guerra entre las mafias, cada ocho horas murió una persona. El procurador general de la República afirmó que tanta mortandad estaba directamente relacionada con que el gobierno federal iba ganando la guerra frente al crimen organizado. Una mentira estúpida. La crecida incivilidad que tanto ha maltratado la vida de los habitantes de Culiacán tiene como protagonistas a los gatilleros, no a los policías o a los militares. Son los sicarios quienes se han encargado de destruirse entre sí porque tienen el compulsivo deseo de controlar los negocios ilícitos que se hacen en cada plaza. La violencia en Culiacán ocurre como efecto de la revancha, la traición, el castigo, o porque las empresas dedicadas al negocio de las drogas extraviaron la posibilidad de resolver su diferendo con un talante sanguíneo. Hasta antes de este año, el olor a muerte era poco denso en la ciudad. Aunque muchos narcotraficantes vivían aquí, el abuso del plomo se hallaba restringido a la zona de la sierra y otras poblaciones menos grandes. No era bien visto, ni siquiera por los propios capos, andarle quitando sobre el asfalto la vida a un semejante.

Si se necesita precisar la hora en se modificó esta regla, probablemente las manecillas de la historia habrían de fijarse en la noche del 8 de mayo de aquel 2008, cuando a las afueras de otro centro comercial tres camionetas abarrotadas de sicarios dispararon un bazucazo y 300 balas porque querían asesinar a un joven de 22 años, un estudiante de la Universidad Autónoma de Sinaloa, quien recientemente había estrenado su paternidad. Fue mucho el odio metálico lanzado sobre aquella vida humana. Las pruebas sobre la posible participación de este sujeto en los mercados de la droga no existen. Su hoja de antecedentes penales estaba pulcra. Distinto era, sin embargo, el caso de su progenitor. Aquel atentado excesivo y teatral fue utilizado para mandarle un mensaje al ex-convicto del penal de Puente Grande, Joaquín *El Chapo* Guzmán Loera. Una premisa no escrita de los antiguos narcotraficantes quedó quebrada con la muerte de Edgar Guzmán López. Previo a que ese bazucazo iluminara aquella noche de verano, de todo se valía en la guerra entre los criminales a excepción de meterse con los familiares que no estuvieran involucrados en el negocio. Estaba claro que ni las mujeres ni los hijos debían ser víctimas de su batalla. ¿Qué fue lo que quebró este código de comportamiento tan fundamental entre los mafiosos sinaloenses?

El periodista Diego Enrique Osorno sitúa la muerte de Edgar Guzmán López como consecuencia del rompimiento entre el padre y sus antiguos vecinos de Badiraguato, los hermanos Beltrán Leyva. La escisión definitiva de las dos facciones habría comenzado a gestarse cuando, hacia el final de 2007, Iván Archivaldo Guzmán –hermano mayor de Edgar– fuera detenido por la policía en la ciudad de México. Pocos meses después, en enero de 2008, en Culiacán también cayó preso Alfredo Beltrán Leyva, conocido como *El Mochomo*. Entonces, en Sinaloa corrió el rumor sobre un eventual trueque entre Guzmán Loera y el gobierno federal a favor de la liberación de su primogénito.

El 11 de abril Iván Archivaldo salió caminando por su propio pie del penal del Altiplano, sin que la Procuraduría General de la República hiciera nada por llevarlo ante un juez. Lo que era una hipótesis mutó hasta convertirse en convicción plena: *El Chapo* había entregado a uno de los hermanos Beltrán Leyva para liberar a su hijo preso. La siguiente semana, media docena de mantas pintarrajeadas aparecieron en algunas de las principales avenidas de Culiacán para anunciar al Ejército mexicano, a la policía y sobre todo a sus enemigos, quién era el verdadero dueño de la ciudad: «soldaditos de plomo, federales de paja, aquí el territorio es de Arturo Beltrán Leyva». La firma pertenecía al hermano del *Mochomo*. Con este episodio no solo terminó un pacto mafioso que antes tuviera grandes asideros. A partir de la desconfianza y la sospecha entre las dos bandas, creció la brutalidad. Aparentemente, al rescatar al mayor de sus hijos *El Chapo* condenó a su vástago más joven. El asesinato del estudiante Edgar Guzmán habría sido un acto previsto por los Beltrán para notificarle al líder de *La Federación* del Pacífico que el único límite en su mutua rivalidad sería la aniquilación de una de las dos familias.

La pugna entre dos grupos, que antes formaban parte de una misma ecuación criminal, arrojó a los habitantes de Culiacán y al resto de los sinaloenses a un larguísimo momento de ansiedad y desequilibrio. Desde aquel mes de mayo los modos, los tonos y las maneras de esta sociedad comenzaron a mutar. El culichi echado para adelante, extrovertido, manoteador y vocinglero optó mejor por esconderse en el sótano de su intimidad. Hoy, en los lugares públicos, cuando no domina el silencio, lo hace el murmullo. Un síntoma similar afecta de otra forma a la mujer de esta región. Por miedo y no por convencimiento, ella ha decidido vestirse con recato. No quiere llamar al peligro en estos días tan arbitrarios. Se suman demasiadas historias sobre aquellas que fueron apartadas o secuestradas por un *narco*.

Las familias culichis más adineradas han construido verdaderas fortalezas para protegerse. Viven encerradas dentro de sus *cotos*, término utilizado en todo el occidente mexicano para referirse a las zonas residenciales resguardadas por policías particulares, muy parecidas a la colonia estadounidense que fundó Benjamin Johnston un siglo atrás, en la calurosa ciudad de Los Mochis. Adentro se vive otra forma de marginación, se existe ajeno a los males y también a los bienes públicos que supuestamente habrían de compartirse con los demás. De su lado andan arrojados a su suerte quienes no pueden pagar el impuesto que la inseguridad cobra por estos días: caminan por las calles del centro de Culiacán, entran a los comercios, van a su trabajo, llevan a sus hijos a la escuela, beben una cerveza, comen chilorio con tortillas de harina, cenan camarones; todo mientras ruegan que el azar no les vaya a imponer un mal trago. Para espantar a la podrida suerte, se visten con ropas poco interesantes, hablan en voz baja, inclinan la mirada, esperan, esperan, esperan, y mientras tanto se van acostumbrando. Repiten entre dientes que no les va a pasar nada, porque la maldad solo pone su garra sobre aquellos que andan metidos en problemas. Sin embargo, saben que ese mantra es falso. Ya hace tiempo que la ruleta de la vida en Sinaloa comenzó a marcar también los números de la gente inocente.

Morir se ha vuelto más natural de lo que antes era. Como en la época de Nuño Beltrán de Guzmán, el valor de la vida en estas costas anda devaluado. Acaso será porque los dos apellidos de aquel conquistador lograron atravesar los siglos para seguir gobernando con impúdica crueldad. Por la carretera que une a Culiacán con Navolato, y que luego continúa hasta el mar, circulan vistosas y modernas camionetas, de esas que los negociadores de tratados internacionales contra el cambio climático quisieran prohibir. De su interior, poblado por seres endiabladamente libres, se derrama un ruido electrónico que algunos llaman música alterada. Estos inquilinos rodantes llevan puestas botas hormadas con piel de avestruz, camisa vaquera al estilo Versace, botones chillantes, dientes de oro y pistolas tanto o más enjoyadas que una dama de sociedad. Ellos son los nuevos dueños del espacio público. «Son los hombres de corazón amargo que [ahora] tienen el control», escribió Élmer Mendoza, el más universal de los narradores sinaloenses. Quien lea una página suya y llegue hasta el final, quedará tocado por la lógica impredecible del tornado. Con su literatura, este hombre hace comprender la épica con que los sinaloenses ingresaron al siglo XXI.

## Economía épica de los sentimientos

¿Cómo es posible que una personalidad tan serena albergue a un escritor así de vertiginoso? El ritmo de Élmer Mendoza –el narrador– proviene de la tambora y también de *El niño perdido*. A veces es grave y por ello se escucha sin importar la distancia. Sus palabras convocan desde lejos, como durante muchas generaciones lo han hecho la piel estirada del venado y el mazo que la golpea. «Yo soy un escritor que cree en la palabra oral. La que se escucha. Mi registro siempre se remite a las hablas. Cuando estoy escribiendo, intento producir un discurso que suene.» Otras veces su prosa imita al instrumento de viento; trompeta o clarinete que ayudan a regresar a casa. Mendoza tiene obsesión melódica. «Crecí con ella, con la música norteña. Como todo niño del campo, nosotros trabajábamos cantando.»

Piensa. Siempre piensa antes de responder: «Escribo a partir de elementos que tienen que ver con la manera de ser de la gente de donde yo vengo». Todo en él es culichi: mezcla entrañable, ingeniosa, evocadora, bromista, digna. Probablemente algún ascendiente suyo fue africano: lo revela su pelo ensortijado y sus manos grandísimas. Ha de tener también herencia yaqui o mayo, su estatura física y moral dan testimonio. Élmer Mendoza vivió la primera década de su existencia alejado de la ciudad. Durante ese tiempo, sus abuelos campesinos colocaron dentro de él una relojería bien calibrada para la honestidad. Pisó por primera vez la escuela a la edad de 10 años. No fue hasta entonces que aprendió a leer, una habilidad poco trascendente en una región donde la lectura no es una actividad que importe. Se hizo culichi por vocación. El título lo ganó haciendo pulsos, él con su pluma y la realidad con el puño escamado. Mendoza es visto como el padre de la *narconovela* mexicana. Él responde: «Vivo en Culiacán y el tema me busca». ¿Puede hacerse literatura desde esta ciudad y ocupar una experiencia distinta como materia prima? Quizá sí, pero sería extraño. Porque es un hombre honesto, Mendoza cuenta historias que suceden en este, su violento territorio occidental del siglo XXI.

Sin embargo, el novelista no hace apología del crimen, como desde la ciudad de México lo acusara alguno de sus críticos. (La urbe que pretende ser el ombligo de la nación muchas de las veces es solo eso: un ombligo. Los sesos, los sentidos, las extremidades y el corazón con frecuencia se hallan muy lejos de ahí.) Comparar la literatura de Mendoza con los narcocorridos es impreciso. Si bien es cierto que la música de Los Tigres del Norte y las novelas de este escritor derivan de una misma verdad social, también lo es que en sus textos no se admira al mafioso, mucho menos al asesino. Tiene razón Federico Campbell, colega suyo, cuando asegura que Mendoza es el primer narrador que recoge con acierto el efecto que la cultura del narcotráfico ha traído para México. Pero no por ello se presta para hacer demagogia. Al contrario: su tratamiento del tema es implacable. Leerlo trae a la memoria algunos episodios de *Cosecha roja* o de *La maldición de los Dain*, probablemente sea el Dashiell Hammett mexicano.

Igual a como lo hiciera aquel formidable narrador de la época en que los gánsteres gobernaron regiones enteras de Estados Unidos, Mendoza utiliza con gran destreza la literatura para interrogarse sobre los malos azares, la corrupción, la injusticia y las pulsiones más bajas de su era. «Al final no eres más que un infeliz que quiere contar una historia.» Consciente o no, este hombre ha seguido un consejo que, justo antes de morir, Italo Calvino dejó como críptico testamento para el siguiente milenio: «¡El escritor debe ser como Perseo cuando desafió a Medusa en el monte Atlas!»

Fueron muchos, antes que este hijo de Zeus, los que enfrentaron a la mujer de las mil serpientes, concluyendo su existencia cual bultos inertes de piedra. Y es que al mirarlos a los ojos, la bestia los convirtió en estatuas. Cuando decapitó a Medusa, Perseo manipuló con habilidad la espada, utilizando su escudo como espejo para evitar las pupilas de aquel esperpento. Recordando aquella hazaña, Calvino aconsejó no mirar directamente a la realidad, sino desafiarla utilizando a la literatura como espejo de lo que ocurre. De piedra puede quedar el corazón de aquel que se decida a arrostrar el horror sin los filtros que el arte proporciona. De piedra son los corazones de algunos periodistas, funcionarios, políticos, soldados y policías que un día perdieron la capacidad para entristecerse por la violencia y la inhumanidad. Las novelas de Élmer Mendoza poseen el antídoto. Sirven para aproximarse a la cotidianidad sinaloense sin que el alma se galvanice. Por su inteligencia, por las esporas de su locuacidad y porque traza un sentido para que el humor golpee en lo más fundamental, este escritor penetra hondo en el absurdo en que habita la sociedad mexicana a causa del estrambótico negocio de las drogas.

«Creo que la corrupción en mi país es un tema de acompañamiento.» Se cuela en cada regla, en cada acuerdo, en cada sentencia, en cada intercambio. La corrupción es la antítesis de la filosofía; despoja a las cosas de su más íntima naturaleza. ¿Cómo vivirse en una sociedad donde los cuerpos humanos no se encobijan para protegerlos del frío, sino para quitarles la vida? ¿Qué hacer con el mafioso cuando su intervención en la economía evita que miles de familias mueran de hambre? ¿Con qué lente distinguir entre malos y buenos policías cuando los primeros son aquellos que se encuentran más cerca del pozo millonario de los narcóticos y los segundos han prácticamente desaparecido? Ningún político serio que haya leído a este escritor se atrevería a utilizar a la policía mexicana para enfrentar al crimen organizado. Se trata de la negación más acabada de la justicia. Es regla de la cuántica y también de la política que el desorden solo provoca desorden. Asegura Mendoza —y probablemente tiene razón— que la última de las sentencias en México la imponen los criminales. «No alcanzo a detectar hacia dónde va esto, pero me supongo que no será una buena cosa… Se están matando los de abajo. No los capos. Ellos hace tiempo que se fueron de aquí. *La perrada* es la que se está matando. Los choferes, los empacadores, los gatilleros. Los de arriba están en Nueva York, en Aguascalientes, en la ciudad de México.»

¿Qué se puede hacer si los políticos, los narcos, las fuerzas del orden y los demás que viven de espaldas a la ley, conspiran todos en contra del ciudadano de a pie? «Me sorprende el bajo perfil de tu instinto de conservación.» Desde los bajos fondos de la Col Pop (colonia popular) en Culiacán, Élmer Mendoza se acerca a una circunstancia que, por mucho, trasciende a los pobres mortales. Él y los suyos viven demasiado cerca del país donde más drogas se consumen y más armas se comercian. El resto son solo consecuencias. La puerta de salida desaparece cuando las personas deambulan entre fuegos cruzados —el de la policía y el de los matones— que, muchos temen, son una y la misma cosa. Al final nada más queda reírse, aunque sea de angustia. Nadie está obligado a pedir disculpas por vivir en un lugar así.

La paradoja no se resuelve únicamente por denunciarla; cabe entonces acomodarla y domesticarse uno mismo para poder coexistir con ella. Hay que dejar de pensar éticamente. Ya solo nos queda la épica. Así es como el instinto de conservación halla salida para su propósito original. Élmer Mendoza no guarda ningún rencor para con la era que le tocó vivir, a veces llora y otras echa carcajada. Tiene como compañeros de viaje a David, un tonto que escucha voces muy inteligentes dentro de su cabeza; al *Zurdo* Mendieta, un detective honrado que anda a medio gas porque no le gusta Pedro Infante y porque se enamoró de una mujer muy perversa (en ese orden) y al *Yorch*, un sicario que se ha impuesto como regla no matar mujeres, *narcos* ni curas. No es la suya una obra policiaca clásica. A diferencia de alguno de sus seguidores, Élmer no es condescendiente con el lector. Su arcón de dogmas está vacío, lo mismo que su gana de prédica o sermón, es por eso que no escribe narcocorridos, sino novelas. A pesar de sí mismo, y de todo lo anterior, un día se descubrió como gurú de una creciente caterva de narradores que, desde el norte de México, andan igualmente emproblemados con las serpientes de Medusa.

# X
# UN PUERTO SIEMPRE ALBOROTADO

## El niño perdido

Es un llamado hecho de viento. Es una invención ingeniosa que pretende reunir lo que está separado. Arranca como invitación presurosa del
resto de la banda, luego responde la voz metálica de una trompeta. El
solista defiende su distancia. Música originalmente compuesta para tocarse en el campo y no en la ciudad. Hacia 1900, Wenceslao Moreno, un
clarinetista de Concordia, andaba triste: su hijo pequeño llevaba extraviado por los rumbos del cerro Bola más de veinticuatro horas. Fue un
compañero de su misma banda quien le propuso usar el clarinete para
ayudar al menor a encontrar el camino de regreso a casa. El señor Moreno le hizo caso, calmó la angustia con el aliento de sus labios hasta que
logró ser escuchado. Al final, el niño supo volver.

Son las notas solistas de aquel clarinete las que luego se usaron para
componer uno de los sones más famosos de Sinaloa: *El niño perdido*, junto con *El sauce y la palma* o *El abandonado* abren las páginas de una
abundante partitura que nació al ritmo de la tambora en los alrededores
de Mazatlán. La historia del origen de la música de banda ya se escribió: el
libro de la estadounidense Helena Simonett, *En Sinaloa nací*, es insuperable. Su intuición y también su oído regalan el mejor relato sobre los principios y la desembocadura, en México y más allá, de este género popular. Es
un texto para aprender de notas y arpegios, pero sobre todo sirve para viajar por la historia de Mazatlán y sus vecindades. Solo por el placer que provoca repetir algunos de sus descubrimientos y constataciones, vale la pena
aquí tomarle prestados a Simonett varios de sus mejores argumentos.

Noticia curiosa es que la música sinaloense, como hoy se escucha y conoce, podría haber llegado a México montada en un barco europeo. La habrían importado los comerciantes alemanes que se establecieron en Mazatlán durante el siglo XIX. Aparentemente los primeros músicos sinaloenses en prender su ánimo al ritmo de la tambora fueron los trabajadores de la Cervecería Pacífico. Los fundadores de esta industria venían del sur de Alemania. Formaban parte de esa tribu alta, robusta y despintada cuyo rostro suele amoratarse cuando bebe cerveza. Tanto habrán extrañado aquellos comerciantes el *ompa ompa* de su tierra que un día decidieron integrar una banda musical similar a las que abundan en sus montañas. Escogieron para este propósito a una decena de sus trabajadores más jóvenes y habrían mandado traer de su continente a un maestro bávaro, unos platillos, un trombón, unas cornetas, una tuba y un tercio de clarinetes. Aquellos instrumentos de viento sonaron justo cuando las percusiones populares sinaloenses necesitaban ser multiplicadas. Una explosión de entusiasmo reverberó muy rápido en las pequeñas poblaciones que rodean al puerto de Mazatlán. Como si se tratara de mezquites o langostas, se reprodujeron por decenas las bandas: desde Santa Rosa, pasando por Tierra Blanca, Tamazula, Escamilla, La Noria, Escuinapa o El Recodo, todos los pueblos querían tener su propio grupo.

De nada sirve contar con músicos si éstos no pueden explayarse. Junto con las bandas se reprodujeron los pretextos para la fiesta popular, los motivos para bailar chotis, mazurcas, pasodobles y polkas. Aquellos campesinos reencarnados en artistas comenzaron tocando en la calle, luego en el quiosco de la plazoleta Machado, en el paseo de Olas Altas, en el patio de las casas ricas del puerto o bajo la ventana de una señorita cortejada. Las bandas se formaron primero como un asunto familiar. Un hermano que invita a otro, se incorpora el hijo, el padre, el primo o el vecino, hasta completar el número previsto. Diez, trece, quince músicos que durante la semana trabajaban removiendo y sembrando la tierra y, durante los sábados y domingos, acudían para ganarse unos pesos con la trompeta, las sordinas y los tambores.

Desde que se escuchó por primera vez en Sinaloa, la música de banda es fundamentalmente plebeya. En el recinto de las altas esferas de Mazatlán, hasta hace poco era resentida como el sonido de los *pelados*: ruido vulgar e incivilizado. En el oído que se pretende refinado, los instrumentos de metal resultan inadecuados: no transmiten orden ni respeto. Acaso por ello conectan con el vientre y recargan la sangre de las extremidades, llaman al niño interior para que se reúna con el adulto y juntos se pongan a bailar. Son sonidos que no trasladan, arrojan de un extremo al otro. Quiebran el cuerpo como si este fuera de trapo. Como dice Simonett, entre la parsimonia del violín y la descarga de trompeta, Mazatlán es entusiasta con la segunda.

Al mismo tiempo que se gestaba la banda sinaloense, en Jalisco se inventó el mariachi; allá, más al sur del Pacífico, el arpa, la vihuela y el guitarrón dieron origen a esta otra identidad musical, también muy mexicana. Huelga decir que la trompeta le llegó al mariachi mucho más tarde. Cantando se asegura que este otro género nació en el pueblo de Cocula. No hay manera de refutarlo; lo cierto es que, en 1905, un grupo de cuatro o cinco músicos jaliscienses concurrieron a una fiesta en Palacio Nacional donde fueron escuchados por el señor presidente, don Porfirio Díaz. Previsiblemente fue en tal ocasión que el mariachi abandonó sus vestidos campesinos para disfrazarse de etiqueta, y logró ser aceptado por los catrines de la capital. El traje de charro, adornado con bordados de oro y plata, botones metálicos y tela cara, ya lo usaban, desde la Colonia, los hijos de españoles que nacieron con patrimonio; era ropa para hidalgos y no para *pelados*. Imitando ese atavío logró el mariachi ascender socialmente.

La geografía explica por qué Jorge Negrete nació muy mariachi y Pedro Infante lo hizo tan músico de banda. Después vino la preferencia, o dicho con mayor precisión, la identidad social de cada uno. Advierte Simonett que el fervor nacionalista posrevolucionario para crecer necesitaba una música ideológicamente neutra. Acaso por ello el mariachi fue elegido por el nuevo Estado mexicano: en él se disuelve cualquier crítica social. En cambio, la banda sinaloense carga en su estridencia toda una rebelión. No hay corrido que pueda cantarse sabroso al ritmo de Cocula. En cambio, la banda y la tambora –acompañadas de la armónica y el acordeón (herencias texanas a la música norteña mexicana)– son la esencia de un lamento, paradójicamente alegre, que sirve a la hora de revelar realidades y también se utiliza para rebelarse, al menos durante la fiesta, contra los hechos que incordian.

## El Recodo

A diferencia del mariachi, la música de banda sinaloense tardó más tiempo en ganarse el gusto de los mexicanos que viven retirados del Pacífico.

Como en un principio sus recursos eran escasos, el movimiento orquestado por las bandas fue conquistando terreno de pueblo en pueblo. No fue sino hasta los años 50 del siglo pasado que la radio y las compañías de discos descubrieron el potencial de este género musical. Hoy la herencia bávara es más popular que el mariachi: no hay población, muro de escuela, barda de rancho o pared de salón de baile en que no se haga referencia a uno de los grupos sinaloenses contemporáneos. De todas, la banda El Recodo es la más anunciada. Su emblema solo rivaliza en repeticiones con algunas marcas de bebida gaseosa, frituras y pan dulce. No se miente al afirmar que entre los poblados rurales mexicanos, la banda El Recodo es tan popular como la Coca-Cola.

El Recodo es un poblado pequeño ubicado a unos cuantos kilómetros de la carretera que lleva del puerto de Mazatlán hacia la montaña. Un discreto letrero asegura su existencia. En este lugar donde hoy habitan alrededor de mil personas, nació Cruz Lizárraga, un genio del negocio y de la música. A él se le debe la pasión que una gran mayoría deposita hoy sobre la banda sinaloense. Igual que Pedro Infante, don Cruz exploró varios oficios antes de saberse músico. Fue mulatero, barbero en una minúscula peluquería y cargador de cajas en una tienda de abarrotes. A la edad de 20 años se le metió en la cabeza que debía aprender a tocar el clarinete. Con sus ahorros compró un cerdo, lo hizo engordar, y cuando estuvo listo lo vendió. El dinero obtenido por este negocio lo dio en adelanto para que le enviaran, desde la ciudad de México, el instrumento de viento que tanto deseaba. A escondidas, una tía lo ayudó a saldar la deuda; el padre de don Cruz no veía con buenos ojos que su hijo se dedicara a tal oficio.

Fue a mediados de los años 40 que este hombre formó la banda El Recodo. En contraste con la tradición local, los integrantes de este grupo debían asumirse como profesionales de tiempo completo. Quiso que supieran leer partituras y, desde luego, que también fueran hábiles para tocar de oído. Otra aportación —esa sí considerada como extravagante— fue lograr que los músicos de El Recodo asistieran uniformados a los eventos donde los invitaban; los vistió de guayabera blanca y pantalón azul marino. Aquello provocó algunas renuncias, la música de banda no era catrina y Cruz lo sabía. Con todo, el maestro quería ver a los contratistas tomarlos más en serio que a los otros grupos de improvisados. Por si lo anterior no fuera suficiente para traicionar las costumbres, Lizárraga colocó en el repertorio de la banda piezas musicales ajenas a la tradición. Influido por el músico cubano Dámaso Pérez Prado, hombre apenas dos años mayor que don Cruz, condujo a la banda El Recodo por los senderos del chachachá, el mambo y el twist. El grupo incorporaría güiros, maracas y otras percusiones para estar a la altura de su oferta.

Hacia principios de los 50, tanto esfuerzo de Cruz Lizárraga y su banda de profesionales les mereció los primeros réditos: Mario Rivera del Conde, un promotor que por aquel entonces trabajaba para la firma de discos RCA Victor, los escuchó tocar en el poblado de El Quelite. Este individuo ya había atravesado por una mala experiencia con otro grupo musical de Sinaloa, Los Guamuchileños; a sus integrantes se les subió a la cabeza el asunto de grabar un disco y aquella empresa naufragó. Cuando Rivera se aproximó a Cruz Lizárraga, sus compañeros de El Recodo dudaron. Estaban convencidos de que si grababan su música en un acetato, la gente que asistía a las tocadas dejaría de hacerlo. ¿Para qué pagar un boleto de entrada si podían escucharlos cómodamente en la sala de su casa? Don Cruz se impuso de nuevo. Grabó con su banda cuatro piezas en formato de 78 revoluciones y el resultado fue exitosísimo. La radio estalló en *ompa ompa* y los seguidores de El Recodo se multiplicaron.

Hacia finales de los años 60, esta banda grabó con José Alfredo Jiménez. De nuevo, el mestizaje méxico-alemán tocó las cuerdas de una amplísima aceptación. Medio siglo después no hay feria, fiesta o reventón popular que puedan prescindir de la música de banda. Este sonido se ha seguido mezclando y sin embargo continúa muy emparentado con el original: la onda grupera, la tecnobanda, el corrido, el narcocorrido, son todas expresiones que repiten el reconocible percutir de la tambora.

## Un puerto siempre alborotado

Borde tumultuoso de seres humanos que separa la tierra del mar. Es el malecón más bullanguero del país todas las tardes, de todos los días, de todos los meses. Acapulco en Semana Santa, Aguascalientes durante la Feria de San Marcos, el puerto de Veracruz en sábado por la noche. Larguísimo paseo de 17 kilómetros para hacer la fiesta, desde Olas Altas hasta el entronque con Camarón Sábalo. A diferencia de los grandes centros turísticos mexicanos, este malecón tiene la suerte de no contar con edificaciones a la orilla de la playa que obstruyan la vista. Aquí se ejerce el arte de conversar mientras se pasea. Rito antiguo, puntuado por las palabras. Dos, tres, cuatro peatones que miran lo mismo con ojos distintos. Parloteo alimentado por el mitote, el claxon de los automóviles, el grito de un niño jugando, la voz del cantor, los pasos despistados, la grasa y los carbohidratos, el olor del anafre.

Mazatlán es una dama desenfadada. Así nació y así se mantiene. No envejece. Crece todos los años hacia el norte y sin embargo no está dispuesta a volverse adulta. Mundo de diversidades, todas confundidas. Si callan los acentos, no hay diferencia que sobresalga; en cambio, si se vocifera es fácil distinguir quién es de aquí y quién viene de otra parte. Este es un destino de playa donde predominan los mexicanos. Desde Monterrey descienden las familias. Ocho o diez horas son suficientes para atravesar las dos sierras. También concurren los habitantes de Ciudad Juárez y de Chihuahua. Este es el puerto que mejor conecta con sus carreteras. Mazatlán es igualmente lugar de juerga para los sonorenses que prefieren una mar menos fría. En Durango se cree que esta orilla les pertenece. Es tierra vecina que por tanto visitarse deja de ser ajena. De este a oeste, Mazatlán es para los mexicanos norteños lo que Acapulco para los habitantes del valle de México.

Aquí se viene a beber cerveza. Se visita para no tener que dormir ni la siesta. Para devorar carne de langosta, aguachile de abulón o callo de hacha, para comer camarones de todos los tamaños, langostinos, ceviche de pescado, pulpo y salpicón de cangrejo. Uno que otro criminal con paladar excéntrico anda a la caza de un buen caldo de tortuga. Se come barato en Mazatlán. La langosta más económica de México puede conseguirse en este puerto. El uniforme tanto de los turistas como de los lugareños requiere de poca tela. La piel aquí se prefiere expuesta. Hasta el más obeso se desinhibe en esta playa. Tres lógicas distintas, y sin embargo continuas, se experimentan en esta costa. La del casco viejo y el puerto, la Zona Dorada fundada durante los años 70 y la presuntuosa marina conocida como Nuevo Mazatlán. Pasado, presente y futuro urbanos que, a pesar de todo, no pueden renunciar a una misma aspiración: el relajamiento del alma alborotada que cada cual libera de un extremo al otro de esta coordenada.

En más de una ocasión, el ojo extranjero ha parpadeado con inquietud frente a la fiesta de Mazatlán. Desde el siglo XIX, los más puritanos dejaron su testimonio asombrado. Por ejemplo, el teniente Wise, quien participó con las tropas estadounidenses en la captura de este puerto durante la guerra de 1848, escribió: «Yo ignoro si existe un santo patrono de los jugadores, mas debo creer que esta fiesta (el Carnaval) está expresamente dedicada a él». Un sentimiento todavía más horrorizado tuvieron los franceses durante su paso por la ciudad. La manera ruidosa como se comportaba la población mazatleca les era desconcertante. Se escandalizaron por los bailes exaltados, por las guerras con huevos rellenos de harina, por las máscaras, por el juego, por la parranda larga. Mientras gobernaron Mazatlán, los soldados de Napoleón III combatieron los modos y las maneras con que se divertía esta sociedad. La prensa de la época se lamentó de la tristeza que sufría el paseo de Olas Altas debido a la acción disciplinaria impuesta por los invasores.

Siempre cabe la posibilidad de que el fuereño exagere con sus percepciones; que su personal incomodidad por estar destacado en un territorio ajeno lo lleve a juzgar negativamente hechos que de otra manera consideraría normales. No obstante, en el caso de Mazatlán algunas de esas valoraciones podrían acercarse a la verdad. No se necesita investigar demasiado para concluir dónde están las prioridades de los pobladores en una comunidad donde antes que la catedral se construyeron la plaza de toros, los teatros, los parques públicos, los quioscos y la fábrica de cerveza. Las fiestas de Navidad, el Carnaval, el aniversario de la batalla de Rosales y otros tantos días robados con el menor pretexto a la semana laborable hicieron que Mazatlán se convirtiera en una gran potencia para la extracción de tiempo libre y su respectiva transformación en momentos de ocio. Durante el siglo XIX, tres motivos para expresar el jolgorio fueron característicos de las festividades. Primero las máscaras, esas caretas de cartón que permitían a sus usuarios comportarse como se les viniera en gana durante las noches de fiesta sin tener luego que pagar por las consecuencias de sus actos. Los integrantes de las familias mejor acomodadas –cruzados irredentos de las buenas costumbres– pugnaron durante varias generaciones por que la autoridad eliminara las mascaradas de cuaresma. Helena Simonett recoge un síntoma del momento en voz del poblador emperifollado: «este desenfreno de pasiones malsanas… no solo corrompe la moral de los sirvientes, sino (también) la pureza de la juventud».

¿Cuál era el verdadero temor de la señora catrina, madre de familia, a propósito de tales festividades? Acaso que los hijos, despojados de sus ropas finas y escondidos tras una careta de demonio, pudieran confundirse con el populacho y adoptar su orgiástico comportamiento. Al

Carnaval no debía asistir gente decente; ese era un espacio secuestrado por la gente sin razón. Curioso antagonismo de los vocablos «decencia» y «razonamiento», usados así para distinguir entre clases sociales y luego entre individuos. La intolerancia y el prejuicio hacia las fiestas sirven para medir la distancia que podía haber entre unos y otros mazatlecos de la generación decimonónica.

El juego de naipes y la apuesta eran las otras grandes tradiciones que ninguna parranda podía excluir. Los sábados y los domingos se dedicaban religiosamente a esta lúdica actividad. Durante el fin de semana los hombres solían guardarse por largas horas alrededor de un tapiz verde hasta extraviar el último céntimo o descuidar la conciencia por haber bebido en exceso. El juego más común era el Monte: una herencia española que entonces se jugaba en toda América Latina y también en el viejo oeste de Estados Unidos. Durante la noche, solían refugiarse varias decenas de mesas dentro de la plazoleta Machado para que los tahúres hicieran fortuna, y los que no lo eran, malgastaran hasta el sombrero con el que habían llegado. Se trataba de un salón de juego a cielo abierto.

El mundo de gente que ahí se reunía aprendió que la bebida y la bailada son dos inventos humanos muy agradecibles. Las muchachas llegaban a esta misma plazoleta ataviadas con tejidos de colores alegres. De su lado, el arpa y la guitarra hacían de aquellas veladas un buen momento para que el cuerpo se deshiciera de la pereza. Reventaba de la nada un grito: luego, la marea humana se detenía para escuchar a dos o más voces ingeniosas someterse al juego de los *papaquis*, ridiculizaciones cargadas de ironía y albures que se lanzaban a la manera de un gran duelo verbal. Durante la mañana de esos mismos días había lidia en la plaza de toros, un ruedo que ya desapareció. Ese local era una especie de anfiteatro inmenso —medía aproximadamente mil metros cuadrados— circundado por sillas que todos los días de corrida eran ocupadas por cientos de aficionados.

Fue finalmente durante el Porfiriato que las pulsiones vulgares lograron someterse a los dictados de la más alta moralidad. En 1898 se integró la Junta Patriótica que, como su nombre desliza, reunió a las familias más pudientes de Mazatlán para que terminaran con tanto desmán promovido por los *peladitos* y la gente sin razón. Su propósito fue ordenar las fiestas del Carnaval para que en las calles de este puerto reinara finalmente la civilización. Gracias a esta iniciativa, en efecto, lograron desmontarse algunos de los resortes de aquel jolgorio. Por ejemplo, los *papaquis* fueron sustituidos por los juegos florales, acontecimiento donde en vez de lanzarse majaderías se arrojan versos y prosas cuya descafeinada métrica no hace ruborizar a las señoras de sociedad. Para amenidad de los carnavaleros se estableció también la tradición de lanzar fuegos de artificio desde los barcos estacionados frente a la bahía. Esta fiesta, que data de hace cien años, se celebra todavía hoy entre la última semana del mes de enero y hasta el primero de marzo. Es el principal atractivo turístico del puerto.

Con el tiempo fue restringiéndose el juego de naipes y, para lograr que la bebida hiciera menos estragos, se instalaron alternadamente puestos de tamales, tacos y otras garnachas. Los ánimos fiesteros de Mazatlán han ido cambiando desde entonces. Con los años se transformó, sobre todo, la manera de expresarlos. Más de uno dirá que este puerto se volvió ilustrado. Sin embargo, con toda sinceridad, esa gana por el reventón continúa siendo evidente. Es un rasgo principalísimo en el carácter del mazatleco. Fiesta en la calle, en el malecón, frente al Teatro Ángela Peralta, alrededor del Mono Bichi; alboroto subido en una pulmonía, desplegado en el antro, zarandeado en un salón o en el cuarto de un hotel. Sin mitote no habría Mazatlán. Los invasores, tanto los estadounidenses como los franceses, no pudieron en el siglo XIX remover esta esencia de la ciudad. Tampoco la Junta Patriótica; mucho menos quienes vinieron después. Aquí se come bien, se bebe mucho, se baila en grande y se ríe sin sentir culpa. A nadie se le roba felicidad porque uno se divierta en Mazatlán.

## El Ruiseñor Mexicano

«¿Acepta a este hombre por esposo?». Un tal Lemus tomó su cabeza con la mano que le quedaba libre y la movió en sentido afirmativo para que el juez asentara en actas la anuencia. Con la otra extremidad, este mismo señor le detenía la espalda. Sin que sus músculos respondieran ya, el torso de aquella mujer había sido incorporado sobre la cama más elegante del hotel Iturbide. Muy probablemente ella había muerto y sin embargo estaba contrayendo matrimonio con Julián Montiel y Duarte quien, él sí, en toda conciencia respondió a las preguntas del letrado.

A las 10.15 de la mañana de aquel jueves 30 de agosto de 1883 se hizo público que la gran cantante de ópera, *El Ruiseñor Mexicano*, había muerto a causa de la fiebre amarilla. María de los Ángeles Manuela Tranquilina Cirila Efrena Peralta Castera tuvo a Mazatlán como último puerto en su vida. Veinticuatro horas permaneció el cadáver de la diva dentro de la habitación número 10 del hotel más lujoso de aquella población costera. No fue hasta el viernes 31, también por la mañana, que sus restos fueron trasladados al cementerio. Con el propósito de evitar que su cuerpo participara en la reproducción de la epidemia, hubo que salir del casco urbano y rodear perimetralmente la población. Ya en el cementerio, esa robusta corpulencia fue inhumada. Desde entonces tal camposanto, en su honor, se llama Ángela Peralta, nombre artístico con que se conoció a esta extraordinaria cantante.

Apenas nueve días antes, un mundo incalculable de personas había acudido para recibirla sobre el muelle principal del puerto. No siempre una personalidad con tanta fama en Europa visitaba Mazatlán. La autoridad municipal le preparó una de las recepciones más fastuosas que se hayan vivido en esta población. Una hilera de carruajes, todos caros, finos y bien adornados, debían escoltar a la diva hasta su hotel. El más espléndido fue asignado para que se alojaran ella y el señor Montiel y Duarte. No había montado *El Ruiseñor* en su vehículo cuando un grupo de admiradores descolgó los caballos previstos para tirar, colocándose en el lugar de los animales. Piernas y brazos humanos guiaron su carruaje frente a las ventanas y los balcones de las familias mazatlecas que, numerosas, se apostaron para no perderse el extraño espectáculo.

Atravesó Ángela Peralta por la avenida Pacífico, luego transitó por Reforma y la Diana hasta desembocar en la calle del Oro. Ahí viró hacia la derecha hasta tocar la plazoleta Machado, muy próxima del Teatro Rubio, edificio contiguo al hotel Iturbide, donde la diva tomaría posesión de su última cama. Era miércoles pero en Mazatlán, ya se sabe, todos los días pueden ser de fiesta. Hacia el final de aquella semana, *El Ruiseñor Mexicano*, como la bautizaran en España, comenzó a ensayar para su audición. Entonces se permitía entrar libremente a quien quisiera presenciar aquellos momentos de preparación. Un reportero que algo sabía de ópera describió así a aquella mujer de 37 años: «es agradable de presencia, algo obesa y de ojos saltones pero vivos, tiene una voz maravillosa que emite con pasmosa facilidad las notas más agudas y altas; hizo variaciones alcanzando notas tan finas, como el gorjear de un jilguero».

Mazatlán debió estar agradecida con la visita de la diva pero quizá mayor gratitud haya tenido esta cantante de ópera para con los mazatlecos. Cuatro años llevaba ya despeñándose su carrera artística cuando recibió la invitación para actuar en el Teatro Rubio, uno de los más bellos del país. La razón de su decadencia no tuvo que ver con sus facultades como soprano, su voz estaba intacta. No influyó tampoco en ello haberse vuelto la artista favorita de Maximiliano de Habsburgo durante la guerra de Intervención, aunque algunos políticos liberales como Ignacio Manuel Altamirano le dedicaron críticas durísimas. El desbarrancadero como figura pública estuvo relacionado con otro motivo: con la ciega moralina a partir de la cual la sociedad mexicana, la más mojigata, juzgaba a las mujeres de aquella época cuando sostenían vínculos amatorios fuera del matrimonio.

A la edad de 33 años Ángela Peralta se enamoró perdidamente de Julián Montiel y Duarte, su promotor y representante artístico. Sin embargo, por negativa suya o por decisión de la Peralta –nadie podría saberlo ahora– ambos optaron por el amasiato, hecho intolerable para una alta burguesía que, entre otros monopolios, tenía el de la asistencia a las salas de ópera. En 1880, *El Ruiseñor* ofreció una extraordinaria interpretación de *Aida* y sin embargo el Teatro de la Ciudad de México permaneció prácticamente vacío. Al parecer los amantes mexicanos de la música culta preferían observar los dramas de la intimidad humana con distancia, sobre el lejano escenario donde actúan los cantantes. Poco importó en ese momento el lugar tan digno que *El Ruiseñor Mexicano* hubiera tenido en Roma, Lisboa, El Cairo, San Petersburgo, Barcelona, Boston, Nueva York o La Habana. Fue también poca cosa la sorprendente historia de aquella niña proveniente de una familia pobre, de aquella joven que a pesar de su escasa gracia física había logrado conquistar con la voz a cientos de miles de espectadores. Todo pasó a segundo plano por obra de su terrible inmoralidad. ¿Cómo se atrevía la Peralta a pasearse públicamente con su amante? ¿Por qué el señor Julián Montiel no quería casarse con ella? ¿La despreciaba por fea? ¿No era capaz de vivir su canto como lo hacía el resto del mundo? Artemio de Valle-Arizpe escribió que a esta mujer debía escuchársele, pero no mirarla de cerca. «Era imponente su fealdad pero más grave todavía era la hilaridad que podían provocar sus gestos faciales a la hora de cantar.» *Mocha*, misógina y moralina era aquella sociedad decimonónica mexicana, sobre todo las altas esferas que, durante sus últimos años, solo supieron entregar desprecio y desafección a esta formidable soprano. Al momento final, el señor Montiel resolvió el matrimonio exigido;

con ello obtuvo que los perdonaran. Ella no podía ya negarse a participar en tales nupcias.

Medio siglo después, los restos de Ángela Peralta fueron desenterrados y llevados a la ciudad de México, donde ocuparon un lugar destacado en el panteón de San Fernando. Es una de las pocas personas del sexo femenino que se hallan en ese recinto, el más decimonónico de todo el país. Cuenta una voz insidiosa que dentro de la caja donde la sepultaron en Mazatlán no se encontró una sola joya, peineta o prenda valiosa. Al parecer la devolvieron a la tierra tan pobre como había nacido. ¿Habrá un ladrón profanado su sepultura para robarle las prendas que la acompañaron hacia la profundidad? ¿O fue don Julián quien no quiso compartir con la cantante ni un peso de su herencia? No hay ya historiador que logre responder a estas preguntas. La fiebre amarilla arrasó con toda memoria de aquel momento. Queda sin embargo en Mazatlán un busto de la diva sobre la plazoleta Machado, un teatro que dejó de llamarse Rubio para tomar el de Ángela Peralta y un panteón.

## La Perla del Pacífico

Juan Nepomuceno Machado primero fue minero: un español que hizo fortuna con los metales de las montañas. Hacia 1830 vino a asentarse en un caserío de pescadores, prácticamente todos totorames. Apenas dos años antes esa minúscula villa había tomado por nombre Mazatlán, que en lengua náhuatl quiere decir «tierra del venado». Durante la colonia española los ríos Presidio y Quelite recorrieron imperturbables esta región protegida de un lado por el Océano Pacífico y, desde el otro, por la Sierra Madre Occidental. Fue la necesidad que tuvo Machado de enviar lejos los minerales extraídos de las montañas lo que realmente puso a la región sobre los mapas de los navegantes del siglo XIX. Durante la década de 1830, cinco o siete barcos al año echaban anclas frente a esta coordenada para descargar parte de su mercancía, a cambio de lingotes de oro y plata provenientes de Cosalá, San Dimas, Pánuco o Rosario. Aquellos transportes venían de Francia, Inglaterra, China, España, Chile y Estados Unidos. El agua fresca que los marineros podían beber en Mazatlán fue una gran ventaja para que proliferaran los buenos negocios en este puerto. El libro *Mazatlán Decimonónico* de Antonio Lerma, ayuda como ningún otro para aproximarse a esta época.

Machado fundaría la primera casa comercial en esta región del litoral Pacífico. Durante los primeros años, para orientar a las embarcaciones, este visionario español hizo colocar tres inmensas fogatas sobre los cerros más altos. En la bahía que hoy se conoce como del Fondeadero, construyó también un muelle frágil y de poca longitud. Más de un capitán de barco le tomó respeto a este puerto. Cuando la temporada de tormentas golpeaba la Mar del Sur, no había embarcación que estuviera a salvo de su furia. Muchos años permaneció en la memoria de los mazatlecos el huracán que azotó estas costas en 1838: al menos nueve naves fueron enviadas al fondo del mar por su causa; dejó también innumerables muertos y desaparecidos.

Aquel episodio habrá lastimado los intereses económicos del señor Machado pero no se impuso sobre su ánimo de fundador. Un año antes de esta tragedia, el minero comerciante puso la primera piedra de lo que todavía hoy es la plaza pública más importante en este municipio. Sobre un amplio tramo de terreno ganado al mar fincó una explanada elíptica —de 90 metros de largo por 45 de ancho— que hizo rodear por árboles de naranjo. Dentro fincó, muy dignas, treinta y seis bancas de piedra. Pocos años más tarde, junto a este lugar comenzaron a instalarse otras casas comerciales que, imitando aquella de Machado, se aprovecharon del creciente tráfico portuario. Españoles, estadounidenses, franceses, húngaros y alemanes descendieron de los barcos para hacer la vida en esta costa. A un lado de las bodegas y oficinas de su boyante negocio construyeron residencias formidables de estilo neoclásico que a la fecha dan testimonio de la riqueza acumulada en poco tiempo por aquellos capitanes de empresa. Esta plazoleta sigue convocando a los paseantes para que visiten los cafés, bares y restaurantes que la circundan. Aquí, a diferencia del malecón, la vida se experimenta pausada. Es también punto de encuentro para escultores, teatreros, músicos y pintores. Le otorga privilegio a la plazoleta Machado su cercanía con el Teatro Ángela Peralta y con el Centro Cultural de las Artes, ubicado donde un día se localizara el hotel Iturbide.

Fue igualmente en vida de Machado que terminó de construirse el paseo de Olas Altas, a muy breve distancia de la plaza de los naranjos. En su seno se edificó una glorieta proyectada hacia el mar, la cual fue obviamente dedicada a la música. Solo una década después de que Machado se hubiera instalado en Mazatlán, este puerto ya se había convertido en el más importante del Pacífico mexicano. De un villorrio habitado por unos cuantos pescadores pasó a ser una pequeña ciudad con aproximadamente cinco mil pobladores. Su ubicación en las rutas marítimas que van desde San Francisco hasta Panamá la volvieron coordenada fundamental para los hombres de mar. También las embarcaciones que hacían la travesía desde China tomarían este rincón mexicano como punto obligado de su recorrido.

Su situación estratégica en la geografía del continente invitó a las tropas estadounidenses a invadir Mazatlán durante la guerra en 1847. En octubre de aquel año, por instrucciones de la Casa Blanca, la marina de las barras y las estrellas ocupó este puerto mexicano. Las autoridades mazatlecas se vieron forzadas a rendir la plaza porque no tenían cómo hacer frente al enemigo. Ocho meses permaneció secuestrado el poder público de esta ciudad. No se retiraron las tropas estadounidenses hasta después de que los Tratados de Guadalupe Hidalgo hubieran sido signados por las dos naciones. México perdió California pero recuperó Mazatlán hacia la tercera semana de junio de 1848.

Si antes de tal invasión esta ciudad mexicana ya era referencia para algunos comerciantes anglosajones, después de la guerra con México fueron miles los que decidieron conocer Mazatlán. La ciudad de San Francisco los convocó a visitar este puerto. Hacia el año de la liberación, el oro de la Alta California funcionó como un poderoso imán para que los desposeídos y los aventureros nacidos en las antiguas colonias inglesas del Atlántico norte quisieran migrar hacia el suroeste de su país. Por aquel entonces, desde Nueva York, Boston o Filadelfia existían pocas rutas para alcanzar aquel dorado sueño. Una de ellas –la más cómoda– tuvo como escala obligada a Mazatlán. Aquí los viajeros solían pasar varios días de reparadora estancia. Hasta al más apático, una dieta de mariscos recién sacados del océano le devolvía la gana por la aventura.

Los ríos de gente que por la fiebre del oro pasaron por aquí fueron caudalosos. Los cafés, los restaurantes y los hostales se multiplicaron. La derrama económica que dejaron hizo que la ciudad continuara creciendo. Probablemente fue en este punto de la historia cuando comenzó a llamarse *La Perla del Pacífico*: un apelativo que en nada estaba relacionado con la extracción de tales joyas del mar, a Mazatlán se le bautizó así únicamente en honor a su belleza. En 1852, debido a su pujanza económica, esta ciudad fue decretada capital del estado de Sinaloa. A partir de este hecho transcurrieron doce años de impresionante bonanza para los mazatlecos. Dio inicio la construcción de la catedral, también se edificó el sistema de agua potable que desviaría el caudal del río

Presidio. Algún viajero exaltado aseguró que esta ciudad se estaba convirtiendo en la más poblada, la más hermosa, la más culta y la más bella de todas las que existían en el Pacífico.

No habría podido calcular este hombre la proximidad de una invasión que muy mala memoria terminaría dejando: el sábado 12 de noviembre de 1864 se estacionaron frente a este puerto tres barcos franceses: el *Victoria*, el *Diamante* y el *D'Assas*. Por aquellos días gobernaba el estado el general Antonio Rosales. Fue él personalmente quien atendió al emisario de la armada de Napoleón III. Portando una bandera blanca, el marino galo anunció a los mazatlecos que al día siguiente sería cañoneada la población a no ser que las autoridades mexicanas, por voluntad propia, cedieran el mando. Rosales no tuvo opción. La fuerza militar que lo respaldaba era incapaz de repeler el ataque. Durante la madrugada, el gobernador abandonó el puerto, acompañado sigilosamente por sus tropas y por el poco armamento que tenía a su cargo. Un mes después, más de 400 soldados extranjeros se instalaron a vivir en *La Perla del Pacífico*. Muchos de ellos serían luego destinados a reparar el camino que une Durango con el mar, para facilitar la transportación –a través de la sierra– de la artillería y la caballería francesas.

Casi dos años permaneció ocupado el puerto. Mientras tanto, las tropas francesas impusieron un orden sobrio y recatado que jugó en contra de un pueblo cuyo talante, hasta ese momento, era ante todo bullanguero. Los extranjeros ampliaron el muelle y trajeron, desde su país, un enorme faro de petróleo, forrado en su interior por cuatro paredes de espejo. Lo colocaron sobre el cerro del Crestón, a una altura de 157 metros sobre el nivel del mar. Los mazatlecos aseguran que, durante mucho tiempo, fue el más elevado del mundo. Al no tener capacidad giratoria, los marinos solían confundir tal faro con una estrella, potente pero estática. En días despejados, su luz llega a distinguirse a una distancia de 48 millas náuticas.

Meses más tarde Antonio Rosales, al frente de su reconstruido ejército, evitó que los franceses ocuparan la ciudad de Culiacán. Después perdería la vida en la batalla de Álamos. Fue el general Ramón Corona quien finalmente expulsó a las tropas de Napoleón III de esta costa mexicana. Hacia el mediodía del lunes 12 de noviembre de 1866 se libró la última batalla contra ese ejército enemigo. Mientras atardecía, la bandera azul, blanca y roja dejó de ondear frente a esta playa mexicana. Mazatlán tardaría en recuperarse después de aquel odioso episodio.

Una ley del Congreso nacional ordenaría pocos meses más tarde que ninguna capital, en los estados de la República, debía permanecer frente al mar. Esa instrucción obviamente tuvo dedicatoria. El secuestro de este puerto durante prácticamente dos años por parte de los invasores no solo había humillado a los mazatlecos sino al país entero. Desde entonces, el asiento de los poderes políticos de Sinaloa regresó a Culiacán.

## Un viaje desde la China

Nació en una villa de la provincia de Cantón llamado Tashia. Contaba apenas con 13 años. No fue la primera vez que huyó de casa pero sí la última. Llegó hasta el puerto de Macao, que se encontraba a unos cuantos kilómetros de distancia. Durante dos noches seguidas se escondió dentro de uno de los cientos de barcos que ahí se hallaban anclados. Cuando decidió abandonar su escondite descubrió que la embarcación ya había zarpado. Para ese momento era imposible devolverlo con su familia. El mando de la tripulación propuso bajarlo apenas tocaran las costas japonesas. El muchacho lloró hasta convencer: lo dejaron proseguir la travesía. Para que pagara sus alimentos, lo hicieron trabajar. Más de 150 días habrá durado aquel viaje. El barco paró en Vancouver y también en San Francisco. Algún marino le recomendó esperar a que llegaran a Mazatlán. Según su dicho, en Sinaloa había una comunidad grande de cantoneses que probablemente lo ayudaría a contactar con su familia. En efecto, para 1913 en esta entidad mexicana vivían alrededor de 15 mil chinos.

Juan Ley Fong descendería de aquel transporte huérfano y sin hablar una sola palabra de español. La fortuna lo rescató. A los pocos días de hallarse en este puerto conoció a Sixto Pang, otro cantonés, casado pero sin hijos, que decidió adoptarlo. Pang le puso un maestro para que aprendiera a hablar y a escribir la lengua del país, y le enseñó también el oficio de abarrotero. «La gente de Mazatlán, de clase media o baja, compraba a crédito, ahí te anotaban en la libreta y pagaban después. Entonces mi padre aprendió a trabajar en esa tienda. Ahí, con don Sixto, entendió el negocio.» El exembajador Sergio Ley López no puede negar el orgullo que le provoca recordar la llegada de su progenitor a Mazatlán. Tiene frente a sí una taza de té. Mira risueño tras sus gafas y remata con un comentario que humaniza al personaje: «Mi padre tenía el espíritu un poco vago. Por eso huyó de casa».

La migración proveniente de aquel inmenso país comenzó a fluir numerosamente a México a partir de 1890. Queda por ahí registro de algún viajero que en 1849 se hospedó en un mesón del puerto cuyo propietario era un cantonés de nombre Lüen-Sing. Sin embargo, para 1875, según documentos municipales, solo había doce personas con esta nacionalidad viviendo en Mazatlán. El principal destino de esta población asiática era todavía California. La hambruna, la guerra y las epidemias que golpearon a toda China, y particularmente a la región de Cantón, fueron aspas poderosísimas que expulsaron a varias centenas de miles de migrantes hacia las Américas. El comercio marítimo que también se expandió durante la segunda mitad del siglo XIX otorgó desembocadura para aquella población vulnerable. Apenas juntaban un poco de dinero, los jóvenes cantoneses se hacían de un pasaje que los condujera al otro lado del planeta. Cuando no lograban pagarlo, entonces se vendían, prácticamente como esclavos, a los contratistas que comerciaban con sus personas en Estados Unidos.

Asegura el historiador Carlos Castañón Cuadros, en su libro *Las dos Repúblicas*, que el tráfico de indocumentados llegó a constituir una fuente importante de recursos para no pocos empresarios chinos. Aún más notoria fue la puesta en marcha de varias compañías, europeas y estadounidenses, dedicadas a la compra y venta de estos trabajadores. Fue también la fiebre del oro en California la que atrajo a aquellos miles de migrantes; entonces se les llamaba *coolies*, culis. Para 1860, entre todos los hombres dedicados a extraer el metal dorado de las minas y los ríos en las cercanías de San Francisco, al menos una cuarta parte procedía de China. Durante el mes de mayo de 1882, el Congreso de Estados Unidos expidió una ley cuyo propósito fue frenar drásticamente la migración asiática a su país. Una veda de 10 años se erigió para contener lo que el Océano Pacífico ya no podía hacer. Por tal razón, este flujo humano se desvió hacia México, encontrando en Mazatlán un obvio puerto para su descargo.

Hacia finales de la década de los 80 de esa misma centuria, Porfirio Díaz envió una delegación de diplomáticos a China, Japón y Corea en búsqueda de inversiones pero sobre todo de mano de obra barata que pudiera venir al país para poblar los territorios con menor densidad. Las penínsulas de Baja California y Yucatán, Sonora y Sinaloa, La Laguna y Chiapas eran entonces regiones mexicanas urgidas de hombres trabajadores. En 1899 se firmó el Tratado de Amistad, Comercio y Cooperación entre los gobiernos chino y mexicano.

Cuenta José Ángel Espinoza que llegaban aquellos hombres tristes y silenciosos a las playas de Mazatlán; arenas pedregosas sobre las que acampaban varias semanas antes de internarse en el continente. «Vienen en lamentable estado de pobreza, a juzgar por su indumentaria. [Tienen] el físico decaído, quizá porque la anemia o la tuberculosis causan en ellos muchos estragos. Andan en hileras con la cabeza inclinada, descalzos los más y algunos arrastrando descoloridas y viejas pantuflas.»

Todos los recuentos abundan acerca de las dificultades de la travesía por el Pacífico. Los chinos viajaban a las Américas hacinados dentro de buques originalmente construidos para la industria pesquera. De cada diez, al menos uno perdía la vida durante el trayecto. La disentería y la tifoidea eran enfermedades mortales. Los menos permanecían en Mazatlán. A partir de este puerto se distribuían por el territorio mexicano, mayormente hacia el norte del país. Subían a la sierra para trabajar en las minas. Se empleaban como obreros en la construcción del ferrocarril. Encontraban trabajo como jornaleros en los valles de Culiacán, en Los Mochis y en las grandes extensiones agrícolas de Sonora. Otros, con el tiempo, se hicieron abarroteros. Montaron una pequeña tienda en la esquina de un buen cruce de calles para vender fruta, verdura, ropa, zapatos y cuanto más quisiera la población adquirir a crédito.

Al cabo de una década, aquellos migrantes comenzaban a sumar fortuna. Confirmaron pronto su fama de hombres laboriosos, seres humanos incansables. Disciplinados. Ahorradores. Quienes hubieran llegado enganchados por un contratista, pagaban su respectiva deuda y comenzaban a progresar. El hijo de Juan Ley Fong abunda: «Los chinos tienen una enorme capacidad para acumular capital porque son muy ahorrativos. Si un chino tiene ingresos de cien, hace lo necesario para subsistir con cincuenta. Y claro, todo ahorro con el tiempo te forma un capital. Lo mismo sucedió en Sonora que en Sinaloa; al cabo de los años la inmigración que había llegado acumuló capitales formidables. Tanto los bancos de Sinaloa como los de Sonora eran de capital chino».

Esta migración oriental modernizó el comercio y los servicios en el Pacífico norte mexicano. Trajeron técnicas para desarrollar el cultivo de frutos y verduras dentro de pequeños huertos. Sembraron por primera vez en México el lichi, y promovieron el consumo de la jícama y la fresa. Debido a sus viviendas pequeñas aprendieron a comprar y a vender los productos durante el mismo día. Se adelantaron a su tiempo: hicieron negocio sin contar con bodegas ni grandes almacenes. También trajeron al país la noción del «pilón». Una manzana, cien gramos más de azúcar, un hatillo de epazote, todo podía servir como regalo suplementario para atraer a los consumidores. Otra cosa que hicieron fue desarrollar un sistema de venta personalizada a domicilio. En los servicios tampoco les fue mal: montaron las mejores tintorerías y los cafés más económicos de la región. Hacia principios de los años 20 del siglo pasado, la comunidad china ya controlaba alrededor de una cuarta parte del comercio en Sonora y Sinaloa.

Dichos migrantes no vinieron acompañados por sus mujeres. La infame travesía desde Cantón hasta el golfo de California no habrá sido considerada apta para el sexo femenino. Las condiciones eran rudísimas. En consecuencia, los migrantes optaron por establecer familias con muchachas de la localidad. Afirma Juan Esmerio —escritor sinaloense contemporáneo, quien asegura por algún costado tener ascendencia oriental— que aquellos hombres eran «grandes pretendientes a casarse con mujeres guapas, no solo por su recién adquirida posición social, sino porque los chinos hacían cosas que los machos de aquella época no compartían: ellos lavaban la ropa, cocinaban, no bebían. Entonces, ante los ojos de las muchachas mexicanas era extraordinario: ¡hasta en un descuido la ropa les lavaban!».

Estas razones y, por supuesto, la pronta riqueza obtenida, encendieron la llama del resentimiento entre algunos pobladores mexicanos. Los comerciantes de la región fueron los primeros que protestaron. Con su práctica en los negocios, los chinos habían transformado la economía local, mientras sus competidores tardaron demasiado en adaptarse. Señalaron a los chinos de ser abusivos y ladrones. La frase «te cobraste a lo chino» ganó popularidad entre los deudores de sus tiendas de conveniencia. Sin distinción, se acusó a todos de ser sembradores de amapola y consumidores de opio. Se contaba igualmente que vivían amontonados como ratas, que eran sucios, que olían mal, que portaban sífilis, lepra o tracoma. Los más sofisticados quisieron hacer ciencia y los responsabilizaron como corruptores de «la raza mexicana». Los periódicos terminaron haciendo eco del creciente encono racial. En 1905, *El Colmillo Público*, un semanario de orientación revolucionaria, afirmó que «los inmigrantes chinos se separaban del pueblo mexicano como el agua y el aceite. No formaban familias, no levantaban hogares y competían en baratura de salarios y en trabajos temibles, que hacen competencia ruinosa al trabajador mexicano y que son improductivos a causa de sus hábitos y su educación». Con todo, el régimen de Porfirio Díaz protegió los intereses de los orientales. A pesar del rencor y la intriga que, como la humedad, iban alcanzando a un número cada vez mayor de envidiosos, no se registraron actos masivos de odio en contra de esta comunidad hasta el estallido de la Revolución.

Aquellos ánimos descompuestos se materializarían por primera vez el 15 de mayo de 1911, durante la primera toma de Torreón. Al parecer algunos revolucionarios compartían un fuerte sentimiento antichino; al menos así lo hicieron saber en voz del comandante Benjamín Argumedo. Para asaltar la ciudad, las fuerzas revolucionarias entraron por el norte; venían de San Pedro de las Colonias, lugar donde residía Francisco I. Madero. En su camino invadieron varios de los huertos que los chinos tenían en los alrededores de La Laguna; reaccionaron los productores de hortaliza disparando contra los insurrectos. Aquello caldeó la sangre recién sublevada de la Revolución. Los hombres de Argumedo decidieron cazar a los descendientes de la cultura de Confucio. Los integrantes de esta comunidad corrieron asustados para esconderse dentro del edificio del banco principal de Torreón, que se encontraba en la esquina formada por las calles Valdés Carrillo y Juárez; como ocurría en la gran mayoría de las poblaciones del norte de México, los dueños de ese banco eran chinos.

No faltó de entre la masa enfurecida quien saliera a delatarlos. Argumedo envió a sus subordinados para que fueran tras ellos: los revolucionarios irrumpieron dentro de aquella construcción que aún tiene más de 20 metros de altura y, desde la azotea, se pusieron a arrojar seres humanos todavía vivos. Uno tras otro cayeron hasta azotar sobre el empedrado de la banqueta. La mañana siguiente, aquella edificación amaneció rodeada por más de 300 cadáveres. Para cuando Emilio Madero, hermano de don Francisco, pudo llegar a Torreón, ya nada podía hacerse. Exigió a Argumedo que detuviera aquella masacre; dentro del banco no quedaba, sin embargo, un solo chino vivo.

Los enemigos de Francisco Villa atribuyeron a este general toda la responsabilidad sobre la tragedia. No obstante, aquel día fatídico el futuro comandante de la División del Norte se encontraba con Pascual Orozco en la frontera norte de Chihuahua. Maderistas y villistas habrían de cargar con este hecho sobre sus conciencias hasta que la historia oficial se encargó de eliminar de la memoria mexicana tan penosísimo trance. Tan grande ha sido el olvido que durante los festejos del Bicentenario de la Independencia y el Centenario de la Revolución, marchó en el desfile sobre la avenida Reforma de la ciudad de México una inmensa estatua para recordar a Benjamín Argumedo.

Este fue el primero de una larga serie de episodios que constituyeron el genocidio chino ocurrido en México entre 1911 y 1934. Cuando Plutarco Elías Calles se hizo gobernador de su estado, en Sonora y Sinaloa se extendería una terrible y sistemática persecución contra los migrantes chinos, sus mujeres y sus descendientes.

## La campaña antichina

«Mira, yo no sé si esta historia es verídica, me la han contado y yo no he tenido la paciencia de buscar documentos que la avalen: Plutarco Elías Calles era huérfano de padre y madre, y fue criado por una hermana mayor. Tenía 18 años cuando él nació. Ella fue quien se hizo cargo del niño al tiempo que trabajaba como sirvienta de una familia china en Guaymas. Fue mi padre quien me dijo esta historia. Él conocía muy bien a toda la comunidad china porque vivió una época en Guaymas.»

*El Turco*, como desde joven se conoció en su tierra a Plutarco Elías Calles, previo a ser presidente de México fue gobernador de Sonora. Cierto es que antes de él ya venía cocinándose una cultura de odio hacia los chinos en el noroeste mexicano. Pero también lo es que los primeros actos violentos sufridos por esta comunidad sucedieron en esa entidad durante su mandato. En su novela *Genocidio*, el escritor mexicano José Luis Trueba hace una buena relación cronológica sobre la persecución que vivió esta comunidad durante la Revolución: ahí se muestra sin ambages el papel jugado por el político sonorense.

En 1915 ocurrió el primer saqueo de comercios chinos en el puerto de Guaymas. También, en Nacozari, una masa popular obligó a los propietarios de tiendas chinas a desfilar desnudos por el centro de la ciudad. En Hermosillo, la autoridad se vio obligada a decretar estado de sitio porque, haciendo uso de dinamita, se incendiaron varias viviendas y establecimientos pertenecientes a la población asiática. Decenas de chinos fueron lapidados y otros sufrieron indignidades similares a las de Nacozari. Un ritual que a partir de estos hechos se volvería común, fue cortar la coleta que los varones chinos solían utilizar como recuerdo de su origen.

Plutarco Elías Calles pronunció al año siguiente un discurso furibundo donde aseguró que se encargaría de resolver definitivamente el problema chino, esa herencia del Porfiriato con la que debía terminarse pronto. Muy probablemente fue con su apoyo que comenzaron a formarse los primeros comités «pro raza». Dentro de tales organizaciones sus integrantes aprendieron a exaltar los sentimientos nacionalistas y, todavía más, las mutuas pulsiones xenófobas. De nuevo se esgrimió como argumento que la sangre china estaba contaminando la pureza de la raza mexicana. Ese mismo año, la autoridad propuso por primera vez la confinación de la comunidad asiática dentro de un mismo barrio. La idea era imitar lo que en las ciudades de Los Ángeles y San Francisco se hubiera promovido antes. Otro argumento para sumar seguidores a la causa antichina fue la supuesta suciedad en que se encontraban sus comercios, la cual implicaba una amenaza para la salud del pueblo mexicano. Por ello se prohibió que en sus tiendas de abarrotes se vendiera carne, verdura fresca y pan. Solo les dejaban comerciar con latas y frascos; es decir, con alimentos que no pudieran tocar con las manos. Quedó igualmente prohibido que los chinos tuvieran molinos de nixtamal: las tortillas eran sagradas. Mientras los precios de los productos subían a causa de la Revolución, y luego de la crisis económica mundial, se les señaló como responsables. Según sus detractores, los comerciantes chinos escondían las mercancías para luego especular en el mercado. Chino y acaparador se volvieron sinónimos. En consecuencia, la autoridad ordenó que vendieran todo lo que tuvieran en sus bodegas. Las fuerzas del orden pusieron tras las rejas a todos los comerciantes de esta comunidad que se negaron a rematar las existencias.

Quizá quienes padecieron mayor indignidad fueron las mujeres mexicanas que habían contraído nupcias con los varones de fisonomía oriental. Los nacionalistas fueron implacables con ellas. En la calle les gritaban *chineras* y les prohibían caminar sobre las banquetas. Los más belicosos se metieron por la fuerza a los hogares de aquellos matrimonios mixtos; robaron pertenencias, destruyeron mobiliario, tomaron sus joyas y también las secuestraron. Asegura el embajador Sergio Ley que antes de tales episodios en la costa noroeste del Pacífico mexicano, más que odio racial lo que había era un malestar fundamentalmente económico. La clase media empobrecida por la Revolución, y también algunos líderes desempleados de aquel movimiento político, lo que verdaderamente anhelaban era apropiarse de la riqueza china. La idea era quedarse con la tienda de abarrotes, la tintorería, el banco o el café de un migrante chino, sin importar que para ello se tuviera que recurrir a las prácticas más ruines y enardecidas.

«En Sinaloa, la campaña antichina comenzó en 1929. Mi padre estaba ya noviando con mi madre (que era mexicana). Ella me cuenta que ambos tuvieron la perspectiva de irse a vivir a China pero al final mi madre no quiso. En Estados Unidos todavía había muchas restricciones. De hecho, estas no se levantaron hasta los años 30. Finalmente se casaron y fueron a vivir a Tayoltita, Durango, donde no tenía alcance la campaña antichina. Se trata de un pueblito minero que está en los límites de Sinaloa y Durango, muy cerca de Mazatlán. Si tú te metes por San Ignacio, por el río Piaxtla, Tayoltita está a las orillas de ese río. Me dice mi madre que ahí había una comunidad de chinos que vivía alrededor de una mina cuya propiedad la tenía una familia de gringos. Los dueños tenían contratado como cocinero a un hombre chino que era muy amigo de mi padre.

»Esa empresa tenía un huerto grande y los gringos contrataron a mi padre para que se hiciera cargo. Cultivaba entonces zanahoria, brócoli y otras cosas. En ese trabajo duró poco porque tenía el espíritu muy independiente como para quedarse trabajando como hortelano. Poco después fundó una tienda ahí, en Tayoltita, de esas que te digo que vendían absolutamente de todo. Era una tienda muy grande que se llamaba La Surtidora. Yo recuerdo –porque vivíamos arriba de la tienda– que me gustaba mucho ir a la zona donde vendían perfumes franceses, en una ocasión yo estaba curioseando un frasco que se me cayó y se quebró; el olor de aquel perfume en toda la tienda duró años.

»Los nueve hermanos que somos nacimos en Tayoltita. Soy el de en medio. Hay cuatro mayores que yo y cuatro menores. Cuando llegó a este pueblo mi padre, había mucho gambusinaje en el área: gambusinos que recogían de los arroyos y del río. Mi padre compraba el metal que sacaban e hizo una gran fortuna. Compraba piedritas, muy artesano, y él lo molía y después hacía los componentes químicos para sacar el oro; oro y plata debían venderse al Banco de México porque entonces tenía el monopolio. En algún momento los gringos de la mina acusaron a mi padre de estar comprando el oro que los mineros le robaban a la empresa. Hubo un juicio que duró muchos años y finalmente mi padre demostró que era de los gambusinos que cogían las piedras de los arroyos. Ahora ya no hay nada. Se acabó todo eso.

»Recuerdo que un día le mandaron un detective para que lo investigara. Este hombre subió de incógnito a la avioneta donde mi padre transportaba [el oro] y le exigió ver la factura que amparaba ese mineral; se la agarra y rompe el papel. "Ese oro ya no es suyo, se lo vamos a quitar", le dice. Luego, al bajar de la nave, le vuelve a insistir: "Ese oro ya no es suyo". "¿Por qué no?", interroga mi padre. "Usted no tiene la factura", insiste el detective. "Sí la traigo", responde él. Y saca otra que traía escondida entre sus ropas. ¡Había hecho dos facturas! Después de este episodio los dos hombres terminaron amigándose. Gracias al negocio del oro, mi padre compró un banco en Mazatlán. Se asoció con un gerente al que le tenía una confianza ilimitada. Era su *cuatacho*. Tenía poderes amplios. Pero ese señor le hizo una trastada que dejó a toda mi familia en la calle. La única propiedad que nos quedó fue un rancho para la cría de puercos en la ciudad de Durango. Estaba a nombre de mi abuela materna y por eso no pudieron quitárselo.»

La cantidad de historias relacionadas con el despojo a la comunidad china es abultada. Nada podía ser más impune que hurtar, maltratar o asesinar a un chino con el único propósito de apropiarse de sus bienes. Esa circunstancia tuvo como principal explicación que los gobiernos de Sinaloa y Sonora orquestaron, desde sus oficinas públicas, la persecución de las familias que compartían ascendencia china. En 1923, el congreso local de Sonora prohibió explícitamente el matrimonio de chinos con mexicanas. También se publicó una ley para confinar a todos los chinos dentro de un mismo barrio. Con ello se inauguró en México la noción de *gueto* que pocos años después los nazis utilizarían para aislar a la población judía. Tres meses otorgaron a los chinos para que se fueran a vivir a esa vecindad. En Culiacán se les enclaustró dentro de una colonia de mala muerte llamada Las Quintas. La gran mayoría de esa población tuvo que rematar su patrimonio en unos cuantos días. Perdieron prácticamente todo lo que tenían. Quienes se negaron fueron apaleados hasta perder la vida. Sus mujeres padecieron cosas peores.

En 1925 se organizó, en la ciudad de Nogales, la convención antichina más grande de la historia mexicana. Asistieron representantes de los 250 comités pro raza que supuestamente había a lo largo y ancho del país. Los discursos que ahí se pronunciaron fueron furibundos. Al grito de «¡Mueran los chinos!» se encendió la concurrencia. Sinaloenses y sonorenses tomaron el acuerdo de aniquilar a esa comunidad extranjera. Debía prohibirse definitivamente la migración oriental a México. Los chinos que vivían en territorio nacional habrían de ser localizados en fincas construidas fuera de las ciudades. Debían también evitarse los matrimonios interraciales y las propiedades que rentaban tendrían que pasar a manos de mexicanos de raza pura.

Fueron varios los descendientes de chinos nacidos en México que quisieron apelar –con el acta del Registro Civil en la mano– para obtener la protección de las leyes nacionales. Alguno recurrió al juicio de amparo y obtuvo garantías por obra de los tribunales. Sin embargo, los jueces que los concedieron terminaron pagando muy caro su desplante. Desde la Presidencia de la República se instruyó que fueran cesados. En 1927, un grupo numeroso de diputados –representantes de distintas entidades del país– presentó una iniciativa ante el Congreso de la Unión donde se pretendía excluir a los chinos de los beneficios procurados por el juicio de amparo. Por fortuna, estos legisladores no lograron convencer a la mayoría.

Durante los primeros años 30 del siglo anterior, Sonora pasó a ser gobernada por Rodolfo Elías Calles, hijo del expresidente mexicano. Fiel a la tradición familiar, este otro mandatario hizo su propia contribución para atizar los ánimos antichinos en el noroeste. En su caso, toleró y probablemente auspició el nacimiento de un grupo clandestino, con características paramilitares, para que este se encargara del trabajo más sucio. Las Guardias Verdes debían concluir la obra de exterminio. Son demasiadas las anécdotas que sobreviven sobre la actuación de este grupo armado como para someter a duda su existencia. Por las noches esta colección de hombres, que como distintivo llevaban atado al brazo un listón de color verde, salían a cazar chinos; los apresaban y luego los encerraban dentro de prisiones ilegales. Trueba asegura que los obligaban a cantar el Himno Nacional hincados y si aquellas víctimas se atrevían a entonarlo con acento chino, los herían con arma blanca e incluso llegaban a matarlos ante la mirada aterrorizada de sus compañeros.

Fueron estas guardias quienes poblaron con letreros los comercios chinos para ahuyentar a los pocos consumidores que hubieran *neceado* con su lealtad. «No le compre usted al tracomoso, proteja su raza», anunciaban sobre los cristales y las paredes con pintura verdosa. Estas guardias secuestraron hombres, mujeres y niños para luego abandonarlos a su suerte en el desierto. El operativo tuvo éxito. Durante el periodo en que actuaron, miles de orientales salieron del país rumbo a Estados Unidos. Otros migraron hacia Mexicali o hacia el estado de Chiapas. Solo en 1932 se reportó que 4 mil 317 personas chinas habían abandonado Sonora y Sinaloa con dirección a California y Arizona. Los menos regresaron a Cantón. De una población cercana a los 15 mil chinos que vivía en Mazatlán, después de la campaña antichina quedaron únicamente 500 individuos. «De la noche a la mañana –afirma Sergio Ley–, muchos mexicanos aparecieron como propietarios de negocios donde antes hubieran trabajado como empleados.» Las lavanderías, los restaurantes, las tiendas, las distribuidoras de frutas y legumbres y las hortalizas que antes hubieran sido negocio de chinos, cambiaron de propietario. Lo mismo ocurrió con las habitaciones, las camas e inclusive con las ropas de aquellas personas. Nadie pudo detener la arbitrariedad.

En 1932, José Ángel Espinoza –connotado líder del movimiento pro raza– redactó un libelo que intituló *El ejemplo de Sonora*. En este texto se proponía al resto del país imitar los talantes xenófobos. Todavía para 1935, la Liga Nacionalista Mexicana exigió al presidente Lázaro Cárdenas que prohibiera la invasión de extranjeros indeseables pertenecientes a las diversas razas exóticas de la humanidad. En respuesta, el presidente socialista cerró, de un solo golpe, este penosísimo capítulo mexicano. Instruyó que se combatiera desde el Estado la campaña antichina. En aquellos mismos años, Plutarco Elías Calles se vio forzado a abandonar el país por razones políticas. Tan fulminante fue la instrucción que pronto este genocidio se sumergió en el territorio de la amnesia colectiva. De acuerdo con las publicaciones de la época, y en complicidad con una gran mayoría de historiadores que vinieron después, la numerosa migración china a territorio mexicano apenas si existió. Sobre el genocidio practicado contra ella no se honró memoria. A todos convino políticamente echar tierra sobre el ataúd mexicano donde desaparecieron miles de chinos entre 1911 y 1935.

«Una vez que perdió el banco, todos salimos para Durango y allá se estableció otra vez mi padre. Mi hermano mayor [Juan Manuel Ley López] se quedó, sin embargo, en Tayoltita. Estaba seguro de que ahí el negocio todavía tenía posibilidades. Lo que hacía mi padre era llevar mercancía desde Durango y Mazatlán hasta esa población. Compró unos camiones que le fiaron y empezó a rehacerse. Él los manejaba. Cargaba mariscos y pescados en Mazatlán y cruzaba la sierra. Hacía más de veinticuatro horas de trayecto. Finalmente, para 1955, entendió que ese negocio ya no iba a dar para más. Fue entonces que regresamos a Sinaloa.» Más de medio siglo después, aquella tienda llamada La Surtidora terminaría multiplicándose por cien. Hoy la familia Ley López es una de las más importantes, económicamente hablando, dentro de este estado. La cadena de tiendas que en el presente lleva el apellido de aquel migrante chino de principios de siglo difícilmente padece la competencia. Su emblema, puesto en las avenidas de las principales ciudades sinaloenses, es una respuesta muy digna para recordar que hubo quien sí logró sobrevivir a la campaña antichina. No debe olvidarse que esta familia es dueña también del equipo más importante de beisbol en Culiacán: los Tomateros.

«Murieron mi abuela y mi abuelo paternos. En 1967 mi padre decidió finalmente visitar China. Yo en aquel entonces estaba estudiando en Londres, haciendo una maestría en restauración de edificios. Entonces hizo un viaje alrededor del mundo con mi madre y una hermana; ella les servía de intérprete. Llegaron hasta Singapur. A pocos kilómetros vivía una pariente de mi padre. Él quería ir a Malaca. Pero justamente por aquellos días esa isla había sido expulsada de la Federación Malaya y como mis padres no tenían visa para visitar la isla, pues no pudieron llegar hasta su casa. Fue un desastre. Sin embargo, logró ponerse en contacto con su hermana y ella los alcanzó en Singapur. Cuenta mi madre que rieron y lloraron mucho; de ahí siguieron a Hong Kong. Estuvieron esperando durante un mes para que les otorgaran la visa de entrada a China. Mi padre ya era mexicano y solo tenía pasaporte de esa nacionalidad. No pudo regresar a Cantón. Volvió a México muy desanimado. Dos años más tarde, en 1969, murió. Entonces nunca volvió a China. Era gente de otra madera.»

Sergio Ley López, hijo de aquel notable migrante chino y de una mexicana también excepcional, estudió Arquitectura en México y en el extranjero. Más tarde ingresó al servicio exterior. Él sí pudo visitar China y vivió largo tiempo en la tierra de sus antepasados. Fue agregado cultural en la embajada de México en Pekín, cónsul en Singapur y, justo antes de retirarse, fue el primer embajador en China del gobierno mexicano con ascendencia cantonesa. Probablemente en el presente este hombre sea el mexicano que mayor respeto recibe por parte del gobierno de la nueva potencia mundial. Es, como lo fuera su padre, gente de otra madera. Ambos muestran con su respectiva trayectoria vital que afortunadamente hay muchas formas de ser mexicano.

## Pulmonías

El doctor Quintanilla vio pasar al *Chícharo* montado, a toda máquina, sobre un extraño vehículo que no tenía puertas ni ventanas. «Te va a dar una pulmonía», le gritó al conductor. Quien iba al volante regresó el saludo al tiempo que, para su suerte, encontró el nombre con el que bautizaría a su invento. Corrían los primeros años 60 del siglo pasado. Por aquella época, a don Miguel Ramírez Urquijo se le conocía, en Mazatlán, sobre todo por su panadería. En el cruce que hacen las calles de Mariano Escobedo y 5 de Mayo tenía un expendio de pan que logró fama como uno de los mejores del puerto. Pero *El Chícharo* —como los amigos lo apodaban— era un comerciante de múltiples alcances. En tanto que buen mazatleco, tenía un instinto grande para los negocios. Antes había sido vendedor de pianos y también de licores. Un buen día se le ocurrió que su ciudad necesitaba un transporte motorizado y al mismo tiempo fresco para mover tanto a los turistas como a sus paisanos de un extremo al otro del malecón, así como a través de las estrechas vías que conectan al centro de la ciudad con el muelle marítimo.

En la calle Constitución número 616, a unos cuantos pasos de la plazoleta Machado, rentó un local para usarlo como taller mecánico. Ahí armó la primera *pulmonía* usando un viejo chasis de fibra de vidrio, un motor de dos cilindros, una transmisión marca Willys, un cardán y un diferencial usado de automóvil. El resultado fue un vehículo similar al que actualmente utilizan los jugadores de golf, pero prácticamente del doble en su tamaño. Convencido de que se hallaba ante el negocio de su vida, viajó a Estados Unidos en busca de un fabricante que pudiera multiplicar la flotilla de sus carritos. En Lincoln, Nebraska, encontró lo que estaba persiguiendo. Mandó hacer ocho armatostes de vidrio correoso y obtuvo financiamiento para comenzar a trabajar de inmediato.

De vuelta en Mazatlán, don Miguel se acercó al gobernador Leopoldo Sánchez Celis para que lo ayudara con las autoridades del puerto: sus *pulmonías* necesitaban placas para poder circular como taxis. Su vehemencia obró milagros. Poco antes de la Navidad de 1965 salieron los primeros carros del local ubicado en la calle Constitución. No tardaron en convertirse en símbolo de este puerto. Cuando en el país se estaban celebrando los Juegos Olímpicos, la flotilla del *Chícharo* ya contaba con cien vehículos. Desde entonces, turistas y lugareños se suben un día sí y otro también a este curioso transporte: hoy estos armatostes hacen al menos 28 viajes diarios. Medio siglo ha transcurrido desde su invención y no se sabe todavía de alguien que haya pescado una pulmonía por viajar en ellos; la broma del doctor Quintanilla habrá vacunado a los usuarios. Por si acaso, el negocio del *Chícharo* se esconde de la intemperie durante el mes de septiembre, cuando más arrecian las lluvias en esta costa.

# Nuevo Mazatlán

La gran mayoría de los mazatlecos vivió, entre 1830 y mediados del siglo pasado, dentro del casco antiguo. La ciudad comenzó a desbordarse hacia 1950. En ese año contaba con 76 mil habitantes; sesenta después esa cifra se multiplicó por seis. El desarrollo de la urbe perdió brújula. Los gobernantes aquí, como en el resto del país, no supieron lidiar con el crecimiento demográfico. Hacia el norte y también hacia el sur, la explosión urbana devoró las comunidades vecinas. No se protegieron los arroyos, los esteros ni las marismas. Una feroz disputa por el suelo fundó decenas de barrios irregulares, varios de ellos asentados sobre zonas muy contaminadas y las más sensibles a la inundación.

Albert Kimsey Owen tuvo razón al descartar Mazatlán como un gran puerto de altura: con el tiempo la realidad demostró que tanto el clima como la geografía lo condenaban a la medianía. Hoy los ingresos que el muelle ofrece al municipio no son los más relevantes. Se trata de un puerto que principalmente brinda servicios para las economías de Sinaloa y los estados vecinos de Nayarit, Durango, Sonora y Baja California Sur. Durante el siglo XX, Manzanillo ganó la partida a Mazatlán; aquel puerto de Colima se halla hoy mejor conectado con el centro del país y con el golfo de México. En cambio, la secular dificultad para transportar productos desde la costa sinaloense hacia el este del territorio mexicano ha significado una gran limitante para el desarrollo de esta población. Cierto es que desde aquí parten un número relativamente grande de contenedores cargados con calzado, verduras, frutas, textiles, automóviles y algo de carne. Sin embargo, este puerto fundado hace más de 170 años no es ya capaz de asegurar la calidad de vida que se merecen los mazatlecos.

Contrasta como fuente de riqueza en este litoral el negocio pesquero: siete de cada diez latas de atún que se consumen en México provienen de esta localidad. Se trata de la segunda flota pesquera más importante del país. Mazatlán cuenta con 80 kilómetros de costa y tiene cerca de 6 mil hectáreas en lagunas. Aquí se sacan del mar alrededor de 15 mil toneladas anuales de alimento.

Con todo, el turismo sobresale en rentas como la principal actividad económica. De cada cien pesos que se generan en este municipio, se calcula que cincuenta provienen de tal empresa. No extraña por ello que aproximadamente siete de cada diez mazatlecos trabajen para atender a los cerca de 200 mil visitantes que acuden año con año. Pero este polo turístico no es de los más importantes en el país: Cancún, Huatulco, Puerto Vallarta, Los Cabos, Acapulco e Ixtapa-Zihuatanejo le han ganado terreno. Mazatlán aporta apenas 1.6 por ciento del ingreso nacional por concepto de turismo. A pesar de sus incontables virtudes, este puerto no se encuentra hoy en el radar de las agencias internacionales de viaje; tampoco las guías europeas para turistas lo recomiendan. Solo *Lonely Planet*, texto dirigido a los estadounidenses, hace mención de Mazatlán. Lo describe como «un puerto rudo que posee un romántico casco antiguo». Probablemente la causa de este mal destino se encuentre en la total ausencia de previsión con que se desarrolló la ciudad.

A partir de los primeros años 70, en Mazatlán se decidió ganarle tierra a las lagunas que, hacia el noroeste, se hallaban cerca del mar; todo para construir ahí la zona hotelera. El proyecto consistió en rellenar las zonas acuosas para cimentar edificios lujosos cuyas habitaciones tienen acceso exclusivo a la playa. Se invocó entonces el modelo exitoso que otros puntos turísticos mexicanos hubieran trazado para hacer venir a los vacacionistas. Hoy la Zona Dorada, ubicada sobre la avenida de las Gaviotas, sigue siendo el lugar donde la mayoría de los turistas se estacionan brevemente. La oferta en los hoteles que ahí se encuentran tiene un bajo costo en comparación con otros centros de playa nacionales, lo cual hace que, durante la temporada alta, en lo que algún día fuera la laguna del Camarón se congreguen tumultos considerables. Tal cosa no sería mala noticia si no fuera porque estos consumidores de bienes y servicios, en su gran mayoría, salen poco de sus hoteles. Los paquetes que pretenden incluirlo todo —avión, alimentos, habitación, bebidas— desincentivan al viajero para que conozca otras coordenadas de la ciudad. Así las cosas, la derrama económica de este negocio no se distribuye entre los mazatlecos.

Durante la década pasada nació otro complejo turístico y residencial, todavía más al norte de la ciudad. Lleva por nombre Nuevo Mazatlán. Es aquí donde la autoridad pretende aumentar el turismo extranjero. Posee una marina impresionante para quienes disfrutan la pesca como deporte. A gran velocidad se construyen residencias, apartamentos, restaurantes, bares y comercios y un campo de golf cuya pretensión es mucha. Todos son pretextos de un futuro que se quiere, ahora sí, prometedor.

# XI
# DESOBEDIENCIA CONSERVADORA

## El Espinazo del Diablo

Lentamente va quedando tras de mí la mar del Sur. De camino hacia la sierra se despide El Recodo, pueblo de Cruz Lizárraga. Y Cosalá, lugar donde apresaran a Heraclio Bernal. Abandonar la costa agita la mudanza de las ideas. Los kilómetros que separan Mazatlán de las montañas dividen también a un país de otro. Abajo, la corpulenta constitución de los porteños narra una vida sedentaria. En contraste, los mexicanos de la sierra son físicamente distintos. Apenas comienzan a verse las coníferas, las mujeres y los hombres se hacen más altos. Es como si la cercanía con la bóveda del planeta tirara de sus cabezas. En este rincón de la montaña se define mejor la palabra *libertad*. Y es que las vistas no alcanzan, los bosques no tienen límite ni los ríos pueden contarse. Olor a humedad, silencio casi todas las horas y lluvias torrenciales que asaltan por lapsos muy cortos. Por los cañones y quebradas de la montaña, hasta el río Baluarte bajan las aguas que poco antes no eran líquidas. Descienden también hacia Pixtla y San Dimas.

La frontera entre los estados de Sinaloa y Durango sucede a través de una carretera forzada por curvas. El momento más brusco ocurre en un lugar conocido como El Espinazo del Diablo; solo un cuerpo muy torcido podría presumir un rosario dorsal como este. La barranca más aparatosa se llama Ventanas. De norte a sur se acomoda ladeado un compacto macizo serrano; se trata de una espalda musculosa de cuya piel nacen incontables árboles. En su vértebra más elevada se alcanzan los 2 mil 600 metros sobre el nivel del mar. Para salir bien librado de los mareos que provoca el viaje, lo mejor es detenerse de tiempo en tiempo para usar como balcones los breves arcos de la carretera. Mientras se aprecia el verde abismo vale domesticar el ansia, relajar un poco las piernas y encender a ese viejo enemigo que es el cigarro.

Por si las maderas no fueran suficientes, el metal que se esconde bajo esta tierra escarpada es igual de abundante. Aquí, como en el resto del norte mexicano, durante la época colonial penetró la civilización europea a causa de las minas: sobrevive Tayoltita, aquel fundo donde la familia Ley tuvo una tienda llamada La Surtidora. Hoy los dueños del metal tienen nacionalidad canadiense. Extraen también fortuna de las minas de Bacín, Ciénega, Vacas y La Parrilla. Para transportar las piedras sin fundir, en 1892 se pensó construir una línea de ferrocarril que viajara desde la ciudad de Durango hasta la costa. Imposible: entonces no había ingeniería que pudiera resolver el descenso de los vagones por una pendiente que en sus tramos agudos llega a tener algo menos de siete grados. Los túneles necesarios eran incosteables. No obstante, algunos ramales de fierro fueron trazados y terminados. Todavía pueden visitarse las cuevas de dos bocas por donde supuestamente iba a atravesar la locomotora. En el presente esos túneles sirven para turistear, tal y como se hace por las ruinas de Ferrería. Son los restos de una cultura extraviada.

Durango es uno de los estados más despoblados del país. A la hora de su fundación fueron pocos los que llegaron y a lo largo de su historia han sido demasiados los que partieron. La principal razón para que esto pase es el aislamiento: al oeste la Sierra Madre Occidental le ha impedido acercarse al mar. La carretera número 40, primera pavimentada sobre esta zona, se construyó hasta principios de los años 60 del siglo pasado. Antes, durante el tiempo de lluvias, a no ser que las mulas o los caballos estuvieran dispuestos a viajar por más de cuatro días, era imposible seguir su trazo. Fue el presidente Adolfo López Mateos quien se empeñó en conectar a Mazatlán con Matamoros, cruzando por Durango, La Laguna, Saltillo y Monterrey. Sin embargo, la vía de dos carriles que conduce a través de El Espinazo del Diablo no es una arteria sino una venilla de diámetro reducido; en tiempos de niebla llegan a hacerse hasta cinco horas en automóvil por el trayecto que va de la Plaza Machado hasta el valle de Guadiana.

En 2002 comenzó la construcción de una autopista de cuatro carriles que supuestamente dejará atrás los mareos y las penurias del viaje; también la altura de los paisajes. Diez años han tardado los ingenieros en taladrar las montañas para conectar lo que hasta hoy sigue separado. Esta supercarretera atravesará 63 túneles y pasará por encima de 39 puentes. Un inmenso armazón suspendido desfila ya sobre el río Baluarte; se trata del puente más grande en América Latina, medirá 520 metros de largo y mil 124 de alto: el mayor en estatura del mundo. Los habitantes del valle de Guadiana están convencidos de que su patrimonio crecerá si la brisa marina se aproxima, vendrán más turistas a visitar su centro histórico y los *sets* de cine que alguna vez se edificaron para actuar películas del Viejo Oeste. Esta obra es tema frecuente de conversación entre los duranguenses. La esperan con la misma ansiedad con que se anhela el progreso.

## El menonita

Treinta y ocho kilómetros después de cruzar la línea divisoria entre los estados de Durango y Sinaloa se encuentra el caserío de Coscomate. Pertenece al municipio de Pueblo Nuevo, un territorio extenso que a principios del siglo XX fuera propiedad de una poderosa empresa inglesa dedicada a la madera. Para visitarlo es necesario introducirse por un breve camino de tierra apisonada que desemboca en un valle rodeado por cinco montañas. Este lugar es un inmenso y florido jardín; lo atraviesan decenas de caprichosos senderos. La palabra «ecoturismo» aparece por todas partes. Pese a que es verano los turistas aquí son pocos. Los campesinos ahora siembran cabañas: casitas de dos y cuatro recámaras revestidas en madera que no son cómodas, limpias ni seguras. Con todo, algo poseen de gracia. Estando dentro el viajero se fuerza a tocar las cuerdas de su propia intimidad. Cuando no llueve, el instinto por montar a caballo y perderse dentro de este asombroso paisaje puede ser muy potente y también peligroso si, como es el caso, se creció lejos de las bridas y las espuelas. Caminando y sin fatiga se llega a un terraplén habitado por inmensas piedras graníticas que habrán cumplido ya varios cientos de miles de años, piezas colocadas geométricamente por la cuidadosa mano de la naturaleza. Cerca hay una cueva que parece una residencia. Un letrero sin pretensión advierte que, hasta su muerte, en esa guarida natural vivió la hija de Heraclio Bernal.

En esta sierra se come venado. Su carne es nervuda y su sabor fuerte. Lo cocinan con tomate rojo, cebolla, chile y otras yerbas. Si, como dicen los frecuentes profetas del Apocalipsis, un día el mundo se fuera a acabar, Coscomate y la sierra detrás de ella serían una muy deseable coordenada para presenciar el momento fatal. No hay otro lugar que haya visitado en mi país donde formen un conjuro tan perfecto la paz, la belleza y la bondad del planeta.

En 1987 se me ocurrió descender hacia el sur de esta sierra y vivir durante tres semanas por los rumbos de la Mesa de San Pedro. Entonces se hacían más de ocho horas de camino desde El Salto hasta el corazón de estas montañas que crecen al este del río Baluarte. No había todavía en mí el agnóstico que hoy soy pero tenía ya barruntos de su presencia. Llegué a esta región de Durango invitado por una comunidad de monjas carmelitas que pasaban la mayor parte de su tiempo orando y el resto cocinando; eran genuinamente felices, también generosas. Fueron ellas quienes consiguieron que me internara como improvisado misionero en las alturas de la sierra. Es muy posible que en aquel viaje de mis pocos años comenzaran a gestarse las páginas de *El otro México*. Nacido en la capital del país, aquel alucinante paisaje me pareció extranjero. Soy todavía hijo del discurso de la nación uniformada y, entre otros lugares, aquí constaté la mentira. En esta sierra extravié también fe y religiosidad.

Amablemente los misioneros me alojaron en una casucha oscura, sin piso firme ni muebles. Mirando el mapa supongo que viví en un minúsculo caserío ubicado entre Las Cruces y Los Naranjos. La jornada ahí comenzaba a las seis de la mañana con un baño de agua fría que un pozo y una jícara me proporcionaban. Luego había que rezar dentro de una capilla improvisada. Posteriormente unas damas encantadoras me daban de desayunar: huevos, tortillas de harina, café soluble y pan de caja. Feliz con tanta caloría debía después caminar unos cuatro kilómetros hacia el fondo de una meseta no muy distinta a la de Coscomate. En el corazón de otra comunidad era recibido por mujeres de distintas edades: todas cuidaban uno o más niños y estaban dispuestas a que les leyera una decena de páginas del Nuevo Testamento para después comentarlas. Aquello era mortalmente aburrido; nadie, excepto los más pequeños, tenía el mal gusto de hacérmelo notar. Si no hubiese sido yo quien debía mantener alerta a la reunión, con seguridad mi conciencia habría dormitado. Una mañana, a pocos días de finalizar mi estancia, pregunté si además de la Biblia había otro tema del que quisieran hablar. Aquel grupo integrado por no más de 25 personas reaccionó con curiosidad. Insistí para que propusieran. Una muchacha menor que yo, en cuyo regazo ronroneaba un bebé de pocos meses, quiso saber si podría darles una clase sobre métodos anticonceptivos.

Soy de esas personas incapaces de controlar el color de las mejillas cuando un asunto me rebasa; en la culpa y el enojo enrojezco. Aquel auditorio rió por mí. Me repuse en cuanto pude decir que sí. Una idea cruzó por mi abrumada cabeza: si iba a hablar de anticoncepción, bien valdría que aquellas mujeres vinieran acompañadas por sus maridos o novios, así lo comenté y ellas aceptaron la condición. Por la tarde regresé adonde me alojaba. No tenía un solo libro sobre sexualidad a mi alcance. Internet era apenas un proyecto y no contaba con la confianza suficiente para consultar con mis religiosos anfitriones. Cabía que se molestaran y entonces iba a dejar plantada a la comunidad de valle abajo sin poder cumplir con lo acordado.

El día siguiente era sábado. Decidí hacer acopio de todo lo que los hermanos maristas −con quienes me eduqué− no me habían enseñado. Redacté mi lista de métodos anticonceptivos y constaté que podía sostener una charla de media hora. Casi en vela esperé a que llegara el desayuno. Por fortuna esa mañana me ofrecieron huevos con carne de venado. Cuando me acercaba al lugar de mi estreno como evangelizador del pecado, alcancé a ver que el auditorio se había multiplicado. Una voz de niño gritó: «¡Ahí viene el menonita!» Hasta ese momento supe que era así como en aquella comunidad me nombraban. Todo era para desternillarse: un falso misionero católico de 19 años, en plena crisis religiosa, que debía hablar de anticoncepción vestido con ropas que lo hacían ver como un emigrante alemán del siglo XVIII.

Según mis cálculos ahí se habrán juntado más de 150 personas. Lo que el Nuevo Testamento no logró hacer, sucedió gracias a la plática sobre reproducción humana. No comencé mi exposición con el Génesis y sus anécdotas a propósito del árbol, la serpiente y la pérdida del paraíso; aquel edén serrano no merecía tan mala leche. Todavía no sé cómo pero logré abarcar mi temario. Mejillas rojas aparte, hablé del preservativo, los óvulos, el método Billings −fallido, según conté, porque de otra manera alguno de mis hermanos no formaría parte de mi familia− y los dispositivos intrauterinos (de estos últimos no sabía más que el nombre). Al terminar, aquellas mujeres no dejaban de preguntar; los varones, en cambio, callaban. Me enteré entonces de que prácticamente ninguna de esas parejas estaba casada. El Registro Civil quedaba muy lejos y los sacerdotes no solían pasearse por ese valle. Durango es un estado donde hombre y mujer se juntan muy jóvenes: entre los 15 y los 18 años. La media de edad sube en las ciudades pero no demasiado. La fiesta de la boda, cuando la hay, la paga el papá del novio. Luego, los nietos serán cuidados por la familia de ellas; quizá por esta razón también las abuelas maternas acudieron a escuchar aquella charla.

Nunca más regresé a ese lugar. Olvidé con el tiempo el nombre de la comunidad. Ahí tampoco recordarán ya al *menonita*. En cuanto mis anfitriones supieron lo sucedido me subieron a la parte trasera de un camión de redilas y lamentablemente no volví a bañarme a jicarazos con el agua de aquel pozo helado. Más de veinte años después, estando en Coscomate pensé en tomar el camino que lleva a Las Cruces; no importó a quién preguntara, todas las personas consultadas me dijeron que en esa zona la cosa se había puesto muy peligrosa. Pido disculpas por la cobardía y prometo que, antes de que se acabe el mundo, visitaré de nuevo aquel otro valle.

## El Salto

Ya a propósito de Los Mochis argumenté que las poblaciones construidas alrededor de los ingenios azucareros no suelen presumir su estética; algo similar ocurre con las villas erigidas a partir de la explotación de la madera. El Salto, Durango, comprueba la regla. La cuadrícula casi perfecta de sus calles principales coincide con el paisaje simétrico que producen sus casas de pino, cajones rectangulares cubiertos en su mayoría por techos de lámina. Sin embargo, esta población de más de 30 mil habitantes amanece y se recuesta siempre sucia. Si las calles están asfaltadas, los camiones que transportan la madera dejan sobre ellas incontables zanjas y baches. Cuando no, el lodo se acumula por todas partes. Aunque la mayoría de los habitantes camina, no se trata de una población amable con los peatones. Dentro se tiene la sensación de estar recorriendo un inmenso aserradero: no hay jardines ni plazas que recordar, ni andadores o pasajes que inviten a detenerse. Aunque el turismo crece en importancia para la región, El Salto pareciera no haberse enterado, es poco acogedor para el visitante. Con todo, la meseta donde se encuentra asentada esta población sigue siendo impresionante por sus alrededores. La naturaleza puso de su parte para que esta villa se inspirara pero los habitantes −muchos años arrojados a la pobreza− no han podido resolver todavía la ecuación que les toca.

Razón probable para el desorden es que, sin compromiso, por aquí vienen y van, días hábiles y festivos también, los pobladores de las rancherías dispersas que acuden a vender sus productos, abastecerse de víveres, visitar al médico o al dentista, citarse con un abogado o realizar cuanto trámite no es posible hacer en su lejana morada. La derrama económica que dejan estos breves itinerantes debe ser mucha, pero no es una ciudad que ellos consideren suya; la miran ajena. Es un centro que debe prestarles servicio sin exigir nada a cambio. Las estampas de lo humano que aquí se reproducen son muy similares: sombreros vaqueros, la troca, la música norteña, el cinto ancho, las botas largas y puntiagudas. Las mujeres más jóvenes prefieren los pantalones de mezclilla, las playeras estampadas o las camisas a cuadros. Son pocas las que llevan el cabello recogido. Contrastan las ropas de las mujeres mayores, sobre todo si éstas vienen de visita desde los caseríos. Ellas optan por el vestido sencillo y la falda que baja hasta los tobillos. Usan un chal para cubrir sus hombros aunque traen el rostro y el cuello descubiertos. Hay prueba del brevísimo mestizaje que ocurrió en esta montaña: genes traídos del País Vasco que un día se mezclaron con los aportados por los habitantes del Altiplano mexicano; prácticamente nada más. Los negros que llegaron a trabajar como esclavos en las minas de la sierra no dejaron rastro en esta comunidad. Tampoco el fenotipo originario de los tepehuanes, coras o tarahumaras, quienes también participaron de la minería, trenzó herencia en las siguientes generaciones.

La sierra de Durango produce la mayor cantidad de la madera de pino que se consume en todo México. Puede hallarse también cedro, encino, madroño, pinacate y manzanilla. Porque la economía boyante de las minas de Tayoltita, Bacín o Las Vacas ya no contrata masivamente trabajadores, la gran mayoría de la población de por aquí vive para los aserraderos. Es el negocio de la madera el que ordena la cotidianidad en la región. El empresario estadounidense Edward Shaw fundó la primera carpintería industrial en la meseta donde hoy se ubica El Salto. Trajo cortadoras modernas, maquinaria sofisticada y transporte para sacar de la montaña los tablones. Sus paisanos y luego los inversionistas ingleses imitaron la iniciativa; fueron todos ellos quienes construyeron las primeras vías del tren para conectar sus distintas propiedades.

Después de la Revolución, las presiones sociales a favor del reparto agrario terminaron por expulsar a los extranjeros. Hacia finales de los años 30 aquí se crearon los primeros ejidos y los hombres que previamente hubieran sido empleados, pasaron a poseer extensos territorios madereros. Pero antes de que esta reforma colmara de beneficios a los montañeses, sucedió una tragedia: desde el gobierno nacional se dictó una veda absoluta para proteger los bosques. De golpe se privó a los serranos de su única fuente de ingresos. ¿De qué servía la repartición de las tierras si los recién estrenados ejidatarios duranguenses quedaron impedidos para tocar las coníferas que los harían progresar?

Los habitantes de El Salto aseguran que esta decisión nada tuvo que ver con la preservación de los recursos naturales, el motivo fue solamente político. Esta veda forestal se habría impuesto como represalia al estado de Durango, sobre todo a los capitales más importantes –dueños en aquella época de los principales aserraderos– por haber apoyado y financiado, hasta 1941, la prolongación de la guerra cristera en la entidad. A este hecho se sumó el agravio de que Félix Carlos Real hubiese ganado las elecciones para gobernador (1932-1936), por una coalición de fuerzas políticas locales opuestas al partido de la Revolución. Uno de los duranguenses que mejor entiende la historia de su estado, Javier Guerrero Romero, cuenta: «la veda fue un castigo del gobierno federal porque Durango es un estado extraordinariamente conservador, tenía un gobierno conservador que no siguió al pie de la letra los mandatos directos del gobierno federal».

La prohibición de tocar los árboles de la sierra permaneció hasta 1966: cinco lustros que fueron fatídicos para El Salto y cientos de comunidades vecinas. A la creencia popular de que el motivo único de esta extravagante decisión fue político, cabe sin embargo oponer un argumento: en Chihuahua no se prolongó la guerra cristera hasta los años 40, ni tampoco surgió ahí un gobernador contrario al régimen. No obstante, la veda forestal igual se impuso sobre las montañas del estado contiguo. Cabe la posibilidad de que esa otra entidad pagara injustamente por los pecados de sus vecinos, pero puede también servir como explicación que el gobierno nacional –facultado por la Constitución para regular en solitario la explotación de los bosques mexicanos– no se haya sentido capaz de frenar la deforestación salvaje y, en lugar de desarrollar instituciones que lo ayudaran a este propósito, optó de forma arbitraria por clausurar la industria maderera en toda la región. Prueba de la validez de tal hipótesis es que después de 1966, una vez que se volvió a autorizar la explotación, los árboles de Chihuahua y Durango fueron despiadadamente desmontados; entre 1970 y 1990 se talaron más troncos que en toda la historia previa de la montaña.

Fue hasta la última década del siglo pasado que al fin Durango contó con una auténtica política forestal. Los abundantes bosques que hoy se miran son la gran mayoría muy jóvenes; los maderos sometidos al hacha y la cortadora no tienen más de treinta años. Cada pino, cada cedro, cada pinacate que en el presente se derriban, son repuestos. Los incendios han sido controlados y el entorno ahora sí se procura con esmero. De los premios forestales que año con año se entregan en el país, Durango suele llevarse prácticamente todos. Este acierto no se debe a la política dirigida desde la ciudad de México sino a las medidas que han tomado los mismos ejidatarios y el gobierno de la entidad.

Entre todas las unidades económicas que viven de la madera por esta zona, la que mayormente destaca es el ejido El Brillante. Se trata de una organización campesina que administra uno de los aserraderos más grandes; sus oficinas están radicadas en El Salto. Frente a los argumentos que algunos teóricos contemporáneos del medio ambiente suelen arrojar en contra de la propiedad comunal, este ejido ha dado prueba de eficacia, tanto para proteger el bosque como para sacarle provecho económico: cada ejidatario de El Brillante ingresa al año un promedio de 2 millones de pesos. Además de la explotación maderera, la empresa ha sabido diversificarse, cuenta con una fábrica de muebles, es socia de otra muy grande de papel y ha incursionado en el turismo de montaña.

Cuando en los años 90 de la centuria anterior una reforma a la Constitución mexicana permitió que los ejidatarios del país pudieran vender sus predios, los integrantes de El Brillante decidieron continuar compartiendo su patrimonio. Los socios de este ejido son los principales empleados en el negocio. Trabajan ahí también hijos, nietos y cientos de avecindados de la montaña; no son gente ostentosa pero viven holgadamente. Por lo pronto, la tentación de dedicarse a otras actividades, como los cultivos ilícitos, no ha sido grande. Este ejido es modelo para los demás. Chavarría, donde se halla el caserío de Coscomate, se muestra como un ejemplo bueno de la imitación.

Saliendo desde El Salto hasta la ciudad de Durango hay un paisaje desigual: después de la sierra boscosa siguen los llanos del semidesierto. Con ellos aparecen los huizaches, se multiplican los mezquites y sobran los nopales. Justo donde el valle de Guadiana se abre en toda su extensión, el cerro del Mercado se asoma para saludar al viajero.

# Cristeros

La mejor memoria de la ciudad no está en los libros de historia: oculto para los que viven de prisa hay un oficio serio. Quienes lo practican forman una suerte de hermandad; se trata de los cronistas. Algunos escriben pero la mayoría son mejores conversadores. De palabra en palabra se van pasando las anécdotas que fundaron la comunidad donde viven. No poseen la petulancia del académico ni la pedantería del intelectual. Saben que lo humano debe ser contado con sencillez para conmover a los semejantes. En Durango me topé con varios cronistas extraordinarios: don Manuel Lozoya Cigarrola, Rogelio Brambila, Gilberto Jiménez y José de la O Olguín.

Don Manuel Lozoya es el decano del oficio en la capital del estado. Le llamé una mañana para pedir una entrevista y me la concedió esa misma tarde. La librería que muchos años, a pesar de sus magras ventas, sostuvo este cronista, la conocieron muy bien sus vecinos. Hoy ese establecimiento no existe más. «Ya nadie lee libros», me dijo con pesar don Manuel. Encontré un par de estantes con textos viejos, casi todos de su propia autoría, arrumbados en el garaje. Este hombre fue maestro bastante tiempo. Hace décadas que está jubilado. La enfermedad lo cerca: pasa largas horas sentado en el mismo sillón. Fue él quien eligió el primero de los temas que abordamos durante nuestro diálogo:

«Sí, señor. Yo soy profesor de carrera, fui maestro rural, conocí el pensamiento y el sentimiento de los campesinos de Durango, siempre doloridos y explotados. Doloridos del rico, del mismo gobierno, porque el gobierno en todo momento siempre encuentra mayor alianza con el rico que con el pobre, y hace más por el rico que por el pobre.» El cronista me explica que por culpa de las desigualdades, en Durango se han vivido tres movimientos sociales: la Revolución, encabezada por Francisco Villa; la cristiada, que duró desde los años 20 hasta 1941, y el movimiento urbano popular de los años 70 del siglo pasado.

«Aquí muy cerca de la ciudad, a unos diez minutos está Santiago Bayacora, que fue sede del movimiento cristero en Durango. Los líderes de la cristiada en el estado, Trinidad Mora y Federico Vázquez, eran originarios de esa población. En toda la zona del sur hubo cristeros acérrimos que nunca se rindieron. Murieron en la trinchera enfrentándose permanentemente al ejército, defendiendo su bandera de la religiosidad. Fue un problema político muy importante que todavía tiende a florecer.

Aún la gente de Santiago Bayacora ve con resquemor al gobierno que está aquí en la capital.»

En Durango tuvieron lugar en realidad dos rebeliones cristeras: una que duró de 1926 a 1929 y otra que corrió entre 1934 y 1941. La primera convocó a la lucha armada bajo la consigna de rechazar la Constitución mexicana por sus artículos 27 y 130, el primero relacionado con la propiedad de la tierra y el otro con la separación entre la Iglesia y el Estado. Las élites duranguenses y el alto clero católico estaban en contra del reparto agrario: defendían el derecho de los grandes hacendados a mantener junta la propiedad de sus latifundios. Fueron ellos quienes financiaron la revuelta social y para su beneficio la dotaron de contenidos religiosos.

Con el objeto de frenar el proselitismo que desde el púlpito se hacía a favor de la cristiada, el gobierno decretó la suspensión de cultos y limitó el número de sacerdotes que podían ejercer su ministerio. Aquello caldeó todavía más los ánimos. La Iglesia católica duranguense aumentó su propaganda contra el gobierno y trajo dinero de Estados Unidos para armar a los creyentes. En breve los cristeros sumaron más almas que efectivos tenía el ejército en la entidad; al menos la mitad del territorio entró en llamas. La guerra llegó a tal punto que el Senado de la República se vio obligado a desaparecer los poderes constitucionales de Durango. En 1929 una tropa federal reforzada arribó a la entidad con la instrucción de aniquilar a los rebeldes. Éstos recularon pero solo durante el siguiente lustro.

La segunda revuelta ya no tuvo que ver con el reparto de las tierras sino con la intención del gobierno federal de instaurar la educación socialista en todo el país. Los conservadores duranguenses resintieron este asunto como una afrenta. Tal y como narra don Manuel, en el poblado de Santiago Bayacora los rebeldes tomaron de nuevo las armas y pusieron al frente a Trinidad Mora, Florencio Estrada y Federico Vázquez. En pocas semanas estos hombres lograron organizar un contingente que sumó aproximadamente 2 mil 500 individuos. Atrajeron para su causa a los indios coras, huicholes, tepehuanes y mexicaneros; estos aprovecharon el episodio para reclamar la devolución de los bosques que el gobierno entregara décadas atrás a las empresas extranjeras. Frente al movimiento las autoridades locales reaccionaron ofreciendo garantías a favor de sus tierras comunales; esa decisión desactivó la base del movimiento cristero. Sin embargo, los líderes principales continuaron luchando. Tomaron la estrategia de la guerra de guerrillas hasta 1941, cuando al final fueron eliminados.

¿Qué tan religiosa siguió siendo la sociedad duranguense después de la cristiada? «Muchísimo –responde don Manuel–. El sentimiento religioso es profundamente fuerte. Todo mundo va a misa y aquí por todo se persignan. Son fundamentalmente religiosos.»

## El cerro del Mercado

A Ginés le mintieron. Antes de cruzar por Zacatecas hubo quien le aseguró que delante, hacia el oeste, había un inmenso cerro forjado por metales preciosos. No hizo entonces caso cuando pasó frente a las vetas minerales que se hallan por el rumbo de Sombrerete; acompañado de cien hombres arribó al lugar prometido: una planicie de más de 700 kilómetros cuadrados custodiada por dos montañas. Una se llama hoy Los Remedios. La otra no guardaba en su vientre ni un solo gramo de oro o plata.

En 1552 la Audiencia de la Nueva Galicia decidió extender su territorio. En la ciudad de Guadalajara entregó para ello el título de capitán general a Ginés Vázquez del Mercado, junto con el encargo de explorar los territorios desconocidos que se hallaban situados al este de Tepic; se necesitaron 50 mil pesos para financiar la aventura. El hombre tenía títulos como para hacerse responsable de la tarea: nació en Castilla-La Mancha y habría crecido en Extremadura. Llegó al Nuevo Mundo bien emparentado con uno de los conquistadores que, bajo el mando de Hernán Cortés, desembarcaron en Veracruz. Para cuando la Audiencia de la Nueva Galicia lo hizo capitán general, Ginés era ya hombre de fortuna, dueño de algunas minas en el actual territorio de Nayarit, pero apostó lo que tenía para ganar más fama y por ello marchó hacia donde prácticamente ningún español había estado.

Testarudo y algo vano, se convenció de la existencia de aquel cerro riquísimo; tal vez él bautizó como valle de Guadiana a la extensísima meseta donde hoy se halla asentada la ciudad de Durango. Hay quien asegura que fue Francisco de Ibarra quien lo hizo. Tal versión es poco creíble: el río que con ese mismo nombre recorre buena parte de España, nace en Castilla-La Mancha, cruza Extremadura y desemboca en el Atlántico, en las costas portuguesas. Se trata del segundo afluente más largo de la península Ibérica. Ibarra, el fundador de Durango, era originario del País Vasco y ahí el Guadiana no tiene importancia. En cambio, para Ginés, desde muy niño, sobre ese afluente comenzaron los viajes.

Vázquez del Mercado penetró el valle de Guadiana topándose primero con el río Tunal y luego con la Acequia Grande. El inmenso cerro situado frente a estos afluentes debió impresionarlo. Su imagen fácilmente se graba en la memoria. Tiene a un costado un inagotable yacimiento de hierro, pero este mineral no servía entonces para hacerse rico. Oro y plata eran los únicos metales que importaban y por tanto la aventura fue juzgada como un fracaso. Maltratado en su ánimo, Ginés volvió sobre sus pasos seguido por una tropa aún más desencantada. Con todo, antes de abandonar aquella región poblada por tribus tepehuanes, el capitán bautizó a la montaña de hierro con su apellido.

Días más tarde, de regreso en las cercanías de Sombrerete, el manchego fue sorprendido con fiereza por un nutrido grupo de nativos mientras dormía. Logró sobrevivir pero quedó lesionado. Casi solo pudo llegar a Teúl, poblado situado al sur de Zacatecas, ahí lo hospedó un viejo amigo. La depresión del capitán Ginés no le permitió sobreponerse a las llagas que en su recorrido le impusieron el fracaso y las armas enemigas; murió prácticamente olvidado por sus contemporáneos en 1553. Mejor fama alcanzó el joven vasco Francisco de Ibarra cuando dos años después, informado de los hallazgos del primer adelantado, emprendió por su parte el viaje hacia el valle de Guadiana.

## Francisco de Ibarra

Tenía 16 años cuando su tío Diego lo ungió como conquistador. Entonces el poder político y la riqueza de su familia difícilmente encontraban competencia en el nuevo continente; sobre él recayeron las ambiciones de su herencia. Francisco de Ibarra partió de Zacatecas y en solo dos décadas inventó la Nueva Vizcaya, un territorio que en su momento más extenso incluyó el sur de Coahuila, parte de Sinaloa, Sonora y Texas, así como todo Chihuahua, Durango, Arizona, Colorado y Nuevo México. Si un día el mapa de esta región colonial llegó a verse inmenso, en gran medida se debe a que este joven cumplió con creces las expectativas familiares. Tiene razón el historiador Guillermo Porras Muñoz cuando advierte que la caída de la gran Tenochtitlán en manos de Hernán Cortés fue en realidad un breve peldaño de la inmensa epopeya hispánica en las Américas. La verdadera conquista ocurrió más tarde, cuando la siguiente generación de adelantados se hizo cargo de fundar la civilización novohispana. Francisco de Ibarra, sobrino de Diego y Miguel de Ibarra, forma parte de esa segunda oleada de colonizadores.

Su tío Miguel fue capitán en el ejército de Nuño Beltrán de Guzmán, cuando este polémico expedicionario inventó el reino que después llevaría por nombre Nueva Galicia. Fue el primero de la familia de Ibarra que puso un pie en estos dominios. A diferencia de Beltrán o de Cortés, no era castellano ni extremeño sino vasco; importa decirlo porque la cultura traída de las varias regiones españolas era distinta. Mientras los primeros tenían alma de militar, los vascos eran más diestros en el terreno de los negocios. Los conquistadores originales fueron impacientes con el dinero y quisieron pronto cobrar la recompensa económica por los servicios prestados a la Corona. Los vascos, en cambio, sabían que la riqueza duradera necesita del esfuerzo disciplinado. Fue Alexander von Humboldt quien lo dijo a principios del siglo XIX: la herencia vasca en el norte mexicano produjo una manera industriosa de ser, enérgica y laboriosa.

Al lado de Juan de Tolsá, Diego de Ibarra, hermano de Miguel, fue fundador de Zacatecas y descubridor de las minas que enriquecieron a esa población. En el amanecer de la Colonia, Diego llegó a ser uno de los hombres más acaudalados: tanto, que el virrey, Luis de Velasco, accedió sin poner condiciones cuando Ibarra solicitó la mano de su hija Ana (por cierto que el virrey no pagó la dote que la tradición exigía). Tal matrimonio hizo que el minero zacatecano acumulara también una enorme cantidad de poder político. Ya instalado en Zacatecas, no estaba el yerno del virrey interesado en seguir dependiendo de las decisiones tomadas desde lejos. Quería su propio reino y por ello se dispuso a financiar un gran ejército para vencer a las tribus nómadas que vivían al norte de su gran fundo minero. Una discapacidad física le impedía sin embargo ponerse al frente de la futura empresa: durante los años cuando participó en la pacificación del territorio zacatecano, una herida le dejó prácticamente inútil la pierna derecha. En tal condición, invertirse personalmente en la conquista de aquella tierra ignota era impensable; fue por ello que encargó a su sobrino, Francisco de Ibarra, que capitaneara su flamante tropa. Dos años después de que Ginés Vázquez del Mercado descubriera la montaña que no era de oro, el joven sobrino de los de Ibarra, seguido por varias decenas de soldados, visitó el valle de Guadiana. Ahí fundó la villa de Durango, en honor al poblado vasco donde hubiera nacido. En lengua euskera Durango quiere decir «más allá del agua».

Con una capacidad sorprendente para organizar gobierno, este joven dispuso las primeras instituciones, otorgó los primeros cargos y repartió las primeras tierras para los españoles. Siguió su camino hacia el norte; cruzó luego la sierra para recuperar Culiacán y Chametla del olvido en que hubieran quedado después de la partida de Nuño Beltrán de Guzmán. El más joven de la familia de Ibarra fundó y también explotó las minas de Santiago de los Caballeros por el rumbo de Badiraguato, y más al sur las de Pánuco, no lejos de Mazatlán. El estilo vasco de gobernar tuvo sus particularidades: Diego de Ibarra compró al virrey Velasco el título de gobernador de la ciudad de Durango para su sobrino Francisco. A su vez, este joven colonizador entregó puestos públicos al mejor postor, por sumas importantes que le sirvieron para saldar su propia deuda y después para ampliar los límites de su riqueza. Entonces la autoridad virreinal acostumbraba entregar a un particular las instituciones del gobierno para que este las explotara. Se trataba de una suerte de concesión, al igual que hoy se hace con las minas, los canales de televisión o el servicio de telefonía. Fue así como la familia Ibarra se convirtió en la autoridad máxima de la Nueva Vizcaya. En reciprocidad, aumentó los territorios pertenecientes a los reyes Carlos I y Felipe II de España.

En efecto, las primeras instituciones del Estado mexicano se fundaron a partir de la compra de los cargos públicos: regidurías, alcaldías, judicaturas, escribanías, jefaturas militares; todos esos puestos se obtenían según la capacidad pecuniaria de los recién llegados. Quien pagaba por un cargo no lo hacía por el prestigio que pudiera obtener sino porque su inversión iba a ser multiplicada. Los trabajos en el gobierno eran valorados meramente en función del negocio que representaban. ¡Cuánta dificultad ha tenido el México de los siglos posteriores para deshacerse de esta práctica! Todavía hoy son muchas las plazas de servidor público adquiridas igual a como ocurría quinientos años atrás: el empleo de profesor, la notaría pública, la comandancia de policía, la inspección sanitaria y tantos más que pueden obtenerse como si se tratara de bienes privados.

En 1575 el gobernador de Durango, Francisco de Ibarra, murió por enfermedad en el mineral del Pánuco, al este de la costa mazatleca, ya sobre la montaña. Tenía 36 años; pocas vidas tan cortas han hecho tanto. No tuvo descendencia. De su lado no hubo hijo o sobrino que continuara con la obra pionera. Después de su muerte se necesitaron 150 años para que esta ciudad pudiera acercarse en esplendor a Zacatecas. No fue sino hasta principios del siglo XVIII que la capital de la Nueva Vizcaya se convirtió en una joya notoria de la era colonial mexicana.

# Traición a la lengua

Los dioses también pueden ser ingratos con las ciudades: prometerles la gloria y luego dejarlas caer sin paracaídas. Pasear hoy por las calles del centro de Durango se parece mucho al acto de descifrar las claves remotas de un libro precioso; un texto que muestra los signos de la grandeza para luego mezclarlos con los significados de la decadencia. La avenida que hoy lleva por nombre 20 de Noviembre resulta una buena página para el ejemplo: reúne al Teatro Ricardo Castro con la plaza de armas y la catedral, lugares que confirman lo mejor de la clásica arquitectura mexicana. Esa misma vialidad contiene horripilantes anuncios de neón, tiendas donde se venden ropas de tela corriente y farmacias en cuyo umbral baila y hace guardia la botarga gorda y calva de un señor que comercia con todo tipo de medicamentos.

Le he pedido a Carlos, taxista de la ciudad de Durango, que me lleve al centro comercial de moda. Partimos justo de la plaza de armas; durante los primeros minutos del trayecto se impone la distancia, pero él no resiste: la curiosidad en su oficio ayuda a escapar del aburrimiento. «¿Sabe que las iglesias del centro están todas conectadas con la catedral? Dicen que hay largos túneles que llevan de un lado a otro.» Los altos campanarios de la antigua parroquia de La Asunción se miran desde muy lejos. Es una de las mejores herencias que la Colonia dejó a los mexicanos; barroco extravagante por fuera y por dentro. Calculo y dudo: de ser cierta la información aportada por el taxista, quienes hicieron esa obra tendrían que haber cavado uno o dos kilómetros entre un templo y otro.

Procede el conductor a hacer una segunda observación: «Debajo de estas grandes casonas que ve, hay tesoros enterrados. Por eso los más ricos las han comprado. El oro escondido daría para sostener a toda la población de la ciudad durante tres años. Seguro que ya dieron con él. Los ricos siempre salen bien parados». Vuelvo a asentir, ahora sin incredulidad: lo dicho por Carlos debe ser una verdad creída por buena parte de la población. El rumor es, sin embargo, intrascendente. La riqueza constatable no se halla bajo la tierra sino que está a la vista: el antiguo Palacio del Conde del Valle de Súchil, la residencia del minero Juan José Zambrano, el Teatro Victoria, el Museo Regional, en fin, son todos edificios de una arquitectura que habla de mejores épocas. En la Colonia y también durante el Porfiriato esta ciudad fue muy rica; ayudó a ello que los mineros de la sierra y los ricos rancheros tuvieran aquí sus residencias. La autoridad de entonces se encargó de hacer lucir bien a esta capital. Los edificios debían ser parecidos y no podían exceder cierta altura. Desde principios del siglo XVIII se empedraron las calles, el drenaje dejó de correr a cielo abierto y fueron construidas varias fuentes públicas.

Dejamos atrás las calles principales y el transporte se acerca al centro comercial. Mi interlocutor cambia la hebra de la charla: «Es bueno venir aquí». Lo miro desconcertado. «Hay que venir aquí para conocer otra cosa. Es que es distinto. Distinto a lo que uno conoce, pues. Aquí en la plaza hay puras tiendas con nombres americanos. Está Liverpool y el Wal-Mart.» Cuando tengo a la vista el estacionamiento de la gran plaza comercial constato la última verdad revelada por Carlos. No solo se han establecido Liverpool y Wal-Mart, también están Scotiabank, C&A, Wings Air, Vips, Gift, Transit y High Tech.

Me despido del taxista, quien por problemas de cambio con el billete que le he entregado termina regalándome un peso. «Hasta pronto y no se preocupe. Como dicen, hoy por ti, mañana por mí.» Dentro de aquel establecimiento me hallo ante un reto difícil de cumplir: encontrar un establecimiento cuyo nombre esté en castellano. Al parecer no existe. Después de mucho caminar descubro uno. Se trata del mismo a donde en principio me dirigía: MMCinemas. No es un nombre ortodoxo pero tampoco podría ser repudiado por la Academia Mexicana de la Lengua. Al hacer la fila para entrar a la sala donde se exhibe la película más boba que había en la cartelera, miro a un hombrón ya maduro que con una mano toma por la cintura a su novia y con la otra sujeta con cariño la de una mujer que muy probablemente sea su propia madre. A nadie parece sorprender el incidente. ¿Será que el Edipo es más común aquí que en otras latitudes? La mujer mayor y su hijo traen muy manchados los dientes. Otra clave de la normalidad: el agua de Durango que se filtra cerca de los yacimientos de hierro tiende a percudir las dentaduras.

Después de la Revolución, Chihuahua, Torreón, Saltillo y Monterrey le arrebataron a Durango su trono en el norte mexicano. Con todo, esta ciudad guarda digna —cual dama de sociedad venida a menos— las joyas que sus amantes previos le regalaron. Parafraseando un alevoso epíteto de Oscar Wilde, podría afirmarse que posee un brillante futuro a sus espaldas. La reciente reconstrucción de su centro histórico hace imposible desconocer la majestuosidad de antes. Ahora que, siendo mejor intencionado, se antojaría con sincero deseo profetizar el regreso del esplendor dieciochesco para el retablo del siglo XXI. La posibilidad de este anhelo dependerá de la inteligencia que los duranguenses pongan para escapar de su más lastimosa y vieja contrariedad: el ensimismamiento.

## Movimiento urbano popular

La hermandad de cronistas advirtió que para entender la vida más reciente de Durango debía conversar con el historiador Javier Guerrero Romero. Este hombre resultó ser una impresionante enciclopedia de temas contemporáneos. Lo encontré dentro de un minúsculo despacho ubicado a unas cuantas cuadras de la plaza de armas; libros y fajos de papel lo rodeaban. Durante casi tres horas ocupé una silla frente a su escritorio. La relación personal con los habitantes de por aquí suele darse en cuatro pasos: primero son hoscos, luego desconfiados. Acto seguido miden con preguntas sutiles al interlocutor; al final dan un salto triple y son encantadoramente amables. Hay algo en su lento acercamiento que el recién llegado agradece; resuelve el temor de la secuencia inversa. En otras regiones de México las relaciones comienzan con una amabilidad excesiva, luego –en la falsa confianza– se pasa a las preguntas comprometedoras que pueden desembocar en una sensación de suspicacia y, por último, en un trato hosco que se vuelve insuperable.

No hubo asunto que Javier Guerrero no tuviera antes digerido: turismo, industria, minas, bosques, transporte, asentamientos urbanos, en fin. Llaman *futurólogo* a quien es capaz de imaginar el porvenir de las sociedades; Guerrero entiende bien lo que podría pasar con Durango en la década próxima. En este apartado animo su voz a propósito de uno solo de los muchos temas que abordamos durante nuestro encuentro, más tarde retomaré otros de sus mejores argumentos.

«En 1966, dos años antes del movimiento estudiantil de 1968, hubo en Durango un movimiento muy importante conocido como el del cerro del Mercado. Entonces los jóvenes universitarios, seguramente influidos por alguno de sus maestros, aseguraban que la ciudad de Monterrey había crecido gracias al hierro que se llevaron desde aquí. Creyeron que si Durango tuviera una gran empresa fundidora de acero, la ciudad crecería tanto como la capital de Nuevo León. Era desde luego una hipótesis falsa y, sin embargo, con esta idea movilizaron a cientos de personas para cerrar la mina de hierro, con el propósito de forzar al gobierno federal para que instalara una acerera en el estado.»

La ingenuidad no pudo ser mayor. El cierre de una de las minas que abastecía a la empresa Fundidora Monterrey no era motivo para que la autoridad nacional decidiera celebrar una inversión multimillonaria. Aquellos jóvenes –la generación mimada del *milagro mexicano*– no supieron calcular la verdadera fuerza de sus actos; solo sabían que su ciudad no había llegado a industrializarse como sí lo lograron hacer las tres hermanas de La Laguna. Querían chimeneas y el progreso que trae la fábrica; supusieron que el gobierno todopoderoso tenía la obligación de financiarlo. Javier Guerrero Romero dice que aquella juventud fue manipulada por los dueños de las grandes extensiones boscosas para llamar la atención sobre la veda forestal que ya para entonces había durado veinticinco años.

«Fue un movimiento impulsado por los industriales forestales para acabar con la veda. Ellos echaron a andar a los universitarios con el pretexto del cerro del Mercado porque querían una solución a un problema particular. Orquestaron una presión social bien calculada. En revancha, desde la ciudad de México se hicieron promesas. La autoridad aseguró que el Estado mexicano haría grandes inversiones para industrializar Durango. Se comprometió a poner fábricas y servicios. Nada cumplió.» Liberado el cerro del Mercado, el hierro volvió a explotarse y Fundidora Monterrey continuó un camino que por cierto no sería muy largo. Huelga decir que el movimiento del cerro del Mercado sirvió para levantar la veda forestal.

Además de los estudiantes, otros mexicanos se tragaron el cuento. Persiguiendo la promesa de los políticos, mucha gente vino a vivir aquí porque la ciudad iba a crecer, así que durante los años 70 estalló la demografía. «Se crearon fraccionamientos impresionantes; asentamientos infrahumanos en el centro histórico y en los barrios de la ciudad. De ahí viene la presencia del movimiento urbano popular; las invasiones de tierra. Las primeras colonias: División del Norte y Emiliano Zapata; los invasores de estas fundamentalmente son la gente que vivía en las vecindades. Luego ocurre una historia inverosímil, pero al fin propia, que es el movimiento maoísta, que tiene una influencia muy fuerte de Monterrey y Chihuahua. Este fenómeno retó a la base política del PRI.

»El partido oficial comenzó a perder capacidad de convocatoria entre las clases populares y su liderazgo reaccionó organizando sus propias invasiones. Mayagoitia, que es un asentamiento enorme, del vuelo de la Zapata o la División del Norte, surge de una invasión priista. En otro polo de la ciudad nacen las colonias José López Portillo y Luz y Esperanza, también la Felipe Ángeles. Todas son irregulares, sin servicios. De la mano de estos asentamientos emergieron líderes que se hicieron muy ricos; luego se convertirían en dirigentes de partido. Hoy todavía esas colonias representan el voto duro, tanto del Partido del Trabajo (PT) como del PRI. La ciudad hizo su primer plan de desarrollo en 1976, pero no sirvió de nada. Fue una utopía, una estrategia bonita que fue rebasada de inmediato. El gobierno no logró construir una respuesta frente a ese fenómeno de masas. La ciudad de Durango se desbordó. Creció de manera irregular. El Estado perdió la batalla.»

Las colonias citadas por Javier Guerrero significan aún el principal repositorio de votos clientelares que los partidos se disputan. Si los líderes del PT ganan el gobierno municipal, son ellos quienes intercambian los votos por sus favores: agua potable, banquetas, drenaje, despensas, apoyos económicos. Si el PRI recupera la negociación con los líderes de esos asentamientos pauperizados, entonces es este partido quien triunfa en las urnas. Curiosa paradoja de la democracia: las elecciones terminan definiéndose en las colonias populares –lugares donde el voto es abundante– y sin embargo, a pesar de su peso político, los más pobres obtienen prácticamente nada. El gobierno, como dijera Manuel Lozoya Cigarrola, siempre se las arregla para aliarse con los más ricos. Garantiza la sumisión y, de manera inexplicable, la complicidad de los más jodidos.

## El héroe desconocido

Dos siglos después de la independencia, Guadalupe Victoria no es un héroe nacional visitado cuando se está en busca de inspiración; para la mayoría de los mexicanos se trata de un personaje irrelevante. Según una encuesta celebrada por la empresa Mitofsky en septiembre de 2010, solo tres de cada diez saben quién fue este hombre. Sería inaceptable para con la historia de Estados Unidos que el general George Washington pasara desapercibido; en cambio, nuestra narrativa ha sido injusta con respecto a Guadalupe Victoria, el primer presidente de la República Mexicana. Si pudiésemos responder con sinceridad por qué el vecino del norte venera la figura de Washington, mientras que aquí se tiene tan menospreciado a José Miguel Fernández y Félix, nombre verdadero de este fundador de la patria, probablemente encontraríamos una clave importante para comprender lo que hoy distingue a una y otra identidad.

Guadalupe Victoria nació en Tamazula, Durango, el viernes 29 de septiembre de 1786. Quedó huérfano desde muy pequeño por lo que su tío paterno, cura de pueblo, se hizo cargo de educarlo. Lo envió primero al seminario de Durango –institución que, cuando la expulsión de los jesuitas, sustituyó al Colegio de Guadiana– para que ahí aprendiera latín, griego, geografía y aritmética. Después lo inscribió en el Colegio de San Ildefonso de la ciudad de México, donde obtuvo el título de abogado. En 1811 el futuro general brigadier se unió al ejército insurgente. Peleó primero en la batalla de Cuautla y creció en reputación durante la toma de Oaxaca. Cuando todos los que iniciaron la guerra con Miguel Hidalgo y José María Morelos habían muerto o claudicado, Guadalupe Victoria y Vicente Guerrero sobrevivieron como los principales emblemas de la Independencia.

Una vez que Agustín de Iturbide instauró ese bodrio llamado «Imperio Constitucional», Victoria fue el primero en conspirar contra el emperador. Después del caos que sobrevino con la abdicación de tan conspicuo personaje, Victoria se integró como miembro del Supremo Poder Ejecutivo y desde ahí convocó a las antiguas provincias novohispanas a crear la República Federal Mexicana. A él le tocó emplazar al Congreso que redactó la primera Constitución. Durante el mismo año de 1824 se celebraron elecciones presidenciales; votaron en estos comicios solo las legislaturas locales y Guadalupe Victoria ganó en diecisiete estados. Como homenaje al llamado que hizo Miguel Hidalgo en 1810, fue él quien inauguró la tradición de celebrar el Grito de Independencia. Aprovechó la ceremonia del 16 de septiembre de 1825 para declarar la abolición definitiva de la esclavitud en todo el territorio nacional.

Durante el gobierno de Guadalupe Victoria, México alcanzó su talla más amplia: 4 mil 500 kilómetros cuadrados. Al sur este país se prolongaba hasta la Gran Colombia. Al norte lindaba con los actuales estados de Kansas, Misuri, Iowa y Nebraska. Los problemas más graves durante su gestión derivaron precisamente de la inestabilidad de ambas fronteras: siendo todavía integrante del Supremo Poder Ejecutivo, las antiguas provincias de América Central rechazaron sumarse al proyecto federalista mexicano. Con todo, él supo atrasar la fractura.

Al norte de la antigua Nueva España el dilema era otro. En 1825 la Alta California, Arizona, Nuevo México y Texas, así como los actuales estados mexicanos de Sonora, Chihuahua, Durango y Coahuila, permanecían todos peligrosamente despoblados. En respuesta a esa angustia, el Congreso expidió una ley que promovió la migración, se ofrecieron tierras a los extranjeros y también diez años de exención fiscal. Mucha preocupación se produjo en la capital del país cuando se supo que los colonos anglosajones no estaban dispuestos a respetar las leyes nacionales; concretamente sostuvieron la práctica esclavista traída desde Estados Unidos. Por esta razón y porque fue veloz y numerosa la peregrinación, el gobierno optó por cerrar la frontera norte solo cinco años después de haberla abierto. Ya era demasiado tarde.

Cumplida la labor pública, el duranguense se retiró a vivir en una hacienda de su propiedad situada en los alrededores de Perote, Veracruz. En 1835 volvería a participar políticamente porque fue electo senador, cargo que utilizó para combatir las ideas centralistas de Antonio López de Santa Anna. En 1843, a los 56 años, murió este hombre cargado de extraordinaria reputación. El olvido nacional de su biografía vino después. En la ciudad de Durango se le sigue respetando, tanto que su nombre oficial es «Victoria de Durango». Una inmensa glorieta y un monumento dedicados a este personaje son parte del paisaje en la capital estatal.

## From Western to Turismo

La ciudad de Durango hizo un gran negocio gracias al estereotipo del hombre blanco que persigue al bárbaro e incivilizado apache. La industria hollywoodense dedicada a las películas de vaqueros tomó por asalto al valle de Guadiana desde mediados de los años 50 hasta principios de los 80 del siglo pasado. Entre muchos otros actores, por aquí pasaron Clark Gable, Chuck Connors, Dean Martin, John Travolta, Ringo Starr y John Wayne.

Fue el presidente cineasta, Miguel Alemán Velasco, quien ofreció a los productores estadounidenses los escenarios montañosos de este estado para que filmaran sus *westerns*. Las facilidades fueron las de siempre: exención fiscal, electricidad regalada, subvenciones. La industria sin chimeneas debía crecer en esta región mexicana y la apuesta no salió mal. De nuevo habla Javier Guerrero: «Una película, por bajos recursos que deje, arroja una derrama de treinta a cuarenta millones de pesos mensuales. Beneficia a los hoteles, los restaurantes, la renta de vehículos, de caballos, de carretas, de ganado. Contratan dobles y extras, iluminadores, sonidistas y técnicos. También carpinteros que montan y desmontan los escenarios. En los 70 llegaron a filmarse hasta tres películas por año».

Más de 250 largometrajes se rodaron durante tres décadas. En 1954 se filmó *La ley del bravo*. Un año después vino Clark Gable para actuar en *Garras de ambición*. En 1961 Chuck Connors —anglo purísimo— se disfrazó del indio Jerónimo. En 1968 Dean Martin actuó para la película *El póker de la muerte*. En 1969 se rodó *Los invencibles*. Probablemente el peor largometraje de la cinematografía duranguense haya sido *La lluvia del diablo*, filmada en 1975. Un actor, entonces de poca monta, vino y quedó prendado de la ciudad; desde esa época, cuando quiere pasar desapercibido John Travolta vacaciona en Durango. Su estampa es leyenda que festejan los lugareños. En 1981 Ringo Starr, baterista de Los Beatles, también filmó aquí *El cavernícola*.

Nunca más cierto: el cine es el arte de lo efímero. Como pasó esta industria por el valle, igual desapareció. Los *westerns*, la caballeresca del siglo XX, perdieron su audiencia y los *sets* de cine quedaron vacíos. Los extranjeros dejaron de visitar Durango. Los mejores técnicos abandonaron la región: unos se fueron a vivir a Los Ángeles, otros migraron a la ciudad de México para trabajar en los estudios Churubusco.

«Nos quedamos con nueve *sets* cinematográficos. Uno, el que más se usa, se llama Villas del Oeste. Es solamente una calle con una cantina que abre todos los días, también hay un hotel y un billar. Uno puede ir a cenar y ver un espectáculo con extras; funciona y a la gente le encanta. Luego está otro que cuenta con un ferrocarril, tiene una vieja estación. Cerca hay una reproducción de Santa Fe y de una aldea apache. Todos los *sets* se comunican por el viejo Camino Real de Tierra Adentro, que está abandonado.»

Hay otras ciudades que han hecho un próspero negocio de su más dolida nostalgia. ¿Y si Durango fuera una potencia turística aún no descubierta? Pronto el mar no quedará lejos. Tiene parajes boscosos extraordinarios. Su centro colonial carece de competencia en el norte mexicano. Posee las ruinas prehispánicas de Ferrería y los escenarios cinematográficos, al estilo *El gran Chaparral*, podrían ser un gran parque de diversiones. Por sobre todas las cosas, Durango cuenta con una de las poblaciones mexicanas más numerosas viviendo en Estados Unidos; duranguenos que, por lo menos una vez al año, visitan la tierra de sus padres y con un buen pretexto podrían detenerse por más tiempo.

«Durango es la primera ciudad colonial que se visita viniendo desde el norte. Está Parral, pero es más pequeña, y Chihuahua solo conserva uno que otro edificio antiguo. Durango no ha sido destino turístico pero lo puede ser. Las cabañas de la sierra están localizadas en lugares muy hermosos; en la montaña las estrellas se miran extraordinarias. 2013 debería ser un año turístico. La ciudad cumplirá 450 años, por eso estamos restaurando el centro histórico. Van ya cuarenta edificios y llegaremos a doscientos. Tenemos más de 2 kilómetros cuadrados de monumentos, 720 construcciones en total. Contamos con la catedral más grande del norte. Los alrededores de Durango deben visitarse. Tendríamos que hacer un inmenso parque temático. Six Flags ya hizo un análisis de factibilidad y esa compañía solo está esperando a que se termine la supercarretera que viene de Mazatlán. Necesitamos que el turismo no venga solo de paso, queremos que permanezcan varias noches, que vengan con la familia.

»Siete kilómetros al sur de la plaza de armas está el río Tunal. Atraviesa por un pueblito indígena del siglo XVII que hoy puede catalogarse como mágico. Es precioso, pequeñito. No lejos se halla el acceso al sitio arqueológico más importante del norte después de Paquimé, el sitio de Ferrería, donde hay un juego de pelota y una pirámide. Tiene influencia teotihuacana; posee un montón de construcciones. Cabría también imitar el modelo de los paradores españoles si pudiéramos rehabilitar algunas de las viejas haciendas para hospedar a los turistas. Si lográramos atraer solo al 10 por ciento del turismo que visita Mazatlán, duplicaríamos el de Durango.»

El entusiasmo de Javier Guerrero no es infundado. Su ciudad y su estado cuentan con atributos difíciles de comparar. 2013, en efecto, podría ser el año de la gran fiesta. Un obstáculo se interpone, sin embargo, entre el ahora y ese futuro imaginado: la región no es segura. Mala noticia para el turista que, ya se sabe, resulta un ave muy fácil de espantar. Al momento de redactar estas líneas me encuentro con una nota periodística donde se informa de 209 cadáveres hallados, en un plazo de apenas tres meses, en cinco diferentes fosas clandestinas ubicadas en el valle de Guadiana y en Santiago Papasquiaro. El horror de la violencia también ha hecho de Durango su residencia.

# XII
## MÁS VALE UN AMOR SINCERO QUE VIVIR EN SOLEDAD

### El joven del Nazas

A las afueras de Durango, sobre la carretera 23 que conduce hasta Santiago Papasquiaro y Guanaceví, me detengo para hacerme de un café y cargar gasolina. Son las siete de la mañana y ya somos varios quienes ahí recalamos antes de emprender el viaje. Dentro del restaurante, situado frente a las bombas de combustible, se escucha hablar extranjero. Seis o siete niños bien alimentados se dirigen a gritos hacia su *mommy*, exigen a la dependienta *orange juice* y devoran *cookies* como si, a partir de ese viernes, el universo fuera a extinguirse. Una jovencita que aún no ha alcanzado la mayoría de edad trae un libro de Gabriel García Márquez que no está editado en español. Para un mexicano es extraño entenderse con otro que parece tan su semejante pero solo habla inglés. Los padres se apenan: algo saben que hay en los modales de sus hijos más pequeños que en este lugar desentonan, pero nada más ellos se preocupan. La descendencia viene a la tierra de sus abuelos para hacer turismo y por ello es bien tratada. A estos niños se les recibe como *durangueños*, que es un término distinto al de *duranguense*. En ningún otro lugar me había tocado escuchar una palabra que permitiera distinguir entre los padres y los hijos; durangueña es aquella persona que encuentra en Durango señas de su ascendencia. Duranguense, en cambio, es el avecindado en el estado, quien aquí nació y aquí creció. Será extraño el día en que para el resto del país sea necesario distinguir entre mexicano y *mexiqueño*.

Tomo asiento en una esquina de ese restaurante para mirar con cuidado el mapa que llevo conmigo. Lo hago más por distraerme, mientras acompaño mi café con un pan dulce, que para cerciorarme de una ruta ya trazada en mi cabeza desde la noche anterior. Apenas he extendido el papel sobre la mesa cuando un muchacho bien abrigado con una casaca verde me pregunta si traigo lumbre. Busco en el bolsillo del pantalón y pongo sobre su mano extendida un encendedor de color amarillo chillón. «¿Para dónde va?», pregunta a bocajarro antes de agradecer. En respuesta señalo Santiago Papasquiaro con el dedo índice. Enciende un cigarro, da una calada y todavía con el humo saliendo de entre sus labios vuelve a interrogar: «¿Me da un aventón?».

No es que normalmente desconfíe pero en esta región las historias siniestras son bastantes. Hay algo sin embargo en la facha de ese muchacho que me impide rechazarlo. Para que mi intuición gane algo más de tiempo le pregunto si no quiere acompañarme a desayunar. Asiente y él también pide una taza de café con leche. Por la conversación me entero: Juan viene a visitar a su abuela que vive en una ranchería al sur de Canatlán. Sus padres se quedaron en Torreón. Tiene 22 años, está casado y es papá de una niña de 18 meses. Juan tiene los ojos grandes y el rostro lastimado por una piel que se resiste a madurar. Trae el pelo descuidado y como equipaje carga un saco grande de estilo militar.

Abandonamos aquel paradero y subimos juntos al automóvil. Mientras se coloca el cinturón de seguridad comenta que es buena cosa que el vehículo no traiga placas de Durango. Opto por no reaccionar frente a su observación. Entonces él remata: «Así no nos molestarán en el camino. A los que andan de paso los dejan ir sin darles problema». Mientras vamos ganando velocidad, sobre nuestro costado derecho aparece el famoso Camino Real de Tierra Adentro. Juan no sabe de qué le hablo cuando se lo señalo. Explico que esa ruta fue importante durante la Colonia; don Juan de Oñate la construyó hacia finales del siglo XVI. Durante más de trescientos años pasaron por aquí las diligencias que iban hasta el otro lado. «¿Hasta El Paso?», me pregunta. Le respondo que aún más lejos: el camino llega hasta Santa Fe, Nuevo México. Cruzan ante nosotros una iglesia desmantelada, dos haciendas en ruinas y varias viviendas cuyas paredes bien pudieron haber sido mordidas por las balas de la Revolución. La ruta tiene algo de fantasmal. A la distancia, un muro inmenso de montañas corre perpendicular a la carretera. «Parece película del oeste», afirma el copiloto refiriéndose al paisaje. No podía tener más razón. Le cuento que es justo en esta zona donde se filmaron varios de los *westerns* más famosos del cine hollywoodense; añado que más adelante John Wayne tiene un rancho. El gesto de Juan me indica que no tiene la más pálida idea de quién es ese señor. «¿No habrá sido ahí donde Salma Hayek y Penélope Cruz hicieron juntas una película?» Ahora soy yo quien desconoce la información.

El Camino Real de Tierra Adentro va soltando la charla. Entre idas y venidas de un tema al otro, Juan me confía que en La Laguna la vida se ha puesto muy difícil. «Antes, todas las noches uno se iba de fiesta pero ahora es muy peligroso. A las ocho las calles ya están vacías. Torreón va a la quiebra. Los negocios han perdido más de la mitad de sus ganancias. Muchos se han ido a vivir a Estados Unidos. La feria de Gómez Palacio, que todos los años se llenaba de gente, esta vez estuvo desierta. No fueron ni el 10 por ciento de los que antes íbamos y es que recibimos correos electrónicos firmados por Los Zetas donde se nos advertía que la cosa se iba a poner gruesa. El pleito por la *plaza* está duro: de un lado del Nazas andan Los Zetas; del otro está *El Chapo*. Justo ahí, sobre el río, está la frontera entre ambos bandos. Yo los he visto, conduzco un carro repartidor de hielos y me los topo todo el tiempo. Al *Chapo* lo vi en Torreón sobre una camioneta negra marca Lobo. Hará tres meses; eran como las diez de la noche pero juro que lo reconocí. Lo más divertido fue que un camión de soldados le pasó a un lado y ni cuenta se dieron. A Los Zetas también los conozco. Alguna de esa raza es de mi barrio; 'ora que ya ni pueden venir para Torreón porque los matan, pero sí andan libres por Gómez Palacio.»

El paraje semidesértico sigue haciéndonos compañía. Me imagino al general Custer persiguiendo al indio Jerónimo: dos bandos, uno más sanguinario que el otro; los dos convencidos de que el destino les dará la razón. Y los demás, nada más mirando, espectadores de una guerra que entrega muertos, balas y flechas envenenadas. Por fin me animo y hago una pregunta personal: «¿Por qué vienes solo a ver a tu abuela?». Juan prepara brevemente la respuesta: «Me separé de mi mujer. Le pedí que me diera un tiempo para pensar. Ella anda enojada conmigo. Y yo, la verdad, no sé qué hacer. Anda encabritada porque gano bien poco. Cuando nos conocimos yo trabajaba para una maquiladora que hace pantalones de mezclilla allá en Torreón. Entonces vivía con mis papás. Ganaba como 900 pesos a la semana y podía sacarla a pasear. Cuando nos casamos, el trabajo de obrero ya no me alcanzó; me salí de la fábrica y comencé a trabajar de chofer. Me dan mil 500 a la semana. Estoy mejor que antes pero sigue sin alcanzar. Ahora con la niña, menos. Mi mujer quiere que me cambie otra vez de empleo. Marla, así se llama la mamá de mi hija, cree que las cosas son fáciles. Ella tiene dos hermanos que ya se compraron una casa en Arizona, supone que yo puedo hacer lo mismo. Se metieron a trabajar en El negocio y les fue muy bien. Dos años nada más. Luego se fueron a vivir cerca de Phoenix con sus esposas. Dicen que dejaron El negocio pero yo no les creo. Para mí que los ascendieron. Varios de sus cuates ya murieron, algunos más jóvenes que yo».

«¿Tienes miedo de que te ocurra lo mismo?» «No. La verdad no. Lo que pasa es que no quiero equivocarme, por eso le pedí tiempo a Marla. Quiero pensármela.» «¿Qué es lo que quieres pensar?» «Usted es periodista, ¿no?» Asentí. «Usted debe saber. Mire, lo que yo necesito saber es con quién está el gobierno, con quién está el presidente Felipe Calderón. ¿Está con *El Chapo* o con Los Zetas?» Los músculos de mi rostro endurecieron. «Si el presidente está con *El Chapo* y yo me voy con Los Zetas, pues ya me cargó. En cambio, si le atino pues igual y un día me visita en Arizona.» (El general Custer y los apaches pararon frente al cofre del automóvil. ¿Cuál de los dos bandos es el bueno?) «No creo que esté con ninguno de los dos», afirmé como si tuviera absoluta confianza de ello. «No se haga. Usted viene de México. Allá bien que saben.» «No», respondí. «Pues hasta que esté seguro no voy a decidir y si Marla me deja por mis dudas, allá ella.»

Donde se dividen las rutas 23 y 45 Juan y yo nos despedimos; faltaban todavía 15 kilómetros para llegar a Canatlán. Hubo un fuerte apretón de manos y luego chocamos el puño y la palma. Mi intuición me confirmó que aquel muchacho no tenía pinta de sicario. «Un día allá en Arizona lo espero», dijo a manera de despedida y echó a andar con su saco militar al hombro.

## Ynació Para

La cabecera del municipio de Canatlán se halla protegida por dos cerros. No lejos pasa un afluente del río Tunal que aquí llaman La Sauceda. Por las montañas y por el río es que los tepehuanes llamaron a este lugar «nido de tierra junto al agua»; tal es el significado de la palabra Canatlán. El clima de la región es frío, dos meses al año los habitantes padecen las heladas. En los alrededores se siembran manzanos pero el sabor de su fruto no es extraordinario. La mayor parte del territorio de este municipio es árido. No se distingue en su paisaje al del valle de

Guadiana, Canatlán conecta hacia el norte con la sierra y sus montañas. Donde los pinos abundan, linda con San Dimas, población que ya es Sinaloa. La frontera entre las dos jurisdicciones fue la guarida de Heraclio Bernal cuando las autoridades sinaloenses lo perseguían. Cuentan que escapando de la Acordada, un buen día *El Rayo de Sinaloa*, con sus hermanos Antonio y Vicente, descendió por el lado este de aquellas montañas. En el caserío de El Maguey pidieron asilo a don Romualdo Parra. Los Bernal y los Parra tenían amistad de tiempo atrás: queda memoria del gusto compartido entre ambas familias por la fiesta, las mujeres y la cantada.

Inoportunamente, hasta la ciudad de Durango fue a dar la noticia de que *El Rayo de Sinaloa* se escondía en El Maguey. El gobernador Juan Manuel Flores envió a sus rurales para que lo apresaran. Cuando llegó la policía –tal y como era su costumbre–, Heraclio Bernal ya había partido. La autoridad se puso furiosa al encontrarse tan campantes a los anfitriones duranguenses. Actuó sin piedad: los hijos de don Romualdo sufrieron azotes y, a partir de entonces, los rurales nunca volvieron a dejar en paz a los Parra. Días después, de un tiro le arrancaron la vida a Francisco, el hijo de 8 años de don Romualdo. Luego le tocó al padre. De camino al rancho El Morcillo, la Acordada lo acribilló sin preguntar siquiera su nombre. Ambos episodios convencieron a los hermanos Parra de unir su destino a la gavilla de Heraclio Bernal; los asesinatos de su hermano y su padre fueron definitivos. Así nacieron al bandolerismo Anastasio, Romualdo (hijo), Cirilo e Ignacio Parra.

El último –quien no tendría entonces más de 14 años– fue el que alcanzó mayor fama. A Ignacio por su fisonomía lo apodaban *El Tigre*: un güero robusto y alto cuyo rostro había sido ferozmente picado por la viruela. Al principio, los Parra operaron bajo la misma marca de *El Rayo de Sinaloa* y por tanto aprendieron a respetar las reglas más básicas de esa empresa. Hicieron propia la mística del bandido social: robar las diligencias que pasaban por el Camino Real era correcto, siempre y cuando parte del dinero obtenido se repartiera entre los campesinos. En su biografía sobre Ignacio Parra, asegura el historiador Gilberto Jiménez Carrillo que entre las dos gavillas existió un pacto no escrito donde se observaban los mismos patrones de conducta. Bernal y *El Tigre* eran cerebrales, meticulosos a la hora de operar sus fechorías, y a la vez solidarios cuando repartían las riquezas entre los pobladores. La ostentación nunca fue su vicio porque la vida debía permanecer tan sencilla como cuando eran pobres. Su mejor lujo eran las fiestas que con frecuencia organizaban en las cañadas y su mayor repudio fue dirigido siempre hacia el gobierno. En Durango, la gavilla de Ignacio Parra fue creciendo en número de integrantes y también en territorio dominado. Igual a como ocurría del otro lado de la sierra, en Durango los pobladores no solo toleraban, sino que eran cómplices de los hermanos nacidos en El Maguey.

Dos temperamentos tan bien plantados en este mundo no pudieron coexistir por más de una década. En una de las esporádicas visitas que *El Rayo de Sinaloa* hizo a sus socios, las dos gavillas tuvieron un irremediable desencuentro: Bernal solía burlarse de Parra por robar cabezas de ganado a los hacendados. Aquello, según su convicción, no era parte del convenio; acusaba entre bromas y veras: «Yo no ando de *robabueyes*, yo tengo barras de plata en Guadalupe de los Reyes». El asunto terminó de manera trágica. Cerca de Santiago Papasquiaro, las dos familias se enfrentaron a balazos y Antonio Bernal, hermano de Heraclio, perdió la vida. Asegura Jiménez que su cuerpo fue discretamente enterrado no lejos de esa población.

Por aquellos meses de 1887 el reloj vital de *El Rayo de Sinaloa* comenzaba también a agotarse. Octaviano Meraz, un policía de la Acordada duranguense –cuya fama de implacable hizo que sus contemporáneos lo apodaran *El León de la Sierra*–, se puso a seguirle los pasos. Heraclio valía 10 mil pesos oro y esa cifra representaba una importante fortuna para la época. Dos hechos cerraron la puerta de escape que durante largo tiempo tuvo Bernal hacia el estado de Durango: por un lado el pleito con la familia Parra y por el otro la persecución obsesiva de Meraz. En tales circunstancias, al *Rayo* solo le quedó la sierra sinaloense para ocultarse. Poco tiempo después de la muerte del hermano, en los alrededores de Cosalá los rurales enviados por Francisco Cañedo atraparon y dieron muerte a Heraclio Bernal.

Al tiempo que la gavilla de sus antiguos socios desparecía, la fortuna de Ignacio Parra se dispuso a crecer. No viajó nunca al estado vecino. ¿Para qué si la riqueza lograda en Durango era suficiente? Además de dinero, armas y ganado, el bandido canatleco descubrió otro negocio: la venta de seguridad para los hacendados. Existe testimonio de una carta que escribió al señor Ángel Gavilán exigiéndole cien pesos que debía depositar a los pies de un árbol en un día y una hora determinados. De no acceder a la petición, Parra amenazó con que al sujeto «se lo llevaría la chingada». En cambio, si aceptaba, «iba a andar libre por donde quisiera».

Liberado de su responsabilidad para atrapar a Bernal, Octaviano Meraz dirigió su energía contra Ignacio Parra. El policía se hizo de una técnica que le funcionó muy bien: persiguió solo por las noches a su presa. Durante las horas del día dormía con sus ayudantes escondido en una cueva. La persecución se alargó por meses; finalmente, una madrugada Meraz lo descubrió durmiendo en la gruta del Alacrán. Gilberto Jiménez cuenta que, siguiendo la costumbre de la época, el policía colgó a Parra de la rama de un árbol y ahí lo dejó pendiente hasta el amanecer. Luego, para no dejar dudas sobre el triunfo, llevó el cadáver del bandido hasta Canatlán, donde fue expuesto frente al edificio del Palacio Municipal. Aún existe bajo el árbol donde lo ahorcaron una cruz de encino y un breve letrero que contiene apenas dos palabras: «ynació para». Ahí también se acude hoy para pedir favores y depositar piedras blancas. Parra fue memorable debido a que se convirtió en el maestro de otro bandido cuya estatura alcanzó fama internacional.

## El muchacho de La Coyotada

Doroteo nació en La Coyotada, un rancho que era propiedad de la muy rica y muy poderosa familia López Negrete. Porque tuvo hijos fuera del matrimonio, Jesús Villa, su padre biológico, no le heredó el apellido, ni a él ni a sus otros cuatro hermanos. Siendo el mayor de la prole, desde adolescente se puso a trabajar como peón de hacienda. Un mal día, después de una larga y fastidiosa jornada, Doroteo se encontró a la madre protegiendo el umbral de su casa, en plena discusión con Agustín López Negrete. El dueño había venido a llevarse a su hermana Mariana que solo tenía 13 años de edad. Era costumbre por aquellos tiempos que los patrones tomaran la virginidad de las mujercitas radicadas en sus propiedades.

Sanguíneo como siempre fue, Doroteo empuñó un arma de fuego y le pegó un tiro en la pierna al invasor. No lo mató pero poco faltó para dejarlo desprovisto de su virilidad. En la autobiografía que le dictó a Manuel Bauche, así narró el futuro revolucionario el suceso que lo convirtió en forajido: «El amo había intentado imponer sobre mi hogar una contribución forzada a la honra. Necesitaba también de nuestras hembras, llevando su despotismo hasta la profanación de nuestros hogares».

Por eso le disparó. Corría el año de 1894 y aquel joven campesino tenía solo 16 años. Un primo suyo, de nombre Jesús Aldey, le recomendó unirse a la gavilla de Ignacio Parra para esconderse de los rurales. Tal vez al *Tigre* le cayó en gracia la anécdota de la pierna del riquillo reventada por el plomo de un adolescente envalentonado. «¿Tiene usted voluntad para irse con nosotros, güerito?», preguntó Parra cuando tuvo a Doroteo frente a sí. El muchacho confirmó y luego recibió la primera lección del nuevo oficio: «También los hombres que se titulan pomposamente honrados matan y roban. Pero lo hacen a nombre de una ley que aplica en beneficio y protección de los pocos y en amenaza y sacrificio de los muchos».

El alumno debió escuchar con mucha atención la enseñanza porque dos décadas después supo repetirla palabra por palabra. No había pasado una semana de su incorporación a la gavilla cuando Doroteo Arango ya contaba con ahorros por casi 3 mil pesos; toda una fortuna. Hacia finales del siglo XIX, esa suma significaba diez veces el salario anual de un campesino. Afirma también en sus memorias que, antes de un mes, todo ese dinero lo había repartido entre la gente más pobre. Fueron cuatro años los que este joven compartió dentro de aquella banda; ahí aprendió cómo han de organizarse los hombres. Parra lo enseñó a pensar estratégicamente, a estar siempre un paso adelante de su enemigo, a ser desconfiado, a sobrevivir por largas temporadas en la sierra, a identificar a los que mandan; también por mediación suya obtuvo sentido de la injusticia. Así como Heraclio Bernal fue maestro de Ignacio Parra, *El Tigre* lo fue para Doroteo Arango; con el tiempo el último de los alumnos superaría en fama e inteligencia a sus mayores. Doroteo Arango decidió abandonar la gavilla de Parra: quizá el futuro líder de la División del Norte sintió demasiado cerca el aliento de Octaviano Meraz. En realidad no se conocen las razones que separaron al tutor del alumno. Ignacio tendría para ese momento alrededor de 28 años y Doroteo estaría a punto de cumplir 20. Los dos güeros de rancho jamás se volverían a ver después de la ruptura. Poco más adelante, a Parra lo mataron frente a la cueva del Alacrán. *El Centauro del Norte* lo recordó por muchos años.

Ya solo, el muchacho de La Coyotada tomó camino hacia Parral. Fue durante ese accidentado tránsito cuando decidió recuperar el apellido Villa que su padre le hubiera antes negado. Con el amanecer del nuevo siglo se extravió Doroteo Arango y surgió el futuro revolucionario: Francisco Villa. El argumento es del historiador Gilberto Jiménez: Bernal, Parra y Villa no fueron producto de las leyes de la naturaleza sino de las leyes de la sociedad. En otro contexto quizá hubieran sido hombres legales y prósperos: si durante el Porfiriato las tierras y las aguas no se hubiesen concentrado en tan pocas manos, si la ley no se hubiera puesto al servicio de unas cuantas familias, en fin, si la impunidad no hubiera sido tanta, probablemente Bernal, Parra y Villa, con su audacia, serían hoy recordados de otra manera.

Los descendientes adinerados de las familias duranguenses que debieron enfrentar a Pancho Villa durante la Revolución continúan sulfurando ánimos maldicientes cuando escuchan su nombre. Los Bracho, los Pérez Gavilán, los Elizondo, los Gurza, los Gutiérrez, todos son apellidos que perdieron gran fortuna durante la segunda década del siglo XX y todavía reclaman al general revolucionario por aquella suerte. Francisco Villa –el personaje histórico– ha tenido como atributo atraer y también proycctar grandes pasiones. Cuando su estrella iba en ascenso, mucho antes de la invasión a Columbus, el presidente estadounidense Woodrow Wilson llegó a admirarlo. Lo consideraba –lugar común– un moderno Robin Hood cuya vida se hizo azarosa por dedicarla a alimentar a los pobres con el dinero de los ricos.

Cada generación ha decidido cómo interpretar al personaje: sus contemporáneos lo veneraron como máquina implacable para ganar batallas. Después fue visto, junto con Emiliano Zapata, como el representante de los verdaderos derrotados durante la Revolución. Hoy Villa es, ante todo, signo potentísimo de mexicanidad. Poco importa si en vida fue un santo o fue atrabiliario, si fue guerrero o sanguinario, si fue justo o bandido despiadado; hoy ser mexicano y respetar la figura de Francisco Villa son hechos que inopinadamente van de la mano. Por eso varias estatuas suyas, montadas todas sobre un corcel, se hallan en diferentes ciudades del sur de Estados Unidos; para reivindicar la pertenencia en un territorio donde muchas de las veces hay rechazo, los mexicanos del otro lado terminan reconociéndose en la rebeldía que caracterizó a Doroteo Arango. Son muchos los piensos y la admiración que este hombre aún evoca.

## Papasquiaro

*Papas-quia-ro*. Dentro de cada uno de las componentes de esta palabra se esconde un enigma: en lengua tarasca «*ro*» quiere decir que algo abunda, «*quia*» significa umbral o puerta y «*papa*» es la palabra que designa al sacerdote. Alrededor de 1430, desde Michoacán llegaron hasta aquí los ancestros del rey Calzonzin; fueron ellos quienes bautizaron esta región como «la puerta donde abundan los sacerdotes». Curioso es que antes del arribo de los españoles a las Américas se usara ya entre los tarascos la palabra «*papa*» con un significado similar al de nuestra era. «Ese vocablo griego se lo debemos a Quetzalcóatl —ataja el cronista Roberto Brambila—. Hacia el año 1000 de nuestra era, junto con varias otras palabras él trajo dicho término. Aportó también el vocablo "*teo*". En griego y en náhuatl "*teo*" quiere decir dios. Teocali significa la casa de dios y Teotihuacán, lugar donde los hombres se convierten en dioses. No es coincidencia.»

A Rogelio Brambila, cronista oficial de Santiago Papasquiaro, lo conocí sin buscarlo. Cuando se entra a esta población, después de atravesar las sierras del Alamillo y de Santa Teresa, no hay letreros que indiquen cómo dirigirse al casco urbano. Mientras estaba a la caza de algún parroquiano que me diera alguna instrucción útil, llamó mi atención un edificio grande construido prácticamente en su totalidad con ladrillo rojo. Frente a él detuve mi vehículo y hasta entonces descubrí que aquello era una suerte de museo. Pasaban ya de las cinco de la tarde y el local se hallaba a punto de cerrar. Tuve suerte: el encargado de echarle llave a las cerraduras preguntó si estaba interesado en hacer una breve visita.

Rogelio Brambila me informó que estábamos en lo que fuera la antigua estación del ferrocarril. La autoridad municipal prestó este local abandonado para que aquí se montara un museo con los mapas, las fotografías, los fierros viejos y los artefactos antiguos que don Rogelio y otros pocos interesados en la historia regional han coleccionado. Lo único verdaderamente interesante ahí dentro era el señor Brambila: un hombre alto, de unos 56 años, poseedor de unos grandes lentes cuadrados y un vientre orgulloso, un narrador que tiene una enorme necesidad por transmitir lo que solo él sabe sobre esta población.

«La saga de Erik el Rojo lo explica todo. Ahí se revela el misterio. Quinientos años antes de que Cristóbal Colón descubriera América, aquel vikingo recorrió Islandia y Groenlandia. Luego desembarcó en las costas americanas. Fue el primer europeo en poner un pie sobre el nuevo continente. Hay una estatua suya, y también de su hijo Olof, en la ciudad de Pennsylvania. Probablemente Erik el Rojo viajó acompañado por un predicador cristiano que conocía el hebreo y el griego. Si ese otro hombre, en lugar de regresar con el vikingo decidió quedarse en América, él podría ser Quetzalcóatl. Si decidió hacer el viaje hacia el sur y conoció a los toltecas, él sería el hombre rubio, barbado y de ojos azules que aquí describían como una serpiente emplumada. Sería el dios que los aztecas esperaban cuando en 1519 aparecieron las naves españolas frente a las costas de Veracruz. Quetzalcóatl Topiltzin cruzó seguramente por Islandia. Él trajo la palabra "papa" y otras más. Lea a Motolinía, busque en Google. Investigue y verá que tengo razón.»

El cronista Brambila está convencido por completo de su teoría. Las coincidencias etimológicas son su principal argumento: «No es azaroso que los toltecas, los nahuas y los tarascos utilizaran la palabra "*papa*" para designar al sacerdote». Pensé en rebatirle con otra hipótesis pero no me atreví. Alguna vez escuché que en casi todos los grupos humanos se utiliza la palabra «*papa*» para referirse al padre. Hay quien afirma que se trata de una de las poquísimas palabras que, junto con otros gestos, son transmitidas por el código genético de los seres humanos con el propósito de hacer posible la comunicación temprana de la especie. No recuerdo dónde me hice de esta idea y por tanto preferí dejar intacto el razonamiento de don Rogelio. Aun si yo tuviera razón, todavía sería necesario explicar la coincidencia en el uso del término «*teo*» que igual sirve para hablar de teodicea o teocracia que de teocali o Teotihuacán.

## Familia Revueltas

Entre otros temas aproveché para preguntar a don Rogelio por la familia más prolífica de Santiago Papasquiaro: aquí nacieron el gran compositor y violinista mexicano Silvestre Revueltas; el pintor y muralista de la Revolución, Fermín Revueltas; la bailarina y actriz que trabajó en Alemania con Bertolt Brecht, Rosaura Revueltas (Brambila me aclara que ella nació en La Laguna) y el más formidable de los escritores comunistas, José Revueltas. ¿Cómo es posible que una familia así de cosmopolita haya crecido en una coordenada tan aislada del planeta?

Sin ofenderse por la pregunta, el cronista responde: «Santiago no siempre fue un pueblo apartado; de hecho llegó a ser muy importante para la región. Nos ubicamos entre Tepehuanes y Durango, entre Parral y la sierra sinaloense. Mucho antes de que aquí se construyeran las misiones franciscanas, éramos ya lugar de paso. Por ello en la época prehispánica debió haber tanto sacerdote. Cuando se construyó el Camino

357

Real y después el ferrocarril que va a Tepehuanes, ambos cruzaron por aquí. Teníamos inmensas bodegas para almacenar grano y grandes corrales para guardar ganado. Cada mes partían más de 5 mil cabezas sobre los vagones del ferrocarril. En 1845 en esta ciudad se instaló el Registro Público de la Propiedad y esa oficina dio aún más auge a Papasquiaro».

El aislamiento vino después: cuando el tren que va hacia el norte ya no pudo atravesar la sierra. Cuando Parral y Chihuahua quedaron muy lejos. Cuando el ferrocarril dejó de detenerse y la estación de trenes se hizo museo. Pero a principios del siglo XX aquí la vida fluía muy diferente, movida y conectada con el resto del mundo.

«José Revueltas, padre de los siete célebres hermanos, conoció a Romana Sánchez en un centro minero llamado San Andrés, rumbo a la frontera con Sinaloa. Tenía estudios de contabilidad y debió ser un joven ambicioso. Apenas contrajo matrimonio propuso a su mujer mudarse a Santiago Papasquiaro porque ahí estaba la principal oficina regional del Registro Público de la Propiedad. Si alguien compraba en Santa Marta, en El Zape, en Guanaceví, en Indé o en Tamazula, era obligado que viniera aquí para registrar la operación.»

Se necesitaba de los oficios del contable para llevar bien los números y don José tenía habilidades para la matemática. Por Santiago pasaban alemanes, ingleses y españoles; profesionales de la minería que exploraban las vetas de la región. Gracias al tránsito de ese mundo variopinto es que don José se hizo de una buena biblioteca; encargaba, intercambiaba y regalaba libros. Acumuló un grueso acervo literario, en particular de escritores rusos y franceses.

Poco después de haber llegado a Santiago, la pareja Revueltas trajo al mundo a Silvestre, el primero de siete hermanos, luego vendrían Fermín, Consuelo, Rosaura, José, Eugenia y Andrea. Pocas familias mexicanas han compartido una vena tan potente para la creatividad artística y el compromiso con la sociedad: cuando los Revueltas compusieron, pintaron, actuaron y escribieron, voluntaria o involuntariamente dotaron de contenidos al movimiento revolucionario de 1910. Los murales de Fermín, las obras musicales de Silvestre, la actuación teatral de Rosaura, las novelas de José son exploraciones sobre la identidad y también sobre la injusticia, temas que nunca han dejado en paz al mexicano. Esta región tan peculiar en algo les habrá inspirado; Santiago Papasquiaro no dista de San Dimas, de Canatlán o de La Coyotada. El ambiente moral en el que crecieron los mayores de la familia Revueltas es el mismo que habrá alimentado las leyendas de Bernal, Parra y Villa. El régimen político de Porfirio Díaz y las arbitrariedades cotidianas de la época habrán sido materia de conversación en la sobremesa encabezada por el contador y doña Romana.

## ¿De qué vive usted?

La búsqueda de una habitación donde pasar la noche en Santiago Papasquiaro fue difícil. Son pocos los hoteles a pesar de la gran cantidad de visitantes que por estos días de verano han tomado las calles. Quien aquí viene a disfrutar vacaciones no necesita pagar por un cuarto; sus familiares lo reciben y tratan como al mejor de los huéspedes. El centro de la población ha sido ocupado por automóviles viejos, traídos de Estados Unidos: aquí y en el resto del país se les conoce como «carros *chocolate*». Por más que se investigue no hay manera de saber el origen de tan curioso término. La característica común de estos vehículos es su calidad migratoria, por decirlo de algún modo; fueron ingresados al país ilegalmente. En Durango, son tantos los carros *chocolate* que no hay autoridad capaz de confiscarlos. Si un día la policía quisiera impedir su circulación, tal vez la mitad de los duranguenses quedaría inmovilizada.

Hallé por fin donde dormir: un hotel herido por un fuerte olor a desinfectante pero afortunado por su ubicación a unos cuantos pasos del jardín principal. Para distraer el hambre hasta que llegara la hora de la cena, salí a dar un paseo; aquel parque guarda evidencia de que Santiago Papasquiaro tuvo tiempos mejores, las jardineras y sus bancas son de ciudad rica. Antes de completar la primera ronda, un hombre, probablemente mayor de 70 años, se aproximó para preguntar si podía cambiarle un billete de baja denominación. Tomé un par de monedas del bolsillo de mi pantalón y le presté el servicio. Minutos después, la misma persona volvió a darme alcance, aquel viernes de agosto los dos andábamos solos y decidimos por un rato hacernos compañía. Don Ramón se ofreció a mostrarme las principales calles del viejo casco. Con él traté de obtener algún otro dato sobre la familia Revueltas, pero después de señalarme una casa modesta donde supuestamente hubieran habitado los hijos del contador, no logré nueva información. A don Ramón le intrigó mi interés por Papasquiaro. Opuse a la familia Revueltas como justificación; no volvió a preguntar.

Mientras seguimos mirando casonas y edificios viejos, don Ramón se confiesa: la mayor parte de su vida la pasó viajando de un pueblo a otro. Desde muy joven fue cuidador de caballos y en ese oficio, me aseguró, se hace dinero muy fácil. «Mis caballos nunca corrieron en un hipódromo profesional pero lo hicieron en las mejores ferias de México y del sur de Estados Unidos. Cada vez que ganábamos, el patrón me daba una propina grande. Si usted viera la cantidad de dinero que llega a apostarse en las ferias de los pueblos…»

Pregunto a don Ramón por qué hay tanto movimiento aquel fin de semana. Dice que hacia el final del verano, así pasa todos los años en Santiago Papasquiaro. «Los paisanos vienen desde Chicago para ver a su familia. Traen a las hijas, traen a los nietos, vienen en camionetas grandotas para que su familia no olvide el rancho.»

A principios de la centuria había aproximadamente 100 mil duranguenses residiendo en el estado norteamericano de Illinois, la gran mayoría de ellos procedentes de los municipios situados al norte del estado. Se trata de la tercera entidad con más migrantes viviendo en Estados Unidos; aquí el fenómeno comenzó antes que en otras regiones.

Los duranguenses fueron bien recibidos en el país vecino desde los años 30 del siglo pasado, cuando la ciudad de Chicago necesitó de mano de obra barata para la industria siderúrgica y también para construir las vías del ferrocarril que conectaron la zona de los Grandes Lagos con el resto de Estados Unidos. Una vez asentados los primeros en irse, los familiares fueron a visitarlos. Algunos de ellos decidieron también mudarse, otros aprovecharon para explorar las oportunidades en Texas y California. Los menos trabajaron un tiempo y luego regresaron a invertir los dólares en su tierra.

El ascenso social de la gran mayoría de los duranguenses ha dependido de la migración. Todas fueron aspas que propulsaron el éxodo: la guerra cristera, la veda forestal, la no industrialización de la capital, la insatisfecha explosión demográfica de los años 70. Después de la ciudad de Durango, Chicago se convirtió en la región con mayor población durangueña. El lazo de solidaridad entre estos migrantes es fuerte, crece robustecido por la distancia y por la soledad que juntos enfrentan a la hora de mirarse en una tierra, un clima y una lengua distintos a los propios.

Cuando un joven duranguense llega a la edad de 18 o 20 años tiene como principal propósito irse a pasar una temporada a Estados Unidos. La regla es general, aplica para los ricos y los pobres; se dice que entre uno y dos miembros de cada familia duranguense se encuentran viviendo en Estados Unidos. Mientras el resto de México tiene una tasa de crecimiento poblacional de 2.2 por año, Durango alcanza anualmente apenas 1.1 por ciento.

«Los dólares que mandan desde allá han evitado que Santiago Papasquiaro se muera. ¿Por qué cree que los tratamos tan bien cuando vienen? Solo el dinero de los paisanos hace que la economía siga funcionando. Todavía hace un par de años el cultivo de la marihuana ayudaba a pasar las dificultades, pero eso cambió... Cuando decidí retirarme de las carreras de caballos compré un ranchito en San Miguel, cerca de Santiago. Como los demás, sembraba ahí hierba y se daba bien. Pero hace dos años construyeron un cuartel del ejército a las afueras de la ciudad: fue el fin del negocio. Con los soldados se acabó el cultivo. Mi problema es que yo no tengo familia que me mantenga, ni hijos del otro lado que me manden dinero. ¿De qué vivo? He pensado vender la propiedad, pero nadie quiere pagar lo que me costó. Cuando yo compré estaba bien caro; desde que llegaron los soldados la tierra ya no vale nada.»

Antes de despedirnos don Ramón y yo nos echamos un trago de sotol dentro de una cantina. La noche nos puso melancólicos; las puertas que se fueron cerrando a lo largo de la conversación lanzaron un manto angustiado sobre nuestro ánimo. Aquel hombre fue feliz mientras cuidó caballos; fue feliz en las ferias, viajando de un lado al otro del norte mexicano. Ese estado no duró hasta la vejez. Una tierra ingrata le robó su retiro y la paz de los últimos años. Juntos escuchamos unos versos del grupo K-Paz de la Sierra:

*Pero te vas a arrepentir*
*cuando veas que no es nada*
*su riqueza comparada*
*con lo que a ti te di.*

*Verás que la felicidad*
*no se compra con dinero,*
*más vale un amor sincero*
*que vivir en soledad.*

Ya entrada la noche nos despedimos hermanados por el olor a aguardiente.

# El fugitivo de Guanacaví

El sábado 18 de abril de 2009 Héctor González Martínez, arzobispo de la arquidiócesis de Durango, aseguró que Joaquín Guzmán Loera –líder de La Federación del Pacífico– vivía al norte de Santiago Papasquiaro, por el rumbo de Guanaceví. Es poco probable que este religioso personaje haya obtenido las coordenadas del mayor narcotraficante mexicano por la vía del secreto de confesión. «Por ahí vive. Todos lo sabemos, menos la autoridad», declaró el prelado.

Una noticia de ese tamaño viaja y se comparte a velocidades extraordinarias en esta región. De ser cierta, *El Chapo* se pasea a sus anchas por un territorio –mitad boscoso, mitad planicie, justo donde hacen intersección los estados de Sinaloa, Chihuahua y Durango– que ahora se conoce como el Triángulo Dorado, en honor a aquel otro de la ruta asiática del opio. Algo tiene de folclórico que este criminal haya decidido utilizar un lugar tan público –históricamente hablando– como escondite para refugiarse: es como si en Gran Bretaña un famoso delincuente contemporáneo tomara como centro para sus operaciones el bosque de Sherwood, o como si un descendiente perverso de Chucho *El Roto* ubicara su cuartel general en la pequeña isla de San Juan de Ulúa.

La zona donde según el arzobispo habita el hombre más buscado por el FBI (después de que el gobierno estadounidense diera con Osama bin Laden) conserva hoy muchos de los rasgos sociológicos ya notorios en las épocas de Bernal, Parra y Villa. El primero y quizá más emblemático es la relación –o más bien la ausencia de relación– que las poblaciones de por aquí sostienen con la ley. También subsiste una arraigada práctica de asociación entre las autoridades y los criminales, y una dependencia hacia el bandido social. Se suma a esta lista la pésima comunicación carretera, el campo que produce poco y la bajísima probabilidad de ascenso económico. Acaso la única diferencia entre una época y otra ha sido la migración masiva hacia Estados Unidos, una valiosísima válvula que en el presente ayuda al Estado mexicano para maquillar su ineficacia.

Como en aquellos tiempos, la fiesta clandestina igualmente se mantiene viva; memorables fueron en su día las pachangas organizadas por Heraclio Bernal y pagadas con la plata robada a las diligencias que transitaban por el Camino Real. Aquellas no distan tanto cuando se les compara con las de ahora. En julio de 2008 la prensa nacional hizo pública la celebración matrimonial que, a sus 55, Joaquín Guzmán Loera organizó para su casamiento con la joven de 18 años Emma Coronel Aispuro, justamente por donde dice el ministro de culto que vive el criminal. Sobre el Camino Real de Tierra Adentro, adelantito de Santiago Papasquiaro, ha hecho leyenda más de un forajido; al parecer la tradición continúa. Si el arzobispo soplón ofreció una reseña correcta, se necesita de demasiada inteligencia para no dar con *El Chapo* Guzmán, o de muy poca para seguir sosteniendo que se trata del mafioso más buscado en el mundo.

## Reducciones

Habiendo un repertorio grande de palabras, ¿por qué utilizar el término *reducción* para nombrar el proceso a través del cual los conquistadores españoles sometieron a los grupos humanos que vivían en las faldas interiores de la Sierra Madre Occidental? Según el diccionario de la Real Academia de la Lengua Española, *reducir* significa «dividir un cuerpo en partes menudas», «hervir un líquido hasta que se concentre» o «someter a la obediencia a quienes se han escapado de ella». Lo que ocurrió durante los primeros doscientos años de relación entre los españoles y las tribus originarias mucho se apega a las dos primeras acepciones y en nada a la tercera. Acaxes, xiximes, tobosos, conchos, tepehuanes y tarahumaras fueron divididos y mutilados, excluidos, concentrados, hervidos, colgados; pero muy difícilmente sometidos.

Se dice rápido y sin embargo el proceso de reducción sucedió muy lento; duró más de setenta mil días de violento desencuentro. Dado que los indios no estaban dispuestos a trabajar para los mineros, los voraces conquistadores optaron por esclavizarlos: atados a colleras y cadenas, por decenas se les hallaba dentro de los fundos. La crueldad destruyó el puente hacia cualquier futuro entendimiento entre esos seres humanos. Los tepehuanes asentados en los alrededores de Santa Bárbara fueron los más agresivos a la hora de defender su modo de vida, pero una vez que constataron la superioridad del arcabuz español, intentaron mudarse a las montañas. No obstante, sus antiguos enemigos, los tarahumaras, ya se habían adelantado para replegarse dentro de la misma serranía.

Regresaron entonces los tepehuanes, aún más indignados, para recuperar lo que les hubieran expropiado. En 1616 hubo una guerra que se conoce como «la Gran Rebelión», con enjundia aquellos indios atacaron Santiago Papasquiaro y llegaron hasta la ciudad de Durango. Las montañas y también las praderas quedaron minadas por centenas de cadáveres. El contraataque español fue implacable. Después de aquella carnicería, los tepehuanes jamás volvieron a rebelarse. Su espíritu, su carácter, sus costumbres y su dignidad fueron fieramente reducidos.

Tres décadas después un líder tarahumara de nombre Gabriel Teporame convenció a su propio pueblo y encabezó otro movimiento insurgente. En esa oportunidad la gente rarámuri mostró toda la rudeza de la que puede ser capaz: quemaron las iglesias, ahorcaron a los predicadores, destruyeron los establos, se robaron granos y animales. Al final, la autoridad de la Nueva Vizcaya pudo dar con Gabriel Teporame; su muerte fue un evento público ejemplar. Descabezados, los tarahumaras volvieron a esconderse pero esta vez dentro de las montañas más escarpadas e inaccesibles de la sierra. Desde entonces ahí permanece esta familia, tratando ásperamente de conservarse distinguible y distinta.

El año de 1680 fue el último en que un extenso movimiento indio quiso combatir a los invasores europeos. Sorpresivamente, tribus que antes eran distantes lograron coordinarse y actuar como si fueran una misma. Poco se sabe sobre la manera como se pusieron de acuerdo tarahumaras, tepehuanes, conchos, tobosos y apaches; acaso el intento fue desesperado y terminó siendo el último de los recursos. El registro de la historia afirma que familias provenientes de tales tradiciones lograron hacer frente común. De todos los grupos, solo los apaches se mantendrían combativos después de este episodio. Los demás dejarían para siempre de pelear la guerra.

A partir de entonces la tierra más difícil, las cuevas más inaccesibles, las montañas más inhóspitas se convirtieron en el hogar para todos aquellos expulsados. La sierra devino en una suerte de inmensa reservación india alejada de la llanura. Todavía hoy, tomando Guanaceví como punto de referencia, sorprende constatar la inexistencia de caminos y carreteras sobre los mapas de la sierra; kilómetros y kilómetros que se miran tan despoblados como en las épocas de Gabriel Teporame. Toda la cara este de Durango es tierra de nadie. Sonido de ríos que bajan hacia la costa y los valles sinaloenses en absoluta soledad.

## Parral

En medio del inmenso hueco de este paisaje hay una cañada poblada por callejuelas antiguas, trazo caótico cercado de un lado por la pradera, y del otro por el desierto. Si Parral no existiera, el estado de Chihuahua, todo entero, podría partir como si fuera un inmenso buque que se ha divorciado de su muelle. Esta población no solo es gozne que reúne al norte con el sur del territorio que un día fuera la Nueva Vizcaya, también es la coyuntura de huesos y ligamentos que durante varios siglos ha mantenido a Chihuahua como una región mexicana. Arriba y hacia el este Parral hebra los lazos con Jiménez, Ciudad Camargo y Ojinaga. Hacia el norte conecta con la capital del estado y la frontera con Estados Unidos. En dirección al oeste se trata de la ciudad más importante para los habitantes de Guanaceví, de Topia, de El Zape y de Canelas. Es ciudad que provee de un pulso estable, predecible y rítmico para toda la región.

La arquitectura colonial de Parral es zacatecana. Cual inmenso portón esta ciudad antigua y bien labrada se abre hacia el estado más grande de la República Mexicana. Hay tras de Parral 288 mil kilómetros cuadrados de un territorio más extenso que la Gran Bretaña; Irlanda cuatro veces multiplicada, siete veces el tamaño de Holanda y nueve veces la talla de Bélgica. En su *Crónica de un país bárbaro*, Fernando Jordán asegura que se necesitarían dos años de intenso vagar para poder conocer cada pueblo, cada rincón, cada coordenada de la inmensa Chihuahua. Se trata de la entidad más rica de la República. La diversidad de sus naturalezas es envidiable: agua, llanura, desierto, montaña, mina, barranco, río, soledad, bullicio, frontera, la nada. Territorio leal, valiente y también hospitalario, como dice la leyenda que aparece sobre su escudo oficial. Cuando todo abunda, la mezquindad es rotundamente estúpida. Cuando la llanura domina, la mentira y la hipocresía se distinguen a varias leguas de distancia. La relación humana en Chihuahua no necesita de demasiados trámites, se produce sin escalas ni recovecos. Su dinámica es tan directa que por momentos hasta puede parecer brusca.

¡Ay, Chihuahua! Aquí la cobardía es excepcional y el coraje se produce constantemente. El grito del valiente prefiere susurrar el «chi» que abre la palabra, para que luego las vocales «u» y «a», repetidas dos veces, se columpien con fuerza. «¡Ay, Chihuahua!» es una expresión mitad relincho de caballo, mitad sentimiento muy humano: frase que se pronuncia justo antes de emprender una tarea ingente. Anuncia que la voluntad humana no tendrá reparos, que será incondicional, definitiva. Cuando se está en la ciudad de Parral y aún faltan 750 kilómetros para llegar a Ciudad Juárez o 500 kilómetros para Nuevo Casas Grandes, la única frase que viene a la cabeza es esa: ¡Ay Chihuahua! Nada más preciso a la hora de asombrarse por la vastedad. País inagotable. Inabarcable. México dentro de México. Norte dentro del norte. Soledad que pocas veces el resto de los mexicanos hemos sabido acompañar. Solidaridad que más de una ocasión nos ha acompañado. Chihuahua es el otro México. El lugar que aun sin México seguiría siendo México. Coherencia que a punta de arbitrariedades y arrebatos ajenos aprendió a sobrevivirse mexicana. Esencia que no se corrompe justo por estar tan cerca de la frontera. Naturaleza inquebrantable porque supo construirse a partir de las precariedades. Territorio que respira en dos idiomas pero que solo en uno sueña. ¡Ay, Chihuahua! Dificultad que una y otra vez logra vencerse. Fuerza vital que une desde hace tanto tiempo.

No fueron los bárbaros del norte sino la Santa Bárbara quien fundó Chihuahua, un poblado minero cuyas vetas en un principio no entusiasmaron a los conquistadores. La verdadera promesa de la región se escuchó en 1630, cuando los depósitos de plata que se hallaron en Parral confirmaron ser increíblemente ricos. Gracias a este mineral, la cañada se habitó por soldados, predicadores, mineros, artesanos y agricultores. Cinco años después del descubrimiento mineral ya había más de 5 mil almas viviendo dentro de las barriadas parralenses. Hacia mediados del siglo XVII, por sus calles pululaban vendedores cargados con cestos de naranja y limón traídos de Sinaloa, con sacos de arroz enviados desde la capital de la Nueva Galicia, con azúcar transportada desde Cuernavaca, con aceite de oliva y vino importados desde la madre patria.

Ningún lujo lo era tanto como para que el metal de las minas parralenses no pudiera pagarlo. La riqueza de La Prieta, la más consentida entre las minas, por un largo tiempo no tuvo competidores. Pagaba con creces cada día de labor, cada hora dedicada, cada inversión apostada. En Parral, durante la Colonia, la plata nunca escaseó; en cambio, lo que siempre hizo falta fue mano de obra, todos los migrantes que aquí llegaron fueron insuficientes. Aquellos túneles querían más y más escarbadores. Cuando los tepehuanes y los tarahumaras huyeron hacia la montaña, los dueños de las minas mandaron traer de África piernas y brazos negros. Entonces Parral se hizo más inhumana: ciega para mirar a la misma especie que la había inventado. Maltrató a los habitantes originales y también a la población negra que los mineros quisieron utilizar como sucedáneo. Todavía en esta ciudad los genes negroides pueden reconocerse de casa en casa: cabello ensortijado, labios gruesos, ojos de mirada sabia. Pistas de la genética local que por aquel entonces, y aún hoy, se asoman por las ventanas estrechas y tras los portones grandes y pesados. Sobriedad que estremece.

## Villa y la joven Griensen

Durante el Porfiriato, Parral fue el principal productor de plata en el mundo, el segundo en cobre y el quinto en oro. Sus minas contribuyeron importantemente a ese sonante comercio. Desde esta población se hacían envíos de metales preciosos hasta la Casa de Moneda en la capital del país. Por aquellos años Pedro de Alvarado fue uno de los mineros parralenses más ricos. Cuenta la leyenda local que un día este hombre ofreció al presidente mexicano hacerse cargo del pago completo de la deuda externa. Porfirio Díaz habría declinado la oferta argumentando la injusticia que significaría cargarle la mano a un solo hombre.

Este empresario chihuahuense fue amigo de Francisco Villa; lo conoció cuando aquel muchacho de veintipocos años andaba dejando atrás el oficio de bandido. La reputación de los asaltantes de caminos no era la misma en Chihuahua que en Sinaloa o en Durango. Según el historiador Pedro Salmerón, la presencia de los apaches durante todo el siglo XIX hizo demasiado peligroso, incluso para los propios ladrones, andarse paseando por las llanuras y las montañas de este estado. La dificultad para sobrevivir era tanta que el bandolerismo se miraba como una actividad de pésimo gusto. Fue así como Doroteo Arango, el joven salteador de caminos, tuvo que cambiar no solo de nombre sino también de ocupación productiva. Y al parecer fue Pedro de Alvarado quien le ofreció su primer trabajo honesto en la ciudad de Parral: lo contrató para que trabajara en la mina de su propiedad, La Palmilla. Acaso por las habilidades que obtuvo en su vida previa, mejor que obrero dentro de los túneles, Villa se reveló como un confiable transportista de metales: conocía como pocos los caminos más seguros y también los métodos de defensa para proteger a las caravanas que llevaban el producto de las minas hasta la estación del ferrocarril.

Un hombre como Francisco Villa podía llevarse a la bolsa hasta 25 por ciento del valor total de los bienes trasladados: entonces el oficio de transportista era uno de los más redituables. La principal ventaja de este negocio sobre el bandolerismo era que podía repetirse varias veces al mes sin que la Acordada o los rurales vinieran a importunar. Ocurría más bien al revés, las autoridades vivían agradecidas con los fieros transportistas de plata.

Los descendientes de la familia política de Pedro de Alvarado aseguran contar con correspondencia que prueba una relación no solo de amistad sino también de negocios entre su pariente y el general Villa. Ahí se habla de propiedades adquiridas juntos, de préstamos que el minero hizo al futuro revolucionario y de otras actividades lucrativas relacionadas con la compra y venta de ganado. En su extraordinaria biografía sobre *El Centauro del Norte*, Friedrich Katz asegura que Pancho Villa no aparece, en los registros judiciales de la primera década del siglo XX, como un sujeto perseguido por la autoridad. Supone este investigador estadounidense que la pequeña fortuna amasada por el duranguense pudo provenir del abigeato —robo de ganado—, que no implicaba un delito importante para la sociedad chihuahuense. Cabe sin embargo suponer que, de la mano de don Pedro de Alvarado, Villa se estrenó en Chihuahua como exitoso empresario. Su audacia lo habría llevado a comprar carnicerías en la capital de ese estado que, a la postre, resultaron muy redituables.

La reencarnación que gracias al rico minero pudo experimentar el antiguo alumno de Ignacio Parra no sería el único favor que el futuro líder de la División del Norte habría de agradecer en vida a la familia de don Pedro. Ya siendo alto jerarca de la Revolución, el minero parralense prestó en varias ocasiones dinero al general para que este comprara parque o pagara la nómina de sus tropas. Sin embargo, el episodio más conmovedor de la amistad lo protagonizó la joven Elisa Griensen Zambrano, cuñada de don Pedro de Alvarado, cuando armada con un máuser se puso a pegar de tiros para que las tropas del general John J. Pershing se largaran de Parral, al llegar estas a la población como parte de la expedición punitiva en búsqueda de Francisco Villa.

Elisa Griensen escuchó a través de las ventanas de su casa un vocerío que provenía de la plaza principal. Asomó su cuerpo y se topó con que el Batallón de Caballería número 13 del ejército estadounidense, bajo el mando del mayor Franklin Tompkins, estaba destacado fuera del Palacio Municipal. Los ojos azules de aquella muchacha de 28 años se cargaron de ira; con toda decisión salió Elisa a la calle para reclamarle a José de la Luz Herrera —a la sazón presidente municipal y padre de Maclovio Herrera— por permitir esa violación inaceptable a la soberanía mexicana. Este le exigió a la señorita Griensen se abstuviera de intervenir en asuntos que no eran de su incumbencia. Aquello hizo hervir peor los nervios de la muchacha. Decepcionada de que los hombres de Parral no actuaran para defender a su pueblo, Elisa ingresó al edificio donde se encontraba la Escuela Secundaria número 99 para convocar a los estudiantes a que se sumaran a la repulsa contra los gringos: «Parece que no hay hombres que de veras quieran defender la patria, pero están ustedes, los del futuro», les dijo.

Luego tomó de la oficina del director la bandera nacional y regresó a la plaza acompañada por los muchachos. Juntos comenzaron a lanzar tomates sobre aquellos soldados, quienes en su gran mayoría eran afrodescendientes; luego los estudiantes continuaron con piedras y otros objetos que encontraron cerca. La señorita Griensen logró hacerse de un máuser y con esta arma disparó hacia la tropa extranjera; hirió al mayor Tompkins en el pecho y a dos integrantes más del batallón. Mientras esto sucedía, alguien tuvo la iniciativa de subir la bandera hasta el cerro de la Cruz, hecho que funcionó bien para envalentonar la convocatoria popular. Más y más parralenses se juntaron a fin de echar del pueblo a los soldados extranjeros. La muchedumbre no los dejó en paz hasta que los invasores fueron lanzados lejos de Parral, por el camino que conduce hacia la Santa Cruz de Villegas.

Al grito de «¡Viva Villa!», Elisa Griensen, una dama guapa y bien cultivada, expulsó a los cazadores del *Centauro*. Primero encendió la indignación de sus coterráneos y luego les hizo olvidar el peligro que significaba disparar contra aquella tropa muy bien equipada. Cuando aquel episodio concluyó, la cuñada de Pedro de Alvarado se había convertido en la principal heroína de la historia de Parral. Por las fechas en que ocurrió este episodio —durante la primera quincena del mes de abril de 1916— cabe suponer que el incidente llamó a tal punto la atención en el cuartel del general Pershing que a los pocos días comenzó la retirada completa de las tropas estadounidenses que entraran a territorio mexicano so pretexto de atrapar a Francisco Villa y propinarle una lección ejemplar. Caballos, aviones y soldados abandonaron México poco después del enfrentamiento que la señorita Griensen sostuvo con ellos. En Parral todavía se asegura que una sola mujer mexicana fue capaz de derrotar, por el gran tamaño de sus ovarios, al terrible general que luego fuera héroe de la Primera Guerra Mundial.

# La muerte del Cincinato de Canutillo

El vehículo pasó frente al cruce que hacen las calles Juárez y Barreda en la ciudad de Parral. Ahí un hombre, disfrazado de inocente paisano, alzó el brazo para saludar al general al tiempo que gritaba la consabida consigna de la División del Norte: «¡Viva Villa!». Al volante iba el del mismo nombre. Se cuenta que traía muy buen humor después de haber pasado varios días *empiernado* en un hotel de su propiedad, cercano a la Escuela Secundaria número 99. Lo acompañaba en el viaje su secretario, Miguel Trillo, y un grupo de cinco guardaespaldas. Ese viernes fue la última vez que Doroteo Arango escuchó mentar el apellido de su padre en voz alta. El grito de saludo no fue otra cosa que la señal de aviso para que lo asesinaran.

De una sola ventana salieron más de cuarenta tiros expansivos, los cuales terminaron incrustados en la carrocería del automóvil y en la mayoría de los cuerpos que lo ocupaban. Francisco Villa recibió nueve impactos y murió de inmediato, lo mismo que Trillo. Solo uno de los pasajeros, Ramón Contreras, logró sobrevivir para narrar el plomizo episodio. La noticia de la muerte del *Centauro* ocupó las páginas de los principales diarios nacionales y extranjeros. Mientras el cuerpo del héroe revolucionario estaba siendo enterrado dentro del panteón de Parral, los editoriales del *New York Times*, el *Evening News* o el *Lincoln Star* dejaban correr la tinta en una mezcla contradictoria de loas, admiración y rechazo a su persona. En vida, Villa ya era un mito de talla internacional; su muerte creció en importancia y también en significados a su personaje. Dos párrafos rescatados por Katz de entre los muchos que fueron publicados en los diarios mexicanos dan cuenta del estado de ánimo que produjo el asesinato del caudillo.

El periódico *El Universal* dijo: «de una manera torcida, sin duda, de una forma accidental, si se desea, pero de un modo real, [Villa] encarnó una porción de la voluntad nacional». De su lado *El Demócrata* añadió: «para los humildes que se debatían bajo el litigio esclavista, Villa era un vengador; para quienes eran despojados por el amo, Villa era la justicia; para aquellos cuya sangre hervía aún por el ultraje del 47, Villa era el alma de México frente a Pershing; para quienes especulan con la tierra y con la sangre, Villa era un bandido y un monstruo».

Durante los meses que siguieron a su asesinato, la investigación oficial que debía encontrar a los culpables quedó suspendida. Un suceso político tomó mayor relevancia, enviando al cajón del olvido los reclamos de quienes exigían el esclarecimiento de los hechos. Se trató de la insurrección comandada por Adolfo de la Huerta. Hacia el mes de diciembre de 1923, este antiguo socio y también paisano de Álvaro Obregón y Plutarco Elías Calles decidió levantarse en armas porque le negaron el derecho a participar en la contienda presidencial. A principios de aquel año, en una entrevista otorgada por Villa, también al periódico *El Universal*, el general dijo tener simpatía grande por las aspiraciones de De la Huerta. Tal voluntad se miró luego avalada cuando, ya muerto *El Centauro*, su hermano Hipólito apoyó con lo que quedaba de la División del Norte la insurrección delahuertista.

Katz afirma con bastante sentido común que la supresión de Villa fue un asunto vinculado al temor de una nueva guerra civil provocada entre los partidarios de De la Huerta y los seguidores de Plutarco Elías Calles. Muy probablemente con el objeto de conjurar esta eventualidad fue que aquellos hombres recibieron instrucciones para asesinar a Villa. Ese general, detrás de De la Huerta, hubiera significado una bomba social de proporciones incalculables. El arsenal de municiones, metralla y armas que todavía tenía consigo dentro de su hacienda de Canutillo, así como los tesoros y dineros escondidos aquí y allá, eran motivo suficiente para poner a temblar a Calles y Obregón. Al parecer fue Calles quien primero expresó en voz alta la necesidad de eliminar al Cincinato de Canutillo y *El Turco* logró su objetivo. No obstante, con el paso del tiempo Villa sigue despertando inspiración y pasiones entre demasiados mexicanos, en cambio la figura de Calles se mira hoy más bien vieja, percudida y desconfiable.

# XIII
## A CIELO ABIERTO

### La tierra del agua ardiente

Para obtener buen sotol se necesitan cuatro ingredientes: calor infernal de verano, frío acalambrante de invierno, silencio y soledad. Solo así la fina y puntiaguda planta de donde se obtiene este aguardiente crece sana y fortalecida. El sotol no es bebida que deba consumirse en la frivolidad de la fiesta, merece respeto y por tanto ha de beberse consciente de que su química obrará cambios irremediables en el alma. Tan fuerte es el terremoto espiritual provocado por este bebedizo, que nunca carga la mano con crudas o resacas. Aunque por sus colores puede confundirse con el mezcal o el tequila, resulta recomendable evitar las equivocaciones. Un día el ser humano suprimirá las clases sociales, pero nunca podrá cerrar la distancia que separa a los diferentes aguardientes mexicanos. El sotol es fermento superior y buena cosa resulta que tan pocos lo sepamos. Esta agua espirituosa, inventada por los tarahumaras, amerita cuidado religioso. Ellos lo llaman *temorense*. Tanto su sabor cuanto su fortaleza otorgan al cuerpo calidades nada despreciables a la hora de enfrentar el frío y el calor extremos, los silencios y también las estaciones desoladas.

La planta crece en las laderas más altas de la sierra y en los breves lomeríos del desierto. Coyame del Sotol presume ser la cuna de este aguardiente. El lugar también fue cuna de la Revolución mexicana, en la desértica coordenada donde se traslapan los estados de Coahuila, Texas y Chihuahua se inauguró aquella gesta. Una roca que durante algún tiempo se mantuvo clavada en medio del río Conchos fue testigo del primer acto armado. Incapaz de saber que el agua se parte pero no se corta, aquella roca se erguía cual cuchillo parado y fue por tal razón que así se llamó el poblado donde Toribio Ortega comenzó las batallas. El domingo 13 de noviembre de 1910 corrió el rumor de que los revolucionarios serían detenidos por haber atendido al llamado que hiciera don Francisco I. Madero. Antes de que la mala suerte cayera sobre su cabeza, el presidente del club antirreeleccionista de Cuchillo Parado, el señor Toribio Ortega, convocó a sus seguidores para que, durante la madrugada, tomaran por asalto la población. Logró con éxito su propósito. Cinco días después los hermanos Serdán perderían la vida en la ciudad de Puebla por no haber madrugado como lo hicieron los maderistas en el municipio de Coyame.

Durante esta misma guerra civil los bandos de uno y otro lado anduvieron merodeando el mismo desierto. Francisco Villa vino y tomó Ojinaga, población ubicada a 65 kilómetros de Coyame. Las tropas de Pascual Orozco quisieron un día escapar por la frontera hacia Estados Unidos, atravesando igualmente por esta árida zona. A todos les fue difícil el trance. El trato al ser humano en esta región no es acogedor. Predominan la devastación y la miseria: profecía de la deshidratación que podría ocurrirle a quien se atreva a marchar por el Bolsón de Mapimí. El largo trayecto que hoy separa a la frontera texana de la ciudad minera de Monclova es inhóspito. John Reed, en alguno de sus reportajes a propósito de las batallas revolucionarias, describió a Ojinaga como un «pueblo de calles blancas y polvosas, cubiertas de estiércol y forrajes». Entonces la llamaban también *La Perla del Desierto*, por el blanco color de las construcciones que contrasta con las rojizas montañas de sus alrededores.

Tal vez si aquel trazo de ferrocarril imaginado por Albert K. Owen se hubiera terminado, este paso fronterizo sería hoy próspero y opuesto. El tren Kansas City, México y Oriente, que iba a partir de la bahía de Topolobampo hacia Estados Unidos, tenía previsto detenerse justamente en Ojinaga. Se pensó como la última estación mexicana de todo el recorrido. El fracaso del proyecto fue devastador para esta región de Chihuahua y no contó con otro pretexto para desarrollarse. Hoy las carreteras que conducen hacia Cuchillo Parado, Coyame y Ojinaga se hacen mentar por los chihuahuenses como «el camino de la muerte» y es que hace ya tiempo que el Estado mexicano perdió gobierno sobre esta parte de su territorio. La historia que da cuenta sobre la manera como

Ojinaga se convirtió en una población controlada por el mal no debería desconocerse.

## El ogro filantrópico

Pablo Acosta fue un hombre pequeño de estatura pero capaz de atemorizar al ser humano mejor plantado. El semblante lo tenía todo lastrado por las cicatrices de una vida profusa en rijosidades. La mitad de su dentadura era de oro macizo. Su nariz parecía el globo desinflado de una fiesta infantil. Solía utilizar un parche rojo sobre el ojo derecho; lo ayudaba con las jaquecas que de tiempo en tiempo lo acosaban porque un mal día recibió un rozón de bala por encima de la ceja. Si una compañía cinematográfica hubiera hecho pruebas para seleccionar al prototipo más perfecto del narcotraficante malvado, por todas sus características personales Pablo Acosta habría arrollado entre los competidores. Este mafioso, conocido en su mejor época como *El Zorro de Ojinaga*, inventó un modelo de criminal que poco más tarde se volvería muy popular en México. Obviamente no fue el primer narcotraficante mexicano, pero sí fue quien estrenó todo un estilo para parecer narcotraficante. A excepción de Chihuahua, en el resto del país la historia de Acosta es poco conocida. No obstante, si se quiere comprender la secuencia que ha seguido el crimen organizado vale acercarse a la trayectoria del *Zorro de Ojinaga*. Entre 1973 y 1987 echó a andar un imperio que a la fecha sobrevive en esta región. Puso las primeras rondanas, los tornillos, las tuercas y las más importantes poleas de una maquinaria que luego se reprodujo y magnificó en todo el país.

Las piezas principales de tal mecanismo fueron seis: violencia, filantropía, control de la plaza, contactos en Colombia, una flota aérea y una organización integrada por medio millar de personas que funcionó con gran precisión tanto en México como en Estados Unidos. El contexto en el cual surge Pablo Acosta como líder criminal no es distinto al que se exhibe en otras zonas dedicadas al cultivo, el trasiego y la comercialización de drogas prohibidas. Al igual que Badiraguato o Santiago Papasquiaro, la franja desierta que recorre las orillas del río Bravo —desde Ciudad Juárez hasta Ojinaga— representa una zona históricamente hincada por la pobreza. ¿A qué actividad puede dedicarse un habitante en este desolado paisaje que no sea producir sotol o contrabandear artículos hacia Estados Unidos? La venta de aguardiente durante los años de la Ley Seca en el país vecino ofreció un breve respiro de bonanza. Lo mismo sucedió con el tráfico de candelilla –cera proveniente de una planta del desierto que servía para fabricar velas– que por razones extrañísimas estuvo prohibida durante varios años. El padre de Pablo Acosta hizo primero pedagogía sobre el quehacer criminal a partir de este curioso pero inocente contrabando. Una vez que comenzaron a llegar a esta frontera la goma y la marihuana, cultivadas y producidas en las montañas de Sinaloa y Durango, los transportistas de candelilla usaron sus relaciones y la misma infraestructura para comerciar con estos otros bienes de consumo.

Precisamente por andar cruzando amapola, al *Zorro de Ojinaga* lo metieron a una cárcel estadounidense en 1968. Fue en ese establecimiento donde el hombre terminó por aprender lo que le hacía falta para graduarse como narcotraficante. Una vez fuera de prisión, en 1973 Acosta se estableció en Ojinaga. Como fachada de su futuro negocio abrió una carpintería: los vecinos lo contrataban para que reparara el techo de sus casas. Aterrizó en esta población justo cuando la gestión criminal del puesto fronterizo andaba sin dueño. A principios de los años 70 del siglo pasado, Acosta no podía intuir el valor que aquel territorio iba a adquirir dentro del creciente mercado internacional de los narcóticos; aun así hizo todo lo que estuvo de su lado para volverse el zar de la región.

Su presencia física lo volvió pronto un individuo muy temido, pero –como todos los de su oficio– también despertó afecto entre sus vecinos. Huelga primero decir algo sobre el halo de crueldad que lo acompañó durante su existencia. De entre todas las anécdotas que se cuentan sobre su persona, probablemente la más desagradable le ocurrió a la esposa de un tal Fermín, hombre que por un tiempo fuera competidor en el negocio. Aquella mujer recibió en su domicilio un paquete que dentro tenía una repugnante sorpresa: el pene y los testículos de su marido. La versión más sobada en Ojinaga asegura que fue *El Zorro*, con sus propias manos, quien se encargó de recuperar y empaquetar aquellas prendas. (La cabellera que en los *westerns*, el apache solía tomar de su víctima resulta, en comparación, un ritual menos asqueroso.)

Antes de que se hiciera público este episodio no hubo en la narrativa del narcotraficante mexicano otro escarmiento tan lúgubre y exagerado. Tal vez fue *El Zorro de Ojinaga* quien por primera vez ligó en este país lo macabro con el oficio del comerciante de drogas. Junto con este y otros desplantes similares, coexistía también dentro de Pablo Acosta un personaje que se presentaba como socialmente bueno, humano y generoso. Según su biógrafo principal, el periodista estadounidense Terrence Poppa, todo el mundo en Ojinaga acudía con Pablo para obtener satisfacciones. Con su creciente fortuna construyó *El Zorro* un asilo para ancianos, un puente sobre la carretera principal y decenas de aulas para las escuelas del pueblo. Solía regalar las ropas de deporte que usaban los equipos locales de futbol y beisbol. En las bodegas de su negocio guardaba cantidad de bombas de agua, tuberías de plástico, llaves, herramientas, aspersores y toda una larga parafernalia de artefactos que regalaba a los rancheros de los alrededores, a cambio de que no hicieran preguntas cuando una avioneta aterrizaba sobre sus propiedades. En la farmacia principal de Ojinaga acostumbraban los vecinos más necesitados a pedir los medicamentos sin pagar por ellos. Acosta cubría más tarde las facturas pendientes. El hombre de los colmillos dorados regalaba coches *chocolate* a los funcionarios de medio pelo, maletines con dinero para las autoridades importantes, armas y droga para sus colaboradores, operaciones y tratamientos médicos costosos para los enfermos. Por esta labor altruista y también por la maldad que del otro lado de su luna lo acompañaba, al *Zorro de Ojinaga* le queda bien el epíteto que el poeta mexicano Octavio Paz utilizó en otro contexto: Pablo Acosta fue un *ogro filantrópico*.

La noción de *plaza* fue perfeccionada en esta frontera de Chihuahua. Ya desde la era colonial el gobierno tuvo por costumbre subastar al mejor postor los cargos públicos, para que quien los obtuviera los explotara como jugosa empresa privada. El modelo no lo inventó Francisco de Ibarra cuando fundó la Nueva Vizcaya, pero sí lo utilizó en su época y también las veinte o treinta generaciones que vendrían después. La gestión del orden en esta apartada frontera funcionó como si se tratara de una licencia o franquicia entregada por las autoridades gubernamentales, a cambio de una parte de las ganancias obtenidas con el trasiego de drogas. *Controlar la plaza* quería decir pagar lo suficiente a la autoridad con el propósito de no ser molestado a la hora de actuar ilegalmente. Según Terrence Poppa, el dueño de la *plaza* tenía tres obligaciones inapelables: generar dinero para los funcionarios públicos, perseguir a los narcotraficantes independientes que no quisieran cubrir su respectiva cuota y, de ser requerido, eliminar a tales detractores.

Pablo Acosta obtenía con facilidad identificaciones oficiales con fotografía, nombre y firma para los integrantes de su organización. Según la necesidad, un guardaespaldas suyo se titulaba de policía municipal, un sobrino como inspector estatal o un subalterno de agente judicial federal. La buena y necesaria relación con las autoridades pasaba sobre todo por tener contentos a los mandos militares. De no contar con ellos –afirma Poppa– simplemente no había forma de operar el negocio. Por lo común el mando castrense de mayor rango en la zona era el encargado de colectar la cuota que luego se repartía entre las demás autoridades, locales y federales.

El modo de operar dentro de la organización lo narró con detalle *El Zorro de Ojinaga* al periodista Terrence Poppa, quien publicó para *El Paso Herald Post* una larga entrevista con este narcotraficante a principios de diciembre de 1986. Cinco meses después de compartir con la prensa tales confesiones, el hombre más poderoso del río Bravo perdió la vida durante una feroz batalla contra la policía mexicana.

Durante el lustro previo a su muerte, el valor de la *plaza* gestionada por este narcotraficante se multiplicó; ocurrió así por un hecho azaroso. Durante los años 70 la cocaína que entraba a Estados Unidos procedente de Colombia utilizaba como punto de desembarque las incontables caletas ubicadas al sur de la península de la Florida. Cuando, hacia principios de los años 80, las autoridades de aquel país cerraron ese salvoconducto, la frontera entre México y Texas tomó importancia. Las mafias colombianas optaron por pagar los servicios de los traficantes mexicanos para que a través de sus redes y relaciones –junto con los cargamentos de marihuana y opio– también se distribuyera el polvo blanco. Fue por esta circunstancia que *El Zorro de Ojinaga* se convirtió en uno de los principales capos mexicanos. Pablo Acosta no contaba personalmente con relaciones en Medellín o Cali, por tanto permitió que la mafia sinaloense, dirigida por Miguel Ángel Félix Gallardo, se encargara de concretar la sociedad latinoamericana. Para supervisar tales negociaciones, y luego asegurar el cumplimiento de los acuerdos, Ernesto Fonseca Carrillo –el jerarca de Badiraguato– envió a Ojinaga a su sobrino predilecto, Amado Carrillo Fuentes. Aquel muchacho se entendió bien con Pablo Acosta y ayudó a planificar la nueva operación de contrabando.

Hasta antes de la conexión colombiana, Acosta transportaba su mercancía hacia el otro lado dentro de tanques de gas que iban montados sobre trocas o camiones. Porque el mecanismo fue descubierto por la policía estadounidense y también porque –desde que la cocaína quedara incluida en el catálogo– la cantidad de droga se hizo mucha, hubo necesidad de cambiar el método de envío. Amado y Pablo optaron entonces por adquirir aeronaves para su negocio: aviones ligeros que aterrizaban en los ranchos contiguos a la frontera para ser descargados en menos de diez minutos. Como hormigas laboriosas, los operarios de Acosta –todos disfrazados de campesinos pobres– guardaban los paquetes de cocaína dentro de grandes costales que luego eran cargados sobre su cabeza unos cuantos metros hacia territorio extranjero. Ya en Texas, la droga viajaba por carretera hacia sus muy diversos y solicitados destinos. Según información que se daría a conocer después de la muerte de Pablo Acosta, *El Zorro* llegó a distribuir mercancía no solo en Texas y Nuevo México, sino también en Kansas, California, Oklahoma, Misuri, Nueva York, Nueva Jersey, Nevada, Idaho, Carolina del Norte y Michigan.

El negocio habría seguido exitosísimo si Pablo Acosta no se hubiera vuelto consumidor de los productos con los que comerciaba. Al *Zorro de Ojinaga* le dio por fumar cigarrillos compuestos, mitad tabaco, mitad cocaína; con este mal hábito no solo se perforó el paladar sino también las neuronas. Su prepotencia fue cada vez más ostensible: ordenaba vaciar restaurantes para poder beber con sus amigos sin ser molestado. Quiso ver su rostro en los periódicos para asegurarse de que la población lo reconociera como un hombre caritativo y dadivoso. El exceso vino cuando aceptó la entrevista de Terrence Poppa. Con este periodista conversó durante dos días seguidos, tiempo que sobró para que se confesara de todos sus pecados. Quizá lo hizo porque quería avisar a sus enemigos que estaba dispuesto a ir más lejos si no dejaban de hostigarlo. Desde cualquier perspectiva, *El Zorro* se equivocó. La sinceridad y la transparencia pública entre los narcotraficantes no son aconsejables.

## Muerte en Santa Elena

Desde las alturas impresiona la cañada. Un área deshidratada que habitan las lechuguillas, uno que otro sauce y el agave de sotol; población vegetal escasa que va acompañando al río Bravo en su lento descenso hacia el este. Puede llegarse a Santa Elena por un camino de terracería que conecta con la carretera Ojinaga-Ciudad Camargo. Las casas de este poblado están todas construidas con adobe: el lodo cocido es la solución para sobrevivir los climas extremos. Según datos oficiales, en esta comunidad no viven más de 2 mil habitantes. En realidad no es fácil contarlos porque un buen número de familias se dispersan por los alrededores. Pablo Acosta nació en el fondo de esta depresión natural. En este pobladito aprendió con su padre a traficar candelilla.

Acaso como hacen las ballenas o los elefantes, cuando asumió que la muerte le era ya una estación cercana *El Zorro* marchó para refugiarse en el mismo rincón donde su madre lo trajera al mundo. El lugar era estratégico por dos razones: por un lado habrá calculado que sus parientes y conocidos no iban a delatarlo, ahora que, de ocurrir una filtración sobre su paradero, desde el caserío de Santa Elena es posible mirar el camino que conduce hasta el corazón de esa cañada. Es decir, que si la policía se decidía a perseguirlo, Acosta estaría avisado al menos media hora antes de que sus captores se acercaran en automóvil.

No contó este narcotraficante con que el comandante de la Policía Judicial Federal, Guillermo González Calderoni, le daría alcance no desde el lado mexicano sino a través del río Bravo, montado sobre un helicóptero que surcó el espacio aéreo estadounidense. A las cinco de la tarde del viernes 24 de abril de 1987 varias naves con aspas en el techo despegaron de Ciudad Juárez, cruzaron del otro lado gracias a una autorización otorgada por el FBI, navegaron por aire el cauce del río fronterizo y sorprendieron al *Zorro de Ojinaga* donde él menos esperaba: en la retaguardia. Jamás contempló que las autoridades estadounidenses se fueran a prestar para ese operativo. ¿Quién ofreció la coordenada exacta de su guarida? Terrence Poppa supone que fue Amado Carrillo Fuentes quien denunció a su antiguo mentor. Desde la puerta de la nave flotante el policía González Calderoni exigió al mafioso que se entregara. Pablo Acosta no estaba de humor para sostenerle el juego. Se asomó por la ventana de una pequeña casita de tierra y le gritó desafiante: «¡Vete a chingar a tu madre, Calderoni, de aquí no me vas a sacar vivo!» Acto seguido el prófugo empuñó un arma en cada mano y se puso a disparar contra todo lo que en el cielo se moviera. Obviamente el mafioso no estuvo solo durante este último trance, de otras viviendas salieron también los tiros dirigidos contra las autoridades. Según el parte que se recogería más tarde, aquella refriega se prolongó por noventa minutos. Poco antes de que concluyera se escuchó aullar de nuevo al *Zorro*: «¡Calderoni, si quieres atraparme vas a tener que venir por mí!» Muy probablemente, cuando Acosta lanzó esa advertencia ya había sido tocado por las balas. En la choza donde estaba se detuvo el sonido de la metralla. Pablo Acosta se tiró de espaldas sobre una cama apuntando hacia el techo con las dos armas que lo acompañaron hasta la última exhalación de su nariz deforme.

Sus restos fueron depositados cuatro días más tarde dentro del humilde panteón de Ojinaga, ubicado en un predio conocido como El Tecolote. Por lo menos mil personas acudieron al evento. La fiesta popular sirvió para que sus entenados agradecieran cuanto este hombre hizo por ellos. Aún la recuerdan los habitantes del desierto. Seguro habrán compartido aguardiente y también habrán cantado los corridos recién fabricados para acompañar al muerto en su tránsito hacia ese otro lado de donde ya no puede regresarse.

Gracias a este episodio el comandante González Calderoni hizo una fulgurante carrera como funcionario del Estado mexicano. Lo llamaron de la ciudad de México para ofrecerle un alto cargo dentro de la Procuraduría General de la República. Tres años después de la batalla de Santa Elena, González Calderoni entregó a Miguel Ángel Félix Gallardo ante los jueces. Según declaraciones que hizo desde la cárcel, *El Jefe de Jefes* se sentía traicionado. El comandante de la policía judicial era su aliado y mejor socio dentro del gobierno. Una vez que el capo mayor fue removido de su asiento, se distribuyó el poder criminal en México a partir de nuevas responsabilidades regionales: Ojinaga dejó de ser la capital de un emporio porque los sucesores de Pablo Acosta mudaron su oficina matriz a Ciudad Juárez. Juan García Ábrego se hizo cargo de gestionar parte de los embarques de cocaína venidos desde Colombia a partir del golfo de México y los hermanos Arellano Félix tomaron control sobre la *plaza* de Tijuana. (*El Chapo* Guzmán por aquel entonces aún no pintaba.) Los integrantes de la emergente camada de delincuentes compartirían todos admiración por los modos crueles y despiadados con los que Pablo Acosta administró su reinado sobre el lecho agreste del río Bravo.

## Hidalgo derrotado

El insurgente recorrió el desierto, desde Monclova hasta la ciudad de Chihuahua. Durante el camino conoció el rigor que los viajeros sufren cuando atraviesan el Bolsón de Mapimí. Al líder del primer movimiento social mexicano le tomó un mes llegar hasta su destino, que ya sabía

iba a ser fatal. Caminaba preso junto con Ignacio Allende, Juan Aldama, Mariano Jiménez y otros mandos del ejército de las Américas. Una
columna de veinticinco soldados realistas los condujo a través del despoblado. Miguel Hidalgo y Costilla habrá viajado montado sobre una
mula; otros con menos edad y menos suerte anduvieron a pie, atrapados
por grilletes y cadenas que les fueron colocados en Monclova. ¿Cuánto pudieron haberse arrepentido de sus actos estos hombres durante los
larguísimos e insolados días de aquella primavera de 1811? ¿Qué habrá pasado por la cabeza de Ignacio Allende, principal responsable de
aquella aprehensión? Él fue quien cayó en la trampa del capitán Elizondo. Si no hubiese sido tan ingenuo, quizá la rebelión habría tenido otras
oportunidades.

Días antes, mientras el ejército de las Américas escapaba hacia el
norte del virreinato, Allende recibió a un enviado del capitán Elizondo.
Por su conducto se ofreció al mando rebelde un lugar seguro, en las cercanías de Monclova, donde reponer fuerzas. En las norias de Acatita de
Baján, prometió el supuesto anfitrión, podrían descansar y cargar las al-
forjas. Arteramente Elizondo se hizo pasar por adepto a la causa insurgente y Allende no puso en duda la oferta; tampoco consultó su decisión
con el resto de los líderes de su ejército.

El cura Hidalgo llegó hasta esas norias de Coahuila en calidad de
prisionero, custodiado por cuarenta soldados pertenecientes al ejército
que él mismo constituyera un año atrás. A finales de aquel enero, no lejos de la ciudad de Aguascalientes, en la hacienda de San Blas, el párroco de Dolores fue depuesto de su cargo como dirigente principal de la
insurgencia. En una reunión incendiada, Ignacio Allende acusó al sacerdote de ser el principal obstáculo para ganarle la guerra a los realistas.
Puntualmente le reclamó por incorporar a la chusma desharrapada dentro de las filas rebeldes: si los militares profesionales hubieran estado a
cargo de las batallas, el ejército de las Américas ya tendría a la Nueva
España comiendo de su mano. Escuchadas las recriminaciones, ningún
otro asistente a la reunión quiso defender a Miguel Hidalgo, mejor sería
separar el poder militar del poder religioso y tal cosa implicaba darle a
Allende el mando sobre los soldados; Aldama, Abasolo y Jiménez coincidieron con el argumento. El párroco de Dolores salió de la hacienda
de San Blas preso y denigrado, y así llegó un mes después a Acatita de
Baján, lugar donde transitó de las manos de un carcelero adversario a
las de un carcelero enemigo.

Cuando el virrey Venegas recibió en la ciudad de México la noticia sobre la captura de Miguel Hidalgo y Costilla fue felicísimo. Sonaron en la catedral las campanas y en la plaza más importante del país se concentraron cientos de españoles para festejar el fin de las hostilidades. Después de darle trato de héroe, la autoridad virreinal instruyó al capitán Ignacio Elizondo para que condujera a los rebeldes hasta la ciudad de Chihuahua. De todas las poblaciones coloniales, esta era la más opuesta a la guerra de Independencia; tiene probablemente razón Fernando Jordán cuando afirma que en 1811 era una provincia separada del resto del virreinato. El criollo, que representara la fuerza del movimiento independentista, en Chihuahua se había mantenido próximo al español. Y es que, a diferencia de otras partes, la conquista aquí aún no terminaba: los chihuahuenses batallaban todos los días contra los apaches y otros grupos nativos. Si sobrevivían era gracias a los *presidios*, guarniciones financiadas por el rey.

No es extraño por tanto que Hidalgo haya sido visto en Chihuahua como agente de Napoleón. Durante el proceso condenatorio celebrado en las instalaciones del antiguo colegio de los jesuitas, al párroco de Dolores se le imputaron todo tipo de cargos: autor de la gran sedición, criminal libertino, cismático, hereje, luterano, calvinista, revoltoso, aficionado a las mujeres, aficionado a los hombres, lector de Rousseau, Voltaire y Diderot, apóstata, traidor. Tanta imaginación de los fiscales sirvió para justificar la doble punición: morir fusilado y luego ser degollado frente al público asistente. Recae todavía hoy sobre Chihuahua la infamia de haber segado aquella primera manifestación libertaria mexicana. Sin embargo, la justicia cósmica permitió que un siglo después, en esta misma entidad, surgiera otro movimiento que transformaría al país. Si en esta región las fuerzas retrógradas derrotaron al cura Hidalgo, en 1911 aquí fue donde los rebeldes encabezados por Francisco I. Madero, Pascual Orozco, Abraham González y Francisco Villa obtuvieron la renuncia de Porfirio Díaz.

## A cielo abierto

Sin hacer alarde de ello, la ciudad de Chihuahua hoy tiene ambiciones de emparentar con las urbes del sur de Estados Unidos. El paisaje de sus colonias elegantes tiene mucho de parecido con Phoenix en Arizona o Houston en Texas. La traza de sus calles es ancha, todos los semáforos funcionan y los automóviles –los nuevos y los *chocolate*– avanzan a velocidades dentro del límite permitido. Ocurre aquí lo mismo que entre las poblaciones de Tijuana y San Diego: si Ciudad Juárez es caótica, Chihuahua se esmera para distinguirse de ella. Si en la frontera la belleza urbana es inexistente, aquí la estética del espacio público se hace fundamental.

Prácticamente toda la ciudad se construyó en un solo piso. Salvo unos pocos edificios ubicados en el centro, las habitaciones, los establecimientos comerciales y las oficinas no se interesan por las alturas. Esta población podría seguir creciendo en círculos concéntricos por varias décadas más. La llanura donde los primeros españoles se toparon con los ríos Chuvíscar y Sacramento es extensísima; a la distancia algunas montañas protegen a los chihuahuenses del viento y el frío, pero no son obstáculo para limitar la urbanización. Huelga decir que cuando llueve, el tono rosado que toman las paredes laterales de estas elevaciones es la expresión de mayor hermosura con la que cuenta la ciudad de Chihuahua. En cambio, si el cielo está despejado, la luz solar hace daño sobre las retinas desprotegidas: es tanta su virulencia que la gran mayoría de los automóviles cuentan con los vidrios entintados, por ello no es posible desde la calle saber quién conduce los automóviles en Chihuahua.

De cada poste de la ciudad cuelga un cartelito con la fotografía de los diferentes candidatos que concurren a las elecciones del verano. La inmensa mayoría de los postulantes fueron a ver al dentista para que les blanqueara la sonrisa justo antes de tomarse la imagen de campaña. Salvo extrañas excepciones, todos son caucásicos. Por un momento pensé que me encontraba en Skagen, Suecia; fisonomías calculadas para exhibirse en la pantalla de televisión de un país que si no fuera hipócrita tendría que asumir su pronunciado racismo. Rubitos con ojos claros que se distinguen del fenotipo de la persona común; sujetos que no conectan con el viajero del transporte público, con el muchacho que acude a la universidad gratuita, con la dependienta del centro comercial, con la trabajadora del hogar, con el muchacho que entinta los cristales de los carros más caros y elegantes de Chihuahua.

Hace solo una generación nadie creía aquí que los procesos electorales fuesen honestos. Durante gran parte del siglo XX se eligieron diputados, alcaldes y gobernadores, y sin embargo el valor del voto popular era igual al del papel mojado. En 1986 hubo en Chihuahua un movimiento de resistencia civil que quiso cambiar esa realidad. Lo abanderó el alcalde. Convencido de que los resultados de la elección para gobernador habían sido truqueados, como expresión de su reclamo Luis H. Álvarez decidió ponerse en huelga de hambre. Esta manifestación pública tomó cuarenta días. Por aquel entonces el poeta Octavio Paz aseguró que aquel acto de rebeldía era un signo claro de que los tiempos en México estaban cambiando. Y tuvo razón. Chihuahua en 1986 fue escalón fundamental para la libertad política en México. Fue antecedente importantísimo de las elecciones federales de 1988 y también referente de las reformas que después darían legitimidad a los comicios en todo el país.

Votar se ha convertido hoy en México en un acto que no tiene nada de extraordinario. Y eso está bien. En cambio, como lo demuestran las fotos que penden de los postes de luz eléctrica en Chihuahua, ser votado es todavía un derecho limitado. Los rasgos físicos que las personas poseen, el color de piel con el que se nació, la calidad de la ropa que es posible adquirir, la ventaja de haber asistido a una escuela privada, la extraña suerte de contar con un buen salario o de haber podido sumar ahorros, son todas circunstancias que excluyen a la hora de aparecer en la boleta. Probablemente por esta razón es que, veinticinco años después de aquella huelga de hambre, las votaciones han perdido convocatoria. No atraen porque las contiendas quieren a la chusma desharrapada —como un día llamara Ignacio Allende al pueblo mexicano— emitiendo los sufragios, pero fuera del gobierno. Y lo van logrando, al menos en el norte del país. Solo algunos, por características que siempre serán arbitrarias, tienen posibilidad sincera para ganar los cargos de representación popular. Si un candidato con sonrisa blanca y fotogénica importa más que cualquier otra razón política, algo está muy mal. Pero la exclusión ha tenido una larga vida en esta entidad.

## Chihuahua es mía

El siglo XIX en Chihuahua hubiera sido distinto sin el general Luis Terrazas Fuentes. La sentencia es suya: «Yo no soy de Chihuahua, Chihuahua es mía». Este hombre llegó a ser propietario del 10 por ciento del territorio del estado más grande de la República Mexicana. Nadie fue más rico en el país; nadie fue más poderoso en Chihuahua. Benito Juárez no pudo con él, terminó haciéndolo su aliado. Porfirio Díaz no pudo con él, también concluyeron siendo asociados. Este personaje participó en cuanto hecho relevante ocurrió en la historia norteña, desde la guerra de 1846-1848 hasta la Revolución mexicana, y a excepción del último episodio, de todos los demás salió fortalecido. Su talento pragmático lo ayudó para adaptarse a cualquier circunstancia. Se decía liberal pero llegó a coquetear con el gobierno de Maximiliano. Estaba a favor del progreso y la libertad pero se encargó de conservar cuanto pudo las estructuras oligárquicas chihuahuenses. Su principal bandera siempre fue él mismo y contó regularmente con la complicidad de la población de su estado para salirse con la suya.

En 1860 Luis Terrazas ocupó por primera vez la silla de gobernador. A pesar de que la Constitución local exigía como requisito que tuviera al menos 35 años, los diputados locales hicieron una excepción; no tenía aún 32 cuando comenzó a despachar los asuntos del estado. Por aquella época el poder político y el poder económico eran las dos caras de una misma moneda que debía servir para crecer la riqueza de quien ya la poseyera. En 1865 el gobierno federal le entregó gratuitamente grandes extensiones de tierra en el distrito de Galeana. A tales predios se sumaron los que les fue quitando a los apaches. En sus inmensas propiedades crió ganado hasta convertirse en el comerciante más grande de carne. Para los años 70 del siglo XIX sus empresas se hallaban bien diversificadas: era dueño de molinos de trigo, empacadoras, transportes, cerveceras y aserraderos. Fue socio del Banco Mercantil de Monterrey y tuvo vínculos de negocio con empresas de Texas y Misuri. Tanta habrá sido su cercanía con los capitales estadounidenses que el presidente Chester Arthur lo invitó como huésped de honor para que asistiera a la Exposición Universal de Nueva Orleans en 1884.

Benito Juárez fue el primer presidente que visitó Chihuahua; lo hizo mientras cargaba dentro de su carruaje el gobierno itinerante para evitar ser aprehendido por los franceses. Al principio no confiaba el político oaxaqueño en Luis Terrazas: le habían informado que podía traicionarlo igual y como hiciera el gobernador de Coahuila, Santiago Vidaurri. También los hombres del poder conservador sabían de su ambigüedad. Quizá por esta razón Terrazas recibió el título de prefecto político del Departamento de Chihuahua, el cual llevaba al calce la firma del emperador Maximiliano de Habsburgo. El caudillo más importante de Chihuahua optó por la neutralidad: no tomó ni rechazó el nombramiento. Poco duró, sin embargo, instalado en la dubitación: con fuerzas propias Terrazas terminó echando del estado a las milicias conservadoras; entonces Juárez lo reconoció como gobernador legítimo. La relación entre ambos se estrecharía después de este episodio: 1866 fue el año en que el dueño del estado se hizo incondicional del presidente. Doce meses después, Maximiliano sería fusilado. La muerte del emperador y la derrota de los imperialistas fueron dos hechos que permitirían al país entrar en una nueva fase de recuperación económica. Chihuahua en particular comenzaría a vivir una época de impresionante bonanza. Nadie se benefició mejor de esta suerte que Luis Terrazas.

Cuando Porfirio Díaz ocupó el cargo que fuera de Benito Juárez, también tuvo intenciones de remover al gobernador; para el gusto del presidente, aquel hombre era demasiado juarista. Pero no encontró a otro político que conociera tan bien ese inmenso territorio, sus dramas, sus intrigas y sus desafíos. Contra la voluntad del jefe de Estado, Luis Terrazas continuó siendo gobernador hasta 1884, es decir que este personaje permaneció poco más de veintitrés años en su primera ronda al frente de la administración chihuahuense. A su salida Díaz le ofrecería ser senador de la República, aceptó y pudo alternar esta nueva responsabilidad con sus actividades como próspero empresario. Gracias a su enorme influencia política logró en 1890 que la Secretaría de Hacienda no le cobrara impuestos por el tiempo que le restaba a la centuria. Así gobernaba la oligarquía mexicana de aquellos años.

El presidente Díaz volvió a pedirle que se pusiera al frente del gobierno de su estado en 1903; en ese momento Terrazas tenía 74 años. El empresario chihuahuense accedió pero solo para abdicar un año después a favor de su yerno Enrique C. Creel. Si se quiere una explicación rápida y a la vez cierta sobre las razones del estallamiento revolucionario de 1910, es necesario decir que aquel movimiento social comenzó en Chihuahua precisamente para enfrentar los abusos que esos dos hombres encarnaban. La voracidad, el autoritarismo y la distancia con los gobernados, fueron los lastres que tales gobernantes jamás reconocieron, y sin embargo fue a causa de sus obras que el país se incendió. Las maderas de Chihuahua resecadas por la arbitrariedad del clan Terrazas-Creel fueron las primeras en arder. A los responsables de ello no es posible ahorrarles el reclamo.

## La suerte loca del *Centauro*

Subió a 2 mil personas al tren sin que en Ciudad Juárez nadie estuviese enterado. Con la pistola puesta sobre la cabeza de un telegrafista, desde cada estación intermedia envió un comunicado confirmando que los vagones iban en camino sin contratiempo. Aquel mundo de gente que había tomado por asalto el ferrocarril sabía que la clave del éxito radicaba en asegurar la sorpresa; los esperaban en Chihuahua pero no en la frontera. Todas aquellas almas se disciplinaron como si pertenecieran al más profesional de los ejércitos. Dentro de los coches había sobre todo jóvenes, muchachos cuya edad rondaría entre los 14 y 25 años. Los acompañaban sus novias, sus esposas, sus amasias, algún niño y uno que otro viejo. A cada uno le prometió el general que tendría una paga segura y, al triunfar la Revolución, harta tierra.

En la madrugada del sábado 15 de noviembre de 1913 aquel cuerpo bien cohesionado descendió sigiloso de su culebra con ruedas. Lo que Felipe Ángeles llamó un día «la suerte loca de Pancho Villa» fue energía metafísica que volvió a funcionar. Por esta maniobra *El Centauro del Norte* recuperaría para la causa revolucionaria la población fronteriza que solo dos años antes hubiera hecho renunciar al dictador Porfirio Díaz. Pero con Villa no todo era buena estrella, el mejor atributo era su intuición endemoniada. Apenas veinticuatro horas antes el general traía otros planes para la División del Norte. Las tropas de su ejército andaban tratando de tomar Chihuahua pero la guarnición de soldados leales al gobierno federal estaba ahí mejor posicionada. De haber neceado con el ataque, *El Centauro* muy probablemente se habría tenido que tragar una amarga derrota. Porque no estaba dispuesto a encajar ese penoso golpe fue que decidió mejor subir a sus soldados a un ferrocarril con destino hacia la frontera; la ciudad donde fusilaron al cura Hidalgo podría esperar para una mejor oportunidad.

Llegado a Juárez, el general Villa sorprendió a su enemigo, aunque temió que la batalla entre los dos ejércitos mexicanos fuese a dañar las relaciones con el gobierno de Estados Unidos. Estaba consciente de que el futuro triunfo de los constitucionalistas también dependía de hacer bascular el humor de la Casa Blanca en contra del gobierno que asesinó a Francisco I. Madero. Para cumplir con esta condición Villa logró alejar 50 kilómetros del río Bravo a las tropas federales, haciendo que el enfrentamiento se celebrara en las cercanías de la estación de Tierra Blanca. *El Centauro* entró a aquel desafío con más de 6 mil soldados, mientras que la tropa federal andaría rondando los 5 mil 500. Sin embargo, según el libro *La División del Norte* del historiador Pedro Salmerón, la artillería del adversario era superior.

La fama de invencible que ya venía forjándose el general Villa, así como el ataque que propinó con su caballería sobre los flancos de las filas federales, hizo que el pánico creciera como virus contagiosísimo entre los enemigos. Nada pudo detener esa emoción desesperada: los rivales se fugarían desordenadamente hacia el sur del estado, unos montados en los trenes que antes hubieran transportado a sus verdugos, otros a caballo y la gran mayoría usando las piernas asustadas. El golpe de efecto que *El Centauro* necesitaba no pudo ser mejor. Pocos lo sabían tan bien como él: Juárez era algo así como la espada que necesita el caballero medieval para ganar el favor del rey. Esta ciudad no solo poseía implicaciones simbólicas, también tenía consecuencias estratégicas. Quien ganara la frontera con Estados Unidos podría aspirar a gobernar el resto del país. Aquel triunfo hizo creíble la idea de que los constitucionalistas serían capaces de sacar a Victoriano Huerta del Palacio Nacional.

Aprovechando la inercia del triunfo, *El Centauro* dejó Ciudad Juárez y se llevó a su envalentonada División del Norte hacia el río Chuvíscar, ahora sí para ganar Chihuahua. Lo que días antes hubiera sido impensable, después de aquel triunfo se hizo realidad. El 1 de diciembre de 1913 los seguidores de Francisco Villa entraron, ordenada y disciplinadamente, a la capital del estado; entonces la gente salió a las calles para gritar: «¡Viva Villa! ¡Viva Carranza! ¡Viva la Revolución!» De mucho sirvió este momento para devolver entre los chihuahuenses la esperanza extraviada cuando ocurrieran los asesinatos de Madero y Pino Suárez y, aquí en el estado, desde que sucediera el homicidio del primer gobernador revolucionario, Abraham González.

## El gobernador

Fue Abraham González Casavantes quien aquí en la ciudad de Chihuahua, en 1910, subió a Francisco Villa al ferrocarril de la Revolución. Feliciano Domínguez, un conocido de ambos, los presentó. Asegura Friedrich Katz que el antiguo bandido duranguense no tenía ninguna ambición política, guardaba odio y deseo de venganza dentro de sus entrañas y se sentía cerca de los desposeídos, pero nada más. Desde que entrara a trabajar como minero en la ciudad de Parral, su economía había mejorado. La década que lo depositó en el umbral de los 30 años le sonrió con algo de fortuna; se hizo de una carnicería en la ciudad de Chihuahua, donde las malas lenguas afirmaron que se vendía la carne del ganado robado a los grandes terratenientes. Feliciano Domínguez, quien estaba al frente del club antirreeleccionista de Santa Isabel, dijo de Villa que era un señor valiente, un conocedor de los caminos más difíciles de la sierra y un hombre con amigos en todas partes. Muy probablemente Abraham González no supo medir a quién estaba incorporando al movimiento, pero cuenta Katz que en aquella reunión sí ofreció a su interlocutor una buena lección sobre la historia de México. Aprovechó para hablar a favor del partido antirreeleccionista y también promovió a su líder, el hacendado que quería ser presidente para traer la democracia.

Entre 1911 y 1913 transcurrió para el país una era geológica de acontecimientos: Porfirio Díaz renunció a la presidencia, se celebraron elecciones y Madero resultó vencedor, Francisco Villa fue a dar a la cárcel por órdenes de Victoriano Huerta, fueron ultimados el presidente demócrata y su vicepresidente, José María Pino Suárez, y Abraham González también fue asesinado por la contrarrevolución. Mientras tanto *El Centauro del Norte* constituyó el mayor ejército que hasta entonces hubiera existido en México. También se hizo gobernador del estado más grande de la República. Quiso demostrar que, además de ser guerrero, podía dedicarse a administrar los asuntos públicos conforme a los principios de la Revolución. Villa no era un hombre educado; probablemente jamás estuvo dentro de un aula de escuela. Ese hecho de su biografía detuvo sus aspiraciones en más de una ocasión. En revancha tenía otra cualidad: podía leer el talento en las personas cuando éstas lo poseían. Uno de esos personajes con talento fue Silvestre Terrazas, el gran periodista chihuahuense, quien denunció la matanza de Tomochic y los robos de tierra que impuso el clan Terrazas-Creel. En efecto, Silvestre tenía todo aquello de lo que Villa carecía. Era una persona cultivada, que escribía con sentido y con fuerza, y conocía bien las coyunturas así como las fracturas de la oligarquía chihuahuense. (Silvestre fue primo en segundo grado del gobernador Luis Terrazas.)

Este periodista creía en la jornada máxima de ocho horas para los trabajadores, en el descanso durante los domingos, en la educación para los obreros y en la prohibición del trabajo infantil. Con tal filosofía fungió como secretario de Gobierno durante el breve mandato de Francisco Villa al frente del ejecutivo del estado. Ayudó a que *El Centauro* tomara decisiones mejor calculadas y redactó el primer decreto a favor del reparto agrario de la Revolución. Durante aquellos meses de 1914 Villa demostró que de haber permanecido más tiempo en el cargo hubiera sido un buen gobernante; muy superior al que sus enemigos han querido presentar ante los ojos de la historia.

Pero el país no estaba en paz y era imposible que Villa permaneciera sedentario por mucho tiempo. Si México seguía en llamas, debía obligadamente salir al encuentro del incendio. Mientras estuvo administrando la vida cotidiana de Chihuahua, los federales habían logrado recuperar la plaza de Torreón. Venustiano Carranza, el líder del movimiento constitucionalista, autorizó al jefe de la División del Norte para que regresara a La Laguna y combatiera a los enemigos. Luego Villa peleó en Saltillo, donde obtuvo otra victoria en una plaza muy preciada para Carranza por ser la capital de su estado natal, Coahuila. Así, de ciudad en ciudad, la División del Norte fue probando que era el ejército más poderoso con el que México contaba.

El alma contrahecha de Venustiano Carranza y probablemente también las intrigas que otros de sus generales arrimaban contra Villa provocaron que el líder del movimiento constitucionalista se indispusiera hacia el antiguo bandido duranguense. La majadería que mejor encontró para hacer explícita su desconfianza fue ordenar que *El Centauro* no concurriera a luchar contra los federales de Huerta que, en su mayoría, se habían concentrado en la ciudad de Zacatecas. No quería Carranza que él se llevara la medalla de ser quien derrotó al hombre más odiado. Detrás de todo, no estaba dispuesto a ver a Villa entrando victorioso en la ciudad de México; por esta última razón fue que el exgobernador de Coahuila ordenó a Felipe Ángeles que, en su camino a Zacatecas, sustituyera al *Centauro* en el mando de la División del Norte. Carranza no solo fue insensible sino también ignorante: los generales villistas no estaban todavía en situación de traicionar a su líder. Tampoco la tropa habría marchado sin el caudillo. Por estos argumentos fue que todo el mando de la División del Norte presentó su dimisión a Carranza en un telegrama.

Una vez desairado el coahuilense, la División del Norte desobedeció las órdenes y marchó junta hacia Zacatecas. Villa conservó el rango y aquella batalla fue una de las más notables de la Revolución. Derrotado el ejército federal a manos de los villistas, Victoriano Huerta salió huyendo del país. Villa y sus tropas no esperaron a que la vida se asentara en Zacatecas. En cuanto pudieron tomaron los trenes y marcharon hacia la ciudad de México. Entre los líderes constitucionalistas, este general quería ser el primero en llegar. Sin embargo, la División del Norte no cumplió el anhelo, a los ferrocarriles que la transportaban les faltó suministro de carbón. Quienes han revisado este tramo de la memoria mexicana, afirman que fue el propio Carranza quien se encargó de colocar los obstáculos necesarios para asegurar el retraso del *Centauro*. Para cuando Villa llegó a la capital nacional, ya otros jefes festejaban orondos el triunfo. Uno de los primeros que llegaron fue Emiliano Zapata, con quien Francisco Villa se entrevistó por primera vez en las cercanías del lago de Xochimilco. Cuenta la anécdota popular que el caudillo de Morelos le ofreció una copa de coñac a su amigo de Chihuahua. Villa trató de beberla de un solo trago pero la escupió toda: *El Centauro* no se entendía con el alcohol, para divertirse con los amigos prefería la malteada de vainilla. Pero ese rasgo de su personalidad no supo explicárselo a Zapata y frente a los hombres de ambos quedó en ridículo. Nadie pudo haberle dicho entonces a Villa que a partir de aquella estancia en la ciudad de México su estrella no haría más que declinar.

## San Antonio de los Arenales

Cuauhtémoc está a una hora de viaje hacia el oeste de la ciudad de Chihuahua, es la tercera población en importancia del estado. Cuando estalló la Revolución aún no existía. En su lugar había un enorme latifundio ganadero de la familia Zuloaga. Aquí estableció el general John J. Pershing su cuartel en 1916, cuando emprendió la expedición punitiva para atrapar a Francisco Villa. Debió haber sido mucha la desolación del paisaje cuando, a causa de la Revolución, los Zuloaga abandonaron sus tierras. Las ráfagas del viento son un fuete que aquí golpea libremente. Además de un casco decrépito y una estación de trenes desvencijada, hasta 1922 solo hubo en este lugar ganado flaco y una llanura tan extensa como yerma. Las vacas de los vecinos pastaban poco porque en esta región llueve únicamente entre los meses de julio y septiembre. Como en la ciudad de Chihuahua, en este paraje las montañas también constituyen una corona rosada que todo lo observa a distancia. La luz es igual de potente; milagro silencioso en las mañanas y fulminante por su belleza cuando atardece. En época de lluvias, entre la tierra y el cielo se coloca una alfombra electrificada de nubosidades que no deja huecos. Las tormentas de relámpagos hacen pensar en la furia del universo y no en la naturaleza de nuestro planeta.

Este paraje se encuentra a 2 mil metros sobre el nivel del mar. Respira muy cerca de la bóveda celeste y sin embargo para encontrar agua es necesario excavar entre quince y veinte metros hacia el centro de la Tierra. Es difícil creer que uno de los graneros más ricos de México haya surgido de este paisaje semiárido. Hoy los sembradíos de avena, trigo, maíz, sorgo, lino, frijol y manzana no se agotan. Si desde un avión se observa esta llanura, habrá de comprobarse que abajo la tierra cultivada tampoco deja un fragmento ocioso. La distancia en el tiempo entre la llanura seca y el paraje verdísimo tiene una explicación: el peregrinaje menonita que ocurrió hace nueve décadas.

Fueron esos pioneros quienes labraron, mojaron, sembraron y fertilizaron los eriazos; construyeron los inmensos silos y poblaron de manzanos la región, trazaron las carreteras y construyeron centenas de casas con techos de dos aguas. Sorprende que habiendo trabajado tanto, fuera de Chihuahua se les conozca prácticamente nada más por su queso; ese derivado de la leche que ellos mismos ordeñan es el principal embajador de su cultura dentro de las cocinas de los demás mexicanos. Sus hacedores pertenecen a un grupo humano que se prefiere encerrado en sí mismo. Los menonitas hablan alemán entre sí y a las mujeres se les tiene prohibido conversar en castellano. Las casas donde viven parecen las de otro país: rectángulos de dos pisos construidos en madera de pino. Adornan su parte superior enormes chimeneas y un rehilete circular que al girar sirve como molino para extraer agua de los profundos pozos familiares. Son residencias cuyas ventanas siempre van pintadas de un color distinto al de las paredes. Cada predio de los menonitas es circundado por una barda chaparra que abarca la casa y también el establo donde duermen las vacas, los caballos y las gallinas.

Si se quiere ingresar a una de tales residencias es preciso dejar fuera el reloj y aceptar que ahí dentro el tiempo se detuvo hace doscientos o trescientos años. El mobiliario es antiquísimo: fue adquirido por un bisabuelo o un chozno que quizá vivió en Ucrania. Contrasta con la austeridad de la vida menonita el color amarillo o naranja con que de tiempo en tiempo se refrescan las cómodas, los armarios o las bases de las camas. Todo trata de una región, quizá europea, quizá canadiense, que en México solo se conoce por el cine.

Con respecto al vestuario cotidiano de los habitantes, este recuerda al que portan los personajes del *Ángelus* que Jean-François Millet pintó a mediados del siglo XIX. La mujer menonita usa vestidos sueltos y floreados que cubren casi todo su cuerpo. Trae sobre ellos un delantal que casi siempre es negro y su cabeza va sujeta por una pañoleta pequeña y bien ceñida al cráneo. De su lado los hombres visten pantalones, por lo general de mezclilla, que llevan pechera y tirantes. En días laborables −que son todos menos el domingo− ellos traen puesto un sombrero de paja como el que se porta en la fiesta del rodeo texano.

El ánimo del menonita es más bien escaso a la hora de divertirse. No sabe tocar ningún instrumento y prefiere nunca bailar. Solo canta durante sus ceremonias religiosas, no bebe y no declama poesía. Hasta hace muy poco no viajaba en automóvil, ni podía poseer artefactos que funcionaran con electricidad. Jamás usa joyas, no va nunca al teatro, ni visita las salas del séptimo arte. Viven fundamentalmente para la religión, el trabajo y la familia. Los menonitas tienen escuelas que ellos mismos financian. Pagan puntuales sus impuestos y respetan con celo las leyes mexicanas. Sin embargo, su fe no les permite ocupar ninguna responsabilidad pública, ni cargo de gobierno.

En México residen hoy más de 80 mil menonitas. Son ya tercera o cuarta generación los que nacieron en el país. Los mexicanos que se benefician de su laboriosidad suman un número que multiplica la cifra anterior en por lo menos cinco veces. Los puestos de trabajo que dependen de sus granjas y sus empresas crecen todos los años. A diferencia de Rusia o Canadá, es probable que de aquí no se vayan a marchar nunca. Aunque ellos no lo sepan son mexicanos; así lo dice la Constitución, y sin embargo conservan su distancia: no son católicos, desconfían del carácter exaltado, su gusto por el desmadre es pobre, no viven con dobleces la religión, no hablan de futbol, no beben alcohol, no miran la televisión, no sueñan con las estrellas de cine, no bailan quebraditas y, aún más contrastante, sí pagan sus impuestos.

Para vivir en México, Chihuahua fue una elección atinada. La inmensidad del territorio, la historia difícil de los chihuahuenses y la distancia que aquí se mantuvo con la Inquisición hicieron de esta coordenada la más tolerante y la más respetuosa con respecto a la diversidad; tierra fértil para una comunidad antigua, fundada al mismo tiempo que Hernán Cortés conquistaba la gran Tenochtitlán. Los menonitas son un grupo religioso que hubo de migrar a Rusia cuando en Francia le cortaban la cabeza al rey Luis XVI. Se trata de un pueblo cuya historia conmueve mucho. Ya hace casi un siglo que México se convirtió en su última parada; paradójicamente sigue ocurriendo que, además de su queso, la gran mayoría de los mexicanos sabemos casi nada a propósito de ellos.

# Pueblo antiguo

Sobre el kilómetro 10 de la carretera Cuauhtémoc-Álvaro Obregón se encuentra el Museo Menonita, una ventana puesta por esta comunidad para quien quiera aproximarse a su modo de vida, costumbres, utensilios de trabajo y sus casas. Ninguna secta con propósitos oscuros o conspiratorios pondría una sala de exposición como esta. Evidentemente representa un esfuerzo de los menonitas más abiertos por hacerse entender con el exterior. No sorprende que el edificio esté construido todo en madera, ni que el techo que lo cubre sea de dos aguas; tampoco que de un lado se presenten las habitaciones y del otro el establo donde se guardan los animales. Lo que sí llama la atención es la cantidad de camas que adentro se coleccionan. Ya se sabe que los matrimonios menonitas llegan a tener entre ocho y diez hijos, pero no es lo mismo conocer el dato que mirar de cerca cómo se organiza una prole así de extensa.

Tras el mostrador donde se atiende a los visitantes del museo encuentro dos mujeres jóvenes que estarán en sus primeros 20 años. Son grandes y muy blancas. Una trae el pelo suelto y rizado, la otra negro y bien aliñado. Ninguna de las dos usa pañoleta sobre su cabeza. Ellas hablan castellano; no lo hacen con corrección pero son capaces de comunicarse fluidamente. Su acento alemán se siente fuerte. Pregunto a la de los rizos si en la tienda del museo se vende algún libro donde pueda leer la historia del pueblo menonita. Las dependientas se miran con sorpresa: al parecer los viajeros que transitan por aquí únicamente están interesados en comprar queso, mermeladas y alguna conserva. La del cabello negro me trae un tríptico que hace publicidad al museo. La otra coloca sobre el mostrador un documental dirigido por Otto Klassen, quien —luego me entero— tiene la mejor recopilación de fotos que existe sobre esta comunidad. Agradezco el material y sin embargo insisto si no habrá por ahí arrumbado un libro, una investigación, alguna biografía que me ayude a conocer mejor a la comunidad menonita. La joven de rizos me dice que, en efecto, hay un viejo texto de un señor alemán que, durante la llegada de sus antepasados a Chihuahua, trabó amistad con los dirigentes de entonces. Su nombre fue Walter Schmiedehaus.

Pregunto dónde puedo obtener copia de ese documento y ella reacciona turbada. Deja entender que habló de más. Consulta entonces en alemán con su compañera y después de un par de minutos me responde que ella tendría que pedir permiso a la congregación antes de proporcionármelo. «Pero me voy mañana», le insisto. Prometo fotocopiarlo esa misma tarde y devolverlo temprano al día siguiente. Para mi sorpresa ella propone que, de obtener la autorización, podría escanearlo y enviármelo por correo electrónico. ¡¿Correo electrónico?! Los prejuicios que hay en mi cabeza hacen colisión. Aquella mujer que no usa pañuelito sí tiene computadora. Acepto la única solución que tengo a la mano y antes de despedirme, solo como prueba de mi buena voluntad, compro el documental de Klassen y una mermelada de manzana.

Durante los cuatro meses que siguieron a ese encuentro, cada quince días escribí a la amable chica de los rizos para saber qué había decidido la congregación. Todas las veces ella respondió amabilísima a mis comunicaciones, pero tardó en obtener el permiso. Hacia el mes de octubre de 2010 la suerte, y quizá algo más, hizo que en mi bandeja electrónica apareciera un texto firmado por Walter Schmiedehaus: *Los Menonitas, un estudio de antropología social chihuahuense*. Se trata de un ensayo de 33 páginas traducido y prologado por un mexicano de nombre Jesús L. Lozano. Lo que ahí se halla escrito es fuente principal para lo que cuento a continuación. También es la base de la investigación detrás del documental de Otto Klassen y de una monografía bastante completa del señor Ignacio Lagarda que encontré en la red.

En 1922 México tenía una población que no superaba los 16 millones de habitantes. Era poca si se considera que el territorio del país se aproxima a los 2 millones de kilómetros cuadrados. El gobierno mexicano autorizó el ingreso de 7 mil menonitas por las mismas razones que Porfirio Díaz lo hubiera hecho a propósito de los chinos, los molokanes, los mormones o los libaneses: el norte del país estaba insuficientemente habitado. La falta de desarrollo en estados como Chihuahua, Sonora o Durango no se debía tanto a la concentración en la propiedad de la tierra, cuanto a la falta de mano de obra que conociera cómo extraer riqueza de los campos. Los menonitas tenían justo esa característica. Durante los últimos quinientos años, para sobrevivir se habían convertido en empeñosos transformadores de la naturaleza. Rellenaron pantanos al norte de Prusia, labraron la extensa estepa ucraniana y transformaron la provincia canadiense de Manitoba.

Menno Simonsz, un sacerdote católico que renunció a la Iglesia romana, fue quien estableció los principios morales que todavía hoy guían a los menonitas. Era contemporáneo de Martín Lutero y tomó como propias las 95 tesis que aquel párroco expuso sobre la puerta de la iglesia de Wittenberg en 1517. Como seguidor suyo, Simonsz predicó una relación con el Creador que no pasara por mediación de los ministros de culto. Fue partidario de la oración personal y silenciosa. Convenció de la lectura directa de la Biblia y abogó a favor de la responsabilidad consciente de los actos. El fundador de la comunidad menonita subrayó la prohibición de jurar en vano, renegó del bautizo para quien no tuviera suficiente edad y argumentó en contra del uso de las armas. La suya era una filosofía del pacifismo que prefiere poner la otra mejilla antes de hacer el mal a terceros.

La comunidad fundada por Simonsz en la actual frontera entre Alemania y Holanda fue víctima de la guerra provocada desde el Vaticano para perseguir a los partidarios de Martín Lutero. En lugar de someterse a la espiral de violencia que asoló el oeste del continente europeo, este grupo religioso optó por migrar a Prusia. En ese otro territorio que hoy es Polonia permanecieron los menonitas hasta 1789, fecha en que comenzaron a recibir presiones para que participaran como soldados en la defensa del país amenazado. Fue por esta razón que optaron de nuevo por la mudanza: antes poner la otra mejilla que matar a un semejante. La reina Catalina II los invitó para que poblaran Ucrania, una provincia rusa recientemente arrancada a los dominios otomanos. A las orillas del río Dniéper fueron a instalarse aquellas mujeres y hombres cuyas principales razones para seguir juntos continuarían siendo su fe religiosa y el uso de la lengua alemana.

En Ucrania la vida tampoco fue sencilla, con frecuencia eran asaltados por sus vecinos rusos y también por ambulantes gitanos. En aquel entonces aprendieron a aislarse del exterior. Construyeron una comunidad que no estuvo dispuesta a mezclarse con los demás pueblos: endogámica, si se quiere, pero segura. Mientras tanto invirtieron toda su voluntad y energía para transformar la estepa ucraniana. Los niños saben desde pequeños que su misión, y también la sobrevivencia de su grupo, dependen de la capacidad que tengan para trabajar la tierra. Así como los judíos enfrentaron la persecución haciéndose hábiles financieros, o los chinos lo lograron siendo los mejores comerciantes de la especie, los menonitas aprendieron como nadie a extraer de los campos el trigo y la avena. Donde en Ucrania hubo una vez una estepa deshabitada, después de los menonitas aquello se transformó en un paraje riquísimo.

Hacia 1870 el zar Nicolás II pidió a estos migrantes alemanes lo mismo que un siglo atrás ya les hubieran exigido en Prusia. Respondieron nuevamente que para ellos las armas no eran opción. No podían defender el territorio por la fuerza si su religión les prohibía ingresar al servicio militar. Para esta tercera ocasión, fue el gobierno británico quien les ofreció refugio. Canadá tenía tierra abundante y cerca de 8 mil menonitas decidieron mudarse cerca de la bahía de Hudson, en la provincia de Manitoba. Otra fracción de aquella misma comunidad migró a Estados Unidos. Los menonitas de Canadá permanecieron durante cincuenta años en ese país. Ahí volvieron a hacer lo que mejor sabían: sembraron y cultivaron trigo hasta hacerse de una fortuna considerable. Sin embargo, después de la Primera Guerra Mundial el gobierno canadiense decidió que no podían seguir enseñando en sus escuelas la lengua del enemigo, o los niños de esa comunidad aprendían inglés para integrarse a su nuevo país o aquellos pioneros debían partir.

De nuevo vino la búsqueda. El alemán había sido su lengua por más de 350 años y la libertad para educar a sus hijos conforme a sus propios métodos y creencias eran razones irrenunciables. En estas cavilaciones andaban cuando entraron en contacto con Arturo J. Braniff, cuñado del presidente mexicano Álvaro Obregón. Los menonitas de Manitoba eran un pueblo rico que lo sería aún más después de vender sus tierras en Canadá. Por su parte los estados del norte mexicano seguían necesitando una población que fuera a explotar los campos. La experiencia de los mormones estadounidenses que hacia 1886 se instalaron en Casas Grandes había resultado exitosa. En el verano de 1921 Arturo J. Braniff hospedó a los enviados de la comunidad de Manitoba en el hotel Majestic del centro histórico de la ciudad de México. Una vez que tomó nota de sus peticiones puntuales los condujo a ver a su pariente político. Álvaro Obregón conversó con ellos en su residencia del Castillo de Chapultepec durante dos horas. Al final estuvo dispuesto a garantizar el cumplimiento de sus peticiones: los menonitas no estarían obligados a cumplir con el servicio militar, no tendrían que prestar juramento público (razón por la que no pueden ocupar cargos de gobierno o de representación popular), se podrían organizar internamente como mejor les conviniera y quedarían libres para fundar y administrar sus propias escuelas, sin que el gobierno obstruyera la impartición de clases en alemán.

Braniff habló a los menonitas de la antigua propiedad que la familia Zuloaga tenía en las cercanías de la ciudad de Chihuahua. Viajaron entonces hasta la estación de San Antonio de los Arenales y ahí concretaron la compra de 100 mil hectáreas. En marzo de 1922 salió de

Manitoba el primero de los 36 trenes que viajarían hasta el norte de México atravesando por los estados de Dakota, Minnesota, Iowa, Texas y Chihuahua. Cada locomotora arrastró entre 35 y 40 vagones; en total se trasportaron 7 mil menonitas que no llegaron al país solo con sus maletas. Aquella mudanza fue monumental: subieron a los ferrocarriles varias decenas de caballos percherones, vacas, aves, cerdos y perros. Transportaron carretillas, cofres, palas, guadañas, camas, planchas inmensas para ropa, estufas grandísimas forjadas en hierro, máquinas de coser y máquinas segadoras de trigo, desgranadoras de avena y cientos de sacos con harina de trigo. Nada, absolutamente nada quisieron dejar atrás. Con tal de que sus descendientes siguieran hablando con libertad su lengua, cargaron con cuanta pertenencia pudieron montar sobre los rieles. La adquisición de tierras en Chihuahua, más aquel movimiento de personas, animales y cosas, habría costado unos 50 millones de dólares de la época.

Los mexicanos que los vieron descender de los vagones seguramente quedaron impresionados: no todos los días se miraban niños casi albinos vestidos con pantalones de obrero americano, tampoco niñas de ojos azules que llevaban vestidos confeccionados con telas floreadas y pañoletas negras sobre sus cabezas. Ahí estaba Gutenberg, transportado desde una comarca desconocida. En la estación de San Antonio de los Arenales armaron aquellos pioneros los carros sostenidos por ruedas de fierro que llamaban *buggies*; los hicieron jalar por caballos de pechera grande y marcharon hacia la orilla del lago de Bustillos. En el camino fueron construyendo sus campamentos con carpas que durante esa temporada hicieron las veces de hogar para las familias. Antes de 1930 ya habían edificado los pioneros menonitas las construcciones de los primeros siete campos. Con el tiempo los colonos se organizaron en dos grandes comunidades: la de Manitoba y la de Swift Current.

La iglesia y la escuela son las dos instituciones principales para los menonitas, la tercera es la familia. No está permitido que contraigan nupcias fuera de la comunidad. Desde que vivieron en Ucrania la endogamia es regla fundamental entre ellos. Al padre se le respeta pero la figura más relevante es la madre; no hay decisión que cuente si no tiene la aprobación de la mujer de la casa. Ella trabaja tal vez más que el hombre. Se hace cargo de las labores domésticas de una prole que no suele ser pequeña, y también ayuda con las tareas que demandan los establos y la llanura.

Los primeros menonitas llegados a México tardaron en entenderse con la tierra. Al principio fue prácticamente imposible hacer crecer trigo, el suelo pedregoso y las lluvias restringidas los convencieron de abandonar esa muy antigua tradición. La avena fue mejor opción y junto con ella cultivaron los productos locales más demandados: el frijol y el maíz. En pocos años los menonitas cambiarían la fisonomía de aquel paraje, y a partir de su esfuerzo inventaron la ciudad de Cuauhtémoc. Tal vez este nombre lo escogieron los gobernantes mexicanos para evitar que aquella naciente población fuese a tomar una denominación alemana.

El forraje arrancado a la tierra sirvió aquí para nutrir a las vacas. A su vez, ellas han alimentado a la mayoría de las familias menonitas. Hacia 2000 la producción de leche en esta región rondaba los 300 mil litros diarios. Los empleos derivados de esa industria son fundamentales para la población que habita en la región. A partir de los años 50 se sembraron también árboles de manzano. Las tierras de esta llanura resultaron igualmente buenas para el oficio del hortelano; una hectárea sembrada con este fruto deja diez veces más que otra donde se siembren maizales. La región que circunda Cuauhtémoc es la principal productora de manzana en todo el país; esta y no el queso menonita es el producto que inunda la Central de Abastos de la ciudad de México.

De todas las cualidades menonitas sobresale la sencillez. A pesar de su riqueza económica, estos mexicanos no son personas ostentosas. Acaso por ello todos los años ahorran, invierten y multiplican sus haberes.

Con el tiempo esta comunidad mexicana se ha venido dividiendo. Sobreviven los viejos colonos que practican con rigor y ortodoxia los principios definidos hace ya casi quinientos años por Mennon Simonsz, pero también ha surgido un grupo que se autodenomina como «los liberales». Las familias pertenecientes a esta escisión se hallan más integradas a la vida moderna del país: construyen ahora sus casas con adobe y algunas de sus mujeres han extraviado el pañuelo que sus madres llevaban en la cabeza. Hablan español, como la joven que amablemente me atendió en el museo. Entre ellos hace tiempo que se terminó el pleito con la electricidad, con los automóviles y con las computadoras. Son los rebeldes de la historia y quizá pronto terminarán siendo los más prósperos. Un símbolo de esta transformación cultural surgió en 1988 cuando Catherina Rempening, hija de una familia menonita, obtuvo el título de Señorita Chihuahua.

# XIV
# LAS COSAS SOLO SUCEDEN CUANDO ESTÁN LISTAS

## El padre de los zapatos mágicos

Tomochic fue una de las primeras paradas que imaginé cuando estaba preparando el viaje que terminó siendo materia de este libro. La curiosidad que aún me despierta esta población que hoy tiene 2 mil habitantes es inversamente proporcional a su tamaño. ¿Cómo no va a ser un lugar emblemático si las historias de horror que se han apilado en esta villa de la sierra Tarahumara es difícil que encuentren competencia? Aquí, en 1650, lincharon al padre Beudin. Aquí, en 1892, los perros y los cerdos devoraron a la mitad de los habitantes. En este lugar también se enfrentó la caballería estadounidense con las tropas de Francisco Villa. A diferencia de otros tiempos, hoy el acceso a Tomochic no es difícil; la carretera que a través de las montañas conecta a la ciudad de Chihuahua con Hermosillo colocó a esta población como paso obligado. La rodea una serranía que por su abundante población de árboles parece una alfombra entintada en color azul. Descendiendo por la carretera que va pegada a la pared de la montaña se miran, como si fueran pequeños espejos rectangulares, los techos de las casas: son de lámina plateada y saludan con su brillo a los riscos más elevados. Se trata de una comunidad igual a cualquier otra cuya principal actividad sea la madera. Francisco Glandorff, acaso el hombre más bondadoso que haya habitado en Tomochic, vivió convencido de que dentro de este valle el diablo andaba libre. En una carta que escribió a un colega suyo en 1752 aseguró que las campanas de la iglesia se oían tocar por la noche y durante el día; «en el vestíbulo [de la casa misional] se oye también mucho ruido, como de gente que está saltando; las puertas y las ventanas se cierran, solo mi cuarto se ve libre de tales horrores. Quizá los demonios quieren arrojarme de esta tierra que por tantos años han dominado».

En todas las poblaciones la gente muere, pero no en todas la gente muere tan violentamente. En Tomochic son varios episodios de terror los que se han ido sumando. ¿Serían las almas en pena del pasado o las que vendrían después de él, las que el padre Glandorff presintió dentro de su morada? Durante el primer tercio del siglo XVII, cuando los misioneros jesuitas llegaron al valle, aquí comenzó a hablarse de brujería, hechizos y maldiciones. Hace notar Peter Masten Dunne en su libro *Las antiguas misiones de la Tarahumara* que mientras en la Europa de mediados del siglo XVII la persecución y el linchamiento de las brujas estaba dejando de ser una obsesión, en el nuevo continente este tema seguía despertando fuertes pasiones. Creían en los hechizos los nativos y también los curas enviados para adoctrinar en la fe católica.

Con objeto de convencer sobre la maldición que representaban los jesuitas, los líderes tarahumaras predicaron para encender el miedo. Decían que el repicar de las campanas del templo de Tomochic era la causa de las epidemias que habían matado a sus semejantes. Para protegerse de los malos espíritus debían alejarse de la misión, regresar a vivir en el monte, sobre las orillas de los ríos o en las cuevas lejanas a los extranjeros. Habrían de ser otra vez libres. Tomar distancia de la enfermedad y los embrujos que trajeron los *ropas negras*. Los nativos estaban furiosos por la imposición moral de los jesuitas. ¿Por qué asentarse en un mismo solar, habiendo para todos tanto bosque? ¿Para qué esforzarse en aprender castellano si la prédica que hacían los misioneros nada bueno había traído? A sus abuelos los expulsaron de tierra abajo y ahora venían esos otros demonios para arrancarles la miserable cueva que encontraran para protegerse.

El rechazo al extraño escaló hasta que se convirtió en tragedia. En 1650 los tarahumaras flecharon la piel del padre Beudin para luego fracturarle el cráneo a golpes de macana. Ya muerto ataron sus extremidades superiores a cada brazo de la cruz que colgaba en el altar de la misión y prendieron fuego al raquítico edificio. Durante la madrugada de aquella jornada hubo baile y borrachera en Tomochic.

Los gritos y los aullidos que se escucharon parecían salir de un manicomio en sus horas peores. Dos generaciones de tarahumaras tuvieron que trascurrir para que otro jesuita lograra convencer de su pertinencia en la sierra. Procedente de Ostercappeln, Alemania, en 1730 llegó a vivir a Tomochic el padre Francisco Herman Glandorff; de esta comunidad no se movería por los siguientes treinta años. Con el tiempo su presencia fue haciéndose normal. Influyó para ello que el misionero supo ponerse del lado de los tarahumaras. Cultivado como los demás miembros de su orden, Glandorff desempolvó las ordenanzas reales que obligaban a los súbditos de la Nueva España a dispensar un trato digno a los indios. Este misionero escribió un largo memorándum de agravios donde relató los abusos a que eran sometidos los nativos dentro de las minas de la montaña; ahí acusó a los españoles de forzarlos a una marcha de 16 kilómetros diarios. También de descontar el costo de los alimentos que les proporcionaban durante la jornada de trabajo, así como de pagar su salario con especias y otros bienes alejados del interés y la necesidad de los mineros.

Este documento fue a parar a manos del gobernador de la Nueva Vizcaya. Al parecer, ningún efecto legal tuvo la diligencia. Con todo, los indios asumieron al padre Glandorff como su abogado para defenderse de las arbitrariedades. Esa comunidad donde durante más de un siglo la religión católica no había logrado penetrar, de repente comenzó a reclutar a decenas de bautizados. Con cualquier pretexto, a este *ropa negra* lo buscaban para que fuera a visitar las moradas de la región: un niño enfermo, un nacimiento, una ceremonia, una carrera, una injusticia, un delito. Y el santo varón no fallaba. Lograba estar en todas partes porque aprendió a caminar tan rápido sobre las laderas como lo hacían los habitantes de por aquí. Huelga decir que el andar de los tarahumaras tiene todo de peculiar: hay que mirar a uno cuando sube o baja la montaña para admirarlo. Marchan los rarámuri −como ellos mismos se denominan− levantando los pies, tal y como si montaran un imaginario monociclo. Doblan y luego estiran brevemente las rodillas a intervalos que son a la vez idénticos y precisos. Mientras tanto, sus hombros y sus brazos flexionados van haciendo equilibrio para que el tórax se mantenga erguido. Gracias a esta técnica los tarahumaras tienen fama por su infatigable resistencia a la hora de recorrer trayectos largos. No importa para ellos si el terreno es escarpado o plano, nevado o reseco, arbolado o desértico, sus pies están siempre en paz con la superficie de la Tierra.

El hecho principal para que el padre Glandorff pudiera ser aceptado por la comunidad de Tomochic fue que aprendió a caminar como tarahumara. Si se atiende a la leyenda, llegó a hacerlo incluso mejor que los integrantes de esa raza. Cuentan que era capaz de recorrer más de 120 kilómetros en un mismo día, andando iba antes del amanecer para visitar a un enfermo que vivía a media jornada de viaje a caballo y volvía, también andando, para la hora de la siesta. Mientras vivió, el mito sobre el sacerdote andarín creció por toda la serranía. Sus colegas aseguraron que aquel hombre podía atravesar con los pies desnudos los ríos más crecidos sin que nada le ocurriera; ni el agua ni el frío, ni la cañada ni la cuesta hacían que este sacerdote se fatigara. Tal habilidad extraordinaria fue atribuida por los lugareños no a la constitución física de Glandorff, sino a las sandalias que traía puestas. La fábula se completa con la anécdota sobre un hombre moribundo que cierta vez ya no podía dar un paso más. Para ayudarlo, el párroco de Tomochic se quitó las sandalias y las ofreció al necesitado. Vestidos los pies de aquel tarahumara con las prendas del santo, le ocurrió una recuperación extraordinaria que fácilmente le permitió llegar a su destino. Afirman los contemporáneos del jesuita que el mismo episodio sucedió varias veces; por eso fue que lo llamaron «el padre de los zapatos mágicos».

Francisco Hernán Glandorff murió el martes 9 de agosto de 1763. Gracias a él Tomochic dejó de ser un lugar de desencuentro y violencia entre los tarahumaras y los migrantes europeos. No obstante su obra, la orden de los jesuitas abandonaría esta sierra cuatro años después de que el santo colgara las sandalias. Siglo y medio desfiló hasta que sus compañeros de orden religiosa pidieron al Papa que considerara la posibilidad de beatificar al cura de Tomochic. Al pasar del tiempo los tarahumaras lo siguieron recordando como un ser recto, justo y milagroso. No pude corroborarlo pero según se cuenta, en los alrededores de esta población, dentro de un cañón que se conoce como Banderilla, hay una cueva que supuestamente usaba este *ropa negra* para aislarse y orar; ahí lo visitan todavía los solicitantes de algún milagro. Mientras tanto, un legajo voluminoso de pequeñas y grandes acciones duerme silente en el Vaticano. Las razones por las que la beatificación de Glandorff no prosperó son intrascendentes. La historia del padre que usaba sandalias voladoras permanece en Tomochic como una de las cosas más buenas que le han ocurrido a esta sufrida comunidad.

## La Santa de Cabora

En 1891 vivían alrededor de 250 personas dentro del valle de Tomochic. Después de la matanza ocurrida al año siguiente sobrevivieron solo 43 mujeres y 71 niños. Sería injusto decir que la responsable de aquella tragedia fue Teresa Urrea, pero algo tuvo que ver con el trágico evento. A ella no le gustaba que la llamaran santa; prefería que se refirieran a su persona como *La Niña de Cabora*. No es equivocado pensarla como una Juana de Arco a la mexicana. Varios en su época usaron su nombre como estandarte político. Tenía 16 años cuando comenzó a tener raptos místicos, como aquella niña francesa que oía también voces que le decían cómo actuar, fue una virgen que sirvió para justificar la violencia y sus enemigos se obsesionaron con aniquilarla. Cierto es que a Teresa Urrea no la quemaron en una hoguera de leña verde, pero también lo es que los poderosos de la época la arrojaron varias veces al fuego implacable de la hoguera de las vanidades.

La historia pública de Teresa comenzó con una crisis de catalepsia. En su estupenda novela biográfica, Brianda Domecq cuenta que, montada sobre un caballo, de pronto la adolescente quedó impedida para mover sus músculos, al tiempo que su mente se fugó tal y como si alguien la hubiese hipnotizado. En el rancho del padre los mozos encontraron su cuerpo inerte, y cuan ligera que era, la llevaron cargando a la casa principal. Ahí fue llamado un médico quien advirtió que si la muchacha no despertaba pronto, habría de morir por falta de líquidos y de alimento. Huila, la curandera que la adoraba, quiso convencer a Tomás Urrea de que la niña Teresita iba a despertar en cualquier momento. Sin embargo el galeno, estetoscopio en mano, contradijo a aquella mujer cuyo oficio se encontraba tan lejos de la ciencia. La jinete del alazán de Cabora había muerto: así lo informó su corazón detenido. Don Tomás, padre inconsolable, mandó fabricar a toda velocidad un ataúd en madera para su menudo cuerpo. Mientras lo tallaban, los restos fueron colocados sobre una mesa para que los conocidos de la familia Urrea pasaran a despedirse. Unos hacían como que se lamentaban por la pérdida tan temprana de esa vida; otros eran realmente sinceros. La escena fue tornándose cada vez más lúgubre hasta que un gesto impertinente de la difunta detuvo la lloradera.

Por fortuna la catatonia liberó a la niña Teresa antes de que le echaran encima la tierra. Sentada sobre el mueble que servía para velarla, la futura Santa de Cabora miraba atónita a los asistentes a aquel extravagante encuentro. La resurrección de la hija de don Tomás fue tema conversado en aquel desierto sonorense, próximo a la ciudad de Álamos. Pero ella dio todavía más de qué hablar cuando, una vez curada, comenzó a obrar milagros. Al parecer el primero ocurrió cuando una mujer de edad avanzada llegó a verla con la mano engarrotada, porque días antes se había clavado una aguja de coser. Para sorpresa de la paciente, la renacida escupió dentro de la palma entumecida y distribuyó su saliva dedo por dedo; asqueada, la anciana recurrió a su rebozo para limpiarse la baba, sin darse cuenta de que la mano buena ya no tenía ninguna diferencia con la mala. ¡Estaba curada! La Santa de Cabora solía utilizar principalmente dos medicamentos para practicar su magia: tierra roja de una cueva que se hallaba detrás de su casa y su propia secreción salival. Antes del accidente le aprendió a Huila, la curandera, otros remedios que servían para cuando los males de sus pacientes eran menores; ahora que, si el cuadro de enfermedad era grave, esa tierra y un escupitajo hacían la pócima imbatible.

Si viviera hoy, con trabajo sería superada la Santa de Cabora por los servicios de un moderno hospital general. Según se cuenta, era capaz de atender a más de 150 enfermos durante un mismo día. Entre otros padecimientos curaba de cojera, tullimiento, tos, roña, parálisis, lepra, hipo, sordera, afecciones nerviosas, infidelidad, calambres menstruales, diarrea, lagañas, embarazos no deseados, gangrena, inapetencia, tumores, impotencia, bocio, alcoholismo, depresión, abulia y retraso mental. Asegura Brianda Domecq que, aun si sus dotes sanatorias eran sorprendentes, todavía más lo era la dulce sinceridad con que se expresaba cuando había una circunstancia derrotada. Si el enfermo no tenía remedio, Teresita se lo decía y luego lo despachaba con una sonrisa pintada en la cara. La resignación pacífica frente a lo inevitable era también algo que ella sabía ofrecer para apaciguar los dolores del alma.

Teresa Urrea vino al mundo con otro apellido. Su madre, Cayetana Chávez, una india cahíta nacida en Ocoroni, Sinaloa, le impidió utilizar el apellido del padre porque a su nacimiento don Tomás no había reconocido su existencia. Esa niña era pariente de muchos infantes de la época, producto de la violación que el patrón solía imponer sobre una adolescente india y virgen. Tomás Urrea reclamó su derecho sobre Cayetana y una noche le bastó a la madre de Teresa para quedar preñada. Nueve meses después, el jueves 15 de octubre de 1874, de su vientre salió una criatura tan blanca como el padre, tan voluntariosa como el patrón y tan incapaz de resignarse con su realidad como sus parientes lejanos, los indios yaquis. Por la palidez de su rostro, los primos la llamaban «liendre». Por su mirada de ojos casi amarillos, las mujeres de la familia materna le temían. En vida Teresa Urrea fue río de contradicciones; de todas, la más evidente sucedió por el desencuentro entre su cuerpo tan frágil y sus manos grandes y masculinas.

Apenas le bajó la primera regla, Teresa Chávez se cansó de mirar a la distancia la casa de don Tomás. Creía tener tanto derecho a utilizar el apellido de la familia Urrea como las nubes merecen pasearse libremente sobre las montañas. Escribió entonces una carta solicitando entrevistarse con su progenitor. Aquel hombre aceptó verla y al parecer quedó fascinado, no solo por la belleza de aquella jovencita de cabellos largos y casi rojos, sino también por la inteligencia de su conversación. Como si ella acabara de regresar de un largo viaje, la instaló en la casa grande del rancho de Cabora, compró para ella los mejores vestidos y también le regaló un fornido alazán. De acuerdo con la narración de Brianda Domecq, aquella alegría paterna sufrió sin embargo una violenta fractura cuando la hija cayó de aquel caballo.

Primero fue así porque la creyó muerta, pero una vez de regreso a la Tierra, sus curaciones hicieron que cientos de personas acamparan fuera de la casa paterna para que los curara. El gentío enfurecía al padre. Cuando constató el poder con el que se había despertado, aquella niña de 16 años decidió ponerse a trabajar de sol a sol en el rancho de Cabora, justo ahí donde se cruzan los ríos Yaqui y Mayo. Las poblaciones más cercanas eran Navojoa y Álamos. La primera era pequeña. La segunda en cambio fue la ciudad más importante del estado de Sonora durante la segunda mitad del siglo XIX. Por la reputación milagrosa de Teresita, Cabora se convirtió en una suerte de meca para los leprosos, los cojos, los miserables y tantos otros seres humanos necesitados de curación física o, por lo menos, de una sanación moral. Por fuerza querían siempre los visitantes llevarse una bendición de la santa. Exigían sentirse abrazados, aunque fuera a la distancia, por aquella adolescente, revoltura de sangre antagónica. Cuando Teresita cumplió 17 años llegaron a cantarle las mañanitas más de 5 mil almas. Dos meses después, para la fiesta de Navidad, cruzaron las puertas del rancho de Cabora al menos 10 mil fieles. Según David Dorado Romo, durante sus años en Sonora como curandera, Teresa Urrea habría atendido a cerca de 200 mil personas, de entre las cuales 50 mil lograron la salud deseada.

La alta sociedad sonorense pronto se sintió amenazada por las peregrinaciones de los indios y otros harapientos que se juntaban en Cabora. Desde el púlpito de la catedral de Álamos el obispo señaló como demostraciones de herejía las prácticas observadas por la tal Teresa. Los más científicos de aquella comunidad igualmente reaccionaron con descontento; el polvo y la saliva por ningún motivo podían competir con los avances de la medicina moderna. Solo la histeria que se comparte entre los más ignorantes servía como explicación para lo que estaba sucediendo en el rancho del señor Urrea. De todos los argumentos, quizá el más influyente para criticar a la santa fue la paradoja de ver a don Tomás, un privilegiado entre los privilegiados, prestarse para que la plebe tomara de su agua, acampara en su propiedad y comiera la carne de sus reses. ¿Qué tenía en su cabeza ese ranchero que auspiciaba la peligrosa reunión de los indios yaquis y mayos dentro de sus propiedades? ¿No estaban conscientes él y su hija de la conspiración que podría urdirse en contra suya por aquel pueblo practicante de la hechicería? Mucho antes de que el *teresismo* se convirtiera en un movimiento político, los poderosos del régimen porfirista en Sonora, y también en Chihuahua, resintieron lo que estaba ocurriendo en Cabora como una amenaza seria a su cómoda situación social.

Del lado de los plebeyos, la intriga era otra muy diferente: ¿por qué la santa sería así de milagrosa para curar las enfermedades de sus semejantes, sin serlo al mismo tiempo para sanar dolores más grandes de la comunidad en la que había nacido? A mediados de 1890, los ocho gobernadores del pueblo yaqui acudieron ante aquella jovencita para pedirle que hiciera llover. Las tierras de Sonora estaban atravesando por una de sus peores sequías y el pueblo andaba muerto de hambre. Teresa Urrea respondió que el clima no era un asunto que ella fuera capaz de resolver. Sin embargo, dos semanas más tarde ocurrió otro milagro: el cielo se desbordó empapándolo todo. El pueblo yaqui se convenció de que la Santa de Cabora había intercedido a su favor. Ella todo lo podía, desde arrasar con los piojos que hacen nido en la cabeza de los niños, hasta lograr que los cielos lloren justo cuando la sed se hace insoportable.

Lauro Aguirre, un agitador político profesional –furibundo antiporfirista– que era buen amigo de Tomás Urrea, fue probablemente quien primero calculó el papel que esta adolescente podría jugar como emblema revolucionario. En sus escritos, que recorrían buena parte de la frontera entre México y Estados Unidos, Aguirre abusó de la retórica: comenzó a contrastar la vileza y los atropellos del gobierno autoritario de Porfirio Díaz, con la nobleza y la fuerza espiritual de la Santa de Cabora. Fuera porque el hambre de inspiración era mucha o porque la soledad de los más jodidos en este país se había vuelto inmensa, el hecho es que Teresa Urrea despertó entusiasmo entre grupos sociales que, aun si vivían en territorios vecinos, tenían cada uno un origen distinto.

Una mañana llegaron al rancho de Cabora tres hombres altos y barbados que traían armas largas colgadas al hombro. No eran de la región. Tampoco tenían facciones indias. El líder de aquel tercio se presentó ante Teresa como Cruz Chávez; solo por coincidencia compartía el mismo apellido que la madre de la santa. Contó que venía de Tomochic, un pueblo de 250 habitantes aislado en el corazón de la sierra Tarahumara, más allá de la cascada de Basaseachi. Quería este hombre pedirle un favor a la joven: sus paisanos decidieron nombrarla patrona de Tomochic y él, con sus acompañantes, había viajado para conseguir su aprobación.

Antes de aceptar, Teresa tuvo la prudencia de preguntar por las razones del pedimento. Chávez explicó que el gobernador de Chihuahua había enviado, hacia finales del año anterior, a unos cuarenta rurales para que tomaran de la iglesia del pueblo un cuadro que los jesuitas dejaran como herencia. Siendo una comunidad más bien brava, los tomoches empuñaron las armas y, sin ahorrarse *plomazos*, sacaron de su valle a aquellos asaltantes. Durante la refriega hubo heridos de uno y otro lado, pero los rurales tuvieron más muertos. Días después un profeta tarahumara se acercó a Cruz Chávez para advertirle que, a partir de entonces, una maldición rondaría su pueblo: «Sobre Tomochic caerán torrentes de sangre y fuego», fueron las palabras exactas que utilizó. A partir de esta maldición era que la comunidad decidió pedirle a *La Niña de Cabora*, la única santa viva, que los protegiera frente a la crueldad del gobierno. Teresa no solo dio su anuencia para que la nombraran patrona de Tomochic, también ofreció seguridades de que nada malo volvería a ocurrirle a la gente que habitaba en aquel lejano valle.

El pueblo mayo, que por su herencia cahíta conectaba con Teresa, también hizo de esta muchacha una suerte de talismán. Después del diluvio de 1890 se reunieron varias docenas de familias para rezarle en la cima de un cerro a la Santa de Cabora. La Acordada se preocupó por lo que fue considerado como un brote peligroso de fanatismo. Siguiendo órdenes del gobernador, la fuerza pública secuestró a más de cien indios mayos, de todas las edades, para llevarlos a trabajar supuestamente a la mina francesa de El Boleo, situada en Santa Rosalía. Los subieron a todos sobre un barco en el puerto de Guaymas, pero aquellos pasajeros nunca llegaron a la península de Baja California. Uno a uno fueron lanzados al mar de Cortés, como escarmiento por andar creyendo en milagros diabólicos y hechicería. El mensaje fue durísimo: si los indios de Sonora querían mantener sus extrañas prácticas religiosas, así era como el gobierno mexicano los castigaría.

Aquel episodio abrió una herida dolorosísima. A diferencia del pueblo yaqui, los mayos se habían caracterizado por ser una comunidad pacífica. Pero el ahogamiento de cien de los suyos no podía perdonarse. En 1892 un numeroso grupo de guerreros mayos entró al pueblo de Navojoa para saquear las casas y los comercios. De paso los rebeldes asesinaron al alcalde y a dos hombres que se hallaban en su compañía. Mientras aquello sucedía, los indios no dejaban de gritar: «¡Viva la Santa de Cabora! ¡Muera el mal gobierno!».

Este acto de insurrección no tardó en llegar a oídos del presidente Díaz. La santita se estaba volviendo un asunto políticamente trascendente. El orden y el progreso –divisas superiores del Porfiriato– necesitaban de una acción más contundente. Después de detener y fusilar a los cabecillas de aquella feroz invasión sobre Navojoa, un batallón de 300 soldados marchó hasta el rancho de Cabora. Allí hicieron prisioneros a Tomás y Teresa Urrea, quienes luego fueron escoltados hasta Guaymas. Dos semanas permanecieron padre e hija dentro de la prisión municipal de ese puerto; les dieron trato de enemigos jurados del Estado mexicano. Cuando por fin las rejas de aquel encierro hicieron ruido para abrirse, ambos presos se toparon con una orden signada por Ramón Corral, entonces funcionario del gobierno sonorense, instruyendo para que cuanto antes fueran expulsados del país por haber sido los responsables intelectuales del ataque sobre Navojoa. Así, sin que mediara proceso penal ni juicio alguno, don Tomás y la joven Teresita subieron a un tren que los depositó al otro lado de la frontera. Antes de despedirlos, se les obligó a firmar un papel donde los dos se comprometieron a no regresar nunca a México, ni a vivir cerca de su país. En la estación de Nogales, Arizona, Lauro Aguirre, el amigo de Tomás Urrea, los recibió acompañado de una nutrida comitiva. Para este hombre, en cuya obsesionada cabeza solo cabía la revolución, aquel hecho podía ser de gran utilidad a la hora de inflamar los ánimos radicales del movimiento *teresista*. Lo cierto es que hasta Arizona fueron siguiendo algunos peregrinos a la Santa de Cabora.

Meses después de que se viera forzada a abandonar el rancho de su familia, Teresa Urrea recibió una noticia terrible: la población de Tomochic había sido masacrada. De sus 250 pobladores sobrevivieron solo 45 mujeres y 71 niños. La asimetría de aquella batalla quedó registrada en el memorial de los agravios que el ejército porfirista acumuló durante la dictadura. Según la historia que después se escribiría, durante el primer día de aquel fatídico enfrentamiento los tomoches mataron a más de 700 soldados. Resulta increíble imaginarlo, sobre todo si se asume que los defensores de esa población eran apenas 72 varones. Acaso precisamente por tan extraordinario resultado fue que la fe de aquel pueblo en la Santa de Cabora tocó su nivel más alto. No obstante, nueve días después vendría la tragedia. Como se hubiera profetizado en lengua tarahumara, el sábado 29 de octubre de 1892 un torrente de sangre y fuego arrasó de modo fatal el valle de Tomochic.

## Masacre en Tomochic

Antes de las ocho de la mañana todo era silencio. El único ruido en el valle lo hacía el río Verde, que trae agua desde el río Papigochic. Un águila pasó volando sobre el risco más elevado. Los soldados estaban tensos. Abajo, en cambio, los tomoches traían paz en el alma. Unos y otros habían intercambiado emociones. La soldadesca agrupaba a más de 2 mil hombres. En cambio, quienes defenderían Tomochic eran muy pocos. Conforme el sol iba subiendo con respecto a la línea del horizonte, las cumbres fueron poblándose por militares. La instrucción que traía aquella fuerza conducida por el comandante Rangel fue dictada desde Palacio Nacional. Porfirio Díaz no quería margen para interpretaciones: debía propinarse un escarmiento para aquel pueblo de rebeldes. Tomochic, que en lengua tarahumara quiere decir «nido de liendres», estaba a punto de ser castigada, otra vez, por su incapacidad para resignarse. Aquella mañana traía el viento olores a memoria antigua. Muy probablemente los habitantes de ese valle no lo supieran, pero las montañas de los alrededores aún recordarían las tragedias ocurridas antes. En 1650 el linchamiento del jesuita Beudin; tres años después, el capitán español Sebastián Sosoaga fue enviado por el gobierno de la Nueva Vizcaya para hacer pagar a los indios tarahumaras por su incorregible carácter. Gabriel Tepóraca, también conocido como Teporame, líder de la revuelta contra los *ropas negras*, fue quien con su vida saldó la deuda; terminó colgado del pino más alto el martes 4 de marzo de 1653.

Dos siglos y medio después, la frescura del viento que desciende de la sierra no pudo limpiar el mal presentimiento. Acaso por ello los soldados comandados por Rangel se hallaban tan nerviosos. La montaña pudo haberles reclamado por adelantado su gana de ser verdugos o quizá sembró en ellos la idea de convertirse en víctimas. El reloj por fin se arrastró a la hora prevista para el ataque. Lenta y ordenadamente las tropas comenzaron a bajar usando el borde empinado de las laderas. Abajo seguía sin moverse ni una hoja. Chasqueaba el agua del río y cantaba el gallo pero el pueblo parecía haber sido abandonado. Cuando el primer contingente de soldados se hallaba a 200 metros del caserío, los atacantes vieron pasar ante sus ojos un grupo de 30 mujeres vestidas de negro que marchaban mudas, tristísimas, con el rostro cubierto y la mirada clavada sobre el suelo humedecido por el rocío. ¿Qué visión podía ser aquella? ¿Un recuerdo traído del futuro inmediato? Los ejecutores se descuidaron y bajaron la guardia. Aquellas mujeres lo habrán notado; una vez que estuvieron seguras de haber producido sorpresa suficiente en sus enemigos, de entre las faldas negras cada una sacó una carabina Winchester y comenzó a disparar con muy buena puntería.

Tardaron los militares en tomar conciencia de que aquellas no eran damas enlutadas sino hombres fieles a Cruz Chávez, todos dispuestos a hacer lo que fuera necesario para defender Tomochic. En muy pocos minutos la lista de muertos comenzó a abultarse, era fácil disparar a los soldados mientras intentaban regresar sobre sus pasos por la empinada pendiente. Brianda Domecq asegura que aquella mañana perdieron la vida 700 federales. Parece exagerada esa aritmética; Fernando Jordán habla de 200. ¿Pero quién los contó? Tal vez nadie. Lo único cierto es que el teatro de las treinta dolorosas formadas en fila hizo correr despavoridos a los invasores. Ante el triunfo, el alarido tomoche se escuchó cual eco unánime: «¡Larga vida al poder de Dios y a la Santa de Cabora!». Los seguidores de Chávez se convencieron de que gracias a su fe eran invulnerables. «¡Muera el mal gobierno!», seguían gritando y las balas retumbaban sobre las piedras; «¡Viva la santa de Cabora!», y los proyectiles penetraban secamente la espalda de los soldados. ¿Acaso en esta ocasión Gabriel Tepóraca se iba a salvar de ser colgado?

Cuán lejos estaban los tomoches de poder entender lo que en realidad se hallaba en juego durante aquella campaña militar: difícilmente un gobierno moviliza 2 mil efectivos hacia un lugar tan apartado si no está seguro de que arrasará con los enemigos. La versión más popular cuenta que la revuelta de Tomochic comenzó porque el gobernador de

Chihuahua, Lauro Carrillo, quiso sustraer de la iglesia construida por el padre Glandorff una pintura muy bella para regalársela al presidente Díaz. El pueblo tomó entonces las armas impidiendo el arbitrario hurto. Fueron varios rurales los que salieron mal heridos de aquella refriega; dos, cuatro o cinco cayeron boca abajo sobre el lecho del río Verde. En contraste, a los habitantes del valle no les pasó nada. Aquel episodio ocurrió el lunes 7 de diciembre de 1891. Cruz Chávez se colocó al frente de la pequeña rebelión, por una vez el patrimonio de Tomochic había quedado a salvo.

Sin embargo, en el pueblo estaban conscientes de que en cualquier momento las fuerzas del orden público regresarían para vengar a sus muertos. Una salida desesperada a la angustia que se vivía fue ir a buscar a la niña que por el rumbo de Navojoa estaba haciendo milagros. Se convencieron los tomoches de que ella podía protegerlos; con su bendición querían olvidar el episodio de diciembre y seguir adelante con sus vidas. Nueve meses transcurrieron entre el primer enfrentamiento armado y la visita del comandante Rangel al valle de Tomochic, tiempo suficiente como para domesticar la ansiedad y también para confiar en la fe depositada sobre su santa.

Otro argumento fue el que en realidad aplazó el cumplimiento de la profecía. En 1892 se celebraron elecciones para gobernador en Chihuahua y a ninguno de los bandos contendientes les convenía echar leña sobre la hoguera. Resulta que monte arriba de Tomochic, de camino a la población de Guerrero, la familia Limantour –pieza clave del poderío porfirista– había logrado acaparar un extenso territorio de bosque maderable. Más abajo, camino a Basaseachi, la familia Terrazas hizo lo mismo gracias al despojo sistemático que el hombre más rico de México realizó en contra de los vecinos. Aquella breve comunidad estaba asentada pues sobre la frontera que separaba a dos de los grupos de interés más conocidos del régimen. Si alguien podía perder en tal confrontación no sería la familia Terrazas ni la familia Limantour; obviamente las víctimas procederían de un lugar ubicado decenas de escalones más abajo.

Cruz Chávez no era tarahumara. Durante el siglo XIX Tomochic se fue poblando por migrantes de origen español que llegaron hasta aquí para enfrentar a los apaches a cambio de hacerse de un pedazo de tierra que les proporcionara un modo honesto y pacífico de vivir. Este hombre que cuando ocurrió la masacre rondaría los 34 años, perteneció a la tercera generación de su familia nacida en aquella montaña. Obtuvo respeto entre los vecinos porque fue varias veces presidente de la comunidad. A él le tocó encabezar la defensa de los bienes de la iglesia cuando Lauro Carrillo quiso abusar y también provocó el desafío que el pueblo impuso sobre el padre Castelo, cuando en plena ceremonia dominical se puso a hablar mal de la Santa de Cabora. Como si fueran un solo cuerpo, los tomoches vaciaron la iglesia y dejaron al cura hablando para sí mismo. A partir de aquel episodio la Iglesia católica de Chihuahua abandonó a su suerte a esta población serrana. Entonces Cruz comenzó a ser visto no nada más como autoridad civil sino también como agente religioso. A él le tocaba oficiar matrimonios, bautizos y visitar a los moribundos; quizá para sentirse bien arropado en sus nuevas funciones se le ocurrió pedir prestada a los sonorenses a la Santa de Cabora.

Las elecciones para gobernador de Chihuahua se celebraron durante la primavera de 1892 y el grupo político de Luis Terrazas fue definitivamente desplazado. Resuelta la gran batalla por el poder, volvió entonces el momento de ofrecer castigo a los disidentes más pequeños. Tomochic tenía una deuda de sangre con el Estado mexicano que debía ser saldada. Con la instrucción presidencial de producir un castigo ejemplar contra aquellos fanáticos, el ejército movilizó a mil 100 hombres desde Sonora y a cerca de 900 procedentes de la ciudad de Chihuahua. El jueves 20 de octubre de 1892, a primera hora de la mañana, comenzó a descender por las colinas un contingente armado nunca antes visto por los pobladores de aquellos montes. Los soldados estaban conscientes de que los tomoches no eran hueso fácil de roer. No sabían, sin embargo, que vestidos de mujer podían ser peligrosísimos. Mientras la tropa corría despavorida de regreso monte arriba, los tomoches contaron sus bajas. Estaban completos: sesenta hombres adultos y doce muchachos de entre 10 y 14 años.

La Santa de Cabora podía hacer llover en el desierto, pero lograr que ese reducido grupo de valientes batiera a una fuerza cuyo número de individuos multiplicaba a los defensores por 30 no era algo que estuviese en sus manos. Entre el 21 y el 28 de octubre Cruz Chávez perdió a 25 de sus hombres. Después de ocho días de asedio, tanto el agua como los alimentos comenzaron a escasear en el valle. Si sus compañeros no estaban heridos, andaban hambrientos y agotados. Fue hacia el viernes siguiente que al líder de los tomoches se le ocurrió refugiar dentro de la iglesia al mayor número de sus vecinos. Metió ahí dentro a los hijos y a quienes tenían en el cuerpo alojada alguna bala y subió a la torre del campanario a sus mejores tiradores. Las parejas de los lesionados también tuvieron derecho a ocupar ese improvisado albergue.

La mañana del sábado un piquete de soldados prendió fuego a la puerta principal de la iglesia. El fuego se abrió paso por las escaleras, alcanzó las vigas y cayó por asalto sobre las bancas. En pocos minutos aquel edificio, todo, ardió en llamas. Triste fue cuando se llevó el cuadro que el gobernador Carrillo hubiera querido regalarle al presidente Díaz. Los refugiados se apuraron a escapar del tormento pero no lograron evitar los tiros que, sin piedad, recibieron desde el exterior del humeante edificio. Dos mujeres optaron por lanzarse desde lo alto del campanario.El grueso de aquel grupo humano –integrado mayoritariamente por niños y mujeres– murió incinerado. No contento con la atrocidad cometida, el comandante Rangel ordenó que sus soldados fueran tras Cruz Chávez, quien se encontraba, junto con otros seis combatientes, dentro de una casa situada a unos veinte metros del antiguo templo jesuita. Sin gran esfuerzo los militares lograron desarmar a los últimos siete teresistas de Tomochic: uno a uno fueron pasados por las armas. El testigo de todo fue Chávez. Cuando ya no quedaba vivo ningún otro de sus compañeros, Rangel –con un arma que tomó prestada– ajustició al sacerdote apócrifo. Entre sus ropas se encontrarían después las cartas que la Santa de Cabora le había escrito.

Una vez cumplida la misión, los soldados vaciaron petróleo sobre las treinta o cuarenta casas que componían aquella villa. Mientras tanto, fueron evacuados los últimos sobrevivientes. Cuando subían la cuesta de la montaña, se escuchó la orden para encender el fuego. Durante la tarde de aquel sábado infernal, Tomochic desapareció del mapa; en su lugar quedaron cenizas. Ya no se escuchaba el chasqueo del río sino los aullidos de los perros que, junto con un grupo numeroso de cerdos, devoraban los cadáveres recuperados del incendio. Según cálculos de Fernando Jordán, aquella campaña de Tomochic costaría al Ejército mexicano unas mil vidas. Los tomoches que murieron sumaron solo siete decenas, pero eran prácticamente todos los hombres de la comunidad.

Un soldado de los que participaron en aquella campaña tomó la pluma y, entre los meses de marzo y abril del año posterior, publicó una crónica novelada sobre la masacre. El periódico *El Demócrata*, dirigido por Joaquín Clausell, la sacó por entregas. Gracias a Heriberto Frías, el país entero tuvo noticia de aquel horrendo episodio ocurrido en la sierra Tarahumara. Cuando sus superiores se enteraron de la osadía, quisieron fusilarlo.Si salvó la vida fue porque Clausell se presentó ante la autoridad militar como el supuesto autor del relato. Más tarde Frías juntaría aquel material en un volumen que llegó como novela a las librerías de la ciudad de México bajo el título *Tomochic*.

Desde Estados Unidos, Teresa Urrea y Lauro Aguirre hicieron un pronunciamiento político a propósito de aquella masacre. La Santa de Cabora no volvió a ser la misma después de 1892. Su pacifismo se desintegró ante la muerte tan terrible que padeció Cruz Chávez. A partir de entonces extremó sus opiniones. Por fin estuvo de acuerdo con el amigo de su padre a propósito de que a México ya solo le restaba el camino de la revolución. Ambos firmaron un manifiesto donde se exigía restaurar la Constitución de 1857 y se llamaba a derrocar la tiranía de Porfirio Díaz. En lo que se conoció como el Plan de Tomochic, junto con ambos reclamos, se demandó la igualdad entre el hombre y la mujer, la abolición de las diferencias entre los ciudadanos por razones de raza, sexo, nacionalidad o clase social y se hizo un llamado para igualar los derechos de los nativos, los extranjeros, los negros y los pobres. Urrea y Aguirre se adelantaron casi un siglo a la inclusión de la cláusula de no discriminación en la Constitución mexicana.

No es posible desvincular Tomochic de la Revolución de 1910; los ecos de aquella masacre seguirían reverberando dieciocho años después. Acaso significó para el régimen de Díaz lo que en 1968 la matanza de Tlatelolco fuera para el régimen priista. Varios de los personajes involucrados en la Revolución estuvieron relacionados con ese episodio de la sierra. El historiador Pedro Salmerón hace referencia a que las tropas villistas marcaron sus carabinas con una «T» en la culata, letra que hacía honor a los tomoches y acaso también recordaba a la niña Teresita. Cruz Chávez Mendías, hijo del hombre que lideró la defensa del valle, fue teniente coronel de la División del Norte. Perfecto Rodríguez, hijo de otro de los rebeldes, también participó dentro de las tropas de Villa. Heriberto Frías –el soldado reportero– fue un gran publicista de las consignas maderistas. (Salmerón cuenta que falleció en 1925, alcohólico y perseguido por la pesadilla de aquella batalla.)

De su lado, Lauro Aguirre se uniría a los hermanos Flores Magón en el Partido Liberal Mexicano. En cuanto a Teresa Urrea, el final de su vida no fue feliz. Murió en 1906, a punto de cumplir los 33 años, desprestigiada y ya sin poderes de sanación. Al parecer la Santa de Cabora, para ser milagrosa, solo podía vivir en Cabora. Todavía durante el último lustro del siglo XIX estuvo muy activa políticamente, pero ya no volvió a ser el talismán de los pobres. Lauro Aguirre la tomó bajo su protección para agitar con su nombre los ánimos revolucionarios, pero la fe que un día depositaron en ella los indios yaquis y mayos, con su partida a Estados Unidos se fue desvaneciendo.

## Batopilas

Grant Shepherd dejó escrito un elogioso testimonio para Porfirio Díaz: «Sin exaltación de ninguna especie puedo decir que el general … dio a la nación mexicana una época de sensato y buen gobierno … [Con él] México llegó a ser un lugar tan seguro como una iglesia … [Sus] enemigos … acostumbraban proclamar que muchos hombres inocentes habían sido asesinados arbitrariamente, pero a esta acusación él contestaba: "si en verdad eran inocentes no tenían nada que hacer en tan mala compañía; el Estado debe estar agradecido de verse libre de individuos de tal calaña. Ninguna nación puede prosperar a menos que tenga paz interior y la paz interior no se logra donde no hay disciplina"». En cambio la memoria de este cronista estadounidense acerca de Francisco Villa hace parecer al héroe revolucionario como un personaje detestable. Un asesino solo por el placer de serlo, un megalómano enfermo de violencia. Para Shepherd, *El Centauro* habría sido el verdadero responsable de que las minas en Batopilas hubieran cerrado después de tres décadas de auge para su familia.

El autor del libro *Silver Magnet* llegó a México en 1880; tenía solo 5 años de edad. El padre, Alexander Robey Shepherd, no hacía mucho había terminado su mandato como alcalde en la ciudad de Washington, D.C., cuando adquirió las concesiones mineras en la entraña más profunda de las Barrancas del Cobre. Acompañado de su familia, en tren y calesas recorrió poco más de 2 mil kilómetros para mudarse a Batopilas. En esta población mexicana permaneció el niño y luego el joven Grant Shepherd hasta 1911, fecha cuando la Revolución clausuró el comercio y los transportes en las barrancas; más de mil 500 trabajadores habrían sido lanzados al desempleo por esa circunstancia.

*Silver Magnet* es testimonio único a la hora de recuperar la memoria de un lugar que nunca volvió a ser el mismo. Antes de que las minas cerraran, aquí vivían cerca de 10 mil personas; en el presente no habitan en esta localidad más de 800 almas. Batopilas se halla a 200 kilómetros al sur de Tomochic, junto con Urique es la otra población importante dentro del Parque Nacional Barrancas del Cobre. Hace millones de años no había aquí un bosque sino un océano. Los fósiles de caracolas, peces extraños y otros animales marinos que con tanta frecuencia aparecen tallados sobre la roca del farallón, hacen innegable el arcaico pasado. Viajando desde Tomochic, para acceder a este parque es necesario atravesar Creel, una población que, como La Junta y tantas otras, surgió a partir de una estación de trenes. Se trata de una de las paradas que El Chepe hace en su accidentado trayecto. El Kansas City, México y Oriente imaginado por el joven Owen no fue al final el proyecto extraordinario que tanto entusiasmó al presidente estadounidense Ulysses S. Grant, pero su versión más modesta y también más folclórica logró al fin en 1962 conectar dos coordenadas largamente divididas por la Sierra Madre Occidental. El Chepe, como se llama hoy con cariño al ferrocarril que hace la ruta entre Chihuahua y el Pacífico, logró también que la sierra Tarahumara y sus formidables cordilleras abandonaran el total aislamiento. Tardó este tren muchas vidas para construirse. No llegó a San Antonio de los Arenales —hoy Ciudad Cuauhtémoc— sino hasta 1890. Hacia 1900 sus durmientes pasaron sobre La Junta y diez años después fundaron la estación que, con su nombre, inauguró el gobernador Creel. A principios de los años 60 del siglo pasado una locomotora pudo finalmente concluir el viaje hasta el mar de Cortés.

El Parque Nacional Barranca del Cobre contiene varias barrancas y el metal que contienen no es cobre sino algo de plata. El guía improvisado suele compararlo con el cañón del Colorado. Es un error. Mientras el primero es una herida que se desparrama seca, roja y muy árida, las barrancas del Cobre son una casa verdísima donde la flora y la fauna se expresan en una extraordinaria diversidad. Aquí se dice que, de todas las cañadas, la de Urique es la más impresionante pero la otra, en cuyo fondo se halla la villa de Batopilas, no se queda rezagada. Para conocer esta población se han de descender más de mil metros. A un lado del andén ferroviario de Creel hay un negocio que renta una cómoda e inmensa camioneta blanca cuya anchura puede parecer superior a la del camino que ha de recorrerse. Después de una buena hora de trayecto montado en ella se ingresa a una serpenteada pendiente que va arañando el muy recto farallón. Si el viajero sube al techo del vehículo podrá apreciar, sin nada que le estorbe, ese paisaje estremecedor, pero hay que ser adicto a la montaña rusa para disfrutar la acrobacia. Durante más de cien kilómetros, que deben recorrerse muy lentamente, se va inclinando el cuerpo por aquella fractura de tierra, tratando de espantar con la inteligencia la amenaza de vértigo que la bajada impone. Fernando Jordán comparó aquel camino traicionero con las carreteras de Birmania; sin embargo aquí la traidora es la mirada y no la realidad. Los conductores que todos los días ruedan seis horas para transportar a sus clientes son los expertos de aquel espectáculo.

Para conocer el fondo del barranco lo mejor es partir muy temprano; hacerlo a las seis o seis y media de la mañana. Solo así podrán disfrutarse los colores arrojados por el amanecer dentro del breve espacio que se produce entre las dos inmensas paredes de la barranca. Si bien Julio Verne escribió una novela cuya trama ocurre en México, no hay noticia de que este literato francés haya visitado el país; con todo, el descenso desde las frías alturas boscosas de la sierra hasta el río y el paisaje abundante en palmeras y guayabas que hay en el fondo, recuerda la jornada que supuestamente Otto Lidenbrock hizo hacia el centro de la Tierra. Arriba se está en Noruega, abajo el cuerpo baila una jarana en Veracruz. Los seres humanos nos distanciamos por nuestras preferencias climáticas: así como hay genes que se sienten más a gusto en la montaña, también los hay que prefieren el calor y la humedad. Generosísima como es, aquí la naturaleza reparte a cada quien según su talante.

No resulta sencillo comprender la vida de quien vive atrapado aquí abajo. Desde Batopilas, la vía menos complicada para mantener comunicación con el mundo civilizado es la misma que escala por el acantilado. Grant Shepherd cuenta cuán difícil era en su tiempo sacar de la mina familiar las barras de plata fundida que todos los meses debían llegar hasta la ciudad de Chihuahua. Las mulas que hacían el frecuente recorrido nada más podían cargar sobre su lomo dos piezas metálicas a la vez, y en cada viaje se transportaban entre cien y doscientos lingotes, por ello la compañía minera de su padre era dueña de unas 500 mulas. Batopilas fue fundada en 1630 sobre el lugar donde el lecho del río se hace más amplio. En la orilla izquierda habita la mayoría de la gente, los restos de la hacienda de la familia Shepherd aún descansan sobre la ribera derecha. Dice el autor de *Silver Magnet* que mientras a los habitantes de la izquierda se les llamaba *abajeños*, a él y sus hermanos los nombraban *arribeños*.

Batopilas quedó suspendida en un tiempo antiguo. Las inmensas casonas construidas con adobe son como los dientes de un lobo viejo cuyo robusto cuerpo hace tiempo se marchitó. Hoy la achacosa fachada de esos edificios apenas si puede esconder que detrás de ellas ya no habita nadie. Para comprender mejor el pasado de esta población hay que visitar el cementerio. Ahí dentro las lápidas y los mausoleos comprueban que al menos tres generaciones vivieron la jauja: si una vez esta villa fue ostentosa, todo se debió a la plata. El marqués de Bustamante fue el primero en invertir para que los metales salieran de esta barranca. Luego vinieron otros mineros; Alexander Shepherd hizo posible que Batopilas alcanzara su alborada. Según la antigua Secretaría de Fomento del gobierno porfirista, para 1884 había en esta región más de 400 minas; con la familia Shepherd al menos la mitad se hicieron productivas. El apogeo del negocio sucedió poco antes de que concluyera el siglo XIX. Hubo meses en que, una tras otra, aparecieron vetas plateadas de formidable pureza. De Sinaloa, Sonora y también de Chihuahua venían hombres jóvenes buscando trabajo. Tanta habrá sido la riqueza extraída de las montañas que, después de la capital del país, Batopilas fue la segunda población mexicana en contar con luz eléctrica. Cierto es que Santa Rosalía, en Baja California Sur, pelea también este mérito, pero haciendo cuentas fue la familia Shepherd, y no la empresa El Boleo, quien adelantó los relojes. Permanece el recuerdo de la interminable fila de mirones que fascinados se apostaban a la entrada de los túneles de la mina para presenciar el milagro de la iluminación artificial.

Hoy Batopilas ya no vive de la plata. Quizá las vetas argentíferas se agotaron; le resta a su magra población compartir con el visitante el recuerdo de lo que hicieron los abuelos. Pasar una o dos noches en alguno de los hoteles de este antiguo centro minero es una experiencia muy recomendable: primero porque el paisaje recorrido para llegar hasta aquí vale enormemente la pena. Segundo, porque la vieja hacienda y la calle principal son un escenario irrepetible del año 1900. Tercero, porque la antigua iglesia de San Francisco Javier de Satevó es bellísima. Esta construcción de tabique rojo se encuentra a 7 kilómetros río abajo, andando desde el centro de Batopilas; la protegen palmeras y otros árboles de abundante cabellera verde. Valorando la dificultad que implica llegar hasta la base de esta cañada, puede tocarse la necia voluntad que caracterizó a los antiguos jesuitas. En Satevó —misión construida a finales del primer tercio del siglo XVII— ofició misa Juan María de Salvatierra antes de partir para Baja California. Buena parte de su juventud la gastó antes aquel italiano en estas barrancas.

Puede no coincidirse con la mirada aristocrática del autor de *Silver Magnet* pero nadie como Grant Shepherd ha descrito con tanto amor a la iglesia de Satevó. Su pluma narra con el detalle necesario para compartir la felicísima experiencia de haber pasado por aquí. Ahora que, de todo lo que en esta región posee, lo principal que el cronista no quiso apreciar fue a los tarahumaras. A Shepherd le dio por el vicio de la discriminación, o cómo calificar la siguiente frase de su libro: «[los tarahumaras son] una de las más ignorantes y retraídas tribus que hay en la sierra de México [...] estos indios [...] están a una distancia increíble del adelanto moral y cultural de nuestros días». Grant fue un señorito y por más que en su prosa quiera ocultar tal hecho, las sábanas de seda traídas desde la capital de Estados Unidos se le enredan una y otra vez en las páginas de *Batopilas*, título con el que se conoce a la traducción en castellano del libro *Silver Magnet*. Algo más que esa breve sentencia a propósito de los tarahumaras podría haber redactado este hombre que, aparentemente sin saberlo, fue huésped bien recibido en su montaña por más de treinta años.

## Rarámuri

Dos hermanos se disputan el cielo. El mayor está convencido de que ganará. Quiere matar al otro. Lo persigue con un hacha. Para desafiarlo raptó a su cuñada. Se la lleva a vivir del otro lado del río. Pero el menor sobrevive. Se hace amigo del zopilote, del cuervo, de la abeja y de la hormiga. Los animales de la montaña lo ayudan a vengar los agravios. El hermano mayor se convierte en león y aun así es derrotado. Desde entonces vive abajo. En cambio el segundo, llamado Onorúame, habita en la parte de arriba. En la tradición rarámuri, las serpientes fueron creadas por el señor de abajo, lo mismo que los cerdos, los caballos, las mulas y los hombres blancos. Onorúame, por su parte, es padre de los venados, las liebres, los conejos, los pájaros y los tarahumaras. Cuanto animal es bueno, lo hizo el dios de arriba. Los blancos proceden de abajo porque comen sin hacer ofrenda. En contraste, los tarahumaras siempre comparten su frijol y su maíz. Los blancos vienen de abajo porque son abusadores y han hecho sufrir mucho a los tarahumaras. Son así porque su padre también es excesivo.

Este fragmento que mezcla un par de fábulas recogidas en los alrededores de Cerocahui por el doctor Fructuoso Irigoyen logra capturar algo de la mirada que los rarámuri sostienen a la hora de acercarse a quienes, con el paso de los siglos, los hemos venido encerrando dentro de esta ruda cordillera. La distancia moral entre unos y otros mexicanos llega a ser tanta como la que hay entre las dos paredes que separan cada barranca. Un abismo insondable desune y la inexistencia de puentes parece no tener solución; de un lado y otro han dominado los prejuicios por más de cuatrocientos años. Para el hijo del dios de abajo los tarahumaras pueden ser inexistentes. Fue el caso de Grant Shepherd, quien en las 385 páginas de su *Silver Magnet* no fue capaz de dedicar más de dos frases a la familia de los rarámuri.

Pero el suyo no es un descuido aislado. Tal y como sucede con tantos otros mexicanos que pertenecen a una etnia indígena, en circunstancias muy puntuales su piel se vuelve invisible para los hijos del dios malvado. Pasan inadvertidos cuando caminan por las calles de la ciudad de Chihuahua pidiendo una moneda, cuando recorren el mirador de la cascada de Basaseachi vendiendo una chivita o cuando se sientan en la escalera frente a la estación de Creel, antes de continuar su camino hacia los barrancos. Si uno de ellos ofrece a cambio de unos cuantos pesos el juguete o el pañuelo fabricado con sus propias manos, el mexicano más nuevo se apura para deshacerse cuanto antes de su presencia. Rara vez media una conversación, una sonrisa, un trato recíproco, un gesto de humana coincidencia, los de arriba y los de abajo no son seres que puedan encontrarse en un plano de igualdad. Acaso por ello sus respectivas identidades se apartan como si fueran los polos negativo y positivo de una misma batería.

Tal vez los tarahumaras son la raza más pura que habita en el país. Rarísima es la experiencia en ellos del mestizaje. Practican, al igual que los menonitas de Cuauhtémoc, la regla que impone el uso exclusivo del castellano para los varones; a la gran mayoría de las mujeres rarámuri les está prohibido conversar en una lengua que no sea la suya. De acuerdo con todas las mediciones económicas, el tarahumara es el mexicano más pobre: su condición material se compara con la del habitante de Níger. Es decir que también se ubica entre los más miserables del planeta. De nuevo la distancia sorprende: el hombre más rico de la Tierra es mexicano y presumiblemente el más pobre también lo es. El argumento que asume esta tragedia como responsabilidad exclusiva del rarámuri es insostenible, solo el desconocimiento sobre una historia sistemática de exclusión puede llevar a suponer tal estupidez. Desde que los conquistadores vascos llegaron al norte de Durango comenzó el acoso y luego la migración de las familias tarahumaras hacia las barrancas. Ellos aprendieron a vivir como si fueran águilas: fabricaron nidos temporales acurrucados sobre el risco de la montaña. El acantilado y la cordillera les permitieron protegerse de los abusos. El paisaje donde fueron a refugiarse lo labraron los vientos, la nieve y la lluvia torrencial; montañas y rocas suaves que, con el tiempo, han ido evolucionando para convertirse en peñas puntiagudas, laderas rotundamente verticales y cuevas inalcanzables. Los hijos humanos de Onorúame, como sus hermanos las aves o los conejos, aprendieron a vivir en paz dentro de este insospechado escenario.

Cabe a veces que los muros de su casa sean de adobe y los muebles de la intimidad familiar estén fabricados con madera, pero también ocurre que todo dentro de esa morada tarahumara sea obra de la naturaleza. No se equivoca el doctor Irigoyen en su texto *Cerocahui* cuando afirma que la cueva del rarámuri puede llegar a ser más cómoda y acogedora que la de otros habitantes de la sierra. El tamaño de la población rarámuri es incierto. Resulta sospechoso que, desde mediados del siglo pasado a la fecha, todos los censos ofrezcan exactamente la misma cifra: 50 mil tarahumaras. Solo una tasa de reposición demográfica perfecta haría que en tan largo periodo esta comunidad haya logrado mantener números estables. Otra explicación a este curioso dato podría ser que nadie es capaz de contar con justeza a las personas invisibles.

Los tarahumaras rigen la vida a partir del cumplimiento que hacen de sus rituales. La fiesta religiosa marca su devenir como la batuta del director lo hace con la gran orquesta. No son pretextos para arrojarse al ocio la Navidad, la Pascua, la Guadalupana o la visita de los Reyes, se trata de eventos que unen y organizan a un pueblo para que este prevalezca en el tiempo. Y no hay ritual suyo que pueda celebrarse de manera improvisada: si en Semana Santa hay que maquillar y emplumar a quienes van a representar a los fariseos, si los niños tienen que cubrir de colores negro, blanco y rojo su cuerpo, si la vaca debe engordarse para alimentar a los que vendrán a la fiesta, si hay que colectar dinero; en breve, todo, absolutamente todo, necesita semanas y meses de preparación. De los rituales tarahumaras, la ceremonia del peyote quizá sea la más relevante. El responsable de conducirla siempre es un viejo al que en la comunidad llaman *sipáame*, es él y nadie más quien muele la pitahaya de esa planta amarga para luego mezclarla con el teswino. Es él y nadie más quien reparte la pócima poderosísima que servirá para la experiencia espiritual de los participantes. Es un momento sagrado que debe servir para obtener conocimiento sobre uno mismo, sobre los seres queridos, sobre la comunidad y sobre los tiempos venideros. El peyote sirve a los tarahumaras cuando éstos andan en búsqueda de la profecía.

Para los momentos menos serios, el rarámuri prefiere tomar solo teswino, un bebedizo fabricado a partir del maíz fermentado, que se usa dentro de este grupo humano a manera de salario. Si una familia tarahumara necesita ayuda para sembrar su milpa o requiere que se le eche una mano para ponerle techo a su morada, la convocatoria se hace a partir de la oferta de compartir teswino una vez que la jornada haya terminado: ese líquido grumoso que atonta más de lo que embriaga es suficiente para cubrir los honorarios. No espera el trabajador obtener nada más que esa retribución. La única regla es no dejar para el día siguiente ni una sola gota; el teswino no sabe esperar. Si no se consume pronto, suele echarse a perder.

Al rarámuri le gusta la fiesta, trátese de la pequeña reunión con familiares y amigos o la gran pachanga porque alguien se casa. Los tarahumaras van de morada en morada por la sola necesidad de compartir una sabrosa conversación, el rarámuri pertenece a un pueblo en el que hay grandes contadores de historias. Murmuran en voz baja cuando hablan mal de quien no está presente y suelen levantar la voz cuando son poseedores de una noticia caliente. Sus reuniones se prefieren acompañadas por los sonidos del arco y las cuerdas de un violín. Este es el instrumento musical que mejor combina con la personalidad del tarahumara y es que puede ser en extremo melancólico o poner a bailar hasta al más engarrotado; si su sonido se combina con un trago de *temorense* (sotol), la sensación de intimidad no alcanza límites.

No importa que el gesto del tarahumara sea adusto, los colores de su ropa se encargan de mostrar el costado alegre de su alma. Desde que los niños nacen van pegados al cuerpo de la madre por un rebozo bordado en tonos muy vivos; sobre la cabeza del infante colocan un gorro adornado con grecas vistosas. Usan las mujeres y los hombres huaraches cuya suela es de hule que antes perteneció a una llanta de automóvil. Portan los varones una faja, también adornada con cenefas alegres, con la que rodean su vientre flaco. En su caso, la mujer no se descubre prácticamente nunca la cabeza: trae puesto un pañuelo que, desde la frente hasta la barbilla, se encarga de redondearle el rostro. Usa faldas largas y blusas de manga ancha. Ellos prefieren las prendas del vaquero aunque siempre visten alguna ropa que permite distinguirlos como tarahumaras; puede ser el cinturón tejido a mano o la camisa con bordados alrededor del cuello.

A diferencia de la gran mayoría de los mexicanos, el rarámuri es un individuo larguirucho; dice Fernando Jordán que algo tiene de venado. Lo cierto es que se alimenta pésimo. Por hábito y también por pobreza, la ingesta de proteínas es magra. Frijoles y café podrían ser los únicos alimentos durante una larga jornada. El maíz es su otra fuente de energía: masa que se convierte en tortilla, grano de elote que se prepara como esquite, mijo molido con el que se elabora el pinole, choclo fermentado para beberse como teswino. Lo que en realidad sorprende en el rarámuri es que cuente con suficientes defensas como para seguir vivo. Una enfermedad que para otro ser humano sería inocua, entre los tarahumaras hace estragos.

No solo por su aspecto físico este mexicano parece venado. Otro asunto que lo emparenta con dicho animal es la velocidad y el aguante a la hora de correr. En su propia lengua la palabra *rarámuri* quiere decir «sujeto de pies ligeros», y el significado de *tarahumara* (o *tarahumare*) es «pueblo de rarámiri(s)». Ya antes conté que fue tan querido el padre Glandorff entre los antepasados de esta comunidad precisamente por su andar liviano. El ritual por el que se conoce al tarahumara fuera de su sierra es el de la carrera de pelota: un ejercicio que los hombres de esta etnia practican al menos una vez al año y que se organiza a partir de la persecución de una bola de madera, cuyo diámetro no es superior a los 10 centímetros, a través de los bosques, las cordilleras y las cañadas. Quienes la emprenden llegan a recorrer hasta 120 kilómetros diarios durante cinco o seis días. Gana esta competencia quien cumpla con el itinerario que antes se trazó o quien logre permanecer más tiempo levantando los pies sobre los estrechos caminos y las amplias planicies de la sierra. Al finalizar esta carrera, los rarámuri se lanzan obviamente a los placeres melancólicos del violín, a la chispa del teswino y a la conversación murmurada durante la fiesta.

Dicen los tarahumaras que las cosas solo suceden cuando están listas: nada ocurre antes, nada pasa después. La comprensión rarámuri del tiempo es harto paciente. Aunque son expertos corredores, detestan apurar el ritmo de la vida: sea para conversar, escuchar el golpe del tambor, tejer un rebozo, comer pinole, sembrar una milpa, ver llover desde lo alto de la montaña, hacer sólida una amistad, en fin, cuanto deba hacerse de lo humano, ha de producirse respetando el *tempo* de la existencia y de las cosas. Nada ocurre bellamente si la voluntad lo violenta, tampoco si de una manera arbitraria se obstaculiza el transcurso. Sin duda el mexicano más pobre pertenece a una de las comunidades más sabias. Nada más por esta razón ellas y ellos, los rarámuri, tendrían que dejar de ser invisibles, pero la ignorancia entre los hijos del dios de abajo es por momentos tan inmensa.

# XV
# ES TIEMPO DE
# SER ADULTOS

## Madera

Ocho cuerpos amanecieron sin vida la mañana del jueves 23 de septiembre de 1965. Los soldados los subieron en la parte trasera de un camión utilizado normalmente para llevar y traer troncos a los aserraderos. Mientras el rugido del viejo vehículo se desplazaba hacia las oficinas de la policía municipal, el vetusto caserón que solo una hora antes fuera atacado se preparó para recibir de vuelta a la tropa que combatió a los rebeldes por el lado de la laguna. Los cadáveres de los guerrilleros fueron puestos a la vista de todo el pueblo. *Motu proprio*, un vecino solicitó al carpintero del poblado que a toda prisa fabricara ocho ataúdes. De acuerdo con María Escárcega y José Pérez Nájera, autores de *Madera: cien años... son un día*, las cajas fueron rechazadas por la autoridad. Por ningún motivo debían ser enterrados. Esa fue la orden que el gobernador de Chihuahua, Práxedes Giner, transmitió a sus subordinados. Desconociendo que 1965 no era el siglo XIX, la práctica de mostrar los restos masacrados del rebelde en la plaza pública se probó vigente. El torso de Antonio Gámiz, estallado por una bomba que no alcanzó a lanzar, el cráneo agujereado del médico Pablo Gómez, la espalda perforada de Salomón Gaytán y los demás cuerpos inertes, debían servir como escarmiento para que a nadie se le ocurriera levantarse en armas otra vez.

Perdieron la vida aquellos hombres porque calcularon mal el número de efectivos que suponían había dentro del cuartel: quisieron sorprender y al final fueron sorprendidos. Atacar a un destacamento militar con doce sujetos modestamente armados tiene más proximidad con el concepto de suicidio que con el de derrota. Pudieron haber esperado para organizarse mejor pero les ganó el enamoramiento con la fecha. Si los jóvenes de la guerrilla cubana, encabezados por Fidel Castro, habían logrado hacer historia doce años atrás en el cuartel Moncada, ¿por qué Gámiz, Gaytán y Gómez no podrían, en la fecha acordada, tomar por asalto el cuartel Madera? Al final, de los doce guerrilleros chihuahuenses solo cuatro conservaron la vida; entre los soldados que se defendieron aquella mañana murieron cinco.

¿Existe un cierto monto de indignación, una cantidad precisa de coraje, una dosis justa de argumentos como para que un ser humano empuñe las armas sin importar que con ello pueda quitarle la vida a un semejante o pierda la propia durante el intento? *Las armas del alba*, novela histórica tan cuidada como bien escrita por Carlos Montemayor, no quiso responder a esta interrogante. Detenerse sobre la loma donde aún se encuentra aquella instalación militar y mirar desde ahí hacia Madera ayuda sin embargo a comprender. A escasos diez metros de la entrada al campo militar hay una casucha fabricada con tablones asimétricos de madera, seguramente recogidos de entre la retacería sobrante de algún aserradero. Para maquillar su estado pésimo, la dueña de aquella morada los ha pintado de rosa. Donde hace triángulo la parte más elevada de la vivienda sobresale un tubo doblado que cuando menos tiene cien años; ha sido usado como tiro para la chimenea. El techo de dos aguas que cubre esa construcción es, como suelen serlo en toda la montaña, de lámina de asbesto. A la distancia esa casa muestra más huecos que la dentadura de un mamífero viejo. No quiero imaginarme cómo se está dentro de ese hogar cuando llega la temporada de nieve o soplan fuerte los helados vientos. Si se camina hacia atrás, siete o nueve pasos, aquella paupérrima choza desciende en la línea del horizonte visual, al tiempo que Madera emerge en su plana extensión. Uno tras otro se suceden los techos de lámina, las construcciones chuecas y las chimeneas improvisadas. Hoy las calles de Madera tienen la misma cantidad de asfalto que en 1965, cuando el asalto al cuartel, o que en 1955, cuando Fernando Jordán escribió en su *Crónica de un país bárbaro* las siguientes líneas: «[Madera] es un gran campamento ya viejo, sin planeación, sin servicios urbanos y sin futuro … Las Compañías que … han sacado millones de pesos no han dejado en él nada que le … dé una decorosa presencia».

¿Cuánto tiempo antes de aquel 23 de septiembre comenzaron a ocurrir las injusticias en Madera? Probablemente sesenta años, cuando una compañía maderera estadounidense vino a explotar el bosque y fundó esta población. Escárcega y Pérez Nájera cuentan cómo era la vida durante la primera década del siglo pasado: de un lado estaba la colonia americana, con sus casas de estilo bostoniano. Contaba con un boliche techado, una cancha profesional de basquetbol, un salón de baile, una biblioteca, un elegante casino y un hotel lujoso para que los visitantes ricos tuvieran donde alojarse con comodidad. Tal y como Benjamin Johnston hizo en Los Mochis, esa colonia era en absoluto inaccesible para los vecinos mexicanos. El lugar donde vivían los trabajadores del aserradero era lo opuesto: jacalones rectangulares construidos con lodo cocido donde llegaban a alojarse cuatro o cinco familias. Si aquellos miserables querían mejorar el tamaño de su vivienda debían acudir con la compañía para mendigar desperdicios de tablón, porque el salario que ahí se pagaba no daba para más. Cuenta Jordán que en 1907 un sindicato denunció en los periódicos de Chihuahua que el aserradero de Madera trataba a sus empleados peor que presidiarios.

Poco cambió esta población con el pasar del tiempo. La veda sobre el bosque impuesta desde los años 30 por el gobierno nacional hizo aún más grande la dificultad económica entre los pobladores. Quedaba aún como opción el uso de la pradera para el pastoreo del ganado, pero las tierras heredadas por los abuelos tampoco amortiguaron la crisis. Las empresas madereras más grandes de la zona —Cuatro Amigos y Bosques de Chihuahua— acosaron a los vecinos para arrebatarles lo que era suyo. Entre las dos compañías tenían posesión de 250 mil hectáreas y sin embargo querían más. Dado que la gran mayoría de los habitantes no tenía en regla sus títulos de propiedad, el despojo ocurrió sin demasiado trámite. Aquellos campesinos que no se resignaron sufrieron amenazas, vieron su morada consumida por el fuego y en el peor de los casos desaparecieron. Esta operación fue posible gracias a la connivencia de las autoridades. Los denunciantes acusaron a la policía y también a los soldados por su complicidad con las empresas, pero la fuerza pública estaba comprada y por eso funcionaba contra la población más vulnerable.

Hasta la ciudad de Chihuahua llegó la noticia de lo que estaba ocurriendo en Madera. Cuando Arturo Gámiz fue encarcelado por protestar contra la autoridad, los estudiantes universitarios salieron a la calle para denunciar la injusticia. Esta reacción no cabía en los cálculos del gobierno: reprimir campesinos rebeldes, como durante tantos años se hiciera con los gavilleros, estaba previsto por las prácticas no escritas del régimen político. Los problemas sociales fuera de las ciudades solían pasar desapercibidos, de ahí que sorprendiera el involucramiento de jóvenes de clase media en el conflicto. Los primeros actos que podrían ser considerados como guerrilleros ocurrieron durante 1964. Una naciente organización revolucionaria secuestró a un grupo de policías estatales y les quitó las armas. Luego hizo lo mismo con una patrulla militar. Más tarde incendió una estación de radio y volvió a tomar prestados para la causa los rifles que ahí se guardaban.

El rumor sobre la existencia de un comando rebelde en la parte alta de la sierra llegó a oídos de los generales; aquello ya no era un juego para menores. Varios de los integrantes de la recién constituida célula guerrillera decidieron viajar a la ciudad de México para entrenarse con los mismos instructores que un lustro antes adiestraran a Fidel Castro y Ernesto *El Che* Guevara previamente a que se embarcaran hacia La Habana. A principios de agosto de 1965 se definió el asalto al cuartel Madera. Estaban seguros de que esta acción podría inspirar a muchos otros si esa instalación castrense era tomada con éxito, los campesinos de otras regiones del país que pasaban por circunstancias igual o peor de arbitrarias también se levantarían en armas.

La noche anterior al asalto, doce guerrilleros arribaron al caserío en las cercanías de Madera, cargando las armas robadas a la policía y a los militares durante los meses previos; traían también pólvora y bombas caseras. Si lograban tomar el cuartel, a media mañana entrarían en posesión de otro arsenal más poderoso. Debieron recapacitar cuando se dieron cuenta de que estaban solos: no hizo contacto con ellos el contingente de guerrilleros que supuestamente les iba a hacer segunda en el asalto. Pero no querían cambiar la fecha: llegaron al cuartel creyendo que ahí dentro no habría más de 30 efectivos. Estaban equivocados: había al menos 120 soldados.

A las cinco de la mañana los atacantes hicieron el primer disparo. La bombilla de luz que alumbraba un largo pasillo de la instalación militar se apagó. Dos rifles calibre .22 continuaron con el fuego. Una metralla devolvió furiosa la osadía. Arturo Gámiz no pudo aventar una molotov que al final le estalló en las manos. El artefacto le produjo la muerte. Desde el cuartel continuaron los soldados lanzando varias granadas. Aquellos jóvenes debían adentrarse al edificio; en tal esfuerzo estaban cuando tomaron conciencia de que por la retaguardia, desde el camino que reúne al cuartel militar con la laguna, comenzaron también a arrojarles bala. Pablo Gómez levantó la voz para dar la orden de retirada, un tiro preciso en la cabeza lo silenció para siempre.

A los demás ya solo les quedó la fuga como opción. Uno se subió al ferrocarril que iba pasando muy cerca de la refriega. Dos más se echaron al monte y caminaron sin detenerse durante cuarenta y ocho horas. El cuarto se fugó en un vehículo que no era suyo. Cuando el gobernador Giner recibió la noticia del triunfo militar, llamó de inmediato al secretario de Gobernación, Luis Echeverría Álvarez. Informó que el asunto de los gavilleros de la sierra estaba resuelto. «Porque son gavilleros, gente que roba ganado en la zona, quienes hicieron esto», explicó. El futuro presidente de México habrá podido discernir lo cierto de lo falso en aquella comunicación.

De su lado, el Ministerio Público Federal quiso hacer una investigación apegada a las normas, pero no fue posible. Después de la exhibición de los cadáveres, la autoridad local ordenó enterrar a todos los guerrilleros en una misma fosa; así se haría imposible para los familiares la recuperación de los restos, y para los medios de comunicación, la reconstrucción de los hechos. Hoy en Madera hay una barda blanca y una tumba grande que procuran memoria a aquel episodio. Al frente de la fosa hay una frase adjudicada al guerrillero Pablo Gómez: «El México nuevo donde haya verdadera justicia se construirá con el dolor, el sacrificio y la sangre de sus mejores hijos».

En 1971, ya convertido en jefe del Estado mexicano, Luis Echeverría Álvarez visitó Madera. Con un discurso engolado, aseguró que antes de un año la población sería otra: mayor educación, salud, industria, desarrollo, etcétera. Acusan Escárcega y Pérez Nájera que ese señor jamás volvió a pararse por la sierra. Por supuesto su oferta tampoco se cumplió. Fue también en ese año que comenzó a organizarse en Monterrey otro grupo guerrillero. Se hizo llamar *Liga 23 de Septiembre*, justamente en honor a los muertos de Madera. Durante los años 70 esta otra organización fue un verdadero dolor de cabeza para el gobierno federal.

## Estebanico

La primera versión: el sábado 2 de mayo de 1539 fray Marcos de Niza envió un reporte al virrey Antonio de Mendoza donde contaba la heroica muerte de Estebanico, el esclavo que acompañó a Álvar Núñez Cabeza de Vaca durante su travesía: «Estábamos en las puertas de Cíbola, Estebanico envía a un cacique su presente de paz en demanda de salvoconducto; una linda calabaza adornada con cascabeles y una pluma roja y una pluma blanca. El cacique ordena que se la arrojen en las narices y que le digan: "¡Que se vaya!" Pero Estebanico, menospreciando la actitud del jefe, insiste en pasar; por su actitud lo toman prisionero… Lo dejan en ayunas un día y una noche y al amanecer lo matan y despedazan. Así ha muerto Estebanico. Solo el mensajero ha logrado escapar de la tragedia y ha llegado moribundo. No entré a Cíbola, pero la vi desde lejos».

La segunda versión: los nativos llegan con una mala noticia al poblado Cuarenta Casas, donde ha pernoctado fray Marcos de Niza. Aseguran que el negro Estebanico ha caído desde lo alto del cañón del Garabato. Nadie puede sobrevivir a ese salto. Los expedicionarios prefieren seguirse de largo, descender al fondo del barranco les tomaría al menos una jornada. No tiene sentido. ¿Para qué sepultar a ese esclavo que ni siquiera era cristiano?

La tercera versión: Baltasar Dorantes de Carranza, uno de los dos españoles que sobrevivieron con Cabeza de Vaca el naufragio de la Florida, vendió al moro Estebanico a pesar de siete años de peregrinaje juntos en Norteamérica. Al esclavo lo adquirió fray Marcos de Niza, hombre que por órdenes del virrey habría de ir en busca de las ciudades doradas de Cíbola y Quivira. En cuanto pudo, el moro trató de advertirle al religioso que aquel descubrimiento era patraña y punto. Cabeza de Vaca y sus cómplices habían elaborado el embuste solo para asegurarse a su regreso un buen trato por parte de las autoridades del reino. ¿Por qué sus compañeros de viaje no querían regresar si tanto oro, plata y piedras turquesa había al norte de la recién fundada colonia española?

Al principio fray Marcos habrá creído que el mitómano era Estebanico; nada más por pereza no quería regresar sobre sus pasos. El moro replicó: ¡claro que deseaba volver! Pero no para traer de vuelta una recompensa material. En su caso era el amor hacia dos mujeres lo que le daba motivos. Por su condición de esclavo, contra su voluntad hubo de abandonar a sus enamoradas en un lugar llamado Cuarenta Casas que hoy se halla al norte del municipio de Madera. Poco importa si fue por la historia romántica que el moro contó o por el hecho de que fueran dos sus amores, pero el fraile terminó creyéndole al esclavo.

Cuando los nativos vinieron a darle la noticia de que el negro Estebanico se desbarrancara en el cañón del Garabato, fray Marcos habrá esbozado una sonrisa. El historiador chihuahuense Javier Ortega Urquidi supone en su libro *Casas Grandes* que aquel fraile entendió la jugarreta desde el primer momento. Sin embargo, ese hombre ya se merecía que lo dejaran en paz. Fue con el objeto de librarlo de su obligación que redactó el memorando para el virrey, aquel donde aseguró haber visto con sus propios ojos las puertas de Cíbola. De paso fray Marcos justificó su pronto regreso a la ciudad de México, antes de que a él también le rechazaran las ofrendas, lo pusieran a ayunar y lo descuartizaran. Al leer la versión oficial sobre la muerte del moro no deja de ser curiosa la necesidad que los enviados del virrey tenían para sostener en el tiempo las mentiras de Cabeza de Vaca. Quizá intuyeran que sin el anzuelo del oro, el reino tardaría demasiado en extenderse hacia el norte.

Probablemente Estebanico tuvo muchos hijos. Habrá sembrado su semilla mora en la región y fundado con sus esposas una nueva raza. La descendencia de este hombre por fin libre, pobló lo que quedó de las construcciones que en otras épocas fueron habitadas por un pueblo civilizado. Casas de barro embutidas dentro de grandes cuevas que, a su vez, han descansado durante milenios sobre la pared de un alto acantilado. Cuando se visita este sitio quizá sea la cueva de la Olla la que más impresiona: una esfera inmensa de barro cocido vecina de una suerte de condominio donde, los arqueólogos conjeturan, llegaron a morar hasta doscientas personas. Si se acepta una mala pero evocadora comparación, cabe decir que aquellas viviendas son similares a las que Hanna-Barbera dibujó para su serie animada *Los Picapiedra*. Cierto es que esos edificios se hicieron con tierra mojada y no con roca, pero las formas tienen mucho parecido.

## Huérfanos

«Llamaron a la puerta. Cuando abrí, fuera había tres camionetas nuevas, de esas que solo utilizan los rancheros ricos. Dentro serían como doce personas… De por aquí no eran… Un hombrón grandote se acercó a la puerta, los demás no se movieron. Me preguntó si podían pasar la noche en el albergue. Dije que no éramos hotel. Insistió. Me ofreció 10 mil pesos si los dejaba entrar. Yo tengo niñas adolescentes aquí dentro; no pude aceptar, los despaché rapidito. Le expliqué que tenía prohibido recibir visitantes. Ya me quedé más tranquilo cuando escuché que se alejaban. Tres o cuatro días después supe que una de esas camionetas apareció incendiada en un predio, a las afueras del pueblo, con cinco cadáveres dentro. Al parecer, uno de ellos era aquel hombre grandote con el que hablé en la puerta del albergue. ¿Que si me arrepiento? Pues claro que no. Si se hubieran quedado a dormir estaría tal vez muerto. ¿Y mis muchachos? ¡Vaya usted a saberlo!

»Un año atrás tuve otra visita parecida. No era tanta gente la que se estacionó fuera pero, por su forma de vestir, se parecían mucho a los otros. Dijeron que venían de parte de ya sabe quién; un *narco* famoso que gusta de ayudar a los huérfanos. Me interrogaron sobre cuánto costaba mensualmente mantener el albergue. A esos también les cerré la puerta. Este lugar es neutro, no estamos del lado de nadie. Si necesitáramos protección ya la hubiéramos pedido a los municipales. Pero como ellos están con el bando contrario, pues mejor no cargarse.

»Tengo muy presente lo que pasó en Ciudad Juárez. Igual, con los centros de rehabilitación y los albergues de niños como este. Primero se acercan a las asociaciones civiles y ofrecen un donativo grande. Si uno les dice que sí, comienzan a venir para conocer a los *morros* y cómo negarse si esas personas pagan la comida. Pasa el tiempo y un día quieren jugar a la pelota con los internos. Los muchachos se entusiasman, están solos y son bien agradecidos. Sus papás, la mayoría, eran drogadictos; por eso los abandonaron. Ahora casi todos están muertos… Los invitan a dar una vuelta en su *mueble*. Los hacen oír su música. Les cuentan historias. Así pasó en Ciudad Juárez… Prefiero no darle el nombre de los albergues…

»Los Artistas Asesinos, los "Doble A", eran muchachos huérfanos que los malos reclutaron. Los hicieron sicarios antes de que cumplieran los 16 años. ¿Se acuerda de la fiesta en Salvárcar, cuando mataron a un grupo de adolescentes que estaban festejando un cumpleaños? Pues andaban tras los Artistas. No los hallaron pero en su lugar se echaron a varios inocentes. Cuando leí esa noticia confirmé que hice bien en no dejar entrar a aquella gente. ¡Imagínese nada más! El problema aquí en Madera es que estamos justo en la frontera entre las dos bandas: La Línea y *El Chapo* quieren este territorio. Cuando el número de muertos baja, es que uno de los dos va ganando. Si sube, pues todos corremos a escondernos… Por ahora la cosa está calmada. Mañana no sabría decirle.»

# LeBarón

Venían vestidos con traje militar. «¡Qué bueno que son ustedes!», alcanzó a decir antes de recibir el primer golpe. El gobernador prometió que enviaría protección para su familia, por eso no se sorprendió Benjamín LeBarón cuando se topó con esos hombres merodeando su casa de muros sólidos y techos altos. El ánimo le habrá cambiado cuando veinte encapuchados rompieron el marco de las puertas y las ventanas de su morada. Además de Benjamín, dentro solo estaban su esposa Miriam y sus cinco hijos menores de 7 años. Todavía no era medianoche. Los ruidos de aquel tropel armado y los movimientos de los vehículos llamaron la atención de Luis Carlos Widmar, hermano de Miriam y vecino de la familia. Por acercarse para prestar auxilio, sobre él también cayó injustamente la furia. Llovieron manotazos, cachetadas, culatazos. El hombre con el rango más alto llevó a la madre de los niños a un rincón de la sala grande y comenzó a rasgarle las ropas. Ella rogó para que no la vejaran. Algo dijo sobre sus hijos, que en ese momento la miraban aterrorizados. En el último minuto el violador en potencia cambió de opinión. Benjamín y Luis Carlos fueron arrastrados hacia el exterior y luego subidos dentro de una camioneta color arena. En soberbia manada, como habían llegado, aquellos individuos partieron dejando todo en silencio.

Con la angustia desparramada, Miriam recompuso sus ropas y juntó en una misma habitación a los hijos. De todos los hermanos de Benjamín, Julián siempre fue el más cercano. Llamó por teléfono y lo localizó en Casas Grandes. Aún se hallaba reunido con la gente de S.O.S. Chihuahua, la organización que los hermanos LeBarón lideraban y que para julio de 2009 ya agrupaba a más de 4 mil personas. Julián me cuenta en entrevista que tomó su *mueble* y con el acelerador a fondo se dirigió a Galeana. En algún punto de la carretera se encontró con un retén militar y bajó ansioso para pedir ayuda. Estaba convencido de que todavía era tiempo para dar alcance a los delincuentes que habían *levantado* a sus familiares, pero el teniente que estaba a cargo del puesto de seguridad respondió que ninguno de los carros con los que contaba tenía gasolina. Tiempo después, el jefe de la zona militar de Chihuahua, el general Felipe de Jesús Espitia, preguntó burlonamente a Julián que por qué no había montado a la tropa dentro de su propio vehículo.

Más de media hora transcurrió antes de que la policía llegara a casa de Miriam y Benjamín. Fuera de la propiedad estaba colgada una manta con un mensaje críptico: «Para los LeBarón, que no creen, para que ahora sí crean, va como venganza por los 25 jóvenes levantados y detenidos en Nicolás Bravo». Al parecer el propósito de aquel recado era distraer la atención hacia un grupo armado distinto. Julián confirma: «Ponen mantas todos los días para distorsionar la información. Una farsa, una total mentira». Muy cerca del lugar donde ocurrió el secuestro, la autoridad encontró los cuerpos sin vida de Benjamín LeBarón Ray y Luis Carlos Widmar Stubbs. «No podíamos creerlo. Pensamos que iba a ser como con Eric. Que nos los iban a devolver», apunta Julián.

Dos meses antes, Eric, un hermano más joven de la familia LeBarón, había sido plagiado en un rancho de su padre ubicado en el municipio de Ignacio Zaragoza. Cuando los criminales hicieron saber que querían un millón de dólares como recompensa, la familia respondió públicamente que no contaba con el dinero para cubrir ese rescate exorbitante y organizó una caravana de al menos doscientos carros que recorrería los muchos kilómetros que separan Galeana de la ciudad de Chihuahua. A esa manifestación no solo acudieron integrantes de la comunidad mormona, a la que pertenecen los LeBarón, también se sumaron otros vecinos de Galeana, Casas Grandes y Nuevo Casas Grandes; asimismo los acompañó un contingente de menonitas de Cuauhtémoc, población que de manera similar había sido víctima de extorsiones. Al llegar a la capital los manifestantes acamparon en la plaza y con altavoces exigieron al gobernador José Reyes Baeza que asumiera su responsabilidad respecto a lo que estaba ocurriendo en el estado.

La autoridad aceptó recibir a los líderes del plantón. Durante la entrevista aseguró que recuperaría a Eric LeBarón de sus captores. Para sorpresa de unos y otros, sin pagar recompensa el joven de 17 años fue liberado antes de que se cumplieran ocho días. Aquellos manifestantes no podían creer su suerte; bastó con que se organizaran para que los delincuentes cedieran. Así lo creyeron, quizá ingenuamente. Dos años después, Julián tiene una opinión distinta: «¿Que cómo explico la velocidad con que soltaron a Eric? Pues sencillo, ellos [el gobierno y los criminales] se conocen, saben quiénes son». Pero hubo un momento en que la confianza de los vecinos de Galeana hacia el gobierno de Reyes Baeza aún no se quebraba. Por sobre todo, existía fe en la organización social que se estaba gestando. Para combatir la ola de violencia, los LeBarón integraron un grupo al que llamaron S.O.S. Chihuahua: había que gritar en todo el estado, en todo México, en Estados Unidos, que en Galeana querían rebelarse del yugo impuesto por los criminales. El periodista Antonio Cervantes registró bien la actitud de Benjamín LeBarón por aquellos días: «[Con su dedo] señaló y dijo, con una sonrisa de orgullo, que ese valle y los nogales y las casas y los niños y ese camión suyo que se veía a lo lejos, todo eso, era la obra de tantos y tantos años de trabajo honesto. De tantas generaciones. Y que nunca estaría dispuesto a irse y menos para dejarlo en manos de criminales sinvergüenzas».

Antes de que terminara el mes de mayo los LeBarón volvieron donde el gobernador. La voz es otra vez de Julián: «Llegamos de nuevo a la Casa de Gobierno para informar que éramos ya más de 4 mil integrantes en todo el estado, de todas las comunidades que ya estaban hasta la chingada de los idiotas. Reyes Baeza nos felicitó por el esfuerzo, nos dijo que qué bueno que hubiéramos ido a verlo, que estábamos tan bien organizados, que juntos, Estado y ciudadanía, íbamos a acabar con el secuestro y la extorsión, que íbamos a erradicarlos». En ese mismo encuentro, donde también estuvo presente la procuradora local, Patricia González, Benjamín informó al gobernador que había estado recibiendo amenazas en su teléfono celular por su activismo en contra del crimen organizado. Concretamente nombró a un tal Jaime González, alto mando del grupo de sicarios conocido como La Línea y por tanto integrante del Cártel de Juárez. Fue en ese momento que el gobernador aseguró al líder de S.O.S. Chihuahua que enviaría al ejército y también a la policía para protegerlo a él y a su familia. Las fuerzas del orden público no se aparecieron por Galeana, pero las cosas estuvieron en calma porque se avecinaban las elecciones para diputados locales en la entidad. Después del 5 de julio de 2009, una vez celebrados los comicios, la voracidad del mal cayó de nuevo sobre la familia LeBarón.

Benjamín tenía 33 años cuando fue asesinado. Luis Carlos no rebasaba los 30. En total, ambos dejaron diez huérfanos. Se lloraron esas pérdidas con lágrimas nunca antes tan dolorosas. De los casi 6 mil habitantes que tiene Galeana, al menos la mitad asistieron al sepelio. Vinieron también de otros lugares de México y de Estados Unidos. Cuatro horas duró la ceremonia. Solo la catarsis que ofrece la palabra pudo contener el horror de cada uno. Un familiar recordó lo bueno que era Benjamín, cuando muchacho, para echar baile; todas las jovencitas de Galeana querían que las sacara a la pista. Recordó también que en su niñez, a la hora de apagar las velas del pastel de cumpleaños, Benjamín acostumbraba pedir el mismo deseo: ser más alto. A pesar de su bien parecida presencia, de sus ojos verdes y su amable mirada, este hombre repelaba por la estatura; no sabía que la inteligencia puede medirse por la distancia que hay entre el cielo y la cabeza. Joel LeBarón, padre del ausente, concluyó el discurso que le tocó pronunciar diciendo que así no era posible seguir viviendo, «sin que mujeres y hombres podamos soñar». Un vecino de la comunidad El Sauz pegó un grito: «No estoy preocupado por la maldad de los asesinos, sino por el silencio impuesto sobre los hombres buenos». Antes de que los ataúdes descendieran, un niño al que le quedó muy alta la circunstancia presionó sus breves labios, durante un largo momento, sobre el borde de la caja de madera. Miriam Widmar abrazó a otro de sus hijos por la espalda. «Él tiene los ojos chiquitos más tristes que alguien haya visto», escribió el periodista Antonio Cervantes en su crónica de aquel sepelio.

¿Quiénes fueron los asesinos? «La autoridad que llegó a casa de Benjamín levantó a propósito las pruebas. Y el gobernador vino al funeral y nos dijo a todos: "el gobierno del estado no se va a ir de este municipio hasta que se capture a todos los responsables". Al siguiente día, que ya se habían ido los medios de comunicación, se lava las manos [y] dice: "este crimen fue cometido por la delincuencia organizada y [por tanto] es un problema del gobierno federal"». La negligencia con que tanto la procuradora Patricia González como el gobernador Reyes Baeza emprendieron la investigación policial parece corroborar la versión que da Julián. De las cuatro personas que hoy se hallan en proceso judicial (Ubaldo Rohan Núñez, Jorge Luis Chávez Rodríguez, José Rodolfo Escajeda y Carlos Butchereit), ninguna fue detenida como resultado del trabajo realizado directamente por la policía a favor de la resolución del caso.

Seis meses después de la tragedia, la autoridad detuvo a Rohan por portación ilegal de armas. Al parecer, durante un interrogatorio al que fue sometido confesó su participación como vigía aquella noche del 7 de julio de 2009. Su papel se limitó a dar aviso a los asesinos por si se acercaba el ejército o la policía a casa de Benjamín. (Por Julián LeBarón se sabe ahora que de los militares no había por qué preocuparse: sus vehículos no contaban con gasolina.) Este *halcón* habría aportado algunos nombres de quienes presuntamente estuvieron involucrados en el doble homicidio. Volvió a transcurrir medio año hasta que dos individuos más fueron asimismo señalados por la autoridad como involucrados en el asunto. Se les detuvo de nuevo por razones que nada tenían que ver con la muerte de LeBarón: a Chávez se le consignó por portación de arma exclusiva para el uso de los militares y a Escajeda por contrabandear marihuana en la orilla del río Bravo. El último, Carlos Butchereit, cayó en prisión porque se le acusó de ser uno de los altos mandos del Cártel de Juárez.

Más de dos años han transcurrido desde que sucedieran estos homicidios. De los veinte sujetos disfrazados de soldados que asaltaron a mitad de la noche la intimidad de Miriam y su familia, y que luego dispararon sobre la cabeza de su hermano y su marido, son pocos los detenidos y ninguno ha sido sentenciado. Como sucede en nueve de cada diez consignaciones que se hacen en México, a Rohan, Chávez, Escajeda y Butchereit los detuvieron *in fraganti*, en plena comisión de un delito, que ciertamente no estaba relacionado con las muertes de Benjamín y Luis Carlos. Por medios que siempre generan sospecha les fue arrancada una confesión que de poco va a servir cuando sea considerada por el juez. Si todo lo que la autoridad pudo obtener es una declaración autoinculpatoria, la posibilidad de una sentencia tiene las mismas arrugas que el rostro viejo del engaño.

¿Te reclamas por haber creído en el gobierno? «Creo que es la estupidez más grande que jamás hubiéramos hecho. Ahí estaban todas las pruebas. Somos unos idiotas. Todo el mundo sabe que ellos trabajan con el gobierno, pero no hay manera de probarlo. Me asombra el nivel de estupidez con el que vivimos.» Interrogo sobre el nombre del responsable principal de aquel atentado. Responde que prefiere no decirlo y quizá tenga razón. Cuando Benjamín LeBarón compartió con la procuradora que Jaime González Piñón, conocido dentro de su mafia como *El Jimmy*, le había llamado para amenazarlo, ese mismo día probablemente firmó su sentencia de muerte y también la de su cuñado. No se requiere demasiada ciencia para aceptar que todas las pistas conducen hacia este sujeto, *El Jimmy*, quien al parecer es uno de los mandos más altos dentro del Cártel de Juárez. En Chihuahua dicen que este presunto asesino se mudó a vivir a Argentina, otras voces lo dan por muerto. Al momento del asesinato de Benjamín, en la jerarquía de ese cártel, por encima de González Piñón se encontraba un tal José Antonio Acosta Hernández, personaje siniestro conocido como *El Diego*. Este fue apresado a principios del mes de agosto de 2011 y según la autoridad, en su primera confesión declaró haber participado en al menos mil 500 asesinatos. Otra afirmación autoinculpatoria: ¿quién en sus cabales acepta una barbaridad así, sabiendo que el ministerio público no puede ligarlo con cada una de esas defunciones? La familia LeBarón tiene esperanza de que esta captura ayude, ahora sí, a encontrar a los responsables de la desdicha que les desbarató el alma.

Después de la muerte de su hermano, Julián LeBarón tenía todo el derecho a rendirse. Además de la mexicana, cuenta también con nacionalidad estadounidense y tiene medios económicos para mudarse con su familia al país vecino. Sin embargo, no pudo darle la espalda a la humillación y en mayo de 2011 decidió sumarse al Movimiento por la Paz con Justicia y Dignidad, encabezado por el poeta Javier Sicilia. La duda se justifica: ¿por qué sigues haciendo activismo? «Mira, me mataron a mi hermano, y para mí lo que pasó fue tan... [se le quiebra la voz.] Fue mi mejor amigo, de toda mi vida. Hablábamos todos los días; éramos íntimos. Trabajábamos juntos. Yo era menor por casi dos años. Benjamín era más chaparro y no estaba pelón: siempre han pensado que yo era mayor. Para mí fue humillante lo que sucedió. Yo tengo once hijos y él tiene cinco huérfanos. Luis también. La noche que lo mataron hablamos y me dijo "Carnal, siento que me quieren matar"». Vuelve a rompérsele la palabra. Ese presentimiento se cumplió pocas horas después. Queda para la memoria una de las frases que Benjamín LeBarón entregó a Antonio Cervantes, solo un mes antes de morir: «México está muy mal, pero si queremos tener una vida tranquila, libre, pacífica, pues nos la tenemos que ganar, apostando todo por ella, todo lo que tengamos. No podemos seguir viviendo con miedo, de rodillas, agachados, resignados; o culpando al otro, a la historia o al destino por nuestra condición».

No es muy distinto este mensaje al que Julián LeBarón diera como discurso en uno de los actos del Movimiento por la Paz, el domingo 14 de agosto de 2011: «La responsabilidad de acabar con la violencia está en nosotros. Lo que no estemos dispuestos a hacer por nosotros mismos, nadie lo hará... Nos engañamos constantemente con la idea, el sueño, la ilusión y hasta la esperanza de que el siguiente político, algún salvador o mesías populista, sea el Quetzalcóatl que va a venir a emanciparnos del mal. Pero este Quetzalcóatl que buscamos está en cada uno de nosotros... Es tiempo de ser adultos».

En más de un sentido, esta declaración proyecta las convicciones más íntimas de la comunidad mormona a la que pertenece este hombre alto, calvo y tan adulto, a quien agradezco mucho por la humanidad que me entregó durante nuestra conversación.

# Mormones

Cristo visitó las Américas. Sucedió en algún momento después de su crucifixión. Los americanos lo llamaron Quetzalcóatl: fue el hombre barbado a quien se representó con la imagen de una serpiente emplumada. Falso que haya sido un mero acompañante de Erik el Rojo; también es mentira que fuera Santo Tomás, como los primeros misioneros españoles quisieron creer. El nazareno y Quetzalcóatl son la misma deidad; así lo creen en México los bautizados dentro de la Iglesia de Jesucristo de los Santos de los Últimos Días. Es una interpretación que surge de *El Libro de Mormón*, el texto que congregó a los primeros seguidores de esta fe. Tal libro fue desenterrado por el joven Joseph Smith en 1827; guiado por un ángel, lo halló dentro de una montaña presuntamente ubicada al noroeste de la ciudad de Nueva York. No era un texto impreso en papel sino en finas placas de mineral dorado, unidas por una serie de argollas fraguadas también a partir de una extraña aleación metálica. Se trataba de la reunión de varios manuscritos redactados en egipcio antiguo que el profeta Mormón recopiló hacia el año 1000 d.C. Su hijo Moroni, convertido en ángel, fue quien condujo a aquel muchacho estadounidense hacia el lugar donde estaba oculto el documento, y le ordenó que lo tradujera al inglés moderno. Más tarde, por instrucciones divinas, Smith habría de refundar la Iglesia de Jesucristo que siglos atrás hubiera desaparecido en el nuevo continente.

Joseph Smith no era un hombre instruido. Sin embargo, el poder de Dios le permitió proceder con la traducción que aquel espíritu celestial le comisionara. Recibió ayuda de su esposa Emma y de los dos primeros apóstoles de esta Iglesia restaurada: Martin Harris y Oliver Cowdery. *El Libro de Mormón* abre contando la historia de una tribu judía que, en el año 600 a.C., abandonó Jerusalén. Liderada por un hombre llamado Lehi cruzó la península Arábiga y después, en barco, sus integrantes lograron llegar hasta América. Fueron los descendientes de esta tribu quienes primero poblaron el continente y también los que recibieron la visita de Jesucristo antes de que este ascendiera para reencontrarse con su padre. Con el tiempo, aquella tribu judía se dividió en dos grupos: los nefitas y los lamanitas. Tal escisión llevó a la guerra y al final a la destrucción de los nefitas, grupo al que habrían pertenecido el profeta Mormón y su hijo, el ángel Moroni. De su lado, los lamanitas se envilecieron hasta romper con su pasado y también con las enseñanzas que el hijo de Dios compartió con ellos; en castigo por su traición, se les oscureció la piel.

Una vez traducido el libro de las páginas doradas, Smith volvió a enterrarlo, pero no sin antes asegurarse de que catorce personas dejaran testimonio escrito de haber visto el antiquísimo documento. En 1830, en la ciudad de Nueva York, se publicó por primera ocasión *El Libro de Mormón*. La crítica no tardó en caer sobre el nuevo profeta: se dijo que había inventado cada palabra ahí redactada; no faltó quien lo señalara como plagiario. Para sus contemporáneos, lo más difícil de aceptar fue que se autoproclamara como enviado de Dios. Smith, igual que un día lo hiciera Moisés para escapar de Egipto, con sus seguidores decidió emprender una larga marcha. La primera estación de su viaje fue el poblado de Kirtland, en el estado de Ohio. Ahí la doctrina comenzó a prosperar, varios cientos de personas creyeron en *El Libro de Mormón*. Luego continuó hacia Misuri, lugar donde según Smith alguna vez estuvo el paraíso terrenal. Pero en aquella otra coordenada los mormones también fueron rechazados. Entonces huyeron hacia el estado de Illinois. Ahí los creyentes de la Iglesia de Jesucristo de los Santos de los Últimos Días fundaron la actual ciudad de Nauvoo.

Durante el tiempo que vivió en esta población, Joseph Smith desarrollaría su doctrina a favor de la poligamia. Aparentemente surgió de una decisión pragmática para expandir deprisa a la Iglesia: resultaba mejor tener muchos hijos y educarlos a todos en la fe mormona, que tratar de convencer fuera de la comunidad. En otras palabras, la poligamia fue justificada a partir de una estrategia de reproducción acelerada para su organización. Si ya antes de que se estableciera en Illinois, Smith encendió la ira social al proponerse como profeta, la osadía de atentar contra la monogamia –conquista centralísima del cristianismo– resultó inadmisible. Fue principalmente por este motivo que las autoridades del estado dictaron una ley que ordenó el exterminio de todo aquel que perteneciera a esta congregación. La noche del jueves 27 de junio de 1844 Joseph Smith murió acribillado por una turba enardecida que llegó hasta la celda donde este hombre se hallaba preso.

Era previsible que con la muerte de Smith la naciente comunidad mormona desapareciera, pero no fue así. Brigham Young logró imponerse como el legítimo sucesor del profeta y se hizo cargo de conducir el destino de esta Iglesia. Fue él quien los llevó hacia el territorio de Utah; fue también Young quien imaginó a México –el país de Quetzalcóatl–

como posible refugio para la sobrevivencia de los mormones. En 1875 varios políticos mexicanos recibieron un ejemplar traducido de *El Libro de Mormón*. Por aquel tiempo el presidente Sebastián Lerdo de Tejada atendió a una comitiva de ministros pertenecientes a esta congregación. Ya desde la época de Benito Juárez, los liberales vieron con buenos ojos que en territorio nacional se asentaran poblaciones no católicas con el propósito de restar influencia a la Iglesia romana. La primera operación comercial para comprar tierras a favor de esta comunidad se concretó diez años después: le tocó al presidente Porfirio Díaz facilitar las condiciones para que estas mujeres y hombres perseguidos en Estados Unidos pudieran vivir en paz. El respeto a sus prácticas poligámicas fue un acuerdo concedido tácitamente. En abril de ese año había ya 350 colonos mormones instalados en los alrededores de Casas Grandes. El primer asentamiento llevó por nombre Colonia Díaz, luego vinieron las colonias Dublán, Juárez, Cave Valley, Pacheco, García y Chuichupa. Hacia mediados de 1912, en Chihuahua ya habitaban más de 4 mil integrantes de esta Iglesia.

De todas, quizá la Colonia Juárez sea la que más llame la atención. A su alrededor cuenta con un extensísimo huerto de árboles frutales que desciende desde la parte alta de una breve colina hasta ese asentamiento que contrasta con el resto del paisaje urbano de la región. La diferencia es tanta que hace recordar la casa de la Sagrada Familia, aquella que supuestamente fue transportada por cuatro ángeles desde Jerusalén hasta Loreto, solo que esta vez, en lugar de trasladar una sola morada, los cargadores aéreos se trajeron decenas de viviendas, un templo y una escuela desde Salt Lake City. Ya cuando Fernando Jordán pasó por aquí, en los años 50 del siglo pasado, le pareció que el edificio de la escuela secundaria no encontraba rival en todo el estado. Tal vez su observación siga siendo verdad: se trata de una mole roja de ladrillo y cristal rodeada por jardines de césped impecablemente recortado. Sobresale también el templo de paredes inmensas y blancas que ha sido edificado en la parte más alta de la colonia, al otro lado de la huerta. En su techo hay un hombrecillo dorado que levanta una larga trompeta. (Pregunté pero nadie supo decirme si se trata de Mormón, de su hijo Moroni o de Joseph Smith.) Las casas de los vecinos en la actual Colonia Juárez son tan espaciosas como las que habrán necesitado las primeras familias polígamas que llegaron a México. Sus techos de pecho de paloma rebasan por varios metros las copas de los árboles y en su interior están muy bien equipadas. No son residencia del campesino mexicano sino la cómoda mansión del estadounidense que vive en los suburbios de una gran ciudad.

En la parte baja de esa zona residencial habitan los empleados de la familia mormona. Son seres humanos notoriamente distintos, no solo por el color de su piel sino también por el tamaño encogido de sus casas, por los automóviles viejos que se hallan estacionados en la calle, por la ropa de tela corriente que usan sus hijos y porque para comunicarse entre ellos nada más hablan en español. El contraste entre la parte alta y la baja de aquella comunidad demuestra que, pasados los siglos, al final los lamanitas de piel oscura perdieron la batalla frente a los blancos nefitas.

La Colonia Díaz desapareció durante la Revolución. Por su nombre quizá se hizo candidata para ser demolida, nada que recordara al dictador era tolerado por los humores de aquella revuelta. La relación entre Francisco Villa y la congregación mormona osciló entre el odio y el respeto. En un principio *El Centauro del Norte* despreció a estos colonos, esencialmente por ser gringos, pero también por haber sido consentidos de la política conducida por el clan Terrazas-Creel. Buena parte de los generales que llegaron a formar la División del Norte provenían justo de esta región cuyas poblaciones se sintieron maltratadas en sus propiedades y derechos; los privilegios que los mormones recibieron del régimen anterior coincidieron con aquellos que la Revolución quiso derrocar. Sin embargo, cuando los ministros de esta congregación pidieron hablar con el general Villa, algo de la antipatía original se modificó. Al revolucionario le pareció valioso el argumento de que no eran invasores sino refugiados, sus familias habían llegado hasta esta región de Chihuahua huyendo precisamente del gobierno de Estados Unidos. No se puede decir que el caudillo y los mormones quedaron amistados, lo cierto es que se estableció un acuerdo de no agresión el cual, salvo excepciones, los revolucionarios supieron respetar. No obstante, durante aquellos años de guerra e inseguridad los mormones de Casas Grandes abandonaron Chihuahua en gran número. Aun si estaba prohibida en México la doble nacionalidad, se las habían arreglado para conservar papeles de identidad en ambos países. Lo que aquellos ministros que visitaron a Villa se guardaron de explicar fue que su relación con Estados Unidos era compleja, un acuerdo basado ante todo en la conveniencia del día a día.

La investigadora Amelia Domínguez tiene una definición acertada para referirse a esta comunidad: los mormones no son únicamente una secta religiosa, reúnen de hecho todas las características de un grupo étnico. Comparten una misma historia y también un destino que solo pueden completar si lo recorren juntos. Aunque con el tiempo han incorporado fieles que no poseen genética caucásica, la gran mayoría de ellos tienen la piel blanca, los cabellos rubios y los ojos pardos. En lo racial son bastante homogéneos: quizá la distancia original que según *El Libro de Mormón* hubo entre nefitas y lamanitas dificultó los matrimonios interraciales. Por otro lado, todos hablan inglés y tienen un sistema económico propio. El arreglo patrimonial de la comunidad mormona es peculiar. Como muchas otras iglesias, esta organización exige 10 por ciento de los ingresos que sus afiliados obtengan. Sin embargo, a diferencia de otras experiencias, aquí los recursos son administrados por financieros milagrosísimos. Hoy esta Iglesia cuenta con un poder económico calculado en cerca de 7 mil millones de dólares. Es dueña de bancos, líneas aéreas, imprentas, supermercados, grandes extensiones de tierra, minas de cobre, acereras, productoras de alimentos y un larguísimo etcétera que sería imposible tratar de enumerar aquí. En México, por ejemplo, fueron los mormones quienes inventaron y comercializaron el queso tipo Chihuahua, crearon la empresa de alimentos Kraft y fundaron Bancomer.

Es extraño encontrar dentro de esta comunidad a una familia pobre; posee un sistema de filantropía que impide tal circunstancia. Los jóvenes mormones, cuando apenas comienzan en la vida laboral, suelen contar con un generoso apoyo para arrancar su propio negocio. La Iglesia les ofrece un crédito a largo plazo y sin intereses; la única obligación es devolver el dinero para que quienes vengan detrás puedan aprovechar el mismo beneficio. A lo largo de la vida, los mormones adultos recurren a este mismo sistema de financiamiento, lo cual hace que los administradores de la congregación conozcan bien los ingresos de sus fieles y, por tanto, puedan calcular la aportación que habrán de exigir como diezmo. Quien no cumpla con esa obligación es expulsado de este grupo religioso. Tal dinámica de la Iglesia de Jesucristo de los Santos de los Últimos Días no debe tomarse a la ligera: la afiliación garantiza no solo un lugar de pertenencia sino también una seguridad económica que prácticamente ninguna otra organización religiosa en el mundo es capaz de procurar. A cambio de pertenecer se exige también a la persona un comportamiento moral riguroso. No debe beberse alcohol, no se fuma tabaco y no se consumen drogas; está prohibido sostener relaciones sexuales fuera del matrimonio y el aborto es un asunto inadmisible, lo mismo que el divorcio. En teoría, cabe la posibilidad de sostener relaciones sentimentales con personas fuera de la familia mormona pero, de ocurrir así, termina complicándose demasiado la vida.

En 1882 el Congreso estadounidense expidió la ley Edmunds para colocar a los mormones polígamos en circunstancia de delincuentes. Ocho años después, la Suprema Corte de Justicia de ese país ordenó la disolución de la Iglesia de Jesucristo de los Santos de los Últimos Días. Aquello fue demasiado lejos. Esta organización decidió entonces abandonar la práctica familiar censurada o por lo menos ocultar sus costumbres poligámicas. A pesar de ello la congregación no dejó de crecer: actualmente los mormones en el mundo son más de 14 millones, se trata de la cuarta iglesia en importancia en Estados Unidos. No cuentan con presencia relevante en Europa, Asia o África porque su misión es reconstituir la tarea inacabada mil años atrás en las Américas. México es el segundo país con mayor población mormona: más de un millón 200 mil personas. La primera colonia en la ciudad de México fue inaugurada en 1961 y en Monterrey en 1970. Luego vendría el gran templo de San Juan de Aragón y en simultáneo las colonias en Chiapas, Tabasco y Quintana Roo. La última década ha sido sorprendente: el inmenso santuario que esta Iglesia construyó en Guadalajara en 1999, así como los templos de Ciudad Juárez, Hermosillo y Mérida, todos inaugurados en 2000, hablan por sí solos del éxito que está teniendo esta práctica espiritual entre los mexicanos. Su modelo de organización, que resuelve casi todos los temas de lo humano –religión, economía, trabajo, familia y por momentos también política–, a lo largo de la vida mantiene dentro de la Iglesia a quien nació mormón, y logra también atraer a uno que otro cuya necesidad de trascender puede encontrar felicidad en esta comunidad. A partir de 1945 la gran mayoría de los mormones mexicanos dejaron de practicar la poligamia. Fue por ello que hubo algunas escisiones: la familia LeBarón, por ejemplo, dejó la Colonia Juárez y se mudó a Galeana, justamente para no traicionar los principios por los que el profeta Joseph Smith luchó hasta perder la vida.

## Victorio

De Galeana hasta Casas Grandes la tierra se arremolina y no deja ver más allá de las narices. En el noroeste de Chihuahua hay días en que se amanece entre el viento furibundo y la tolvanera irracional; sonidos que se elevan percudiendo el paisaje con tal fuerza que el cuerpo físico y el ánimo metafísico llegan a temer juntos por lo que pueda ocurrirles. Giran sin enterarse de la fuerza de la gravedad las hojas arrancadas a los árboles, la arcilla levantada desde el suelo, el estiércol tomado de los campos y las ramas que hubieran servido para encender el fuego. Hay que contener la respiración para evitar ahogarse y cubrir la mirada para luego poder seguir viendo; tanto coraje a mitad del día no se explica a menos que una culpa vieja deba pagarse.

Atacado así por las fuerzas del planeta no es difícil imaginar cuánto habrá sido el miedo que el indio Victorio llegó a provocar en los habitantes de estos pueblos. Cada generación escoge a sus fantasmas: aquella de los mexicanos que vivieron cerca de esta frontera, hacia finales del siglo XIX, tenía a los apaches como su quimera predilecta. Sombras en la tiniebla de la imaginación que despertaban, como el viento, un miedo furibundo y un pavor irracional; desde el más niño hasta el más adulto se sospechaban muertos y sin pellejo sobre sus cráneos. Los apaches solo podían ser crueles, sanguinarios, vengativos, voraces; todo en superlativo.

En 1880 el indio Victorio hizo el último viaje, desde Janos hasta Coyame, acompañado por su temible tribu compuesta sobre todo por mujeres y niños. Venían huyendo del ejército estadounidense que en Arizona, Nuevo México y Texas se había integrado para dar alcance a tales fugitivos. Pronto se uniría a esta persecución el general Joaquín Terrazas, primo segundo del gobernador chihuahuense Luis Terrazas. El jefe apache volvió a México porque no le quedaba de otra: hacia el norte, la frontera estaba sellada para él y su gente. Pensó por error que con los mexicanos todavía podía entenderse; quizá por desesperación olvidó que también en este país se recompensaba por matar apaches. Apenas cruzó la frontera, alguien vino a contarle que en una población llamada La Candelaria los habitantes planeaban invitarlo para que fuera a celebrar la fiesta; supo además que el propósito oculto de esa intención era emborrachar con sotol a los guerreros apaches para luego arrancarles el cuero cabelludo. Victorio no esperó a comprobar la veracidad del chisme. Cuando los enviados por la población de La Candelaria en efecto se apersonaron para invitar al convivio, el jefe de la tribu ordenó que a todos los mataran enseguida. Quince cuerpos regados hicieron noticia: Victorio, el muy temido líder apache, ya se encontraba en México.

Si se trata de hacer historia, con las tribus nativas resulta siempre complicado separar la verdad del mito. Para cada episodio registrado en la memoria suele haber varias versiones, no pocas veces contradictorias. En el caso del indio Victorio, por ejemplo, los mexicanos aseguran que este hombre no nació apache sino que habría sido secuestrado a la edad de 6 años en la hacienda de Encinillas, Chihuahua, por un grupo de salvajes que lo educarían como uno de ellos. De ser cierta esta parte de su biografía, el nombre real del líder apache sería Pedro Cedillo. Kathleen P. Chamberlain, su biógrafa más seria, no se atreve a confirmar la mexicanidad del indio. Argumenta que ningún recuento recogido entre las tribus de la época prueba tal hipótesis. Sin embargo, acepta que tampoco existen datos suficientes para negarla. Otra versión asegura que este hombre nació en el campamento de Warm Springs, Nuevo México, hacia 1825. Si se miran de cerca las dos únicas fotografías suyas que han sobrevivido el paso del tiempo, resulta imposible descifrar el misterio. Genéticamente no hay distancia entre mexicanos y apaches. A cada quien le toca la responsabilidad de elegir la versión que más le guste.

En cualquier caso Victorio creció en el campamento apache de Warm Springs, situado hoy a pocos kilómetros de una población estadounidense, Truth or Consequences, nombre francamente simpático. En época de los apaches aún no existía la carretera interestatal número 25 para viajar desde Truth or Consequences hasta Casas Grandes. La tribu de Victorio solía sin embargo moverse rápido y libre por toda aquella zona; ese era su territorio antes de que la guerra de 1846-1848 les echara a perder la vida. Esa fue su casa antes de que la Oficina de Asuntos Indios, situada a la orilla del lejanísimo río Potomac, decretara que todos los apaches debían ser trasladados a vivir en la reservación de San Carlos, radicada en Arizona. Muy probablemente las muertes de Victorio y de miles de nativos como él se habrían ahorrado de no existir esta oficina. La estupidez de sus decisiones fue tan inmensa como la talla de sus prejuicios. No es complicado para los contemporáneos comprender la lógica de los funcionarios adscritos entonces a esa dependencia. Fue muy parecida a la que medio siglo después se proyectó en los largometrajes de Hollywood, a propósito de las guerras entre indios y vaqueros. El estereotipo del salvaje peligrosísimo, violador nato y sádico irredento que tanto sirvió para justificar la violencia contra los apaches, fue alguna vez promovido por las autoridades.

Para comenzar con las refutaciones cabría decir que no fue costumbre indígena coleccionar el cuero cabelludo de sus víctimas. Como dice Chamberlain, aquello hubiera atentado contra su muy grande miedo a ser contagiados por el espíritu de la muerte. No estaba en sus tradiciones manipular cadáveres, mucho menos atesorar pelos ajenos dentro de un morral, la práctica de mutilar el cráneo de los enemigos fue un invento del adversario. Los gobiernos de Sonora y Sinaloa decidieron ofrecer un premio de 200 pesos por salvaje eliminado. Para recuperar tal retribución, el cazador de indios debía presentarse ante la oficina de recaudación de rentas con la cabellera arrancada a cada una de sus víctimas. Fueron muchas las centenas de malandros que se dedicaron a tan extraño comercio; se cuenta que los más mañosos asesinaban a indios mayos o tarahumaras solo para poder aumentar los ingresos del mes. A manera de ejemplo, cuando la masacre de Tres Castillos, al norte de la ciudad de Chihuahua, se pagaron 2 mil pesos por la cabellera de Victorio y 15 mil por los 61 guerreros que lo acompañaban.

Los apaches no fueron como sus vecinos los jumanos, los ópatas, los tepehuanes o los tarahumaras. Como dice Filiberto Terrazas, «ni el soldado con el arcabuz, ni el misionero con la cruz pudieron [nunca] convencerle[s]». Acaso fue así porque su civilización no se cayó del caballo con la llegada de los españoles, sino que hizo más bien lo contrario. Entendían los apaches el concepto de dignidad y por tanto sabían de la importancia que tiene la autonomía para la existencia de los seres humanos. Victorio, como Jerónimo, Cochise, Ju, Nana y tantos otros de su generación —probablemente la última que escapó de arrodillarse ante el hombre blanco—, asumieron la libertad como un asunto irrenunciable. Durante cerca de trescientos años sus antepasados lograron conservarla para ellos y sus familias: pactaron larguísimos periodos de paz con los españoles que fundaron la Nueva Vizcaya. Lo mismo supieron hacer con los primeros mexicanos. Solo por si acaso, aprendieron desde muy temprano a montar cuadrúpedos y a disparar flechas y balas mientras andaban a todo galope por las montañas. Esta habilidad no fue exclusiva de los indios varones, el papel de la mujer en la defensa de la tribu cuenta con un largo rosario de anécdotas que aún se repiten. Un personaje cuya biografía bien merecería una superproducción cinematográfica fue Lozen, la hermana menor de Victorio. Como pocos soldados, ella sabía detectar la presencia enemiga, atravesar la sierra a lomo de caballo y poner los tiros justo donde se necesitaba. También fue una avezada partera.

Después de la guerra Civil estadounidense, cuando sureños y norteños lograron dejar de odiarse entre sí, surgieron pronto nuevos rivales que atrajeron el encono. Desde la ciudad de Washington se ordenó someter a los peligrosos pueblos nativos para que fueran encerrados dentro de reservaciones creadas expresamente para ellos. San Carlos, en Arizona, fue uno de esos siniestros lugares: una propiedad desprovista de vegetación cuya fauna solo era abundante en ratas de campo, serpientes y alacranes; el clima era extremoso y el hacinamiento insoportable. Cuando se les ordenó abandonar definitivamente Warm Springs, ahí llevaron a Victorio y a su tribu. Acudieron mansos porque pensaron que podrían por fin vivir en paz y también porque ignoraban la miseria que les esperaba. Aquel campo de concentración no habría sido justo ni para el más odiado de los criminales; la corrupta burocracia que lo administraba asumió la consigna de eliminar despacio a sus huéspedes, por hambre y por enfermedad.

Apenas llegaron a San Carlos, los viejos y los niños comenzaron a morir. Las raciones de comida eran insuficientes y la malaria golpeaba sin misericordia. Fue por estas razones que el jefe Victorio organizó un escape numeroso. Cuando los pocos apaches que aún no se hallaban en cautiverio supieron de este desafío lanzado contra el hombre blanco, fueron muchos los que tomaron camino hacia Warm Springs para vivir bajo su liderazgo. Pero la maldad no tardó en hacerse escuchar más recio: en algún momento que el jefe debió ausentarse, una cauda de soldados vestidos con los mismos trajes del general Custer vino para asesinar mujeres y niños. Una de las tres esposas de Victorio murió a causa de este acto de vandalismo. No había manera de pactar la paz con el hombre blanco.

El episodio de la historia méxico-americana que se conoce como «la guerra de Victorio» en realidad no fue una guerra sino una persecución, ni fue lanzada por este jefe apache sino que se emprendió en contra suya. Para finales de 1878 vivían unos 300 nativos en Warm Springs; dos tercios de esa población decidieron abandonar el santuario para migrar hacia el viejo México. Fue por ello que niños, mujeres, ancianos y guerreros cruzaron despacio la frontera hacia Janos, atravesaron Casas Grandes y pasaron por el actual territorio del municipio de Galeana; estaban seguros de que el ejército de Estados Unidos no iba a seguirlos hasta tierra mexicana. Chamberlain afirma que no hubo acuerdo entre los dos países para que los extranjeros siguieran al indio más allá de la frontera; por eso cuando el general Joaquín Terrazas se topó de este lado con hombres armados que ostentaban el uniforme de las barras y las estrellas, exigió enérgicamente que se marcharan.

El episodio de la falsa fiesta de La Candelaria dio al traste con el proyecto de la tribu errante. Ni los mexicanos eran tan amigos como el líder indio pensaba ni el espíritu apache se había mostrado tan pacífico como la ocasión lo ameritaba. El asesinato de los mensajeros hizo que las alertas saltaran en el Palacio de Gobierno de Chihuahua. El gobernador Luis Terrazas instruyó a su primo para que persiguiera hasta aniquilar a Victorio y a sus seguidores. Joaquín Terrazas tomó camino hacia Casas Grandes para reclutar voluntarios, no solo en esa población sino también en Janos, Buenaventura y Galeana encontró ánimo guerrero. Durante medio siglo estos indios acumularon una fama terrible por los niños que secuestraron, las reses que se robaron, los familiares que mataron y las deudas de juego que no quisieron pagar. El general sumó alrededor de 350 hombres animados para derrotar al demonio de piel roja.

Victorio propuso a los suyos doblar hacia el este de Galeana hasta toparse otra vez con el río Bravo. Creyó que quizá si volvía a la frontera con Estados Unidos por el lado del desierto texano hallaría una salida. Para descansar se detuvo en Tres Castillos, una planicie que hoy se encuentra dentro del municipio de Coyame del Sotol. La fatiga, la sed y el hambre volvieron presa fácil al grupo de trashumantes. Sin ser notada por los indios, la tropa de Joaquín Terrazas fue cercando aquella llanura. Para despistar a Victorio, el chihuahuense envió a doce hombres que se hicieron evidentes en los alrededores; al creer que eran tan pocos los enemigos, el guerrero apache se sintió tranquilo. Aunque la gran mayoría de sus acompañantes eran mujeres y niños, contaba con al menos 61 guerreros para asegurar una buena defensa. Todo cambiaría cuando tomó conciencia de su verdadera situación: no se necesitaba un vidente para saber lo que tres centenas y media de soldados serían capaces de hacer contra su extensa familia.

Otra vez las versiones sobre el final de Victorio se bifurcan. La narrativa mexicana dice que fueron dos indios tarahumaras quienes, siendo parte de la campaña de Terrazas, dispararon contra el líder apache perforándole pecho y espalda. En cambio, en la leyenda india de Victorio, el hombre, sabiéndose perdido, tomó un cuchillo y lo enterró con su propia mano justo sobre su corazón. Aquel jueves 14 de octubre de 1880 en Tres Castillos no quedó vivo ningún apache varón adulto. Victorio murió a la edad de 55 años. En total, 17 mil pesos pagó el Tesoro de Chihuahua por las cabelleras de aquellos seres humanos. Las mujeres y los niños apaches fueron vendidos para que trabajaran en los ranchos o adquiridos como empleados domésticos para las casas de la burguesía.

Esta masacre fue el punto final en la historia de un grupo que hizo todo lo que estuvo de su lado para defender la dignidad. Después de la derrota de Victorio nada bueno volvería a sucederles a los apaches. Ju, otro de los líderes, murió poco después cuando en las cercanías de Casas Grandes su mula resbaló y juntos fueron a dar al fondo de un precipicio. Al último jefe, Jerónimo, no le quedó otra posibilidad que firmar la rendición definitiva. Así fue como a los apaches les llegó la hora de la mansedumbre y la humillación que otros hermanos suyos comenzaron a experimentar varios siglos atrás. Con el tiempo se ha querido reivindicar la memoria de aquellos hombres heroicos; no obstante, poco se ha hecho para llamar por su nombre a lo que, por todas sus características, fue un horrendo genocidio.

## Paquimé

No sabe pasar desapercibida. Vistos a distancia, los muros de esta antigua ciudad hacen pensar en un laberinto formidable. Un largo pasillo circular que no conduce a ningún lado, una pequeña ventana puesta en la parte superior de una pared altísima, un foso, una barda chaparra, una recámara ovalada, una puerta en forma de T; las formas caprichosas de esta urbe fraguada toda con tierra, cal, agua y minúsculas piedrecitas cuentan con una edad superior a los mil años. Lo que aquí se mira son los restos, en adobe, del primer multifamiliar que se construyó en México. Se trata de un complejo grande de apartamentos, pegados uno junto al otro, en cuyo interior vivían entre cuatro y seis personas. La arqueóloga Beatriz Braniff cree que los habitantes de este sitio tuvieron una complexión similar a la de los actuales tarahumaras: eran sujetos de baja estatura y muy delgados. Este asentamiento humano se habría fundado hacia el año 700 de nuestra era. Con el tiempo se convirtió en una población muy importante para la región, un lugar de pasaje para los comerciantes y los viajeros que venían desde el norte hasta las costas de Sinaloa para intercambiar sus piedras turquesa por conchas y caracolas de mar. Los habitantes de Paquimé tenían relación con los pobladores de El Chaco, en Nuevo México, y con los del Pueblo de la Serpiente, en Arizona; las tres poblaciones compartieron elementos arquitectónicos similares.

Aún hoy este sitio es famoso por su cerámica. Las vasijas de textura corrugada que luego se pintan con grecas, cuadrados, círculos, figuras de humanos y de animales, confirman que aquí se produjo una inteligencia con gran sensibilidad artística. Los antiguos habitantes de Paquimé también tuvieron una enorme pasión por las guacamayas. Este pájaro no es de esta región, lo traían desde lejos y se convirtió en una suerte de divinidad. Sobre numerosas ollas de barro quedaron pintados los cuerpos de serpientes cuya cabeza era de guacamaya: un híbrido parecido a la representación que otras tribus hacían de Quetzalcóatl, pero fabricado a partir de un ave distinta. Las plumas coloridas de ese animal solían adornar igualmente la cabeza de los sacerdotes, el altar de los templos y los cuerpos de las mujeres sacrificadas para satisfacer la voluntad de los dioses.

De acuerdo con Beatriz Braniff, esta ciudad sufrió un incendio hacia 1450; quienes no murieron carbonizados se cree que huyeron del lugar para nunca regresar. Esta misma estudiosa de la cultura extraviada de Paquimé cuenta que, a la llegada de los españoles, los integrantes de la tribu ópata de Sonora se jactaban de ser los que arrasaron con la población. Álvar Núñez Cabeza de Vaca fue el primer europeo en conocer este laberinto de barro cocido. Según su testimonio, el lugar se había vuelto a poblar pero probablemente por gente distinta a la original. Así describe en *Naufragios* sus impresiones: «Había casas de mampostería, hombres que vestían algodón y vacas encorvadas». El animal al que tal vez hizo referencia fue el bisonte, ya que deambulaban en manada por aquí estos mamíferos cuya piel habrá sido de gran ayuda para pasar el frío invierno. Buscando los hallazgos de Cabeza de Vaca llegó hasta aquí también Francisco de Ibarra. Se cree que fue este conquistador vasco quien, por la sorprendente arquitectura de Paquimé, llamó al asentamiento Casas Grandes.

En medio del complejo arquitectónico, compuesto por viviendas, plazas, canales para el drenaje, aljibes de agua potable y caminos que continúan formando una suerte de herradura, hay una construcción circular que parece un robusto y redondo pastel; en su parte más alta tiene un boquete cavado por un presunto ladrón que se empeñó en encontrar en su interior algún tesoro. Actualmente se conoce como el edificio de los Mártires de la Revolución: se dice que dentro hay enterradas más de 85 víctimas de la batalla que Francisco I. Madero encabezó contra las fuerzas federales en febrero de 1911. El historiador Pedro Salmerón narra que mientras triunfo tras triunfo Abraham González, Pascual Orozco y Francisco Villa iban avanzando hacia Ciudad Juárez, el líder moral de la Revolución se impuso a sí mismo ganarle por lo menos una justa a sus enemigos. No quería que lo valoraran solo como el ideólogo del movimiento o el burgués que no es capaz de ensuciarse a la hora de pelear por las convicciones, principalmente por esta razón, con su propia tropa, trató de ganar para el movimiento la ciudad de Casas Grandes. Si la tumba con forma de pastel, en efecto, contiene tanto esqueleto humano, querría decir que esta refriega se libró en los alrededores del centro arqueológico. Madero estuvo a punto de perder la vida durante este trance, por lo pronto una bala lastimó uno de sus brazos. De no ser porque Pascual Orozco, desde Galeana, corrió a prestarle ayuda, quizá el principal líder de la Revolución habría muerto pocos días después de regresar de su exilio estadounidense; con toda seguridad la historia sería una muy distinta a la que hoy recordamos. Una vez libre de peligro, Madero se hizo fama de valiente entre la tropa.

# XVI
# EL PASO QUE DEJÓ
# DE SER PUENTE

## Frontera líquida

Un arco amarillo erigido sobre una colina reseca avisa que del otro lado se halla Ciudad Juárez, la última coordenada de este largo viaje. Es una inmensa escultura del artista Sebastián que algo tiene de mala broma. Un letrero la nombra «El Umbral del Milenio». Pretendió ser el quicio de una puerta hacia el siglo XXI pero terminó convertida en la entrada a la ciudad más violenta del mundo. «El gran fracaso de Occidente», ha llamado a Ciudad Juárez el periodista estadounidense Charles Bowden. En sus alrededores pedregosos, la vida se da con enorme dificultad: un mezquite cada siete u ocho metros, unos cuantos huizaches y media docena de árboles desecados por la inclemencia del tiempo. Como en otros puntos aislados de esta ciudad, a pocos metros un día se hallaron cuerpos mutilados de mujeres.

Antes de concluir el recorrido hay que detenerse ante un puesto de revisión militar. Ahí los automóviles, las trocas y los camiones son examinados para asegurarse de que no transporten armas, drogas o fugitivos. El tipo de vehículo determina el tiempo que se pierde en la inspección. Hay quien cruza el retén en unos cuantos segundos, y quien es dilatado por media hora y más. En México la libertad de tránsito es un derecho constitucional que termina donde comienza el segundo lustro de este siglo. Estos retenes militares son ilegales y sin embargo se multiplican como hongos por todo el país. La carretera desemboca sobre una larga avenida llamada Paseo Triunfo de la República, otra travesura del extraño humor que a veces tiene la señora coincidencia: salvo por su amplitud, en días normales no habría motivos para recordarla, ahora que en esta época ha sido escenario de incontables persecuciones y asesinatos. Como acto de bienvenida, a toda velocidad me recibe un carro viejo, de esos que llaman *chocolates*, el cual huye por el carril opuesto. Detrás de él se escucha una sirena y luego deslumbra una torreta que detona luces rojas y azules; la policía trata de darle alcance. Las llantas de ambos vehículos rechinan. A lo lejos se escucha el tronar de la pólvora. Suena a noche de cohetes durante la fiesta del santo patrono del pueblo. En el número 3505 de este Paseo se hallan las oficinas de *El Diario* de Juárez, una construcción rectangular que por delante no tiene ventanas. Al frente, sobre su muro principal, hay colgada una manta grande donde los periodistas que ahí trabajan, reclaman públicamente por la muerte de Armando Rodríguez, colega al que llamaban *El Choco*. Una mañana de 2008, mientras llevaba a su hija a la escuela, la mafia lo mató a tiros. La niña tuvo la mala suerte de estar ahí cuando a su padre le quitaron la vida. Siguiendo la inevitable tradición mexicana, la investigación judicial no condujo a ninguna parte.

A escasos cien metros de *El Diario* de Juárez hay un hotel alto de cinco estrellas. Ese lugar aloja a un número grande de policías federales que han sido enviados a esta población, supuestamente para protegerla. Hospedarse aquí puede ser tan seguro como peligroso: no hay otro edificio civil de este lado de la frontera que albergue más personas armadas, pero si los criminales quisieran jugarle al terrorista, este sería un lugar para la tormenta perfecta. Los agentes están hospedados en el primer piso del edificio. Al salir del elevador, el largo pasillo que conecta las habitaciones se halla a media luz. Es posible distinguir la realidad gracias a las pálidas lamparillas que, a lo largo de los muros, recorren aquella arquitectura. Es de noche y esas personas continúan vestidas con su uniforme de trabajo. Deambulan por el corredor disfrazadas de negro. Portan casco, chaleco antibalas, botas, pistola y cartucheras. Con sutileza, un hombre acaricia con el dedo índice de la mano derecha el cinto de una colega. Ella baja la mirada hacia la pistola que todavía la acompaña. La escena es inolvidable. Antes de desarmarse, tras una tensa jornada de trabajo, estos policías —hombres y mujeres— son capaces de tratarse con ternura.

La habitación que me ha tocado debió ser la última disponible en el hotel. El olor a cigarro pica la nariz. Acomodo mis pertenencias en el cajón de un ropero grande y enciendo el televisor. Lo hago en automático. «¡Esta es la mala nota!», dicen dos personajes que por su complexión podrían ser parientes del mueble donde acabo de colocar mi ropa. Son los conductores de un programa nocturno dedicado a narrar con lujo de detalles los asesinatos que a diario tienen lugar en Ciudad Juárez. Las imágenes que acompañan la información son espeluznantes. Al final de cada comentario uno de ellos añade: «¡Esta es la mala nota!», y el otro continúa con una historia aún más desagradable. De tanto en tanto los dos roperos ofrecen una noticia agradable y entonces entonan a coro: «La buena nota». El televidente respira hasta que constata que la información esperanzadora viene de El Paso, Texas, y no de México. Afuera las sirenas continúan perturbando la noche. Todavía más cerca, casi en la intimidad, se escucha el ir y venir de la fuerza pública. El agrio olor a tabaco quemado junto con todo lo anterior conspira para fabricar una noche de insomnio. No sé cómo ocurrió pero hace tiempo que Ciudad Juárez dejó de ser paso para convertirse en un retén.

Esta población fue fundada por un puñado de misioneros franciscanos hace unos 360 años. El templo de Nuestra Señora de Guadalupe aún sobrevive. Por aquí pasaron Álvar Núñez Cabeza de Vaca y la expedición Rodríguez-Chamuscado. También don Juan de Oñate, haciendo el primer trazo del Camino Real de Tierra Adentro que hoy conduce hasta el norte de Nuevo México. Este asentamiento humano creció porque era acceso obligado para cruzar por el río. En un inicio se trató de un afluente grandísimo y muy bravo; hoy su lecho sigue siendo ancho pero corre dentro de él un triste arroyuelo, más arriba los vecinos han construido varias presas que le roban todo su caudal. Sin embargo, la frontera que este afluente traza es aún líquida y, a no ser que lleguen a enfriarse mucho las relaciones entre México y Estados Unidos, no podrá volverse sólida. Persiguiendo los contornos de la corriente, la autoridad extranjera acaba de construir aquí una valla metálica de más de cuatro metros de altura; en inglés le llaman «El muro», pero en realidad es una larguísima reja metálica. A pesar suyo no alcanza a producirse la división entre dos poblaciones que alguna vez fueron la misma. Algo tiene de artificial la separación entre Ciudad Juárez y El Paso que fácilmente evoca el divorcio entre Berlín del Este y Berlín del Oeste, antes de 1989. Según los libros de historia, estas dos poblaciones americanas llevan 160 años de vivir aparte, pero los vecinos contemporáneos de ambos lados las asumen como ciudades gemelas.

El primer intento de separación sucedió en 1836. La invitación a poblar Texas que hizo el Congreso mexicano en época de Guadalupe

Victoria provocó que una migración numerosa de anglosajones viniera a ocupar ese solitario territorio. De nada sirvió volver a cerrar la frontera; los colonos güeros que ahí se instalaron, empezaron muy rápido a pensar en la independencia. En lo que tocaba a la esclavitud, preferían las leyes estadounidenses. Antonio López de Santa Anna, entonces presidente de México, no se aguantó las ganas de combatir personalmente a los insurrectos. Impuso una masacre de la que solo dos rebeldes salieron vivos. Fue tal la crueldad del Ejército mexicano durante la batalla de El Álamo que un grupo numeroso de voluntarios estadounidenses se sumaría más tarde a la revancha. Dos meses transcurrieron y a Santa Anna le tocó el turno de resultar derrotado. Como no era únicamente el jefe de la tropa militar sino también el presidente mexicano, los separatistas lo obligaron a firmar el Tratado de Velasco para reconocer la independencia de la República de Texas. Ahí por primera vez quedó asentado que el río Bravo serviría de frontera entre los dos pueblos. No obstante, apenas regresó a la capital del país, el honorable dignatario desconoció la palabra empeñada.

Diez años desfilaron y la región volvió a entrar en guerra, pero en 1846 los enemigos del norte ya no eran solo texanos: los rebeldes trajeron de su lado al gobierno de Estados Unidos. El episodio concluyó veinticuatro meses después con los Tratados de Guadalupe Hidalgo. En sus páginas se ratificó el límite geográfico previsto entre los estados de Texas, Nuevo México y Chihuahua, y el río Bravo permaneció como frontera. Del lado estadounidense quedó situado el caserío de Franklin, propiedad original de un tal Franklin Coons; en el opuesto se mantuvo la población de El Paso del Norte. Más tarde la ciudad mexicana cambiaría de nombre: en 1888 tomó el apellido del presidente Benito Juárez, para recordar que aquí se refugió hacia 1866 a fin de eludir el asedio de las tropas francesas. Entonces los texanos asumieron que podían recuperar para ellos el nombre de El Paso.

Estas dos ciudades han sido escenario de muchos episodios fundamentales para la historia mexicana; quizá solo la capital del país las supera en el número de momentos relevantes. En Juárez residieron los poderes nacionales durante la Intervención francesa. Aquí establecieron su cuartel general los hermanos Flores Magón y desde esta ciudad Lauro Aguirre y Teresita Urrea lanzaron su Plan de Tomochic. También aquí fue donde por primera vez se dieron cita un presidente mexicano y uno estadounidense: Porfirio Díaz y Howard Taft. Dos años más tarde, las fuerzas revolucionarias encabezadas por Francisco I. Madero tomaron Ciudad Juárez y entonces el dictador se vio obligado a hacer maletas. Hasta El Paso, Texas, vino a dar Victoriano Huerta cuando en 1916 lo apresó el gobierno estadounidense porque se volvió espía de los alemanes; el asesino de Madero todavía está enterrado en un cementerio de esta ciudad texana. La lista de hechos sustantivos para México continúa hasta nuestros días. Al parecer, cada vez que Juárez sufre es porque algo gravísimo está ocurriendo en el resto del territorio. Si México fuese cuerpo humano, esta ciudad haría las veces de un pulmón, un órgano vital cuya enfermedad es síntoma de males que lo trascienden. En 1911 Ciudad Juárez cayó en manos de los revolucionarios y con este hecho la historia nacional dio un vuelco de 180 grados. En 2008 fue el crimen organizado quien la secuestró. Todavía es imposible saber cómo concluirá este otro capítulo, responsabilidad de nosotros los contemporáneos.

## La toma de Juárez

Francisco I. Madero fue una voz tenue para convocar a la revuelta de 1910 hasta que en Chihuahua escucharon el llamado. Quien trajo al estado su mensaje fue Abraham González. Sin el activismo político de este hombre no se entendería la participación, en el movimiento revolucionario, de Toribio Ortega, Pascual Orozco, Francisco Villa y tantos otros personajes que encendieron la mecha de aquel estallido social. Abraham González Casavantes perdió a varios familiares durante la masacre de Tomochic y fue un ávido lector del periódico magonista *Regeneración*, además de cabeza en Chihuahua del Partido Antirreeleccionista; convenció a Madero de que instalara el primer cuartel del mando revolucionario en El Paso. Parafraseando a los esposos Lister, en esta frontera había venido construyéndose un almacén de tempestades. Dejó de ser un lugar marginal para convertirse en epicentro de graves conspiraciones. Cuanto sucedió en esta región fertilizó la posibilidad de una revuelta: la concentración económica en manos del clan Terrazas-Creel, la violencia de los gobernantes manifiesta durante la masacre de Tomochic, el achicamiento de los derechos políticos de la burguesía rural, la presencia de los anarquistas en El Paso y la ética protestante de cuyas ideas abrevó Pascual Orozco. Desde tiempo atrás en Juárez, pero sobre todo en El Paso, se reflexionó, discutió, escribió y publicó alrededor de la idea de derrocar al régimen de Porfirio Díaz.

Francisco I. Madero aterrizó en medio de la tormenta sin contar con el liderazgo definitivo sobre los diferentes grupos revolucionarios. Los hermanos Flores Magón, por ejemplo, cuestionaban su cuna burguesa debido a que el abuelo del líder rebelde, Evaristo Madero, era en Coahuila lo que Luis Terrazas para el estado de Chihuahua. Los líderes del Partido Liberal Mexicano querían una transformación radical y ese buen hombre les parecía demasiado tibio. Tal y como hicieron en Tijuana, Ricardo y Enrique Flores Magón consiguieron dinero en Estados Unidos para financiar una milicia. Con esta fuerza se hicieron de la población de Janos, al norte de Casas Grandes. Madero se dio cuenta de que si quería consolidar su importancia política, debía también involucrarse en las operaciones militares: por esa razón cruzó la línea fronteriza, acompañado de cien hombres, y marchó hacia las ruinas de Paquimé. Leyendo con cuidado los argumentos de Pedro Salmerón, queda claro que en este punto no se estaba jugando únicamente el futuro de Porfirio Díaz sino la conducción ulterior del proceso revolucionario.

No fue tarea fácil para Madero ubicarse como el fiel de la balanza de aquella coalición tan plural y variopinta. La prueba más complicada que hubo de enfrentar fue la toma de Ciudad Juárez. Los mandos rebeldes, comenzando por Pascual Orozco y Francisco Villa, no compartieron la decisión de permanecer fuera de esta población chihuahuense. Aquel ejército improvisado reunía en abril de 1911 a cerca de 2 mil individuos armados: doblaba en número a los soldados federales. Hacia la última semana de ese mes Ciudad Juárez quedó cercada por la fuerza revolucionaria. Los rancheros convertidos en capitanes propusieron ingresar cuanto antes, pero Madero quería evitar no solo que la población local fuera saqueada sino también que el ánimo beligerante de los insurrectos provocara algún enfrentamiento con las autoridades estadounidenses: si el gobierno del país vecino optaba por respaldar al dictador, los revolucionarios estarían perdidos. Ordenó entonces que sus tropas se mantuvieran lejos del límite fronterizo. En paralelo envió una nota al gobierno federal proponiendo establecer una mesa de negociaciones.

Porfirio Díaz estuvo de acuerdo y solicitó a cambio un cese total al fuego. Ambas partes trataron de encontrar una salida pactada al conflicto; no obstante, pasaron tres semanas sin que nada de provecho ocurriera. Molestos por lo que les pareció un ejercicio de política inútil, Orozco y Villa optaron por precipitar otra vez la toma de las armas. Según cuenta Salmerón, ambos enviaron a dos hombres de su tropa ataviados con camisas de color brillante para llamar la atención de los soldados enemigos. El ardid funcionó: aquella pareja sintió pasar los tiros cerca de su cabeza y entonces los rebeldes se dieron permiso para devolver la agresión; antes de que saliera la luna ya se había reanudado el fuego entre los dos bandos. Para que no los culparan, Orozco y Villa se hallaban haciendo una ronda por las cantinas de El Paso. A Villa no le gustaba beber alcohol, así que acaso aguardó noticias mientras tomaba una malteada de vainilla, su bebida preferida según se cuenta.

Cuando Madero se enteró de lo que estaba sucediendo, mandó traer a sus capitanes; cruzar de El Paso a Juárez era tan sencillo como trasladarse de una colonia a la de junto. En su presencia, Orozco y Villa argumentaron que ya nada podría detener la batalla, la tropa quería entrar a la ciudad y no era posible contenerla. El máximo líder revolucionario entendió que, de ponerse necio, corría el riesgo de perder el mando. El lunes 8 de mayo autorizó formalmente la entrada de la tropa a la población sitiada. Trece días después se estarían firmando los acuerdos de Ciudad Juárez cuya cláusula principal fue la renuncia de Porfirio Díaz. Aquel grupo tan heterogéneo obtuvo lo que nadie hubiera podido imaginar en México seis meses atrás: derrocar al régimen político que gobernó al país durante poco más de tres décadas.

## El paso que dejó de ser puente

Para escribir sobre Carmela Torres me habría gustado tener frente a mí una fotografía de esta muchacha que la leyenda pinta como muy valiente; una joven mexicana nacida en 1900 que puso en jaque a los soldados del Fuerte Bliss, a los *rangers* texanos y al Ejército mexicano. No fueron cientos sino miles los manifestantes del Puente de Santa Fe que por convocatoria suya exigieron poner un alto a la política de desinfección. El recuento de hechos es de David Dorado Romo y lo publicó en un entrañable libro llamado *Ringside Seat to a Revolution*. Una mañana, a finales de enero de 1917, las autoridades estadounidenses de migración ordenaron a Carmela Torres que descendiera del tranvía en el que viajaba hacia el otro lado. En El Paso tenía un empleo, de entrada por salida, como trabajadora del hogar. Si quería continuar con su camino debía someterse al proceso de desparasitación que se realizaba en el edificio de ladrillo rojo ubicado a un costado del Puente de Santa Fe; en promedio, quinientos mexicanos atravesaban diariamente por el mismo trámite.

Carmela Torres se negó a obedecer. Exhortó a las demás mujeres que viajaban en los tranvías a oponerse a esa arbitrariedad. Antes de dos horas ya se habían reunido para protestar al menos doscientas personas y hacia el mediodía, cuenta Dorado Romo, ya eran varios miles los que bloqueaban en sus dos sentidos el puente fronterizo. Despacio fue avanzando esta turba hacia el puesto de migración, lanzando cuanto objeto punzante tuviera a mano; un funcionario de la aduana recibió una pedrada en el rostro. Llamaron entonces sus superiores al Fuerte Bliss para que acudieran los soldados estadounidenses en su ayuda. De nada sirvió: apenas los militares se apersonaron sobre el puente, recibieron un airado abucheo. De proceder contra aquellas mujeres, acaso el asunto habría provocado un conflicto internacional. Tampoco los *rangers* se atrevieron a actuar. Entonces llegó por la retaguardia el general Francisco Murguía, jefe de la zona militar mexicana; tenía este hombre fama de cruel y en esta ocasión no quiso contradecir a sus detractores. Cuando en plena manifestación un sujeto de nombre José Marta Sánchez gritó «¡Viva Villa!», el militar mexicano ordenó detenerlo y dio instrucciones de que fuera fusilado en el cementerio municipal. Aquel señor no calculó el enojo que por esos días tenían los estadounidenses, y también los constitucionalistas, contra el antiguo líder de la División del Norte: pocos meses antes había ocurrido el ataque sobre Columbus, adjudicado a las fuerzas de Francisco Villa.

Treinta años atrás ese puesto fronterizo no existía; tampoco el puente de madera. Para cruzar el río Bravo había que mojarse medio cuerpo o subir en pequeñas barcazas que eran de gran ayuda durante los días de lluvia. El puente que volvió a unir a Juárez con El Paso tuvo como propósito original facilitarles la vida a los viajantes; a pesar de que formalmente desde 1848 el río dividía a las dos naciones, poco era lo que separaba a los mexicanos de los estadounidenses hacia finales del siglo XIX. No fue sino hasta el ingreso de Estados Unidos a la Gran Guerra que las cosas cambiaron de manera radical: el gobierno de ese país tenía temor fundado de que espías alemanes pudieran ingresar a su territorio a través de la frontera sur, por esta razón se aprobó en la ciudad de Washington una ley migratoria que, entre otras novedades, colocó al mexicano en situación de absoluto extranjero. Los chinos ya habían sido objeto del racismo anglosajón, lo mismo que los nativos y los afrodescendientes. El mexicano, sin embargo, hasta la primera década del siglo anterior era identificado como una suerte de pariente cercano.

En el libro *La frontera que vino del norte*, el antropólogo Carlos González Herrera afirma que a partir de 1917 el Puente de Santa Fe comenzó a jugar para la migración nacional el mismo papel que la Isla Ellis respecto a los europeos pobres que querían vivir en Nueva York; la expresión material de los límites de esa nación podía constatarse en ambos puestos migratorios. No sería correcto asumir que la Isla Ellis o el Puente de Santa Fe fueron instalaciones utilizadas para rechazar extranjeros: las más de las veces su misión fue orquestar un rito iniciático para los recién llegados, y no tanto asegurarse de su expulsión. Algunos habrán sido devueltos, pero lo fundamental era dejar impresa en la mente de los migrantes la superioridad moral que los anglosajones estaban llamados a mantener en Estados Unidos.

Desde mediados del siglo XIX ese inmenso país ha sido voraz en el consumo de mano de obra barata. Coincide este hecho con que el afecto por los mexicanos ha estado casi siempre determinado por los ciclos económicos estadounidenses: si hay bonanza, México es visto como bodega inagotable de trabajadores; en cambio, si la economía se deprime, se abren todas las escotillas para expulsar a los vecinos de vuelta a su casa. A los anglosajones se les dificulta definir con precisión lo que quieren decir con «mexicano». No alcanza para mejorar su comprensión que ellos mismos sean un pueblo integrado por millones de migrantes: son incapaces de asumir que México es, en realidad, muchos Méxicos, y que por tanto es imposible aprehender a toda una población a partir de un estereotipo único. Con todo, el discriminador intenta seleccionar a la víctima puntual de su desprecio. Cuando el argumento genético no alcanza para construir una distancia adecuada con el otro, entonces se terminan incorporando elementos que son todavía más subjetivos; el carácter supuesto del extranjero (como si hubiera uno solo), las costumbres, la cultura y la sexualidad, por mencionar algunos, sirven como material para construir la cerca metálica de cuatro metros de altura que hoy separa físicamente a México de Estados Unidos.

Tanto el paseño Dorado Romo como el mexicano González Herrera coinciden en que la Revolución, con su alta dosis de barbarie, fue uno de los episodios que más alimentaron el repertorio de la diferencia. Los habitantes de El Paso subieron a la azotea de sus viviendas para mirar a lo lejos el espectáculo que aquellos rancheros mexicanos daban con sus caballos y pistolas. A esta imagen es a la que hace referencia Dorado Romo con la metáfora del asiento para mirar la revolución: decenas de fotógrafos se montaron sobre las edificaciones más altas para capturar imágenes de Francisco Villa, de las adelitas abrazadas por sus cartucheras o las mulas sueltas después de dejar tirado y muerto a su jinete. Desmemoriados respecto de su propia guerra civil, los estadounidenses terminaron valorando aquella epopeya extranjera como la constancia irrefutable del salvajismo. Si Estados Unidos se quería luminoso, pacífico, democrático y libertario, los mexicanos debían entonces cargar con el estigma opuesto: ser oscuros, violentos, autoritarios y feudales. La Revolución sirvió como espejo para reflejar tal convicción. Es cierto que la primera toma de Juárez, a manos de las tropas lideradas por Madero, fue aceptada como un hecho folclórico, sin embargo, conforme esta guerra se prolongaba, el entusiasmo se agotó: Villa, por ejemplo, pasó de ser objeto de culto a personaje de terror; ya no era el justiciero de la civilización malograda sino la encarnación del hombre sanguinario.

En 1915, la elección para la alcaldía de El Paso estuvo fuertemente marcada por el repudio hacia lo mexicano. Ganó aquellos comicios Thomas Lea, un xenófobo sin remedio. Quería que sus vecinos del sur se fueran lo más lejos posible. Prometió durante su campaña que haría todo lo que estuviera en su poder para mantener a los mexicanos pobres y enfermos fuera del territorio texano. Una epidemia de tifus ofreció la coartada perfecta para emprender una política sanitaria implacable contra los extranjeros. Antes de que se construyera la planta de desinfección a un lado del Puente de Santa Fe, la cárcel de El Paso sirvió para experimentar. Dado que el tifus se contagia por la mala obra de los piojos, las autoridades estadounidenses se obsesionaron con erradicar esa plaga que, según su convicción, llegó a su país escondida dentro del cuerpo del mexicano. En marzo de 1916 un grupo de presos de la cárcel de El Paso recibió la orden de desnudarse e introducir su vestimenta dentro de dos bañeras repletas con gasolina y formol. En tan desagradable tarea estaban cuando imprudentemente uno de los guardias encendió un cerillo. En cuestión de segundos aquel edificio fue capturado por las llamas, la temperatura del piso de las crujías subió tanto que las suelas de los zapatos se derritieron; más de cincuenta reclusos sufrieron aquel infierno. Dorado Romo asegura que en los alrededores de aquella prisión tardó varias semanas en escampar el olor a carne humana quemada. Murieron en la tragedia 27 personas, de entre las cuales al menos diez eran soldados villistas que días antes fueron apresados mientras trataban de cruzar la frontera.

Thomas Lea, el flamante alcalde de El Paso, no se disculpó por el incidente; dijo que nadie podía ser culpado por un hecho involuntario. A pesar de tan dolorido episodio, la política de desinfección continuó. Desde la capital estadounidense llegaron recursos para construir la planta de desparasitación. Dorado Romo encontró fotografías de este edificio en el Archivo Nacional de Estados Unidos: en alguna de ellas se mira una larga fila de hombres desnudos, flacos y rapados que con un documento difícil de identificar, intentan ocultar su sexo. La rutina era similar para todos ellos: los mexicanos que quisieran cruzar el puesto fronterizo y fueran sospechosos de trasladar en sus cabellos o vellosidades a los bichos portadores del tifus, eran conducidos al edificio de ladrillo rojo donde se les despojaba de la ropa; luego, en lo que las prendas de vestir eran enjuagadas, aquellas personas debían pasar a la zona de regaderas donde los bañaban con querosén y jabón. Después el extranjero era conducido ante el inspector sanitario, quien le revisaba el cabello, las axilas y las partes íntimas. Si por azar algún piojo lograba llegar hasta esta etapa del proceso, había un peluquero disponible que los rapaba. Aquellas autoridades podían ir aún más lejos: en caso de que al mexicano se le detectara algún retraso mental, una discapacidad física o síntomas de homosexualidad, el ingreso a Estados Unidos quedaba definitivamente prohibido. Los más afortunados recibían al final de esta humillante jornada un paquete oloroso que llevaba sus ropas dentro, también se les entregaba un certificado sanitario con validez de ocho días para que no fueran de nuevo molestados durante ese lapso.

En su investigación, David Dorado Romo encontró un dato interesante: el pesticida que usaron las autoridades sanitarias del gobierno estadounidense dentro de aquella instalación del Puente de Santa Fe se conoce como Zyklon B; un agente químico letal si es absorbido en concentraciones grandes por la piel humana. Fue justo este pesticida el que medio siglo después comenzó a ser utilizado por los nazis en los campos de concentración para asesinar a millones de judíos, gitanos, comunistas y homosexuales. No se trata de una simple coincidencia: Adolfo Hitler tuvo conocimiento de las cámaras de desinfección instaladas por los servicios sanitarios estadounidenses en la frontera con México.

Esta inspección no discriminaba entre hombres y mujeres. A ellas también se les desnudaba, auscultaba y eventualmente se les rapaba. Hubo rumores fundados sobre la práctica que tenían los agentes de migración de fotografiarlas y luego vender las impresiones de su cuerpo denigrado en El Paso. En este contexto ocurrió la manifestación espontánea que Carmela Torres convocó el domingo 28 de enero de 1917. Aquellas mujeres ya no querían seguir soportando la indignidad: fue penoso, por decir lo menos, que el gobierno mexicano, cuyo presidente era entonces Venustiano Carranza, no hiciera nada para defenderlas; entonces como ahora, las trabajadoras del hogar eran ciudadanas de tercera. El Ejército Constitucionalista comandado por Francisco Murguía se encargó de dispersar a las manifestantes. Trece años más duró la política de desinfección sobre el puente fronterizo. Se trató de un ritual que hizo mucho a la hora de esculpir el tamaño de la distancia que, en adelante, iba a trazarse entre los mexicanos y los estadounidenses.

## Columbus

4.25 de la mañana: los caballos rompen el silencio con su galope y los jinetes gritan «¡Viva Villa!»; han cruzado la frontera de Estados Unidos por Las Palomas, un poblado situado al este de Ciudad Juárez. Aquellos mexicanos incendian un banco y destruyen otras construcciones de Columbus. Dos horas después los villistas abandonan la plaza tan completos como llegaron; en cambio, en ese encuentro 17 militares y un número desconocido de civiles estadounidenses perdieron la vida. *El Centauro del Norte* no entró a la población extranjera. Por razones que nunca hizo públicas condujo la maniobra de sus *dorados* a 4 kilómetros de distancia. Muchos mexicanos y estadounidenses saben más del ataque a Columbus que sobre el resto de las batallas lideradas por el comandante de la División del Norte.

Dos versiones han sido las más socorridas para explicar este extrañísimo episodio. En la primera se dice que Villa organizó la operación para atrapar a un hombre dedicado a la venta de armas, Sam Ravel, quien aparentemente habría estafado al *Centauro*. Al parecer, cuando los soldados del caudillo constataron que el gringo embustero no se hallaba en Columbus, decidieron incendiar el banco, pegar uno que otro tiro y luego regresar por donde llegaron. Una segunda versión cuenta que Villa quería crearle un problema diplomático a su enemigo, el presidente Venustiano Carranza, y así ocurrió: después de Columbus, en una circunstancia francamente irregular, el gobierno de México no se opuso a que medio millar de soldados extranjeros entraran al país para perseguir al líder revolucionario. Al frente de esta fuerza militar estuvo el comandante John J. Pershing, hombre que durante la Gran Guerra alcanzaría estatura de héroe nacional.

Hay una tercera hipótesis poco conocida entre los historiadores a propósito de esta invasión: tres días antes de que Villa condujera a sus *dorados* hacia Columbus, tuvo noticia de la tragedia ocurrida en la prisión de El Paso donde murieron incinerados 26 mexicanos y un afroamericano; supo de este hecho porque fue un gran escándalo local. El sentimiento de indignación que cundió en Juárez después del incendio fue grandísimo. Los mexicanos agredieron a varios estadounidenses que vinieron a divertirse sin estar enterados de lo que acababa de suceder; algunos acabaron golpeados y sus automóviles perforados por las balas cuando cruzaron el Puente de Santa Fe. A este hecho se añade que diez hombres pertenecientes a la tropa de Villa fueron víctimas también. Tanto Dorado Romo como González Herrera coinciden en que aquella tragedia de la cárcel pudo ser la verdadera razón detrás del ataque que Villa hizo sobre Columbus. Se habría tratado de una revancha y asimismo una amenaza explícita de lo que los mexicanos estaban dispuestos a hacer si el acoso racista continuaba creciendo.

El silencio que hasta su última hora guardó *El Centauro* a propósito de esta operación militar vuelve imposible despejar las dudas. Con todo, de este lado de la frontera Columbus ayudó a crecer la leyenda: el ladrón que en su juventud robaba a los ricos para alimentar a los pobres tuvo, ya siendo general, las agallas para atacar a los estadounidenses en su propio territorio. Justiciero y antigringo son valores que pueden inflamar muy rápido el orgullo del mexicano; en cambio, al norte del río Bravo el mismo episodio demostró que pertenecemos a una raza peligrosa.

## La Nacha

Octavio *El Loco* Páez debió pasarla en grande cuando fue un joven reportero. Cuenta sus aventuras en Ciudad Juárez con exacto condimento. Hizo desde abajo la carrera, fue hábil con el linotipo, curioso con la realidad de los bajos fondos, exigente dentro de la redacción y buen bebedor como todo periodista de su época que se preciara de serlo. Hace más de quince años que se retiró y sin embargo la gana por contar es la misma que la de un primerizo frente a la nota más importante de su vida. Don Octavio conoció a Ignacia Jasso gracias al comandante Chávez, jefe de la policía en esta ciudad durante la primera mitad de los años 60.

«Por un asunto que ya no recuerdo me pidió Chávez que lo acompañara para conversar en una cantina [...] Ahí estábamos cuando me la presentó. "Mira, *Nacha*, te traigo a mi amigo, nada más para que te conozca." Y ella muy viva me dice: "Ah, tú trabajas para [el periódico] *El Mexicano*. De ahí es mi amigo José García Valseca [el dueño del diario]. Le acabo de mandar unas pistolas". Justo en ese momento marca el teléfono y la escucho decir: "Hola, Pepe [...] Oye, por cierto, aquí tengo a uno de tus reporteros, muy amable". Antes de que cuelgue la bocina hago una seña para llamar la atención de la señora y le pido que me salude a mi padrino. "Dice tu ahijado que te salude, ah, sí —me mira—, que igualmente." García Valseca no era mi padrino. No sé cuántas veces me había corrido del periódico. Ella continúa como si nada: "Ya te mandé la carabina que me pediste..."».

Cuenta don Octavio que cuando jovencita *La Nacha* debió ser llamativa; en la pared de su cantina vio fotos de ella vestida de cabaretera. Ya de mayor la estampa era distinta: una mujer chaparra, gorda, de ojos pequeños y piel percudida por una severa adicción al cigarrillo; por lo regular traía el pelo recogido en chongo. Tuvo como pareja sentimental a un pistolero, Pablo González, a quien apodaban *El Pablote* (no estuvo de ninguna manera relacionado con *El Zorro de Ojinaga*). La sociedad entre ambos era perfecta. Mientras *El Pablote* protegía los intereses familiares gracias a sus habilidades de matón, ella se dedicaba a surtir a los soldados del Fuerte Bliss con morfina, heroína y marihuana. Después de la Segunda Guerra, la adicción a las drogas fue un problema grande entre las tropas estadounidenses.

En Ciudad Juárez los principales competidores de *El Pablote* y *La Nacha* eran los chinos; también llegaron estos migrantes cuando se construyó el ferrocarril. Como en toda la frontera, ellos fundaron aquí los primeros fumaderos de opio. Cuenta *El Loco* Páez que hacia el final de la década de los 40 del siglo pasado, los esposos González-Jasso asesinaron, en una sola noche, a sus principales adversarios asiáticos: la leyenda asegura que mataron entre treinta y cuarenta sujetos en unas cuantas horas, la señora Ignacia habría planeado la operación pero no fue autora material de la masacre. Ya sin contendientes, el negocio floreció en grande. Juntos fabricaron una organización sin par, hasta ese momento, en la historia mafiosa de la frontera.

A principios de los años sesenta a *El Pablote* lo mataron en un pleito de cantina; entonces su mujer se quedó sola con las riendas y los intereses de la familia. Pocas veces *La Nacha* durmió fuera del barrio Bellavista; el periodo más largo fue cuando, durante un año, la recluyeron en las Islas Marías. Pero su organización no sufrió por su ausencia: «No, no, qué se iba a desmantelar –aclara Octavio Páez–, la empresa ya era grande, tenía a sus hijos, a su nieto *El Árabe*. Tenía cerca a sus vecinos de Bellavista. Les daba trabajo, pagaba la educación de sus hijos. Entonces el narcotráfico era una cosa amable, no estaba estigmatizado. Llegaba la policía, hacía cola, les daban sus 20 dólares y órale. Así de amable era el trato».

Si bien el comandante Chávez se prestaba para acercar a la prensa con *La Nacha*, este jefe policial estaba lejos de ser el socio más importante de la mujer. Sus conexiones montaban mucho más arriba. «Sacó una botella de coñac muy sabroso. "Tómese una copita conmigo", me dijo y luego se le soltó un poco la lengua: "Mira, yo aquí soy la cola de la madeja. Los que manejan están muy arriba, yo nomás me encargo de cobrar, me quedo con una partecita. Algún día vas a entender esto, lo que sí te digo es que el que manda en todo esto está en México y aquí es el rey". "¿Quién es?", la interrogué. No quiso responder. Tampoco insistí. Nos despedimos.

»Pasaron varios días hasta que del periódico me mandaron a hacer una entrevista. Solo por azar entré a una oficina que tenía en Ciudad Juárez el señor Antonio J. Bermúdez, exdirector de Petróleos Mexicanos. Sobre una mesita junto a su escritorio vi una foto de Al Capone, con una dedicatoria afectuosa para el funcionario. Y que me regreso con el jefe Chávez. Él me lleva de nuevo donde la señora. Le digo a *La Nacha* que me metió una puñalada la vez anterior, cuando afirmó que una persona muy importante en México era la que mandaba. Le cuento entonces lo de la foto de Al Capone en la oficina de Bermúdez y ella reacciona luego, luego: "¡Ay cabrón, es muy peligroso eso!". Antonio J. Bermúdez se hizo millonario contrabandeando alcohol durante el periodo de la Ley Seca en Estados Unidos. Puso en Juárez una fábrica de whisky, cerca del valle. Pasaba alcohol y marihuana al otro lado[...] Se hace alcalde de la ciudad y lo conocen los políticos. Un buen día lo nombran director de Pemex. Duró en ese puesto 12 años. Él era el socio y protector de *La Nacha*.»

Ignacia Jasso Suárez murió de vieja. Heredó el mando de la organización a su nieto, Héctor Ruiz González; lo apodaban *El Árabe*. A diferencia de la generación anterior, este hombre nació burgués y elegante. Tenía modales y buen gusto. Aprendió de *La Nacha* a mantener el control de la criminalidad sobre su territorio; nadie en Bellavista podía comprar o vender drogas sin que él cobrara su parte. Contrató matones que realizaban la tarea más violenta de la empresa: los reclutó entre las pandillas formadas por jóvenes que se la pasaban de vagos en la calle. Aquellos muchachos no se tocaban el corazón a la hora de cobrar una deuda o eliminar a un competidor; perseguían a cuanto malandro quisiera pasarse de vivo comerciando drogas sin pagar el respectivo derecho de piso. Probablemente este sea el primer antecedente de lo que años más tarde se convirtió en una práctica socorrida por la delincuencia organizada: utilizar a las pandillas de menores de edad como la primera línea de fuego para proteger a la gran empresa criminal: Los Aztecas, Los AA o Los Pingüinos tienen como antecedente directo a la organización que dirigió Héctor Ruiz González, el nieto de *La Nacha*. El domingo 23 de noviembre de 1973, cuando iba de camino a su rancho de Casas Grandes, murió *El Árabe* en un accidente de automóvil. Terminó con él la tradición de una familia muy bien organizada para delinquir, primera expresión del actual Cártel de Juárez. *La Nacha* fundó en esta frontera un negocio, un estilo y una larga lista de complicidades; una mujer que en vida fue muy ambiciosa, fría, durísima, por más de treinta años controló el mercado de estupefacientes sobre las dos riberas del río Bravo.

## Los Bermúdez

Cuando Óscar Martínez, académico de la Universidad de Arizona, interrogó a Antonio J. Bermúdez sobre su ocupación antes de ser alcalde, el exfuncionario respondió: «Esas preguntas personales no tienen ninguna importancia. De la presidencia municipal para acá pregúnteme lo que quiera». Luego presume: «[En 1945,] cuando ya iba a salir de la presidencia municipal, el director general del Departamento de Narcóticos de Washington me vino a visitar para darme las gracias por la labor que había hecho para combatir el tráfico de drogas». Ahí afirmó también que durante su gestión se clausuró la zona roja de Ciudad Juárez y se cerraron todos los prostíbulos. «Las que quedaron ejercían la prostitución clandestinamente. Era en un automóvil donde iba el chofer, digamos, con dos o tres soldados del Fuerte Bliss y en la cajuela iban las prostitutas... [Andaban hacia] el sur o rumbo al aeropuerto y allí era donde ejecutaban el acto del coito... Yo me reía de tan grande que había sido mi éxito.»

¡Cuánto contrasta la estampa que *La Nacha* le entregó al periodista Octavio Páez con la imagen que en su tiempo logró proyectar de manera pública este encumbrado burócrata del gobierno! Antonio J. Bermúdez hizo fama como administrador acucioso, hombre honorable y nacionalista conveniente. Hoy sigue siendo difícil descifrar a este personaje que por su bigote y su cabello cano recordaba al viejo coronel Sanders, fundador de Kentucky Fried Chicken. La intriga quedaría resuelta si no fuera porque otras voces insisten en la relación que, durante la época de la Ley Volstead, sostuvo con Al Capone. A partir de fuentes distintas, el reportero Francisco Cruz toma como cierta esta hipótesis en su libro *El Cártel de Juárez*.

Antonio J. Bermúdez nació en la capital de Chihuahua. Durante la Revolución migró a Ciudad Juárez. En los años 20 fundó una fábrica de whisky. Más tarde sería líder de la cámara local de comercio. Ese cargo le sirvió en 1942 para saltar a la alcaldía. Luego fue tesorero del gobierno del estado y candidato al Senado de la República. Ya electo, pero antes de tomar posesión en la cámara alta, el presidente Miguel Alemán Valdés lo llamó para que dirigiera Petróleos Mexicanos. Se mantuvo al frente de esa responsabilidad durante dos sexenios completos. Una vez cumplida la misión, Bermúdez partió al extranjero como embajador itinerante en los países árabes. Regresó a México hacia el final de los años 50. Entonces, Adolfo López Mateos le propuso que se hiciera cargo de la política de desarrollo en la frontera norte.

El jefe del Estado estaba razonablemente preocupado por lo que iba a ocurrir en el país cuando el Programa Bracero concluyera. Si los mexicanos ya no podrían ir a trabajar de modo legal a Estados Unidos, el riesgo de que se estacionaran en condiciones muy precarias en Juárez, Mexicali, Tijuana, Nogales o Matamoros era real, urgía por tanto impulsar la economía de estas poblaciones. Para Antonio J. Bermúdez no había duda sobre cómo debía procederse: la solución para esta ancha región mexicana era industrializar. Como juarense entendía bien los contextos de la frontera. El principal ingreso de esas ciudades provenía de la diversión barata que se proporcionaba a los turistas estadounidenses. Gran parte de la población mexicana vivía aquí de los bares, restaurantes, prostíbulos, *dancings* y *cabarets*.

Según Bermúdez la prioridad era «moralizar» la frontera y para lograrlo México tendría que mirar hacia lo que estaba sucediendo en Hong Kong, Taiwán o Singapur; esas tierras asiáticas se estaban abriendo hacia un modelo industrial que iba a cambiar la historia de sus respectivas economías. A este modelo el economista Peter Drucker lo llamó de «producción compartida»: la idea era que trabajadores que no requirieran gran capacitación prestaran servicios laborales a muy bajo costo para la industria manufacturera de las naciones desarrolladas. Dada la cercanía de las ciudades fronterizas con la gran potencia económica, se supuso que las ventajas para México serían incomparables. Este proyecto habría de generar una enorme cantidad de empleo en muy poco tiempo; sin embargo, para que funcionara era necesario que el Estado mexicano invirtiera en la construcción de parques industriales. En Ciudad Juárez se calculó que harían falta alrededor de 200 millones de dólares de ese tiempo para echar a andar el proyecto. Cuando la propuesta llegó a la oficina presidencial, la cabeza del gobierno federal había cambiado, y a Gustavo Díaz Ordaz le pareció muy elevado el presupuesto; en revancha, el antiguo director de Pemex renunció al Programa Nacional Fronterizo, último cargo público que ocuparía.

Con sus propios recursos, a partir de ese momento dedicó la última década de su vida a construir el primer parque industrial de Ciudad Juárez; los estudios que mandó a hacer le aseguraron que esa iniciativa tenía sentido. Bermúdez contaba con una fortuna personal considerable, había ganado dinero con su destilería y como socio de una cadena de supermercados en Estados Unidos; probablemente acrecentó su patrimonio gracias a su puesto en Petróleos Mexicanos. Hay indicios de que fue socio de Pedro Zaragoza Vizcarra, fundador de un emporio que en la actualidad ocupa el cuarto lugar en el mundo en la distribución de gas licuado.

Por lo pronto, Antonio J. Bermúdez era dueño de los predios donde el proyecto maquilador sería sembrado y también conservaba contactos en Estados Unidos para convocar a los industriales de esa nación a que invirtieran en el futuro de Ciudad Juárez. Justo en este momento entra a escena el otro Bermúdez de la historia, el sobrino consentido de don Antonio: Jaime Bermúdez Cuarón resultó un activo promotor del proyecto que el exalcalde tenía entre manos; se encargó de fraccionar una propiedad familiar antes dedicada al cultivo de algodón e introdujo algunos de los servicios urbanos indispensables. No pasó demasiado tiempo para que la empresa textilera Acapulco Fashion, el fabricante de cupones de descuento A.C. Nielsen y RCA, empresa dedicada al negocio de la música y los electrónicos, se instalaran dentro del naciente parque industrial.

El negocio de la familia Bermúdez no se limitó al giro inmobiliario: lo atractivo, económicamente hablando, vino de ofrecer consultoría a todos los interesados en mudar parte de sus activos a este lado de la frontera. Como profetizaran los especialistas, el éxito llegó muy pronto; en 1970 la industria maquiladora de Ciudad Juárez empleaba solo a 3 mil personas, para 1975 esa cifra habría crecido a 19 mil, en 1980 alcanzó los 36 mil y hacia el fin de siglo rondaba los 250 mil. De todo el país llegaron a vivir a esta población; ocurrió lo mismo que poco más tarde sucedería en Tijuana. Jaime Bermúdez le contó a Samuel Schmidt que por aquellos tiempos una empresa cometió el error de poner un anuncio en el periódico solicitando trabajadores: al día siguiente el gerente tuvo frente a su puerta a más de 3 mil interesados.

Un fenómeno curioso de esta industria fue que en un principio se prefirió contratar mujeres. Según los empleadores, ellas eran más aptas para permanecer largas horas sentadas en un mismo lugar. La paradoja no puede pasar desapercibida: el proyecto maquilador se pensó para administrar la llegada masiva de varones mexicanos a la frontera por el cierre del Programa Bracero; sin embargo, los nuevos puestos de trabajo no fueron para ellos sino para el sexo opuesto. Si bien la nómina de la industria maquiladora creció de forma asombrosa, la calidad de vida entre la clase obrera se mantuvo neciamente precaria. La investigadora Clara Jusidman afirma que en 1976 una mujer mexicana adscrita a esta industria ganaba alrededor del 40 por ciento del salario obtenido por un trabajador estadounidense; para 1983 el ingreso de los empleados en la maquila no llegaba ni al 10 por ciento comparado con el de sus pares del otro lado de la frontera.

Al menos dos explicaciones se ofrecen a propósito de esta asimetría. Primero, solo una de cada diez empresas de este sector en Ciudad Juárez cuenta con un sindicato que defienda los intereses de los trabajadores. Jaime Bermúdez argumentó en la misma entrevista con Samuel Schmidt que el principio dominante en los parques industriales de su familia fue asegurar un «ambiente laboral libre»; es decir, que los empleadores decidieran si en sus plantas debía haber sindicatos o no. En la República de los Bermúdez se entendió como una prerrogativa del patrón el derecho constitucional de los trabajadores a organizarse. La empresa promotora del sobrino de don Antonio se encargó de asesorar a sus clientes para que pudieran librarse de los líderes sindicales y sus presiones para mejorar los salarios; no sorprende por tanto constatar el bajísimo número de huelgas que han estallado en Juárez durante las últimas cuatro décadas. Segundo, igual que en Tijuana, la maquila juarense no logró incorporar insumos mexicanos a sus líneas de producción. A diferencia de Singapur, que impuso a este tipo de industria una cuota de componentes nacionales dentro de la cadena productiva, los gerentes de las empresas extranjeras radicadas en la frontera mexicana han preferido importarlo todo, por tanto, no floreció una industria paralela en nuestro país que por su diversificación hubiera impulsado eventualmente hacia arriba los salarios.

El golpe fatal contra la aventura económica comenzó a vivirse en Ciudad Juárez durante la última década. Las crisis económicas de 2001 y 2008 en Estados Unidos impactaron en la sobrevivencia de la industria maquiladora. Decenas de plantas han cerrado cada año y al menos una tercera parte de los puestos de trabajo se evaporaron.

Igual que su tío, Jaime Bermúdez obtuvo para su negocio la alcaldía de Ciudad Juárez: fue presidente municipal entre 1986 y 1989. Insatisfecho tal vez con la riqueza acumulada a costa de un negocio social fallido, el sobrino aprovechó este cargo público para especular con la tierra que quedaba libre en Juárez; sus empresas inmobiliarias acapararon amplias extensiones para seguir construyendo parques industriales sin considerar la necesidad de contar con predios dedicados a la vivienda de los trabajadores. Más tarde vendrían las invasiones populares, la irregularidad en la propiedad de la tierra, el intercambio de servicios urbanos por votos clientelares y el resto de la parafernalia que una y otra vez ha aparecido en las ciudades visitadas durante este viaje a través del noroeste mexicano. Por su voracidad, Jaime y su tío Antonio tienen en parte responsabilidad sobre la corrupción que ha jodido a Ciudad Juárez; ellos participaron en la fabricación del infierno urbano que hoy parece inescapable para la gran mayoría de sus pobladores. El reclamo hacia ellos es legítimo: ningún acto de desmemoria debe absolverlos.

## Se me olvidó que te olvidé

Lecumberri, 1969. El Palacio Negro. La Bastilla mexicana. José Revueltas escribió *El apando* en este lugar y por la misma fecha. Pasillos oscuros. Humedad. Vileza. La cárcel es la expresión más cruda de la existencia autoritaria. El juarense Alberto Aguilera Valadez acaba de cumplir 19 años y no tiene para cuándo abandonar su celda. «Un día voy a amanecer muerto», le dice al único amigo que lo visita. La homofobia en ese lugar no tiene límite. Aquí lo recluyeron porque no pudo pagar un abogado. Como otras veces en su vida, armado con un bolígrafo se refugia en las páginas de su libreta. Alberto quedó huérfano de padre a la edad de tres meses; don Gabriel enloqueció durante un incendio. Mientras ese ejidatario prendía fuego a su milpa para volverla a sembrar, el viento alimentó las llamas, que hicieron un círculo a su alrededor y estuvieron a punto de asfixiarlo. Los vecinos lograron salvarlo pero después de ese episodio aquel campesino no volvió a ser el mismo. Deambulaba extraviado y paranoico por las rancherías cercanas al pueblo de Parácuaro, seguido por un perro al que llamaba *Mosaico*. No quedó más remedio que meterlo a un manicomio. Su esposa Victoria tuvo que hacerse cargo, sola, de los diez hijos de la pareja; el más pequeño no tenía ni cien días de nacido. Una mala tarde aquella numerosa familia recibió la noticia de que don Gabriel se había escapado del hospital psiquiátrico; nadie volvió a saber de él. La joven madre decidió tomar camino hacia el norte. No sería capaz de sacar adelante a su prole si se quedaba viviendo en Michoacán; la frontera la saludó desde lejos con su inagotable fuente de promesas.

Colocó a los hijos mayores en casa de sus parientes y emprendió la marcha cargando consigo a Alberto y a otra hija, Virginia, para que le ayudara a cuidar al pequeño mientras trabajaba. El viaje fue largo y Ciudad Juárez no conoce de amabilidades. Se instalaron en un cuarto de 10 metros cuadrados. No tardó en encontrar empleo como trabajadora del hogar. La hermana pronto se desentendió del infante; durante el día, el niño vagaba solo por la calle. Una mujer de buena voluntad lo recogió. Propuso a doña Victoria ingresarlo a un orfanato; la madre no puso reparos. Alberto permaneció en esa casa hogar hasta que cumplió once años. No recuerda que durante ese tiempo su madre lo haya visitado en más de tres ocasiones.

Un viejo maestro, que perteneciera a la División del Norte, se encariñó con el niño. Cuando en Parral mataron a Francisco Villa, Juanito prefirió esconderse en Ciudad Juárez. Los ruidos de la Revolución lo dejaron medio sordo pero aun así enseñaba a tocar instrumentos musicales. Por sus sonidos agudos la flauta y el violín lo incomodaban; prefería la guitarra. Alberto eligió a ese delgado personaje para construirse una figura paterna; Juanito le correspondió tratándolo como a un hijo. Antes de terminar el quinto año de primaria, aquel niño se fugó para ir a buscar a su madre. La encontró en una colonia recién estrenada por un grupo de invasores o, como se les decía entonces, *paracaidistas*. Vivía con un hombre desconocido en una casa sin baño ni letrina. Ella se había apropiado de un terreno grande que repartió con sus demás hijos; sin embargo, Alberto no estaba en sus planes. Cuando lo vio llegar, doña Victoria se puso furiosa, lo echó de su casa y exigió que volviera al internado. El muchacho no obedeció, prefirió mudarse a casa de Juanito. La familia del maestro de música lo acogió amorosamente. Para no ser una carga se puso a trabajar en la calle; vendía burritos de harina a domicilio. En un mismo día visitaba tiendas, cantinas, fábricas, paradas de autobús y sitios de taxi para despachar su comida. En esa faena estaba cuando conoció a un pastor protestante que, después de oírlo cantar, lo invitó a pasar una temporada cerca del lago Elsinore, en el sur de California.

La comunidad religiosa que lo recibió en Estados Unidos, casi toda, era afroamericana. Ahí se cantaba *gospel*. Fue tal vez durante esta breve estancia que Alberto aprendió en verdad a entonar la voz. Regresó a Ciudad Juárez en 1964. No había cumplido aún los 15 años y ya sabía, como se conocen las cosas ciertas, que quería dedicarse a componer canciones. Una mujer de nombre Mercedes le ayudó a obtener trabajo en uno de los centros nocturnos de moda. Como en la canción de Joan Manuel Serrat, era la encargada del guardarropa; fue ella quien convenció al dueño para que le permitiera subir al escenario. Por tres canciones le pagaban 10 dólares. Alberto tenía que estar prevenido: si la autoridad se acercaba al establecimiento debía esfumarse porque era menor de edad. Completaba el gasto lavando ropa de prostituta.

A todas partes llevaba consigo una libretita donde anotaba sus letras. Por aquel tiempo viajó tres veces a la ciudad de México; asumía que su verdadera carrera como músico iba a comenzar en la capital del país. Durante el tercer intento encontró empleo como mesero en un restaurante de la colonia San Rafael. En esas andaba cuando lo contrataron para que amenizara la fiesta de unos amigos. La velada se alargó y pidió a la dueña de la casa que le permitiera recostarse para descansar. Se quedó dormido hasta la mañana siguiente. Despertó cuando un policía judicial lo golpeaba: lo acusó de ser un ladrón que se metió ilegalmente en esa casa, así es como fue a dar a Lecumberri. Supo más tarde que aquel policía era el novio de la anfitriona que lo contrató. En lugar de confesar la fiesta, cuando ella no supo cómo explicar la presencia de Alberto, aseguró que el cantante se había introducido a robar.

No tenía dinero para cubrir los costos de un abogado, tampoco quería informar a su madre sobre el lugar en el que se hallaba; antes muerto que confirmar la profecía. Un año transcurrió y su estancia en esa cárcel comenzó a parecer definitiva, el juez que tenía el caso en su escritorio no estaba preocupado por sentenciar, mucho menos por absolverlo. Un golpe de suerte cambió la circunstancia: la cantante Queta Jiménez era amiga del director del penal y por esa relación visitaba la cárcel para entretener a los reclusos. Una tarde conoció a Alberto Aguilera. El tímido adolescente que la escuchaba le rogó que lo acompañara a su celda porque quería mostrarle algunas de sus canciones. Pasaron más de cuatro horas escuchando su música. *La Queta* no podía creer que alguien tan joven y talentoso estuviera recluido en Lecumberri: pagó de su bolsa un defensor y reactivó el juicio hasta que logró sacarlo de la penitenciaría.

Aprovechando uno de sus primeros días en libertad, la señora Jiménez presentó a Alberto con los promotores de la compañía disquera donde tenía grabada su propia música. Así es como el material de este fresco compositor llegó a manos de la RCA. Aseguran los directivos de esa compañía que en cuanto escucharon el trabajo del muchacho juarense supieron que estaban ante un fenómeno comercial. La vida de Alberto Aguilera Valadez cambió de la noche a la mañana. Lo contrataron para grabar cuatro piezas: *No tengo dinero, En el mundo no hay paz, Tres claveles y un rosal* y *Como amigos*. La primera tuvo un éxito tremendo en las estaciones de radio que, a principios de los años 70, tocaban música popular:

> *No tengo dinero,*
> *ni nada que dar,*
> *lo único que tengo*
> *es amor para amar.*
> *Si así tú me quieres,*
> *te puedo querer,*
> *pero si no puedes,*
> *ni modo, qué hacer...*

La tonada era endemoniadamente pegajosa y la voz del autor no tardó en hacerse familiar. En memoria del revolucionario Juanito y también de su padre desaparecido, Alberto Aguilera tomó como nombre artístico Juan Gabriel. La única biografía que existe de este famoso cantante mexicano la redactó uno de los productores que conocieron su material aquel día en las instalaciones de la RCA; gracias a las páginas que Eduardo Magallanes coleccionó en su libro *Querido Alberto* es que esta historia puede contarse aquí.

## La pasión según Juan Gabriel

*No tengo dinero* fue tal vez la primera canción cuyas estrofas me aprendí de memoria. Tendría alrededor de cuatro años cuando un primo hermano, entonces mi mejor amigo, acostumbraba cantarla todo el tiempo. Era poco mayor que yo y sospeché que se sentía malquerido; levantaba la voz al punto de desentonar en la parte donde la canción dice: «lo único que tengo / es amor para amar». Si las cuentas no me fallan aquello habrá sucedido hacia 1972 o 1973: en aquel entonces las clases acomodadas del país no escuchaban a Juan Gabriel, su música era para la tortillería, la fonda de comida rápida, la sastrería y el taller mecánico. «Naquísimo» fue la palabra que escuché de un pariente cuando quiso reprender a mi primo por andar cantando a Juan Gabriel, y sin embargo, una vez escuchada aquella voz no había manera de sacársela de la cabeza. Como pocos, este artista es capaz de producir una atmósfera, un lugar, un ambiente donde lo regular y lo diferente extravían sus distancias. Así lo habrá aprendido quizás en el Noa Noa, antro donde su amiga Mercedes le consiguió una primera audición.

Al comienzo de su carrera, Juan Gabriel conectó con su público a través de la radio y la venta de sus discos, pero no ocurrió lo mismo en sus conciertos: los asistentes lo trataban con desprecio por sus gestos y manera de bailar cuando cantaba. Los reporteros de la sección de espectáculos saltaron sobre su persona para describirlo con amarillismo; aun así, este artista no intentó aparentar lo que no era, tampoco se escondió. Con una seguridad envidiable siguió componiendo y actuando con compulsión hasta que logró imponerse y normalizar su presencia en el paisaje del entretenimiento en México y en el resto del continente americano.

Nadie pronuncia la palabra «mucho» como lo hace Juan Gabriel: al igual que los demás chihuahuenses, para hacerlo cierra el morro y sopla la che a través de los dientes como suena la «sh» en la lengua inglesa. Esta palabra se escuchó con felicidad cuando agradeció el entusiasmo de su público al término del concierto que dio en el Palacio de Bellas Artes en 1990. Durante esos días este compositor dejó definitivamente de ser patrimonio plebeyo para convertirse en propiedad de todos, sin importar clases sociales o gustos musicales. En cuarenta años de carrera ha vendido más de 30 millones de copias de sus discos. La grabación que hizo en el Palacio de Bellas Artes, cuyos arreglos son de Magallanes, rompió todas las cifras de ventas. Como afirma el mismo arreglista, pocos son los músicos que pueden tocar durante quince días en un espacio tan grande como el Auditorio Nacional de la ciudad de México y contar con lleno total en todos los conciertos sin necesidad de gastar un peso en publicidad.

No hay manera de mantener el cuerpo quieto en sus funciones. Los pies, el cuello, la cabeza, las palmas de las manos, la garganta, necesitan sumergirse en el espectáculo. El arreglo para la canción *Hasta que te conocí* es irresistible: el ritmo de las trompetas y las percusiones arrastra. Así como su voz y sus ritmos reventaron barreras sociales, este hombre es capaz de fracturar los patrones más conservadores; pocos espectáculos provocan la metamorfosis que puede vivirse en un *show* del *Divo de Juárez*. Si con sus películas Pedro Infante dotó de contenido a la masculinidad del mexicano, Juan Gabriel lo hizo con respecto a la feminidad del mismo varón. Mientras comienzan a escucharse la primera y segunda piezas del espectáculo, las mujeres se sueltan con más facilidad ante el magnetismo del cantante, en cambio, sus parejas masculinas prefieren tomar distancia. Alguno se mira evidentemente incómodo, otro rebasado, no falta el alma tradicional que quiere abandonar el recinto... pero la cursilería del macho no tarda en derrumbarse. Los que están más cerca del escenario comienzan a subirse en las sillas para cantar los coros, les siguen los que se sentaron atrás. Al son que les tocan, corbatas y pañuelos se desmadejan para girar por los aires. La timidez se evapora. Los hombres son los primeros en arrojar flores al protagonista de la noche; quisieran bailar como aquel personaje y despertar la euforia en las mujeres como solo él lo logra. Adiós prejuicios; prácticamente todos han quedado quebrados. Afirma Magallanes: «la comunicación que logra con su público... tiene que ver con lo erótico, lo sensual e incluso con lo sexual». Y Juan Gabriel complementa: «mi público puede quedarse con lo que le guste de mí o con lo que le incomode; a lo mejor les hace reflexionar sobre sí mismos».

Hace una década el beneficio de declararse homosexual en una sociedad como la mexicana era magro en comparación con el costo. Tal vez Juan Gabriel fue la primera figura pública en desestimar esa contabilidad. No tiene desperdicio la entrevista que concedió a principios de los 90 al conductor de la televisión hispana en Estados Unidos Fernando del Rincón, para el programa *Primer Impacto*: «Dicen que [usted] es gay, ¿Juan Gabriel es gay?». El interpelado alza la barbilla espontáneamente y sonríe. «¿A usted le interesa mucho [saber]?». Del Rincón abre los ojos como platos y arremete de nuevo: «Yo solo le pregunto». *El Divo de Juárez* asiente y dice: «Pues yo le respondo… lo que se ve no se pregunta, *mijo*».

En un país donde hasta la Constitución elogiaba que «las preferencias» se mantuvieran discretas, Juan Gabriel fue de los primeros en gritar con orgullo su identidad sexual. No perdió la oportunidad que Bellas Artes le concedió para hacer explícita su congruencia: cuando la orquesta sinfónica tocó a la velocidad de un ferrocarril la pieza *Hasta que te conocí*, entre estrofa y estrofa él aprovechó para colocar, al menos cuatro veces, el nombre de un tal Miguel, acaso quien entonces despertaba sus pasiones; esa confesión quedó registrada en su disco más vendido. El académico Rodrigo Laguarda argumenta que Juan Gabriel ha jugado un rol relevante en la recreación de la identidad gay mexicana. ¿Cuántos habrán «salido del clóset» gracias a la valentía de este juarense? «Desde que te vi, mi identidad perdí», asegura el compositor en la canción *De mí enamórate*, y el extraordinario actor Felipe Nájera confirma: «lo que ha hecho por el mundo gay es una maravilla, las letras de sus canciones me inspiraron a declararme gay de una vez por todas». Con el paso del tiempo, *Querida* se volvió un himno *queer* para las fiestas y desfiles de la comunidad que reúne a lesbianas, gays, transexuales, travestis y bisexuales mexicanos. No deja de ser curioso que una pieza dedicada a la soledad haya juntado a tanta gente. Juan Gabriel es el primer predicador de la diferencia sexual que hubo en México; más allá de su enorme talento artístico está su capacidad para producir respeto hacia quienes en este país todavía no lo obtienen. Aquí una de sus letras más entrañables:

*Pero qué necesidad,*
*para qué tanto problema,*
*no hay como la libertad de ser, de estar, de ir,*
*de amar, de hacer, de hablar, de andar así, sin penas...*
*Pero qué necesidad,*
*para qué tanto problema,*
*mientras yo le quiero ver feliz, cantar, bailar,*
*reír, soñar, sentir, volar, ellos le frenan...*

Magallanes tuvo razón. Juan Gabriel es un emblema inevitable para aproximarse a las pasiones de los mexicanos.

# XVII
## ¿TODOS SOMOS JUÁREZ?

### El epicentro del dolor

La cita es a las seis de la tarde pero la morosidad se impone. La plaza principal de Ciudad Juárez está casi vacía. Los residentes dudan de que se vaya a llenar. Este es el último acto de la Caravana por la Paz con Justicia y Dignidad encabezada por el poeta Javier Sicilia. La fecha es 10 de junio de 2011. Más de cuatrocientas personas vinieron hasta aquí después de hacer un largo viaje desde Cuernavaca. Visitaron la capital del país, Toluca, San Luis Potosí, Durango, Torreón, Saltillo, Monterrey y ahora «el epicentro del dolor», nombre con el que el poeta rebautizó a Juárez. «¿Por qué cree que no va a venir nadie?», pregunto a un hombre que detrás del templete ha instalado un puesto para vender elotes. «Por miedo», responde el comerciante.

Hace tiempo que esta plaza se convirtió en una isla abandonada; dejó de ser espacio de todos para convertirse en tierra de nadie. Suben a la tarima cuatro músicos acompañados por dos guitarras, un bajo y un tambor. La gente pregunta a qué hora llegará la Caravana. La estructura de metal sobre la que están parados aquellos artistas no se aprecia sólida. Junto a un jardín que se halla en el extremo de la plaza aguardan pacientemente tres personas que podrían ser familia. No me cuesta demasiado esfuerzo entablar conversación; así ocurre en estas manifestaciones. La voz es de un hombre que se identificó como Guillermo: «Hace rato que los juarenses no nos reunimos en este lugar. Es mejor evitar el centro. Todo está cerrado. Hace pocos años, en el mercado que está por allá siempre había fiesta. Estaba repleto de americanos que venían a oír mariachis. La avenida Juan Gabriel tenía tráfico. Ahora está vacía». Interviene Julieta, una mujer grande y joven: «El mercado Cuauhtémoc lo han quemado ya seis o siete veces». «¿Cuándo dejaron de venir los turistas?». Guillermo retoma: «Hace más o menos cinco años... Mis hermanos, cuando vienen a ver a mi mamá, prefieren cruzar a pie y vamos por ellos al puente. A uno de ellos, la última vez, le querían quitar 1000 dólares. Le sembraron un paquete de droga dentro del coche. Venía con su esposa y sus cinco niños; son cristianos, mi cuñada lloraba. A final solo les quitaron 100». Abunda el tercer integrante del grupo, cuyo nombre fallé en registrar: «Los soldados son muy prepotentes. Ahí se van de la mano con los policías federales, pero la verdad son peores». Julieta no está de acuerdo: «Cuando llegó la Policía Federal se sintió el cambio, pero negativo. Fueron más las extorsiones, más los asaltos. Mejor que no hubiera venido nadie».

Por el altavoz se anuncia que los líderes de la Caravana están a punto de subir al templete. Guillermo vuelve sobre el hilo de la charla: «... lo que pasa es que aquí se corrió el rumor de que la policía municipal era la que controlaba los movimientos. Entonces vino el ejército; hicieron limpia. Y a raíz de esa supuesta limpia es que empezó todo lo que está viendo». El ejército entró a Ciudad Juárez en marzo de 2008. Fue el gobierno local quien solicitó que se ocupara de la seguridad pública. Durante 24 meses permanecieron más de 7 mil efectivos dentro de la ciudad, pero hacia finales de 2009 distintas organizaciones de derechos humanos comenzaron a denunciar las arbitrariedades de los soldados. En la primavera de 2010 hubo un cambio de estrategia: se sacó a los militares a la periferia de la población y su lugar fue ocupado por los policías federales. «[Los agentes] tomaron el control de la situación, incluido el negocio de las extorsiones... −afirma Guillermo−. Yo toda mi vida he vivido aquí, tenía un negocio, pero... por las cuotas y todo eso tuve que dejarlo. Era un supermercado con carnicería... Pues llegan ciertas personas y quieren dinero mensual, como una renta, como la utilidad de la ganancia, [y] los negocios no están para eso... Varía [lo que piden], como que calculan el giro, como que tienen alguna información, no sé, por medio del gobierno del estado, y del giro depende la renta. Hay negocios muy modestos que venden 3 mil o 4 mil pesos, entonces piden 150 o 200 por semana; pero hay negocios que dejan una ganancia millonaria y les piden también cuotas muy fuertes: 10 mil, 15 mil o 20 mil pesos semanales.» Después de la experiencia en Galeana con la familia LeBarón, la pregunta es obligada: «¿Quién cobra la cuota? ¿La Línea?». Se miran entre ellos y solo Guillermo asiente: «Sí, son ellos, porque están protegidos por la policía». Insisto: «¿La Policía Federal?». «Son ellos los que ahora están a cargo, ¿o no?». Guardamos todos silencio y la conversación migra hacia otros temas menos serios. Una frase retumba sobre el altavoz que pende justo sobre nuestras cabezas: «¡Más poesía, menos policía!».

La tragedia de Ciudad Juárez no comenzó con la llegada de la fuerza pública federal a esta región, pero los juarenses aseguran que desde entonces la situación ha empeorado. Durante el trayecto de la Caravana un periodista preguntó a Javier Sicilia qué debía pedírsele al presidente Felipe Calderón; el poeta respondió: «¡Que cambie de estrategia, por el amor de Dios!». Nadie sabe sin embargo describir con precisión hacia dónde debe producirse ese cambio. El gobierno local pidió que viniera el ejército; entonces comenzaron a apilarse las quejas por la violación de derechos humanos. Llegó la Policía Federal y se incrementaron las extorsiones. El epicentro del dolor pareciera no tener remedio. Han ocurrido 6 mil 500 homicidios violentos en los últimos cinco años; una fracción importante de los 40 mil registrados en todo el país durante el mismo plazo. En 2009 Juárez se convirtió en la ciudad más peligrosa de México.

Los síntomas de la barbarie aparecieron dieciocho años atrás, cuando comenzaron a encontrarse los primeros cuerpos mutilados de jovencitas. Hasta ahora se han contabilizado más de 475 feminicidios y cerca de mil desapariciones de mujeres. En noviembre de 2001, en un lugar conocido como Campo Algodonero, se hallaron ocho cuerpos femeninos enterrados dentro de una fosa común. Ahí se erigió un monumento modesto para no olvidar la tragedia: ocho cruces de madera, del tamaño de una persona, pintadas de color rosa. Una fotografía suya ha recorrido el mundo; el gobierno mexicano fue sancionado por la Corte Interamericana de Derechos Humanos a propósito de estos asesinatos. A finales de 2010 un comando de criminales acribilló a 14 adolescentes que se hallaban festejando dentro de una casa particular ubicada en la colonia Villas de Salvárcar. Para minimizar el hecho, el presidente Felipe Calderón declaró a la prensa que las víctimas eran pandilleros, algo absolutamente falso; no esperó el mandatario a que la investigación estuviera más avanzada para abrir la boca. Y aun si se hubiera probado que eran pandilleros, esas vidas no tenían por qué valer menos que la de cualquier otro mexicano.

La arbitrariedad del soldado y la corrupción del policía son convicción entre los juarenses, tal vez porque con sus actos los altos mandos del gobierno no han logrado deslindarse de uno y otro estigma. Ciudad Juárez está arrojada al peor momento de su historia: ni la guerra de 1846-1848, ni los episodios revolucionarios de 1911 y 1913 lastimaron tanto la existencia en esta población. Hoy es el epicentro del dolor por la mezcla de autoritarismo y negligencia de quienes aquí han gobernado. Juárez representa el mayor fracaso del Estado mexicano contemporáneo. Ciudad desertada por sus habitantes: más de 60 mil familias juarenses se han mudado a vivir a El Paso durante los últimos tres años. Negocios que antes estaban en territorio mexicano, hoy se hallan instalados del otro lado del río Bravo: pollerías, talleres mecánicos, puestos de tacos, bares y agencias de vehículos que de la noche a la mañana cambiaron de nacionalidad. En Estados Unidos a este fenómeno se le conoce como *Mexodus*: un éxodo de personas y recursos económicos provocado por la incertidumbre y el caos. Basta pasearse por las calles donde alguna vez estuvo el Noa Noa o por la colonia Campestre, situada a solo 20 minutos en automóvil del centro de Juárez, para confirmar que el flagelo de la violencia no distingue ya entre clases sociales: la zona residencial donde se encuentran las mansiones de las familias juarenses más ricas parece en la actualidad un pueblo fantasma. A toda hora sus calles duermen vacías y polvorientas. El viento lleva y trae yerba que forma inmensas esferas cuyo trayecto rebota contra las puertas de las viviendas. ¿Cuánto tiempo habrá de pasar antes de que el mariachi toque otra vez en los mercados de esta población? ¿Juárez volverá a ser la ciudad viva de otros tiempos? Guillermo, Julieta y su acompañante creen que no. Mientras la noche se acerca, a este lugar público van llegando cada vez más manifestantes.

## Exiliado por un tiempo

Entre los asistentes a la concentración del 10 de junio encontré a Gustavo de la Rosa Hickerson, un hombre cuya figura pública es tan controversial como su apariencia física: tiene la piel rosada, casi roja, como de un recién nacido, es ancho en su sonrisa y robusto de cuerpo, porta una melena y unas barbas blanquísimas y largas. Como otras veces que nos hemos visto, trae colgado al cuello un cordel en cuyos extremos amarra dos distintos teléfonos celulares. Llama por uno de esos aparatos mientras el otro se ilumina. De la Rosa ha sido personaje emblemático en la historia más reciente de Chihuahua. De todo lo han acusado: hoy se dice de él que es un aliado incondicional del ejército, pero ayer los militares lo denunciaron por proteger sicarios de La Línea. Fue director de la prisión municipal de Juárez durante los años 90; luego sería reclutado por la Comisión Estatal de Derechos Humanos de Chihuahua para que se desempeñara como visitador en esta ciudad fronteriza. En mayo de 2010, poco más de un año antes de que la Caravana llegara a Juárez, busqué una primera entrevista con él. Por aquel entonces se hallaba refugiado en El Paso. En un restaurante de esa población nos sentamos por más de cuatro horas a conversar; frente a dos copas de vino corriente y una pasta italiana desastrosa me contó sobre su reciente situación y otros temas:

«Me buscan para matarme porque yo me encargué de supervisar que el ejército no abusara de la gente; primero encontré que estaban abusando, pero después supe que estaban involucrados con los narcotraficantes... El general [Felipe de Jesús Espitia] va y declara al Congreso del estado que yo estoy vinculado con el narcotráfico [imita a este militar]: "Sí, bueno, no estamos seguros, pero todo lo que hace [Gustavo de la Rosa] es para desprestigiar al ejército y fortalecer al narcotráfico"... [Cuando llegaron los militares] inmediatamente empezaron con su sistema de suspensión [ilegal] de garantías y los primeros detenidos fueron los agentes ministeriales y los policías estatales. Entonces yo voy con los familiares... los acompaño a levantar la queja porque soy el encargado de atención a víctimas... Mi relación con el ejército se va poniendo muy rasposa. Yo pertenezco a un grupo de empresarios muy fuerte y ellos intervienen con el general... Llegamos a un acuerdo que debió de darme vergüenza, pero fue un acuerdo con sentido humanitario: le digo "Mire, general, ustedes detienen a la gente y me los están regresando seis o diez días después. No más. Eso en el peor de los casos. Si no, que sea doce horas después. Durante ese tiempo usted puede sacarles toda la información que quiera pero luego me los devuelve. Le aseguro que el número de quejas va a bajar dramáticamente". La gente lo que quiere es que le regresen vivo a su hijo, así de simples son las cosas. Entonces el general me dice "Okey", y empezaron a funcionar las cosas entre nosotros.

»Pero las desapariciones no dejaron de ocurrir. Llegué a juntar 170 expedientes, muchos de ellos que involucraban a los soldados. Los llevé ante la justicia militar y fueron turnados a un juez de Mazatlán [...]

Allá no le dieron trámite a un solo asunto [...] El ejército no puede estar con un cien por ciento de impunidad. [El general] Espitia dejó de recibirme y utilizó a un [mediador] y este cuate viene y me dice: "Nosotros aplicamos la justicia pero no tenemos [nada] que decirle a nadie, nunca le vamos a dar cuentas a usted; hágalo por medio del IFAI [Instituto Federal de Acceso a la Información Pública Gubernamental], o no sé, para que nosotros le digamos qué pasó con cada expediente; pero ni a los parientes [les vamos a explicar]". Que porque es problema de seguridad nacional [...] Pues yo hago [entonces] la denuncia pública. Tenía 170 expedientes y voy a [el periódico] *El Universal*. Y [luego] que Espitia se encabrona con ese diario.

»¿Está bien que los torturen? ¿Está bien que de cada diez torturados, nueve sean inocentes? [...] Hay un límite. Y entonces lo que hace [el general] es que el ejército detiene a uno de mis guardaespaldas y lo torturan pero gacho. ¡Pobre chavo! Luego aparece un comando militar cerca del rancho donde vivo [a las afueras de Ciudad Juárez] [...] Mi esposa se quedó. No quiso venirse [a El Paso]. Hay mujeres increíbles y ella es una de esas. Me dice: *"Lic*, váyase porque lo andan buscando para matarlo, no venga a la casa porque lo van a matar". Y pues aquí estoy desde entonces». Gustavo de la Rosa pudo regresar a su rancho en julio de 2010, coincidió con el hecho que el general Felipe de Jesús Espitia fue removido de su cargo como jefe de la zona militar cuya base está en la ciudad de Chihuahua. A la fecha sigue siendo, sin embargo, un militar con importantes responsabilidades en la lucha contra el crimen organizado, dentro de la Secretaría de la Defensa Nacional.

## ¿Todos somos Juárez?

Sube al templete un hombre devastado. Carga consigo un estandarte hecho con maderas de desperdicio y una manta que muestra el rostro de su hija desaparecida. No llegó aquí con un discurso largo; no necesita desarrollar para la audiencia el argumento de su dolor. Su hija se encuentra en la lista de las más de mil mujeres desaparecidas en Ciudad Juárez durante los últimos dieciocho años. «¡No está sola, no estamos solos!», corea la concurrencia que cada vez es más nutrida, pero aquel hombre no parece convencido: él y su familia están solos hasta que se demuestre lo contrario. Su hija continúa ausente y las autoridades no han hecho nada para encontrarla. «¡Todos somos Juárez!», asegura la multitud y aquel hombre que esconde su rostro bajo una gorra azul tiene derecho a preguntarse si en realidad lo somos todos. No se ha rasurado en días, seguramente no ha sonreído en meses, no puede volver a mirar a sus semejantes como lo hiciera en otros tiempos.

El *Efecto Lucifer* descrito por Philip Zimbardo encontró en Ciudad Juárez el más devastador de sus laboratorios. ¿De qué otra manera explicar las más de 470 jóvenes asesinadas y las más de mil mujeres desaparecidas en esta población? Agresión, tortura, violencia, invisibilidad, terrorismo y el resto que ocurre en su contra; la total deshumanización de un grupo numeroso de personas sirve como hipótesis preliminar a la hora de descifrar este salvajismo; el poder del contexto impune ejercido por individuos que un día extraviaron todos los límites de su conciencia. El *Efecto Lucifer*: una situación en la que la crueldad de los actos propios no tiene consecuencias porque la sociedad donde se convive perdió la capacidad para protegerse del mal. «¡Dios no está en Ciudad Juárez! —afirma la hermana de una de las víctimas cuando es entrevistada por la periodista estadounidense Teresa Rodríguez—: ¡Es el demonio el que está en Juárez!», la ciudad que sucumbió al *Efecto Lucifer*.

Hasta hoy no hay teoría o explicación que pueda realmente ayudar a comprender la magnitud de esta tragedia nacional; todo intento de análisis arroja al angustioso laberinto del sinsentido, falta aire y la dignidad personal se oprime mientras la razón detrás de esta injusticia logra esconderse. Las madres, las hermanas y las abuelas de las víctimas han encontrado un acto terapéutico que les da ánimos para seguir buscando: pintan un rectángulo vertical de color rosa en cuyo interior trazan una cruz negra; lo hacen en las paredes exteriores de las casas, sobre los postes de luz, dentro de los túneles, en los puentes de esta ciudad. El tono vivo es para no olvidar que las sacrificadas eran mujeres; el color muerto, para significar el vacío profundo que dejaron. ¿Por qué el horror eligió en esta ciudad a la niña púber, a la obrera de la maquiladora, al ama de casa, a la bailarina, a la estudiante, a la prostituta? A casi veinte años de que comenzaron los feminicidios, casi cualquier respuesta suena a lugar común, y sin embargo en algún pliegue de ese sobado recurso debe hallarse una parte, aunque sea pequeña, de la verdad extraviada.

Un entrevistado cuyo nombre no merece repetirse aquí, se sinceró conmigo, atreviéndose a decir en voz alta lo que muchos imbéciles piensan en voz baja: «Necesita ir a Juárez y meterse ahí, de repente empieza a haber maquiladoras y [había] muchachitas de todos los colores y *sa-*

*bores* que empiezan a sentirse con dinero, libres, porque la mujer es escasa de cerebro y les da por irse a bailar, porque traen dinero, y se van a tomar. Entonces abren salones para las obreras y organizan bailes [...] Dele usted cocaína a una muchacha, la vuelve loca y hace lo que se le dé su regalada gana con ella [...] Yo digo que una cosa conlleva a la otra; si [a] una mujer se le agarra borracha y cuando se le quiere llevar hay pleito, y el cuate anda drogado, pues...».

No tendría sentido transcribir estas líneas si no otorgaran significado a la frase que el procurador de Justicia del estado de Chihuahua, Arturo Chávez Chávez (1996-1998), pronunció cuando la primera ola de feminicidios experimentó un vertiginoso ascenso: «Las violan y las matan por prostitutas». Este fue uno de los funcionarios públicos, el de más alta jerarquía después del gobernador, que estuvieron encargados de investigar y capturar a los responsables de las desapariciones y asesinatos. Durante su gestión en Chihuahua aparecieron setenta cadáveres más en Ciudad Juárez. «Chávez Chávez no es para ser policía. Es más bien un personaje para hacer relaciones públicas. De esos que frente al patrón dicen que sí a todo», afirma Gustavo de la Rosa. Si estos dos sujetos, el entrevistado y el procurador, fueran las únicas víctimas infectadas con los virus de la estupidez, el machismo y la misoginia, el resto de la sociedad chihuahuense y su gobierno habrían podido corregir las decisiones equivocadas; sin embargo, tal mapa mental no era por aquel entonces, ni lo es ahora, patrimonio exclusivo de los criminales. En su libro *Las hijas de Juárez*, las periodistas Teresa Rodríguez, Diana Montané y Lisa Pulitzer reportaron decenas de actos de la autoridad derivados de esa forma de pensar; una madre acude ante la policía y es interrogada sin misericordia: «¿[Su hija] frecuentaba bares?¿Usa minifalda? Probablemente anda con un *cholo*. Tal vez huyó con el novio, espere a que regrese». Un padre llama al número de la policía (060) para reportar la reciente ausencia de su hija. Los agentes encargados del orden público lo regañan: «No es posible enviar una patrulla hasta que se trate de una verdadera emergencia. Usted debe esperar veinticuatro horas antes de reportar a una persona desaparecida».

Gustavo de la Rosa recuerda: «Los cuerpos que aparecieron entre 1993 y 1995 estaban rodeados de una horrenda carga simbólica. Parecían haber sido objeto de un ritual demoniaco». Aquellos restos daban cuenta de un mismo *modus operandi*: el seno derecho cercenado y el pezón izquierdo arrancado a mordidas. Las jóvenes sin vida traían ropa que no les pertenecía; varios fueron los casos de padres que, habiendo reconocido la playera morada o el pantalón de mezclilla puestos sobre el cadáver de una víctima, negaron al mismo tiempo que se tratara de su hija; alguien jugaba a intercambiar prendas. No lejos del lugar donde hoy se encuentra el monumento «El Umbral del Milenio» fueron halladas sin vida dos niñas de 9 y 11 años: la más pequeña había sufrido un par de infartos antes de ser asesinada.

Salvo excepciones, aquellas mujeres compartieron en vida varias señas de identidad: el promedio de edad de las víctimas oscila entre los 16 y los 18 años, eran morenas de ojos negros y bonitos, trabajaban para la industria maquiladora, provenían de familias pobres y vivían en las colonias más miserables de la ciudad. Antes de arrancarles la vida sufrieron tortura, fueron ahorcadas, violadas y apuñaladas; la saña del victimario se expresó maniática y sin contenciones. Al final los restos fueron abandonados en lugares aislados donde transcurriría mucho tiempo para que alguien los encontrara.

Las muertes pedían a gritos un culpable. Uno, así, en singular, y la autoridad lo inventó. Un asesino en serie pérfido y lejano; un ser despiadado que apaciguara la angustia aunque no satisficiera la realidad. Su nombre: Abdel Latif Sharif Sharif, de nacionalidad egipcia. Un sujeto incapaz de pronunciar una frase correcta en castellano. Este hombre trabajaba en una maquiladora; tenía antecedentes penales en Estados Unidos. Todas las noches salía de bares, se emborrachaba y consumía drogas: era simplemente perfecto para demostrar la eficacia policial. «¿Aceptó usted la hipótesis de que Sharif fuera el responsable de aquellas muertes?». Gustavo de la Rosa objeta: «Nunca, nunca estuve cien por ciento seguro de eso y yo fui quien lo cuidó. Yo era el director del Cereso [Centro de Readaptación Social] cuando él estuvo interno». Antes de convertirse en defensor de los derechos humanos, este hombre con pinta de león albino fue director del penal municipal de Ciudad Juárez. Asegura que en la cárcel no hay manera de mantener por largo tiempo los secretos. Desde su convicción, *El Egipcio* fue un chivo expiatorio. «Era inteligente, era muy sistemático, los custodios lo consideraban un hombre perverso. Tal vez fue el responsable de alguna de las muertes pero no era el asesino serial que los políticos de la ciudad de Chihuahua quisieron presentar.» En una entrevista exclusiva que Sharif ofreció a la cadena estadounidense de habla hispana Univisión, y que retoma Teresa Rodríguez en su libro, el recluso argumentó en su defensa: «Soy el perfecto chivo expiatorio porque no hablo español [...] No soy de aquí, soy extranjero. No cuento con familia que me defienda desde fuera... vienen y hacen impresiones de mis dientes, [toman] muestras de mi semen, de mi vello púbico, han hecho pruebas de sangre y orina [...] pero todo sale negativo».

Después de apresado *El Egipcio*, los asesinatos de mujeres continuaron en Ciudad Juárez. Era previsible y sin embargo los funcionarios mantuvieron su terquedad. La procuraduría local revisó la teoría del asesino solitario afirmando que Sharif había contratado a otros para que mantuvieran viva la ola criminal. Los Rebeldes, una banda de bailarines nudistas que asistía a fiestas privadas y regenteaba prostitutas, fueron acusados de ser los imitadores del africano. Durante los interrogatorios, el líder de este grupo, Sergio Armendáriz, conocido como *El Diablo*, y Jorge Contreras Jurado, apodado *El Grande*, confesaron participar en al menos ocho asesinatos. Corroboraron también que lo hicieron siguiendo instrucciones de *El Egipcio*, quien habría pagado 1000 pesos por cada chica eliminada. «¿Cree que Sharif pudo haber contratado a Los Rebeldes?». El antiguo director de la cárcel de Juárez niega con énfasis: «Es un invento, habría sido imposible [...] Lo teníamos vigilado [...] Además, no contaba con dinero. Todo se le fue en pagarle a su abogada». Pasado el tiempo, Armendáriz y Los Rebeldes declararon que fueron torturados por la policía para que confesaran haber sostenido una relación de negocios con Sharif.

Como era de esperarse, las muertes no se frenaron; aun así la autoridad volvió a utilizar el mismo argumento pero ahora con personajes diferentes: *El Egipcio* habría contratado a otra banda de criminales, Los Toltecas. Los integrantes de este otro grupo eran choferes de camión que conducían a las trabajadoras de la fábrica a sus casas, ellos igualmente declararon cometer los asesinatos a cambio de un pago ofrecido por Sharif. Un juez los sentenció a 113 años de prisión. Eran consumidores de cocaína y se trató de probar que en la locura practicaban el homicidio. Más tarde, estos individuos aseguraron de nuevo haber sido torturados para señalar a *El Egipcio* como autor intelectual de sus atrocidades. Los años transcurrieron y nada pudo demostrarse en tribunales contra Sharif; al final, un juez ordenó liberar a *El Egipcio*, pero este hombre sufrió un paro cardiaco solo diez días antes de abandonar su celda. Hay quien supone que lo mataron. Antes de dejar este mundo, Sharif advirtió que tenía pruebas para acusar a los verdaderos culpables: «Son personas muy ricas, narcotraficantes, gente de la mafia».

La detención de Los Rebeldes y Los Toltecas no ayudó a contener el número cada vez más elevado de asesinatos. En 1998 el PAN perdió la gubernatura de Chihuahua y el candidato opositor, Patricio Martínez, trajo de vuelta al PRI al Palacio de Gobierno. Es muy probable que «las muertas de Juárez» y la ineptitud del procurador Chávez Chávez hayan sido la causa de tal resultado electoral. El nuevo jefe del Ejecutivo pidió refuerzos al FBI. De esa dependencia estadounidense le enviaron a Robert Ressler, considerado en ese momento como el mayor experto en casos relacionados con asesinatos seriales. Este especialista no pudo contar con información suficiente porque las autoridades anteriores habrían quemado buena parte de los expedientes. Con todo, Ressler arribó a una conclusión nunca antes explorada: aquellas muertes eran obra de diferentes asesinos en serie, de origen estadounidense, que cruzaban la frontera para cometer tales homicidios y luego regresaban a su país donde nadie podría darles alcance. Ressler partió de vuelta sin ser escuchado. Con el fin de siglo surgió otra versión: desde la ciudad de México la Procuraduría General de la República (PGR) afirmó contar con pruebas de que los verdaderos homicidas eran jóvenes ricos, hijos de las familias más pudientes de Juárez, cuya influencia política permitió blindarlos frente a las investigaciones. Las mujeres asesinadas, dijo la autoridad, eran obligadas a participar en orgías y luego ultimadas; sorprendentemente nadie se tomó la molestia de probar tales dichos.

Con el tiempo fue configurándose un contexto perfecto de impunidad. A principios del mes de noviembre de 2001 la policía local descubrió ocho cadáveres en estado de descomposición muy cerca del centro de la ciudad, en una propiedad que a principios de siglo era un campo algodonero; horas más tarde del hallazgo, cinco cuerpos se añadieron a la primera relación. Los feminicidios de Ciudad Juárez llegaron a su punto más álgido con este episodio. La sociedad mexicana ya no podía negarse a mirar lo que estaba pasando en su frontera. Los medios de comunicación estadounidenses se encargaron de arrojar luz internacional sobre lo sucedido en la tierra prometida de las maquiladoras. «El perfil [de los asesinos] del Campo Algodonero [...] es el que puede estar vinculado a los narcotraficantes; son a los que describía Sharif [...] la gente de La Línea y tal vez [...] gente también involucrada con algunos empresarios extranjeros [...] gentes que hacían fiestas, bacanales; se trata de fiestas a la romana, en donde, como clímax, podían practicarse sacrificios humanos sin que luego pasara nada.» Esta es la principal hipótesis de

De la Rosa. El perito psicólogo Octavio Máynez, quien estuvo muchos años dedicado a investigar los feminicidios, coincide con tal argumento: «Los reportes apuntan hacia la combinación de policías corruptos y narcotraficantes [que] participaron juntos de estas muertes». Esta es una de las explicaciones que le ofreció a la periodista Teresa Rodríguez.

El *momentum* del Campo Algodonero obligó a revisar las teorías previas y además la actuación de las diferentes autoridades durante las distintas investigaciones: el gobierno había sido parte del problema y no de la solución. Los familiares de las víctimas comenzaron a señalar a la policía como una institución involucrada directamente con los asesinatos. Máynez fue una voz que aportaba argumentos difíciles de descartar: el contexto en el que estaban ocurriendo los feminicidios era resultado de la asociación delictuosa entre funcionarios públicos e integrantes del crimen organizado. Por aquella época la oficina antinarcóticos de El Paso, Texas, hizo público que Francisco Mijares, uno de los policías encargados de investigar a Sharif y a Los Rebeldes, era a la vez empleado del Cártel de Juárez. Luego, desde la ciudad de México, se señaló a Mario Héctor Varela, otro mando de la policía estatal de Chihuahua –responsable de investigar los asesinatos de mujeres en Juárez– como un corrupto *narcopolicía*. La opinión pública confeccionó sus propias conclusiones: la explicación de la tragedia debía insertarse en el contexto de una gran impunidad que protegía, desde el gobierno local, a las bandas trasnacionales del crimen organizado.

Y sin embargo la actuación de la fuerza pública no varió un milímetro. Aún no concluía el mes de noviembre de 2001 cuando las autoridades de Ciudad Juárez hallaron a sus nuevos chivos expiatorios para el caso del Campo Algodonero: Javier García Uribe y Gustavo González Meza, dos modestos conductores de transporte público. Cuando no había siquiera concluido la averiguación previa, estos hombres fueron presentados públicamente como los victimarios de las mujeres halladas en aquella fosa común. El día que la esposa de Gustavo González acudió a la prisión para visitar al padre de sus hijos, lo encontró en un estado lamentable: fue torturado con golpes y quemaduras hasta que firmó una declaración haciéndose cargo de tales crímenes. Poco después de su ingreso al penal se conoció un reporte médico donde, en efecto, quedaba constancia de las heridas producidas en ambos detenidos por el trato policial.

Un mal día Gustavo González amaneció muerto en su celda, víctima, al parecer, de un paro cardiaco; por la forma de su fallecimiento quedó emparentado con *El Egipcio*. En cuanto a Javier García Uribe, al final no pudo comprobársele nada: fue liberado al año siguiente pero antes ocurrió, muy cerca de él, una muerte más. En febrero de 2002 Mario Escobedo, abogado de los dos choferes, fue asesinado en la calle por un comando policiaco: una camioneta particular donde viajaban los agentes lo embistió mientras manejaba sobre una de las avenidas más importantes de Ciudad Juárez; aquel vehículo le dio alcance y la policía disparó hasta aniquilarlo. El padre del occiso, que también era abogado de los acusados, hizo un escándalo público y con ello ayudó a alimentar la convicción que relacionaba a la policía con los verdaderos feminicidas.

El día de San Valentín de 2004 se organizó una marcha internacional para visibilizar el caso de «las muertas de Juárez». Acudieron a ella actrices famosas como Jane Fonda, Sally Field y Salma Hayek. La frase «Todos somos Juárez» alcanzó repercusión mundial durante aquel día. En reacción, el gobierno del entonces presidente, Vicente Fox Quesada, creó una fiscalía para combatir este fenómeno criminal. Tuvieron que transcurrir más de diez años y cerca de cuatrocientas muertes para que se tomara una decisión así de importante. Se nombró al frente de esta institución a Guadalupe Morfín, una reconocida luchadora por los derechos humanos. De modo sorprendente, a partir de tal momento las muertes (que no las desapariciones) comenzaron a descender en Juárez. De la Rosa concluye: «El hecho de [tener aquí] una autoridad que no está vinculada a la red de complicidades... [hace] que los homicidios disminuyan... [los criminales habrán pensado:] si seguimos haciendo este desmadre se nos va a caer el cantón y vamos a perder el negocio por la fiesta; y a los *narcos* les encantan las fiestas, pero nunca sacrifican el negocio por la fiesta... El hecho [de que Guadalupe Morfín] fuera una mujer honesta [y estuviera colocada] en una posición donde podía investigar y descubrir los hechos... cambió el contexto de las cosas».

Pero la amenaza contra las mujeres sigue latente en Juárez. Dejaron de encontrarse los cuerpos arrojados en el desierto con la frecuencia con que sucedía antes, pero se incrementaron las desapariciones. El número de víctimas del sexo femenino que no han regresado a casa rozó en 2010 las mil personas. La sentencia es de Víctor Ronquillo: «Para el gobierno sobran cuerpos y faltan culpables». Así quedó registrado en su libro *Las muertas de Juárez*, publicado hace ya más de una década. A diferencia de entonces, hoy faltan también los cuerpos. La miseria de los primeros feminicidios fue un aviso de la barbarie que estaba a punto de cernirse sobre esta ciudad, y profecía de lo que luego ocurriría en el país entero. El contexto de impunidad asegurado por la asociación delictiva entre autoridades y criminales no se reduce a esta región fronteriza; la insondable desigualdad que coloca a las mujeres en la zona más vulnerable de la sociedad está presente en todo el territorio mexicano; la manía, por parte de las autoridades, de encontrar chivos expiatorios con el objeto de calmar a la opinión pública, se ha magnificado. Síntoma imperdible de esta última circunstancia fue el nombramiento de Arturo Chávez Chávez como procurador general de la República durante el gobierno de Felipe Calderón Hinojosa; el arribo de este personaje a tan elevada oficina confirmó las peores sospechas: la política de relaciones públicas del gobierno mexicano es mucho más relevante que su lucha contra el crimen organizado. Tuvo razón Carlos Monsiváis cuando hizo notar que era exagerada aquella afirmación de que «Todos somos Juárez»; sin embargo, no lo es decir que pronto todos seremos Juárez si no tomamos nota de las dolorosas lecciones que han dejado los feminicidios en esta frontera.

## Huellas de un fantasma

«No sabemos nada, siendo periodista es muy frustrante. Nada más ves cosas, huellas de un fantasma, ves muertos pero nunca ves al asesino, hay mucha sangre y no sabemos si hay guerra, sabes que hay organizaciones criminales pero no sabes si es el gobierno; es mucho más lo que no sabemos que lo que sí [...] esto lo hace a la vez frustrante pero fascinante.» Sandra Rodríguez tiene más energía que un cable de alta tensión. Es una mujer que no pasa desapercibida, tampoco sabe estarse quieta. Su cerebro funciona a toda velocidad. Fue ella quien me trajo a la plaza Juárez. Se quedó un momento rondando la concentración de manifestantes pero el evento encabezado por Sicilia no le despertó mayor interés. Para algunos juarenses no ha caído bien que los chilangos vengan a organizar su propio acto político a esta ciudad. «¿Por qué hasta ahora? Hace ya muchos años que esta frontera vive amenazada.» La respuesta es obvia y al mismo tiempo cínica: porque la geografía de la violencia se extendió apenas.

Sandra Rodríguez es reportera de *El Diario* de Ciudad Juárez. Me cuenta que en el periódico donde trabaja, la mayoría son mujeres: salvo Pedro Torres, otro periodista excepcional, casi todas las fuentes son cubiertas por reporteros del sexo femenino; dice que es una vieja tradición en Juárez. Ella nació en la ciudad de Chihuahua y luego hizo sus estudios universitarios en la frontera. Durante cinco años vivió en la capital del país; ahí trabajó para el diario *Reforma* y para la revista *Proceso*. En 2002 decidió volver. «En México no hay acción, todo es política. Cuando aquí encontraron los cuerpos del Campo Algodonero estaba segura de que esa nota iba a ocupar la primera plana y sin embargo los editores pusieron una declaración banal, creo que era Andrés Manuel López Obrador; [y] me dije: "No puede ser, estos son los hechos que importan". Los periódicos de allá están dedicados a cubrir a los políticos [...] La información de Juárez se desdeñó en la capital, por eso regresé, fueron razones profesionales; yo quería cubrir lo que estaba pasando aquí.»

En el norte del país es época difícil para hacer periodismo, las regiones azotadas por la violencia han vuelto tuerta a la opinión pública porque no es posible investigar lo que en realidad ocurre. Cada región tiene sus propios problemas: no es lo mismo reportear en el golfo de México que en Juárez, Culiacán o Tijuana. «En Torreón y en Durango están en ceros; hay una balacera, un asesinato y ni siquiera la autoridad cuenta a los muertos; [ahí] es una guerra soterrada. En Juárez no sucede, aquí la agenda la imponen los cárteles con llamadas constantes, con asesinatos, cosas así, pero no llaman para decir "esta nota sí, esta no", como ocurre en Torreón o en Tamaulipas. [Allá] la cosa está espantosa, mucho más dramática; los periódicos están sometidos a la presión directa de los sicarios. ¿Cómo que no sabemos que sucedió una balacera? ¿Cómo que no sabemos que desapareció un compañero? Imagínate que no hubiéramos reportado lo que pasó en Villas de Salvárcar [...] [En Juárez] hay una tradición de periodismo independiente; somos una comunidad de un millón y medio de habitantes, no puedes callar a la prensa. Lo que aquí no se diga se va a decir en El Paso, eso cambia las cosas.»

Sandra Rodríguez confiesa que el alcance de su trabajo no puede llegar a donde ella desearía. En esta ciudad los periodistas están consignando los hechos, contando los muertos, pero no han podido hacer investigaciones más amplias: «Investigar [por ejemplo] la estructura del cártel, incluyendo los vínculos que tiene con el Estado, no lo estamos haciendo». Hubo en *El Diario* de Juárez un reportero que decidió traspasar los límites: José Armando Rodríguez Carreón, conocido dentro de su gremio como *El Choco*. A este hombre joven lo asesinaron cuando llevaba a su hija de camino a la escuela. Su caso fue un escándalo en el extranjero. En vida fue el periodista más importante de la fuente policiaca en la ciudad más peligrosa del país. «[Semanas antes] habían matado al sobrino de la procuradora del estado [Patricia González]; sin pertenecer a esa dependencia el tipo fue asesinado cuando viajaba en un vehículo oficial junto con otras dos personas. Armando investigó al sobrino de la funcionaria y a los dos acompañantes: todos tenían antecedentes de narcotráfico en El Paso. ¿Qué hacía un traficante de drogas subido en un carro de policía? La conclusión era inevitable: Patricia González tenía familia *narca*. Transcurrieron diez días de que se publicó esa información y lo mataron... Las autoridades dieron una conferencia de prensa y luego se esfumaron, jamás hicieron nada.» Nunca fue la policía a entrevistarse con el director editorial de *El Diario* de Juárez, Pedro Torres, quien al mismo tiempo era el mejor amigo de *El Choco*. Tampoco buscaron a su esposa, mucho menos a la hija de 9 años, quien en sus piernas cargó al padre mientras agonizaba. «¿No temes por tu vida después de lo que ocurrió con Armando?». Sandra echa la cabeza hacia atrás y no tarda en responder: «Yo vivo para esto. Soy soltera. Mi reacción con lo de Armando fue más de furia que de miedo».

Le pido que me cuente el hecho que más la haya conmovido desde que volvió a vivir a la frontera. Habla entonces de Vicente León Chávez, un adolescente de 16 años que entrevistó en la cárcel. El episodio que condujo a este muchacho tras las rejas se conoció en Juárez cuando una madrugada los bomberos acudieron a apagar una camioneta incendiada que se encontraba en el camino viejo a Zaragoza. Una vez que aquellos hombres lograron revisar el interior del vehículo, hallaron tres cuerpos incinerados. Por la autopsia se supo que aquellas personas habían sido asesinadas antes de consumirse entre las llamas. Los cuerpos pertenecían a Vicente León Negrete, de 40 años, Alma Delia Chávez Márquez, de 35 y Laura León Chávez, de 13.

«Los policías ministeriales no son tan pendejos como uno supone, solo son corruptos; inmediatamente se dieron cuenta de que el niño era el culpable», argumenta la periodista. Cuando aprendieron al menor, sin dilación este confesó su crimen: de la mano con dos compañeros de la escuela de bachilleres planeó el triple asesinato. Al parecer quería cobrar el seguro de vida que el padre tenía contratado; para convencer a sus cómplices les garantizó que ganarían mucho dinero. Vicente León Negrete murió de un solo tiro, a la madre le arrancaron la vida con un arma blanca; a la niña Laura, su propio hermano la ahorcó con la fuerza de su brazo. Los tres cadáveres fueron envueltos en sábanas y subidos a la camioneta familiar que luego sería encontrada en el camino viejo a Zaragoza. Cuando Sandra Rodríguez logró entrevistar al joven Vicente en la prisión, el muchacho hizo las siguientes declaraciones: «Pensamos que era un plan perfecto [...] ni nos imaginamos [...] que existía la policía [...] Porque decíamos en la plática: estamos en México, que es un país corrupto, que la policía está de adorno [...] ¿Cuántos casos, así como el de "las muertas de Juárez", y [...] los policías nada más están por estar?». La reportera añade que aquel joven quiso hacer pasar su parricidio por una *narcoejecución* ya que estaba consciente de que tales crímenes jamás se investigan. Pasaron cinco años y Vicente León Chávez salió libre; como era menor de edad la sentencia fue corta. A los pocos días, mientras almorzaba unos tacos en un puesto de la calle, recibió setenta balazos. Nunca se supo quién ordenó su ejecución.

Por primera vez durante la charla Sandra se entristece. Cuenta que seis de cada diez víctimas de la violencia en Juárez son jóvenes o adolescentes. Hay una generación entera que se está perdiendo: cuatro de cada diez muchachos juarenses abandonan la escuela después de terminar la secundaria. Son todos carne de cañón para el crimen organizado. «¿Qué pueden hacer de sus vidas? ¿Ganar 100 pesos diarios en una maquiladora? Ese es [aquí] el valor de la vida humana; por eso la gente se muere, porque vale muy poco.» Sandra asegura que fue en 2008 cuando la crisis de inseguridad rebasó todos los límites. Según ella, hasta antes de esta fecha estaban «las muertas de Juárez» y los crímenes entre mafiosos pero la violencia no tocaba las calles aún. Los cuerpos arrojados por la guerra entre cárteles solían ser enterrados en fosas comunes porque no había intención de sembrar terror entre la población civil. La periodista dice que el cambio vino cuando entró el ejército a la ciudad para combatir al Cártel de Juárez. En mayo de ese año circulaba una serie de correos electrónicos advirtiendo que estaba a punto de vivirse el fin de semana más violento en toda la historia de la ciudad. «Fue por esos días, el fin de semana del veintitantos de mayo, que la vida nocturna en Juárez murió definitivamente. Recorrí con mis amigas los lugares que frecuentábamos de noche y todos estaban vacíos.»

«Al ejército no le importaba desaparecer o matar a las personas [...] Cuando todo empezó, a los primeros que detienen es al jefe de la policía municipal y al jefe de la policía ministerial; todos sabíamos que eran de La Línea, eran el contacto [entre la autoridad] y el cártel.» Otra entrevista fundamental de Sandra Rodríguez fue la que hizo a Raúl Grajeda, primer secretario de Seguridad durante el gobierno de José Reyes Baeza. En esa conversación el antiguo funcionario afirmó que el jefe del Ejecutivo estatal y la procuradora Patricia González protegían los intereses del Cártel de Juárez. Sandra abunda: «Tenemos una larga tradición de funcionarios ligados con el *narco* [...] Aquí todos asumimos que la procuraduría [estatal] es La Línea, una organización de policías municipales, expolicías viejos, todos ellos sirviendo al crimen organizado [...] Hay que entender al crimen organizado tanto por sus malandros como por sus compinches en el poder, porque están dentro del Estado». Rodríguez pierde la calma y pregunta: «¿No podríamos tener funcionarios menos cuestionados?». Luego narra que la procuradora González recontrató en Chihuahua a los policías municipales defenestrados en Ciudad Juárez por el ejército.

Ahora que las malas decisiones no solo fueron del gobierno local. De acuerdo con esta mujer, el ejército decidió combatir únicamente a los criminales de La Línea. «Se atacó a un solo lado [...] Si se hace la contabilidad hubo tres detenidos de *El Chapo* contra mil del Cártel de Juárez.» Después de constatar tal información, ella no pudo tomar con seriedad la estrategia del gobierno federal; traza con el dedo índice un mapa imaginario de la ciudad y describe: «Del Tecnológico para allá es de *El Chapo* y del Tecnológico para acá es [territorio] de La Línea». Añade que el valle de Juárez ya cayó en poder de los señores de Sinaloa. La decepción con respecto a la política nacional se profundizó en la primavera de 2010, con el arribo de la Policía Federal a la ciudad. Repite de manera más informada lo que ya escuché antes: en cuanto llegaron de México los elementos de la Secretaría de Seguridad Pública, crecieron las extorsiones. «La explicación oficial que nos dieron fue que, como ya no podían traficar con drogas, los malandros se movieron al negocio de la extorsión y del secuestro [...] Sin embargo, es un hecho que la Policía Federal está detrás de muchísimos casos; grabamos a esos agentes extorsionando a la gente y lo publicamos en *El Diario*. Hay testigos y ellos no desmintieron.» El delito de extorsión tiene su propia lógica: se quema un negocio porque los dueños no pagan su cuota o porque lo hacen al bando contrario. La avenida Pronaf (cuyo nombre hace referencia al antiguo Programa Nacional Fronterizo encabezado por Antonio J. Bermúdez) tiene al menos una decena de edificios incendiados. Un día tuvieron que bajar la cortina *El Aroma*, el *Vaqueros y Broncos*, el *Café Dalí* y otros tantos. «Me di cuenta de que la economía de Juárez iba en picada cuando los anunciantes dejaron de contratar publicidad en *El Diario*.»

Sandra niega ladeando la cabeza, no cree que las cosas vayan a solucionarse pronto: «La ciudad siempre va a estar en crisis; no es un asunto de fuerza policiaca. Aquí están las energías malignas: es el modelo de las instituciones mexicanas y el capitalismo salvaje; es el modelo de la maquiladora que hemos mantenido por cuarenta años. Más de tres generaciones han tenido que vivir con sueldos que no superan los dos salarios mínimos. Fuimos además polo de atracción migratoria que nunca fue capaz de construir infraestructura. Todo empezó cuando Bermúdez se apoderó de 10 mil hectáreas en el centro de la ciudad y mandaron a la población a vivir a las afueras, donde nunca hubo escuelas, agua, ni pavimento. Luego vino el abuso pujante de las drogas... Un contexto así es para que la gente se chingue. El único que se hizo rico fue Bermúdez porque sus terrenos subieron de valor cuando se instalaron las maquiladoras y el gobierno hizo calles, puso luz y drenaje solo para ellas».

«¿Y sin embargo prefieres permanecer aquí?». Se ríe. «Amo esta ciudad, así, su complejidad. Desde niña me alucinaba la fisonomía de un lugar que es completamente desértico, pero sobre todo esa convivencia tan cercana con el país más poderoso del mundo. Ves aquí el contraste: la mancha binacional más grande del mundo... Siempre me ha parecido increíble, con solo cruzar una calle estás en ese otro país.» Sin el tacto necesario cuestiono si su respuesta no es un tanto romántica. No se ofende pero concluye nuestra conversación con esta frase: «¿No te parece suficiente, extremadamente fascinante, todo lo que te digo para entender por qué me quiero quedar?».

## El origen de la crueldad

Después de recorrer más de 3 mil 500 kilómetros Javier Sicilia se mira agotado. Por la más trágica de las razones es líder del movimiento que aquí se ha dado cita: como a tantas otras madres y padres mexicanos, los sicarios le mataron un hijo. Entonces escribió una carta pública que por su tono cimbró los términos del discurso guerrero imperante en México. El 8 de mayo de 2011 convocó a una primera caravana que marchó desde Cuernavaca, ciudad donde asesinaron a Juan Francisco Sicilia Ortega, hasta la plaza principal de la capital del país. En este lugar se reunieron más de 20 mil ciudadanos. Cuando el poeta tomó la palabra pronunció la pregunta fundamental: «¿Cuándo y en dónde perdimos la dignidad?»; después añadió: «Hemos venido hasta aquí para mostrarle a los señores de la muerte que estamos de pie y que no cejaremos de defender la vida de todos los hijos y las hijas de este país». Un mes más tarde, en Ciudad Juárez, Sicilia exigió a las personas de buena voluntad mantenerse unidas; de lo contrario todos vamos a seguir el camino de nuestros muertos.

Si es necesario encontrar una fecha para fijar el momento en que esta ciudad comenzó a sufrir el embate de los envilecidos hay que remontarse a los primeros años de la década de los 90 del siglo pasado. Coinciden los síntomas iniciales de la violencia con la consolidación del liderazgo de Amado Carrillo Fuentes en la organización criminal conocida como el Cártel de Juárez. La suya es otra biografía que ayuda a explicar la realidad presente; así como hay historias extraordinarias que ennoblecen, también están aquellas que destruyen.

Terrence Poppa concluye su libro sobre Pablo Acosta advirtiendo que el comandante de la policía mexicana, Guillermo González Calderoni, eliminó del paisaje a *El Zorro de Ojinaga* con el propósito explícito de abrirle paso a su sucesor: Amado Carrillo Fuentes. No es posible confirmar esta hipótesis y sin embargo resulta evidente que, a partir de aquella emboscada en Santa Elena, la fortuna comenzó a sonreírle al sobrino de Ernesto Fonseca Carrillo. Afirma Poppa que no habían transcurrido doce meses de la muerte de Pablo Acosta cuando las autoridades estadounidenses detectaron, de nuevo, que en Ojinaga aterrizaban avionetas procedentes de Colombia cargadas de cocaína.

Al parecer, después de abandonar el río Bravo, Amado Carrillo se mudó a vivir a la ciudad de Torreón y desde ahí condujo las operaciones de una organización donde él quedó a la cabeza. No migró de inmediato a Juárez porque en la frontera con El Paso era otro mafioso el que reinaba: Rafael Aguilar Guajardo. Durante dos años operó Carrillo desde La Laguna hasta que fue capturado por la policía y trasladado al Reclusorio Sur de la ciudad de México; ahí se reencontró con Miguel Ángel Félix Gallardo, el antiguo *Jefe de Jefes*. Sería interesante averiguar quiénes fueron los altos funcionarios del gobierno mexicano que lo ayudaron a abandonar esa prisión solo nueve meses después de haber ingresado. Según José Alfredo Andrade Bojorges, autor de una biografía pagada para glorificar a Carrillo Fuentes, el entonces subprocurador general de la República, Javier Coello Trejo, mejor conocido como *El Fiscal de Hierro*, lo habría ayudado a librarse de los cargos que pesaban en su contra. Andrade agrega: «Al salir por la puerta principal del Reclusorio Sur, el 7 de junio de 1990, [Amado Carrillo] sabía que estaba destinado a ser amo y señor del narcotráfico».

Una vez libre, este hombre se enfocó a construir una de las empresas más grandes que en México se hayan dedicado a ese negocio. Restableció las relaciones que tenía en Colombia y cambió las pequeñas aeronaves que antes, con Pablo Acosta, utilizara para mover sus productos, por aviones mucho más grandes. A partir de entonces comenzó a ser llamado dentro de la mafia como *El Señor de los Cielos*. Tal vez no necesitó vivir cerca de la frontera para lograr que su empresa prosperara; entre 1990 y 1993 habría residido en la ciudad de México. Su negocio creció tanto que ya disputaba mercado con Rafael Aguilar Guajardo, entonces dueño de la *plaza* de Ciudad Juárez. Ese desafío económico no tardó en provocar un primer ajuste de cuentas. Mientras comía en un restaurante al sur de la capital, un grupo de matones quiso atentar contra la vida de Amado Carrillo; *El Señor de los Cielos* pudo salvarse gracias al cuerpo de seguridad que lo protegía. Con este episodio comenzó formalmente la nueva disputa por el poder criminal en Ciudad Juárez. El lunes 12 de abril de 1993 Carrillo se vengó de su competidor: una ráfaga de metralla eliminó a Aguilar Guajardo.

La empresa de *El Señor de los Cielos* absorbió buena parte de los activos que pertenecían a su adversario. Un pariente del occiso, Rafael Muñoz Talavera, siguió operando en Juárez pero nunca llegó a rebasar en poder a Amado Carrillo. Fue en ese año de 1993 que el nuevo líder del cártel mudó la oficina principal de sus negocios a Ciudad Juárez; llama la atención la coincidencia con el año en que aparecieron las primeras mujeres muertas en el desierto. El segundo en el mando de la naciente organización fue Vicente Carrillo, hermano de Amado. Esa empresa ofreció empleo al resto de los sinaloenses que habían quedado desarticulados después de la detención de Miguel Ángel Félix Gallardo. De los integrantes de aquel núcleo original, solo los hermanos Arellano Félix permanecieron fuera del radio de influencia del Cártel de Juárez: bajo las órdenes de Amado Carrillo se colocaron los Beltrán Leyva, Ismael *El Mayo* Zambada y Juan José *El Azul* Esparragoza. Mientras esto sucedía, Joaquín Guzmán Loera estaba preso y, presumiblemente, recibía apoyo económico proveniente de esta misma organización.

Según la periodista Teresa Rodríguez, el Cártel de Juárez llegó a ser la empresa responsable de introducir 70 por ciento de la cocaína que entraba a Estados Unidos. La fortuna de Amado Carrillo habría alcanzado, durante el segundo lustro de los años 90, los 25 mil millones de dólares. Una prueba de su extendido poder fue que logró corromper al general Jesús Gutiérrez Rebollo, quien a finales de 1996 fuera nombrado *zar antidrogas* del gobierno por el presidente Ernesto Zedillo Ponce de León. En vida, Amado Carrillo contó con una habilidad impresionante para subordinar dentro de su nómina a cuanto funcionario quiso interponerse en su camino. Supo reclutar a sus protectores lo mismo en Juárez que en la ciudad de Chihuahua, en la Procuraduría General de la República o en la Secretaría de la Defensa Nacional. Acaso *El Señor de los Cielos* fue el primer *narco* mexicano que logró librarse del control que el Estado alguna vez tuvo sobre los líderes del crimen organizado.

En la frontera con Texas, Amado Carrillo también fundó e hizo crecer una organización que hoy se conoce como La Línea: el frente armado del Cártel de Juárez que a la fecha sirve para proteger los intereses de la empresa. Esta sección subordinada al mando del cártel reclutó dos tipos de integrantes: pandilleros y policías. De un lado, siguiendo la tradición que dejó Héctor Ruiz González, el nieto de *La Nacha* al que apodaban *El Árabe*, incorporó a las pandillas callejeras para que controlaran, cuadra por cuadra, el territorio de su *plaza*. Del otro, atrajo a los mandos de la policía, tanto municipal como estatal, que desempeñaban tareas más sofisticadas. Este brazo armado del Cártel de Juárez fue el que fabricó el contexto de impunidad que hasta hoy tiene secuestrada a esta ciudad fronteriza. Huelga decir que la violencia no fue la única herramienta para sumar adeptos; para someter tanto al gobierno como a los pobladores, La Línea se sirvió del dinero que en cantidades exorbitantes reparte la organización. Al fin sinaloense, Amado Carrillo sabía utilizar tan bien la plata como el plomo.

Diez años le duró a *El Señor de los Cielos* el trayecto ascendente; logró convertirse en el líder criminal más importante de México. Sin embargo, su estrella mostró síntomas de fatiga en febrero de 1997, cuando el general Jesús Gutiérrez Rebollo fue detenido por su presunta asociación con Amado Carrillo. Por increíble que parezca, este militar vivía en un lujoso departamento de la ciudad de México cuyo propietario era precisamente *El Señor de los Cielos*. Una vez recibido este golpe, el líder del Cártel de Juárez decidió abandonar el país. Viajó a Chile para buscar residencia: constituyó ahí varias empresas que le iban a servir de fachada para rehacer la vida lejos de esta frontera.

Pero antes de dar el paso final, quiso modificar su fisonomía. Dice Andrade Bojorges que buscó a un médico cirujano de nombre Ricardo Reyes Rincón para que le practicara una complicada cirugía facial y al mismo tiempo le hiciera una liposucción en el vientre. Aquella intervención quirúrgica habría durado más de ocho horas; tiempo largo para que un ser humano permanezca bajo los efectos de la anestesia. Tal vez la operación terminó mal. Amado Carrillo Fuentes habría muerto el viernes 4 de julio de 1997, pocos minutos después de las seis de la mañana.

La versión pública cuenta que los familiares de *El Señor de los Cielos* quisieron trasladar de forma clandestina el cadáver a Sinaloa para que fuera en su tierra natal donde lo velaran. Una filtración a la DEA permitió que la autoridad mexicana interceptara el cuerpo del mafioso para conducirlo al Hospital Militar, lugar donde se le practicaría la autopsia y también una serie de pruebas para confirmar su identidad. Al principio fue difícil creerse esta historia: una narración mala dentro de una novela peor. No obstante, el hecho de que un alto mando militar ratificara tal versión hizo que las dudas cesaran: Amado Carrillo había muerto oficialmente.

Durante las siguientes semanas fue asesinado casi todo el cuerpo médico que participó en aquella cirugía fallida; salvo uno de los doctores que logró refugiarse en Estados Unidos, el resto del personal fue eliminado. ¿Se habrá supuesto que la muerte del capo no ocurrió por accidente sino como resultado de un atentado instruido por sus enemigos? ¿O cabe la posibilidad de que tales sujetos tuvieran información sobre *El Señor de los Cielos* que, de hacerse pública, se convertiría en un problema? Como con tantas otras interrogantes vinculadas al narcotráfico, resulta imposible encontrar respuestas ciertas. Lo que sí puede afirmarse es que ese año de 1997 dio inicio otra ola de violencia en Ciudad Juárez: con la desaparición de Amado Carrillo comenzó la pugna de la sucesión no solo dentro de su *plaza* sino en las demás estructuras mafiosas dedicadas en México al control y comercio de las drogas ilícitas.

La muerte de *El Señor de los Cielos* detonó una reacción parecida a la que ocho años antes provocara la detención de Miguel Ángel Félix Gallardo. Lo dice bien Andrade Bojorges: «Amado Carrillo era el punto de equilibrio, sin él se volvía a la ley del más fuerte». Pero, a diferencia de la época idílica del *Jefe de Jefes*, el panorama había cambiado. En 1997 el volumen de droga traficada hacia Estados Unidos era más grande y por tanto los ingresos del negocio se multiplicaron, lo mismo el número de empleados en la organización delincuencial. Teresa Rodríguez calcula que para 1998 había más de 480 pandillas en Ciudad Juárez y muchas de ellas estaban ligadas a La Línea; ese extenso ejército, mezcla de policías y pandilleros, no estaba dispuesto a desintegrarse.

Vicente Carrillo, el hermano de *El Señor de los Cielos*, trató de colocarse en el asiento vacío. Usó a La Línea para combatir lo que restaba en Juárez de la organización liderada por Rafael Muñoz Talavera; esa sola batalla incrementó la violencia en la frontera. De su lado, los hermanos Beltrán Leyva decidieron independizarse, lo mismo que Ismael *El Mayo* Zambada, Ignacio Coronel y Juan José *El Azul* Esparragoza. El pulso de fuerzas produjo una hemorragia desde Tijuana hasta Juárez: los nuevos liderazgos no estaban dispuestos a reconocer a Vicente Carrillo como el nuevo capo.

En 2001 Joaquín *El Chapo* Guzmán se escapó de la prisión de Puente Grande. Al final sería él, y no los demás sinaloenses, quien iba a sustituir a Amado Carrillo. Lentamente atrajo hacia su organización a los detractores del Cártel de Juárez: cada uno de los mafiosos antes mencionados comenzó a girar a su alrededor. Del imperio que le heredara su hermano, Vicente Carrillo se quedó solo con Chihuahua; mientras tanto, el Cártel de Tijuana se fue desmantelando con las muertes y detenciones que cayeron sobre los hermanos Arellano Félix. La sentencia es del extraordinario libro *Marca de sangre* de Héctor de Mauleón: «*El Chapo*, en solo nueve años (2001-2010), convirtió al país en una balacera». La década de la guerra por las drogas arrojaría a México a uno de sus momentos más cruentos: arriba de 40 mil homicidios e incontables desaparecidos. Las poblaciones que más han sufrido son aquellas que viven en una frontera territorial disputada por dos o más organizaciones; en La Laguna, por ejemplo, se sobrevive con severidad porque ahí ocurre la batalla entre La Federación del Pacífico, hoy liderada por *El Chapo* Guzmán, y Los Zetas. Lo mismo sucede en Ciudad Juárez: 6 mil 500 asesinatos ocurridos en solo cinco años se explican, entre otras razones, porque en esta *plaza* han peleado milímetro a milímetro La Federación del Pacífico contra lo que resta del cártel local.

Todavía más extraño es que las fuerzas gubernamentales, por acción u omisión, sean parte de esta guerra entre mafiosos. Aunque pasado el tiempo todo tiende a saberse, mientras está ocurriendo es difícil tener constancia fehaciente de la corrupción institucional. La guerra de propaganda y contrapropaganda que los grupos criminales despliegan para acompañar sus batallas está plagada de falsedades: si el Cártel de Juárez coloca mantas asegurando que el secretario de Seguridad Pública, Genaro García Luna, protege a los señores de Sinaloa, o si éstos acusan al exgobernador de Chihuahua, José Reyes Baeza, de estar asociado con la organización de Carrillo, no hay manera de desmentir los dichos, sobre todo porque hay argumentos que podrían llevar a tomar con seriedad ambas aseveraciones.

En 2009 fueron relevados de su cargo tres altos funcionarios ligados con García Luna a quienes se les encontraron nexos con una organización criminal. Igual de sospechoso es el comportamiento de Reyes Baeza con respecto a la investigación que no hizo a propósito del asesinato de Benjamín LeBarón, presumiblemente perpetrado por La Línea. La guerra entre organizaciones delictivas y la permanente desconfianza social con respecto al papel jugado por las autoridades tanto locales como federales es el argumento principal del contexto de impunidad en el que hoy vivimos los mexicanos. Juárez se convirtió en la ciudad más peligrosa del país porque es al mismo tiempo el territorio mexicano más impune; también porque aquí abundan los soldados rasos del crimen organizado.

Resulta falsa la hipótesis que quiere distinguir entre mafias benévolas y mafias violentas: no hay un solo líder criminal que con su trayectoria pueda demostrar ese supuesto. Decir, por ejemplo, que La Federación del Pacífico es más civilizada que Los Zetas o que La Línea, no puede probarse con datos duros. Lo que determina la cantidad de horror vivido por la población civil es la disputa entre estructuras y no quienes en ella se involucran. Cada vez que la pugna escala, las llamaradas del terror se avivan.

Hay quien supone que la vida se hará pacífica cuando alguna de las empresas ilegales triunfe sobre sus competidoras. Tampoco este razonamiento es coherente: de tanto en tanto, por una u otra razón, las organizaciones criminales se escinden; a diferencia de las compañías legales, aquellas dedicadas al tráfico de drogas están condenadas a partirse mil veces. La ruptura que se produjo entre los hermanos Beltrán Leyva y *El Chapo* Guzmán da cuenta puntual de este hecho. Ese pleito entre antiguos socios impuso un reguero de sangre donde perdieron la vida más de 2 mil 500 personas. No hay sociedad que pueda soportar el ajuste de cuentas resultante de cada división; si el Estado mexicano de verdad se decidiera a liberar a sus gobernados de esta tragedia, tendría que combatir a todas las bandas criminales sin distinguirlas por sus atributos; de otra manera seguirá presente la coartada que le permite a cada autoridad escoger el bando de su conveniencia.

El discurso del poeta Javier Sicilia pronunciado la tarde del viernes 10 de junio terminó pronto. Acaso por el cansancio que traía a cuestas, el tono de voz que utilizó era más adecuado para una conferencia de prensa que para un mitin placero. Trató de ser cuidadoso al elegir sus palabras porque durante la caravana constató que el movimiento por la paz está compuesto por expectativas muy grandes y ciertamente dispersas; no importa cuánto hayan querido sus líderes colocar el dolor de las víctimas como razón principal de la convocatoria, cada uno de los presentes en la plaza Juárez llegamos con nuestra propia y muy particular causa. Cuando por fin se ha roto el silencio, lo que se escucha es el vocerío de la Torre de Babel. ¿Cómo hacer ahora para que el diálogo sea superior al grito estridente? ¿Cómo lograr que la tolerancia le gane la partida a las expresiones de odio y desconfianza?

No basta con tener un enemigo común para producir comunidad. No basta el enojo contra el gobierno para que la persona se decida a participar en el espacio público. Y sin embargo parece urgente que las y los mexicanos seamos capaces de mostrar a los señores de la muerte que, a pesar de su voluntad arbitraria, el resto seguimos en pie. Ciudad Juárez es la población que con mayor dignidad ha enfrentado la violencia; una cantidad muy grande de organizaciones sociales ha brotado durante la última década. Los juarenses saben que la apatía ya no es una opción: cada uno tuvo que despertarse de la pesadilla a partir de un doloroso parto de conciencia. Estos mexicanos saben mejor que el resto de nosotros lo que podría ocurrirle al país si la sociedad no se moviliza contra la violencia.

Como último argumento en su intervención optó Sicilia en Ciudad Juárez por leer un poema de Constantino Kavafis sobre el viaje de Ulises a la isla griega de sus deseos:

*Cuando emprendas tu viaje a Ítaca...*
*No temas a los lestrigones ni a los cíclopes*
*ni al colérico Poseidón,*
*seres tales jamás hallarás en tu camino,*
*si tu pensar es elevado,*
*si selecta es la emoción que toca tu espíritu y tu cuerpo.*
*Ni a los lestrigones ni a los cíclopes*
*ni al salvaje Poseidón encontrarás,*
*si no los llevas dentro de tu alma,*
*si no los yergue tu alma ante ti.*

# EPÍLOGO

El Puente de Santa Fe no se parece a la garita de San Ysidro: aunque hay vendedores de quesillo y bebidas gaseosas, este cruce no es un mercado. Acaso la diferencia proviene de que Tijuana ya sobrevivió a la guerra. Tiene razón Sandra Rodríguez: sorprende lo fácil que resulta, físicamente, cruzar de un país a otro. Ciudad Juárez y El Paso son dos extremos de un mismo cuerpo; tal vez los mexicanos estemos más conscientes de ello, aunque de tiempo en tiempo los estadounidenses se fuerzan a reconocerlo. El último día de junio de 2010, del lado mexicano fueron disparadas siete balas y una rompió un vidrio del edificio que aloja a la alcaldía de El Paso; las declaraciones enfurecidas de los vecinos aparecieron publicadas al día siguiente en los periódicos. El alcalde John Cook advirtió que aquello era «insoportable»; una de sus secretarias dijo estar muy alarmada por la posibilidad de una desgracia humana. Una sola bala causó más alarma que 6 mil 500 muertos del otro lado del río.

Casi un año después, la noche del 11 de junio de 2011 decidí dormir fuera de mi país. Dentro del cuarto de un hotel céntrico de El Paso cayó sobre mí un fuerte golpe de angustia: los discursos de los familiares de las víctimas aún seguían escuchándose en el caracol de mis oídos. No hay manera de vivir en paz después de aproximarse a tantas historias de dolor. A menos de 15 kilómetros del centro de esta ciudad estadounidense, la segunda más pacífica, hay una tragedia grande y mis vecinos se alarman nada más cuando se rompe uno de sus vidrios.

Salí a caminar para distraer las ideas. Alrededor del *City Hall* me encontré con una gran fiesta: esa noche de sábado, en plena calle se celebraba el *Gay Fest*, la música alegre y estruendosa abarcaba varias cuadras. Sobre el escenario principal se encontraba una travesti guapísima; iba toda vestida de blanco y con su baile animaba a la concurrencia a deshacerse en brincos y aplausos. El número de asistentes no era menor a la cantidad de gente que el día anterior se reunió en Ciudad Juárez. Aquellas mujeres y hombres estaban bien protegidos: alrededor de su festejo seis o siete edificios muy altos y modernos hacían que ni el viento de verano los molestara. La calle Franklin se convirtió en un largo bar de cervezas. Sobre la bóveda celeste la luna también observaba; con su luz iluminó los letreros de los bancos Wells Fargo, Chase y Bank of the West.

La música siguió elevando su volumen pero no logré animarme. Me acerqué al escenario y desde allí arrojaron collares y pulseras fosforescentes; manos y piernas gozosas se peleaban por uno de esos obsequios. El erotismo electrificó el ambiente, también el alcohol y las anfetaminas. Cuando la noche comenzó a refrescar dejé atrás a los bailarines. Un pesar grande me abrazó de regreso al hotel; me produjeron tristeza los arbotantes antiguos de la calle, los parquímetros puestos cada tres metros y los adoquines perfectamente acomodados. No fue rabia sino su opuesto lo que me invadió aquella noche. El viaje había terminado.

# BIBLIOGRAFÍA

Aguayo Álvarez, José Luis, *Vida y obra de Fernando Jordán*, Instituto Chihuahuense de la Cultura, Chihuahua, 2009.

Aguilar Aguilar, Gustavo, *Inmigración griega, creación de empresas y actividad empresarial en Sinaloa (siglo XX)*, Instituto Sinaloense de Cultura, Culiacán, 2008.

Alfaro, Alfonso, «Hombres paradójicos. La experiencia de la alteridad», en *Artes de México*, «Misiones jesuitas», núm. 65, México, 2003.

—, «La redondez de la tierra», en *Artes de México*, «Misiones jesuitas», núm. 65, México, 2003.

Alfaro Bedolla, Leónidas, *La maldición de Malverde*, Almuzara, 2006.

Almada Mireles, Hugo, *La realidad social de Ciudad Juárez. Análisis territorial*, t. II, Universidad Autónoma de Ciudad Juárez, Ciudad Juárez, 2007.

Alvarado, Ignacio y Evangelina Hernández, «Corrupción abre las puertas del sur de EU», en *El Universal* (10 de marzo, 2010: http://www.eluniversal.com.mx/estados/73413.html).

Álvarez Olivas, Iván (comp.), *De la política a la sociedad. 7 reflexiones desde la frontera*, Universidad Autónoma de Ciudad Juárez, Ciudad Juárez, 2009.

Amezcua Castillo, Jesús, *Pedro Infante. Medio siglo de idolatría*, Ediciones B, México, 2007.

Andrade Bojorges, José Alfredo, *La historia secreta del narco. Desde Navolato vengo*, Océano, México, 1999.

Arreola Arreola, Paulino, *Cd. Juárez sin maquillaje*, Doble Hélice, Chihuahua, 2006.

Arriagada Cuadriello, Mario y Andrés Lajous, «Caravana del Consuelo: La marcha que camina al revés», en *Nexos* (8 de septiembre, 2011: http://www.nexos.com.mx/?P=leerarticulov2print&Article=2099372).

Astorga, Luis, *Mitología del narcotraficante en México*, UNAM-Plaza y Valdés, México, 2004.

—, *El siglo de las drogas. El narcotráfico, del Porfiriato al nuevo milenio*, Plaza y Janés, México, 2005.

Avitia Hernández, Antonio, *La leyenda de Movieland. Historia del cine en el estado de Durango (1897-2004)*, ed. del autor, México, 2006.

—, *Relatos de plumas ausentes*, s. e., Durango, 2006.

Barajas Durán, Rafael, *El Fisgón, Sólo me río cuando me duele. La cultura del humor en México*, Planeta, México, 2009.

Beith, Malcolm, *The Last Narco. Inside the Hunt for El Chapo, the World's Most Wanted Drug Lord*, Grove Press, Nueva York, 2010.

Beraud Lozano, José Luis, *Condiciones de vida y medio ambiente en las principales ciudades sinaloenses*, Universidad Autónoma de Sinaloa, Culiacán, 2001.

Botton, Alain de, *El arte de viajar*, Suma de Letras, Madrid, 2003.

Bowden, Charles y Julián Cardona, *Murder City: Ciudad Juárez and the Global Economy's New Killing Fields*, Nation Books, Nueva York, 2010.

Braniff, Beatriz, *Guía para el Museo de las Culturas del Norte. De los tiempos prehispánicos a Casas Grandes*, Conaculta-INAH-Edere, México, 2004.

Brown, R. B. (ed.), *Introducción e impacto del ferrocarril en el norte de México*, Universidad Autónoma de Ciudad Juárez, Torreón, 2009.

Browne J., Rosse, *Explorations in Lower California 1868*, Arizona Silhouettes, Arizona, 1952.

Bustillos Gardea, Noel Irán y María del Carmen Sotelo Holguín, *Cuentos de la sierra Tarahumara/Ra'íchali Kawichí Nirúami*, Doble Hélice, Chihuahua, 2007.

Cabrera, Javier, «Mata narco ocho niños y jóvenes en Sinaloa», en *El Universal* (14 de julio, 2008: www.eluniversal.com.mx/notas/522274.html).

«Cae con Miss Sinaloa jefe del Cártel de Juárez», en *La Crónica de Hoy* (22 de febrero, 2010: http://www.cronica.com.mx/nota.php?id_nota=405630).

Calderón de la Barca, Mme., *Life in Mexico during a residence of two years in that country*, Ediciones Tolteca, México, 1952.

Calderón Viedas, Carlos, *Huellas de modernidad en Sinaloa*, Fontama-ra-Gobierno de Sinaloa, México, 2007.

Calvino, Italo, *Seis propuestas para el próximo milenio*, Siruela, Madrid, 1998.

Camacho Griensen, Armando, *Elisa Griensen Zambrano. El heroísmo de una mujer y el villismo desafiaron al Ejército estadounidense*, Gernika, México, 2007.

Campbell, Federico, *Tijuanenses*, Zeta Bolsillo, México, 2008.

—, *Transpeninsular. Un extraño recorrido por tierras enigmáticas*, Punto de Lectura, México, 2005.

Campobello, Nellie, *Cartucho. Relatos de la lucha en el norte de México*, Era, México, 2009.

Cano, Luis Carlos, «Autoridades soslayan seguridad en Le Barón», en *El Universal* (9 de agosto, 2011: http://www.eluniversal.com.mx/estados/72408.html).

—, «Lebarones: nada hicieron por protegernos», en *El Universal* (9 de agosto, 2011: http://www.eluniversal.com.mx/primera/33273.html).

Castañeda, Marina, *La experiencia homosexual. Para comprender la homosexualidad desde dentro y desde fuera*, Paidós, México, 2004.

Castañón Cuadros, Carlos, *Las dos repúblicas. Una aproximación a la migración china hacia Torreón: 1924-1963*, Instituto Municipal de Documentación y Archivo Histórico Eduardo Guerra, Torreón, 2004.

Castrellón, Cristina, *Selena. Su vida después de su muerte*, Punto de Lectura, México, 2010.

Cervantes, Antonio, «Benjamín Le Barón», en *El Universal* (9 de agosto, 2011: http://www.eluniversal.com.mx/editoriales/44819.html).

—, «El corazón de una persona», en *El Universal* (9 de agosto, 2011: http://www.eluniversal.com.mx/estados/72428.html).

Chamberlain, Kathleen P., *Victorio. Apache Warrior and Chief*, University of Oklahoma Press, Oklahoma, 2007.

Chávez Calderón, Plácido, *La defensa de Tomochi*, Centro Librero La Prensa, Chihuahua, 2009.

«Compra China, en Sinaloa, mina más grande que la de Cananea», *dossierpolitico.com* (8 de agosto, 2008: http://www.dossierpolitico.com/vernoticiasanteriores.php?artid=32481&relacion=dossierpolitico).

Connor, Walker, *Ethnonationalism. The Quest for Understanding*, Princeton University Press, Nueva Jersey, 1994.

Croucher, Sheila, *The Other Side of the Fence. American Migrants in Mexico*, University of Texas Press, Austin, 2009.

Cruz, Francisco, *El Cártel de Juárez*, Planeta, México, 2008.

De la O Holguín, José, *La danza de la tribu. Síntesis biográfica de Nellie Campobello*, Instituto de Cultura del Estado de Durango, Durango, 2003.

—, *Pancho Villa en Canutillo. Entre pasiones y flaquezas*, Instituto de Cultura del Estado de Durango-H. Congreso del Estado de Durango, Durango, 2005.

Debo, Byangie, *Gerónimo*, University of Oklahoma Press, Norman, Oklahoma, 1976.

Del Río, Ignacio, y María Eugenia Altable Fernández, *Breve historia de Baja California Sur*, El Colegio de México-FCE, México, 2000.

Délano, Alexandra, «Hannah Arendt: cómo enfrentar la banalidad del mal» (14 de marzo, 2010: http://www.uam.mx/difusion/revista/junio2000/arendt.html).

Dettmer, Jamie, «Family Affairs», en *Insight on the News* (16 de junio, 2008: http://findarticles.com/p/articles/mi_m1571/is_12_15/ai_54246287/).

Díaz Cervantes, Emilio, y Dolly R. de Díaz, *Ricardo Castro. Genio de México*, Gobierno del Estado de Durango-Instituto de Cultura del Estado de Durango, Durango, 2007.

Díaz del Castillo, Bernal, *Historia verdadera de la conquista de la Nueva España*, Porrúa, México, 2007.

*Diccionario de la lengua española*. Real Academia Española, 21ª. ed., t. II, Madrid, 2000.

Dimas Arenas, Tomás, *Recuerdos de Durango. Narraciones y leyendas*, s. e., Durango, 2002.

Domecq, Brianda, *La insólita historia de la Santa de Cabora*, Ariadne, México, 1998.

Dorado Romo, David, *Ringside Seat to a Revolution: An Underground Cultural History of El Paso and Juárez: 1893-1923*, Cinco Puntos Press, El Paso, 2005.

Dunne, Peter Masten, *Las antiguas misiones de la Tarahumara*, Gobierno del Estado de Chihuahua-Secretaría de Educación y Cultura, Chihuahua, 2003.

Durón Jiménez, Martha, *Hombres y desempeños en Saltillo durante el virreinato*, Archivo Municipal de Saltillo, Saltillo, 2001.

Escalante Gonzalbo, Fernando, «Homicidios 2008-2009. La muerte tiene permiso», en *Nexos*, núm. 37, enero, 2001.

Escárcega de Muñoz, María y José Socorro Pérez Nájera, *Madera. Cien años... son un día*, libro I, Conaculta-Instituto Chihuahuense de la Cultura-Presidencia Municipal-Consejo Ciudadano de la Cultura, Chihuahua, 2006.

Esmerio, Juan, *Meteoro y otras historias de sol*, Umbral Editores, México, 2008.

Esquivel, Manuel, *Jesús Malverde. El santo popular de Sinaloa*, Jus, México, 2009.

Flores, Enrique y Eduardo González, «Jesús Malverde: plegarias y corridos», en *Revista de Literaturas Populares*, año VI, núm. 1, enero-junio, 2006.

Flores Caballero, Romeo R., *Revolución y contrarrevolución en la independencia de México 1767-1867*, Océano, México, 2009.

Florescano, Enrique (coord.), *Mitos mexicanos*, Santillana, México, 2005.

Frías, Heriberto. *Tomóchic. Grandes novelas de la historia mexicana*, Planeta DeAgostini-Conaculta, México, 2004.

Frost, Elsa Cecilia, *Las categorías de la cultura mexicana*, FCE, México, 2009.

García Ramírez, Guadalupe, y Jesús Ramón Gutiérrez, *Partidos políticos y movimientos sociales en Sinaloa 1929-1940*, Universidad Autónoma de Sinaloa-Consejo Estatal Electoral de Sinaloa-Publicaciones Cruz O, Culiacán, 2004.

García S., Luis Antonio, «Leyenda e historia de Jesús Malverde», en *Crónicas,* nueva época, núm. 1, marzo, 2006.

Gill, Mario, *La conquista del Valle del Fuerte*, Siglo XXI, México, 2003.

Gómez, Francisco, «Llegan fuerzas federales del Ejército a Ciudad Juárez», en *El Universal* (9 de septiembre, 2011: http://www.eluniversal.com.mx/notas/493673.html).

Gómez Estrada, José Alfredo, *Gobierno y casinos. El origen de la riqueza de Abelardo L. Rodríguez*, Universidad Autónoma de Baja California-Instituto de Investigaciones Dr. José Ma. Luis Mora, México, 2007.

González, Jesús Gabriel, *Pedro Infante. Nadie como él*, Editores Mexicanos Unidos, México, 2008.

González, Soledad, Olivia Ruiz, Laura Velasco y Ofelia Woo (comps.), *Mujeres, migración y maquila en la frontera norte*, El Colegio de México-El Colegio de la Frontera Norte, México, 1995.

González Casanova, Pablo y Jorge Cadena Roa (coords.), *La República Mexicana. Modernización y democracia de Aguascalientes a Zacatecas*, *La Jornada*-Centro de Investigaciones Interdisciplinarias en Humanidades/UNAM, México, 1994.

González González, José Luis, *Guadalupe Victoria*, Editorial Universitaria UJED, Durango, 2006.

González Herrera, Carlos, *La frontera que vino del norte*, Colegio de Chihuahua-Santillana, México, 2008.

Grijalva Larrañaga, Edna Aidé, «Los primeros años de la compañía minera El Boleo, 1885-1905», *Meyibó*, vol. I, núm. 4, diciembre, 1984, pp. 15-30.

Guerrero Romero, Javier, *Arquitectura y urbanismo de la posrevolución en la ciudad de Durango: el estilo Art Déco*, Instituto de Cultura del Estado de Durango, Durango, 2003.

—, *Teatro Coliseo-Teatro Victoria. 200 años de vida del primer teatro del norte de México*, Instituto Municipal del Arte y la Cultura, Durango, 2001.

Hammett, Dashiell, *The Dain Curse*, Vintage Book, Nueva York, 1989.

—, *Red Harvest*, Vintage Book, Nueva York, 1992.

Harris III, Charles H. y Louis R. Sadler, *The Texas Rangers and the Mexican Revolution. The Bloodiest Decade, 1910-1920*, University of New Mexico Press, Albuquerque, 2004.

Hart, John Mason, *Empire and Revolution. The Americans in Mexico Since the Civil War*, University of California Press, Los Angeles, 2002.

Hernández Camargo, Emiliano, *Durangueñeidad*, H. Ayuntamiento de Durango-Instituto Municipal del Arte y la Cultura, Durango, 2003.

Hernández García de León, Héctor, *Historia política del sinarquismo 1934-1944*, Universidad Iberoamericana-Miguel Ángel Porrúa, México, 2004.

Hernández H., Jesús, *Cosas de parralenses*, H. Administración Municipal 1998-2001, Parral, Chihuahua-Meridiano 107 Editores, Ciudad Juárez, 2000.

Hernández Tyler, Alejandro, *Lecturas sinaloenses*, Universidad Autónoma de Sinaloa-Instituto de Investigaciones Económicas y Sociales, Culiacán, 2007.

Holguín Rodríguez, Juan, *Junto al río*, Ediciones del Azar, Chihuahua, 2007.

Horgan, Paul, *Great River. The Rio Grande in North American History*, Wesleyan University Press, Connecticut, 1984.

Hudnall, Ken y Connie Wang, *Spirits of the Border. The History and Mistery of Fort Bliss, Texas*, Omega Press, El Paso, 2003.

Humboldt, Alexandre de, *Essai politique sur le Royaume de la Nouvelle-Espagne*, t. II, UTZ, París, 1997.

Ibarra Escobar, Guillermo, *Sinaloa, tiempo histórico y globalización. Espumas viajeras*, Dirección de Investigación y Fomento de Cultura Regional, México, 2003.

—, y María Esther Ortiz (comps.), *El desarrollo económico de Sinaloa visto por extranjeros*, Fontamara-Gobierno de Sinaloa, Culiacán, 2006.

Iglesias, Norma, *La flor más bella de la maquiladora*, SEP-Centro de Estudios Fronterizos del Norte de México, México, 1985.

Irigoyen Rascón, Fructuoso, *Cerocahui. Una comunidad en la Tarahumara*, Ayuntamiento de Chihuahua 1992-1995, Chihuahua, 1995.

Jiménez Carrillo, Gilberto (comp.), *Anecdotario villista. Hechos, sucesos y relatos de mi General*, Fundación Cultural Amaya, Durango, 2008.

—, y José Teodoro Ortiz Parra, *Ignacio Parra. Bandido legendario*, Congreso del Estado de Durango, LXIII Legislatura, Durango, 2006.

Jordán, Fernando, *Crónica de un país bárbaro*, Centro Librero La Prensa, Chihuahua, 1981.

—, *Mar Roxo de Cortés. Biografía de un golfo*, Conaculta-Universidad Autónoma de Baja California-Instituto Sudamericano de Cultura, México, 2001.

—, *El otro México. Biografía de Baja California*, Universidad Autónoma de Baja California, México, 2005.

Jusidman, Clara (coord.), *La realidad social de Ciudad Juárez. Análisis social*, t. I, Universidad Autónoma de Ciudad Juárez, Ciudad Juárez, 2007.

Kaplan, Robert D., *Viaje al futuro del imperio. La transformación de Norteamérica en el siglo XXI*, trad. de Josefina Ruz, Ediciones B, Barcelona, 1999.

Kapuscinski, Ryszard, *Los cínicos no sirven para este oficio*, Anagrama, Barcelona, 2002.

Katz, Friedrich, *Pancho Villa*, t. II, Era, México, 2007.

Klassen, Otto, *Los menonitas emigran de Canadá a México*, distr. por Otto Klassen Production en colaboración con el Comité Pro Archivo Histórico y Museo Menonita, Museo y Centro Cultural Menonita A.C., México, 1997.

—, *Pioneros en México. Menonitas canadienses se establecen en México. Parte 2*, distr. por Otto Klassen Production en colaboración con el Comité Pro Archivo Histórico y Museo Menonita, Museo y Centro Cultural Menonita A.C., México, 1997.

Kneeland, Clarissa, *Letters to Anita: Reminiscences of the Credit Foncier Colony*, Fresno Clarion, 1945.

Kunhardt Richertz Teodoro, e Ignacio Orendáin Kunhardt, *Vida y pasión de un bisabuelo alemán*, s. e., México, 2010.

Lara Klahr, Marco, «Jorge Hank Rhon» en *Los intocables*, Temas de hoy, México, 2008.

*Le Guide du Routard*, Hachette Tourism, 2008.

León-Portilla, Miguel, «Baja California: geografía de la esperanza», en *Artes de México*, «Misiones jesuitas», núm. 65, México, 2003, pp. 64-71.

Lerma Garay, Jesús Antonio, *Mazatlán decimonónico*, s. e., Mazatlán, 2005.

Liera, Óscar, *Teatro escogido*, FCE-Dirección de Investigación y Fomento de Cultura Regional del Gobierno del Estado de Sinaloa, México, 2008.

Lister, Florence C. y Robert H. Lister, *Chihuahua. Almacén de tempestades*, Centro Librero La Prensa, Chihuahua, 2003.

Lomnitz, Claudio, *Idea de la muerte en México*, FCE, México, 2006.

—, *Modernidad indiana. Nueve ensayos sobre nación y mediación en México*, Planeta, México, 1999.

*Lonely Planet: México*, GeoPlanet, México, 2007.

Lozoya Cigarroa, Manuel, *Hombres y mujeres de Durango. 225 biografías de personalidades notables de Durango, desde la época prehispánica hasta el momento actual*, s. e., Durango, 1985.

—, *Hombres y mujeres de Durango. Segunda parte. 272 biografías de personalidades notables de Durango, desde el siglo XVI hasta el momento actual*, s. e., Durango, 2003.

Mackintosh, Graham, *Journey with a Baja Burro*, Sunbelt Publications, San Diego, 2005.

Magallanes, Eduardo, *Querido Alberto. La biografía autorizada de Juan Gabriel*, Simon & Schuster, Nueva York, 1995.

Magris, Claudio, *El infinito viajar*, Anagrama, Barcelona, 2008.

Malory, Sir Thomas, *La muerte de Arturo*, trad. de Francisco Torres Oliver, Siruela, Madrid, 1991.

Marín Tamayo, Fausto, *¡Aquí está Heraclio Bernal!*, Universidad Autónoma de Sinaloa, Culiacán, 2006.

Marina, José Antonio, *El rompecabezas de la sexualidad*, Anagrama, Barcelona, 2002.

Márquez Terrazas, Zacarías, *Terrazas y su siglo*, Centro Librero La Prensa, Chihuahua, 2003.

Martínez, Guadalupe, «La muerte de Rodolfo Carrillo», en *noroeste. com* (11 de septiembre, 2008: http://www.noroeste.com.mx/publicaciones.php?id=409384).

Martínez, Nurit, «Le Barón llama a acabar con la indiferencia», en *El Universal* (15 de agosto, 2011: http://www.eluniversal.com.mx/nacion/188080.html).

Mathes, Miguel, «Cartas de jesuitas de las Californias 1697-1767», en *Artes de México*, «Misiones jesuitas», núm. 65, México, 2003, pp. 74-80.

Mauleón, Héctor de, *Marca de sangre. Los años de la delincuencia organizada*, Planeta, México, 2010.

Mayo, C. M., *Miraculous Air: Journey of a Thousand Miles through Baja California, the Other Mexico*, Milkweed Editions, Minnesota, 2007.

McCoy, Alfred W., *The Politics of Heroin, CIA Complicity in the Global Drug Trade*, Lawrence Hill Books, Nueva York, 1991.

Melesio Nolasco, Marisol, «Migración Indígena y Derechos Humanos (A manera de conclusión)», Cuarta Visitaduría General, CNDH (16 de marzo, 2010: http://www.cdi.gob.mx/sicopi/migracion_oct2006/8_marisol_melesio_n.pdf).

Meltzer, Milton, *John Steinbeck*, Viking, Nueva York, 2008.

Mendoza, Élmer, *El amante de Janis Joplin*, Tusquets, México, 2008.

—, *Balas de plata*, Tusquets, México, 2008.

—, *Un asesino solitario*, Tusquets, México, 2007.

Meraz Nevárez, Braulio y Gilberto Jiménez Carrillo, *Octaviano Meraz. Hombre de su tiempo. Apuntes biográficos*, Universidad Juárez del Estado de Durango, Durango, 2005.

*México Desconocido*, año XXXII, núm. 377, 2008.

*Mexique. Guides Bleus*, Hachette Tourism, París, 2005.

Miguel Vélez, Víctor Alejandro, «Los ferrocarriles en Sinaloa (1880-1911)», en *Clío. Revista de la Facultad de Historia de la Universidad Autónoma de Sinaloa*, núm. 5, enero-abril, 1992, pp. 33-43.

Miralles, Juan, *Hernán Cortés, inventor de México*, Tusquets, Barcelona, 2004.

Monsiváis, Carlos, *Pedro Infante: las leyes del querer*, Aguilar-Raya en el Agua, México, 2008.

Montemayor, Carlos, *Obras reunidas 1. Novelas 1. Guerra en el paraíso/Las armas del alba*, FCE, México, 2006.

Montezemolo, Fiamma, René Peralta y Heriberto Yépez, *Aquí es Tijuana!*, Black Dog Publishing, Londres, 2006.

Montoya Arias, Luis Ómar y Juan Antonio Fernández Velásquez, «El Narcocorrido en México», *Cultura y droga*, vol. 14, núm. 16, 2009, pp. 207-232.

Morales, Alberto, y Silvia Otero, «Catean casa de Hank; lo arrestan por acopio», en *El Universal* (2 de septiembre, 2011: http://www.eluniversal.com.mx/nacion/185948.html).

Moreno, Olga Leticia, *¿Qué pasó en Chihuahua?*, Edamex, México, 1986.

Muñoz Escobar, Jesús Héctor, *Empresarios y personajes sinaloenses*, s. e., Guadalajara, 2006.

Murphy, James R., *El Paso 1850-1950*, Images of America, Arcadia Publishing, San Francisco, 2009.

Murrieta, Mayo y Alberto Hernández, *Puente de México. La vecindad de Tijuana en California*, Colegio de la Frontera Norte-Plaza y Valdés, México, 2001.

Niemann, Greg, *Baja Legends. The Historic Characters, Events, and Locations that Put Baja California on the Map*, Sunbelt Publications, San Diego, 2002.

Núñez Cabeza de Vaca, Álvar, *Naufragios*, Red Ediciones, 2011.

Orozco, Víctor (coord.), *Chihuahua hoy 2004, Visiones de su historia, economía, política y cultura*, Universidad Autónoma de Ciudad Juárez-Doble Hélice, Chihuahua, 2004.

— (coord.), *Chihuahua hoy 2009. Visiones de su historia, economía, política y cultura*, Universidad Autónoma de Ciudad Juárez-Universidad Autónoma de Chihuahua-Instituto Chihuahuense de la Cultura-Doble Hélice, Chihuahua, 2009.

—, *El estado de Chihuahua en el parto de la nación 1810-1831*, El Colegio de Chihuahua-Instituto Chihuahuense de la Cultura-Universidad Autónoma de Ciudad Juárez-Plaza y Valdés, México, 2007.

Ortega Noriega, Sergio. *Breve historia de Sinaloa*, El Colegio de México-Fideicomiso Historia de las Américas-FCE, México, 2005.

Ortega Urquidi, Javier, *Casas Grandes. Tierra de siete culturas*, Conaculta-Instituto Chihuahuense de la Cultura-Secretaría de Educación y Cultura-Gobierno del Estado de Chihuahua, México, 2009.

Osorno, Diego Enrique, *El cártel de Sinaloa. Una historia del uso político del narco*, Grijalbo, México, 2009.

Owen, Albert Kimsey, *A dream of an ideal city*, Murdoch & Co., 1897.

Pacheco Rojas, José de la Cruz, *Breve historia de Durango*, El Colegio de México-Fideicomiso Historia de las Américas-FCE, México, 2001.

Parra, Eduardo Antonio, «El festín de los puercos: Tomóchic», en Gerardo Villadelángel Viñas (coord.), *El libro rojo. Continuación (1868-1928)*, FCE, México, 2008.

Páez Varela, Alejandro, *La guerra por Juárez*, Temas de Hoy, México, 2009.

Paz, Octavio, *El laberinto de la soledad*, FCE, México, 1999.

Poppa, Terrence E., *El zar de la droga: la vida y la muerte de un narcotraficante mexicano*, Demand Publications, Seattle, 1998.

Porras Muñoz, Guillermo, «Diego de Ibarra y la Nueva España» (18 de mayo, 2008: http://www.ejournal.unam.mx/ehn/ehn02/EHN00205.pdf).

Quirarte, Vicente, *Invitación a Gilberto Owen*, UNAM-DGE-Ediciones del Equilibrista, México, 2007.

Ramírez, Santiago, *El mexicano. Psicología de sus motivaciones*, Grijalbo, México, 1977.

Ramos Pérez, Jorge, «La lucha anticrimen deja 34 mil muertes en 4 años», en *El Universal* (12 de marzo, 2011: http://www.eluniversal.com.mx/nacion/183027.html).

Raphael de la Madrid, Ricardo, «Juárez. La muerte tuvo permiso», en *Boletín Red contra la Violencia* (8 de septiembre, 2011: http://www.malostratos.org/images/pdf/asesinatos%20mujeres%20caribe.pdf).

Ravelo, Ricardo, *Los capos. Las narco-rutas de México*, Random House Mondadori, México, 2007.

—, «Jorge Hank Rhon, padrino del ombudsman nacional», en *Proceso* (16 de enero, 2010: http://184.72.58.65/?p=84158).

Reveles, José. *El cártel incómodo. El fin de los Beltrán Leyva y la hegemonía del Chapo Guzmán*, Grijalbo, México, 2010.

Riding, Alan, *Distant Neighbors. A Portrait of the Mexicans*, Vintage Books Edition, Nueva York, 2000.

Rivera Godínez, Cuauhtémoc (comp.), *Palabra de Clouthier. El ciudadano*, Andraval Ediciones, Culiacán, 2009.

Robinson, Amy, «Heraclio Bernal: Bandit Citizen», en *Decimonónica*, vol. 6, núm. 2, verano 2009, pp. 46-63.

Rodríguez, Armando, y Alejandro Quintero, «Calcinan a familia. Detienen al hijo como presunto responsable», en *El Diario* de Ciudad Juárez, 22 de mayo, 2004, p. 1, sección A.

Rodríguez, Richard, *Days of Obligation: An Argument with My Mexican Father*, Viking Penguin, Nueva York, 1992.

Rodríguez, Sandra, *et al.*, «Acusa ex jefe policiaco a Reyes Baeza de proteger a narco», en *El Diario* de Ciudad Juárez, 3 de marzo, 2010, p. 3, sección A.

—, y Pedro Torres, «Un "volado" cambió la vida. Narra Uziel el antes y después de los asesinatos», en *El Diario* de Ciudad Juárez, 26 de mayo, 2004, p. 5, sección A.

—, «Creímos que Policía no investigaría: parricida. Agentes están de adorno, dice autor de crimen familiar», en *El Diario* de Ciudad Juárez, 26 de mayo, 2004, p. 1, sección A.

Rodríguez, Teresa, Diana Montané y Lisa Pulitzer, *The Daughters of Juárez. A True Story of Serial Murder South of the Border*, Atria Books. Nueva York, 2007.

Rodríguez de Montalvo, Garci, *Las Sergas de Esplandián*, Doce Calles, 1998.

Ronquillo, Víctor, *Las muertas de Juárez. Crónica de los crímenes más despiadados e impunes en México*, Planeta, México, 2004.

—, La Reina del Pacífico *y otras mujeres del narco*, Planeta, México, 2008.

Rosas, Alejandro y Ricardo Cayuela Gally, *El México que nos duele. Crónica de un país sin rumbo*, Planeta, México, 2011.

Saavedra, Rafa, *Lejos del Noise*, Producciones Moho, México, 2002.

Salmerón, Pedro, *La División del Norte. La tierra, los hombres y la historia de un ejército del pueblo*, Planeta, México, 2006.

Saucedo Carreño, Tomás, *Carreras: microhistoria de una comunidad de Durango (1940-2003)*, Universidad Autónoma de Sinaloa, Culiacán, 2004.

Scammon, Charles Melville, *Marine Mammals of the Northwestern Coast of North America*, Heyday Books, Berkeley, 2007.

Scherer García, Julio, «Si me atrapan o me matan... nada cambia», en *Proceso,* núm. 1744 (5 de abril, 2010: http://hemeroteca.proceso.com.mx/?p=82389).

Schmiedehaus, Walter, *Los mennonitas (estudio de antropología social chihuahuense)*, edición provisional, Chihuahua, 1973.

Sebald, W. G., *Los anillos de Saturno*, Anagrama, Barcelona, 2008.

Shepherd, Grant, *Batopilas. Magnate de plata*, Centro Librero La Prensa, Chihuahua, 2003.

Shorris, Earl, *The Life and Times of Mexico*, W. W. Norton & Company, Inc., Nueva York, 2006.

Silva, Mario Héctor, «Oficializan el retiro del Ejército en Juárez», en *El Universal* (9 de septiembre, 2011: http://www.eluniversal.com.mx/notas/671284.html).

—, y María de la Luz González, «Policía Federal toma control de Cd. Juárez», en *El Universal* (9 de septiembre, 2011: http://www.eluniversal.com.mx/estados/75454.html).

*Silencio en Juárez*, por Diego Guebel, Discovery Channel, México, 2011.

Simonett, Helena, *En Sinaloa nací: historia de la música de banda*, trad. de Marisela G. Ricciuti F. y José Luis Franco Rodríguez, Vanderbilt University, México, 2004.

Sinagawa Montoya, Herberto, *Ferrusquilla dice: échame a mí la culpa*, Siglo XXI, México, 2002.

Smith, Joseph, *The Book of Mormon*, Forgotten Books, Estados Unidos, 1948.

Steinbeck, John, *East of Eden*, Penguin Books, Nueva York, 2002.

—, *The Log from the Sea of Cortez: The Narrative Portion of the Book, Sea of Cortez*, Viking Press, Nueva York, 1968.

—, *The Pearl*, Penguin Books, Nueva York, 1992.

Stevenson, Robert Louis, *Memoria para el olvido. Los ensayos de Robert Louis Stevenson*, FCE-Siruela, México, 2008.

Terrazas Sánchez, Filiberto, *La guerra apache en México*, Proculmex-Costa-Amic, México, 1995.

—, *El tesoro de Villa*, Imprenta Roa, Chihuahua, 1984.

Tilly, Charles, *La desigualdad persistente*, Manantial, Buenos Aires, 2000.

Trueba, José Luis. *Genocidio. Una novela sobre la matanza de chinos en la Revolución mexicana*, DeBolsillo, México, 2010.

Turner, John Kenneth, *México bárbaro*, B. Costa-Amic Editor, México, 1974.

Valdés, Carlos Manuel, *Sociedad y delincuencia en el Saltillo colonial*, Archivo Municipal de Saltillo, Saltillo, 2002.

Valenzuela Arce, José Manuel, (coord.), *Entre la magia y la historia. Tradiciones, mitos y leyendas de la frontera*, Colegio de la Frontera Norte-Plaza y Valdés, México, 2000.

—, *Jefe de jefes. Corridos y narcocultura en México*, Plaza y Janés-Raya en el Agua, México, 2003.

—, *Nuestros piensos*, Dirección General de Culturas Populares, México, 1998.

Valle, Pamela, *Pedro Infante*, Titanes de la historia. Actores, Época, México, 2006.

Vargas Valdez, Jesús (comp.), *Tomóchic: la revolución adelantada. Resistencia y lucha de un pueblo de Chihuahua contra el sistema porfirista (1891-1892)*, vol. II, Universidad Autónoma de Ciudad Juárez-Instituto Chihuahuense de la Cultura, Chihuahua, 1994.

—, *Viajantes por Chihuahua (1846-1853)*, Gobierno del Estado de Chihuahua, Chihuahua, 2003.

Vega, Elena y Gustavo Castillo, «Matan en EU a Guillermo González Calderoni», en *La Jornada* (6 de febrero, 2008: http://www.jornada.unam.mx/2003/02/06/012n1pol.php?origen=politica.html).

Villalpando, Rubén, «Incumple México orden de la CIDH sobre caso Campo Algodonero: ONG», en *La Jornada* (9 de septiembre, 2011: http://www.jornada.unam.mx/2010/12/27/estados/024n1est).

Wald, Elijah, *Narcocorrido, A Journey into the Music of Drugs, Guns and Guerrillas*. HarperCollins Publishers, Nueva York, 2001.

Wells, Spencer, *El viaje del hombre. Una odisea genética*, Océano, México, 2007.

Yépez, Heriberto, *Contra la tele-visión*, Conaculta-Tumbona Ediciones-Fondo Nacional para la Cultura y las Artes, México, 2008.

—, *El imperio de la memoria*, Almadía, México, 2007.

—, *La increíble hazaña de ser mexicano*, Planeta, México, 2010.

—, *Made in Tijuana*, Instituto de Cultura de Baja California, Mexicali, 2005.

—, *Tijuanologías*, Libros del Umbral, México, 2006.

Zepeda Patterson, Jorge (coord.), *Los intocables*, Planeta, México, 2008.

Zimbardo, Philip G., *The Lucifer Effect: Understanding How Good People Turn Evil*, Random House Trade Paperbacks, Nueva York, 2008.

# ÍNDICE ANALÍTICO